# भक्तियोग

# भक्तियोग

स्वामी विवेकानंद

*प्रकाशक*

**प्रभात प्रकाशन प्रा. लि.**

4/19 आसफ अली रोड, नई दिल्ली–110002

फोन : 011–23289777 • हेल्पलाइन नं. : 7827007777

इ–मेल : prabhatbooks@gmail.com ❖ वेब ठिकाना : www.prabhatbooks.com

*संस्करण*

2026



*पेपरबैक मूल्य*

तीन सौ रुपए

*मुद्रक*

नरुला प्रिंटर्स, दिल्ली

———————— ★ ————————

**BHAKTIYOGA**

*by* Swami Vivekanand

Published by **PRABHAT PRAKASHAN PVT. LTD.**

4/19 Asaf Ali Road, New Delhi-110002

ISBN 978-93-5048-607-8

₹ 300.00 (PB)

# प्रार्थना

स तन्मयो ह्यमृत ईशसंस्थो,

ज्ञः सर्वगो भुवनस्यास्य गोप्ता।

य ईशेऽस्य जगतो नित्यमेव,

नान्यो हेतुः विद्यते ईशनाय॥

यो ब्रह्माणं विदधाति पूर्वं,

यो वै वेदांश्च प्रहिणोति तस्मै।

तं ह देवं आत्मबुद्धिप्रकाशं,

मुमुक्षुर्वै शरणमहं प्रपद्ये॥

वह विश्व की आत्मा है, अमरण धर्मा और ईश्वररूप में स्थित है। वह सर्वज्ञ, सर्वगत और इस संसार का रक्षक है, जो सर्वदा इस जगत् का शासन करता है; क्योंकि इसका शासन करने के लिए और कोई समर्थ नहीं है।

जिसने सृष्टि के आरंभ में ब्रह्मा को उत्पन्न किया और जिसने उसके लिए वेदों को प्रवृत्त किया, आत्मबुद्धि को प्रकाशित करनेवाले उस देव की मैं मुमुक्षु शरण ग्रहण करता हूँ।

*(—श्वेताश्वतर उपनिषद्, 6/17–18)*

# अनुक्रम

# भक्ति के लक्षण

निष्कपट भाव से ईश्वर की खोज को 'भक्तियोग' कहते हैं। इस खोज का आरंभ, मध्य और अंत प्रेम में होता है। ईश्वर के प्रति एक क्षण की भी प्रेमोन्मत्तता हमारे लिए शाश्वत मुक्ति को देनेवाली होती है। 'भक्तिसूत्र' में नारदजी कहते हैं, "भगवान् के प्रति उत्कट प्रेम ही भक्ति है। जब मनुष्य इसे प्राप्त कर लेता है, तो सभी उसके प्रेमपात्र बन जाते हैं। वह किसी से घृणा नहीं करता; वह सदा के लिए संतुष्ट हो जाता है। इस प्रेम से किसी काम्य वस्तु की प्राप्ति नहीं हो सकती, क्योंकि जब तक सांसारिक वासनाएँ घर किए रहती हैं, तब तक इस प्रेम का उदय ही नहीं होता। भक्ति कर्म से श्रेष्ठ है और ज्ञान तथा योग से भी उच्च है, क्योंकि इन सबका एक न एक लक्ष्य है ही, पर भक्ति स्वयं ही साध्य और साधन-स्वरूप है।" *(नारदभक्तिसूत्र)*

भारतवर्ष के साधु-महापुरुषों के बीच भक्ति ही चर्चा का विषय रही है। भक्ति की विशेष रूप से व्याख्या करनेवाले शांडिल्य और नारद आदि महापुरुषों को छोड़ देने पर भी, स्पष्टतः ज्ञानमार्ग के समर्थक, व्याससूत्र

के महान् भाष्यकारों ने भी भक्ति के संबंध में हमें बहुत कुछ बतलाया है। भले ही इन भाष्यकारों ने सब सूत्रों की न सही, पर अधिकतर सूत्रों की व्याख्या शुष्क ज्ञान के अर्थ में ही की है, किंतु यदि हम उन सूत्रों के, विशेषकर उपासना-कांड के सूत्रों के अर्थ पर निरपेक्ष भाव से विचार करें तो पाएँगे कि उनकी इस प्रकार यथेच्छ व्याख्या नहीं की जा सकती।

*सच तो यह है कि ज्ञान और भक्ति में उतना अंतर नहीं, जितना लोग अनुमान लगाया करते हैं। पर जैसा हम आगे देखेंगे, ये दोनों हमें एक ही लक्ष्य-स्थल पर ले जाते हैं। ऐसा ही हाल राजयोग का भी है।*

सच तो यह है कि ज्ञान और भक्ति में उतना अंतर नहीं, जितना लोग अनुमान लगाया करते हैं। पर जैसा हम आगे देखेंगे, ये दोनों हमें एक ही लक्ष्य-स्थल पर ले जाते हैं। ऐसा ही हाल राजयोग का भी है। उसका अनुष्ठान जब मुक्ति-लाभ के लिए किया जाता है, सीधे-सादे लोगों की आँखों में धूल झोंकने के उद्देश्य से नहीं (जैसा बहुधा ढोंगी और जादू-मंतरवाले करते हैं), तो वह भी हमें उसी लक्ष्य पर पहुँचा देता है।

भक्तियोग का एक बड़ा लाभ यह है कि वह हमारे चरम लक्ष्य (ईश्वर) की प्राप्ति का सबसे सरल और स्वाभाविक मार्ग है। परंतु साथ ही उससे एक विशेष भय की आशंका यह है कि वह अपनी निम्न या गौणी अवस्था में मनुष्य को बहुधा घोर मतांध और कट्टर बना देता है। हिंदू, इसलाम या ईसाई धर्म में जहाँ कहीं इस प्रकार के धर्मांध व्यक्तियों का दल है, वह सदैव ऐसे ही निम्न श्रेणी के भक्तों द्वारा गठित हुआ है। वह इष्ट-निष्ठा, जिसके बिना यथार्थ प्रेम का विकास संभव नहीं, अकसर दूसरे सब धर्मों की निंदा का भी कारण बन जाती है। प्रत्येक धर्म और देश में दुर्बल और अविकसित बुद्धिवाले जितने भी मनुष्य हैं, वे अपने

आदर्श से प्रेम करने का एक ही उपाय जानते हैं और वह है अन्य सभी आदर्शों को घृणा की दृष्टि से देखना। यहीं इस बात का उत्तर मिलता है कि वही मनुष्य, जो धर्म और ईश्वर संबंधी अपने आदर्श में इतना अनुरक्त है, किसी दूसरे आदर्श को देखते ही या उस संबंध में कोई बात सुनते ही इतना खूँखार क्यों हो उठता है।

इस प्रकार का प्रेम कुछ-कुछ दूसरों के हाथ से अपने स्वामी की संपत्ति की रक्षा करनेवाले एक कुत्ते की सहज प्रवृत्ति के समान है। पर हाँ, कुत्ते की वह सहज प्रेरणा मनुष्य की युक्ति से कहीं श्रेष्ठ है, क्योंकि वह कुत्ता कम-से-कम अपने स्वामी को शत्रु समझकर कभी भ्रमित तो नहीं होता, भले ही उसका स्वामी किसी भी वेष में उसके सामने क्यों न आए। फिर मतांध व्यक्ति अपनी सारी विचार-शक्ति खो बैठता है। व्यक्तिगत विषयों की ओर उसकी इतनी अधिक अनुरक्ति रहती है कि वह यह जानने का बिल्कुल इच्छुक नहीं रह जाता है कि कोई व्यक्ति कहता क्या है—वह सही है या गलत? उसका तो एकमात्र ध्यान रहता है यह जानने में कि वह बात कहता कौन है। देखोगे, जो व्यक्ति अपने संप्रदाय के, अपने मतवाले लोगों के प्रति दयालु है, भला और सच्चा है, सहानुभूति-संपन्न है, वही अपने संप्रदाय से बाहर के लोगों के

*इस प्रकार का प्रेम कुछ-कुछ दूसरों के हाथ से अपने स्वामी की संपत्ति की रक्षा करनेवाले एक कुत्ते की सहज प्रवृत्ति के समान है। पर हाँ, कुत्ते की वह सहज प्रेरणा मनुष्य की युक्ति से कहीं श्रेष्ठ है, क्योंकि वह कुत्ता कम-से-कम अपने स्वामी को शत्रु समझकर कभी भ्रमित तो नहीं होता, भले ही उसका स्वामी किसी भी वेष में उसके सामने क्यों न आए।*

विरुद्ध बुरा से बुरा काम करने में भी न हिचकिचाएगा।

लेकिन ऐसी आशंका भक्ति की केवल निम्नतर अवस्था में ही रहती है। इस अवस्था को 'गौणी' कहते हैं। परंतु जब भक्ति परिपक्व होकर उस अवस्था को प्राप्त हो जाती है, जिसे हम 'परा' कहते हैं, तब इस प्रकार की घोर मतांधता और कट्टरता की आशंका नहीं रह जाती। इस परा भक्ति से अभिभूत व्यक्ति प्रेमस्वरूप भगवान् के इतने निकट पहुँच जाता है कि वह फिर दूसरों के प्रति घृणा-भाव के विस्तार का यंत्र नहीं बन सकता।

ऐसा संभव नहीं कि हममें से प्रत्येक, इसी जीवन में सामंजस्य के साथ अपना चरित्र-निर्माण कर सके; फिर भी हम जानते हैं कि जिस चरित्र में ज्ञान, भक्ति और योग—इन तीनों का सुंदर सम्मिश्रण है, वही सर्वोत्तम कोटि का है। एक पक्षी के उड़ने के लिए तीन अंगों की आवश्यकता होती है—दो पंख और पतवार-स्वरूप एक पूँछ। ज्ञान और भक्ति दो पंख की तरह हैं और योग पूँछ, जो इनमें सामंजस्य बनाए रखता है। जो लोग इन तीनों साधना-प्रणालियों का एक साथ सामंजस्य बिठाकर अनुष्ठान नहीं कर सकते और इसलिए केवल भक्ति को अपने मार्ग के रूप में अपना लेते हैं, उन्हें यह सदैव स्मरण रखना चाहिए कि यद्यपि बाह्य अनुष्ठान और क्रियाकलाप आरंभिक दशा में नितांत आवश्यक हैं, फिर भी भगवान् के प्रति प्रगाढ़ प्रेम उत्पन्न कर देने के अतिरिक्त उनकी और कोई उपयोगिता नहीं होती।

***ऐसा संभव नहीं कि हममें से प्रत्येक, इसी जीवन में सामंजस्य के साथ अपना चरित्र-निर्माण कर सके; फिर भी हम जानते हैं कि जिस चरित्र में ज्ञान, भक्ति और योग—इन तीनों का सुंदर सम्मिश्रण है, वही सर्वोत्तम कोटि का है।***

हालाँकि ज्ञान और भक्ति दोनों ही मार्गों के आचार्यों का भक्ति के प्रभाव में विश्वास है, फिर भी उन दोनों में कुछ थोड़ा सा मतभेद है। ज्ञानी की दृष्टि में भक्ति मुक्ति का एक साधन मात्र है, पर भक्त के लिए वह साधन है और साध्य भी। मेरी दृष्टि में तो यह भेद नाममात्र का ही है। वास्तव में, जब भक्ति को हम एक साधन के रूप में लेते हैं, तो उसका अर्थ केवल निम्न स्तर की उपासना होता है। इस तरह यह निम्न स्तर की उपासना ही आगे चलकर परा भक्ति में परिणत हो जाती है। ज्ञानी और भक्त दोनों ही अपनी-अपनी साधना-प्रणाली पर विशेष जोर देते हैं; पर वे यह भूल जाते हैं कि पूर्ण भक्ति के उदय होने से पूर्ण ज्ञान बिना माँगे ही प्राप्त हो जाता है और इसी प्रकार पूर्ण ज्ञान के साथ पूर्ण भक्ति भी स्वत: ही आ जाती है।

*ज्ञानी और भक्त दोनों ही अपनी-अपनी साधना-प्रणाली पर विशेष जोर देते हैं; पर वे यह भूल जाते हैं कि पूर्ण भक्ति के उदय होने से पूर्ण ज्ञान बिना माँगे ही प्राप्त हो जाता है और इसी प्रकार पूर्ण ज्ञान के साथ पूर्ण भक्ति भी स्वत: ही आ जाती है।*

उपर्युक्त बात को ध्यान में रखते हुए हम अब यह समझने का प्रयत्न करें कि इस विषय में महान् वेदांत-भाष्यकारों का क्या कहना है। 'आवृत्तिरसकृदुपदेशात्' सूत्र की व्याख्या करते हुए भगवान् शंकराचार्य कहते हैं—

"लोग ऐसा कहते हैं, वह गुरु का भक्त है, वह राजा का भक्त है। और वे यह बात उस व्यक्ति को संबोधित करते हुए कहते हैं, जो गुरु या राजा का अनुसरण करता है और इस प्रकार यह अनुसरण ही जिसके जीवन का ध्येय है। इस प्रकार, जब वे कहते हैं, एक पतिव्रता स्त्री अपने विदेश गए पति का ध्यान करती है, तो यहाँ भी एक प्रकार

से उत्कंठा-युक्त निरंतर स्मृति को ही लक्ष्य किया गया है।'' शंकराचार्य के मतानुसार यही भक्ति है।

इसी प्रकार 'अथातो ब्रह्मजिज्ञासा' सूत्र की व्याख्या करते हुए भगवान् रामानुज कहते हैं—

''एक पात्र से दूसरे पात्र में तेल ढालने पर जिस प्रकार वह एक अखंड धारा में गिरता है, उसी प्रकार किसी ध्येय वस्तु के निरंतर स्मरण को 'ध्यान' कहते हैं। जब इस तरह की ध्यानावस्था ईश्वर के संबंध में प्राप्त हो जाती है, तो सारे बंधन टूट जाते हैं। हमारे शास्त्रों में इसी प्रकार के निरंतर स्मरण को मुक्ति का साधन बतलाया गया है। फिर यह स्मृति है तो दर्शन के ही समान, क्योंकि उसका तात्पर्य इस शास्त्रोक्त वाक्य के तात्पर्य के ही सदृश है—''उस पर और अवर (दूर और समीप) पुरुष के दर्शन से हृदय-ग्रंथियाँ छिन्न हो जाती हैं, समस्त संशयों का नाश हो जाता है और सारे कर्म क्षीण हो जाते हैं।'' जो समीप है, उसके तो दर्शन हो सकते हैं, पर जो दूर है, उसका तो केवल स्मरण ही किया जा सकता है। फिर भी शास्त्रों में कहा गया है कि हमें तो उन्हें देखना है, जो समीप है और फिर दूर भी; और इस प्रकार शास्त्र हमें यह दिखा दे रहे हैं कि उपर्युक्त प्रकार का स्मरण दर्शन के ही बराबर है। यह स्मृति प्रगाढ़ हो जाने पर दर्शन का रूप धारण कर लेती है।...शास्त्रों में प्रमुख स्थानों पर कहा है कि उपासना का अर्थ निरंतर स्मरण ही है। और ज्ञान भी,

*एक पात्र से दूसरे पात्र में तेल ढालने पर जिस प्रकार वह एक अखंड धारा में गिरता है, उसी प्रकार किसी ध्येय वस्तु के निरंतर स्मरण को 'ध्यान' कहते हैं। जब इस तरह की ध्यानावस्था ईश्वर के संबंध में प्राप्त हो जाती है, तो सारे बंधन टूट जाते हैं।*

जो असकृत् उपासना से अभिन्न है, निरंतर स्मरण के अर्थ में ही वर्णित हुआ है। अतएव श्रुतियों ने उस स्मृति को, जिसने प्रत्यक्ष अनुभूति का रूप धारण कर लिया है, मुक्ति का साधन बताया है।

आत्मा की अनुभूति न तो नाना प्रकार की विद्याओं से हो सकती है, न बुद्धि से और न बारंबार वेदाध्ययन से। यह आत्मा जिसको वरण करती है, वही इसकी प्राप्ति करता है तथा उसी के सम्मुख आत्मा अपना स्वरूप प्रकट करती है। यहाँ यह कहने के उपरांत कि केवल श्रवण, मनन और निदिध्यासन से आत्मोपलब्धि नहीं होती, यह बताया गया है, जिसको यह आत्मा वरण करती है, उसी के द्वारा यह प्राप्त होती है। जो अत्यंत प्रिय है, उसी को वरण किया जाता है; जो इस आत्मा से अत्यंत प्रेम करता है, वही आत्मा का सबसे बड़ा प्रियपात्र है। यह प्रियपात्र जिससे आत्मा की प्राप्ति कर सके, उसके लिए स्वयं भगवान् सहायता देते हैं; क्योंकि भगवान् ने स्वयं कहा है, जो मुझमें सतत युक्त है और प्रीतिपूर्वक मेरा भजन करते हैं, उन्हें मैं ऐसा बुद्धियोग देता हूँ, जिससे वे मुझे प्राप्त हो जाते हैं। इसीलिए कहा गया है कि जिसे यह प्रत्यक्ष अनुभवात्मक स्मृति अत्यंत प्रिय है, उसी को परमात्मा वरण करते हैं, वही परमात्मा की प्राप्ति करता है; क्योंकि जिनका स्मरण किया जाता है, उन परमात्मा को यह स्मृति अत्यंत प्रिय है। यह निरंतर स्मृति ही भक्ति शब्द द्वारा अभिहित हुई है।

*आत्मा की अनुभूति न तो नाना प्रकार की विद्याओं से हो सकती है, न बुद्धि से और न बारंबार वेदाध्ययन से। यह आत्मा जिसको वरण करती है, वही इसकी प्राप्ति करता है तथा उसी के सम्मुख आत्मा अपना स्वरूप प्रकट करती है।*

पतंजलि के 'ईश्वरप्रणिधानाद्वा' सूत्र की व्याख्या करते हुए भोज कहते हैं—

"प्रणिधान वह भक्ति है, जिसमें इंद्रियभोग आदि समस्त फलाकांक्षाओं का त्याग कर सारे कर्म उन परम गुरु परमात्मा को समर्पित कर दिए जाते हैं।"

भगवान् वेद व्यास ने भी इसकी व्याख्या करते हुए कहा है, "प्रणिधान वह भक्ति है, जिससे उस योगी पर परमेश्वर का अनुग्रह होता है और उसकी सारी आकांक्षाएँ पूर्ण हो जाती हैं।"

ऋषि शांडिल्य के मतानुसार—"ईश्वर में परम अनुरक्ति ही भक्ति है।"

पराभक्ति की सर्वश्रेष्ठ व्याख्या तो वह है, जो भक्तराज प्रह्लाद ने दी है, "अविवेकी पुरुषों की इंद्रिय-विषयों में जैसी तीव्र आसक्ति होती है, (तुम्हारे प्रति) उसी प्रकार की (तीव्र) आसक्ति तुम्हारा स्मरण करते समय कही मेरे हृदय से चली न जाए!" यह आसक्ति किसके प्रति? उन्हीं परम प्रभु ईश्वर के प्रति। किसी अन्य पुरुष (चाहे वह कितना ही बड़ा क्यों न हो) के प्रति आसक्ति को कभी भक्ति नहीं कह सकते।

*पराभक्ति की सर्वश्रेष्ठ व्याख्या तो वह है, जो भक्तराज प्रह्लाद ने दी है, "अविवेकी पुरुषों की इंद्रिय-विषयों में जैसी तीव्र आसक्ति होती है, (तुम्हारे प्रति) उसी प्रकार की (तीव्र) आसक्ति तुम्हारा स्मरण करते समय कही मेरे हृदय से चली न जाए!" यह आसक्ति किसके प्रति? उन्हीं परम प्रभु ईश्वर के प्रति।*

इसके समर्थन में एक प्राचीन आचार्य को उद्धृत करते हुए अपने श्रीभाष्य में रामानुज कहते हैं, "ब्रह्मा से लेकर एक तिनका तक संसार के समस्त प्राणी कर्मजनित जन्ममृत्यु के वश में हैं, अतएव अविद्यायुक्त

और परिवर्तनशील होने के कारण वे इस योग्य नहीं कि ध्येय-विषय के रूप में वे साधक के ध्यान में सहायक हों।''

शांडिल्य के 'अनुरक्ति' शब्द की व्याख्या करते हुए भाष्यकार स्वप्नेश्वर कहते हैं, ''उसका अर्थ है—'अनु' यानी पश्चात् और 'रक्ति' यानी आसक्ति, अर्थात् वह आसक्ति, जो भगवान् के स्वरूप और उनकी महिमा के ज्ञान के पश्चात् आती है। अन्यथा स्त्री, पुत्र आदि किसी भी व्यक्ति के प्रति अंध-आसक्ति को ही हम 'भक्ति' कहने लगें!''

अत: हम स्पष्ट देखते हैं कि आध्यात्मिक अनुभूति के निमित्त किए जानेवाले मानसिक प्रयत्नों की परंपरा या क्रम ही भक्ति है, जिसका प्रारंभ साधारण पूजा-पाठ से और अंत ईश्वर के प्रति प्रगाढ़ एवं अनन्य प्रेम में होता है।

□

# ईश्वर का स्वरूप

ईश्वर कौन हैं ?

"जिनसे विश्व का जन्म, स्थिति और प्रलय होता है, वे ही ईश्वर हैं। वे अनंत, शुद्ध, नित्यमुक्त, सर्वशक्तिमान, सर्वज्ञ, परमकारुणिक और गुरुओं के भी गुरु हैं, और सर्वोपरि वे ईश्वर अनिर्वचनीय प्रेम-स्वरूप हैं।"

उपर्युक्त सब व्याख्या अवश्य सगुण ईश्वर की है। तो क्या ईश्वर दो हैं ? एक सच्चिदानंदस्वरूप, जिसे ज्ञानी नेति-नेति करके प्राप्त करता है और दूसरा, भक्त का यह प्रेममय भगवान् ? नहीं, वह सच्चिदानंद ही यह प्रेममय भगवान् है, वह सगुण और निर्गुण दोनों है। यह सदैव ध्यान में रखना चाहिए कि भक्त का उपास्य सगुण ईश्वर ब्रह्म से भिन्न अथवा पृथक् नहीं है। सबकुछ वही एकमेवाद्वितीय ब्रह्म है। पर हाँ, ब्रह्म का यह निर्गुण स्वरूप अत्यंत सूक्ष्म होने के कारण प्रेम व उपासना के योग्य नहीं। इसीलिए भक्त ब्रह्म के सगुण भाव अर्थात् परम नियंता ईश्वर को ही उपास्य के रूप में ग्रहण करता है। उदाहरणार्थ, ब्रह्म मानो मिट्टी या

उपादान के सदृश है, जिससे नाना प्रकार की वस्तुएँ निर्मित हुई हैं। मिट्टी के रूप में तो वे सब एक हैं, पर उनके बाह्य आकार अलग-अलग होने से वे भिन्न-भिन्न प्रतीत होती हैं। उत्पत्ति के पूर्व वे सब की सब मिट्टी में गूढ़ भाव से विद्यमान थीं। उपादान की दृष्टि से अवश्य वे सब एक हैं, पर जब वे भिन्न-भिन्न आकार धारण कर लेती हैं और जब तक आकार बना रहता है, तब तक तो वे पृथक्-पृथक् ही प्रतीत होती हैं। मिट्टी का एक चूहा कभी मिट्टी का हाथी नहीं हो सकता, क्योंकि गढ़े जाने के बाद उनकी आकृति ही उनमें विशेषत्व पैदा कर देती है, यद्यपि आकृतिहीन मिट्टी की दशा में वे दोनों एक ही थे। ईश्वर उस निरपेक्ष सत्ता की उच्चतम अभिव्यक्ति है, या यों कहिए, मानव-मन के लिए जहाँ तक निरपेक्ष सत्य की धारणा करना संभव है, बस वही ईश्वर है। सृष्टि अनादि है, और उसी प्रकार ईश्वर भी अनादि है।

*वेदांतसूत्र के चतुर्थ अध्याय के चतुर्थ पाद में यह वर्णन करने के पश्चात् कि मुक्तिलाभ के उपरांत मुक्तात्मा को एक प्रकार से अनंत शक्ति और ज्ञान प्राप्त हो जाता है। व्यासदेव एक दूसरे सूत्र में कहते हैं, ''पर किसी को सृष्टि, स्थिति और प्रलय की शक्ति प्राप्त नहीं होगी, क्योंकि यह शक्ति केवल ईश्वर की ही है।''*

वेदांतसूत्र के चतुर्थ अध्याय के चतुर्थ पाद में यह वर्णन करने के पश्चात् कि मुक्तिलाभ के उपरांत मुक्तात्मा को एक प्रकार से अनंत शक्ति और ज्ञान प्राप्त हो जाता है। व्यासदेव एक दूसरे सूत्र में कहते हैं, ''पर किसी को सृष्टि, स्थिति और प्रलय की शक्ति प्राप्त नहीं होगी, क्योंकि यह शक्ति केवल ईश्वर की ही है।'' इस सूत्र की व्याख्या करते समय द्वैतवादी भाष्यकारों के लिए यह दरशाना सरल है कि परतंत्र जीव के लिए

ईश्वर की अनंत शक्ति और पूर्ण स्वतंत्रता प्राप्त करना नितांत असंभव है। कट्टर द्वैतवादी भाष्यकार मध्वाचार्य ने वराह पुराण से एक श्लोक लेकर इस सूत्र की व्याख्या अपनी पूर्वपरिचित संक्षिप्त शैली में की है।

इसी सूत्र की व्याख्या करते हुए भाष्यकार रामानुज कहते हैं, "ऐसा संशय उपस्थित होता है कि मुक्तात्मा को जो शक्ति प्राप्त होती है, उसमें क्या परम पुरुष की जगत्सृष्टि–आदि असाधारण शक्ति और सर्वनियंतृत्व भी अंतर्भूत हैं? या कि उसे यह शक्ति नहीं मिलती और उसका ऐश्वर्य केवल इतना ही रहता है कि उसे परम पुरुष के साक्षात् दर्शन भर हो जाते हैं? तो इस पर पूर्वपक्ष यह उपस्थित होता है कि मुक्तात्मा का जगन्नियंतृत्व प्राप्त करना युक्तियुक्त है; क्योंकि शास्त्र का कथन है, "वह शुद्धरूप होकर (परम पुरुष के साथ) परम एकत्व प्राप्त कर लेता है" *(मुंडक उपनिषद् 3।1।3)*। अन्य स्थान पर यह भी कहा गया है कि उसकी समस्त वासना पूर्ण हो जाती है। अब बात यह है कि परम एकत्व और सारी वासनाओं की पूर्ति परम पुरुष की असाधारण शक्ति जगन्नियंतृत्व बिना संभव नहीं। इसलिए जब हम यह कहते हैं कि उसकी सब वासनाओं की पूर्ति हो जाती है तथा उसे परम एकत्व प्राप्त हो जाता है, तो हमें यह मानना ही चाहिए कि उस मुक्तात्मा को जगन्नियंतृत्व की शक्ति प्राप्त हो जाती है। इस संबंध में हमारा उत्तर यह है कि मुक्तात्मा को जगन्नियंतृत्व के अतिरिक्त

***ऐसा संशय उपस्थित होता है कि मुक्तात्मा को जो शक्ति प्राप्त होती है, उसमें क्या परम पुरुष की जगत्सृष्टि–आदि असाधारण शक्ति और सर्वनियंतृत्व भी अंतर्भूत हैं? या कि उसे यह शक्ति नहीं मिलती और उसका ऐश्वर्य केवल इतना ही रहता है कि उसे परम पुरुष के साक्षात् दर्शन भर हो जाते हैं?***

अन्य सब शक्तियाँ प्राप्त हो जाती हैं। जगन्नियंतृत्व का अर्थ है—विश्व के सारे स्थावर और जंगम के रूप, उनकी स्थिति और वासनाओं का नियंतृत्व। पर मुक्तात्माओं में यह जगन्नियंतृत्व की शक्ति नहीं रहती। हाँ, उनकी परमात्म-दृष्टि का आवरण अवश्य दूर हो जाता है और उन्हें प्रत्यक्ष ब्रह्मानुभूति हो जाती है, बस यही उनका एकमात्र ऐश्वर्य है। यह कैसे जाना? शास्त्रवाक्य के बल पर। शास्त्र कहते हैं कि जगन्नियंतृत्व केवल परब्रह्म का गुण है। जैसे—''जिससे यह समुदय उत्पन्न होता है, जिसमें यह समुदय स्थित रहता है और जिसमें प्रलयकाल में यह समुदय लीन हो जाता है, तू उसी को जानने की इच्छा कर, वही ब्रह्म है।'' यदि यह जगन्नियंतृत्व-शक्ति मुक्तात्माओं का भी एक साधारण गुण रहे, तो उपर्युक्त श्लोक फिर ब्रह्म का लक्षण नहीं हो सकता, क्योंकि उसके जगन्नियंतृत्व गुण से ही उसका लक्षण प्रतिपादित हुआ है।

*असाधारण गुणों के द्वारा ही किसी वस्तु की व्याख्या होती है, उसका लक्षण प्रतिपादित होता है। अतः निम्नलिखित शास्त्रवाक्यों में यह प्रतिपादित हुआ है कि परमपुरुष ही जगन्नियमन का कर्ता है, और इन वाक्यों में ऐसी किसी बात का उल्लेख नहीं, जिससे मुक्तात्मा का जगन्नियंतृत्व स्थापित हो सके।*

असाधारण गुणों के द्वारा ही किसी वस्तु की व्याख्या होती है, उसका लक्षण प्रतिपादित होता है। अतः निम्नलिखित शास्त्रवाक्यों में यह प्रतिपादित हुआ है कि परमपुरुष ही जगन्नियमन का कर्ता है, और इन वाक्यों में ऐसी किसी बात का उल्लेख नहीं, जिससे मुक्तात्मा का जगन्नियंतृत्व स्थापित हो सके। शास्त्रवाक्य ये हैं—''वत्स, आदि में एकमेवाद्वितीय ब्रह्म ही था। उसमें इस विचार का स्कुरण हुआ कि मैं

बहु सृजन करूँगा। उसने तेज की सृष्टि की। आदि में केवल ब्रह्म ही था। उसकी उत्क्रांति हुई। उससे क्षत्र नामक एक सुंदर रूप प्रकट हुआ। वरुण, सोम, रुद्र, पर्जन्य, यम, मृत्यु, ईशान—ये सब देवता क्षत्र हैं। पहले आत्मा ही थी; अन्य कुछ भी क्रियाशील नहीं था। उसे सृष्टिसृजन का विचार आया और फिर उसने सृष्टि कर डाली। एकमात्र नारायण ही थे, न ब्रह्म थे, न ईशान, न द्यावा-पृथ्वी, नक्षत्र, जल, अग्नि, सोम और न सूर्य। अकेले उन्हें आनंद न आया। ध्यान के अनंतर उनके एक कन्या हुई—'दश-इंद्रिय'। जो पृथ्वी में वास करते हुए भी पृथ्वी से अलग हैं,… जो आत्मा में रहते हुए…इत्यादि।''

*दूसरे सूत्र की व्याख्या करते हुए रामानुज कहते हैं, ''यदि तुम कहो कि ऐसा नहीं है, वेदों में तो ऐसे अनेक श्लोक हैं, जो इसका खंडन करते हैं, तो वास्तव में वेदों के उन-उन स्थानों पर केवल निम्न देवलोकों के संबंध में ही मुक्तात्मा का ऐश्वर्य वर्णित है।'' यह भी एक सरल मीमांसा है।*

दूसरे सूत्र की व्याख्या करते हुए रामानुज कहते हैं, ''यदि तुम कहो कि ऐसा नहीं है, वेदों में तो ऐसे अनेक श्लोक हैं, जो इसका खंडन करते हैं, तो वास्तव में वेदों के उन-उन स्थानों पर केवल निम्न देवलोकों के संबंध में ही मुक्तात्मा का ऐश्वर्य वर्णित है।'' यह भी एक सरल मीमांसा है। यद्यपि रामानुज समष्टि की एकता स्वीकार करते हैं, तथापि उनके मतानुसार इस समष्टि के भीतर नित्य भेद है। अतएव यह मत भी कार्यतः द्वैत भावात्मक होने के कारण जीवात्मा और सगुण ब्रह्म (ईश्वर) में भेद बनाए रखना रामानुज के लिए कोई कठिन कार्य न था।

अब इस संबंध में प्रसिद्ध अद्वैतवादी का क्या कहना है, यह समझने का प्रयत्न करें। हम देखेंगे कि अद्वैत मत द्वैत मत की समस्त आशाओं

और स्पृहाओं की किस प्रकार रक्षा और पूर्ति करता है, और फिर साथ ही किस प्रकार ब्रह्मभावापन्न मानव जाति की परमोच्च गति के साथ सामंजस्य बैठाते हुए अपने भी सिद्धांत का प्रतिपादन करता है। जो व्यक्ति मुक्तिलाभ के बाद भी अपने व्यक्तित्व की रक्षा के इच्छुक हैं, भगवान् से स्वतंत्र रहना चाहते हैं, उन्हें अपनी स्पृहाओं को चरितार्थ करने और सगुण ब्रह्म का संभोग करने का यथेष्ट अवसर मिलेगा। ऐसे लोगों के बारे में भागवत-पुराण में कहा है, "हे राजन्, हरि के गुण ही ऐसे हैं कि समस्त बंधनों से मुक्त, आत्माराम ऋषि-मुनि भी भगवान् की अहैतुकी भक्ति करते हैं।"

*जो व्यक्ति मुक्तिलाभ के बाद भी अपने व्यक्तित्व की रक्षा के इच्छुक हैं, भगवान् से स्वतंत्र रहना चाहते हैं, उन्हें अपनी स्पृहाओं को चरितार्थ करने और सगुण ब्रह्म का संभोग करने का यथेष्ट अवसर मिलेगा। ऐसे लोगों के बारे में भागवत-पुराण में कहा है, "हे राजन्, हरि के गुण ही ऐसे हैं कि समस्त बंधनों से मुक्त, आत्माराम ऋषि-मुनि भी भगवान् की अहैतुकी भक्ति करते हैं।"*

सांख्य में इन्हीं लोगों को प्रकृतिलीन कहा गया है; सिद्धिलाभ के अनंतर ये ही दूसरे कल्प में विभिन्न जगत् के शासनकर्ता के रूप में प्रकट होते हैं। किंतु इनमें से कोई भी कभी ईश्वर तुल्य नहीं हो पाता। जो ऐसी अवस्था को प्राप्त हो गए हैं, जहाँ न सृष्टि है, न सृष्ट, न स्रष्टा, जहाँ न ज्ञाता है, न ज्ञान और न ज्ञेय, जहाँ न 'मैं' है, न 'तुम' और न 'वह', जहाँ न प्रमाता है, न प्रमेय और न प्रमाण, जहाँ 'कौन किसको देखे' वे पुरुष सबसे अतीत हो गए हैं और वहाँ पहुँच गए हैं, जहाँ न वाणी पहुँच सकती है, न मन और जिसे श्रुति 'नेति-नेति' कहकर पुकारती है। परंतु जो इस अवस्था

को प्राप्त नहीं कर सकते, अथवा जो इच्छा नहीं करते, वे उस एक अविभक्त ब्रह्म को प्रकृति, आत्मा और इन दोनों में ओत-प्रोत एवं इनके आश्रयस्वरूप ईश्वर—इस त्रिधा-विभक्त रूप में देखेंगे। जब प्रह्लाद अपने आपको भूल गए, तो उनके लिए न तो सृष्टि रही और न उसका कारण; रह गया केवल नाम-रूप से अविभक्त एक अनंत तत्त्व। पर ज्यों ही उन्हें यह बोध हुआ कि मैं प्रह्लाद हूँ, त्यों ही उनके सम्मुख जगत् और कल्याणमय अनंत गुणागार जगदीश्वर प्रकाशित हो गए। यही अवस्था बड़भागी, नंदनंदन-गतप्राणा गोपियों की भी हुई थी। जब तक वे 'अहं' ज्ञान से शून्य थीं, तब तक वे मानो कृष्ण ही हो गई थीं। पर ज्यों ही वे कृष्ण को उपास्य रूप में देखने लगीं, बस त्यों ही वे फिर से गोपी की गोपी हो गईं, और तब "उनके सम्मुख पीतांबरधारी, माल्यविभूषित, साक्षात् मन्मथ के भी मन को मथ देनेवाले मृदुहास्य रंजित कमलमुख श्रीकृष्ण प्रकट हो गए।"

*अब हम आचार्य शंकर की बात करते हैं। उन्होंने कहा है, अच्छा, जो लोग सगुण ब्रह्मोपासना के बल पर परमेश्वर के साथ एक हो जाते हैं, पर साथ ही जिनका मन अपना पृथक् अस्तित्व बनाए रखता है, उसका ऐश्वर्य ससीम होता है या असीम?*

अब हम आचार्य शंकर की बात करते हैं। उन्होंने कहा है, अच्छा, जो लोग सगुण ब्रह्मोपासना के बल पर परमेश्वर के साथ एक हो जाते हैं, पर साथ ही जिनका मन अपना पृथक् अस्तित्व बनाए रखता है, उसका ऐश्वर्य ससीम होता है या असीम? यह संशय आने पर पूर्वपक्ष उपस्थित होता है कि उनका ऐश्वर्य असीम है, क्योंकि शास्त्रों का कथन है, उन्हें स्वराज्य प्राप्त हो जाता है, सब देवता उनकी पूजा करते हैं, सारे लोकों में उनकी कामनाएँ पूर्ण हो जाती हैं।

इसके उत्तर में वेद व्यास कहते हैं, ''हाँ, जगत् की सृष्टि आदि की शक्ति को छोड़कर। मुक्तात्मा को सृष्टि, स्थिति और प्रलय की शक्ति से अतिरिक्त अन्य सब अणिमादि शक्तियाँ प्राप्त हो जाती हैं। रहा जगत् का नियंतृत्व, वह तो केवल नित्यसिद्ध ईश्वर का होता है। कारण कि शास्त्रों में जहाँ-जहाँ पर सृष्टि आदि की बात आई है, उन सभी स्थानों में ईश्वर की ही बात कही गई है। वहाँ पर मुक्तात्माओं का कोई प्रसंग नहीं है। जगत् के परिचालन में केवल उन्हीं परमेश्वर का हाथ है। सृष्टि आदि संबंधी सारे श्लोक उन्हीं का निर्देश करते हैं। 'नित्यसिद्ध' विशेषण भी दिया गया है। शास्त्र यह भी कहते हैं कि अन्य जनों की अणिमादि शक्तियाँ ईश्वर की उपासना तथा ईश्वर के अन्वेषण से ही प्राप्त होती हैं। ये शक्तियाँ असीम नहीं हैं। अतएव जगन्नियंतृत्व में उन लोगों का कोई स्थान नहीं। फिर वे अपने मन का पृथक् अस्तित्व बनाए रखते हैं, इसलिए यह संभव है कि उनकी इच्छाएँ अलग अलग हों। हो सकता है कि एक सृष्टि की इच्छा करे, तो दूसरा विनाश की। यह द्वंद्व दूर करने का एकमात्र उपाय यही है कि वे सब इच्छाएँ अन्य किसी एक इच्छा के अधीन कर दी जाएँ। अतः सिद्धांत यह निकला कि मुक्तात्माओं की इच्छाएँ परमेश्वर की इच्छा के अधीन हैं।''

*जगत् की सृष्टि आदि की शक्ति को छोड़कर। मुक्तात्मा को सृष्टि, स्थिति और प्रलय की शक्ति से अतिरिक्त अन्य सब अणिमादि शक्तियाँ प्राप्त हो जाती हैं। रहा जगत् का नियंतृत्व, वह तो केवल नित्यसिद्ध ईश्वर का होता है। कारण कि शास्त्रों में जहाँ-जहाँ पर सृष्टि आदि की बात आई है, उन सभी स्थानों में ईश्वर की ही बात कही गई है।*

अतएव भक्ति केवल सगुण ब्रह्म के प्रति की जा सकती है।

देहाभिमानियों को अव्यक्त गति कठिनता से प्राप्त होती है। हमारे स्वभाव रूपी स्रोत के साथ सामंजस्य रखते हुए भक्ति प्रवाहित होती है। यह सत्य है कि ब्रह्म के मानवी भाव के अतिरिक्त हम किसी दूसरे भाव की धारणा नहीं कर सकते। पर क्या यही बात हमारी ज्ञात प्रत्येक वस्तु के संबंध में भी नहीं घटती?

संसार के सर्वश्रेष्ठ मनोवैज्ञानिक भगवान् कपिल ने सदियों पहले यह बता दिया था कि हमारे समस्त बाह्य और आंतरिक विषय-ज्ञानों और धारणाओं में मानवी ज्ञान एक उपादान है। अपने शरीर से लेकर ईश्वर तक यदि हम विचार करें, तो प्रतीत होगा कि हमारे अनुभव की प्रत्येक वस्तु दो बातों का मिश्रण है—एक है यह मानवी ज्ञान और दूसरी है एक अन्य वस्तु, फिर यह अन्य वस्तु चाहे जो हो। इस अवश्यंभावी मिश्रण को ही हम साधारणतया सत्य समझा करते हैं। सचमुच, आज या भविष्य में, मानव-मन के लिए सत्य का ज्ञान जहाँ तक संभव है, वह इसके अतिरिक्त और अधिक कुछ नहीं। अतएव यह कहना कि ईश्वर मानव-धर्मवाला होने के कारण असत्य है, निरी मूर्खता है। यह बहुत कुछ पाश्चात्य विज्ञानवाद (Idealism) और सर्वास्तित्ववाद (Realism) के झगड़े के सदृश है। यह सारा झगड़ा केवल

*संसार के सर्वश्रेष्ठ मनोवैज्ञानिक भगवान् कपिल ने सदियों पहले यह बता दिया था कि हमारे समस्त बाह्य और आंतरिक विषय-ज्ञानों और धारणाओं में मानवी ज्ञान एक उपादान है। अपने शरीर से लेकर ईश्वर तक यदि हम विचार करें, तो प्रतीत होगा कि हमारे अनुभव की प्रत्येक वस्तु दो बातों का मिश्रण है—एक है यह मानवी ज्ञान और दूसरी है एक अन्य वस्तु, फिर यह अन्य वस्तु चाहे जो हो।*

इस सत्य शब्द के उलट-फेर पर आधारित है। सत्य शब्द से जितने भाव सूचित होते हैं, वे समस्त भाव ईश्वरभाव में आ जाते हैं। ईश्वर उतना ही सत्य है, जितनी विश्व की अन्य कोई वस्तु। वास्तव में, सत्य शब्द यहाँ पर जिस अर्थ में प्रयुक्त हुआ है, उससे अधिक सत्य शब्द का और कोई अर्थ नहीं। यही हमारी ईश्वर संबंधी दार्शनिक धारणा है।

□

# भक्तियोग का ध्येय-प्रत्यक्षानुभूति

भक्त के लिए इन सब शुष्क विषयों की जानकारी बस इसलिए आवश्यक है कि वह अपनी इच्छाशक्ति को दृढ़ बना सके; इससे अधिक उसकी और कोई उपयोगिता नहीं। कारण—वह एक ऐसे पथ पर चला है, जो शीघ्र ही उसे युक्ति के धुँधले और अशांतिमय राज्य की सीमा से बाहर निकाल प्रत्यक्ष अनुभूति के राज्य में ले जाएगा। ईश्वर की कृपा से वह शीघ्र ही एक ऐसी अवस्था में पहुँच जाता है, जहाँ पांडित्य-गर्वियों की प्रिय अक्षम युक्ति बहुत पीछे छूट जाती है। वहाँ बुद्धि के सहारे अँधेरे में टटोलना नहीं पड़ता, वहाँ तो प्रत्यक्ष-अनुभव-सूर्य की उज्ज्वल रश्मियों से सबकुछ आलोकित हो जाता है। तब वह और विचार या विश्वास नहीं करता, तब तो वह प्रत्यक्ष देखता है। वह और युक्ति-तर्क नहीं करता, वरन् प्रत्यक्ष अनुभव करता है। और क्या ईश्वर का यह साक्षात्कार, यह अनुभव, यह उपभोग अन्यान्य विषयों से कहीं श्रेष्ठ नहीं है ? यही नहीं, बल्कि ऐसे भी भक्त हैं, जिन्होंने घोषणा की है कि वह तो मुक्ति से भी श्रेष्ठ है। और यह क्या हमारे जीवन का सर्वोच्च प्रयोजन भी नहीं है ?

संसार में ऐसे बहुत से लोग हैं, जिनकी यह पक्की धारणा है कि केवल वही चीज उपयोगी है, जिससे मनुष्य को पाशविक सुख प्राप्त होते हैं; यहाँ तक कि धर्म, ईश्वर, परकाल, आत्मा आदि भी उनके किसी काम के नहीं, क्योंकि उन्हें उनसे धन या शारीरिक सुख प्राप्त नहीं होते! उनके लिए ऐसी सारी वस्तुएँ, जो इंद्रियों को चरितार्थ नहीं करतीं, जिनसे वासनाओं की तृप्ति नहीं होती, किसी भी काम की नहीं। फिर प्रत्येक मन की विशिष्ट आकांक्षाओं के अनुसार उपयोगिता का रूप भी बदलता रहता है। जिस व्यक्ति को जिस वस्तु की आवश्यकता होती है, उसे वही सबसे उपयोगी जान पड़ती है। अतः उन लोगों के लिए, जो खाने-पीने, वंश-वृद्धि करने और फिर मर जाने के सिवा और कुछ नहीं जानते, इंद्रिय-सुख ही एकमात्र लाभ करने योग्य वस्तु है! ऐसे लोगों के हृदय में उच्चतर विषय के लिए थोड़ी सी भी स्पृहा जगने के लिए अनेक जन्म लग जाएँगे। पर जिनके लिए आत्मोन्नति के साधन ऐहिक जीवन के क्षणिक सुखभोगों से अधिक महत्त्वपूर्ण हैं, जिनकी दृष्टि में इंद्रियों की तुष्टि केवल एक नासमझ बच्चे के खिलवाड़ के समान है, उनके लिए भगवान् और भगवत्प्रेम ही मानव-जीवन का सर्वोच्च एवं एकमात्र प्रयोजन है। ईश्वर की कृपा है कि आज भी यह घोर भोगलिप्सापूर्ण संसार ऐसे महात्माओं से बिल्कुल शून्य नहीं हो गया है।

*संसार में ऐसे बहुत से लोग हैं, जिनकी यह पक्की धारणा है कि केवल वही चीज उपयोगी है, जिससे मनुष्य को पाशविक सुख प्राप्त होते हैं; यहाँ तक कि धर्म, ईश्वर, परकाल, आत्मा आदि भी उनके किसी काम के नहीं, क्योंकि उन्हें उनसे धन या शारीरिक सुख प्राप्त नहीं होते!*

पूर्व में कहा जा चुका है कि भक्ति दो प्रकार की होती है—'गौणी' और 'परा'। 'गौणी' का अर्थ है साधन-भक्ति, अर्थात् जिसमें हम भक्ति को एक साधन के रूप में लेते हैं, और परा इसी की परिपक्वावस्था है। क्रमशः हम समझ सकेंगे कि इस भक्तिमार्ग में अग्रसर होने के लिए साधनावस्था में कुछ बाह्य सहायता लिये बिना काम नहीं बनता। वास्तव में सभी धर्मों के पौराणिक और रूपक भाग आप ही आ उपस्थित होते हैं तथा उन्नति-कामी आत्मा की प्रारंभिक अवस्था में उसे ईश्वर की ओर बढ़ने में सहायता देते हैं। यह भी एक महत्त्वपूर्ण बात है कि बड़े-बड़े धर्मात्मा उन्हीं धर्म-संप्रदायों में हुए हैं, जिनमें पौराणिक भावों और क्रिया-अनुष्ठानों की प्रचुरता है। जो सब शुष्क, मतांध धर्म-प्रणालियाँ इस बात का प्रयत्न करती हैं कि जो कुछ कवित्वमय, सुंदर और महान् है, जो कुछ भगवत्प्राप्ति के मार्ग में गिरते-पड़ते अग्रसर होनेवाले सुकुमार मन के लिए अवलंबन-स्वरूप है, उस सबको नष्ट कर डाले; जो धर्म-प्रणालियाँ धर्म-प्रासाद के आधारस्वरूप स्तंभों को ही ढहा देने का प्रयत्न करती हैं; जो सत्य के संबंध में अज्ञान और भ्रमपूर्ण धारणा लेकर इस बात के लिए यत्नशील है कि जो कुछ जीवन के लिए संजीवनी-स्वरूप है, जो कुछ मानवात्मा रूपी क्षेत्र में लहलहाती हुई धर्म-लता के लिए पालक एवं पोषक है, वह सब नष्ट हो जाए। उन धर्म-प्रणालियों को यह शीघ्र अनुभव हो जाता है कि उनमें

*पूर्व में कहा जा चुका है कि भक्ति दो प्रकार की होती है—'गौणी' और 'परा'। 'गौणी' का अर्थ है साधन-भक्ति, अर्थात् जिसमें हम भक्ति को एक साधन के रूप में लेते हैं, और परा इसी की परिपक्वावस्था है। क्रमशः हम समझ सकेंगे कि इस भक्तिमार्ग में अग्रसर होने के लिए साधनावस्था में कुछ बाह्य सहायता लिये बिना काम नहीं बनता।*

जो कुछ रह गया है, वह है केवल एक खोखलापन, अनंत शब्दराशि और कोरे तर्क-वितर्कों का एक स्तूप मात्र, जिसमें शायद एक प्रकार की सामाजिक सफाई या तथाकथित सुधार की थोड़ी सी गंध भर बच रही है।

जिनका धर्म इस प्रकार का है, उनमें से अधिकतर लोग जानते या न जानते हुए जड़वादी हैं; उनके ऐहिक व पारलौकिक जीवन का ध्येय केवल भोग है; वही उनकी दृष्टि में मानवजीवन का सर्वस्व है, वही उनका इष्टापूर्त है। मनुष्य के ऐहिक सुख-स्वाच्छंद्य के लिए रास्ता साफ कर देना आदि कार्य ही उनके मत में मानव-जीवन का सर्वस्व हैं। अज्ञान और मतांधता के इस विचित्र मिश्रण में रँगे हुए ये लोग जितने शीघ्र अपने असली रंग में आ जाएँ और जितनी जल्दी नास्तिकों और जड़वादियों के दल में जाकर शामिल हो जाएँ (क्योंकि असल में वे हैं उसी के योग्य), संसार का उतना ही मंगल है। धर्मानुष्ठान और आध्यात्मिक अनुभूति का एक छोटा सा कण भी ढेरों थोथी बकवासों और अंधी भावुकता से कहीं बढ़कर है। हमें कहीं एक भी तो ऐसा आध्यात्मिक दिग्गज दिखा दो, जो अज्ञान और मतांधता की इस ऊसर भूमि से उपजा हो। यदि यह न कर सको, तो बंद कर लो अपना मुँह; खोल दो अपने हृदय के कपाट, जिससे सत्य की शुभ्रोज्ज्वल किरणें भीतर प्रवेश कर सकें, और जाओ उन भारत-गौरव ऋषि-मुनियों की शरण में, जिनके प्रत्येक शब्द के पीछे प्रत्यक्ष अनुभूति का बल है। आओ, हम सब अबोध शिशु के समान उनके चरणों में बैठें और ध्यानपूर्वक उनके उपदेश सुनें।

□

# गुरु की आवश्यकता

प्रत्येक जीवात्मा का पूर्णत्व प्राप्त कर लेना बिल्कुल निश्चित है और अंत में सभी इस पूर्णावस्था को प्राप्त कर लेंगे। हम वर्तमान जीवन में जो कुछ हैं, वह हमारे पूर्व जीवन के कर्मों और विचारों का फल है, और हम जो कुछ भविष्य में होंगे, वह हमारे अभी के कर्मों और विचारों का फल होगा। पर हम स्वयं ही अपना भाग्य निर्माण कर रहे हैं। इससे यह न समझ बैठना चाहिए कि हमें किसी बाहरी सहायता की आवश्यकता नहीं; बल्कि अधिकतर स्थलों में तो इस प्रकार की सहायता नितांत आवश्यक होती है। जब ऐसी सहायता प्राप्त होती है, तो आत्मा की उच्चतर शक्तियाँ और आपाततः अव्यक्त प्रतीत होनेवाले भाव विकसित हो उठते हैं, आध्यात्मिक जीवन जाग्रत् हो जाता है, उसकी उन्नति वेगवती हो जाती है और अंत में साधक पवित्र और सिद्ध हो जाता है।

यह संजीवनी-शक्ति पुस्तकों से नहीं मिल सकती। इस शक्ति की प्राप्ति तो एक आत्मा एक दूसरी आत्मा से ही कर सकती है, अन्य किसी से नहीं। हम भले ही जीवनपर्यंत पुस्तकों का अध्ययन करते रहें और

खूब बुद्धिजीवी बन जाएँ, पर अंत में हम देखेंगे कि हमारी तनिक भी आध्यात्मिक उन्नति नहीं हुई है! यह बात सत्य नहीं कि बौद्धिक उन्नति के साथ-साथ आध्यात्मिक उन्नति भी होगी। पुस्तकों का अध्ययन करते समय हमें कभी-कभी यह भ्रम हो जाता है कि इससे हमें आध्यात्मिक मार्ग में सहायता मिल रही है; पर यदि हम ऐसे अध्ययन से अपने में होनेवाले फल का विश्लेषण करें, तो देखेंगे कि उससे अधिक-से-अधिक हमारी बुद्धि को ही कुछ लाभ होता है, हमारी अंतरात्मा को कोई लाभ नहीं होता। पुस्तकों का अध्ययन हमारे आध्यात्मिक विकास के लिए पर्याप्त नहीं है।

*यही कारण है कि यद्यपि हममें से लगभग सभी आध्यात्मिक विषयों पर बड़ी पांडित्यपूर्ण बातें कर सकते हैं, पर जब उन बातों को कार्य रूप में परिणत करने का, यथार्थ आध्यात्मिक जीवन बिताने का अवसर आता है, तो हम अपने को सर्वथा अयोग्य पाते हैं। जीवात्मा की शक्ति को जाग्रत् करने के लिए किसी दूसरी आत्मा से ही शक्ति का संचार होना चाहिए।*

यही कारण है कि यद्यपि हममें से लगभग सभी आध्यात्मिक विषयों पर बड़ी पांडित्यपूर्ण बातें कर सकते हैं, पर जब उन बातों को कार्य रूप में परिणत करने का, यथार्थ आध्यात्मिक जीवन बिताने का अवसर आता है, तो हम अपने को सर्वथा अयोग्य पाते हैं। जीवात्मा की शक्ति को जाग्रत् करने के लिए किसी दूसरी आत्मा से ही शक्ति का संचार होना चाहिए। जिस व्यक्ति की आत्मा से दूसरी आत्मा में शक्ति का संचार होता है, वह 'गुरु' कहलाता है और जिसकी आत्मा में यह शक्ति संचारित होती है, उसे 'शिष्य' कहते हैं। किसी भी आत्मा में इस प्रकार शक्ति-संचार करने के लिए

पहले तो, जिस आत्मा से यह संचार होता हो, उसमें स्वयं इस संचार की शक्ति विद्यमान रहे, और दूसरे, जिस आत्मा में यह शक्ति संचारित की जाए, वह इसे ग्रहण करने योग्य हो। बीज भी उम्दा और सजीव रहे एवं जमीन भी अच्छी जोती हुई हो। और जब ये दोनों बातें मिल जाती हैं, तो वहाँ प्रकृत-धर्म का अपूर्व विकास होता है।

यथार्थ धर्मगुरु में अपूर्व योग्यता होनी चाहिए, और उसके शिष्य को भी कुशल होना चाहिए। जब दोनों ही अद्भुत और असाधारण होते हैं, तभी अद्भुत आध्यात्मिक जागृति होती है, अन्यथा नहीं। ऐसे ही पुरुष वास्तविक रूप में सच्चे गुरु होते हैं, और ऐसे ही व्यक्ति आदर्श शिष्य या आदर्श साधक कहे जाते हैं। अन्य सब लोगों के लिए तो आध्यात्मिकता बस एक खिलवाड़ है। उनमें बस थोड़ा सा एक कौतूहल भर उत्पन्न हो गया है, बस थोड़ी सी बौद्धिक स्पृहा भर जाग गई है। पर वे अभी भी धर्म-क्षितिज की बाहरी सीमा पर ही खड़े हैं। इसमें संदेह नहीं कि इसका भी कुछ महत्त्व अवश्य है, क्योंकि हो सकता है, कुछ समय बाद यही भाव सच्ची धर्म-पिपासा में परिवर्तित हो जाए। और यह भी प्रकृति का एक बड़ा अद्भुत नियम है कि ज्यों ही भूमि तैयार हो जाती है, त्यों ही बीज को आना ही चाहिए, और वह आता भी है। ज्यों ही आत्मा की धर्म-पिपासा प्रबल होती है, त्यों ही धर्मशक्ति-संचारक पुरुष को

***यथार्थ धर्मगुरु में अपूर्व योग्यता होनी चाहिए, और उसके शिष्य को भी कुशल होना चाहिए। जब दोनों ही अद्भुत और असाधारण होते हैं, तभी अद्भुत आध्यात्मिक जागृति होती है, अन्यथा नहीं। ऐसे ही पुरुष वास्तविक रूप में सच्चे गुरु होते हैं, और ऐसे ही व्यक्ति आदर्श शिष्य या आदर्श साधक कहे जाते हैं।***

उस आत्मा की सहायता के लिए आना ही चाहिए, और वे आते भी हैं।

जब गृहीता की आत्मा में धर्मप्रकाश की आकर्षण-शक्ति पूर्ण और प्रबल हो जाती है, तो इस आकर्षण से आकृष्ट प्रकाशदायिनी शक्ति स्वयं ही आ जाती है। परंतु इस मार्ग में कुछ खतरे भी हैं। उदाहरणार्थ, इस बात का डर है कि गृहीता आत्मा क्षणिक भावुकता को कहीं वास्तविक धर्म-पिपासा न समझ बैठे। हम अपने जीवन में ही इसका परीक्षण कर सकते हैं। हमारे जीवनकाल में कई बार ऐसा होता है कि हमारे एक अत्यंत प्रिय व्यक्ति की मृत्यु हो जाती है और उससे हमें बड़ा सदमा पहुँचता है। तब हमें ऐसा प्रतीत होता है कि हम जिसे पकड़ने जाते हैं, वही हमारे हाथों से निकला जा रहा है, मानो पैरों तले जमीन खिसकी जा रही है; हमारी आँखों में अँधेरा छा जाता है, हमें किसी दृढ़तर और उच्चतर आश्रय की आवश्यकता अनुभव होती है और हम सोचते हैं कि अब हमें अवश्य धार्मिक हो जाना चाहिए। कुछ दिनों बाद वह भाव-तरंग नष्ट हो जाती है और हम जहाँ थे, वहीं के वहीं रह जाते हैं। हममें से सभी बहुधा ऐसी भाव-तरंगों को वास्तविक धर्म-पिपासा समझ बैठते हैं।

*जब गृहीता की आत्मा में धर्मप्रकाश की आकर्षण-शक्ति पूर्ण और प्रबल हो जाती है, तो इस आकर्षण से आकृष्ट प्रकाशदायिनी शक्ति स्वयं ही आ जाती है। परंतु इस मार्ग में कुछ खतरे भी हैं। उदाहरणार्थ, इस बात का डर है कि गृहीता आत्मा क्षणिक भावुकता को कहीं वास्तविक धर्म-पिपासा न समझ बैठे।*

और जब तक हम उन क्षणिक आवेशों के धोखे में रहेंगे, तब तक धर्म के लिए सच्ची और स्थायी व्याकुलता नहीं आएगी, तब तक हमें ऐसा पुरुष नहीं मिलेगा, जो हममें धर्म-संचार कर सके। अतएव जब

कभी हममें यह भावना उदित हो कि अरे! मैंने सत्य की प्राप्ति के लिए इतना प्रयत्न किया, फिर भी कुछ न हुआ; मेरे सारे प्रयत्न व्यर्थ ही हुए! तो उस समय ऐसी शिकायत करने के बदले हमारा प्रथम कर्तव्य यह होगा कि हम अपने आप से ही पूछें, अपने हृदय को टटोलें और देखें कि हमारी वह स्पृहा यथार्थ है अथवा नहीं। ऐसा करने पर पता चलेगा कि अधिकतर स्थलों पर हम सत्य को ग्रहण करने के उपयुक्त नहीं थे, हममें धर्म के लिए सच्ची पिपासा नहीं थी। फिर शक्तिसंचारक गुरु के संबंध में तो और भी बड़े-बड़े खतरों की संभावना है।

बहुत से लोग ऐसे होते हैं, जो स्वयं होते तो बड़े अज्ञानी है, परंतु फिर भी अहंकारवश अपने को सर्वज्ञ समझते हैं; इतना ही नहीं, बल्कि दूसरों को भी अपने कंधों पर ले जाने को तैयार रहते हैं। इस प्रकार अंधा अंधे का अगुआ बन दोनों ही गड्ढे में गिर पड़ते हैं। "अज्ञान से घिरे हुए, अत्यंत निर्बुद्ध होने पर भी अपने को महापंडित समझनेवाले मूढ व्यक्ति, अंधे के नेतृत्व में चलनेवाले अंधों के समान चारों ओर ठोकरें खाते हुए भटकते फिरते हैं।" यह संसार तो ऐसे लोगों से ही भरा पड़ा है। हर एक आदमी गुरु होना चाहता है। एक भिखारी भी चाहता है कि वह लाखों का दान कर डाले! जैसे हास्यास्पद ये भिखारी हैं, वैसे ही ये गुरु भी कम हास्यास्पद नहीं हैं!

□

# गुरु और शिष्य के लक्षण

अब देखें कि गुरु की पहचान क्या है ? सूर्य को प्रकाश में लाने के लिए मशाल की आवश्यकता नहीं होती। उसे देखने के लिए हमें दीया नहीं जलाना पड़ता। जब सूर्योदय होता है तो हम अपने आप जान जाते हैं कि सूरज उग आया। इसी प्रकार जब हमारी सहायता के लिए गुरु का आगमन होता है, तो आत्मा अपने आप जान लेती है कि उस पर अब सत्य-सूर्य की किरणें पड़ने लगी हैं। सत्य स्वयं ही प्रमाण है, उसे प्रमाणित करने के लिए किसी दूसरे साक्षी की आवश्यकता नहीं, वह स्वप्रकाश है। वह हमारी प्रकृति के अंतस्तल तक प्रवेश कर जाता है और उसके समक्ष सारी दुनिया उठ खड़ी होती है और कहती है, यही सत्य है।

जिन आचार्यों के हृदय में सत्य और ज्ञान सूर्य के समान देदीप्यमान होते हैं, वे संसार में सर्वोच्च महापुरुष हैं और अधिकांश मानवजाति द्वारा उनकी उपासना ईश्वर के समान ही होती है। परंतु उनकी अपेक्षा अल्पज्ञान वाले व्यक्तियों से भी हम आध्यात्मिक सहायता ले सकते हैं। पर हममें वह अंतर्दृष्टि नहीं है, जिससे हम गुरु के संबंध में यथार्थ विचार

कर सकें। अतएव गुरु और शिष्य दोनों के संबंध में कुछ परख और शर्तें आवश्यक हैं—शिष्य के लिए यह आवश्यक है कि उसमें पवित्रता, सच्ची ज्ञान-पिपासा और अध्यवसाय हो। अपवित्र आत्मा कभी यथार्थ धार्मिक नहीं हो सकती। धार्मिक होने के लिए तन, मन और वचन की शुद्धता नितांत आवश्यक है। रही ज्ञान-पिपासा की बात, तो इस संबंध में यह एक सनातन सत्य है कि जाकर जापर सत्य सनेहू, सो तेहि मिलहि न कछु संदेहू। हम जो चाहते हैं, वही पाते हैं। जिस वस्तु की हम अंत:करण से चाह नहीं करते, वह हमें प्राप्त नहीं होती।

***धर्म के लिए सच्ची व्याकुलता होना बड़ी कठिन बात है। वह उतना सरल नहीं, जितना कि हम बहुधा अनुमान करते हैं। धर्म-संबंधी बात सुनना, धार्मिक पुस्तकें पढ़ना केवल इतने से ही यह न सोच लेना चाहिए कि हृदय में सच्ची पिपासा है।***

धर्म के लिए सच्ची व्याकुलता होना बड़ी कठिन बात है। वह उतना सरल नहीं, जितना कि हम बहुधा अनुमान करते हैं। धर्म-संबंधी बात सुनना, धार्मिक पुस्तकें पढ़ना केवल इतने से ही यह न सोच लेना चाहिए कि हृदय में सच्ची पिपासा है। उसके लिए तो हमें अपनी पाशविक प्रकृति के साथ निरंतर जूझते रहना होगा, सतत युद्ध करना होगा और उसे अपने वश में लाने के लिए अविराम प्रयत्न करना होगा। कब तक? जब तक हमारे हृदय में धर्म के लिए सच्ची व्याकुलता उत्पन्न न हो जाए, जब तक विजयश्री हमारे हाथ न लग जाए। यह कोई एक या दो दिन की बात तो है नहीं, कुछ वर्ष या कुछ जन्म की भी बात नहीं, इसके लिए संभव है, हमें सैकड़ों जन्म तक इसी प्रकार संग्राम करना पड़े। हो सकता है, किसी को सिद्धि थोड़े समय में ही प्राप्त हो जाए; पर यदि उसके लिए अनंत काल तक भी बाट जोहनी

पड़े, तो भी हमें तैयार रहना चाहिए। जो शिष्य इस प्रकार अध्यवसाय के साथ साधना में प्रवृत्त होता है, उसे सफलता अवश्य प्राप्त होती है।

गुरु के विषय में यह जान लेना आवश्यक है कि उन्हें शास्त्रों का मर्म ज्ञात हो। वैसे तो सारा संसार ही बाइबिल, वेद और कुरान पढ़ता है; पर वे तो केवल शब्दराशि हैं, धर्म की सूखी ठठरी मात्र हैं। जो गुरु शब्दाडंबर के चक्कर में पड़ जाते हैं, जिनका मन शब्दों की शक्ति में बह जाता है, वे भीतर का मर्म खो बैठते हैं। जो शास्त्रों के वास्तविक मर्मज्ञ हैं, वे ही असल में सच्चे धार्मिक गुरु हैं। शास्त्रों का शब्दजाल एक सघन वन के सदृश है, जिसमें मनुष्य का मन भटक जाता है और रास्ता ढूँढ़े से भी नहीं मिल पाता। ''शब्दजाल तो चित्त को भटकानेवाला एक महा वन है।'' विचित्र ढंग की शब्द-रचना, सुंदर भाषा में बोलने के विभिन्न प्रकार और शास्त्र-मर्म की नाना प्रकार से व्याख्या करना—''ये सब पंडितों के भोग के लिए ही है; इनसे अंतर्दृष्टि का विकास नहीं होता।''

*गुरु के विषय में यह जान लेना आवश्यक है कि उन्हें शास्त्रों का मर्म ज्ञात हो। वैसे तो सारा संसार ही बाइबिल, वेद और कुरान पढ़ता है; पर वे तो केवल शब्दराशि हैं, धर्म की सूखी ठठरी मात्र हैं। जो गुरु शब्दाडंबर के चक्कर में पड़ जाते हैं, जिनका मन शब्दों की शक्ति में बह जाता है, वे भीतर का मर्म खो बैठते हैं।*

जो लोग इन उपायों से दूसरों को धर्म की शिक्षा देते हैं, वे केवल अपना पांडित्य प्रदर्शित करना चाहते हैं। उनकी यही इच्छा रहती है कि संसार उन्हें बहुत बड़ा विद्वान् मानकर उनका सम्मान करे। संसार के प्रधान आचार्यों में से कोई भी शास्त्रों की इस प्रकार नानाविध व्याख्या करने के झमेले में नहीं पड़ा। उन्होंने श्लोकों के अर्थ में खींचातानी नहीं

की। वे शब्दार्थ और धात्वर्थ के फेर में नहीं पड़े। फिर भी उन्होंने संसार को बड़ी सुंदर शिक्षा दी। इसके विपरीत, उन लोगों ने, जिनके पास सिखाने को कुछ भी नहीं, कभी एक-आध शब्द को ही पकड़ लिया और उस पर तीन भागों की एक मोटी पुस्तक लिख डाली, जिसमें उस शब्द की उत्पत्ति कैसे हुई, किसने उस शब्द का सबसे पहले उपयोग किया, वह क्या खाता था, वह कितनी देर सोता था, आदि-आदि इसी प्रकार की सब अनर्थक बातें भरी हैं।

भगवान् श्रीरामकृष्ण एक कहानी कहा करते थे—"एक बार दो आदमी किसी बगीचे में घूमने गए। उनमें से एक जिसकी विषय-बुद्धि जरा तेज थी, बगीचे में घुसते ही हिसाब लगाने लगा—यहाँ कितने पेड़ आम के हैं, किस पेड़ में कितने आम हैं, एक-एक डाली में कितनी पत्तियाँ हैं, बगीचे की कीमत कितनी हो सकती है आदि-आदि। पर दूसरा आदमी बगीचे के मालिक से भेंट करके, एक पेड़ के नीचे बैठ गया और मजे से एक-एक आम गिराकर खाने लगा। अब बताओ, इन दोनों में कौन ज्यादा बुद्धिमान है ? आम खाओ तो पेट भी भरे, केवल पत्ते गिनने और यह सब हिसाब लगाने से क्या लाभ ? यह पत्तियाँ और डालें गिनना तथा दूसरों को यह सब बताने वाला भाव बिल्कुल छोड़ दो। यह बात नहीं कि इस सब की कोई उपयोगिता नहीं; है—पर धर्म के क्षेत्र में नहीं। इन पत्तियाँ गिननेवालों में तुम एक भी आध्यात्मिक महापुरुष नहीं

***एक बार दो आदमी किसी बगीचे में घूमने गए। उनमें से एक जिसकी विषय-बुद्धि जरा तेज थी, बगीचे में घुसते ही हिसाब लगाने लगा—यहाँ कितने पेड़ आम के हैं, किस पेड़ में कितने आम हैं, एक-एक डाली में कितनी पत्तियाँ हैं, बगीचे की कीमत कितनी हो सकती है आदि-आदि।***

पाओगे। मानव-जीवन के सर्वोच्च ध्येय—मानव की महत्तम गरिमा—धर्म के लिए इतनी पत्तियाँ गिनने के श्रम की आवश्यकता नहीं। यदि तुम भक्त होना चाहते हो, तो तुम्हारे लिए यह जानना बिल्कुल आवश्यक नहीं कि भगवान् श्रीकृष्ण मथुरा में हुए थे या व्रज में, वे करते क्या थे, और जब उन्होंने गीता की शिक्षा दी तो उस दिन ठीक-ठीक तिथि क्या थी। गीता में कर्तव्य और प्रेम-संबंधी जो उदात्त उपदेश दिए गए हैं, उनको अपने जीवन में उतारने का प्रयत्न करो, उनकी आवश्यकता हृदय से अनुभव करो। बस यही तुम्हारे लिए आवश्यक है। उसके तथा उसके प्रणेता के संबंध में अन्य सब विचार तो केवल विद्वान् के आमोद के लिए हैं। वे जो चाहते हैं, करें। हम तो उनके पांडित्यपूर्ण विवाद पर केवल 'शांति-शांति' कहेंगे और बस आम खाएँगे।

*अब गुरु के लिए दूसरी आवश्यक बात है—निष्पापता। बहुधा प्रश्न पूछा जाता है, "हम गुरु के चरित्र और व्यक्तित्व की ओर ध्यान ही क्यों दे? हमें तो यही देखना चाहिए कि वे क्या कहते हैं, और बस उसे ग्रहण कर लेना चाहिए।" पर यह बात ठीक नहीं।*

अब गुरु के लिए दूसरी आवश्यक बात है—निष्पापता। बहुधा प्रश्न पूछा जाता है, "हम गुरु के चरित्र और व्यक्तित्व की ओर ध्यान ही क्यों दे? हमें तो यही देखना चाहिए कि वे क्या कहते हैं, और बस उसे ग्रहण कर लेना चाहिए।" पर यह बात ठीक नहीं। यदि कोई मनुष्य मुझे गति-विज्ञान, रसायनशास्त्र अथवा अन्य कोई भौतिक विज्ञान सिखाना चाहे, तो उसका चरित्र कैसा भी हो सकता है, क्योंकि इन विषयों के लिए केवल तेज बुद्धि की ही आवश्यकता है; परंतु अध्यात्म-विज्ञान के आचार्य यदि अशुद्ध चित्त रहें, तो उनमें लेशमात्र भी धर्म का प्रकाश

नहीं रह सकता। एक अशुद्ध चित्त व्यक्ति हमें क्या धर्म सिखाएगा? अपने लिए आध्यात्मिक सत्य की उपलब्धि करने और दूसरों में उसका संचार करने का एकमात्र उपाय है—हृदय और मन की पवित्रता। जब तक चित्तशुद्धि नहीं होती, तब तक भगवद्दर्शन अथवा उस अतींद्रिय सत्ता का आभास तक नहीं मिलता।

अतएव गुरु के संबंध में हमें पहले यह जान लेना होगा कि उनका चरित्र कैसा है, और फिर देखना होगा कि वे कहते क्या हैं। उन्हें पूर्ण रूप से शुद्धचित्त होना चाहिए, तभी उनके शब्दों का मूल्य होगा, क्योंकि केवल तभी वे सच्चे संचारक हो सकते हैं। यदि स्वयं उनमें आध्यात्मिक शक्ति न हो, तो वे संचार ही क्या करेंगे? उनके मन में आध्यात्मिकता का इतना प्रबल स्पंदन होना चाहिए, जिससे वह सहज रूप से शिष्य के मन में संचरित हो जाए। वास्तव में गुरु का काम यह है कि वे शिष्य में आध्यात्मिक शक्ति का संचार कर दें, न कि शिष्य की बुद्धिवृत्ति अथवा अन्य किसी शक्ति को उत्तेजित मात्र करें। यह स्पष्ट अनुभव किया जा सकता है कि गुरु से शिष्य में सचमुच एक शक्ति आ रही है। अत: गुरु का शुद्धचित्त होना परम आवश्यक है।

*अतएव गुरु के संबंध में हमें पहले यह जान लेना होगा कि उनका चरित्र कैसा है, और फिर देखना होगा कि वे कहते क्या हैं। उन्हें पूर्ण रूप से शुद्धचित्त होना चाहिए, तभी उनके शब्दों का मूल्य होगा, क्योंकि केवल तभी वे सच्चे संचारक हो सकते हैं।*

गुरु के लिए तीसरी आवश्यक बात है—उद्देश्य। गुरु को धन, नाम या यश संबंधी स्वार्थ-सिद्धि के लिए धर्म-शिक्षा नहीं देनी चाहिए। उनके कार्य तो सारी मानवजाति के प्रति विशुद्ध प्रेम से ही प्रेरित हों। आध्यात्मिक शक्ति का संचार केवल शुद्ध प्रेम के माध्यम से ही हो सकता

है। किसी प्रकार का स्वार्थपूर्ण भाव, जैसे कि लाभ अथवा यश की इच्छा, तुरंत ही इस प्रेमरूपी माध्यम को नष्ट कर देगा। भगवान् प्रेमस्वरूप है, और जिन्होंने इस तत्त्व को प्राप्त कर लिया है, वे ही मनुष्य को शुद्ध होने और ईश्वर को जानने की शिक्षा दे सकते हैं।

जब यह देख लो कि तुम्हारे गुरु में ये सब लक्षण विद्यमान है तो फिर तुम्हें कोई आशंका नहीं। अन्यथा उनसे शिक्षा ग्रहण करना ठीक नहीं; क्योंकि तब साधु-भाव संचरित होने के बदले असाधुभाव के संचरित हो जाने का भय ही अधिक बना रहता है। अत: इस प्रकार के खतरे से हमें सब प्रकार से बचना चाहिए। केवल वही, 'जो शास्त्रज्ञ, निष्पाप, कामगंधहीन और श्रेष्ठ ब्रह्मवित् है,' वही सच्चा गुरु है।

*जब यह देख लो कि तुम्हारे गुरु में ये सब लक्षण विद्यमान है तो फिर तुम्हें कोई आशंका नहीं। अन्यथा उनसे शिक्षा ग्रहण करना ठीक नहीं; क्योंकि तब साधु-भाव संचरित होने के बदले असाधुभाव के संचरित हो जाने का भय ही अधिक बना रहता है। अत: इस प्रकार के खतरे से हमें सब प्रकार से बचना चाहिए।*

जो कुछ बताया गया, उससे यह सहज ही मालूम हो जाएगा कि धर्म में अनुराग लाने के लिए, धर्म की बातें समझने के लिए और उन्हें अपने जीवन में उतारने के लिए उपयोगी शिक्षा हम यहाँ-वहाँ, किसी भी ऐरे-गैरे के पास प्राप्त नहीं कर सकते। ''पर्वत उपदेश देते हैं, कलकल बहनेवाले झरने विद्या बिखेरते जाते हैं और सर्वत्र शुभ ही शुभ है।'' ये सब बातें कवित्व की दृष्टि से भले ही बड़ी सुंदर हों; पर जब तक स्वयं मनुष्य में सत्य का बीज अपरिस्फुट भाव में भी नहीं है, तब तक दुनिया की कोई भी चीज उसे सत्य का एक कण तक नहीं दे सकती।

पर्वत और झरने किसे उपदेश देते हैं? उसी मानवात्मा को, जिसके पवित्र हृदय-मंदिर का कमल खिल चुका है। और उसे इस प्रकार सुंदर रूप से विकसित करनेवाला ज्ञान- प्रकाश सद्‌गुरु से ही आता है। जब हृदय-कमल इस प्रकार खिल जाता है, तब वह पर्वत, झरने, नक्षत्र, सूर्य, चंद्र अथवा इस ब्रह्ममय विश्व में जो कुछ है, सभी से शिक्षा ग्रहण कर सकता है। परंतु जिसका हृदय-कमल अभी तक खिला नहीं, वह तो इन सब में पर्वत आदि के सिवा और कुछ न देख पाएगा। एक अंधा यदि अजायबघर में जाए, तो उससे क्या होगा? पहले उसे आँखें दो, तब कहीं वह समझ सकेगा कि वहाँ की भिन्न-भिन्न वस्तुओं से क्या शिक्षा मिल सकती है।

*धर्म-पिपासु की आँखें तो गुरु ही खोलनेवाले होते हैं। अत: गुरु के साथ हमारा संबंध ठीक वैसा ही है जैसा पूर्वज के साथ उसके वंशज का। गुरु के प्रति विश्वास, नम्रता, विनय और श्रद्धा के बिना हममें धर्मभाव पनप ही नहीं सकता। और यह एक महत्त्वपूर्ण बात है कि जिन देशों में गुरु और शिष्य में इस प्रकार का संबंध विद्यमान है, केवल वहीं असाधारण आध्यात्मिक पुरुष उत्पन्न हुए हैं...*

धर्म-पिपासु की आँखें तो गुरु ही खोलनेवाले होते हैं। अत: गुरु के साथ हमारा संबंध ठीक वैसा ही है जैसा पूर्वज के साथ उसके वंशज का। गुरु के प्रति विश्वास, नम्रता, विनय और श्रद्धा के बिना हममें धर्मभाव पनप ही नहीं सकता। और यह एक महत्त्वपूर्ण बात है कि जिन देशों में गुरु और शिष्य में इस प्रकार का संबंध विद्यमान है, केवल वहीं असाधारण आध्यात्मिक पुरुष उत्पन्न हुए हैं; और जिन देशों में इस प्रकार के गुरु-शिष्य संबंध की उपेक्षा हुई है, वहाँ धर्मगुरु एक वक्ता मात्र रह गया है—गुरु को मतलब रहता है

अपनी दक्षिणा से और शिष्य को मतलब रहता है गुरु के शब्दों से, जिन्हें वह अपने मस्तिष्क में ठूँस लेना चाहता है। इतना भर हो गया कि फिर बस दोनों अपना-अपना रास्ता नापते हैं। वहाँ आध्यात्मिकता बिल्कुल नहीं के बराबर ही रहती है—न कोई शक्ति-संचार करनेवाला होता है और न कोई उसका ग्रहण करनेवाला। ऐसे लोगों के लिए धर्म एक व्यवसाय हो जाता है। वे सोचते हैं कि वे उसे खरीद सकते हैं। काश! ईश्वर करते, धर्म इतना सुलभ हो जाता! पर दुर्भाग्य, ऐसा हो नहीं सकता।

धर्म ही सर्वोच्च ज्ञान है, वही सर्वोच्च विद्या है। वह पैसों से नहीं मिल सकता और न पुस्तकों से ही। तुम भले ही संसार का कोना-कोना छान डालो, हिमालय, आल्प्स और कांकेशस के शिखर पर चढ़ जाओ, अथाह समुद्र का तल भी नाप डालो, तिब्बत और गोबी-मरुभूमि की धूल छान डालो, पर जब तक तुम्हारा हृदय धर्म को ग्रहण करने के लिए तैयार नहीं हो जाता और जब तक गुरु का आगमन नहीं होता, तब तक तुम धर्म को कहीं न पाओगे। जब ये विधाता-निर्दिष्ट गुरु प्राप्त हो जाएँ, तो उनके निकट बालकवत् विश्वास और सरलता के साथ अपना हृदय खोल दो, और साक्षात् ईश्वर-ज्ञान से उनकी सेवा करो। जो लोग इस प्रकार प्रेम और श्रद्धा-संपन्न होकर सत्य की खोज करते हैं, उनके निकट सत्यस्वरूप भगवान् सत्य, शिव और सौंदर्य के अलौकिक तत्त्वों को प्रकट कर देते हैं।

□

# अवतार

जिस स्थान पर प्रभु का गुणगान होता हो, वह स्थान ही पवित्र है। तो फिर जो मनुष्य प्रभु का गुणगान करता है, वह और भी कितना पवित्र न होगा! अतएव जिनसे हमें आध्यात्मिक शिक्षा प्राप्त होती है, उनके समीप हमें कितनी भक्ति के साथ जाना चाहिए। यह सत्य है कि संसार में ऐसे धर्मगुरुओं की संख्या बहुत थोड़ी है, पर यह बात नहीं कि संसार ऐसे महापुरुषों से कभी शून्य हो जाए। वे तो मानवजीवन-उद्यान के सुंदरतम पुष्प हैं और 'अहैतुक दयासिंधु' हैं। भगवान् श्रीकृष्ण भागवत में कहते हैं, ''मुझे ही आचार्य जानो।'' यह संसार ज्यों ही इन आचार्यों से बिल्कुल रहित हो जाता है, त्यों ही यह एक भयंकर नरककुंड बन जाता है और नाश की ओर द्रुत वेग से बढ़ने लगता है।

साधारण गुरुओं से श्रेष्ठ एक और श्रेणी के गुरु होते हैं, और वे है—इस संसार में ईश्वर के अवतार। वे केवल स्पर्श से, यहाँ तक कि इच्छा मात्र से ही आध्यात्मिकता प्रदान कर सकते हैं। उनकी इच्छा से पतित से पतित व्यक्ति भी क्षण भर में साधु हो जाता है। वे गुरुओं के भी

गुरु हैं—नरदेहधारी भगवान् हैं। उनके माध्यम बिना हम अन्य किसी भी उपाय से भगवान् को नहीं देख सकते। हम उनकी उपासना किए बिना रह ही नहीं सकते। वास्तव में वे ही एकमात्र ऐसे हैं, जिनकी उपासना करने के लिए हम बाध्य हैं।

इस प्रकार के नरदेहधारी ईश्वरावतारों के माध्यम बिना कोई मनुष्य ईश्वर-दर्शन नहीं कर सकता। जब हम अन्य किसी साधन द्वारा ईश्वर-दर्शन का यत्न करते हैं, तो हम अपने मन में ईश्वर का एक विचित्र सा रूप गढ़ लेते हैं और सोचते हैं कि बस यही ईश्वर का सच्चा रूप है। एक बार एक अनाड़ी आदमी से भगवान् शिव की मूर्ति बनाने को कहा गया। कई दिनों के घोर परिश्रम के बाद उसने एक मूर्ति तैयार तो की, पर वह बंदर जैसी थी! इसी प्रकार जब हम भगवान् को उनके असल रूप में, उनके निर्गुण, पूर्ण स्वरूप में सोचने का प्रयत्न करते हैं, तो हम अनिवार्य रूप से बुरी तरह असफल होते हैं; क्योंकि जब तक हम मनुष्य हैं, तब तक मनुष्य से उच्चतर रूप में हम उनकी कल्पना ही नहीं कर सकते। एक समय ऐसा आएगा, जब हम अपनी मानवी प्रकृति के परे चले जाएँगे, और तब हम उन्हें उनके असली स्वरूप में देख सकेंगे। पर जब तक हम मनुष्य हैं, तब तक हमें उनकी उपासना मनुष्य में और मनुष्य के रूप में ही करनी होगी। तुम चाहे कितनी ही लंबी-चौड़ी बातें क्यों न करो, कितनी भी कोशिश क्यों न करो, पर तुम भगवान् को मनुष्य के सिवा और कुछ सोच ही नहीं सकते।

*इस प्रकार के नरदेहधारी ईश्वरावतारों के माध्यम बिना कोई मनुष्य ईश्वर-दर्शन नहीं कर सकता। जब हम अन्य किसी साधन द्वारा ईश्वर-दर्शन का यत्न करते हैं, तो हम अपने मन में ईश्वर का एक विचित्र सा रूप गढ़ लेते हैं और सोचते हैं कि बस यही ईश्वर का सच्चा रूप है।*

तुम भले ही ईश्वर और संसार की सारी वस्तुओं पर विद्वत्तापूर्ण लंबी-लंबी वक्तृताएँ दे डालो, बड़े युक्तिवादी बन जाओ और अपने मन को समझा लो कि ईश्वरावतार की ये सब बातें अर्थहीन और व्यर्थ हैं, पर क्षण भर के लिए सहज बुद्धि से विचार तो करो। इस प्रकार की अद्‌भुत विचार-बुद्धि से क्या प्राप्त होता है? कुछ नहीं—शून्य, केवल कुछ शब्दों का ढेर! अब भविष्य में जब कभी तुम किसी मनुष्य को अवतार-पूजा के विरुद्ध एक बड़ा विद्वत्तापूर्ण भाषण देते हुए सुनो, तो सीधे उसके पास चले जाना और पूछना कि उसकी ईश्वर-संबंधी धारणा क्या है, सर्वशक्तिमान, सर्वव्यापी आदि शब्दों का उच्चारण करने से वह शब्द-ध्वनि के अतिरिक्त और क्या समझता है? तो देखोगे, वास्तव में वह कुछ नहीं समझता। वह उनका ऐसा कोई अर्थ नहीं लगा सकता, जो उसकी अपनी मानवी प्रकृति से प्रभावित न हो। इस बात में तो उसमें और रास्ता चलनेवाले एक अपढ़ गँवार में कोई अंतर नहीं। फिर भी यह अपढ़ व्यक्ति कहीं अच्छा है, क्योंकि कम-से-कम वह शांत तो रहता है, वह संसार की शांति को तो भंग नहीं करता है, पर वह लंबी-लंबी बातें करनेवाला व्यक्ति मनुष्यजाति में अशांति और दुःख पैदा कर देता है। धर्म का अर्थ है प्रत्यक्ष अनुभूति। अतएव इस अनुभूति और थोथी बात के बीच जो विशेष भेद है, उसे हमें अच्छी तरह पकड़ लेना चाहिए। आत्मा के गंभीरतम प्रदेश में हम

*तुम भले ही ईश्वर और संसार की सारी वस्तुओं पर विद्वत्तापूर्ण लंबी-लंबी वक्तृताएँ दे डालो, बड़े युक्तिवादी बन जाओ और अपने मन को समझा लो कि ईश्वरावतार की ये सब बातें अर्थहीन और व्यर्थ हैं, पर क्षण भर के लिए सहज बुद्धि से विचार तो करो। इस प्रकार की अद्‌भुत विचार-बुद्धि से क्या प्राप्त होता है? कुछ नहीं—शून्य, केवल कुछ शब्दों का ढेर!*

जो अनुभव करते हैं, वही प्रत्यक्षानुभूति है। इस संबंध में सहज बुद्धि जितनी असहज (दुर्लभ) है, उतनी और कोई वस्तु नहीं।

हम अपनी वर्तमान प्रकृति से सीमित हो ईश्वर को केवल मनुष्य-रूप में ही देख सकते हैं। मान लो, भैंसों की इच्छा हुई कि भगवान् की उपासना करें, तो वे अपने स्वभाव के अनुसार भगवान् को एक बड़े भैंसे के रूप में देखेंगे। यदि एक मछली भगवान् की उपासना करना चाहे, तो उसे भगवान् को एक बड़ी मछली के रूप में सोचना होगा। इसी प्रकार मनुष्य भी भगवान् को मनुष्य-रूप में ही देखता है। यह न सोचना कि ये सब विभिन्न धारणाएँ केवल विकृत कल्पनाओं से उत्पन्न हुई हैं। मनुष्य, भैंसा, मछली—ये सब मानो भिन्न-भिन्न बरतन है; ये सब बरतन अपनी-अपनी आकृति और जल धारण-शक्ति के अनुसार ईश्वररूपी समुद्र के पास अपने को भरने के लिए जाते हैं। पानी मनुष्य में मनुष्य का रूप ले लेता है, भैंस में भैंसे का और मछली में मछली का। प्रत्येक बरतन में वही ईश्वररूपी समुद्र का जल है। जब मनुष्य ईश्वर को देखता है, तो वह उन्हें मनुष्य-रूप में देखता है। और यदि पशुओं में ईश्वर-संबंधी कोई ज्ञान रहे, तो उन्हें वे अपनी अपनी धारणा के अनुसार पशु के रूप में देखेंगे। अतः हम ईश्वर को मनुष्य-रूप के अतिरिक्त अन्य किसी रूप में देख ही नहीं सकते

*हम अपनी वर्तमान प्रकृति से सीमित हो ईश्वर को केवल मनुष्य-रूप में ही देख सकते हैं। मान लो, भैंसों की इच्छा हुई कि भगवान् की उपासना करें, तो वे अपने स्वभाव के अनुसार भगवान् को एक बड़े भैंसे के रूप में देखेंगे। यदि एक मछली भगवान् की उपासना करना चाहे, तो उसे भगवान् को एक बड़ी मछली के रूप में सोचना होगा।*

और इसलिए हमें मनुष्य–रूप में ही उनकी उपासना करनी पड़ेगी। इसके अलावा अन्य कोई रास्ता नहीं है।

दो प्रकार के लोग ईश्वर की मनुष्य–रूप में उपासना नहीं करते। एक तो नरपशु, जिसे धर्म का कोई ज्ञान नहीं और दूसरे परमहंस, जो मानवजाति की सारी दुर्बलताओं के ऊपर उठ चुके हैं और जो अपनी मानवी प्रकृति की सीमा के भी उस पार चले गए हैं। उनके लिए सारी प्रकृति आत्मस्वरूप हो गई है। वे ही भगवान् को उनके असल स्वरूप में भज सकते हैं। अन्य विषयों के समान यहाँ भी दोनों चरम भाव एक से ही दिखते हैं। अतिशय अज्ञानी और परम ज्ञानी दोनों ही उपासना नहीं करते। नरपशु अज्ञानवश उपासना नहीं करता, और जीवन्मुक्त ने तो अपनी आत्मा में परमात्मा का प्रत्यक्ष अनुभव कर लिया है, अतः उनके लिए उपासना की फिर आवश्यकता ही कहाँ? इन दो चरम भावों के बीच में रहनेवाला कोई मनुष्य यदि आकर तुमसे कहे कि वह भगवान् को मनुष्य–रूप में भजनेवाला नहीं है, तो उस पर दया करना। उसे अधिक क्या कहें, वह बस थोथी बकवास करनेवाला है। उसका धर्म अविकसित और खोखली बुद्धिवालों के लिए है।

*दो प्रकार के लोग ईश्वर की मनुष्य–रूप में उपासना नहीं करते। एक तो नरपशु, जिसे धर्म का कोई ज्ञान नहीं और दूसरे परमहंस, जो मानवजाति की सारी दुर्बलताओं के ऊपर उठ चुके हैं और जो अपनी मानवी प्रकृति की सीमा के भी उस पार चले गए हैं। उनके लिए सारी प्रकृति आत्मस्वरूप हो गई है। वे ही भगवान् को उनके असल स्वरूप में भज सकते हैं।*

भगवान् मनुष्य की दुर्बलताओं को समझते हैं और मानवता के

कल्याण के लिए मानवदेह धारण करते हैं। भगवान् श्रीकृष्ण ने अवतार के संबंध में में कहा है, ''जब-जब धर्म की ग्लानि होती है और अधर्म का अभ्युत्थान होता है, तब-तब मैं अवतार लेता हूँ। साधुओं की रक्षा और दुष्टों के नाश के लिए तथा धर्म-संस्थापनार्थ मैं युग-युग में अवतीर्ण होता हूँ। मूर्ख लोग मुझ जगदीश्वर के यथार्थ स्वरूप को न जानने के कारण मुझ नरदेहधारी की अवहेलना करते हैं।''

भगवान् श्रीरामकृष्ण कहते थे, ''जब एक बहुत बड़ी लहर आती है, तो छोटे-छोटे नाले और गड्ढे अपने आप ही लबालब भर जाते हैं। इसी प्रकार जब एक अवतार जन्म लेता है, तो समस्त संसार में आध्यात्मिकता की एक बड़ी बाढ़ आ जाती है और लोग वायु के कण-कण में धर्मभाव का अनुभव करने लगते हैं।''

□

# मंत्र

अवतारी महापुरुषों के वर्णन के बाद अब हम सिद्ध गुरुओं की चर्चा करते हैं। उन्हें मंत्र द्वारा शिष्य में आध्यात्मिक ज्ञान का बीजारोपण करना पड़ता है। ये मंत्र क्या हैं ? भारतीय दर्शन के अनुसार नाम और रूप ही इस जगत् की अभिव्यक्ति के कारण हैं। मानवी अंतर्जगत् में एक भी ऐसी चित्तवृत्ति नहीं रह सकती, जो नाम–रूपात्मक न हो। यदि यह सत्य हो कि प्रकृति सर्वत्र एक ही नियम से निर्मित है, तो फिर इस नामरूपात्मकता को समस्त ब्रह्मांड का नियम कहना होगा। 'जैसे मिट्‌टी के एक पिंड को जान लेने से मिट्‌टी की सब चीजों का ज्ञान हो जाता है।' उसी प्रकार इस देहपिंड को जान लेने से समस्त विश्व–ब्रह्मांड का ज्ञान हो जाता है। रूप तो वस्तु का मानो छिलका है और नाम या भाव, भीतर का गूदा। शरीर है रूप और मन या अंत:करण है नाम; और वाक्शक्तियुक्त समस्त प्राणियों में इस नाम के साथ उसके वाचक शब्दों का अभेद्य योग रहता है। मनुष्य के भीतर व्यष्टि–महत् या चित्त में विचार–तरंगें पहले शब्द के रूप में उठती हैं और फिर बाद में वे तदपेक्षा स्थूलतर रूप धारण कर लेती हैं।

विशाल ब्रह्मांड में भी ब्रह्मा, हिरण्यगर्भ या समष्टि-महत् ने पहले अपने को नाम के और फिर बाद में रूप के आकार में अर्थात् इसे परिदृश्यमान जगत् के आकार में अभिव्यक्त किया। यह सारा व्यक्त इंद्रियग्राह्य जगत् रूप है, और इसके पीछे है अनंत अव्यक्त स्फोट का अर्थ—समस्त जगत् की अभिव्यक्ति का कारण शब्द-ब्रह्म। समस्त नामों अर्थात् भावों का नित्य समवायी उपादान-स्वरूप यह नित्य स्फोट ही वह शक्ति है, जिससे भगवान् इस विश्व की सृष्टि करते हैं। इतना ही नहीं, बल्कि भगवान् पहले स्फोट-रूप में परिणत हो जाते हैं और तत्पश्चात् अपने को उससे भी स्थूल इस इंद्रियग्राह्य जगत् के रूप में परिणत कर लेते हैं। इस स्फोट का एकमात्र वाचक शब्द है 'ॐ'। और चूँकि हम किसी भी उपाय से शब्द को भाव से अलग नहीं कर सकते, इसलिए यह 'ॐ' भी इस नित्य स्फोट से नित्यसंयुक्त है। अतएव समस्त विश्व की उत्पत्ति सारे नाम-रूपों की जननीस्वरूप इस ओंकार-रूप पवित्रतम शब्द से ही मानी जा सकती है।

*विशाल ब्रह्मांड में भी ब्रह्मा, हिरण्यगर्भ या समष्टि-महत् ने पहले अपने को नाम के और फिर बाद में रूप के आकार में अर्थात् इसे परिदृश्यमान जगत् के आकार में अभिव्यक्त किया। यह सारा व्यक्त इंद्रियग्राह्य जगत् रूप है, और इसके पीछे है अनंत अव्यक्त स्फोट का अर्थ—समस्त जगत् की अभिव्यक्ति का कारण शब्द-ब्रह्म।*

इस संबंध में यह शंका उत्पन्न हो सकती है कि यद्यपि शब्द और भाव में नित्य संबंध है, तथापि एक ही भाव के अनेक वाचक शब्द हो सकते हैं, इसलिए यह आवश्यक नहीं कि यह 'ॐ' नामक शब्दविशेष

ही सारे जगत् की अभिव्यक्ति के कारणस्वरूप भाव का वाचक हो। तो इस पर हमारा उत्तर यह है कि एकमेव यह 'ॐ' ही इस प्रकार सर्वभावव्यापी वाचक शब्द है, अन्य कोई भी उसके समान नहीं। स्फोट ही सारे भावों का उपादान है, फिर भी वह स्वयं पूर्ण रूप से विकसित कोई विशिष्ट भाव नहीं है। अर्थात् यदि उन सब भेदों को, जो एक भाव को दूसरे से अलग करते हैं, निकाल दिया जाए, तो जो कुछ बच रहता है, वही स्फोट है। इसीलिए इस स्फोट को 'नादब्रह्म' कहते हैं। अब बात यह है कि इस अव्यक्त स्फोट को प्रकाशित करने के लिए यदि किसी वाचक शब्द का उपयोग किया जाए तो वह शब्द उसे इतना विशिष्ट कर देता है कि उसका फिर स्फोटत्व ही नहीं रह जाता। इसीलिए जो वाचक शब्द उसे सबसे कम विशेष भावापन्न करेगा, पर साथ ही उसके स्वरूप को यथासंभव पूरी तरह प्रकाशित करेगा, वही उसका सबसे सच्चा वाचक होगा। और यह वाचक शब्द है एकमात्र 'ॐ', क्योंकि ये तीनों अक्षर अ, उ और म्, जिनका एक साथ उच्चारण करने से 'ॐ' होता है, समस्त शब्दों के साधारण वाचक के तौर पर लिये जा सकते हैं।

*अब बात यह है कि इस अव्यक्त स्फोट को प्रकाशित करने के लिए यदि किसी वाचक शब्द का उपयोग किया जाए तो वह शब्द उसे इतना विशिष्ट कर देता है कि उसका फिर स्फोटत्व ही नहीं रह जाता। इसीलिए जो वाचक शब्द उसे सबसे कम विशेष भावापन्न करेगा, पर साथ ही उसके स्वरूप को यथासंभव पूरी तरह प्रकाशित करेगा, वही उसका सबसे सच्चा वाचक होगा।*

अक्षर 'अ' सारे अक्षरों में सबसे कम विशेष भावापन्न है। इसीलिए

भगवान् कृष्ण गीता में कहते हैं—''अक्षरों में मैं 'अ' कार हूँ।'' स्पष्ट रूप से उच्चारित जितने भी शब्द हैं, उनकी उच्चारणक्रिया मुख में जिह्वा के मूल से आरंभ होती है और ओठों में आकर समाप्त हो जाती है। 'अ' जिह्वामूल अर्थात् कंठ से उच्चारित होता है, और 'म्' ओठों से होनेवाला अंतिम शब्द है। और 'उ' उस शक्ति का सूचक है, जो जिह्वामूल से आरंभ होकर मुँह भर में लुढ़कती हुई ओठों में आकर समाप्त होती है। यदि इस 'ॐ' का उच्चारण ठीक ढंग से किया जाए, तो इससे शब्दोच्चारण की संपूर्ण क्रिया संपन्न हो जाती है—दूसरे किसी भी शब्द में यह शक्ति नहीं। अतएव यह 'ॐ' ही स्फोट का सबसे उपयुक्त वाचक शब्द है और यह स्फोट ही 'ॐ' का प्रकृत वाच्य है। और चूँकि वाचक वाच्य से कभी अलग नहीं हो सकता, इसलिए 'ॐ' और स्फोट अभिन्न हैं। फिर यह स्फोट इस व्यक्त जगत् का सूक्ष्मतम अंश होने के कारण ईश्वर के अत्यंत निकटवर्ती है तथा ईश्वरीय ज्ञान की प्रथम अभिव्यक्ति है; इसलिए 'ॐ' ही ईश्वर का सच्चा वाचक है। और जिस प्रकार अपूर्ण जीवात्माएँ एकमेव अखंड सच्चिदानंद ब्रह्म का चिंतन विशेष विशेष भाव से और विशेष विशेष गुणों से युक्त रूप में ही कर सकते हैं, उसी प्रकार उसके देहरूप इस अखिल ब्रह्मांड का चिंतन भी साधक के मनोभाव के अनुसार विभिन्न रूप से करना पड़ता है।

> *अक्षर 'अ' सारे अक्षरों में सबसे कम विशेष भावापन्न है। इसीलिए भगवान् कृष्ण गीता में कहते हैं—''अक्षरों में मैं 'अ' कार हूँ।'' स्पष्ट रूप से उच्चारित जितने भी शब्द हैं, उनकी उच्चारणक्रिया मुख में जिह्वा के मूल से आरंभ होती है और ओठों में आकर समाप्त हो जाती है।*

उपासक के मन में जब जिस प्रकार के तत्त्व प्रबल होते हैं, तब उसी

प्रकार के भाव जाग्रत् होते हैं। फल यह है कि एक ही ब्रह्म भिन्न-भिन्न रूप में भिन्न-भिन्न गुणों की प्रधानता से युक्त दीख पड़ता है और वही एक विश्व विभिन्न रूपों में प्रतिभात होता है। जिस प्रकार अल्पतम विशेष भावापन्न तथा सार्वभौमिक वाचक शब्द 'ॐ' के संबंध में वाच्य और वाचक आपस में अभेद्य रूप से संबद्ध हैं, उसी प्रकार वाच्य और वाचक का यह अविछिन्न संबंध भगवान् और विश्व के विभिन्न खंडभावों पर भी लागू है, अतएव उनमें से प्रत्येक का एक विशिष्ट वाचक शब्द होना आवश्यक है। ये वाचक शब्द ऋषियों की गंभीरतम आध्यात्मिक अनुभूति से उत्पन्न हुए हैं, और वे भगवान् तथा विश्व के जिन विशेष विशेष खंडभावों के वाचक हैं, उन विशेष भावों को यथासंभव प्रकाशित करते हैं। जिस प्रकार 'ॐ' अखंड ब्रह्म का वाचक है, उसी प्रकार अन्यान्य मंत्र भी उसी परमपुरुष के खंड-खंड भावों के वाचक हैं। ये सभी ईश्वर के ध्यान और प्रकृत ज्ञान की प्राप्ति में सहायक हैं।

□

# प्रतीक तथा प्रतिमा-उपासना

अब हम प्रतीकोपासना तथा प्रतिमा-पूजन का विवेचन करेंगे। प्रतीक का अर्थ है—वे वस्तुएँ, जो थोड़े-बहुत अंश में ब्रह्म के स्थान में उपास्य-रूप से ली जा सकती हैं। प्रतीक द्वारा ईश्वरोपासना का क्या अर्थ है ? इस संबंध में भगवान् रामानुज कहते हैं, "जो वस्तु ब्रह्म नहीं है, उसमें ब्रह्मबुद्धि करके ब्रह्म का अनुसंधान (प्रतीकोपासना) कहलाता है!"

भगवान् शंकराचार्य कहते हैं, "मन की ब्रह्म-रूप से उपासना करो, यह आध्यात्मिक उपासना है; और आकाश ब्रह्म है, यह आधिदैविक।" मन आभ्यंतरिक प्रतीक है और आकाश बाह्य। इन दोनों की ही उपासना ब्रह्म के रूप में करनी होगी। वे कहते हैं, "इसी प्रकार—'आदित्य ही ब्रह्म है, यह आदेश है'...'जो नाम को ब्रह्म के रूप में भजता है'—इन सब वाक्यों से प्रतीकोपासना के संबंध में संशय उत्पन्न होता है।"

प्रतीक शब्द का अर्थ है—किसी की ओर जाना, और प्रतीकोपासना का अर्थ है—ब्रह्म के स्थान में ऐसी किसी वस्तु की उपासना करना, जो कुछ या अधिक अंशों में ब्रह्म के सदृश हो, पर स्वयं ब्रह्म न हो।

श्रुतियों में वर्णित प्रतीकों के अतिरिक्त पुराणों और तंत्रशास्त्रों में भी प्रतीकों का उल्लेख है। सब प्रकार की पितृ-उपासना और देवोपासना इस प्रतीकोपासना के अंतर्भुक्त की जा सकती है।

बात यह है कि एकमात्र ईश्वर की उपासना ही भक्ति है। देव, पितर या अन्य किसी की उपासना भक्ति नहीं कही जा सकती। विभित्र देवताओं की जो विभिन्न उपासना-पद्धतियाँ हैं, उनकी गणना कर्मकांड में ही की जाती है। उसके द्वारा उपासक को किसी प्रकार के स्वर्ग-भोग के रूप में एक विशिष्ट फल ही मिलता है, उससे न भक्ति होती है, न मुक्ति। इसीलिए हमें एक बात विशेष रूप से ध्यान में रखनी चाहिए कि जब कभी दर्शनशास्त्रों के उच्चतम आदर्श परब्रह्म को उपासक प्रतीकोपासना द्वारा प्रतीक के स्तर पर नीचे खींच लाता है और स्वयं प्रतीक को ही अपनी आत्मा, अपना अंतर्यामी समझ बैठता है, तो वह संपूर्ण रूप से लक्ष्यभ्रष्ट हो जाता है; क्योंकि प्रतीक वास्तव में कभी भी उपासक की आत्मा नहीं हो सकता। परंतु जहाँ स्वयं ब्रह्म ही उपास्य होता है और प्रतीक उसका केवल प्रतिनिधिस्वरूप अथवा उसके उद्दीपन का कारण मात्र होता है, अर्थात् जहाँ प्रतीक के सहारे सर्वव्यापी ब्रह्म की उपासना की जाती है और प्रतीक को प्रतीक मात्र न देखकर उसका जगत्-कारण ब्रह्म के रूप में चिंतन किया जाता है, वहाँ उपासना निश्चित रूप से फलवती होती है।

***बात यह है कि एकमात्र ईश्वर की उपासना ही भक्ति है। देव, पितर या अन्य किसी की उपासना भक्ति नहीं कही जा सकती। विभित्र देवताओं की जो विभिन्न उपासना-पद्धतियाँ हैं, उनकी गणना कर्मकांड में ही की जाती है।***

इतना ही नहीं बल्कि उपासक का मन जब तक उपासना की प्रारंभिक या गौणी अवस्था को पार नहीं कर जाता, तब तक तो उसके लिए यह बिल्कुल अनिवार्य ही है। अतएव जब किसी देवता या अन्य किसी पुरुष की उपासना उस देवता या पुरुष के रूप में ही की जाती है, तो इस प्रकार की उपासना एक कर्म मात्र है। और वह एक विद्या होने के कारण उपासक उस विशेष विद्या का फल भी प्राप्त करता है। परंतु जब उस देवता या उस पुरुष को ब्रह्मरूप मानकर उसकी उपासना की जाती है, तो उससे वही फल प्राप्त होता है, जो ईश्वरोपासना से। इसी से यह स्पष्ट है कि श्रुतियों और स्मृतियों के अनेक स्थलों में किस प्रकार किसी देवता, महापुरुष अथवा अन्य किसी अलौकिक पुरुष को लिया गया है, और उन्हें उनके देवत्व आदि स्वभाव से ऊपर उठा, उनकी ब्रह्मरूप से उपासना की गई है। अद्वैतवादी कहते हैं, 'नामरूप को अलग कर लेने पर क्या प्रत्येक वस्तु ब्रह्म नहीं है?' विशिष्टाद्वैतवादी कहते हैं, 'वे प्रभु क्या सबकी अंतरात्मा नहीं है?' शंकराचार्य अपने ब्रह्मसूत्रभाष्य में कहते हैं, "आदित्य आदि की उपासना का फल वह ब्रह्म ही देता है, क्योंकि वही सबका नियंता है। जिस प्रकार प्रतिमा में विष्णु-दृष्टि आदि करनी पड़ती है, उसी प्रकार प्रतीकों में भी ब्रह्म-दृष्टि करनी पड़ती है। अतएव समझना होगा कि यहाँ पर वास्तव में ब्रह्म की ही उपासना की जा रही है।"

*इतना ही नहीं बल्कि उपासक का मन जब तक उपासना की प्रारंभिक या गौणी अवस्था को पार नहीं कर जाता, तब तक तो उसके लिए यह बिल्कुल अनिवार्य ही है। अतएव जब किसी देवता या अन्य किसी पुरुष की उपासना उस देवता या पुरुष के रूप में ही की जाती है, तो इस प्रकार की उपासना एक कर्म मात्र है।*

प्रतीक के संबंध में जो सब बातें कही गई हैं, वे सब प्रतिमा के संबंध में भी घटती हैं, अर्थात् यदि प्रतिमा किसी देवता या किसी महापुरुष की सूचक हो, तो ऐसी उपासना भक्ति-प्रसूत नहीं है और वह हमें मुक्ति नहीं दे सकती। पर यदि वह उसी एक परमेश्वर की सूचक हो, तो उस उपासना से भक्ति और मुक्ति दोनों प्राप्त हो सकती हैं। संसार के मुख्य धर्मों में से वेदांत, बौद्ध धर्म और ईसाई धर्म के कुछ संप्रदाय बिना किसी आपत्ति के प्रतिमाओं का उपयोग करते हैं। केवल इसलाम और प्रोटेस्टंट—ये ही दो ऐसे धर्म हैं, जो इस सहायता की आवश्यकता नहीं मानते। फिर भी, मुसलमान प्रतिमा के स्थान में अपने पीरों और शहीदों की कब्रों का उपयोग करते हैं। और प्रोटेस्टंट लोग धर्म में सब प्रकार की बाह्य सहायता का तिरस्कार कर धीरे-धीरे वर्ष-प्रतिवर्ष आध्यात्मिकता से दूर हटते चले जा रहे हैं, यहाँ तक कि आजकल अग्रगण्य प्रोटेस्टंटों और केवल नीतिवादी आगस्ट कोम्टे के शिष्यों तथा अज्ञेयवादियों में कोई भेद नहीं रह गया है। फिर ईसाई और इसलाम धर्म में जो कुछ प्रतिमा-उपासना विद्यमान है, वह उसी श्रेणी की है, जिसमें प्रतीक या प्रतिमा की उपासना केवल प्रतीक या प्रतिमा-रूप से होती है, ब्रह्मदृष्टि से नहीं। अतएव वह कर्मानुष्ठान के ही समान है, उससे न भक्ति मिल सकती है, न मुक्ति। इस प्रकार की प्रतिमा-पूजा में

*प्रतीक के संबंध में जो सब बातें कही गई हैं, वे सब प्रतिमा के संबंध में भी घटती हैं, अर्थात् यदि प्रतिमा किसी देवता या किसी महापुरुष की सूचक हो, तो ऐसी उपासना भक्ति-प्रसूत नहीं है और वह हमें मुक्ति नहीं दे सकती। पर यदि वह उसी एक परमेश्वर की सूचक हो, तो उस उपासना से भक्ति और मुक्ति दोनों प्राप्त हो सकती हैं।*

उपासक ईश्वर को छोड़ अन्य वस्तुओं में आत्मसमर्पण कर देता है और इसलिए प्रतिमा, कब्र, मंदिर आदि के इस प्रकार उपयोग को ही सच्ची मूर्तिपूजा कहते हैं। पर वह न तो कोई पाप कर्म है और न कोई अन्याय, वह तो बस एक कर्म मात्र है, और उपासकों को उसका फल भी अवश्य मिलता है।

□

# इष्टनिष्ठा

यहाँ पर इष्टनिष्ठा के संबंध में विचार किया जाएगा। जो भक्त होना चाहता है, उसे यह जान लेना चाहिए कि 'जितने मत हैं, उतने ही पथ।' उसे यह अवश्य जान लेना चाहिए कि विभिन्न धर्मों के भिन्न-भिन्न संप्रदाय उसी प्रभु की महिमा की अभिव्यक्तियाँ हैं। "लोग तुम्हें कितने नामों से पुकारते हैं। लोंगों ने विभित्र नामों से तुम्हें विभाजित सा कर दिया है। परंतु फिर भी प्रत्येक नाम में तुम्हारी पूर्ण शक्ति वर्तमान है। इन सभी नामों से तुम उपासक को प्राप्त हो जाते हो। यदि हृदय में तुम्हारे प्रति ऐकांतिक अनुराग रहे, तो तुम्हें पुकारने का कोई निर्दिष्ट समय भी नहीं। तुम्हें पाना इतना सहज होते हुए भी मेरे प्रभु, यह मेरा दुर्भाग्य ही है; जो तुम्हारे प्रति मेरा अनुराग नहीं हुआ।"

इतना ही नहीं, भक्त को यह भी ध्यान रखना चाहिए कि अन्य धर्म-संप्रदायों के तेजस्वी प्रवर्तकों के प्रति उसके मन में घृणा उत्पन्न न हो, वह उनकी निंदा न करे और न कभी उनकी निंदा सुने ही। ऐसे लोग वास्तव में बहुत थोड़े होते हैं, जो महान्, उदार तथा दूसरों के गुण परखने

में समर्थ हों, साथ ही प्रगाढ़ प्रेमसंपन्न भी हों। बहुधा हम देखते हैं कि उदारभावापन्न संप्रदाय अपने धर्मादर्श के प्रति प्रेम की गंभीरता खो बैठते हैं। उनके लिए धर्म एक प्रकार से सामाजिक और राजनीतिक भावों में रँगी एक समिति के रूप में ही रह जाता है। दूसरी ओर बड़े ही संकीर्ण संप्रदाय के लोग हैं, जो अपने-अपने इष्ट के प्रति बड़ी भक्ति प्रदर्शित तो करते हैं, पर उन्हें इस भक्ति का प्रत्येक कण अपने से भिन्न मतवालों के प्रति केवल घृणा से प्राप्त हुआ है। कैसा अच्छा होता, यदि भगवान् की दया से यह संसार ऐसे लोगों से भरा होता, जो परम उदार और साथ ही गंभीर प्रेमसंपन्न हों! पर खेद है, ऐसे लोग बहुत थोड़े होते हैं!

फिर भी हम जानते हैं कि बहुत से लोगों को ऐसे आदर्श में शिक्षित करना संभव है, जिसमें प्रेम की गंभीरता और उदारता का अपूर्व सामंजस्य हो। ऐसा करने का उपाय है यह इष्टनिष्ठा। भिन्न-भिन्न धर्मों के भिन्न-भिन्न संप्रदाय मनुष्य जाति के समुख केवल एक-एक आदर्श रखते हैं, परंतु सनातन वेदांत धर्म ने तो भगवान् के मंदिर में प्रवेश करने के लिए अनेकानेक मार्ग खोल दिए हैं और मनुष्य जाति के सम्मुख असंख्य आदर्श उपस्थित कर दिए हैं। इन आदर्शों में से प्रत्येक उस अनंतस्वरूप भगवान् की एक-एक अभिव्यक्ति

*फिर भी हम जानते हैं कि बहुत से लोगों को ऐसे आदर्श में शिक्षित करना संभव है, जिसमें प्रेम की गंभीरता और उदारता का अपूर्व सामंजस्य हो। ऐसा करने का उपाय है यह इष्टनिष्ठा। भिन्न-भिन्न धर्मों के भिन्न-भिन्न संप्रदाय मनुष्य जाति के समुख केवल एक-एक आदर्श रखते हैं, परंतु सनातन वेदांत धर्म ने तो भगवान् के मंदिर में प्रवेश करने के लिए अनेकानेक मार्ग खोल दिए हैं"*

है। परम करुणा के वश हो वेदांत मुमुक्षु नर-नारियों को वे सब विभिन्न मार्ग दिखा देता है, जो अतीत और वर्तमान में तेजस्वी ईश्वरतनयों या ईश्वरावतारों द्वारा मानव-जीवन की वास्तविकताओं की कठोर चट्टानों से काटे गए हैं; और वह हाथ बढ़ाकर सबका, यहाँ तक कि भविष्य में होनेवाले लोगों का भी, उस सत्य और आनंद के धाम में स्वागत करता है, जहाँ मनुष्य की आत्मा मायाजाल से मुक्त हो संपूर्ण स्वाधीनता और अनंत आनंद में विभोर होकर रहती है।

*इस प्रकार भक्तियोग हमें इस बात का आदेश देता है कि हम भगवत्प्राप्ति के विभिन्न मार्गों में से किसी के भी प्रति घृणा न करें, किसी को भी अस्वीकार न करें। फिर भी, जब तक पौधा छोटा रहे, जब तक वह बढ़कर एक बड़ा पेड़ न हो जाए, तब तक उसे चारों ओर से रूँध रखना आवश्यक है।*

इस प्रकार भक्तियोग हमें इस बात का आदेश देता है कि हम भगवत्प्राप्ति के विभिन्न मार्गों में से किसी के भी प्रति घृणा न करें, किसी को भी अस्वीकार न करें। फिर भी, जब तक पौधा छोटा रहे, जब तक वह बढ़कर एक बड़ा पेड़ न हो जाए, तब तक उसे चारों ओर से रूँध रखना आवश्यक है। आध्यात्मिकता का यह छोटा पौधा यदि आरंभिक, अपरिपक्व दशा में ही भावों और आदर्शों के सतत परिवर्तन के लिए खुला रहे, तो वह मर जाएगा। बहुत से लोग धार्मिक उदारता के नाम पर अपने आदर्शों को अनवरत बदलते रहते हैं और इस प्रकार अपनी व्यर्थ की उत्सुकता तृप्त करते रहते हैं। सदा नई बातें सुनने के लिए लालायित रहना उनके लिए एक बीमारी सा, एक नशा सा हो जाता है। क्षणिक स्नायविक उत्तेजना के लिए ही वे नई-नई बातें सुनना चाहते हैं और जब इस प्रकार की उत्तेजना देनेवाली

एक बात का असर उनके मन पर से चला जाता है, तब वे दूसरी बात सुनने को तैयार हो जाते हैं। उनके लिए धर्म एक प्रकार से अफीम के नशे के समान है और बस उसका वहीं अंत हो जाता है।

भगवान् श्रीरामकृष्ण कहते थे, ''एक दूसरे भी प्रकार का मनुष्य है, जिसकी उपमा समुद्र की सीपी से दी जा सकती है। सीपी समुद्र की तह छोड़कर स्वाति नक्षत्र के पानी की एक बूँद लेने के लिए ऊपर उठ जाती है और मुँह खोले हुए सतह पर तैरती रहती है। ज्यों ही उसमें उस नक्षत्र का एक बूँद पानी पड़ता है, त्यों ही वह मुँह बंद करके एकदम समुद्र की तह में चली जाती है और फिर ऊपर नहीं आती। इसी तरह, यह दूसरे प्रकार का तत्त्वपिपासु, विश्वासी साधक गुरुमंत्र-रूप जलबिंदु पाकर साधना के अगाध समुद्र में डूब जाता है और तनिक भी इधर-उधर देखता तक नहीं।''

*एक दूसरे भी प्रकार का मनुष्य है, जिसकी उपमा समुद्र की सीपी से दी जा सकती है। सीपी समुद्र की तह छोड़कर स्वाति नक्षत्र के पानी की एक बूँद लेने के लिए ऊपर उठ जाती है और मुँह खोले हुए सतह पर तैरती रहती है। ज्यों ही उसमें उस नक्षत्र का एक बूँद पानी पड़ता है, त्यों ही वह मुँह बंद करके एकदम समुद्र की तह में चली जाती है और फिर ऊपर नहीं आती।*

इष्टनिष्ठा का भाव प्रकट करने के लिए यह एक अत्यंत हृदयस्पर्शी और आलंकारिक उदाहरण है, और इतनी सुंदर उपमा शायद ही पहले कभी दी गई हो। साधक के लिए आरंभिक दशा में यह एकनिष्ठा नितांत आवश्यक है। हनुमानजी के समान उसे भी यह भाव रखना चाहिए, ''यद्यपि परमात्मदृष्टि से लक्ष्मीपति और सीतापति दोनों एक हैं, तथापि मेरे सर्वस्व तो वे ही कमललोचन

श्रीराम है।'' अथवा हिंदी के एक संत कवि ने जैसा कहा है, ''सब के साथ बैठो, सब के साथ मिष्ट भाषण करो, सबका नाम लो और सबसे हाँ-हाँ कहते रहो, पर अपना स्थान मत छोड़ो—अर्थात् अपना भाव दृढ़ रखो'' उसे भी ऐसा ही करना चाहिए। तब यदि साधक सच्चे, निष्कपट भाव से साधना करे, तो गुरु के दिए हुए इस बीज-मंत्र के प्रभाव से ही पराभक्ति और परम ज्ञानरूप विराट् वटवृक्ष उत्पन्न होकर सब दिशाओं में अपनी शाखाएँ और जड़ें फैलाता हुआ धर्म के संपूर्ण क्षेत्र को आच्छादित कर लेगा। तभी सच्चे भक्त को यह अनुभव होगा कि उसका अपना ही इष्टदेवता विभिन्न संप्रदायों में विभिन्न नामों और विभिन्न रूपों से पूजित हो रहा है।

□

# भक्ति के साधन

भक्तिलाभ के उपायों तथा साधनों के संबंध में भगवान् रामानुज वेदांत-सूत्रों की टीका करते हुए कहते हैं, ''भक्ति की प्राप्ति विवेक, विमोक (दमन), अभ्यास, क्रिया (यज्ञादि), कल्याण (पवित्रता), अनवसाद (बल) और अनुद्धर्ष (उल्लास के विरोध) से होती है।'' उनके मतानुसार विवेक का अर्थ यह है कि अन्य बातों के साथ ही हमें खाद्याखाद्य का भी विचार रखना चाहिए। उनके मत से खाद्य वस्तु के अशुद्ध होने के तीन कारण होते हैं—(1) जातिदोष अर्थात् खाद्य वस्तु का प्रकृतिगत दोष, जैसे लहसुन, प्याज आदि; (2) आश्रयदोष अर्थात् दुष्ट और पापी व्यक्तियों के पास से आने में दोष; और (3) निमित्तदोष अर्थात् किसी अपवित्र वस्तु, जैसे धूल, केश आदि के संस्पर्श से होनेवाला दोष। श्रुति कहती है, ''आहार शुद्ध होने से चित्त शुद्ध होता है और चित्त शुद्ध होने से भगवान् का निरंतर स्मरण होता है।'' यह वाक्य रामानुज ने छांदोग्य उपनिषद् से उद्धृत किया है।

भक्तों के लिए खाद्याखाद्य का यह प्रश्न सदा ही बड़ा महत्त्वपूर्ण

रहा है। यद्यपि अनेक भक्त-संप्रदाय के लोगों ने इस विषय में काफी तिल का ताड़ भी किया है, पर तो भी इसमें एक बहुत बड़ा सत्य है। हमें यह स्मरण रखना चाहिए कि सांख्यदर्शन के अनुसार सत्य, रज और तम, जिनकी साम्यावस्था प्रकृति है और जिनकी वैषम्यावस्था से यह जगत् उत्पन्न होता है—प्रकृति के गुण और उपादान दोनों हैं। अतएव इन्हीं उपादानों से समस्त मानव-देह बनी है। इनमें से सत्त्व पदार्थ की प्रधानता ही आध्यात्मिक उन्नति के लिए सबसे आवश्यक है। हम भोजन के द्वारा अपने शरीर में जिन उपादानों को लेते हैं, वे हमारे मानसिक गठन पर विशेष प्रभाव डालते हैं। इसलिए हमें खाद्याखाद्य के विषय में विशेष सावधान रहना चाहिए। यह कह देना आवश्यक है कि अन्य विषयों के सदृश इस संबंध में भी जो कट्टरता शिष्यों द्वारा उपस्थित कर दी जाती है, उसका उत्तरदायित्व आचार्यों पर नहीं है।

> ***जो कुछ आहृत हो, वही आहार है। शब्दादि विषयों का ज्ञान भोक्ता अर्थात् आत्मा के उपयोग के लिए भीतर आहृत होता है। इस विषयानुभूतिरूप ज्ञान की शुद्धि को आहार-शुद्धि कहते हैं। इसलिए आहार-शुद्धि का अर्थ है—आसक्ति, द्वेष और मोह से रहित होकर विषय का ज्ञान प्राप्त करना।***

वास्तव में खाद्य के संबंध में यह शुद्धाशुद्ध विचार गौण है। श्रीशंकराचार्य अपने उपनिषद्-भाष्य में इसी बात का दूसरे प्रकार से विवेचन करते हैं। उन्होंने आहार शब्द की, जिसका अर्थ हम बहुधा भोजन लगाते हैं, एक दूसरे ही प्रकर से व्याख्या की है। उनके मतानुसार—"जो कुछ आहृत हो, वही आहार है। शब्दादि विषयों का ज्ञान भोक्ता अर्थात् आत्मा के उपयोग के लिए भीतर आहृत होता है। इस विषयानुभूतिरूप ज्ञान की शुद्धि को आहार-शुद्धि

कहते हैं। इसलिए आहार-शुद्धि का अर्थ है—आसक्ति, द्वेष और मोह से रहित होकर विषय का ज्ञान प्राप्त करना। अतएव यह ज्ञान या आहार शुद्ध हो जाने से उस व्यक्ति का सत्त्व पदार्थ अर्थात् अंतःकरण शुद्ध हो जाता है, और सत्त्वशुद्धि हो जाने से अनंत पुरुष के यथार्थ स्वरूप का ज्ञान और अविच्छिन्न स्मृति प्राप्त हो जाती है।''

उपर्युक्त दोनों व्याख्याएँ ऊपर से विरोधी अवश्य प्रतीत होती हैं, परंतु फिर भी दोनों सत्य और आवश्यक हैं। सूक्ष्म शरीर अथवा मन का संयम करना स्थूल शरीर के संयम से निश्चय ही श्रेष्ठ है, परंतु साथ ही साथ सूक्ष्म के लिए स्थूल का भी संयम परमावश्यक है। इसलिए आरंभिक दशा में साधक को आहार संबंधी उन सब नियमों का विशेष रूप से पालन करना चाहिए, जो उसकी गुरु-परंपरा से चले आ रहे हैं। परंतु आजकल हमारे अनेक संप्रदायों में इस आहारादि विचार की इतनी बढ़ा-चढ़ी है, अर्थहीन नियमों की इतनी पाबंदी है कि उन संप्रदायों ने मानो धर्म को रसोईघर में ही सीमित कर रखा है। उस धर्म के महान् सत्य वहाँ से बाहर निकलकर कभी आध्यात्मिकता के भानुप्रकाश में जगमगा सकेंगे, इसकी कोई संभावना नहीं।

*दोनों व्याख्याएँ ऊपर से विरोधी अवश्य प्रतीत होती हैं, परंतु फिर भी दोनों सत्य और आवश्यक हैं। सूक्ष्म शरीर अथवा मन का संयम करना स्थूल शरीर के संयम से निश्चय ही श्रेष्ठ है, परंतु साथ ही साथ सूक्ष्म के लिए स्थूल का भी संयम परमावश्यक है।*

इस प्रकार का धर्म एक विशेष प्रकार का कोरा जड़वाद मात्र है। वह न तो ज्ञान है, न भक्ति और न कर्म, वह एक विशेष प्रकार का पागलपन सा है। जो लोग खाद्याखाद्य के इस विचार को ही जीवन का

सार कर्तव्य समझे बैठे हैं, उनकी गति ब्रह्मलोक में न होकर पागलखाने में होना ही अधिक संभव है। अतएव यह युक्तियुक्त प्रतीत होता है कि खाद्याखाद्य का विचार मन की स्थिरतारूप उच्चावस्था लाने में विशेष रूप से आवश्यक है। अन्य किसी भी तरह यह स्थिरता इतने सहज ढंग से नहीं प्राप्त हो सकती।

उसके बाद है 'विमोक' अर्थात् इंद्रियनिग्रह—इंद्रियों को विषयों की ओर जाने से रोकना और उनको वश में लाकर अपनी इच्छा के अधीन रखना। इसे धार्मिक साधना की नींव ही कह सकते हैं।

***उसके बाद है 'विमोक' अर्थात् इंद्रियनिग्रह—इंद्रियों को विषयों की ओर जाने से रोकना और उनको वश में लाकर अपनी इच्छा के अधीन रखना। इसे धार्मिक साधना की नींव ही कह सकते हैं।***

फिर आता है अभ्यास, अर्थात् आत्मसंयम और आत्मत्याग का अभ्यास। हम लोग आत्मा में परमात्मा का कितने अद्‌भुत ढंग से अनुभव और कितने गंभीर भाव से संभोग कर सकते हैं, इसकी भी क्या कोई सीमा है? पर साधक के प्राणपण प्रयत्न से और प्रबल संयम के अभ्यास बिना यह किसी भी तरह कार्य में परिणत नहीं किया जा सकता। मन में सदा प्रभु का ही चिंतन चलता रहे। पहले-पहल यह बात बहुत कठिन मालूम होती है। पर अध्यवसाय के साथ लगे रहने पर इस प्रकार के चिंतन की शक्ति धीरे-धीरे बढ़ती जाती है। भगवान् श्रीकृष्ण गीता में कहते हैं, "हे कौंतेय, अभ्यास और वैराग्य से यह प्राप्त होता है।"

उसके बाद है क्रिया अर्थात् यज्ञ। पंच महायज्ञों का नियमित रूप से अनुष्ठान करना होगा।

'कल्याण' अर्थात् पवित्रता ही एकमात्र ऐसी भित्ति है, जिस पर सारा भक्तिप्रासाद खड़ा है। बाह्य शौच और खाद्याखाद्य विचार ये दोनों सरल हैं, पर अंत:शुद्धि बिना उनका कोई मूल्य नहीं। रामानुज ने अंत:शुद्धि के लिए निम्नलिखित गुणों को उपायस्वरूप बतलाया है—(1) सत्य, (2) आर्जव अर्थात् सरलता, (3) दया अर्थात् निस्स्वार्थ परोपकार, (4) दान, (5) अहिंसा अर्थात् मन, वचन और कर्म से किसी की हिंसा न करना, (6) अनभिध्या अर्थात् परद्रव्यलोभ, वृथा चिंतन और दूसरे द्वारा किए गए अनिष्ट आचरण के निरंतर चिंतन का त्याग इन गुणों में से अहिंसा विशेष ध्यान देने योग्य है। सब प्राणियों के प्रति अहिंसा का भाव हमारे लिए परमावश्यक है। इसका अर्थ यह नहीं कि हम केवल मनुष्यों के प्रति दया का भाव रखें और छोटे जानवरों को निर्दयता से मारते रहें, और न यही—जैसा कुछ लोग समझते हैं कि हम कुत्ते और बिल्लियों की तो रक्षा करते रहें, चींटियों को शक्कर खिलाते रहें, पर इधर, जैसा बने वैसा अपने मानव-बंधुओं का गला काटने के लिए बिना किसी झिझक के तैयार रहें।

***यह एक विशेष ध्यान देने योग्य बात है कि संसार में जितने सुंदर-सुंदर भाव हैं, यदि देश, काल और पात्र का विचार न करते हुए, आँखें बंद कर उनका अनुष्ठान किया जाए, तो वे स्पष्ट रूप से दोष बन जाते हैं।***

यह एक विशेष ध्यान देने योग्य बात है कि संसार में जितने सुंदर-सुंदर भाव हैं, यदि देश, काल और पात्र का विचार न करते हुए, आँखें बंद कर उनका अनुष्ठान किया जाए, तो वे स्पष्ट रूप से दोष बन जाते हैं। कुछ धार्मिक संप्रदायों के मैले-कुचैले साधु इस विचार से कि कहीं उनके शरीर के जुएँ आदि मर न जाएँ, नहाते तक नहीं। परंतु उन्हें इस

बात का कभी ध्यान भी नहीं आता कि ऐसा करने से वे दूसरों को कितना कष्ट देते हैं और कितनी बीमारियाँ फैलाते हैं ! वे जो भी हों; पर कम-से-कम वैदिक धर्मावलंबी तो नहीं हैं।

अहिंसा की कसौटी है—ईर्ष्या का अभाव। कोई व्यक्ति भले ही क्षणिक आवेश में आकर अथवा किसी अंधविश्वास से प्रेरित हो या पुरोहितों के छक्के-पंजे में पड़कर कोई भला काम कर डाले, अथवा खासा दान दे डाले, पर मानवजाति का सच्चा प्रेमी तो वह है, जो किसी के प्रति ईर्ष्या-भाव नहीं रखता। बहुधा देखा जाता है कि संसार में जो बड़े मनुष्य कहे जाते हैं, वे अकसर एक-दूसरे के प्रति केवल थोड़े से नाम, कीर्ति या चाँदी के चंद टुकड़ों के लिए ईर्ष्या करने लगते हैं। जब तक यह ईर्ष्या-भाव मन में रहता है, तब तक अहिंसा-भाव में प्रतिष्ठित होना बहुत दूर की बात है। गाय मांस नहीं खाती और न भेड़ ही; तो क्या वे बहुत बड़ी योगी हो गईं, अहिंसक हो गईं ? ऐरा-गैरा कोई भी कोई विशेष चीज खाना छोड़ दे सकता है। पर जिस प्रकार घास-फूस खानेवाले जानवरों को कोई विशेष उन्नत नहीं कहा जा सकता, उसी प्रकार वह भी कोई खाद्यविशेष त्याग देने से ही ज्ञानी या उन्नत स्वभाव का नहीं हो जाता।

*अहिंसा की कसौटी है—ईर्ष्या का अभाव। कोई व्यक्ति भले ही क्षणिक आवेश में आकर अथवा किसी अंधविश्वास से प्रेरित हो या पुरोहितों के छक्के-पंजे में पड़कर कोई भला काम कर डाले, अथवा खासा दान दे डाले, पर मानवजाति का सच्चा प्रेमी तो वह है, जो किसी के प्रति ईर्ष्या-भाव नहीं रखता।*

जो मनुष्य निर्दयता के साथ विधवाओं और अनाथ बालक-बालिकाओं को ठग सकता है और जो थोड़े से धन के लिए जघन्य से

जघन्य कृत्य करने में भी नहीं हिचकता, वह तो पशु से भी गया-बीता है, फिर चाहे वह घास खाकर ही क्यों न रहता हो। जिसके हृदय में कभी भी किसी के प्रति अनिष्ट विचार तक नहीं आता, जो अपने बड़े-से-बड़े शत्रु की भी उन्नति पर आनंद मानता है, वही वास्तव में भक्त है, वही योगी है और वही सबका गुरु है, फिर भले ही वह प्रतिदिन शूकर-मांस ही क्यों न खाता हो! अतएव हमें इस बात का सदैव ध्यान रखना चाहिए कि बाह्य क्रियाएँ आंतरिक शुद्धि के लिए सहायक मात्र हैं। जब बाह्य कर्मों के साधन में छोटी-छोटी बातों का पालन करना संभव न हो, तो उस समय केवल अंत:शौच का अवलंबन करना श्रेयस्कर है। पर धिक्कार है उस व्यक्ति को, धिक्कार है उस राष्ट्र को, जो धर्म के सार को तो भूल जाता है और अभ्यासवश बाह्य अनुष्ठानों को ही कसकर पकड़े रहता है तथा उन्हें किसी तरह छोड़ता नहीं! इन बाह्य अनुष्ठानों की उपयोगिता बस वहीं तक है, जब तक वे आध्यात्मिक जीवन के द्योतक हैं। और जब वे प्राणशून्य हो जाते हैं, जब वे आध्यात्मिक जीवन के द्योतक नहीं रह जाते, तो बिना किसी हिचकिचाहट के उनको नष्ट कर देना चाहिए।

*भक्तियोग की प्राप्ति का एक और साधन है 'अनवसाद', अर्थात् बल। श्रुति कहती है, ''बलहीन व्यक्ति आत्मलाभ नहीं कर सकता।'' इस दुर्बलता का तात्पर्य है—शारीरिक और मानसिक दोनों प्रकार की दुर्बलताएँ। 'बलिष्ठ, द्रढिष्ठ' व्यक्ति ही ठीक-ठीक साधक होने योग्य है।*

भक्तियोग की प्राप्ति का एक और साधन है 'अनवसाद', अर्थात् बल। श्रुति कहती है, ''बलहीन व्यक्ति आत्मलाभ नहीं कर सकता।'' इस दुर्बलता का तात्पर्य है—शारीरिक और मानसिक दोनों प्रकार की

दुर्बलताएँ। 'बलिष्ठ, द्रढिष्ठ' व्यक्ति ही ठीक-ठीक साधक होने योग्य है। दुर्बल, कृश-शरीर तथा जराजीर्ण व्यक्ति क्या साधन करेगा? शरीर और मन में जो अद्‍भुत शक्तियाँ निहित हैं, किसी योगाभ्यास के द्वारा यदि वे थोड़ी सी भी जाग्रत् हो गईं, तो दुर्बल व्यक्ति तो बिल्कुल नष्ट हो जाएगा। युवा, स्वस्थकाय, सबल व्यक्ति ही सिद्ध हो सकता है। अतएव शारीरिक बल नितांत आवश्यक है। स्वस्थ शरीर ही इंद्रिय-संयम की प्रतिक्रिया को सह सकता है। अत: जो भक्त होने का इच्छुक है, उसे सबल और स्वस्थ होना चाहिए। अत्यंत दुर्बल व्यक्ति यदि कोई योगाभ्यास आरंभ कर दे, तो संभव है, वह किसी असाध्य व्याधि से ग्रस्त हो जाए, अथवा अपना मानसिक बल ही खो बैठे। जान- बूझकर शरीर को दुर्बल कर लेना आध्यात्मिक अनुभूति के लिए कोई अनुकूल व्यवस्था नहीं है।

दुर्बलचित्त व्यक्ति भी आत्मलाभ नहीं कर सकता। जो मनुष्य भक्त होने का इच्छुक है, उसे सदैव प्रसन्नचित्त रहना चाहिए। पाश्चात्य देशों में धार्मिक व्यक्ति वह माना जाता है, जो कभी मुसकराता नहीं, जिसके मुख पर सर्वदा विषाद की रेखा बनी रहती है और जिसकी सूरत लंबी और जबड़े बैठे से होते हैं। ऐसे कृश-शरीर और लंबी सूरतवाले लोग तो किसी हकीम की देखभाल की चीजें हैं, वे योगी नहीं हैं। प्रसन्नचित्त व्यक्ति ही अध्यवसायशील हो सकता है। दृढ़ संकल्पवाला व्यक्ति हजारों कठिनाइयों में से भी अपना

*दुर्बलचित्त व्यक्ति भी आत्मलाभ नहीं कर सकता। जो मनुष्य भक्त होने का इच्छुक है, उसे सदैव प्रसन्नचित्त रहना चाहिए। पाश्चात्य देशों में धार्मिक व्यक्ति वह माना जाता है, जो कभी मुसकराता नहीं, जिसके मुख पर सर्वदा विषाद की रेखा बनी रहती है और जिसकी सूरत लंबी और जबड़े बैठे से होते हैं।*

रास्ता निकाल लेता है। इस मायाजाल को काटकर अपना रास्ता बना लेना सबसे कठिन कार्य है और यह केवल प्रबल इच्छाशक्ति-संपन्न पुरुष ही कर सकते हैं।

परंतु साथ ही साथ यह भी ध्यान रखना चाहिए कि मनुष्य कहीं अत्यधिक आमोद में मत्त न हो जाए। यही अनुद्धर्ष है। अत्यंत हास्य-कौतुक हमें गंभीर चिंतन के अयोग्य बना देता है। उससे मानसिक शक्ति व्यर्थ ही क्षय हो जाती है। इच्छाशक्ति जितनी दृढ़ होगी, मनुष्य विभिन्न भावों के उतना ही कम वशीभूत होगा। अत्यधिक आमोद उतना ही बुरा है, जितना गंभीर उदासी का भाव। जब मन सामंजस्यपूर्ण, स्थिर और शांत रहता है, तभी सब प्रकार की आध्यात्मिक अनुभूति संभव होती है।

इन्हीं सब साधनों द्वारा क्रमशः ईश्वरभक्ति का उदय होता है।

□

# पराभक्ति-त्याग

यहाँ तक गौणी भक्ति के बारे में चर्चा की गई। अब हम पराभक्ति का विवेचन करेंगे। इस पराभक्ति के अभ्यास में लगने के लिए एक विशेष साधन की बात बतलानी है। सब प्रकार की साधनाओं का उद्‌देश्य है—आत्मशुद्धि। नाम-जप, कर्मकांड, प्रतीक, प्रतिमा आदि केवल आत्मशुद्धि के लिए हैं। पर शुद्धि की इन सब साधनाओं में त्याग ही सबसे श्रेष्ठ है। इसके बिना कोई भी पराभक्ति के क्षेत्र में प्रवेश नहीं कर सकता। त्याग की बात सुनते ही बहुत से लोग डर जाते हैं; पर इसके बिना किसी प्रकार की आध्यात्मिक उन्नति संभव नहीं। सभी प्रकार के योग में यह त्याग आवश्यक है। यह त्याग ही सारी आध्यात्मिकता का प्रथम सोपान है, उसका सार है—यही वास्तविक धर्म है। जब मानवात्मा संसार की समस्त वस्तुओं को दूर फेंक गंभीर तत्त्वों के अनुसंधान में लग जाती है, जब वह समझ लेती है कि मैं देहरूप जड़ में बद्ध होकर स्वयं जड़ हुई जा रही हूँ और क्रमशः विनाश की ओर ही बढ़ रही हूँ—और ऐसा समझकर जब वह जड़ पदार्थ से अपना मुँह मोड़ लेती है, तभी त्याग आरंभ होता है, तभी

वास्तविक आध्यात्मिकता की नींव पड़ती है।

कर्मयोगी सारे कर्मफलों का त्याग करता है; वह जो कुछ कर्म करता है, उसके फल में वह आसक्त नहीं होता। वह ऐहिक अथवा पारलौकिक किसी प्रकार के फलोपभोग की परवाह नहीं करता। राजयोगी जानता है कि सारी प्रकृति का लक्ष्य आत्मा को भिन्न-भिन्न प्रकार के सुख-दुःखात्मक अनुभव प्राप्त कराना है, जिसके फलस्वरूप आत्मा यह जान ले कि वह प्रकृति से नित्य पृथक् और स्वतंत्र है। मानवात्मा को यह भलीभाँति जान लेना होगा कि वह नित्य आत्मस्वरूप है और भूतों के साथ उसका संयोग केवल सामयिक है, क्षणिक है। राजयोगी प्रकृति के अपने नानाविध सुख-दुःखों के अनुभवों से चेतन्य की शिक्षा पाता है।

*कर्मयोगी सारे कर्मफलों का त्याग करता है; वह जो कुछ कर्म करता है, उसके फल में वह आसक्त नहीं होता। वह ऐहिक अथवा पारलौकिक किसी प्रकार के फलोपभोग की परवाह नहीं करता। राजयोगी जानता है कि सारी प्रकृति का लक्ष्य आत्मा को भिन्न-भिन्न प्रकार के सुख-दुःखात्मक अनुभव प्राप्त कराना है, जिसके फलस्वरूप आत्मा यह जान ले कि वह प्रकृति से नित्य पृथक् और स्वतंत्र है।*

ज्ञानयोगी का वैराग्य सबसे कठिन है, क्योंकि आरंभ से ही उसे यह जान लेना पड़ता है कि यह ठोस दिखनेवाली प्रकृति निरी मिथ्या है। उसे यह समझ लेना पड़ता है कि प्रकृति में जो कुछ शक्ति का विकास दिखता है, वह सब आत्मा की ही शक्ति है, प्रकृति की नहीं। उसे आरंभ से ही यह जान लेना पड़ता है कि सारा ज्ञान और अनुभव आत्मा में ही है, प्रकृति में नहीं; और इसलिए उसे केवल विचारजन्य धारणा के बल

से एकदम प्रकृति के सारे बंधनों को छिन्न-भिन्न कर डालना पड़ता है। प्रकृति और प्राकृतिक पदार्थों की ओर वह देखता तक नहीं, वे सब उड़ते दृश्यों के समान उसके सामने से गायब हो जाते हैं। वह स्वयं कैवल्यपद में अवस्थित होने का प्रयत्न करता है।

सब प्रकार के वैराग्यों में भक्तियोगी का वैराग्य सबसे स्वाभाविक है। उसमें न कोई कठोरता है, न कुछ छोड़ना पड़ता है, न हमें अपने आपसे कोई चीज छोड़नी पड़ती है, और न बलपूर्वक किसी चीज से हमें अपने आपको अलग ही करना पड़ता है। भक्त का त्याग तो अत्यंत सहज और स्वाभाविक होता है। इस प्रकार का त्याग, बहुत कुछ विकृत रूप में हम प्रतिदिन अपने चारों ओर देखते हैं। उदाहरणार्थ, एक मनुष्य एक स्त्री से प्रेम करता है। कुछ समय बाद वह दूसरी स्त्री से प्रेम करने लगता है और पहली स्त्री को छोड़ देता है। वह पहली स्त्री धीरे-धीरे उसके मन से पूर्णतया चली जाती है और उस मनुष्य को उसकी याद तक नहीं आती, उस स्त्री का अभाव तक उसे अब महसूस नहीं होता। एक स्त्री एक मनुष्य से प्रेम करती है; कुछ दिनों बाद वह दूसरे मनुष्य से प्रेम करने लगती है और पहला आदमी उसके मन से सहज ही उतर जाता है। किसी व्यक्ति को अपने शहर से प्यार होता है। फिर वह अपने देश को प्यार करने लगता है और तब उसका अपने उस छोटे से शहर के प्रति उत्कट प्रेम धीरे-धीरे स्वाभाविक रूप से चला जाता है। फिर जब वही मनुष्य सारे संसार को प्यार करने लगता

*सब प्रकार के वैराग्यों में भक्तियोगी का वैराग्य सबसे स्वाभाविक है। उसमें न कोई कठोरता है, न कुछ छोड़ना पड़ता है, न हमें अपने आपसे कोई चीज छोड़नी पड़ती है, और न बलपूर्वक किसी चीज से हमें अपने आपको अलग ही करना पड़ता है।*

है, तब उसका स्वदेशानुराग, अपने देश के प्रति प्रबल और उन्मत्त प्रेम धीरे-धीरे चला जाता है। इससे उसे कोई कष्ट नहीं होता। यह भाव दूर करने के लिए उसे किसी प्रकार की जोर-जबरदस्ती नहीं करनी पड़ती। एक अशिक्षित मनुष्य इंद्रिय-सुखों में उन्मत्त रहता है। जैसे-जैसे वह शिक्षित होता जाता है, वैसे-वैसे ज्ञान चर्चा में उसे अधिक सुख मिलने लगता है, और उसके विषय-भोग भी धीरे-धीरे कम होते जाते हैं।

एक कुत्ता अथवा भेड़िया जितनी रुचि से अपना भोजन करता है, उतना आनंद किसी मनुष्य को अपने भोजन में नहीं आता। परंतु जो आनंद मनुष्य को बुद्धि और बौद्धिक कार्यों से प्राप्त होता है, उसका अनुभव एक कुत्ता कभी नहीं कर सकता। पहले-पहल इंद्रियों से सुख होता है; परंतु ज्यों-ज्यों प्राणी उच्चतर अवस्थाओं को प्राप्त होता जाता है, त्यों-त्यों इंद्रियजन्य सुखों में उसकी आसक्ति कम होती जाती है। मानवसमाज में भी देखा जाता है कि मनुष्य की प्रवृत्ति जितनी पशुवत् होती है, वह उतनी ही तीव्रता से इंद्रियों में सुख का अनुभव करता है। पर वह जितना ही शिक्षित और उच्च अवस्था को प्राप्त होता जाता है, उतना ही उसे बुद्धि संबंधी तथा इसी प्रकार की अन्य सूक्ष्मतर बातों में आनंद मिलने लगता है। इसी तरह, जब मनुष्य बुद्धि और मनोवृत्ति के भी अतीत हो जाता है और आध्यात्मिकता तथा ईश्वरानुभूति के क्षेत्र में विचरता है, तो उसे वहाँ ऐसा अपूर्व आनंद प्राप्त होता है कि उसकी तुलना में सारा इंद्रियजन्य सुख, यहाँ तक कि

*एक कुत्ता अथवा भेड़िया जितनी रुचि से अपना भोजन करता है, उतना आनंद किसी मनुष्य को अपने भोजन में नहीं आता। परंतु जो आनंद मनुष्य को बुद्धि और बौद्धिक कार्यों से प्राप्त होता है, उसका अनुभव एक कुत्ता कभी नहीं कर सकता।*

बुद्धि से मिलनेवाला सुख भी बिल्कुल तुच्छ प्रतीत होता है।

जब चंद्रमा चारों ओर अपनी शुभ्रोज्ज्वल किरणें बिखेरता है, तो तारे धुँधले पड़ जाते हैं, परंतु सूर्य के प्रकट होने से चंद्रमा स्वयं ही निष्प्रभ हो जाता है। भक्ति के लिए जिस वैराग्य की आवश्यकता होती है, उसके प्राप्त करने के लिए किसी का नाश करने की आवश्यकता नहीं होती। वह वैराग्य तो स्वभावतः ही आ जाता है। जैसे बढ़ते हुए तेज प्रकाश के सामने मंद प्रकाश धीरे-धीरे स्वयं ही धुँधला होता जाता है और अंत में बिल्कुल विलीन हो जाता है, उसी प्रकार इंद्रियजन्य तथा बुद्धिजन्य सुख ईश्वर-प्रेम के समक्ष आप ही आप धीरे-धीरे धुँधले होकर अंत में निष्प्रभ हो जाते हैं। यही ईश्वर-प्रेम क्रमशः बढ़ते हुए एक ऐसा रूप धारण कर लेता है, जिसे 'पराभक्ति' कहते हैं। तब तो इस प्रेमिक पुरुष के लिए अनुष्ठान की और आवश्यकता नहीं रह जाती, शास्त्रों का कोई प्रयोजन नहीं रह जाता; प्रतिमा, मंदिर, गिरजे, विभिन्न धर्म-संप्रदाय, देश, राष्ट्र—ये सब छोटे-छोटे सीमित भाव और बंधन अपने आप ही चले जाते हैं। तब संसार में ऐसी कोई भी वस्तु नहीं बच रहती, जो उसको बाँध सके, जो उसकी स्वाधीनता को नष्ट कर सके। जिस प्रकार किसी चुंबक की चट्टान के पास एक जहाज के आ जाने से उस जहाज की सारी कीलें तथा लोहे की छड़ें खिंचकर निकल आती हैं और जहाज के तख्ते आदि खुलकर पानी पर तैरने लगते हैं, उसी

*जब चंद्रमा चारों ओर अपनी शुभ्रोज्ज्वल किरणें बिखेरता है, तो तारे धुँधले पड़ जाते हैं, परंतु सूर्य के प्रकट होने से चंद्रमा स्वयं ही निष्प्रभ हो जाता है। भक्ति के लिए जिस वैराग्य की आवश्यकता होती है, उसके प्राप्त करने के लिए किसी का नाश करने की आवश्यकता नहीं होती।*

प्रकार प्रभु की कृपा से आत्मा के सारे बंधन दूर हो जाते हैं और वह मुक्त हो जाती है।

अतएव भक्तिलाभ के उपायस्वरूप इस वैराग्य-साधन में न तो किसी प्रकार की कठोरता है, न शुष्कता और न किसी प्रकार की जबरदस्ती ही। भक्त को अपने किसी भी भाव का दमन करना नहीं पड़ता, प्रत्युत वह तो सब भावों को प्रबल करके भगवान् की ओर लगा देता है।

□

# भक्त का वैराग्य-प्रेमजन्य

प्रकृति में चारों ओर हम प्रेम का विकास देखते हैं। मानव-समाज में जो कुछ सुंदर और महान् है, वह समस्त प्रेम-प्रसूत है; फिर जो कुछ खराब, यही नहीं, बल्कि पैशाचिक है, वह भी उसी प्रेमभाव का विकृत रूप है। पति-पत्नी का विशुद्ध दांपत्य-प्रेम और अति नीच कामवृत्ति दोनों उस प्रेम के ही दो रूप हैं। भाव एक ही है, पर भिन्न अवस्था में उसके भिन्न-भिन्न रूप होते हैं। यह एक ही प्रेम एक ओर तो मनुष्य को भलाई करने और अपना सबकुछ गरीबों को बाँट देने के लिए प्रेरित करता है, फिर दूसरी ओर वही एक दूसरे मनुष्य को अपने बंधु-बांधवों का गला काटने और उनका सर्वस्व अपहरण कर लेने की प्रेरणा देता है। यह दूसरा व्यक्ति जिस प्रकार अपने आपसे प्यार करता है, पहला व्यक्ति उसी प्रकार दूसरों से प्यार करता है। पहली दशा में प्रेम की गति ठीक और उचित दिशा में है, पर दूसरी दशा में वही बुरी दिशा में। जो आग हमारे लिए भोजन पकाती है, वह एक बच्चे को जला भी सकती है। किंतु इसमें आग का कोई दोष नहीं। उसका जैसा व्यवहार किया जाएगा, वैसा फल मिलेगा। अतएव यह प्रेम, यह प्रबल

आसंगस्पृहा, दो व्यक्तियों के एकप्राण हो जाने की यह तीव्र आकांक्षा, और संभवत: अंत में सब की उस एक स्वरूप में विलीन हो जाने की इच्छा, उत्तम या अधम रूप से सर्वत्र प्रकाशित है।

भक्तियोग उच्चतर प्रेम का विज्ञान है। वह हमें दरशाता है कि हम प्रेम को ठीक रास्ते से कैसे लगाएँ, कैसे उसे वश में लाएँ, उसका सद्व्यवहार किस प्रकार करे, किस प्रकार एक नए मार्ग में उसे मोड़ दें और उससे श्रेष्ठ और महत्तम फल अर्थात् जीवन्मुक्त अवस्था किस प्रकार प्राप्त करें। भक्तियोग कुछ छोड़ने-छाड़ने की शिक्षा नहीं देता; वह केवल कहता है, ''परमेश्वर में आसक्त होओ।'' और जो परमेश्वर के प्रेम में उन्मत्त हो गया है, उसकी स्वभावत: नीच विषयों में कोई प्रवृत्ति नहीं रह सकती।

*भक्तियोग उच्चतर प्रेम का विज्ञान है। वह हमें दरशाता है कि हम प्रेम को ठीक रास्ते से कैसे लगाएँ, कैसे उसे वश में लाएँ, उसका सद्व्यवहार किस प्रकार करे, किस प्रकार एक नए मार्ग में उसे मोड़ दें और उससे श्रेष्ठ और महत्तम फल अर्थात् जीवन्मुक्त अवस्था किस प्रकार प्राप्त करें।*

''प्रभो, मैं तुम्हारे बारे में और कुछ नहीं जानता, केवल इतना जानता हूँ कि तुम मेरे हो। तुम सुंदर हो! अहा, तुम अत्यंत सुंदर हो! तुम स्वयं सौंदर्यस्वरूप हो! हम सभी में सौंदर्यपिपासा विद्यमान है। भक्तियोग केवल इतना कहता है कि इस सौंदर्य-पिपासा की गति भगवान् की ओर फेर दो। मानव-मुखड़े, आकाश, तारा या चंद्रमा में जो सौंदर्य दिखता है, वह आया कहाँ से? वह भगवान् के उस सर्वतोन्मुखी प्रकृत सौंदर्य का ही आंशिक प्रकाश मात्र है। उसी के प्रकाश से सब प्रकाशित होते हैं।'' उसी का तेज सब वस्तुओं में है। भक्ति की इस उच्च अवस्था को प्राप्त

करो। उससे तुम एकदम अपने क्षुद्र अहंभाव को भूल जाओगे। छोटे-छोटे सांसारिक स्वार्थों का त्याग कर दो। यह न समझ बैठना कि मानवता ही तुम्हारे समस्त मानवी और उससे उच्चतर ध्येयों का भी केंद्र है। तुम केवल एक साक्षी की तरह, एक जिज्ञासु की तरह खड़े रहो और प्रकृति की लीलाएँ देखते जाओ। मनुष्य के प्रति आसक्ति रहित होओ और देखो, यह प्रबल प्रेमप्रवाह जगत् में किस प्रकार कार्य कर रहा है! हो सकता है, कभी-कभी एक-आध धक्का भी लगे, परंतु वह परमप्रेम की प्राप्ति के मार्ग में होनेवाली एक घटना मात्र है। संभव है, कहीं थोड़ा द्वंद्व छिड़े, अथवा कोई थोड़ा फिसल जाए, पर ये सब उस परमप्रेम में आरोहण के सोपान मात्र हैं। चाहे जितने द्वंद्व छिड़ें, चाहे जितने संघर्ष आएँ, पर तुम साक्षी होकर बस एक ओर खड़े रहो। ये द्वंद्व तुम्हें कभी खटकेंगे, जब तुम संसार-प्रवाह में पड़े होगे। परंतु जब तुम उसके बाहर निकल जाओगे और केवल एक दर्शक के रूप में खड़े रहोगे, तो देखोगे कि प्रेमस्वरूप भगवान् अपने आपको अनंत प्रकार से प्रकाशित कर रहे हैं।

*तुम केवल एक साक्षी की तरह, एक जिज्ञासु की तरह खड़े रहो और प्रकृति की लीलाएँ देखते जाओ। मनुष्य के प्रति आसक्ति रहित होओ और देखो, यह प्रबल प्रेमप्रवाह जगत् में किस प्रकार कार्य कर रहा है! हो सकता है, कभी-कभी एक-आध धक्का भी लगे, परंतु वह परमप्रेम की प्राप्ति के मार्ग में होनेवाली एक घटना मात्र है।*

"जहाँ कहीं थोड़ा सा भी आनंद है, चाहे वह घोर विषय-भोग का ही क्यों न हो, वहाँ उस अनंत आनंदस्वरूप भगवान् का ही अंश है।" नीच से नीच आसक्ति में भी ईश्वरी प्रेम का बीज निहित है। संस्कृत भाषा मैं प्रभु का एक नाम हरि है। उसका अर्थ यह है कि वे सब को

अपनी ओर आकर्षित कर रहे हैं। असल में वे ही हमारे प्रेम के एकमात्र उपयुक्त पात्र हैं। यह जो हम लोग नाना दिशाओं में आकृष्ट हो रहे हैं, तो हम लोगों को खींच कौन रहा है? वे ही! वे ही हमें अपनी गोद में लगातार खींच रहे हैं। निर्जीव जड़ क्या कभी चेतन आत्मा को खींच सकता है? नहीं—कभी नहीं। मान लो, एक सुंदर मुखड़ा देखकर कोई उन्मत्त हो गया। तो क्या कुछ जड़ परमाणुओं की समष्टि ने उसे पागल कर दिया है? नहीं, कभी नहीं। इन जड़ परमाणुओं के पीछे अवश्य ईश्वरी शक्ति और ईश्वरी प्रेम का खेल चल रहा है। अत मनुष्य यह नहीं जानता। परंतु फिर भी, जाने या अनजाने, वह उसी के द्वारा आकृष्ट हो रहा है। अतएव नीच से नीच आसक्ति भी अपनी आकर्षण की शक्ति स्वयं भगवान् से ही पाती है।

*''हे प्रिये, कोई स्त्री अपने पति को पति के लिए प्यार नहीं करती; पति के अंतरस्थ आत्मा के लिए ही पत्नी उसे प्यार करती है।'' प्रेमिका, पत्नियाँ चाहे यह जानती हों अथवा नहीं, पर है यह सत्य। ''हे प्रिये, पत्नी के लिए पत्नी को कोई प्यार नहीं करता, परंतु पत्नी के अंतरस्थ आत्मा के लिए ही पति उसे प्यार करता है।''*

''हे प्रिये, कोई स्त्री अपने पति को पति के लिए प्यार नहीं करती; पति के अंतरस्थ आत्मा के लिए ही पत्नी उसे प्यार करती है।'' प्रेमिका, पत्नियाँ चाहे यह जानती हों अथवा नहीं, पर है यह सत्य। ''हे प्रिये, पत्नी के लिए पत्नी को कोई प्यार नहीं करता, परंतु पत्नी के अंतरस्थ आत्मा के लिए ही पति उसे प्यार करता है।''

इसी प्रकार, संसार में जब कोई अपने बच्चे अथवा अन्य किसी से प्रेम करता है, तो वह वास्तव में उसके अंतरस्थ आत्मा के लिए ही उससे प्रेम करता है। भगवान् मानो एक बड़े चुंबक हैं और हम सब लोहे

की रेत के समान हैं। हम लोग उनके द्वारा सतत खींचे जा रहे हैं। हम सभी उन्हें प्राप्त करने का प्रयत्न कर रहे है। संसार में हम जो नानाविध प्रयत्न करते हैं, वे सब केवल स्वार्थ के लिए नहीं हो सकते। अज्ञानी लोग जानते नहीं कि उनके जीवन का उद्‌देश्य क्या है। वास्तव में वे लगातार परमात्मस्वरूप उस बड़े चुंबक की ओर ही अग्रसर हो रहे हैं। हमारे इस अविराम, कठोर जीवन-संग्राम का लक्ष्य है—अंत में उनके निकट पहुँचकर उनके साथ एकीभूत हो जाना।

*भक्तियोगी इस जीवन-संग्राम का अर्थ भलीभाँति जानता है। वह ऐसे संग्रामों की एक लंबी परंपरा में से पार हो चुका है और वह जानता है कि उनका लक्ष्य क्या है। उनसे होनेवाले द्वंद्वों से छुटकारा पाने की उसकी तीव्र आकांक्षा रहती है। वह संघर्षों से दूर ही रहना चाहता है और सीधे समस्त आकर्षणों के मूल कारणस्वरूप 'हरि' के निकट चला जाना चाहता है।*

भक्तियोगी इस जीवन-संग्राम का अर्थ भलीभाँति जानता है। वह ऐसे संग्रामों की एक लंबी परंपरा में से पार हो चुका है और वह जानता है कि उनका लक्ष्य क्या है। उनसे होनेवाले द्वंद्वों से छुटकारा पाने की उसकी तीव्र आकांक्षा रहती है। वह संघर्षों से दूर ही रहना चाहता है और सीधे समस्त आकर्षणों के मूल कारणस्वरूप 'हरि' के निकट चला जाना चाहता है। यही भक्त का त्याग है। भगवान् के प्रति इस प्रबल आकर्षण से उसके अन्य सब आकर्षण नष्ट हो जाते हैं। उसके हृदय में इस प्रबल अनंत ईश्वर-प्रेम के प्रवेश कर जाने से फिर वहाँ अन्य किसी प्रेम की तिल मात्र भी गुंजाइश नहीं रह जाती। और रहे भी कैसे ? भक्ति उसके हृदय को ईश्वररूपी प्रेमसागर के दैवी जल से भर

देती है और इस प्रकार उसमें फिर क्षुद्र प्रेमों के लिए स्थान ही नहीं रह जाता। तात्पर्य यह कि भक्त का वैराग्य अर्थात् भगवान् को छोड़ समस्त विषयों में अनासक्ति भगवान् के प्रति परम अनुराग से उत्पन्न होती है।

पराभक्ति की प्राप्ति के लिए यही सर्वोच्च साधन है—यही आदर्श तैयारी है। जब वह वैराग्य आता है, तो पराभक्ति के राज्य का प्रवेशद्वार खुल जाता है, जिससे आत्मा पराभक्ति के गंभीरतम प्रदेशों में पहुँच सके। तभी हम यह समझने लगते हैं कि पराभक्ति क्या है। और जिसने पराभक्ति के राज्य में प्रवेश किया है, उसी को यह कहने का अधिकार है कि प्रतिमा-पूजन अथवा बाह्य अनुष्ठान आदि अब और अधिक आवश्यक नहीं है। उसी ने प्रेम की उस पर अवस्था की प्राप्ति कर ली है, जिसे हम साधारणतया विश्वबंधुत्व कहते हैं; दूसरे लोग तो विश्वबंधुत्व की कोरी बातें ही करते हैं। उसमें फिर भेदभाव नहीं रह जाता। यह अथाह प्रेमसिंधु में निमग्न हो जाता है। तब उसे मनुष्य में मनुष्य नहीं दिखता, वरन् सर्वत्र उसे अपना प्रियतम ही दिखाई देता है। प्रत्येक मुख में उसे 'हरि' ही दिखाई देते हैं।

*पराभक्ति की प्राप्ति के लिए यही सर्वोच्च साधन है—यही आदर्श तैयारी है। जब वह वैराग्य आता है, तो पराभक्ति के राज्य का प्रवेशद्वार खुल जाता है, जिससे आत्मा पराभक्ति के गंभीरतम प्रदेशों में पहुँच सके। तभी हम यह समझने लगते हैं कि पराभक्ति क्या है।*

सूर्य अथवा चंद्र का प्रकाश उन्हीं की अभिव्यक्ति है। जहाँ कही सौंदर्य और महानता दिखाई देती है, उसकी दृष्टि में वह सब भगवान् की ही है। ऐसे भक्त आज भी इस संसार में विद्यमान हैं। संसार उनसे कभी रिक्त नहीं होता। ऐसे भक्तों को यदि साँप भी काट ले, तो वे कहते

हैं, मेरे प्रियतम का एक दूत आया था। ऐसे ही पुरुषों को विश्वबंधुत्व की बातें करने का अधिकार है। उनके हृदय में क्रोध, घृणा अथवा ईर्ष्या कभी प्रवेश नहीं कर पाते। सारा बाह्य, इंद्रियग्राह्य जगत् उनके लिए सदा के लिए लुप्त हो जाता है। वे तो अपने प्रेम के बल से अतींद्रिय सत्य को सारे समय देखते रहते हैं। तो फिर उनमें क्रोध भला आए कैसे?

□

# भक्तियोग की स्वाभाविकता और उसका रहस्य

अर्जुन भगवान् श्रीकृष्ण से पूछते हैं, ''हे प्रभो! जो सतत युक्त हो तुम्हें भजता है, और जो अव्यक्त, निर्गुण का उपासक है, इन दोनों में कौन श्रेष्ठ है ?'' श्रीभगवान् कहते हैं, ''हे अर्जुन! मुझमें मन को एकाग्र करके जो नित्ययुक्त हो परम श्रद्धा के साथ मेरी उपासना करता है, वही मेरा श्रेष्ठ उपासक है, वही श्रेष्ठ योगी है। और जो इंद्रिय-समुदाय को पूर्ण वश में करके, मन-बुद्धि से परे, सर्वव्यापी, अव्यक्त और सदा एकरस रहनेवाले नित्य, अचल, निराकार, अविनाशी, सच्चिदानंदघन ब्रह्म की, निरंतर एकीभाव से ध्यान करते हुए उपासना करते हैं, वे समस्त भूतों के हित में रत हुए और सब में समान भाव रखनेवाले योगी भी मुझे ही प्राप्त होते हैं। किंतु उन सच्चिदानंदघन निराकार ब्रह्म में आसक्त चित्तवाले पुरुषों के लिए (साधन में) क्लेश अर्थात् परिश्रम अधिक है, क्योंकि देहाभिमानी व्यक्तियों द्वारा यह अव्यक्त गति बहुत दुःखपूर्वक प्राप्त की जाती है अर्थात् जब तक शरीर में अभिमान रहता है, तब तक

शुद्ध सच्चिदानंदघन निराकार ब्रह्म में स्थिति होना कठिन है। और जो मेरे परायण हुए भक्तजन संपूर्ण कर्मों को मुझमें अर्पण कर, मुझे अनन्य ध्यान और योग से निरंतर चिंतन करते हुए भजते हैं, हे अर्जुन, मुझमें चित्त लगानेवाले उन प्रेमी भक्तों का मैं शीघ्र ही मृत्युरूपी संसार-समुद्र से उद्धार करनेवाला होता हूँ।''

उपर्युक्त कथन में ज्ञानयोग और भक्तियोग दोनों का दिग्दर्शन कराया गया है। कह सकते हैं कि उसमें दोनों की व्याख्या कर दी गई है। ज्ञानयोग अवश्य अति श्रेष्ठ मार्ग है। तत्त्वविचार उसका प्राण है। और आश्चर्य की बात तो यह है कि सभी सोचते हैं कि वे ज्ञानयोग के आदर्शानुसार चलने में समर्थ हैं। परंतु वास्तव में ज्ञानयोग-साधना बड़ी कठिन है। उसमें गिर जाने की बड़ी आशंका रहती है।

*संसार में हम दो प्रकार के मनुष्य देखते हैं। एक तो आसुरी प्रकृतिवाले, जिनकी दृष्टि में शरीर का पालन-पोषण ही सर्वस्व है, और दूसरे दैवी प्रकृतिवाले, जिनकी यह धारणा रहती है कि शरीर किसी एक विशेष उद्देश्य की पूर्ति का, आत्मोन्नति का एक साधन मात्र है।*

संसार में हम दो प्रकार के मनुष्य देखते हैं। एक तो आसुरी प्रकृतिवाले, जिनकी दृष्टि में शरीर का पालन-पोषण ही सर्वस्व है, और दूसरे दैवी प्रकृतिवाले, जिनकी यह धारणा रहती है कि शरीर किसी एक विशेष उद्देश्य की पूर्ति का, आत्मोन्नति का एक साधन मात्र है। शैतान भी अपनी कार्यसिद्धि के लिए शास्त्रों को उद्भूत कर सकता है और करता भी है। इस तरह ऐसा प्रतीत होता है कि ज्ञानमार्ग जिस प्रकार साधु व्यक्तियों के सत्कार्य का प्रबल प्रेरक है, उसी प्रकार असाधु व्यक्तियों के भी कार्य का समर्थक है। ज्ञानयोग में यही एक बड़े खतरे की बात

है। परंतु भक्तियोग बिल्कुल स्वाभाविक और मधुर है। भक्त उतनी ऊँची उड़ान नहीं उड़ता, जितना कि एक ज्ञानयोगी, और इसीलिए उसके बड़े खड्डों में गिरने की आशंका भी नहीं रहती। पर हाँ, इतना समझ लेना होगा कि साधक किसी भी पथ पर क्यों न चले, जब तक आत्मा के सारे बंधन छूट नहीं जाते, तब तक बात है। वह मुक्त नहीं हो सकता।

इस श्लोक से यह स्पष्ट होता कि किस प्रकार एक भाग्यशालिनी गोपी पाप और पुण्य के बंधनों से मुक्त हो गई थी। ''भगवान् के ध्यान से उत्पन्न तीव्र आनंद ने उसके समस्त पुण्यकर्म-जनित बंधनों को काट दिया। फिर भगवान् की प्राप्ति न होने की परम आकुलता से उसके समस्त पाप धुल गए और वह मुक्त हो गई।'' अतएव भक्तियोग का रहस्य यह है कि मनुष्य के हृदय में जितने प्रकार की वासनाएँ और भाव हैं, उनमें से कोई भी स्वरूपतः खराब नहीं है; उन्हें धीरे-धीरे अपने वश में लाकर उनकी गति क्रमशः उच्च से उच्चतर दिशा में फेरनी होगी। और यह कब तक करना होगा? जब तक कि वे परमोच्च दशा को प्राप्त न हो जाएँ। उनकी सर्वोच्च गति है भगवान्, और उनकी शेष सब गतियाँ निम्नाभिमुखी हैं।

*इस श्लोक से यह स्पष्ट होता कि किस प्रकार एक भाग्यशालिनी गोपी पाप और पुण्य के बंधनों से मुक्त हो गई थी। ''भगवान् के ध्यान से उत्पन्न तीव्र आनंद ने उसके समस्त पुण्यकर्म-जनित बंधनों को काट दिया। फिर भगवान् की प्राप्ति न होने की परम आकुलता से उसके समस्त पाप धुल गए और वह मुक्त हो गई।''*

हम देखते हैं कि हमारे जीवन में सुख और दुःख सर्वदा लगे ही रहते हैं। जब कोई मनुष्य धन अथवा अन्य किसी सांसारिक वस्तु के अभाव

से दुःख अनुभव करता है, तो वह अपनी भावनाओं को गलत मार्ग पर ले जा रहा है। फिर भी, दुःख की भी उपयोगिता है। यदि मनुष्य इस बात के लिए दुःख करने लगे कि अब तक उसे परमात्मा की प्राप्ति नहीं हुई, तो वह दुःख उसकी मुक्ति का हेतु बन जाएगा। जब कभी तुम्हें इस बात का आनंद होता है कि तुम्हारे पास चाँदी के कुछ टुकड़े हैं, तो समझना कि तुम्हारी आनंद-वृत्ति गलत रास्ते पर जा रही है। उसे उच्चतर दिशा की ओर ले जाना होगा, हमें अपने सर्वोच्च लक्ष्य भगवान् के चिंतन में आनंद अनुभव करना होगा। हमारी अन्य सब भावनाओं के संबंध में भी ठीक ऐसी ही बात है। भक्त की दृष्टि में उनमें से कोई भी खराब नहीं है; वह उन सबको लेकर केवल भगवान् की ओर फेर देता है।

□

# भक्ति के अवस्था-भेद

भक्ति विभिन्न रूपों में प्रकाशित होती है। पहला रूप है—'श्रद्धा'। लोग मंदिरों और पवित्र स्थानों के प्रति श्रद्धा क्यों प्रकट करते हैं? इसलिए कि वहाँ भगवान् की पूजा होती है, ऐसे स्थानों में उनकी सत्ता अधिक अनुभूत होती है। प्रत्येक देश में लोग धर्म के आचार्यों के प्रति श्रद्धा क्यों प्रकट करते हैं? इसलिए कि ऐसा करना नितांत स्वाभाविक है, क्योंकि ये सब आचार्य उन्हीं भगवान् की महिमा का उपदेश देते हैं। इस श्रद्धा का मूल है प्रेम। हम जिससे प्रेम नहीं करते, उसके प्रति कभी भी श्रद्धालु नहीं हो सकते। इसके बाद आती है—'प्रीति', अर्थात् ईश्वर-चिंतन में आनंद। मनुष्य इंद्रिय-विषयों में कितना तीव्र आनंद अनुभव करता है। इंद्रियों को अच्छी लगनेवाली चीजों के लिए वह कहाँ-कहाँ भटकता फिरता है और बड़ा-से-बड़ा जोखिम उठाने को तैयार रहता है। भक्त को चाहिए कि वह भगवान् के प्रति इसी प्रकार का तीव्र प्रेम रखे।

इसके उपरांत आता है 'विरह'—प्रेमास्पद के अभाव में उत्पन्न होनेवाला ताव्र दु:ख। यह दु:ख संसार के समस्त दु:खों में सबसे मधुर

है, अत्यंत मधुर है। जब मनुष्य भगवान् को न पा सकने के कारण, संसार में एकमात्र जानने योग्य वस्तु को न जान सकने के कारण भीतर में तीव्र वेदना अनुभव करने लगता है और फलस्वरूप अत्यंत व्याकुल हो बिल्कुल पागल सा हो जाता है, तो उस दशा को 'विरह' कहते हैं। मन की ऐसी दशा में प्रेमास्पद को छोड़ उसे और कुछ अच्छा नहीं लगता। (इतरविचिकित्सा)। बहुधा यह विरह सांसारिक प्रणय में देखा जाता है। जब स्त्री और पुरुष में यथार्थ और प्रगाढ़ प्रेम होता है, तो उन्हें ऐसे किसी भी व्यक्ति की उपस्थिति अच्छी नहीं लगती, जो उनके मन का नहीं होता। ठीक इसी प्रकार जब पराभक्ति हृदय पर अपना प्रभाव जमा लेती है, तो अन्य अप्रिय विषयों की उपस्थिति हमें खटकने लगती है, यहाँ तक कि प्रेमास्पद भगवान् के अतिरिक्त अन्य किसी विषय पर बातचीत तक करना हमारे लिए अरुचिकर हो जाता है, "उन पर, केवल उन पर ध्यान करो और अन्य सब बातें त्याग दो।" जो लोग केवल उन्हीं की चर्चा करते हैं, वे भक्त को मित्र के समान प्रतीत होते हैं, और जो अन्य लोग अन्य विषयों की चर्चा करते हैं, वे उसको शत्रु के समान लगते हैं। प्रेम की इससे भी उच्च अवस्था तो वह है, जब उन प्रेमास्पद भगवान् के लिए ही जीवन धारण किया जाता है, जब उन प्रेमस्वरूप के निमित्त ही प्राण धारण करना सुंदर और सार्थक समझा जाता है। ऐसे प्रेमी के लिए उन परम प्रेमास्पद भगवान् बिना एक क्षण भी रहना असंभव हो उठता है।

*मन की ऐसी दशा में प्रेमास्पद को छोड़ उसे और कुछ अच्छा नहीं लगता। (इतरविचिकित्सा)। बहुधा यह विरह सांसारिक प्रणय में देखा जाता है। जब स्त्री और पुरुष में यथार्थ और प्रगाढ़ प्रेम होता है, तो उन्हें ऐसे किसी भी व्यक्ति की उपस्थिति अच्छी नहीं लगती, जो उनके मन का नहीं होता।*

उन प्रियतम का चिंतन हृदय में सदैव बने रहने के कारण ही उसे जीवन इतना मधुर प्रतीत होता है।

शास्त्रों में इसी अवस्था को 'तदर्थप्राणसंस्थान' कहा है। 'तदीयता' तब आती है, जब साधक भक्ति-मत के अनुसार पूर्णावस्था को प्राप्त हो जाता है, जब वह श्रीभगवान् के चरणारविंदों का स्पर्श कर धन्य और कृतार्थ हो जाता है। तब उसकी प्रकृति विशुद्ध हो जाती है, संपूर्ण रूप से परिवर्तित हो जाती है। तब उसके जीवन की सारी साध पूरी हो जाती है। फिर भी, इस प्रकार के बहुत से भक्त बस उनकी उपासना के निमित्त ही जीवन धारण किए रहते हैं। इस दु:खमय जीवन में यही एकमात्र सुख है, और वे इसे छोड़ना नहीं चाहते। हे राजन्! हरि के ऐसे मनोहर गुण हैं कि जो लोग उनको प्राप्त कर संसार की सारी वस्तुओं से तृप्त हो गए हैं, जिनके हृदय की सब ग्रंथियाँ खुल गई हैं, वे भी भगवान् की निष्काम-भक्ति करते हैं। जिन भगवान् की उपासना सारे देवता, मुमुक्षु और ब्रह्मवादीगण करते हैं।''

*शास्त्रों में इसी अवस्था को 'तदर्थप्राणसंस्थान' कहा है। 'तदीयता' तब आती है, जब साधक भक्ति-मत के अनुसार पूर्णावस्था को प्राप्त हो जाता है, जब वह श्रीभगवान् के चरणारविंदों का स्पर्श कर धन्य और कृतार्थ हो जाता है। तब उसकी प्रकृति विशुद्ध हो जाती है, संपूर्ण रूप से परिवर्तित हो जाती है। तब उसके जीवन की सारी साध पूरी हो जाती है।*

ऐसा है प्रेम का प्रभाव! जब मनुष्य अपने आपको बिल्कुल भूल जाता है और जब उसे यह भी ज्ञान नहीं रहता कि कोई चीज अपनी है, तभी उसे यह तदीयता की अवस्था प्राप्त होती है। तब सबकुछ उसके लिए पवित्र हो जाता है, क्योंकि वह सब उसके प्रेमास्पद का ही तो है।

सांसारिक प्रेम में भी, प्रेमी अपनी प्रेमिका की प्रत्येक वस्तु को बड़ी प्रिय और पवित्र मानता है। अपनी प्रणयिनी के कपड़े के एक छोटे से टुकड़े को भी वह प्यार करता है। इसी प्रकार जो मनुष्य भगवान् से प्रेम करता है, उसके लिए सारा संसार प्रिय हो जाता है, क्योंकि यह संसार आखिर उन्हीं का तो है।

□

# सार्वजनीन प्रेम

समष्टि से प्रेम किए बिना कोई व्यष्टि से प्रेम कैसे कर सकता है? ईश्वर ही वह समष्टि है। सारे विश्व का यदि एक अखंड रूप से चिंतन किया जाए, तो वही ईश्वर है, और उसे पृथक्-पृथक् रूप से देखने पर वही यह दृश्यमान संसार है, व्यष्टि है। समष्टि वह इकाई है, जिसमें लाखों छोटी-छोटी इकाइयों का मेल है। इस समष्टि के माध्यम से ही सारे विश्व को प्रेम करना संभव है। भारतीय दार्शनिक व्यष्टि पर ही नहीं रुक जाते; वे तो व्यष्टि पर एक सरसरी दृष्टि डालकर तुरंत एक ऐसे व्यापक या समष्टि भाव की खोज में लग जाते हैं, जिसमें सब व्यष्टियों या विशेष विशेष भावों का अंतर्भाव हो। इस समष्टि की खोज ही भारतीय दर्शन और धर्म का लक्ष्य है। ज्ञानी पुरुष ऐसी एक समष्टि की, ऐसे एक निरपेक्ष और व्यापक तत्त्व की कामना करता है, जिसे जानने से वह सबकुछ जान सके। भक्त उन एक सर्वव्यापी पुरुषोत्तम की साक्षात् उपलब्धि कर लेना चाहता है, जिनसे प्रेम करने से वह सारे विश्व से प्रेम कर सके। योगी सब की मूलभूत उस शक्ति को अपने अधिकार में लाना चाहता है, जिसके नियमन से वह इस संपूर्ण विश्व

का नियमन कर सके। यदि हम भारतीय विचारधारा के इतिहास का अध्ययन करें, तो देखेंगे कि भारतीय मन सदा से सब बातों में—भौतिक विज्ञान कहिए, मनोविज्ञान कहिए, भक्तितत्त्व, दर्शन आदि सभी में एक समष्टि या व्यापक तत्त्व की इस अपूर्व खोज में लगा रहा है।

अतएव भक्त इस निष्कर्ष पर पहुँचता है कि यदि तुम केवल एक के बाद दूसरे व्यक्ति से प्रेम करते चले जाओ, तो तुम अनंत काल में भी संसार को एक समष्टि के रूप में प्यार करने में समर्थ न हो सकोगे। पर अंत में जब यह मूल सत्य ज्ञात हो जाता है कि समस्त प्रेम की समष्टि ही भगवान् है, संसार के मुक्त, बद्ध या मुमुक्षु सारे जीवात्माओं की आदर्श-समष्टि ही ईश्वर है, तभी यह विश्वप्रेम संभव होता है। भगवान् ही समष्टि हैं और यह परिदृश्यमान जगत् उन्हीं का परिच्छिन्न भाव है, उन्हीं की अभिव्यक्ति है। यदि हम इस समष्टि को प्यार करें, तो इससे सभी को प्यार करना हो जाता है। तब जगत् को प्यार करना और उसकी भलाई करना सहज हो जाता है। पर पहले भगवत्प्रेम के द्वारा हमें यह शक्ति प्राप्त कर लेनी होगी, अन्यथा संसार की भलाई करना कोई हँसी-खेल नहीं है।

***अतएव भक्त इस निष्कर्ष पर पहुँचता है कि यदि तुम केवल एक के बाद दूसरे व्यक्ति से प्रेम करते चले जाओ, तो तुम अनंत काल में भी संसार को एक समष्टि के रूप में प्यार करने में समर्थ न हो सकोगे।***

भक्त कहता है, "सबकुछ उन्हीं का है, वे मेरे प्रियतम हैं, मैं उनसे प्रेम करता हूँ।" इस प्रकार भक्त को सबकुछ पवित्र प्रतीत होने लगता है, क्योंकि वह सब आखिर उन्हीं का तो है। सभी उनकी संतान हैं, उनके अंग-स्वरूप हैं। उनके रूप हैं। तब फिर हम किसी को कैसे

चोट पहुँचा सकते हैं? दूसरों को बिना प्यार किए हम कैसे रह सकते हैं? भगवान् के प्रति प्रेम के साथ ही, उसके निश्चित फलस्वरूप, सर्व भूतों के भी प्रति प्रेम अवश्य आएगा। हम भगवान् के जितने समीप होते जाते हैं, उतने ही अधिक स्पष्ट रूप से देखते हैं कि सबकुछ उन्हीं में है। जब जीवात्मा इस परम प्रेमानंद का संभोग करने में सफल होता है, तब वह ईश्वर को सर्व भूतों में देखने लगता है। इस प्रकार हमारा हृदय प्रेम का एक अनंत स्रोत बन जाता है। और जब हम इस प्रेम की और भी उच्चतर अवस्थाओं में पदार्पण करते हैं, तब संसार की वस्तुओं में क्षुद्र भेद की भावनाएँ हमारे हृदय से सर्वथा लुप्त हो जाती हैं। तब मनुष्य मनुष्य के रूप में नहीं दीखता, वरन् साक्षात् ईश्वर के रूप में ही दिखाई देता है; पशु में पशुरूप नहीं दिखाई पड़ता, वरन् उसमें स्वयं भगवान् ही दिखाई पड़ते हैं; यहाँ तक कि ऐसे प्रेमी की आँखों से बाघ का भी बाघरूप लुप्त हो जाता है और उसमें स्वयं भगवान् प्रकाशमान दीख पड़ते हैं। इस प्रकार भक्ति की इस प्रगाढ़ अवस्था में सभी प्राणी हमारे लिए उपास्य हो जाते हैं।

*हम भगवान् के जितने समीप होते जाते हैं, उतने ही अधिक स्पष्ट रूप से देखते हैं कि सबकुछ उन्हीं में है। जब जीवात्मा इस परम प्रेमानंद का संभोग करने में सफल होता है, तब वह ईश्वर को सर्व भूतों में देखने लगता है।*

"हरि को सब भूतों में अवस्थित जानकर ज्ञानी को सबके प्रति अव्यभिचारिणी भक्ति रखनी चाहिए।" इस प्रगाढ़, सर्वगाही प्रेम के फलस्वरूप पूर्ण आत्मसमर्पण की अवस्था उपस्थित होती है। तब यह दृढ़ विश्वास हो जाता है कि संसार में भला-बुरा जो कुछ होता है, कुछ भी हमारे लिए अनिष्टकर नहीं। शास्त्रों ने इसी को 'अप्रातिकूल्य'

कहा है। ऐसे प्रेमी जीव के सामने यदि दुःख भी आए, तो वह कहेगा, "दुःख! स्वागत है तुम्हारा।" यदि कष्ट आए, तो कहेगा, "आओ कष्ट! स्वागत है तुम्हारा।" तुम भी तो मेरे प्रियतम के पास से ही आए हो। यदि सर्प आए, तो कहेगा, "विराजो, सर्प!" यहाँ तक कि यदि मृत्यु भी आए, तो वह अधरों पर मुसकान लिये उसका स्वागत करेगा—"धन्य हूँ मैं, जो ये सब मेरे पास आते हैं; इन सबका स्वागत है।" भगवान् और जो कुछ भगवान् का है, उस सब के प्रति प्रगाढ़ प्रेम से उत्पन्न होनेवाली इस पूर्ण निर्भरता की अवस्था में भक्त अपने में होनेवाले सुख और दुःख का भेद भूल जाता है। दुःख-कष्ट आने पर वह तनिक भी विचलित नहीं होता। प्रेमस्वरूप भगवान् की इच्छा पर यह जो स्थिर, खेदशून्य निर्भरता है, वह तो सचमुच महान् वीरतापूर्ण क्रियाकलापों से मिलनेवाले नाम-यश की अपेक्षा कहीं अधिक वांछनीय है।

*अधिकतर मनुष्यों के लिए देह ही सबकुछ है; देह ही उनकी सारी दुनिया है; दैहिक सुख-भोग ही उनका सर्वस्व है। देह और देह से संबंधित वस्तुओं की उपासना करने का भूत हम सबों के सिर में घुस गया है। भले ही हम लंबी-चौड़ी बातें करें, बड़ी ऊँची-ऊँची उड़ानें भरें, पर आखिर हैं हम गिद्धों के ही समान; हमारा मन सदा नीचे पड़े हुए सड़े-गले मांस के टुकड़े में ही पड़ा रहता है।*

अधिकतर मनुष्यों के लिए देह ही सबकुछ है; देह ही उनकी सारी दुनिया है; दैहिक सुख-भोग ही उनका सर्वस्व है। देह और देह से संबंधित वस्तुओं की उपासना करने का भूत हम सबों के सिर में घुस गया है। भले ही हम लंबी-चौड़ी बातें करें, बड़ी ऊँची-ऊँची उड़ानें भरें, पर आखिर हैं हम गिद्धों के ही समान; हमारा मन सदा नीचे पड़े हुए सड़े-गले

मांस के टुकड़े में ही पड़ा रहता है। हम शेर से अपने शरीर की रक्षा क्यों करें? हम उसे शेर को क्यों न दे दें? कम-से-कम उससे शेर की तो तृप्ति होगी, और यह कार्य आत्मत्याग और उपासना से कोई अधिक दूर न होगा। क्या तुम ऐसे एक भाव की उपलब्धि कर सकते हो, जिसमें स्वार्थ की तनिक भी गंध न हो? क्या तुम अपना अहंभाव संपूर्ण रूप से नष्ट कर सकते हो? बस यही प्रेम-धर्म की सबसे ऊँची चोटी है, और बहुत थोड़े लोग ही इस अवस्था में पहुँच सके हैं। पर जब तक मनुष्य इस प्रकार के आत्मत्याग के लिए सारे समय पूरे हृदय के साथ प्रस्तुत नहीं रहता, तब तक वह पूर्ण भक्त नहीं हो सकता। हम अपने इस पाँच भौतिक शरीर को अल्प अथवा अधिक समय तक के लिए भले ही सुखपूर्वक रख लें, पर उससे क्या? हमारे शरीर का एक न एक दिन नाश होना तो अवश्यंभावी है। उसका अस्तित्व चिरस्थायी नहीं है। वे धन्य हैं, जिनका शरीर दूसरों की सेवा में अर्पण हो जाता है। एक साधु पुरुष केवल अपनी संपत्ति ही नहीं, वरन् अपने प्राण भी दूसरों की सेवा में उत्सर्ग कर देने के लिए सदैव उद्यत रहता है। इस संसार में जब मृत्यु निश्चित है, तो श्रेष्ठ यही है कि यह शरीर किसी नीच कार्य की अपेक्षा किसी उत्तम कार्य में ही अर्पित हो जाए।

*क्या तुम ऐसे एक भाव की उपलब्धि कर सकते हो, जिसमें स्वार्थ की तनिक भी गंध न हो? क्या तुम अपना अहंभाव संपूर्ण रूप से नष्ट कर सकते हो? बस यही प्रेम-धर्म की सबसे ऊँची चोटी है, और बहुत थोड़े लोग ही इस अवस्था में पहुँच सके हैं। पर जब तक मनुष्य इस प्रकार के आत्मत्याग के लिए सारे समय पूरे हृदय के साथ प्रस्तुत नहीं रहता, तब तक वह पूर्ण भक्त नहीं हो सकता।*

हम भले ही अपने जीवन को पचास वर्ष या बहुत हुआ तो सौ वर्ष तक खींच ले जाएँ, पर उसके बाद? उसके बाद क्या होता है? जो कोई वस्तु मिश्रण से उत्पन्न होती है, वही फिर विश्लिष्ट होकर नष्ट हो जाती है। ऐसा समय अवश्य आता है, जब उसे विश्लिष्ट होना ही पड़ता है। ईसा आज कहाँ रहे, बुद्ध और मुहम्मद आज कहाँ रहे? संसार के सारे महापुरुष और आचार्यगण आज इस धरती से उठ गए हैं।

*हम भले ही अपने जीवन को पचास वर्ष या बहुत हुआ तो सौ वर्ष तक खींच ले जाएँ, पर उसके बाद? उसके बाद क्या होता है? जो कोई वस्तु मिश्रण से उत्पन्न होती है, वही फिर विश्लिष्ट होकर नष्ट हो जाती है। ऐसा समय अवश्य आता है, जब उसे विश्लिष्ट होना ही पड़ता है। ईसा आज कहाँ रहे, बुद्ध और मुहम्मद आज कहाँ रहे?*

भक्त कहता है, इस क्षणभंगुर संसार में, जहाँ प्रत्येक वस्तु टुकड़े-टुकड़े हो धूल में मिली जा रही है, हमें अपने समय का सदुपयोग कर लेना चाहिए। और वास्तव में जीवन का सर्वश्रेष्ठ उपयोग तो यह है कि वह सर्व भूतों की सेवा में लगा दिया जाए। हमारा सबसे बड़ा भ्रम यह है कि हमारा यह शरीर ही हम हैं और जिस किसी प्रकार से हो, इसकी रक्षा करनी होगी, इसे सुखी रखना होगा। और यह भयानक देहात्म-बुद्धि ही संसार में सब प्रकार की स्वार्थपरता की जड़ है। यदि तुम यह निश्चित रूप से जान सको कि तुम शरीर से बिल्कुल पृथक् हो, तो फिर इस दुनिया में ऐसा कुछ भी नहीं रह जाएगा, जिसके साथ तुम्हारा विरोध हो सके। तब तुम सब प्रकार की स्वार्थपरता के अतीत हो जाओगे। इसीलिए भक्त कहता है कि हमें ऐसा रहना चाहिए, मानो हम दुनिया की सारी चीजों के लिए मर से गए हों। और वास्तव में यही यथार्थ आत्मसमर्पण है, यही सच्ची शरणागति है—'जो होने का है, हो।' यही 'तेरी इच्छा पूर्ण हो'

का तात्पर्य है। उसका तात्पर्य यह नहीं कि हम यत्र-तत्र लड़ाई-झगड़ा करते फिरें और सारे समय यही सोचते रहें कि हमारी ये सारी कमजोरियाँ और सांसारिक आकांक्षाएँ भगवान् की इच्छा से हो रही हैं। हो सकता है कि हमारे स्वार्थपूर्ण प्रयत्नों से भी कुछ भला हो जाए; पर वह भगवान् देखेंगे, उसमें हमारा-तुम्हारा कोई हाथ नहीं।

यथार्थ भक्त अपने लिए कभी कोई इच्छा या कार्य नहीं करता। उसके हृदय के अंतरतम प्रवेश से तो बस यही प्रार्थना निकलती है, ''प्रभो, लोग तुम्हारे नाम पर बड़े-बड़े मंदिर बनवाते हैं, बड़े-बड़े दान देते हैं; पर मैं तो निर्धन हूँ, मेरे पास कुछ भी नहीं है। अत: मैं अपने इस शरीर को ही तुम्हारे श्रीचरणकमलों में समर्पित करता हूँ। मेरा परित्याग न करना, मेरे प्रभो!'' जिसने एक बार इस अवस्था का आस्वादन कर लिया है, उसके लिए प्रेमास्पद भगवान् के श्रीचरणों में यह चिर आत्मसमर्पण कुबेर के धन और इंद्र के ऐश्वर्य से भी श्रेष्ठ है, नाम-यश और सुख-संपदा की महान् आकांक्षा से भी महत्तर है। भक्त के शांत आत्मसमर्पण से हृदय में जो शांति आती है, उसकी तुलना नहीं हो सकती, वह तो बुद्धि के अगोचर है। इस अप्रातिकूल्य अवस्था की प्राप्ति होने पर उसका किसी प्रकार का स्वार्थ नहीं रह जाता; और जब स्वार्थ ही नहीं, तब फिर स्वार्थ में बाधा देनेवाली भला कौन

*यथार्थ भक्त अपने लिए कभी कोई इच्छा या कार्य नहीं करता। उसके हृदय के अंतरतम प्रवेश से तो बस यही प्रार्थना निकलती है, ''प्रभो, लोग तुम्हारे नाम पर बड़े-बड़े मंदिर बनवाते हैं, बड़े-बड़े दान देते हैं; पर मैं तो निर्धन हूँ, मेरे पास कुछ भी नहीं है। अत: मैं अपने इस शरीर को ही तुम्हारे श्रीचरणकमलों में समर्पित करता हूँ। मेरा परित्याग न करना, मेरे प्रभो!''*

सी वस्तु संसार में रह जाती है ? इस परम शरणागति की अवस्था में सब प्रकार की आसक्ति समूल नष्ट हो जाती है और रह जाती है सर्व भूतों की अंतरात्मा और आधार-स्वरूप उन भगवान् के प्रति सर्वावगाहिनी प्रेमात्मिका आसक्ति। भगवान् के प्रति प्रेम का यह बंधन ही सचमुच ऐसा है, जो जीवात्मा को नहीं बाँधता, प्रत्युत उसके समस्त बंधन छिन्न कर देता है।

□

# पराविद्या और पराभक्ति दोनों एक हैं

उपनिषदों में 'परा' और 'अपरा' विद्या में भेद बतलाया गया है। भक्त के लिए पराविद्या और पराभक्ति दोनों एक ही हैं। मुंडक उपनिषद् में कहा गया है, "ब्रह्मज्ञानी के मतानुसार परा और अपरा, दो प्रकार की विद्याएँ जानने योग्य हैं। अपरा विद्या में ऋग्वेद, यजुर्वेद, सामवेद, अथर्ववेद, शिक्षा (उच्चारणादि की विद्या), कल्प (यज्ञपद्धति), व्याकरण, निरुक्त (वैदिक शब्दों की व्युत्पत्ति और अर्थ बतानेवाला शास्त्र), छंद और ज्योतिष आदि हैं; तथा परा विद्या द्वारा उस अक्षर ब्रह्म का ज्ञान होता है।" इस प्रकार परा विद्या स्पष्टत: ब्रह्मविद्या है। देवीभागवत में पराभक्ति की निम्नलिखित व्याख्या है—"एक बरतन से दूसरे बरतन में तेल डालने पर जिस प्रकार एक अविच्छन्न धारा में गिरता है, उसी प्रकार जब मन भगवान् के सतत चिंतन में लग जाता है, तो पराभक्ति की अवस्था प्राप्त हो जाती है।" भगवान् के प्रति अविच्छिन्न आसक्ति के साथ हृदय और मन का इस प्रकार अविरत

और नित्य स्थिर भाव ही मनुष्य के हृदय में भगवत्प्रेम का सर्वोच्च प्रकाश है। अन्य सब प्रकार की भक्ति इस पराभक्ति अर्थात् रागानुगा भक्ति की प्राप्ति के लिए केवल सोपानस्वरूप हैं। जब इस प्रकार का अपार अनुराग मनुष्य के हृदय में उत्पन्न हो जाता है, तो उसका मन निरंतर भगवान् के स्मरण में ही लगा रहता है, उसे और किसी का ध्यान ही नहीं आता। भगवान् के अतिरिक्त वह अपने मन में अन्य विचारों को स्थान तक नहीं देता, फलस्वरूप उसकी आत्मा पवित्रता के अभेद्य कवच से रक्षित हो जाती है तथा मानसिक एवं भौतिक समस्त बंधनों को तोड़कर शांत और मुक्त भाव धारण कर लेती है। ऐसा ही व्यक्ति अपने हृदय में भगवान् की उपासना कर सकता है। उसके लिए अनुष्ठान-पद्धति, प्रतिमा, शास्त्र और मत-मतांतर आदि अनावश्यक हो जाते हैं; उनके द्वारा उसे और कोई लाभ नहीं होता। भगवान् की इस प्रकार उपासना करना सहज नहीं है। साधारणतया मानवी प्रेम वहीं लहलहाते देखा जाता है, जहाँ उसे दूसरी ओर से बदले में प्रेम मिलता है; और जहाँ ऐसा नहीं होता, वहाँ उदासीनता आकर अपना अधिकार जमा लेती है। ऐसे उदाहरण बहुत कम हैं, जहाँ बदले में प्रेम न मिलते हुए भी प्रेम का प्रकाश होता हो। उदाहरणार्थ, हम दीपक के प्रति पतंगे के प्रेम को ले सकते हैं। पतंगा दीपक से प्रेम करता है और उसमें गिरकर अपने प्राण दे देता है। असल में इस प्रकार प्रेम

*भगवान् के अतिरिक्त वह अपने मन में अन्य विचारों को स्थान तक नहीं देता, फलस्वरूप उसकी आत्मा पवित्रता के अभेद्य कवच से रक्षित हो जाती है तथा मानसिक एवं भौतिक समस्त बंधनों को तोड़कर शांत और मुक्त भाव धारण कर लेती है। ऐसा ही व्यक्ति अपने हृदय में भगवान् की उपासना कर सकता है।*

करना उसका स्वभाव ही है। केवल प्रेम के लिए प्रेम करना संसार में निस्संदेह प्रेम की सर्वोच्च अभिव्यक्ति है और यही पूर्ण निस्स्वार्थ प्रेम है। इस प्रकार का प्रेम जब आध्यात्मिकता के क्षेत्र में कार्य करने लगता है, तो वही हमें पराभक्ति में ले जाता है।

□

# प्रेम-त्रिकोणात्मक

'प्रेम' की उपमा एक त्रिकोण से दी जा सकती है, जिसका प्रत्येक कोण प्रेम के एक-एक अविभाज्य गुण का सूचक है। जिस प्रकार बिना तीन कोण के एक त्रिकोण नहीं बन सकता, उसी प्रकार निम्नलिखित तीन गुणों के बिना यथार्थ प्रेम का होना असंभव है। इस प्रेमरूपी त्रिकोण का पहला कोण तो यह है कि प्रेम में किसी प्रकार का क्रय-विक्रय नहीं होता। जहाँ कहीं किसी बदले की आशा रहती है, वहाँ यथार्थ प्रेम कभी नहीं हो सकता; वह तो एक प्रकार की दुकानदारी सी हो जाती है। जब तक हमारे हृदय में इस प्रकार की थोड़ी सी भी भावना रहती है कि भगवान् की आराधना के बदले में हमें उनसे कुछ मिले, तब तक हमारे हृदय में यथार्थ प्रेम का संचार नहीं हो सकता। जो लोग किसी वस्तु की प्राप्ति के लिए ईश्वर की उपासना करते हैं, उन्हें यदि वह चीज न मिले, तो निश्चय ही वे उनकी आराधना करना छोड़ देंगे। भक्त भगवान् से इसलिए प्रेम करता है कि वे प्रेमास्पद हैं; सच्चे भक्त के इस दैवी प्रेम का और कोई हेतु नहीं रहता।

एक बार की बात है। एक राजा किसी वन में गया। वहाँ उसे एक साधु मिले। साधु से थोड़ी देर बातचीत करके राजा उनकी पवित्रता और ज्ञान पर बड़ा मुग्ध हो गया। राजा ने उनसे प्रार्थना की, ''महाराज, यदि आप मुझसे कोई भेंट ग्रहण करने की कृपा करें, तो मैं धन्य हो जाऊँ।'' पर साधु ने इनकार कर दिया और कहा, ''इस जंगल में फल मेरे लिए पर्याप्त हैं, पहाड़ों से निकलने वाले शुद्ध पानी के झरने पीने को पर्याप्त जल दे देते हैं, वृक्षों की छालें मेरे शरीर को ढकने के लिए काफी हैं और पर्वतों की कंदराएँ सुंदर घर का काम देती हैं। मैं तुमसे अथवा अन्य किसी से कोई भेंट क्यों लूँ?'' राजा ने कहा, ''महाराज, केवल मुझे कृतार्थ करने के लिए कृपया कुछ अवश्य स्वीकार कर लीजिए, और दया कर मेरे साथ चलकर मेरी राजधानी तथा या महल को पवित्र कीजिए।'' विशेष आग्रह के बाद साधु ने अंत में राजा की प्रार्थना स्वीकार कर ली और उसके साथ उसके महल को गए। साधु की भेंट देने के पहले राजा नियमानुसार अपनी दैनिक प्रार्थना करने लगा। उसने कहा, ''हे ईश्वर, मुझे और अधिक संतान दो, मेरा धन और भी बढ़े, मेरा राज्य अधिकाधिक फैल जाए, मेरा शरीर स्वस्थ और निरोग रहे'', आदि-आदि। राजा अपनी प्रार्थना समाप्त भी न कर पाया था कि साधु उठ खड़े हुए और चुपके से कमरे के बाहर चल दिए। यह देखकर राजा बड़े असमंजस में पड़ गया और चिल्लाता हुआ साधु के पीछे भागा—''महाराज, आप कहाँ जा रहे हैं, आपने तो मुझसे कोई भी भेंट ग्रहण नहीं की!'' यह सुनकर वे साधु

*एक बार की बात है। एक राजा किसी वन में गया। वहाँ उसे एक साधु मिले। साधु से थोड़ी देर बातचीत करके राजा उनकी पवित्रता और ज्ञान पर बड़ा मुग्ध हो गया। राजा ने उनसे प्रार्थना की, ''महाराज, यदि आप मुझसे कोई भेंट ग्रहण करने की कृपा करें, तो मैं धन्य हो जाऊँ।''*

पीछे घूमकर राजा से बोले, "अरे भिखारी, मैं भिखारियों से भिक्षा नहीं माँगता। तू तो स्वयं एक भिखारी है, मुझे किस प्रकार भिक्षा दे सकता है! मैं इतना मूर्ख नहीं कि तुझ जैसे भिखारी से कुछ लूँ। जाओ, भाग जाओ, मेरे पीछे मत आओ।"

इस कथा से ईश्वर के सच्चे प्रेमियों और साधारण भिखारियों में भेद बड़े सुंदर ढंग से प्रकट हुआ है। भिखारी की भाँति गिड़गिड़ाना प्रेम की भाषा नहीं है। यहाँ तक कि मुक्ति के लिए भगवान् की उपासना करना भी अधम उपासना में गिना जाता है। शुद्ध प्रेम में किसी प्रकार के लाभ की आकांक्षा नहीं रहती। प्रेम सर्वदा प्रेम के लिए ही होता है। भक्त इसलिए प्रेम करता है कि बिना प्रेम किए वह रह ही नहीं सकता। जब तुम किसी मनोहर प्राकृतिक दृश्य को देखकर उस पर मोहित हो जाते हो, तो उस दृश्य से तुम किसी फल की याचना नहीं करते और न वह दृश्य ही तुमसे कुछ माँगता है। फिर भी उस दृश्य का दर्शन हमारे मन को बड़ा आनंद देता है, वह तुम्हारे मन के घर्षणों को हलका कर तुम्हें शांत कर देता है और उस समय तक के लिए मानो तुम्हें अपनी नश्वर प्रकृति से ऊपर उठाकर एक स्वर्गीय आनंद से भर देता है। प्रेम का यह भाव उक्त त्रिकोणात्मक प्रेम का पहला कोण है। अपने प्रेम के बदले में कुछ मत माँगो। सदैव देते ही रहो। भगवान् को अपना प्रेम दो, परंतु बदले में उनसे कुछ भी माँगो मत।

*इस कथा से ईश्वर के सच्चे प्रेमियों और साधारण भिखारियों में भेद बड़े सुंदर ढंग से प्रकट हुआ है। भिखारी की भाँति गिड़गिड़ाना प्रेम की भाषा नहीं है। यहाँ तक कि मुक्ति के लिए भगवान् की उपासना करना भी अधम उपासना में गिना जाता है। शुद्ध प्रेम में किसी प्रकार के लाभ की आकांक्षा नहीं रहती।*

प्रेम के इस त्रिकोण का दूसरा कोण यह है कि प्रेम में कोई भय नहीं रहता। जो भयवश भगवान् से प्रेम करते हैं, वे मनुष्य अधम हैं, उनमें अभी तक मनुष्यत्व का विकास नहीं हुआ। वे दंड के भय से ईश्वर की उपासना करते हैं। उनकी दृष्टि में ईश्वर एक महान् पुरुष हैं, जिनके एक हाथ में दंड है और दूसरे में चाबुक। उन्हें इस बात का डर रहता है कि यदि वे उनकी आज्ञा का पालन नहीं करेंगे, तो उन्हें कोड़े लगाए जाएँगे। पर दंड के भय से ईश्वर की उपासना करना सबसे निम्न कोटि की उपासना है। एक तो वह उपासना कहलाने योग्य है ही नहीं, फिर भी यदि उसे उपासना कहें, तो वह प्रेम की सबसे भद्दी उपासना है। जब तक हृदय में किसी प्रकार का भय है, तब तक प्रेम कैसे हो सकता है? प्रेम स्वभावतः सब प्रकार के भय पर विजय प्राप्त कर लेता है। उदाहरणार्थ, यदि एक युवती सड़क पर जा रही हो और उस पर कुत्ता भौंक पड़े, तो वह डरकर समीपस्थ घर में घुस जाएगी। परंतु मान लो, दूसरे दिन वही स्त्री अपने बच्चे के साथ जा रही है और उसके बच्चे पर शेर झपट पड़ता है। तो बताओ, वह क्या करेगी? बच्चे की रक्षा के लिए वह स्वयं शेर के मुँह में चली जाएगी। सचमुच, प्रेम समस्त भय पर विजय प्राप्त कर लेता है। भय इस स्वार्थपर भावना से उत्पन्न होता है कि मैं दुनिया से अलग हूँ। और जितना ही मैं अपने को क्षुद्र और स्वार्थपर बनाऊँगा, मेरा भय उतना ही बढ़ेगा।

*प्रेम के इस त्रिकोण का दूसरा कोण यह है कि प्रेम में कोई भय नहीं रहता। जो भयवश भगवान् से प्रेम करते हैं, वे मनुष्य अधम हैं, उनमें अभी तक मनुष्यत्व का विकास नहीं हुआ। वे दंड के भय से ईश्वर की उपासना करते हैं। उनकी दृष्टि में ईश्वर एक महान् पुरुष हैं, जिनके एक हाथ में दंड है और दूसरे में चाबुक।*

यदि कोई मनुष्य अपने को एक छोटा सा तुच्छ जीव समझे, तो भय उसे अवश्य घेर लेगा। और तुम अपने को जितना ही कम तुच्छ समझोगे, तुम्हारे लिए भय भी उतना ही कम होगा। जब तक तुममें थोड़ा सा भी भय है, तब तक तुम्हारे मानस-सरोवर में प्रेम की तरंगें नहीं उठ सकतीं। प्रेम और भय दोनों एक साथ कभी नहीं रह सकते। जो भगवान् से प्रेम करते हैं, उन्हें उनसे डरना नहीं चाहिए। 'ईश्वर का नाम व्यर्थ में न लो', इस आदेश पर ईश्वर का सच्चा प्रेमी हँसता है। प्रेम के धर्म में भगवत-निंदा किस प्रकार संभव है? ईश्वर का नाम तुम जितना ही लोगे, फिर वह किसी भी प्रकार से क्यों न हो, तुम्हारा उतना ही मंगल है। उनसे प्रेम होने के कारण ही तुम उनका नाम लेते हो। प्रेम-रूपी त्रिकोण का तीसरा कोण यह है कि प्रेम में कोई प्रतिद्वंद्वी अर्थात् दूसरा प्रेमपात्र नहीं होता, क्योंकि इस प्रेम में प्रेमी का सर्वोच्च आदर्श ही लक्षित रहता है। प्रकृत-प्रेम तब तक नहीं होता, जब तक हमारे प्रेम का पात्र हमारा सर्वोच्च आदर्श नहीं बन जाता। हो सकता है कि अनेक स्थलों में मनुष्य का प्रेम अनुचित दिशा में लग जाता हो; पर जो प्रेमी है, उसके लिए तो उसका प्रेमपात्र ही उच्चतम आदर्श है।

*यदि कोई मनुष्य अपने को एक छोटा सा तुच्छ जीव समझे, तो भय उसे अवश्य घेर लेगा। और तुम अपने को जितना ही कम तुच्छ समझोगे, तुम्हारे लिए भय भी उतना ही कम होगा। जब तक तुममें थोड़ा सा भी भय है, तब तक तुम्हारे मानस-सरोवर में प्रेम की तरंगें नहीं उठ सकतीं।*

हो सकता है, कोई व्यक्ति अपना आदर्श सबसे निकृष्ट मनुष्य में देखे और कोई दूसरा मनुष्य किसी देवमानव में; पर प्रत्येक दशा में वह आदर्श ही है, जिसे सच्चे और प्रगाढ़ रूप से प्रेम किया जाता है। प्रत्येक

व्यक्ति के उच्चतम आदर्श को ही ईश्वर कहते हैं। कोई चाहे ज्ञानी हो, चाहे अज्ञानी, साधु हो या पापी, पुरुष हो अथवा स्त्री, शिक्षित हो अथवा अशिक्षित, प्रत्येक दशा में मनुष्यमात्र का परमोच्च आदर्श ईश्वर ही है। सौंदर्य, महानता और शक्ति के उच्चतम आदर्शों के योग में ही हमें प्रेममय एवं प्रेमास्पद भगवान् का पूर्णतम भाव मिलता है। स्वभावतः ही ये आदर्श किसी-न-किसी रूप में प्रत्येक व्यक्ति के मन में वर्तमान रहते हैं। वे मानो हमारे मन के अंग या अंश विशेष हैं। उन आदर्शों को व्यावहारिक जीवन में परिणत करने के जो सब प्रयत्न हैं, वे ही मानवी प्रकृति की नानाविध क्रियाओं के रूप में प्रकट होते हैं।

*विभिन्न जीवात्माओं में जो सब भिन्न-भिन्न आदर्श निहित हैं, वे बाहर आकर ठोस रूप धारण करने का सतत प्रयत्न कर रहे हैं, और इसके फलस्वरूप हम अपने चारों ओर समाज में नाना प्रकार की गतियाँ और हलचल देखते हैं।*

विभिन्न जीवात्माओं में जो सब भिन्न-भिन्न आदर्श निहित हैं, वे बाहर आकर ठोस रूप धारण करने का सतत प्रयत्न कर रहे हैं, और इसके फलस्वरूप हम अपने चारों ओर समाज में नाना प्रकार की गतियाँ और हलचल देखते हैं। जो कुछ भीतर है, वही बाहर आने का प्रयत्न करता है। आदर्श का यह नित्य प्रबल प्रभाव ही एक ऐसी कार्यकारी शक्ति है, जो मानव-जीवन में सतत क्रियाशील है। हो सकता है, सैकड़ों जन्म के बाद, हजारों वर्ष प्रयत्न करने के पश्चात् मनुष्य समझे कि अपना अभ्यंतरस्थ आदर्श बाहरी वातावरण और अवस्थाओं के साथ पूरी तरह मेल नहीं खा सकता। और जब वह यह समझ जाता है, तब बाहरी जगत् को अपने आदर्श के अनुसार गढ़ने की फिर अधिक चेष्टा नहीं करता। तब वह इस प्रकार के सारे प्रयत्न छोड़कर प्रेम की उच्चतम भूमि से,

स्वयं आदर्श की आदर्श-रूप से उपासना करने लगता है। यह पूर्ण आदर्श अपने में अन्य सब छोटे-छोटे आदर्शों को समा लेता है।

सभी लोग इस बात की सत्यता स्वीकार करते हैं कि प्रेमी कुरूपता में भी रूप के दर्शन करता है। बाहर के लोग कह सकते हैं कि प्रेम गलत दिशा में जा रहा है—अपात्र में अर्पित हो रहा है; पर जो प्रेमी है, उसे तो अपने प्रेमास्पद में कहीं कोई कुरूपता दिखाई ही नहीं पड़ती, वह तो उसमें रूप-ही-रूप देखता है। चाहे रूपवती स्वर्ग की अप्सरा हो, चाहे कुरूप और भोंड़ी सी, वास्तव में हमारे प्रेम के आधार तो मानो कुछ केंद्र हैं, जिनके चारों ओर हमारे आदर्श घनीभूत होकर रहते हैं। संसार साधारणतः किसकी उपासना करता है? अवश्य उच्चतम भक्त और प्रेमी के सर्वावगाही पूर्ण आदर्श की नहीं। स्त्री-पुरुष साधारणतः उसी आदर्श की उपासना करते हैं, जो उनके अपने हृदय में है। प्रत्येक व्यक्ति अपना-अपना आदर्श बाहर लाकर उसके सम्मुख भूमिष्ठ हो प्रणाम करता है। इसीलिए हम देखते हैं कि जो लोग निर्दयी और खूनी होते हैं, वे एक रक्तपिपासु ईश्वर की ही कल्पना करते तथा उसे भजते हैं, क्योंकि वे अपने सर्वोच्च आदर्श की ही उपासना कर सकते हैं। वास्तव में वह अन्य लोगों के आदर्श से बहुत ही भिन्न है।

*सभी लोग इस बात की सत्यता स्वीकार करते हैं कि प्रेमी कुरूपता में भी रूप के दर्शन करता है। बाहर के लोग कह सकते हैं कि प्रेम गलत दिशा में जा रहा है—अपात्र में अर्पित हो रहा है; पर जो प्रेमी है, उसे तो अपने प्रेमास्पद में कहीं कोई कुरूपता दिखाई ही नहीं पड़ती, वह तो उसमें रूप-ही-रूप देखता है।*

□

# प्रेममय भगवान् स्वयं अपना प्रमाण हैं

जो प्रेमी स्वार्थपरता और भय के परे हो गया है, जो फलाकांक्षा-शून्य हो गया है, उसका आदर्श क्या है? वह परमेश्वर से भी यही कहेगा, "मैं तुम्हें अपना सर्वस्व अर्पण करता हूँ? मैं तुमसे कोई चीज नहीं चाहता। वास्तव में ऐसा कुछ भी नहीं है, जिसे मैं अपना कह सकूँ।" जब मनुष्य इस प्रकार की अवस्था प्राप्त कर लेता है, तब उसका आदर्श पूर्ण प्रेम का आदर्श हो जाता है; वह प्रेमजनित पूर्ण निर्भीकता के आदर्श में परिणत हो जाता है। इस प्रकार के व्यक्ति के सर्वोच्च आदर्श में किसी प्रकार की संकीर्णता नहीं रह जाती, वह किसी विशेष भाव द्वारा सीमित नहीं रहता। वह आदर्श तो सार्वभौमिक प्रेम, अनंत और असीम प्रेम, पूर्ण स्वतंत्र प्रेम का आदर्श होता है; यही क्यों, वह साक्षात् प्रेमस्वरूप होता है। तब प्रेम-धर्म के इस महान् आदर्श की उपासना किसी प्रतीक या प्रतिमा के सहारे नहीं करनी पड़ती, वरन् तब तो वह आदर्श के रूप में ही उपासित होता है।

इस प्रकार के एक सार्वभौमिक आदर्श की आदर्श-रूप से उपासना सबसे उत्कृष्ट प्रकार की पराभक्ति है। भक्ति के अन्य सब प्रकार तो इस पराभक्ति की प्राप्ति में केवल सोपानस्वरूप हैं। इस प्रेम-धर्म के पथ में चलते चलते हमें जो सफलताएँ और असफलताएँ मिलती हैं, वे सब की सब उस आदर्श की प्राप्ति के मार्ग पर ही घटती हैं, अर्थात् प्रकारांतर से वे उसमें सहायता ही पहुँचाती हैं। साधक एक के बाद दूसरी वस्तु लेता जाता है और उस पर अपना आभ्यंतरिक आदर्श प्रक्षिप्त करता जाता है। क्रमशः ये सारी बाह्य वस्तुएँ इस सतत विस्तारशील आभ्यंतरिक आदर्श को प्रकाशित करने के लिए अनुपयुक्त सिद्ध होती हैं और इसलिए स्वभावतः एक-एक करके उनका परित्याग कर दिया जाता है। अंत में साधक समझ जाता है कि बाह्य वस्तुओं में आदर्श की उपलब्धि करने का प्रयत्न व्यर्थ है और ये सब बाह्य वस्तुएँ तो आदर्श की तुलना में बिल्कुल तुच्छ हैं। कालांतर में वह उस सर्वोच्च और संपूर्ण निर्विशेष-भावापन्न सूक्ष्म आदर्श को अंतर में ही जीवंत और सत्य रूप से अनुभव करने की सामर्थ्य प्राप्त कर लेता है। जब भक्त इस अवस्था में पहुँच जाता है, तब उसमें ये सब तर्क-वितर्क नहीं उठते कि भगवान् को प्रमाणित किया जा सकता है अथवा नहीं, भगवान् सर्वज्ञ और सर्वशक्तिमान हैं

*इस प्रकार के एक सार्वभौमिक आदर्श की आदर्श-रूप से उपासना सबसे उत्कृष्ट प्रकार की पराभक्ति है। भक्ति के अन्य सब प्रकार तो इस पराभक्ति की प्राप्ति में केवल सोपानस्वरूप हैं। इस प्रेम-धर्म के पथ में चलते चलते हमें जो सफलताएँ और असफलताएँ मिलती हैं, वे सब की सब उस आदर्श की प्राप्ति के मार्ग पर ही घटती हैं, अर्थात् प्रकारांतर से वे उसमें सहायता ही पहुँचाती हैं।*

या नहीं। उसके लिए तो भगवान् प्रेममय हैं—प्रेम के सर्वोच्च आदर्श हैं, और बस यह जानना ही उसके लिए यथेष्ट है।

भगवान् प्रेमरूप होने के कारण स्वतःसिद्ध हैं, वे अन्य किसी प्रमाण की अपेक्षा नहीं रखते। प्रेमी के पास प्रेमास्पद का अस्तित्व प्रमाणित करने के लिए किसी बात की आवश्यकता नहीं। अन्यान्य धर्मों के न्यायकर्ता भगवान् का अस्तित्व प्रमाणित करने के लिए बहुत से प्रमाणों की आवश्यकता हो सकती है, पर भक्त तो ऐसे भगवान् की बात मन में भी नहीं ला सकता। उसके लिए तो भगवान् केवल प्रेमस्वरूप हैं। "हे प्रिये, कोई भी स्त्री पति से पति के लिए प्रेम नहीं करती, वरन् पति में स्थित आत्मा के लिए ही प्रेम करती है। हे प्रिये, कोई भी पुरुष पत्नी से पत्नी के लिए प्रेम नहीं करता, वरन् पत्नी में स्थित आत्मा के लिए ही प्रेम करता है।" कोई-कोई कहते हैं कि समस्त मानवी कार्यों की एकमात्र प्रेरक-शक्ति है स्वार्थपरता। किंतु वह भी तो प्रेम ही है; पर हाँ, वह प्रेम विशिष्टता के कारण निम्नभावापन्न हो गया है, बस इतना ही।

*भगवान् प्रेमरूप होने के कारण स्वतःसिद्ध हैं, वे अन्य किसी प्रमाण की अपेक्षा नहीं रखते। प्रेमी के पास प्रेमास्पद का अस्तित्व प्रमाणित करने के लिए किसी बात की आवश्यकता नहीं। अन्यान्य धर्मों के न्यायकर्ता भगवान् का अस्तित्व प्रमाणित करने के लिए बहुत से प्रमाणों की आवश्यकता हो सकती है, पर भक्त तो ऐसे भगवान् की बात मन में भी नहीं ला सकता।*

जब मैं अपने को संसार की सारी वस्तुओं में अवस्थित सोचता हूँ, तब निश्चय ही मुझमें किसी प्रकार की स्वार्थपरता नहीं रह सकती। किंतु

जब मैं भ्रम में पड़कर अपने आपको एक छोटा सा प्राणी सोचने लगता हूँ, तब मेरा प्रेम संकीर्ण हो जाता है—एक विशिष्ट भाव से सीमित हो जाता है। प्रेम के क्षेत्र को संकीर्ण और मर्यादित कर लेना ही हमारा भ्रम है। इस विश्व की सारी वस्तुएँ भगवान् से निकली हैं, अतएव वे सभी हमारे प्रेम के योग्य हैं। पर हम यह सर्वदा स्मरण रखें कि समष्टि को प्यार करने से ही अंशों को भी प्यार करना हो जाता है। यह समष्टि ही भक्त का भगवान् है। अन्यान्य प्रकार के ईश्वर, जैसे—स्वर्ग में रहनेवाले पिता, शास्ता, स्रष्टा तथा नानाविध मतवाद और शास्त्र-ग्रंथ भक्त के लिए कुछ अर्थ नहीं रखते, उसके लिए इन सबका कोई प्रयोजन नहीं; क्योंकि वह तो पराभक्ति के प्रभाव से संपूर्णत: इन सब के ऊपर उठ गया है। जब हृदय शुद्ध और पवित्र हो जाता है तथा दैवी प्रेमामृत से सराबोर हो जाता है, तब ईश्वर संबंधी अन्य सब धारणाएँ बच्चों की बात सी प्रतीत होने लगती हैं और वे अपूर्ण एवं अनुपयुक्त समझकर त्याग दी जाती हैं।

*इस विश्व की सारी वस्तुएँ भगवान् से निकली हैं, अतएव वे सभी हमारे प्रेम के योग्य हैं। पर हम यह सर्वदा स्मरण रखें कि समष्टि को प्यार करने से ही अंशों को भी प्यार करना हो जाता है। यह समष्टि ही भक्त का भगवान् है। अन्यान्य प्रकार के ईश्वर, जैसे—स्वर्ग में रहनेवाले पिता, शास्ता, स्रष्टा तथा नानाविध मतवाद और शास्त्र-ग्रंथ भक्त के लिए कुछ अर्थ नहीं रखते''*

सचमुच, पराभक्ति का प्रभाव ही ऐसा है! तब वह पूर्णताप्राप्त भक्त अपने भगवान् को मंदिरों और गिरजों में खोजने नहीं जाता; उसके लिए तो ऐसा कोई स्थान ही नहीं, जहाँ वे न हों। वह उन्हें मंदिर के भीतर

और बाहर सर्वत्र देखता है। साधु की साधुता में और दुष्ट की दुष्टता में भी वह उनके दर्शन करता है; क्योंकि उसने तो उन महिमामय प्रभु को पहले से ही अपने हृदय-सिंहासन में बिठा लिया है और वह जानता है कि वे एक सर्वशक्तिमान एवं अनिर्वाण प्रेमज्योति के रूप में उसके हृदय में नित्य दीप्तिमान हैं और सदा से वर्तमान हैं।

□

# दैवी प्रेम की मानवी विवेचना

प्रेम के इस परमोच्च और पूर्ण आदर्श को मानवी भाषा में प्रकट करना असंभव है। उच्चतम मानवी कल्पना भी उसकी अनंत पूर्णता तथा सौंदर्य का अनुभव करने में असमर्थ है। परंतु फिर भी सब समय सारे देशों में प्रेमधर्म के उच्च और निम्न उभय श्रेणी के उपासकों को अपने-अपने प्रेमादर्श का अनुभव और वर्णन करने के लिए इस अपूर्ण मानवी भाषा का ही प्रयोग करना पड़ा है। इतना ही नहीं, बल्कि भिन्न-भिन्न प्रकार के मानवी प्रेम इस अव्यक्त दैवी प्रेम के प्रतीक-स्वरूप गृहीत हुए हैं। मनुष्य दैवी विषयों के संबंध में अपने मानवी ढंग से ही सोच सकता है, वह पूर्ण निरपेक्ष सत्ता हमारे समक्ष हमारी सापेक्ष भाषा में ही प्रकाशित हो सकती है। यह सारा विश्व हमारे लिए और है क्या? वह तो मानो 'सांत' भाषा में लिखा हुआ 'अनंत' मात्र है। इसीलिए भक्तगण भगवान् और उनकी प्रेमोपासना के संबंध में उन्हीं शब्दों का प्रयोग करते हैं, जो साधारण मानवी-प्रेम के लिए उपयोग में लाए जाते हैं। पराभक्ति के कई व्याख्याताओं ने इस दैवी प्रेम को अनेक प्रकार से समझने और उसका प्रत्यक्ष अनुभव करने की चेष्टा की है।

इस प्रेम के निम्नतम रूप को 'शांत' भक्ति कहते हैं। जब भगवान् की उपासना के समय मनुष्य के हृदय में प्रेमाग्नि प्रज्वलित नहीं रहती, जब वह प्रेम से उन्मत्त होकर अपनी सुध-बुध नहीं खो बैठता, जब उसका प्रेम बाह्य क्रियाकलापों और अनुष्ठानों से कुछ थोड़ा सा उन्नत एक साधारण सा प्रेम रहता है, जब उसकी उपासना में प्रबल प्रेम की उन्मत्तता नहीं रहती, तब वह उपासना शांत भक्ति या शांत प्रेम कहलाती है। हम देखते हैं कि संसार में कुछ लोग ऐसे होते हैं, जो साधन-पथ पर धीरे-धीरे अग्रसर होना पसंद करते हैं; और कुछ ऐसे भी लोग हैं, जो आँधी के समान जोर से चले जाते हैं। शांत भक्त धीर होता है, शांत और नम्र होता है।

*इस प्रेम के निम्नतम रूप को 'शांत' भक्ति कहते हैं। जब भगवान् की उपासना के समय मनुष्य के हृदय में प्रेमाग्नि प्रज्वलित नहीं रहती, जब वह प्रेम से उन्मत्त होकर अपनी सुध-बुध नहीं खो बैठता, जब उसका प्रेम बाह्य क्रियाकलापों और अनुष्ठानों से कुछ थोड़ा सा उन्नत एक साधारण सा प्रेम रहता है, जब उसकी उपासना में प्रबल प्रेम की उन्मत्तता नहीं रहती, तब वह उपासना शांत भक्ति या शांत प्रेम कहलाती है।*

इससे कुछ ऊँची अवस्था है—'दास्य'। इस अवस्था में मनुष्य अपने को ईश्वर का दास समझता है। विश्वासी सेवक की अपने स्वामी के प्रति अनन्य भक्ति ही उसका आदर्श है।

इसके बाद है 'सख्य' प्रेम। इस सख्य प्रेम का साधक भगवान् से कहता है, 'तुम मेरे प्रिय सखा हो।' जिस प्रकार एक व्यक्ति अपने मित्र के सम्मुख अपना हृदय खोल देता है और यह जानता है कि उसका मित्र

उसके अवगुणों पर कभी ध्यान न देगा, वरन् उसकी सदा सहायता ही करेगा, उन दोनों में जिस प्रकार समानता का एक भाव रहता है, उसी प्रकार सख्य प्रेम के साधक और उसके सखा भगवान् के बीच भी मानो एक प्रकार की समानता का भाव रहता है। इस तरह भगवान् हमारे अंतरंग मित्र हो जाते हैं, जिनको हम अपने जीवन की सारी बातें दिल खोलकर बता सकते हैं, जिनके समक्ष हम अपने हृदय के गुप्त से गुप्त भावों को भी बिना किसी हिचकिचाहट के प्रकट कर सकते हैं। उन पर हम पूरा भरोसा, पूरा विश्वास रख सकते हैं कि वे वही करेंगे, जिससे हमारा मंगल होगा; और ऐसा सोचकर हम पूर्ण रूप से निश्चिंत रह सकते हैं।

*इस अवस्था में भक्त भगवान् को अपनी बराबरी का समझता है—भगवान् मानो हमारे संगी हों, सखा हों। हम सभी इस संसार में मानो खेल रहे हैं। जिस प्रकार बच्चे अपना खेल खेलते हैं, जिस प्रकार बड़े-बड़े राजा-महाराजा भी अपना अपना खेल खेलते हैं, उसी प्रकार वे प्रेम-स्वरूप भगवान् भी इस दुनिया के साथ खेल खेल रहे हैं। वे पूर्ण हैं, उन्हें किसी चीज का अभाव नहीं।*

इस अवस्था में भक्त भगवान् को अपनी बराबरी का समझता है—भगवान् मानो हमारे संगी हों, सखा हों। हम सभी इस संसार में मानो खेल रहे हैं। जिस प्रकार बच्चे अपना खेल खेलते हैं, जिस प्रकार बड़े-बड़े राजा-महाराजा भी अपना अपना खेल खेलते हैं, उसी प्रकार वे प्रेम-स्वरूप भगवान् भी इस दुनिया के साथ खेल खेल रहे हैं। वे पूर्ण हैं, उन्हें किसी चीज का अभाव नहीं। उन्हें सृष्टि करने की क्या आवश्यकता है? जब हमें किसी चीज की आवश्यकता होती है, तभी हम उसकी पूर्ति के लिए क्रियाशील होते हैं,

और अभाव का तात्पर्य ही है अपूर्णता। भगवान् पूर्ण हैं—उन्हें किसी बात का अभाव नहीं। तो फिर वे इस नित्य कर्ममय सृष्टि में क्यों लगे हैं? उनका उद्देश्य क्या है? भगवान् के सृष्टि-निर्माण के संबंध में जो भिन्न-भिन्न कल्पनाएँ हैं, वे किंवदंतियों के रूप में ही भली हो सकती हैं, अन्य किसी प्रकार नहीं।

सचमुच, यह समस्त उनकी लीला है। यह सारा विश्व उनका ही खेल है, वह तो उनके लिए एक तमाशा है। यदि तुम निर्धन हो, तो उस निर्धनता को ही एक बड़ा तमाशा समझो; यदि धनी हो, तो उस धनीपन को ही एक तमाशे के रूप में देखो। यदि दुःख आए, तो सोचो, वही एक सुंदर तमाशा है, और यदि सुख प्राप्त हो, तो सोचो, यह भी एक सुंदर तमाशा है। यह दुनिया बस एक खेल का मैदान है, और हम सब यहाँ पर नाना प्रकार के खेल-खिलवाड़ कर रहे हैं—मौज कर रहे हैं। भगवान् सारे समय हमारे साथ खेल रहे हैं और हम भी उनके साथ खेलते रहते हैं। भगवान् तो हमारे चिरकाल के संगी हैं, हमारे खेल के साथी हैं। कैसा सुंदर खेल रहे हैं वे! खेल खत्म हुआ कि कल्प का अंत हो गया। फिर अल्प या अधिक समय तक विश्राम, उसके बाद फिर से खेल का आरंभ, पुनः जगत् की सृष्टि! जब तुम भूल जाते हो कि यह सब एक खेल है और तुम इस खेल

*सचमुच, यह समस्त उनकी लीला है। यह सारा विश्व उनका ही खेल है, वह तो उनके लिए एक तमाशा है। यदि तुम निर्धन हो, तो उस निर्धनता को ही एक बड़ा तमाशा समझो; यदि धनी हो, तो उस धनीपन को ही एक तमाशे के रूप में देखो। यदि दुःख आए, तो सोचो, वही एक सुंदर तमाशा है, और यदि सुख प्राप्त हो, तो सोचो, यह भी एक सुंदर तमाशा है।*

में सहायता कर रहे हो, तभी दुःख और कष्ट तुम्हारे पास आते हैं; तब हृदय भारी हो जाता है और संसार अपने प्रचंड बोझ से तुम्हें दबा देता है। पर ज्यों ही तुम इस दो पल के जीवन की परिवर्तनशील घटनाओं को सत्य समझना छोड़ देते हो और इस संसार को एक क्रीड़ाभूमि तथा अपने आपको भगवान् की क्रीड़ा में एक सखा-संगी सोचने लगते हो, त्यों ही दुःख-कष्ट चला जाता है। वे तो प्रत्येक अणु-परमाणु में खेल रहे हैं। वे तो खेलते खेलते ही पृथ्वी, सूर्य, चंद्र आदि का निर्माण कर रहे हैं। वे तो मानवहृदय, प्राणियों और पेड़-पौधों के साथ क्रीड़ा कर रहे हैं। हम मानो उनके शतरंज के मोहरे हैं। वे मोहरों को शतरंज के खानों में बिठाकर इधर-उधर चला रहे हैं। वे हमें कभी एक प्रकार से सजाते हैं और कभी दूसरे प्रकार से। हम भी जाने या अनजाने उनके खेल में सहायता कर रहे हैं। अहा, कैसा आनंद है! हम सब उनके खेल के साथी जो हैं!

*वे तो मानवहृदय, प्राणियों और पेड़-पौधों के साथ क्रीड़ा कर रहे हैं। हम मानो उनके शतरंज के मोहरे हैं। वे मोहरों को शतरंज के खानों में बिठाकर इधर-उधर चला रहे हैं। वे हमें कभी एक प्रकार से सजाते हैं और कभी दूसरे प्रकार से। हम भी जाने या अनजाने उनके खेल में सहायता कर रहे हैं। अहा, कैसा आनंद है! हम सब उनके खेल के साथी जो हैं!*

इसके बाद आता है 'वात्सल्य' प्रेम। उसमें भगवान् का चिंतन पिता-रूप से न करके, संतान-रूप से करना पड़ता है। हो सकता है, यह कुछ अजीब सा मालूम हो, पर उसका उद्देश्य है—अपनी भगवान् संबंधी धारणा में से ऐश्वर्य के समस्त भाव दूर कर देना। ऐश्वर्य की भावना के साथ ही भय आता है। पर प्रेम में भय का कोई स्थान नहीं।

यह सत्य है कि चरित्रगठन के लिए भक्ति और आज्ञापालन आवश्यक हैं, पर जब एक बार चरित्र गठित हो जाता है, जब प्रेमी शांत-प्रेम का आस्वादन कर लेता है और जब प्रेम की प्रबल उन्मत्तता का भी उसे थोड़ा सा अनुभव हो जाता है, तब उसके लिए नीतिशास्त्र और साधन, नियम आदि की कोई आवश्यकता नहीं रह जाती। प्रेमी कहता है कि भगवान् को महामहिम, ऐश्वर्यशाली, जगन्नाथ या देवदेव के रूप में सोचने की मेरी इच्छा ही नहीं होती।

भगवान् के साथ संबंधित यह जो भयोत्पादक ऐश्वर्य की भावना है, उसी को दूर करने के लिए वह भगवान् को अपनी संतान के रूप में प्यार करता है। माता-पिता अपने बच्चे से भयभीत नहीं होते, उसके प्रति उनकी भक्ति नहीं होती। वे उस बच्चे से कुछ याचना नहीं करते। बच्चा तो सदा पानेवाला ही होता है और उसके लिए वे लोग सौ बार भी मरने को तैयार रहते हैं। अपने एक बच्चे के लिए वे लोग हजार जीवन भी न्योछावर करने को प्रस्तुत रहते हैं। बस इसी प्रकार भगवान् से वात्सल्य भाव से प्रेम किया जाता है। जो संप्रदाय भगवान् के अवतार में विश्वास करते हैं, उन्हीं में यह वात्सल्य भाव की उपासना स्वाभाविक रूप से आती और पनपती है। मुसलमानों के लिए भगवान् को एक संतान के रूप में मानना असंभव है; वे तो डरकर इस भाव से दूर ही रहेंगे। पर

*भगवान् के साथ संबंधित यह जो भयोत्पादक ऐश्वर्य की भावना है, उसी को दूर करने के लिए वह भगवान् को अपनी संतान के रूप में प्यार करता है। माता-पिता अपने बच्चे से भयभीत नहीं होते, उसके प्रति उनकी भक्ति नहीं होती। वे उस बच्चे से कुछ याचना नहीं करते। बच्चा तो सदा पानेवाला ही होता है और उसके लिए वे लोग सौ बार भी मरने को तैयार रहते हैं।*

ईसाई और हिंदू इसे सहज ही समझ सकते हैं, क्योंकि उनके तो बालक ईसा और बालक कृष्ण हैं। भारतीय रमणियाँ बहुधा अपने आपको श्रीकृष्ण की माता के रूप में सोचती हैं। ईसाई माताएँ भी अपने आपको ईसा की माता के रूप में सोच सकती हैं। इससे पाश्चात्य देशों में ईश्वर के मातृभाव का प्रचार होगा; इसी की आज उन्हें विशेष आवश्यकता है। भगवान् के प्रति भयभक्ति के कुसंस्कार हमारे हृदय में बहुत गहरे जमे हुए हैं और भगवत्संबंधी इन भय-भक्ति तथा महिमा-ऐश्वर्य के भावों को प्रेम में बिल्कुल निमग्न कर देने में बहुत समय लगता है।

*मानवी-जीवन में प्रेम का यह दैवी आदर्श एक और प्रकार से प्रकाशित होता है। उसे 'मधुर' कहते हैं और वही सब प्रकार के प्रेमों में श्रेष्ठ है। इस संसार में प्रेम की जो उच्चतम अभिव्यक्ति है, वही उसकी नींव है और मानवी प्रेमों में वही सबसे प्रबल है। पुरुष और स्त्री के बीच जो प्रेम रहता है, उसके समान और कौन सा प्रेम है"*

मानवी-जीवन में प्रेम का यह दैवी आदर्श एक और प्रकार से प्रकाशित होता है। उसे 'मधुर' कहते हैं और वही सब प्रकार के प्रेमों में श्रेष्ठ है। इस संसार में प्रेम की जो उच्चतम अभिव्यक्ति है, वही उसकी नींव है और मानवी प्रेमों में वही सबसे प्रबल है। पुरुष और स्त्री के बीच जो प्रेम रहता है, उसके समान और कौन सा प्रेम है, जो मनुष्य की सारी प्रकृति को बिल्कुल उलट-पलट दे, जो उसके प्रत्येक परमाणु में संचारित होकर उसको पागल बना दे, जो उसकी अपनी प्रकृति को ही भुला दे, और उसे चाहे तो देवता बना दे, चाहे पशु? दैवी प्रेम के इस मधुर भाव में भगवान् का चिंतन पति-रूप में किया जाता है—ऐसा विचार कर कि हम सभी स्त्रियाँ हैं, इस संसार में और कोई पुरुष नहीं,

एकमात्र पुरुष हैं—वे; हमारे वे प्रेमास्पद ही एकमात्र पुरुष हैं। जो प्रेम पुरुष स्त्री के प्रति और स्त्री पुरुष के प्रति प्रदर्शित करती है, वही प्रेम भगवान् को देना होगा।

हम इस संसार में जितने प्रकार के प्रेम देखते हैं, जिनके साथ हम अल्प या अधिक परिमाण में क्रीड़ा मात्र कर रहे हैं, उन सबका एक ही लक्ष्य है और वह है भगवान्। पर दुःख की बात है कि मनुष्य उस अनंत समुद्र को नहीं जानता, जिसकी ओर प्रेम की यह महान् सरिता सतत प्रवाहित हो रही है; और इसलिए अज्ञानवश वह इस प्रेम-सरिता को बहुधा छोटे-छोटे मानवी पुतलों की ओर बहाने का प्रयत्न करता रहता है। मानवी प्रकृति में संतान के प्रति जो प्रबल स्नेह देखा जाता है, वह संतानरूपी एक छोटे से पुतले के लिए ही नहीं है। यदि तुम आँखें बंद कर उसे केवल संतान पर ही न्योछावर कर दो, तो तुम्हें उसके फलस्वरूप दुःख अवश्य भोगना पड़ेगा। पर इस प्रकार के दुःख से ही तुम में यह चेतना जाग्रत् होगी कि यदि तुम अपना प्रेम किसी मनुष्य को अर्पित करो, तो उसके फलस्वरूप कभी-न-कभी दुःख-कष्ट अवश्य आएगा। अतएव हमें अपना प्रेम उन्हीं पुरुषोत्तम को देना होगा, जिनका

*हम इस संसार में जितने प्रकार के प्रेम देखते हैं, जिनके साथ हम अल्प या अधिक परिमाण में क्रीड़ा मात्र कर रहे हैं, उन सबका एक ही लक्ष्य है और वह है भगवान्। पर दुःख की बात है कि मनुष्य उस अनंत समुद्र को नहीं जानता, जिसकी ओर प्रेम की यह महान् सरिता सतत प्रवाहित हो रही है; और इसलिए अज्ञानवश वह इस प्रेम-सरिता को बहुधा छोटे-छोटे मानवी पुतलों की ओर बहाने का प्रयत्न करता रहता है।*

विनाश नहीं, जिनका कभी परिवर्तन नहीं और जिनके प्रेमसमुद्र में कभी ज्वार-भाटा नहीं। प्रेम को अपने प्रकृत लक्ष्य पर पहुँचना चाहिए, उसे तो उनके निकट जाना चाहिए, जो वास्तव में प्रेम के अनंत सागर हैं। सभी नदियाँ समुद्र में ही जाकर गिरती हैं। यहाँ तक कि पर्वत से गिरनेवाली पानी की एक बूँद भी, वह फिर कितनी भी बड़ी क्यों न हो, किसी झरने या नदी में पहुँचकर बस वहीं नहीं रुक जाती, वरन् वह भी अंत में किसी-न-किसी प्रकार समुद्र में ही पहुँच जाती है।

*भगवान् हमारे सब प्रकार के भावों के एकमात्र लक्ष्य हैं। यदि तुम्हें क्रोध करना है, तो भगवान् पर क्रोध करो। उलाहना देना है, तो अपने प्रेमास्पद को उलाहना दो, अपने सखा को उलाहना दो! भला अन्य किसे तुम बिना डर के उलाहना दे सकते हो? मर्त्य जीव तुम्हारे क्रोध को न सह सकेगा। वहाँ तो प्रतिक्रिया होगी।*

भगवान् हमारे सब प्रकार के भावों के एकमात्र लक्ष्य हैं। यदि तुम्हें क्रोध करना है, तो भगवान् पर क्रोध करो। उलाहना देना है, तो अपने प्रेमास्पद को उलाहना दो, अपने सखा को उलाहना दो! भला अन्य किसे तुम बिना डर के उलाहना दे सकते हो? मर्त्य जीव तुम्हारे क्रोध को न सह सकेगा। वहाँ तो प्रतिक्रिया होगी। यदि तुम मुझ पर क्रोध करो तो निश्चित है, मैं तुरंत प्रतिक्रिया करूँगा, क्योंकि मैं तुम्हारे क्रोध को सह नहीं सकता। अपने प्रेमास्पद से कहो, "प्रियतम, तुम मेरे पास क्यों नहीं आते? तुमने क्यों मुझे इस प्रकार अकेला छोड़ रखा है? उनको छोड़ भला और किसमें आनंद है? मिट्टी के छोटे-छोटे लोंदो में भला कौन सा आनंद हो सकता है? हमें तो अनंत आनंद के घनीभूत सार को ही खोजना है—और भगवान् ही आनंद के वह घनीभूत सार हैं। आओ,

हम अपने समस्त भावों और समस्त प्रवृत्तियों को उनकी ओर मोड़ दें। वे सब तो उन्हीं के लिए हैं। वे यदि अपना लक्ष्य चूक जाएँ, तो वे फिर कुत्सित रूप धारण कर लेंगे। पर यदि वे अपने ठीक लक्ष्यस्थल ईश्वर में जाकर पहुँचे, तो उनमें से अत्यंत नीच वृत्ति भी पूर्णरूपेण परिवर्तित हो जाएगी।

भगवान् ही मनुष्य के मन और शरीर की समस्त शक्तियों के एकमात्र लक्ष्य हैं—एकायन है, फिर वे शक्तियाँ किसी भी रूप में क्यों न प्रकट हों। मानवहृदय का समस्त प्रेम, सारे भाव भगवान् की ही ओर जाएँ। वे ही हमारे एकमात्र प्रेमास्पद हैं। यह मानवहृदय भला और किसे प्यार करेगा? वे परम सुंदर हैं, परम महान् हैं—अहा! वे साक्षात् सौंदर्यस्वरूप हैं, महत्त्व-स्वरूप हैं। इस संसार में भला और कौन है, जो उनसे अधिक सुंदर हो? उन्हें छोड़ इस दुनिया में भला और कौन पति होने के उपयुक्त है? उनके सिवा इस जगत् में भला और कौन हमारा प्रेमपात्र हो सकता है? अतः वे ही हमारे पति हों, वे ही हमारे प्रेमास्पद हों।

*भगवान् ही मनुष्य के मन और शरीर की समस्त शक्तियों के एकमात्र लक्ष्य हैं—एकायन है, फिर वे शक्तियाँ किसी भी रूप में क्यों न प्रकट हों। मानवहृदय का समस्त प्रेम, सारे भाव भगवान् की ही ओर जाएँ। वे ही हमारे एकमात्र प्रेमास्पद हैं। यह मानवहृदय भला और किसे प्यार करेगा? वे परम सुंदर हैं, परम महान् हैं—अहा! वे साक्षात् सौंदर्यस्वरूप हैं, महत्त्व-स्वरूप हैं।*

बहुधा ऐसा होता है कि भगवत्प्रेम में छके भक्तगण जब इस भगवत्प्रेम का वर्णन करने जाते हैं, तो इसके लिए वे सब प्रकार के मानवी प्रेम की भाषा को उपयोगी मानकर ग्रहण करते हैं। पर मूर्ख लोग

इसे नहीं समझते और वे कभी समझेंगे भी नहीं। वे उसे केवल भौतिक दृष्टि से देखते हैं। वे इस आध्यात्मिक प्रेमोन्मत्तता को नहीं समझ पाते। और वे समझ भी कैसे सकें? ''हे प्रियतम, तुम्हारे अधरों के केवल एक चुंबन के लिए! जिसका तुमने एक बार चुंबन किया है, तुम्हारे लिए उसकी पिपासा बढ़ती ही जाती है। उसके समस्त दुःख चले जाते हैं। वह तुम्हें छोड़ और सबकुछ भूल जाता है।'' प्रियतम के उस चुंबन के लिए, उनके अधरों के उस स्पर्श के लिए व्याकुल होओ, जो भक्त को पागल कर देता है, जो मनुष्य को देवता बना देता है। भगवान् जिसको एक बार अपना अधरामृत देकर कृतार्थ कर देते हैं, उसकी सारी प्रकृति बिल्कुल बदल जाती है। उसके लिए यह जगत् उड़ जाता है, सूर्य और चंद्र का कोई अस्तित्व नहीं रह जाता और यह सारा विश्व-ब्रह्मांड एक बिंदु के समान प्रेम के उस अनंत सिंधु में न जाने कहाँ विलीन हो जाता है। प्रेमोन्माद की यही चरम अवस्था है।

*''हे प्रियतम, तुम्हारे अधरों के केवल एक चुंबन के लिए! जिसका तुमने एक बार चुंबन किया है, तुम्हारे लिए उसकी पिपासा बढ़ती ही जाती है। उसके समस्त दुःख चले जाते हैं। वह तुम्हें छोड़ और सबकुछ भूल जाता है।'' प्रियतम के उस चुंबन के लिए, उनके अधरों के उस स्पर्श के लिए व्याकुल होओ, जो भक्त को पागल कर देता है, जो मनुष्य को देवता बना देता है।*

पर सच्चा भगवत्प्रेमी यहाँ पर भी नहीं रुकता; उसके लिए तो पति और पत्नी की प्रेमोन्मत्तता भी यथेष्ट नहीं। अतएव ऐसे भक्त अवैध (परकीय) प्रेम का भाव ग्रहण करते हैं, क्योंकि वह अत्यंत प्रबल होता है। पर देखो, उसकी अवैधता उनका लक्ष्य नहीं है। इस प्रेम का स्वभाव

ही ऐसा है कि उसे जितनी बाधा मिलती है, वह उतना ही उग्र रूप धारण करता है। पति-पत्नी का प्रेम अबाध रहता है, उसमें किसी प्रकार की विघ्न-बाधा नहीं आती। इसीलिए भक्त कल्पना करता है, मानो कोई स्त्री परपुरुष में आसक्त है और उसके माता, पिता या स्वामी उसके इस प्रेम का विरोध करते हैं। इस प्रेम के मार्ग में जितनी ही बाधाएँ आती हैं, वह उतना ही प्रबल रूप धारण करता जाता है। श्रीकृष्ण वृंदावन के कुंजों में किस प्रकार लीला करते थे, किस प्रकार सब लोग उन्मत्त होकर उनसे प्रेम करते थे, किस प्रकार उनकी बाँसुरी की मधुर तान सुनते ही चिर-धन्या गोपियाँ सबकुछ भूलकर, इस संसार और उसके समस्त बंधनों को भूलकर, यहाँ के सारे कर्तव्य तथा सुख-दु:ख को बिसराकर, उन्मत्त सी उनसे मिलने के लिए छूट पड़ती थीं—यह सब मानवी भाषा द्वारा व्यक्त नहीं किया जा सकता!

हे मानव, तुम दैवी प्रेम की बातें तो करते हो, पर साथ ही इस संसार की असार वस्तुओं में भी मन लगाए रहते हो। क्या तुम सच्चे हो—क्या तुम्हारा मन और मुख एक है? "जहाँ राम हैं, वहाँ काम नहीं, और जहाँ काम है, वहाँ राम नहीं।" वे दोनों कभी एक साथ नहीं रह सकते—प्रकाश और अंधकार क्या कभी एक साथ रहे हैं?

□

# उपसंहार

जब प्रेम का यह उच्चतम आदर्श प्राप्त हो जाता है, तो ज्ञान फिर न जाने कहाँ चला जाता है। तब भला ज्ञान की इच्छा भी कौन करे? तब तो मुक्ति, उद्धार, निर्वाण की बातें न जाने कहाँ गायब हो जाती हैं। इस दैवी प्रेम में छके रहने से फिर भला कौन मुक्त होना चाहेगा? ''प्रभो! मुझे धन, जन, सौंदर्य, विद्या, यहाँ तक कि मुक्ति भी नहीं चाहिए। बस इतनी ही साध है कि जन्म-जन्म में तुम्हारे प्रति मेरी अहैतुकी भक्ति बनी रहे।'' भक्त कहता है, ''मैं शक्कर हो जाना नहीं चाहता, मुझे तो शक्कर खाना अच्छा लगता है।'' तब भला कौन मुक्त हो जाने की इच्छा करेगा? कौन भगवान् के साथ एक हो जाने की कामना करेगा?

भक्त कहता है, ''मैं जानता हूँ कि वे और मैं दोनों एक हैं, पर तो भी मैं उनसे अपने को अलग रखकर उन प्रियतम का संभोग करूँगा।'' प्रेम के लिए प्रेम—यही भक्त का सर्वोच्च सुख है। प्रियतम का संभोग करने के लिए कौन न हजार बार भी बद्ध होने को तैयार रहेगा? एक सच्चा भक्त प्रेम को छोड़ और किसी वस्तु की कामना नहीं करता। वह स्वयं प्रेम

करना चाहता है, और चाहता है कि भगवान् भी उससे प्रेम करें। उसका निष्काम प्रेम नदी की उलटी दिशा में जानेवाले प्रवाह के समान है। वह मानो नदी के उद्‌गमस्थान की ओर, स्रोत की विपरीत दिशा में जाता है। संसार उसको पागल कहता है। मैं एक ऐसे महापुरुष को जानता हूँ, जिन्हें लोग पागल कहते थे। इस पर उनका उत्तर था, भाइयों, सारा संसार ही तो एक पागलखाना है। कोई सांसारिक प्रेम के पीछे पागल है, कोई नाम के पीछे, कोई यश के लिए, तो कोई पैसे के लिए। फिर कोई ऐसे भी हैं, जो उद्धार पाने या स्वर्ग जाने के लिए पागल हैं। इस विराट् पागलखाने में मैं भी एक पागल हूँ—मैं भगवान् के लिए पागल हूँ। तुम पैसे के लिए पागल हो, और मैं भगवान् के लिए। जैसे तुम पागल हो, वैसा ही मैं भी। फिर भी मैं सोचता हूँ कि मेरा ही पागलपन सबसे उत्तम है।

यथार्थ भक्त के प्रेम में इसी प्रकार की तीव्र उन्मत्तता रहती है और इसके सामने अन्य सबकुछ उड़ जाता है। उसके लिए तो यह सारा जगत् केवल प्रेम से भरा है—प्रेमी को बस ऐसा ही दिखता है। जब मनुष्य में यह प्रेम प्रवेश करता है, तो वह चिरकाल के लिए सुखी, चिरकाल के लिए मुक्त हो जाता है। और दैवी प्रेम की यह पवित्र उन्मत्तता ही हममें समाई हुई संसार-व्याधि को सदा के लिए दूर कर सकती है। उससे वासनाएँ नष्ट हो जाती हैं और वासनाओं के साथ ही स्वार्थपरता का भी नाश हो जाता है। तब भक्त भगवान् के समीप चला जाता है, क्योंकि उसने उन सब असार वासनाओं को फेंक दिया है, जिनसे वह पहले भरा हुआ था। प्रेम के धर्म में हमें द्वैतभाव से आरंभ करना पड़ता है। उस समय हमारे लिए भगवान् हमसे भिन्न रहते हैं, और हम भी अपने को उनसे भिन्न समझते हैं। फिर प्रेम बीच में आ जाता है। तब मनुष्य भगवान् की ओर अग्रसर होने लगता है और भगवान् भी क्रमशः मनुष्य के अधिकाधिक निकट आने लगते हैं। मनुष्य संसार के सारे संबंध, जैसे—माता, पिता, पुत्र,

सखा, स्वामी, प्रेमी आदि भाव लेता है। और अपने प्रेम के आदर्श भगवान् के प्रति उन सब को आरोपित करता जाता है। उसके लिए भगवान् इन सभी रूपों में विराजमान हैं। और उसकी उन्नति की चरम अवस्था तो वह है, जिसमें वह अपने उपास्य देवता में संपूर्ण रूप से निमग्न हो जाता है।

हम सबका पहले अपने तई प्रेम रहता है, और इस क्षुद्र अहंभाव का असंगत दावा प्रेम को भी स्वार्थपर बना देता है। परंतु अंत में ज्ञानज्योति का भरपूर प्रकाश आता है, जिसमें यह क्षुद्र अहं उस अनंत के साथ एक सा हुआ दीख पड़ता है। इस प्रेम के प्रकाश में मनुष्य स्वयं संपूर्ण रूप से परिवर्तित हो जाता है और अंत में इस सुंदर व प्राणों को उन्मत्त बना देनेवाले सत्य का अनुभव करता है कि प्रेम, प्रेमी और प्रेमास्पद तीनों एक ही हैं।

# BIOLOGY
# OF
# ARTHROPODA

# BIOLOGY
# OF
# ARTHROPODA

*By*

**Dr. D.R. Khanna**

*Reader*

*Reader in Zoology*

*Gurukul Kangri University*

*Haridwar (Uttaranchal)*

*&*

**Dr. P.R Yadav**

*Reader*

*Department of Zoology*

*D.A.V. College*

*Muzaffarnagar (U.P.)*

**DISCOVERY PUBLISHING HOUSE**

**NEW DELHI-110002**

First Published-2004

ISBN 81-7141-897-X



*Published by*

**DISCOVERY PUBLISHING HOUSE**

4831/24, Ansari Road, Prahlad Street,
Darya Ganj, New Delhi-110002 (India)
Phone: 23279245 • Fax: 91-11-23253475
E-mail:dphtemp@indiatimes.com

*Printed at:*

Tarun Offset Printers, Delhi-53

# PREFACE

This fascinating titles "Biology of Arthropoda" has been carefully compiled and edited to meet the long felt needs of increasingly large number of those who have to deal with the different aspects of great majority of known animals of the phylum Arthropoda, including crabs, shrimps, insects, spiders, scorpions, ticks and other familiar forms. It provides a balanced and upto date account in a simple, lucid and straight forward manner. The title is intelligible to the educated layman but it deals with some complex ideas. It is an adequate text for all requirements in this area for most university students. Special efforts have been made to explain ideas in non-mathematical terms. The primary aim throughout has been clarity, simplicity and the high standard. It will definitely prove to be a boon to teachers, students, and research scholars in the field of Zoology and Agriculture.

It has been the constant endeavour of the authors to furnish maximum substance, keeping in view the limitations of size of the volume. Efforts have been made to condense the matter as far as practicable. It is hoped that this book will not only meet the requirement of Indian students but will also be useful as a guideline to the teachers in their teaching.

There can be no claim to originality except in the manner of treatment and much of the information has been obtained from the books and scientific journals available in the different libraries.

The authors express their thanks to their friends and colleagues whose continue inspirations have initiated them to bring out this book.

The authors are painfully aware of the shortcomings, errors and misprints that have crept in, and shall be greateful to receive suggestion for improvement of the next edition from all the readers.

The authors express their gratitute to Mr. Wasan and staff of M/s Discovery Publishing House for their whole hearted co-operation in the publication of this book.

Authors

# CONTENTS

# 1

# FEEDING AND DIGESTION

Life is manifested as a process of release of energy involving continuous death or destruction, since it is only by the breakdown of cells and tissues in which energy from food has been stored and the phenomenon of life can appear or continue. The primary concerns of every living thing is to obtain certain necessary substances so that it may continue to live. The organisms take them from their environment. The food materials that organisms ingest, are as such, rarely, in a form suitable for cellular consumptions, and to accomplish this is the food must undergo degradation or digestion. The food and feeding habits of Crustacea are as varied as their ways of life. Many of the decapods are omnivorous. This must not be taken as necessarily indicating that all is grist to the gastric mill, however, for while some, such as *Carcinus*, *Nephrops* and *Homarus*, are scavengers, favouring a mainly meat diet, others, such as *Maia*, have a greater predilection for vegetation.

True vegetarians are rare among the higher Crustacea. Wood lice, it is true, will sometimes attack living plants; but both they and the terrestrial amphipods feed primarily on rotting vegetation. Individual choice is sometimes important even where there is apparently parity of opportunity to select the diet. For example, in a population of *Gammarus duebeni* studied by Hynes, some were found to have eaten only animal material, some only plant material, and some both. The marine isopod *Limnoria* finds both food and shelter by tunnelling into wood piles and, where numerous, can cause severe damage to wooden harbour installations. The herbivores *par excellence* of the Crustacea are found amongst the Cladocera and Copepoda, whose diet consists largely of unicellular algae, though many are not averse to supplementing this with planktonic animals and even smaller members of their own species. Cannibalism, in fact, has been noted in many crustacean groups. It is well, known that crabs will attack and eat any individuals which are incapacitated by moulting or damage; but many other forms also, such as *Asellus aquaticus* (Isopoda) *Neomysis integer*, *Chiridius*, will attack their fellows, especially if other forms of food and lacking. Crabs are often partial to decaying flesh; *Asellus* and *Neomysis* are more fastidious, eating their fellows only when alive or recently dead.

## METHOD OF FEEDING

Decapods, such as *Nephrops*, seize their food with their chelae and pass it directly, or via the small chelae on the fourth walking legs, to the third maxillipeds. These grip and push it towards the mandibles which slice and grind it prior to swallowing. The size of particles swallowed varies with the group. The mandibles of the Reptantia merely slice the food into chunks, which are swallowed and chewed into smaller particles by the chitinous teeth of the gastric mill. By contrast, the mandibles of the Natantia themselves masticate the food into the fine particles, and the gastric mill of these forms in thus rendered unnecessary and is reduced.

### Filter-Feeding

The filtering of particles from the water is practised mainly by the smaller species, Ostracoda, Copepoda, Cladocera, etc. and sessile forms such as the Cirripedia; but even in the Malacostraca some species, e.g. *Callianassa*, *Upogebia* and mysids, feed either wholly or in part by this means. The fact that particles are filtered from a stream of water must not be taken to indicate that the feeders are totally unselective is their diet except on the basis of particle size.

Some filter feeders certainly do display the capacity to take one type of particle and reject others. For instance *Calanus* takes the alga *Lauderia* in preference to *Chaetoceros*. *Evadne* is another selective feeder, taking *Ceratium furca* and *Peridinium* but ignoring diatoms and even other species of *Ceratium*. The mode of filter feeding is variable; barnacles, such as *Balanus*, rhythmically sweep the water with their long hair-fringed thoracic appendages, withdrawing them at the end of each sweep, to remove trapped particles. Such vigorous searching of the water for food is necessary in forms which can exist so far up the beach that they may be covered by water for only a few hours of the

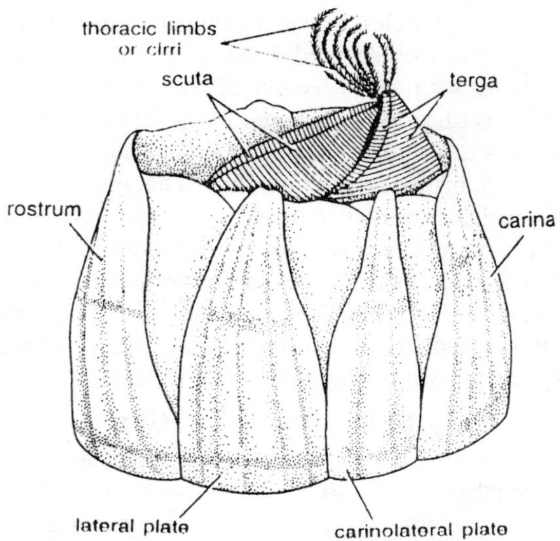


*Fig. 1.1. Balanus. Lateral view.*

day, but it would clearly be wasteful of energy in continuously submerged pelagic forms.

Indeed a specimen of *Concoderma* showed a more leisurely mode of feeding; the appendages were spread as a net and only periodically withdrawn. Occasionally, however, a single appendage flicked at high speed towards the mouth, presumably after being touched by particles in the water. The trunk limbs of anostracan branchiopods, such as *Artemia*, are used to create a current of water in the gully between the bases of the legs. Fine setae on the appendages prevent the escape of any particles contained in this current and the food is ultimately gathered together and taken to the mouth along a groove on the ventral surface.

Modifications and specializations of this general technique are found in *Daphnia* and other cladocerans. Here the third and fourth trunk limbs combine the functions of producing the current and straining off the particles of food, whilst bristles on the first and second limbs prevent excessively large particles from entering the system. By contrast with the branchiopods, copepods produce the feeding current by movement of the antennae, mandibles and maxillae, and filter off particles with the maxillae. Mysids also use the setae on the maxillae for straining off particles but in the case of these forms the current is produced by the exopodites of the thoracic legs.

Filter feeding in mysids in frequently supplemented by the direct seizure of larger particles by the mouthparts. In mature females of *Neomysis* the latter method predominates, possibly because the brood pouch interferes with the direction of the filter feeding current. A comparable effect has been observed in the larger euphausids such as *Meganyctiphanes*, where the smaller individuals are filter feeders and the larger ones primarily carnivorous. The mud-shrimp *Upogebia pugettensis*, which constructs burrows some feet long, is interesting in that its first two pairs of limbs are specialized both for carrying mud and for filter feeding, though both functions of course, cannot be carried on simultaneously. When digging, the limbs act as a mud basket for removal of the spoil; at other times they filter particles from the constant stream of water which is caused to pass through the burrow.

## Structure of the Gut

The gut is a tube like structure. It is straight in sonie crustaceans while in few others it is coiled. On the basis of its development the gut can be divided into three parts. The fore-gut mid-gut and hind-gut. The fore- and hind-guts arise from ectodermal intuckings, and their linings secrete cuticle. The mid-gut lining is endodermal and lacks cuticle. Functionally the gut can be divided into four zones: ingressive zone; progressive zone; degressive zone and agressive zone.

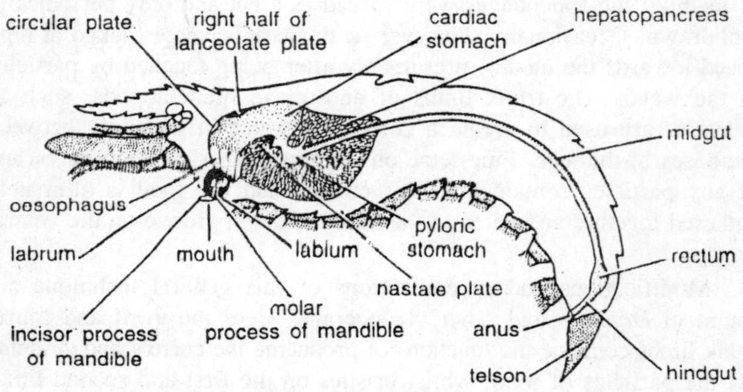


*Fig. 1.2. Palaeomon. Alimentary canal in lateral view.*

### Ingressive Zone

It is the food recurring zone of gut and is further differentiated into the following parts:

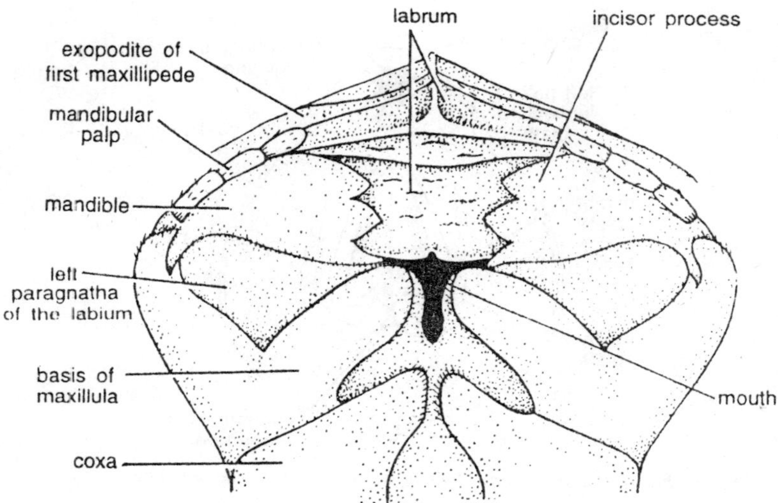


*Fig. 1.3. Palaeomon. Ventral view of the oral region.*

(a) *Mouth*: The anterior external opening of gut is the mouth. It is just an opening that provides a passage for the intake of food. In most of the cases, it is bonded by the mouth parts to hold and to the food into small pieces. It leads into the mouth cavity.

(b) *Mouth cavity*: It is present next to mouth. In most of animals it is well differentiated into anterior buceal cavity and posterior pharynic. But in crustaceans the cavity is poorly developed and is not differentiated further into these two parts.

**Progressive Zone**

This zone includes oesophagus and stomach.

***Oesophagus***

It is a tube like muscularized structure. Its inner lining develops several longitudinal muscle folds to increase the size of its own lumen whenever, it is required. No enzyme secreting cells are found in oesophagus. Gland cells are present as usual to make the food slippery and also to prevent to auto digestion of gut.

***Stomach***

It is a quite spaceous structure and is usually differentiated into cardiac and pyloric parts. Stomachs are also present in many other forms, though in some cases, the mesenteron as well as the fore-gut may contribute. The structures are therefore not homologous with those

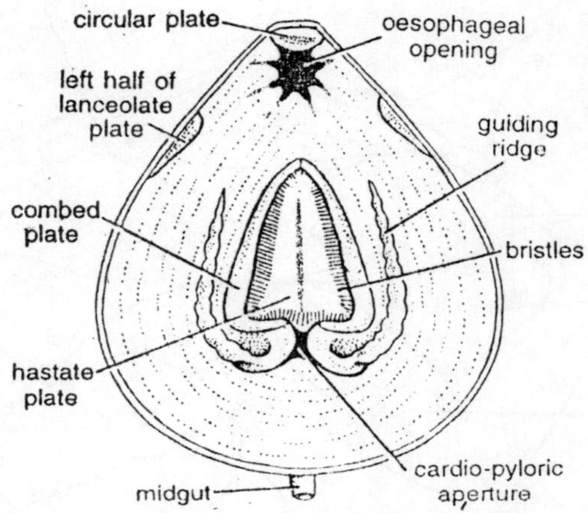


*Fig. 1.4. Palaeomon. Floor of cardiac stomach (dorsal view).*

of the decapods. The cardiac stomach of decapods is large and sack-shaped. It has a thick chitinous layer, which may be calcified in certain regions to form ossicles which are the masticatory apparatus of the gastric mill. Muscles move the ossicles to grind the food into fine particles before it is passed to the pyloric stomach. The gastric mill tends to be especially well developed in those species which swallow large chunks of food, e.g., most Reptantia. Apart from the Malacostraca, only in the Ostracoda is it apparent.

In crayfish like Pronon the cardiac stomach is membranous and sac like. And to support this membranous stomach three chitinous plates are developed. The *circular plate* near the oesophageal opening, the *lanceolate plate* slightly away from the oesophageal opening in the roof; and the *hastate plate* at the base of cardiac stomach. Hastate plate masticates the food and allows only finely crushed particles to get down into the lateral grooves to come down further into the pyloric

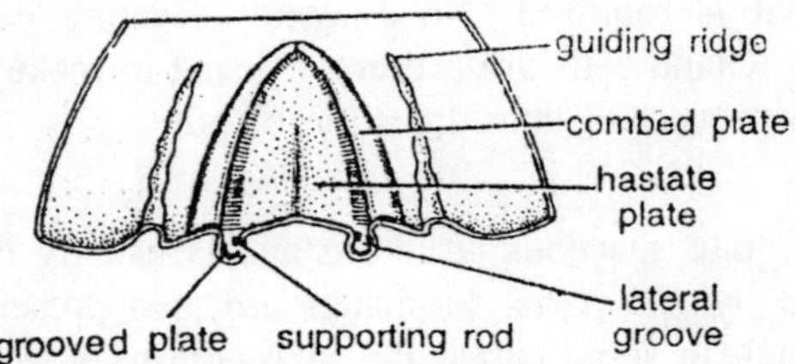


*Fig. 1.5. Palaeomon. Floor of cardiac stomach cut across, the hastate plate.*

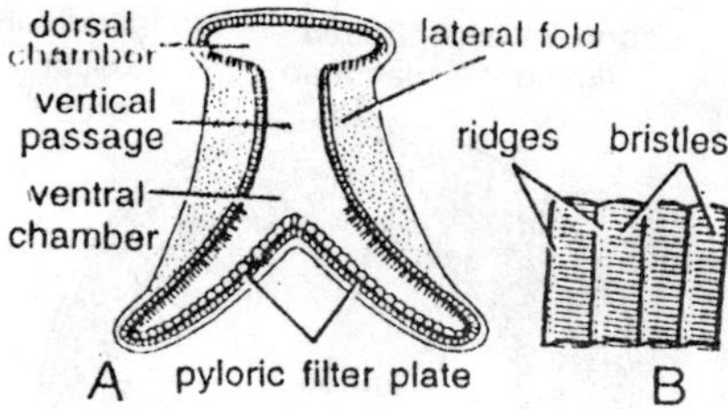


*Fig. 1.6. Palaeomon. A—T.S. of the pyloric stomach. B—Part of the pyloric filter.*

stomach through *cardio pyloric* aperture guided by the cardio-pyloric valves. Pyloric stomach is a muscular tube developing longitudinal folds. Cells forming the inner lining develop cilia to push the food forward into the mesenteron.

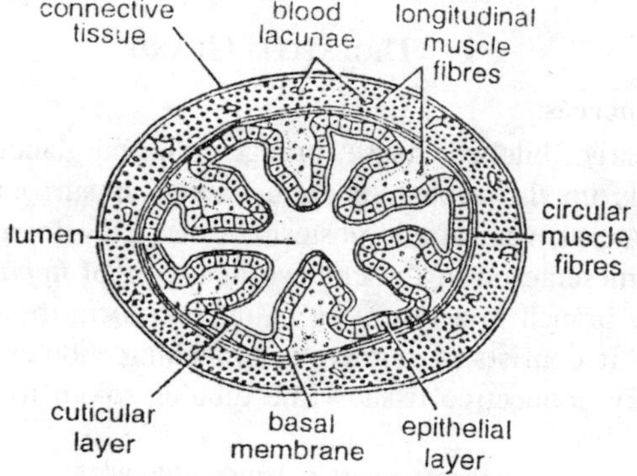


*Fig. 1.7. Palaeomon. T.S. of midgut.*

**Degressive Zone**

In this zone food is degraded enzymatically and the digested food is absorbed. It includes only the midgut. It is a tube of variable length being long in *Homarus* but short in crabs. Its internal lining is an epithelium, which in the posterior part thrown into many longitudinal folds thus greatly reducing its lumen to increase the absorbing surface area.

**Egressive Zone**

The last part of gut storing undigested wastes far a short. It is the shortest portion of the gut. Its anterior part swells up and forms the *rectum*, that bears many internal longitudinal folds. The terminal narrow, tubular part opens outside through the *anus*, which is sphinctered longitudinal slit like opening.

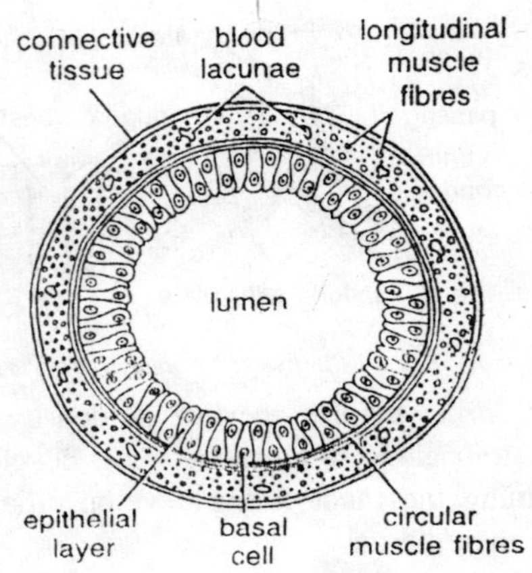


*Fig. 1.8. Palaeomon. T.S. of hindgut (rectum).*

## DIGESTIVE GLAND

### Hepatopancreas

It is large, bilobed, dense, orange-coloured glandular mass, which nearly fills up the cephalothoracic cavity. It surrounds the stomach from its lateral, ventral and posterior sides. Developmentally, it arises from the mesenteron of the embryo as a pair of *hepatic caeca*, which repeatedly branch in a racemose manner to form the massive gland of the adult. It consists of numerous branching tubules completely held together by connective tissue. The tubules rejoin to form larger and

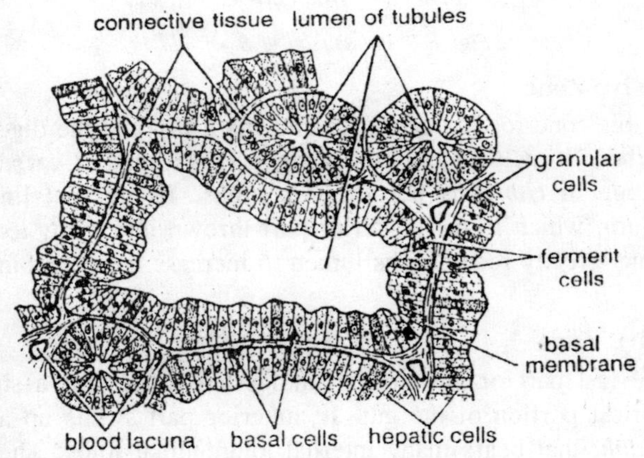


*Fig. 1.9. Palaeomon. A part of hepatopancreas in section.*

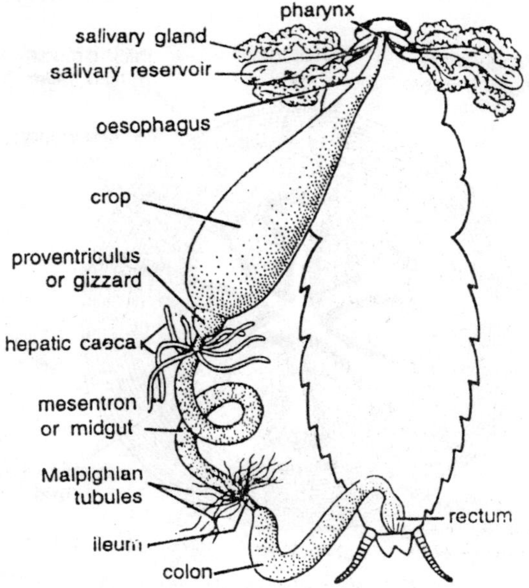


*Fig. 1.10. P. americana. Alimentary canal and salivary apparatus.*

larger canals, finally forming the two large *hepatopancreatic ducts*, which open into the ventral chamber of the pyloric stomach just behind the pyloric filter plate. Blindly ending tubules which unite into a common

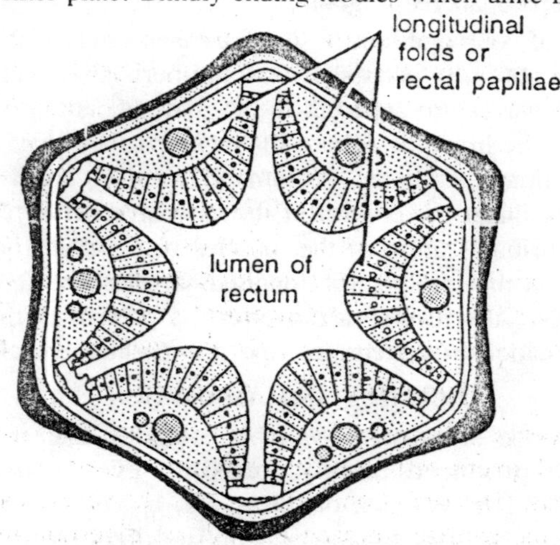


*Fig. 1.11. P. americana. Rectum in T.S.*

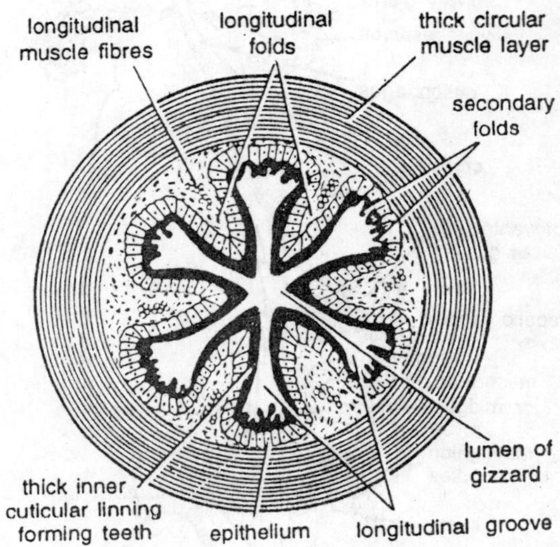


*Fig. 1.12. P. americana. Gizzard in T.S.*

hepatopancreatic duct opening into the anterior end of the mid-gut. A complex chitinous filter formed by the fore-gut protects the entrance of channels leading into the hepatopancreatic duct, and this prevents all but the finest particles from passing up the duct to the absorptive cells of the hepatopancreatic gland.

Cilia are of course absent in the Crustacea, and so all movement of food in the gut is by peristalsis and anti-peristalsis. Peristaltic and anti-peristaltic waves are apparent in the mid-gut, and are even more pronounced in the hind-gut, where in *Nephrops* they may occur from three to five times a minute. Presumably such co-ordinated muscle movements are under the control of the extensive nerve plexus in the gut wall. A curious feature of the muscles responsible for peristalsis is that whilst in the mid-gut the longitudinal muscles lie outside the circular muscles, the reverse arrangement is present in the hind-gut. Unlike the situation in vertebrates, the gut-muscles are all striated.

## Digestion and Absorption

The evidence at present available suggests that the digestive enzymes and produced mainly, possibly even solely, by the hepatopancreas. The secretion of this gland, however, can be passed forward into the cardiac stomach and initiate digestion in this region of the fore-gut. The pH of the fluid in the cardiac stomach of *Nephrops*, is slightly acid which is suitable for the pH optimum of the tryptic proteolytic enzyme present. This enzyme will digest proteins such as fibrin, casein and peptone.

The comparable enzyme responsible for caseinase activity in the crayfish *Orconectes virilis* is found to have two pH maxima at pH 6 and 7.5-8.5. There does not appear to be any enzyme comparable with vertebrate chymotrypsin in *Orconectes*, since the specific substrate for chymotrypsin, BTEE, is not hydrolysed by the gastric extract. Pepsinlike enzymes also appear to be lacking. Abundant enzymes are commonly present, breaking down carbohydrates and related compounds. Thus, the stomach fluid of *Astacus* contains cellobiase, alphagalactosidase, saccharase, beta-galactosidase, maltase, isomaltase, alpha-xylosidase amylase, beta-1, 3—glucanase, beta-1, 4-glucanase mannanase, xylanase and a chitinase. Most of these enzymes, including cellulase and chitinase, are also present in extracts of the hepatopancreas.

It is probable, therefore, that the enzymic activity is not due to bacterial activity. Naturally, this is difficult to prove categorically, but at least seems fairly certain in the case of the chitinase, as bacteria plated from the gut do not show the ability to attach chitin. By contrast, the chitinase of *Porcellio scaber* does seem to be produced by bacteria. The pH optima of the cellulase and chitinase are lower than that of the proteases already mentioned, being 4.0–4.5 and 3.0–4.0 respectively. A cellulase is apparently absent in *Nephrops* and *Ligia oceanica* but, as might have been expected, occurs in extracts of the hepatopancreas of the wood-boring isopod *Limnoria lignorum*.

Here again, no bacteria showing cellulase activity can be found in the gut; so the enzyme is almost certainly produced by the gland itself. Starch glycogen sucrose, maltose and lactose, but not inulin or raffinose, are digested by *Nephrops* hepatopancreas extracts. Trehalase occurs in the guts of the woodlice *Porcellio* and *Oniscus*. Alginic acid and pectin are not digested by *Astacus*; but there is no evidence to show whether more fully vegetarian forms such as *Maia* have the necessary enzymes or not. In *Nephrops* there is a lipase which will split olive oil; various esters, such as methyl acetate, amyl acetate, ethyl acetate and butyl acetate, are also digested. Butyrin from milk is converted to butyric acid. Young failed to demonstrate the presence of bile salts in *Nephrops*, but their presence in crayfish has since been demonstrated by Vonk.

**Absorption**

The fore- and hind-guts of Crustacea are reported to act merely as semi-permeable membranes, and there is as yet no evidence that they can absorb material other than water. Thus, when glucose is introduced into the fore-gut and this region of the gut is ligatured, the glucose is not absorbed. Similarly olive oil and ferrous lactate are not taken up by either the fore- or hind-guts. This is in contrast with the insect gut where numerous materials can be absorbed from the hind-gut. The mid-gut and hepatopancreas are therefore the primary absorptive areas. Digestive products and fine particles are passed up the hepatopancreatic duct into the gland.

Digestion is almost wholly extra-cellular in arthropods, unlike the case in the majority of invertebrates. This has complicated the identification of the cells actually responsible for absorption. In consequence, there has been some controversy as to whether cells in the hepatopancreas combine secretory and absorptive functions, or are specialized for either one function or the other. As frequently happens in biological controversies, it has now been found that there was a measure of truth on both sides. Thus, the most recent study of the problem has shown that all cells in the hepatopancreas arise from embryonic cells at the end of the tubules and that each cells is at first absorptive then secretory, then fibrillar. The production rate of cell is greater than the death rate, so that tubules elongate as the animal increases in size. Oil droplets are absorbed in the mid-gut.

Salts and water are actively taken up from the gut by forms whose blood can be maintained hypotonic to the medium. Such forms drink the medium either orally on anally, and, if the medium is dyed, the dye becomes concentrated in the gut as the salt and water are absorbed. Careful measurements of the osmotic pressure of the gut fluid in *Artemia* indicate that, although it is less concentrated than the medium, it is considerably more concentrated than the blood. Clearly, therefore, the salts must be being taken up from the gut fluid. The manner in which water is taken up is more obscure. Either the gut wall is able to transport water actively against the concentration gradient, as is shown to be possible in the insect rectum, or alternatively, the osmotic concentration immediately in contact with the gut cells may perhaps be lowered below the blood concentration, so that the water can be taken up passively by osmosis, even though the bulk of the fluid in the gut has a higher concentration than the blood.

**Efficiency of Digestion**

Studies on feeding rates and the efficiency of digestion have been confined almost solely to the copepods. Many of the observations and calculations on the amount of water swept clearly daily by a form such as *Calanus* are conflicting, ranging from about 5 cc to over, 1,000 cc per day. A recent study, however, indicates that the average amount of food taken in daily during the summer months by female *Calanus helgolandicus* is equivalent to some 25% of the dry body weight. Naturally, when such high rates of food intake are occurring, passage of food along the gut is very rapid. The gut of a starved copepod will be filled within one hour when offered food and will be emptied in one hour when food is withdrawn.

Digestion therefore has to be very efficient if all the material taken in is to be utilized in the short time available. In fact utilization is not complete. When feeding on a abundant source of phytoplankton, *Calanus* may produce faecal pellets at the rate of one every five to seven minutes. These pellets are green and, perhaps not surprisingly, sometimes contain undamaged cells. It has even been possible to start a new phytoplankton culture from viable cells taken from the faeces. Nevertheless, the digestive processes are quite efficient, since some 50-90% of the food taken in is assimilated. The precise level, however, tends to vary with the food organism offered, flagellates such as *Dicrateria* Chromulina and *Chlorella* being less effectively digested than other forms.

## NUTRITION

Both rate of growth and egg-lying capacity have been used as indices to test the suitability of various diets; and the results indicate that, at least at the case of some omnivores, not all requirements are met by a single food type. For example, *Gammarus* fed solely on animal food grow less rapidly than those fed on both animal and plant materials. Conversely, larval *Palaemonetes* reared solely on plant material do less well than those given animal food, also, in the form of *Artemia nauplii*.

Starved copepods stop laying eggs. Eggs-laying capacity restored in the case of *Calanus* by feeding with diatoms such as *Chaetoceros*, *Skeletonema* or *Rhizosolenia*; but flagellates such as *Chlorella*, *Hemiselmis* and *Dicrateria* are apparently lacking in some essential food factor, since if fed alone to *Calanus* they do not restore egg-production in served individuals. Indeed, *Chlorella* appears to pass undigested through the gut. Growth and reproductive capacity of the harpacticoid *Tigriopus japonicus* have also been found to vary widely according to the species of algae with which it is fed. Nutritional requirements vary at different times of the year. Poikilotherms do not require more calories during winter months to maintain the body temperature as homiotherms do; instead, they are less active, and so have lower basis metabolic rates.

Growth and reproduction also tend to be slower at low temperatures, again economizing on food requirements during the winter. Nevertheless, as was pointed out by Raymont, there is still an apparent discrepancy between the maintenance requirements of copepods for food and the amount actually present in the water during winter. The discrepancy may be more apparent than real; for over-wintering copepods show little reduction in the fat content during the winter months; which implies that the food intake is adequate to supply the needs of the animal without recourse to reserves.

## Migrations

Many species make migrations from one place to another in connection with either feeding or reproduction. In the latter category are the land crabs which migrate *en masse* to the sea to reproduce, on which occasions they have been described as sounding 'like a regiment of Cuirassiers on the march', as they bounce from rock to rock on their headlong descent to the water. The Chinese wool-handed crab, *Eriocheir* makes an extensive feeding migration to fresh water, young crabs penetrating many tens or even hundreds of miles up the North European rivers. They return ultimately, however, to saline waters to breed.The diurnal migration of many planktonic forms, especially copepods, is well-known. Even such small forms as the copepod *Calanus* may migrate daily, from a depth of 400 metres during the day to near the surface at night, whilst migrations from 200 to 1,000 meters are made by many euphausids, decapods, mysids and amphipods. Finally, we must mention the extraordinary migration of the American spiny lobster *Panulirus* though its precise purpose remains in doubt. On these migrations the animals move along the bottom parallel with the shore in chains of 3–30 individuals, the members composing each chain positioning themselves in single file, each with its cephalothorax lying immediately above the tail of the one in front. This crustacean 'Conga' lacks little but the rhythm. Thus we see that the migration in crustaceans is for both feeding and reproduction.

# 2

# Exchange of Gases

The various processes carried out by the body i.e., movement, growth and reproduction, require the expenditure of energy. In crustaceans like other animals this energy can be obtained only from the food they eat. Before the energy can be used by the cells of the body it must be set free from the chemicals of the food. This process of liberating energy is called *respiration* and involves the use of oxygen and the production of carbon dioxide. In the smallest Crustacea diffusion across the general body surface may be adequate to bring sufficient oxygen to the tissues, and circulatory organs may then be poorly developed. In larger forms an efficient circulation is essential if diffusion distances are to be kept short.

For the largest forms, and those living in environments with a low oxygen-tension, respiratory pigments are necessary to supplement the oxygen-carrying capacity of the blood. It is usual for oxygen-exchange between medium and blood to occur largely at specially modified areas of the body surface, and the movements of one or more pairs of appendages ensure that a continuous current of medium is passed over this region. The subject of respiration can therefore be most conveniently divided into three aspects, (*a*) gaseous exchange at the body surface; (*b*) oxygen transport in the blood; and (*c*) the metabolic processes leading to oxygen consumption at the tissue level.

## General Body Surface

In many of the smaller Crustacea, such as the Copepoda and most Ostracoda, specific respiratory organs are generally absent, and sufficient oxygen for the animals' requirements penetrates across the more permeable areas of the cuticle. Even in larger forms, oxygen

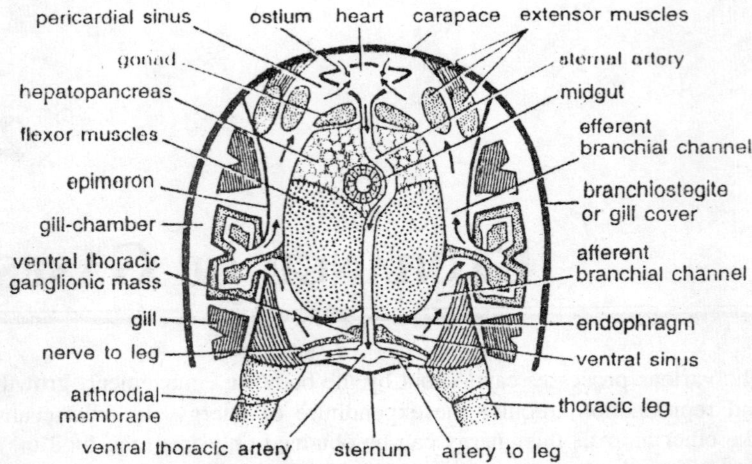


*Fig. 2.1. Palaemon. A transverse hand section through the cephalothorax to show the two gill chambers.*

diffusing across the general body surface may supplement that taken in at the gills. For example, the recolouring of reduced aniline blue injected below the cuticle of the isopod *Ligia* indicates that oxygen can diffuse across the body wall, especially at the base of the legs and through the ventral surface.

Dependence on permeation through the general surface tends to decrease in forms of larger body size, though even in an animal as larga as *Homarus* some 3% of the total oxygen uptake occurs at sites other than the gills. Oxygen diffuses more slowly across a dry cuticle than across a moist one, and the relative humidity can affect the rate of oxygen uptake. Thus, it has been found that less oxygen is absorbed by the isopod *Ligia* when the air is dry than when the humidity is high.

As might be expected therefore, those isopods which are more fully adapted than *Ligia* to survive short-term exposure to low humidities are forms which have developed a low dependence on cuticular oxygen uptake. This is shown by the fact that painting over the respiratory pleopods of *Porcellio* and *Armadillidium* reduces the oxygen uptake to 34% and 26% of normal, whilst the same treatment lowers the uptake of the less specialized *Ligia* and *Oniscus* only by 50%. The output of carbon dioxide by isopods is little affected by blocking the pleopods and so it must diffuse out of the body at other sites.

**Special Respiratory Organs**

Many Crustacea develop special respiratory organs other these general body surface. *Epipodites* are the sac like non-laminated structures found on the thoracic legs which, because of their large surface area, thin cuticle and well developed blood supply, are assumed to act as gills. Forms which lack such epipodites often have areas of cuticle whose silver staining properties suggest a fairly high permeability. Such areas may occur in diverse regions of the body, the latero-ventral corners of the carapace in *Neomysis integer*, the ventral surface of the abdomen in *Asellus aquaticus*, and the shell fields in Branchiura. Isopods lack thoracic respiratory epipodites but in these forms the abdominal segmental limbs are modified as gills.

The more specialized terrestrial forms such as *Porcellio* and *Armadillidium* have branching air-filled pseudotrachea in some of their pleopods. Such structures may be of importance in increasing the respiratory surface without at the same time proportionally enlarging the rate of water loss by diffusion from the gill surface. True gills are the laminated structures. Ventilation of the gills of isopods is achieved by moving the appendages themselves. In amphipods thoracic gills are present but aeration of these is indirect, a current of water being produced by the beating of the pleopods. In terrestial amphipods, such as the Talitrids of the Indo-pacific region, the movements of pleopods would clearly be superfluous, and approximately the appendages are markedly reduced in size.

Aeration of the larger gills of many decapods involves more complex processes. The delicate plate-like or filamentous gills are enclosed by lateral extensions of the carapace, the branchiostegites. The flow of water over the gills is produced by the beating of the scaphognathites, the flattened exopodites of the maxillae. In *Carcinus* the action of the scaphognathite draws water into the branchial chamber through openings anterior to the bases of the thoracic legs and in particular through the 'Milne Edwards' openings anterior to the chelipeds. Up to 80% of the total flow is via the latter openings. Exhalent water passes out through paired orifices between the base of the antennae and the mouth. The gill areas served by the water entering at the bases of different limbs is as follows. Water entering via the Milne Edwards' openings irrigates the small anterior gills, 1-5 and also gill 6, the most anterior of the larger gills.

The remaining gills are served by the much smaller volume of fluid entering at the more posterior limb bases. Much of this water is

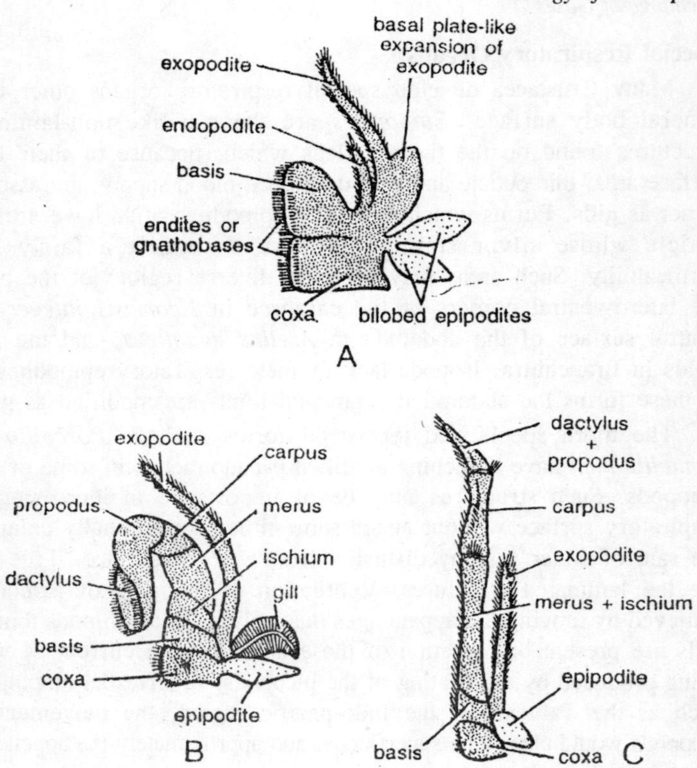


*Fig. 2.2. Palaemon. Maxillipedes. A—First maxillipede. B—Second maxillipede. C—Third maxillipede.*

passed straight into the interbránchial chamber lying between the body wall and the gills. From there it flows across the gill lamellae into the main part of the branchial chamber and so joins the exhalent stream. A lesser volume directly bathes the outer ventral part of the gills 7-9. These various current streams serve to bathe the inner surface of the gills and the lower part of the outer surface but do not adequately irrigate the dorsal part of the outer surface. A current over this last region provided by a periodic reversal of the scaphognathite beat which supplements the normal small backward flow.

Reversal is rhythmic but the frequency can be affected by external conditions. For some reason it tends to be more frequent about the time of high tide and also when the oygen level in the water is low. A high level of $CO_2$ in the medium inhabits reversal. These effects

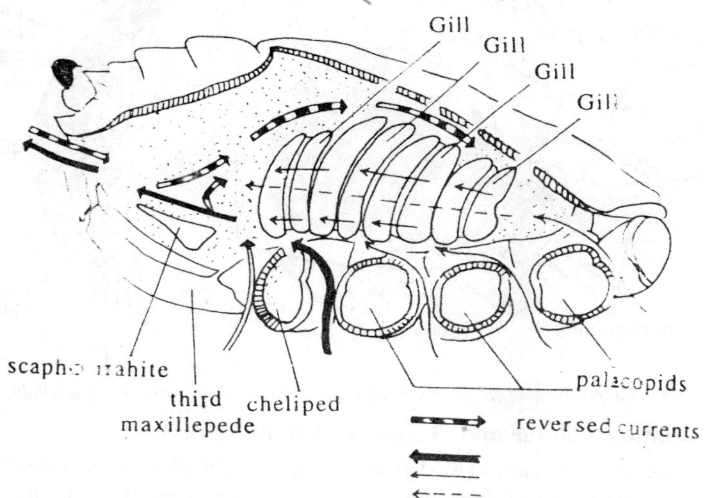


*Fig. 2.3. Paths of water through the gill chambers of Carcinus.*

reflect the overall rate at which water is being pumped through the chamber, since the rate of reversal is directly related to the volume of water pumped. The reversed flow has also been claimed to serve the function of cleansing the gills of any material clogging them; but, whilst it may have an incidental effect in this respect, the absence of any maintained increase in reversal in water containing suspended particles seems to indicate that this cannot be its primary role. Gill cleansing in fact is usually carried out by sweeping movements of the epipodites on the maxillipeds.

*Carcinus*, though not normally thought of as a burrowing crab, can readily dig itself below the surface if presented with a sandy substratum. When it is buried, the entry of water at the base of its branchiostegites is restricted and the respiratory rhythm is modified, so that water is alternately taken in and expelled through the exhalent opening. It requires but a small adaptation from this condition to that found in the burrowing crab *Corystes*, where the predominant current is in the reversed direction. This animal burrows itself almost completely in the sand leaving only part of its antennae exposed. The inner borders of the antennae are fringed with long hairs so that when the two appendages are opposed, as they are when the animal is buried, they form a tube. Water is drawn down this tube by the reversed beating of the scaphognathites, passed over the gills and then out at the openings near the base of the legs.

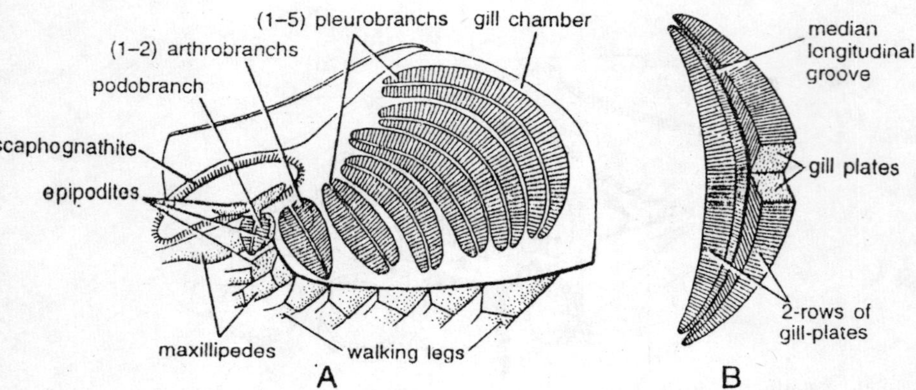


*Fig. 2.4. Palaemon. A—Left gill-chamber exposed to show the gills. B—A phyllobranch.*

## Ventilation Volume and Oxygen Utilization

The average rate at which large individuals of *Carcinus maenas*, *Cancer pagurus* and *Portunus puber* pump water at 16°C is about 1 cc/gm body-wt./min. Small individuals of *Carcinus* average 1.5 cc/gm/

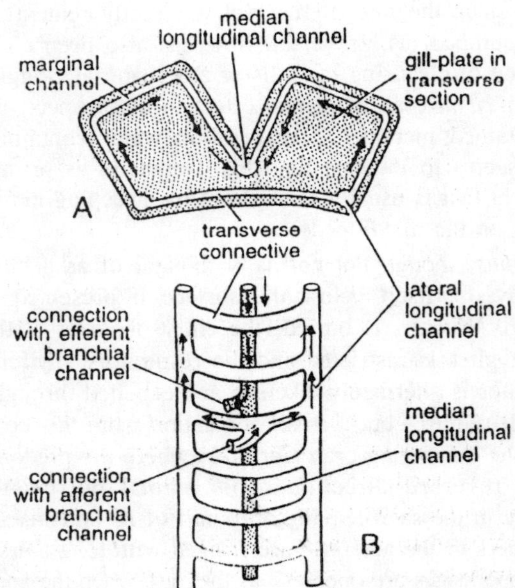


*Fig. 2.5. Palaemon. A—Blood supply in gill-plates. B—Diagrammatic representation of the ladder of blood channels in a gill.*

min, reflecting the higher metabolic rate of small animals. Similar, though somewhat lower, rates have been found for *Homarus vulgarus* and *Procambarus simulans*. The proportion of oxygen in the respiratory current which is extracted by the animal has been determined for only a few species. In *Procambarus* it is 60-70% and for *Homarus* and *Carcinus* 10-25%.

The utilization is very variable, depending on the respiratory circumstances and species involved. It is usual, however, for it to be inversely proportional to the ventilation volume in any individual. This is logical, since fast rates of flow allow less time for exchange to occur at the gills. The various way in which the rate of flow is adjusted to meet respiratory needs is considered later, but it is worth nothing here that there is some evidence for the presence of a sensory receptor in the thorax of Crustacea which monitors the $O_2$ level and initiates changes in ventilation rate.

## Transport of Oxygen

Oxygen passes through the cuticle and gill epithelium by diffusion. Once in the blood, it is carried to the respiring tissues either wholly in solution, or partly in solution and partly bound to a blood pigment. Pigments are apparently absent from the majority of Crustacea, being known only from the larger species and from small forms which live in habitats liable to become deoxygenated. Blood pigments serve to increase the oxygen-carrying capacity of the blood, since their properties are such that they combine with oxygen at the tension normally prevailing in the gills and release it at the tension found in the neighbourhood of active tissues.

In some species the pigment, although having a high affinity for oxygen is not fully saturated even in the blood leaving the gill vessels. In such forms, the pigment may have the secondary function of ensuring that a large gradient of tension is maintained across the gill surface, and so furthering a more rapid diffusion of oxygen than would otherwise be the case. The pigments also function in the transport of carbon dioxide and in the buffering of the blood. Two respiratory pigments have been found in the Crustacea, haemocyanin and haemoglobin. In common with the pigments of most other invertebrates these occur in solution in the plasma.

### Haemocyanin

In crustaceans the blood corpuscles containing respiratory pigment are absent. Here the respiratory pigment remains dissolved in blood plasma. In the Crustacea the copper-containing pigment haemocyanin is known to occur in the decapods, stomatopods, in some amphipods as well. Haemocyanins are found also in the phylum Mollusca, but these differ from the crustacean blood pigments in having relatively more copper and less nitrogen in the molecule. In the latter group, the proportion of copper is about 0.18%. Haemocyanins (HCY) are proteins of the globulin group and hence have a high molecular weight. The precise size of the effective unit of HCY is, however, somewhat uncertain. The minimum functional molecular weight for binding oxygen is about 74,000, which is a unit containing two copper atoms. There is, however, some evidence to suggest that the normal stability of oxygen binding is achieved only when the unit contains eight copper atoms. A unit of this size, which is able to bind four molecules of oxygen, would thus have a molecular weight in the region of 296,000.

Sedimentation rate studies indicate that in the haemolymph units may be associated to form still larger units having molecular weights in the range 600-800 thousand. As the HCY is present in the haemolymph only in solution, large molecular weights have the obvious advantage of restricting the loss of pigment in the excretory system, since smaller molecules, such as that of elasmobranch haemoglobin, can be filtered from the blood by the green glands of *Homarus*. In the oxygenated state the pigment is blue, but it becomes colourless when deoxygenated. In the oxygenated form it has characteristic spectral absorption bands at 275 $\mu$ and 340 $\mu$ in the ultraviolet and about 570 $\mu$ in the visible wavelengths. The last band disappears on deoxygenation. Oxygen is probably linked to HCY in the form of perhydroxyl free radical ion. As it requires two copper ions for the carriage of each molecule of oxygen, it seems likely that there is a fluctuating valency state of the copper, half being in the $Cu^{++}$ state and half as $Cu^{+}$.

The speed with which oxygen can be taken up or liberated by the pigment is comparable with that shown by mammalian haemoglobin: the time for half-loading of *Maia* HCY at 22°C and a pH of 8.6 being only 25 msec. By contrast, however, the oxygen-carrying capacity of haemocyanin containing bloods is low compared with those where haemoglobin is the respiratory pigment. Values for oxygen saturation levels in the blood of ten marine decapods lie in the range 0.24-2.80 cc per 100 cc haemolymph, whereas in some vertebrate bloods 20 volumes per cent, or even more, may be carried. As the oxygen level in the crustacean blood is thus at most only a little above that which would be in air-equilibrated sea water at atmospheric pressure and

15°C (0.5 vols%), the respiratory role of haemocyanin might perhaps be questioned. Any doubts must be dispelled, however, by measurements which show that the actual pressure of oxygen within the blood system is very low and hence that the amount of oxygen carried in physical solution is extremely small.

As a consequence, almost all the oxygen in the blood is in combination with haemocyanin. Thus, if *Panulirus* blood is equilibrated with air *in vitro* at 25.4°C it contains 1.99 cc/%$O_2$ of which 1.54 cc/% is in combination with HCY. *In vivo*, by contrast, over 96% of the oxygen carried in the post-branchial blood is linked to HCY. The amount of oxygen carried by HCY is determined by a number of factors, of which the most important are the oxygen tension, the unloading tension of the particular haemocyanin, the temperature and pH. When other factors are held constant, the amount of oxygen carried by haemocyanin varies with the oxygen pressure up to a level at which the pigment is fully saturated.

In most animals the property of the respiratory pigment is such that it tends towards full saturation at the oxygen tension in the blood flowing past the respiratory surface, but it is not capable of carrying so much oxygen at the tension pertaining in contact with respiring tissues. Consequently the pigment takes up oxygen at the respiratory organs and releases it to tissues with an oxygen demand. To make the maximum effect, a pigment should be such that it is approaching oxygen saturation in the respiratory organ but is largely unloaded at the tension in the neighbourhood of tissues during periods of peak oxygen demand. Very few measurements have been made at the oxygen-carrying capacity of crustacean bloods *in vivo*; but such information as there is seems to indicate that the haemocyanin is not invariably fully saturated in the gills of decapods. In *Panulirus* for instance the HCY in the post-branchial vessels contains only a little over half the oxygen carried by the air-equilibrated blood *in vitro*.

The HCY clearly fulfils the function of a respiratory pigment, since the amount of oxygen in the pre-branchial vessels is only 22% of the saturation value; but it would appear that a considerable part of the potential oxygen-carrying capacity of the blood is not being used. The crab *Loxorhynchus* shows a similar effect, the post-branchial blood being 68% saturated and pre-branchial blood 30% saturated with oxygen. It seems improbable that this incomplete loading of the haemocyanin in the gills of these forms is due to the pigment being poorly adapted to the needs of the animals in relation to the rate of diffusion of oxygen across the gill epithelium and the circulation rate. A possible explanation is that the full carrying capacity of the HCY is required only at times of special stress. Redmond has suggested that the pigment may become more fully saturated at the gills at low temperatures, and that this would perhaps be advantageous if low temperature had differential effects on general metabolism and circulatory rates.

There has as yet been no attempt to verify this idea experimentally, but it is known that the relation between loading tension and oxygen carrying capacity of HCY does vary with temperature. Thus is *Panulirus* the blood carries 50% of the saturation level of oxygen with a partial pressure of oxygen of 14 mm at 25°C, 9mm at 20°C, 6.5 mm at 15°C and 5 mm at 10°C. For any given loading tension, the blood will therefore bind more oxygen at a low than at a high temperature. The HCY of the crab *Loxorhynchus grandis* behaves similarly, but is even more sensitive to temperature change than is that of *Panulirus*.

The loading tension giving half-saturation with oxygen is of the same order of magnitude in other Crustacea. Listing the half-saturation levels with greater precision would be valueless unless other conditions are precisely defined, since the degree of oxygen binding at a given tension and temperature may also be influenced by the pH and blood ionic composition. *In vitro* experiments on *Homarus* blood indicate that, as in the case of haemoglobin, the more acidic the blood is made, the further the curve defining the relationship between oxygen binding and oxygen tension is shifted towards the right.

**Table 2.1**

| *Species* | *Temp.°C* | *1/2 Saturation mm $O_2$* | *Reference* |
|---|---|---|---|
| Panulirus interruptus | 25 | 14 | 437 |
| Cancer irroratus | 23 | *circa* 12 | 436 |
| Cancer borealis | 23 | *circa* 12 | 436 |
| Callinectes sapidus | 23 | *circa* 12 | 436 |
| Panulirus interruptus | 15 | 6.5 | 437 |
| Maia squinado | 15 | *circa* 14 | 493 |
| Palinurus vulgaris | 15 | *circa* 14 | 493 |
| Cancer pagurus | 15 | *circa* 14 | 493 |
| Homarus vulgaris | 15 | *circa* 14 | 493 |
| Procambarus simulans | 25 | 3.5 | 325 |

However, at a pH of about 6.0-6.5 there is a reversal of the effect, so that the half-loading tension moves lower as the pH is further decreased. The bloods of *Palinurus*, *Maia* and *Cancer* behave similarly. It is doubtful, however, if this reversal is of any physiological significance in the normal temperature range in animals such as *Homarus*, *Panulirus* and *Loxorhynchus* since the difference in the amount of $CO_2$ carried in the pre- and post-branchial blood and the related difference in pH is too small to exert any appreciable effect on the loading-tension curve of the HCY, let alone depress the pH to a level where reversal would occur.

**Table 2.2**

| | *Post-branchial* | *Pre-branchial* | *V-A* |
|---|---|---|---|
| Panulirus | 10.09 | 10.62 | 0.53 |
| Loxorhynchus | 18.6 | 18.8 | 0.18 |
| Homarus | 5.19 | 6.04 | 0.85 |

At high temperatures, however, it is conceivable that pH changes in the blood might be sufficient to cause some shift in the position of the loading-tension curve, since *in vitro* experiments indicate that temperature and pH interact in their influence on HCY. The higher the temperature, the greater is the amplification of the shift caused by pH changes; conversely, the higher the pH, the smaller are the shifts due to temperature change. The level of HCY in the blood, like that of haemoglobin, is not necessarily maintained constant during the life of an animal. An extreme example of change in concentration of HCY is found in *Maia*. In this animal the HCY level in the blood builds up during the pre-moult stages and then declines rapidly after moult, until by the $C_4$ stage none is detectable.

**Haemoglobin**

Haemoglobin is the iron containing protein. It is absent from the Malacostraca but occurs in at least a few species of most of the other crustacean groups, having been recorded in the Notostraca Conco-straca Anostraca and Cladocera, parasitic Copepoda parasitic Cirripedia and Branchiura. In the blood, the pigment is in solution and not in corpuscles as in the vertebrates. It is not, however, restricted entirely to the blood, since in *Daphnia* it occurs also in the nervous system, muscles and eggs. The haemoglobin in *Daphnia* consists of two fractions, the larger fraction having a molecular weight of 422,000 and the smaller a molecular weight of 34,000. *In vitro*, the affinity of the pigment for oxygen is high, the oxygen tension required for half-saturation in the absence of $CO_2$ being only 2.0 at 10°C and 3.1 at 17°C. The presence of $CO_2$ decreases the affinity for oxygen. Thus 1% $CO_2$ causes a shift in the tension required to half-saturate the pigment at 10°C from 2 to 3 mm $O_2$. Such a Bohr shift probably assists in the unloading of oxygen from the pigment in the neighbourhood of respiring tissues.

Specific differences are found in the binding power of haemoglobins. *Ceriodaphnia laticaudata*, which tends to live in more polluted water than *Daphnia*, approximately has blood with an even higher affinity for oxygen than that of the latter, the tension for half-loading being only 0.8 mm $O_2$ at 17°C. Polluted waters often contain considerable amounts of carbon dioxide and in such circumstances a pigment showing a marked Bohr shift would be disadvantageous, because it would be unable to take up its full capacity of oxygen from the medium. Appropriately, *Ceriodaphnia* haemoglobin has only a very small Bohr shift in the presence of 1% $CO_2$. Although the haemoglobins of *Daphnia* and *Ceridaphnia* require such low tensions for half-saturation *in vitro*, it appears that the oxygen tension needed in the medium if the pigment is to be maintained in the oxyhaemoglobin form *in vivo* is very markedly higher. Spectral absorption bands appropriate to oxyhaemoglobin can no longer be detected at external oxygen tensions below 28 mm $O_2$.

A considerable gradient of oxygen tension must therefore be maintained across the cuticle if the blood pigment is to take up oxygen. The amount of haemoglobin in the blood of *Daphnia pulex*, *D. magna*, *D. obtusata*, and *D. hyalina* tends to vary inversely with the oxygen content of the water in which they are living. Presumably in this way the animals are able to maintain the total amount of oxygen transported by the blood to the tissues even when the external oxygen tension is below the level required to saturate the pigment fully.

The variation in the amount of haemoglobin is particularly striking in the case of *D. hyalina*. This species is a member of the superficial plankton of lakes and, when in well oxygenated water, is colourless and contains mere traces of haemoglobin. When kept for a time in water with a low oxygen content, however, it develops enough haemoglobin to colour the animal pink. *Triops cancriformis* can similarly increase its haemoglobin content in response to oxygen deficiency, suggesting that this faculty may be common to all forms able to synthesize haemoglobin at all.

It may be recalled that mammals have the same capacity; mountaineers acclimatized to high altitudes have a higher concentration of haemoglobin in the blood than individuals from lower levels. Whereas man's ability to increase his haemoglobin level is limited to a 20% rise, however, *Daphnia* may increase its haemoglobin concentration by as much as ten times. As might be expected, individuals of *Daphnia* with a high haemoglobin content have several advantages over those with a low haemoglobin level, when both are placed in a medium with a low oxygen tension. The ones with much haemoglobin then gather more food, produce more eggs and survive longer than those with only little haemoglobin.

**Synthesis of Haemoglobin**

The synthesis of haemoglobin depends on the nutritional state of the animals, a certain minimal amount of food intake being required to maintain the maximal amount of haemoglobin typical for a given oxygen concentration in the water. However, even when the food supply and the oxygen tension are maintained at steady levels, the haemoglobin concentration does not remain constant but shows regular cycles of fluctuation. These fluctuations have been correlated with the reproductive cycle. A few hours before the moult, which occurs immediately before egg-laying, haemoglobin from the blood is transferred to the ovaries. After egg-laying the eggs contain haemoglobin and the level of haemoglobin in the blood has dropped to about two-thirds of its normal value. The concentration in the blood is built up during the time the young are developing in the brood pouch, and the cycle is then repeated with the release of the young and production of a new batch of parthenogenetic eggs.

Raising the temperature of the medium to 28°C results in an increase in the haemoglobin concentration in the blood, even if the oxygen concentration in the water is kept constant. This increase may be presumed to be in response to the higher utilization rate when the metabolic activity, is raised and to the lesser affinity of haemoglobin for oxygen at the higher temperature, though a contributory factor may be the lower rate of egg-production at high temperatures. The addition of iron, particularly ferrous iron, increases the production of haemoglobin by animals in oxygen-deficient water. Reaeration of water in which *Daphnia* with a high haemoglobin content are living results in a decrease in the haemoglobin level.

Curiously, a high carbon dioxide level which, like high temperatures, would be expected to lessen the oxygen-carrying capacity of the blood, does not result in any increase in the rate of haemoglobin synthesis. Possibly this may be related to the low sensitivity of crustancean respiratory systems to $CO_2$. For example, the respiratory rate of *Homarus* and *Austropotamobius* is not affected by $CO_2$ as long as the pH remains reasonably near the normal level. Very high levels of $CO_2$, such as are obtained by bubbling the gas through water, will rapidly narcotize Crustacea; and Beadle has shown that some species, e.g. *Gammarus pulex*, do not survive if high levels of $CO_2$ are maintained in the medium for more than about fifteen minutes. In the case of this animal, it has been shown that $CO_2$ narcosis is associated with a major leakage of potassium from the cells, the blood potassium level rising some 70% in ten minutes. Measurements of the $CO_2$ levels *in vivo* indicate that there is relatively little difference between the pre- and the post-branchial blood with respect to the amount of gas carried.

## Respiratory and General Metabolism

If the situation in *Hemigrapsus nudus* is general to all other forms, the stored carbohydrate of Crustacea is largely in the form of glycogen in the integument, muscle and hepatopancreas, together with some sugars in the blood and also some sulphated muco-polysaccharide, in the integument and hepatopancreas. The nitrogenous polysaccharide, chitin, is present in considerable quantities in the integument, but this substance cannot be regarded as being available to the general metabolic pool once it has been laid down. The concentration of glycogen in vertebrate muscle is on average about 0.7-1.0% of the wet weight, and the concentration in the whole body of *Hemigrapsus* is comparable, though there is a sex difference the females containing almost twice as much as the males.

The concentration in the hepatopancreas of *Hemigrapsus* is on average 0.76% of the wet weight, as compared with the human liver level of about 5%. As the level is low in *Cancer magister* also, it seems likely that the crustacean hepatopancreas may normally store less glycogen than its vertebrate equivalent. Naturally, as in the case of the liver, the glycogen content of the hepatopancreas is not constant but varies with the diet. A high carbohydrate intake, such as is produced by the ingestion of glucose, may raise the concentration in the hepatopancreas to 1.0% in *Hemigrapsus*.

The concentration also fluctuates at different stages of the moulting cycle, being highest in the hepatopancreas of *Cancer pagurus* in late pre-moult, and falling rapidly at moult and post-moult to reach a minimum during the $B_2$ stage. Indeed, this effect is so strking in *Panulirus* that the hepatopancreas may be completely denuded of glycogen by the end of the B stages. The first metabolic reserves to be called on during starvation in mammals are those of the carbohydrate pool; and only when these substances are substantially depleted is there any appreciable utilization of fat and protein. Starvation of *Hemigrapsus*, however, even when continued for twenty-three days, does not have any appreciable effect on the total glycogen levels of males, though there is about a 30% drop in females. Lipid stores also are unaffected by starvation for this period, but protein is depleted in females; which suggests that this group of substances may be more readily utilized as substrates than in mammals. Further indication of the relatively lesser role of carbohydrate as a metabolic reserve is provided by the low levels present in some marine planktonic forms.

In euphausids the whole body wet weight carbohydrate concentration may be as little as 10% of that in *Hemigrapsus*, 0.05-0.08% in *Meganyctiphanes*, 0.09.011% in *Thysanoessa* and 0.08-0.17% in *Nematoscelis*. In other planktonic forms, such as the copepod *Calanus finmarchicus* and the mysid *Neomysis integer* it is closer to the *Hemigrapsus* level. Respiratory measurements on these planktonic forms indicate that carbohydrate is not the only substrate being metabolized during short periods of starvation. A shift away from a purely carbohydrate metabolism appears to occur very early in the embrylogical life of *Corcinus* also, since there is a change in the respiratory quotient from 1.0 in the early cleavage stages to 0.72 when the yolk is still about four-fifths of the diameter of the egg, and to 0.83 at the time of hatching.

**Table 2.3. Body Composition of Hemigrapsus Nudus as Influenced by Starvation**

| | *Normal* | | *Starved* | |
|---|---|---|---|---|
| | *Male* | *Female* | *Male* | *Female* |
| Bodyweight (gm) | 10.5 | 9.3 | 9.5 | 7.4 |
| Glycogen (mgm/gm) | 0.69 | 1.24 | 0.8 | 0.8 |
| Protein (mg N/gm) | 12.71 | 14.96 | 12.2 | 12.08 |
| Lipid, fat index/gm | 4.31 | 6.13 | 4.76 | 6.40 |
| Chitin, mg glucose/gm | 3.91 | 4.23 | 3.89 | 4.09 |

In view of the apparent greater emphasis on protein metabolism in marine forms, study of carbohydrate metabolism in terrestrial Crustacea would doubtless repay attention, especially since the general suppression of nitrogen metabolism in terrestrial isopods suggests that protein is unlikely to act as a major metabolic substrate in these animals. Some of the above considerations appear to lead to the conclusion that carbohydrate metabolism may be of less importance in aquatic Crustacea than in vertebrates.

Indeed, at one time it was though that the tissue metabolism of Crustacea might differ from that of vertebrates, because it seemed that labelled glucose injected into the lobsters *Panulirus japonica* and *P. penicillatus* did not give rise to labelled carbon dioxide. However, as glucose injected into the blood disappears too rapidly to be accounted for by the rate of carbondioxide production or glucose secretion, it is apparent that at least a mechanism is present for the metabolism and storage of glucose. The earlier views on the inability of glucose to act as a respiratory substrate were later revised, following the observation that *Cancer magister* and *Hemigrapsus nudus* can both oxidize glucose to $CO_2$.

At present a number of lines of evidence suggest that glucose plays quite as important a role in the metabolism of Crustacea as in that of vertebrates. Glucose constitutes about 20%, or a little less, of the blood sugars of *Hemigrapsus nudus* and *Cancer magister*, but, whereas other major carbohydrate constituents of decapod blood, such as the oligo-saccharides, maltose, maltotriose and maltotetrose, very rather widely in concentration according to diet and time of year, the glucose concentration is maintained at a more constant level. Diurnal fluctuations in the blood glucose of *Uca* can possibly be related to activity rhythms which are also cyclical. Furthermore, though a hexokinase for the conversion of glucose to glucose-6-phosphate has not yet been located, metabolic pathways leading from the latter to glycogen formation, glycolysis via the Embden-Meyerhof pathway and hexosemonophosphate shunt are well established. That the complete biochemical apparatus for carbohydrate metabolism is available thus seems reasonably certain. Finally, in barnacles and the wood-boring isopod *Limnoria* carbohydrates are the first substrate to be utilized during starvation.

**Glycogen Formation**

Glycogen is formed from glucose. *In vitro* the enzyme phosphorylase can catalyse either the synthesis or the breakdown of glycogen; but it is certainly not the only, nor probably even the main, means by which polysaccharide is synthesized *in vivo* in either vertebrates or Crustacea. After injection of C-labelled glucose into *Cancer magister* the C label can subsequently be detected successively in the glucose-6-phosphate,

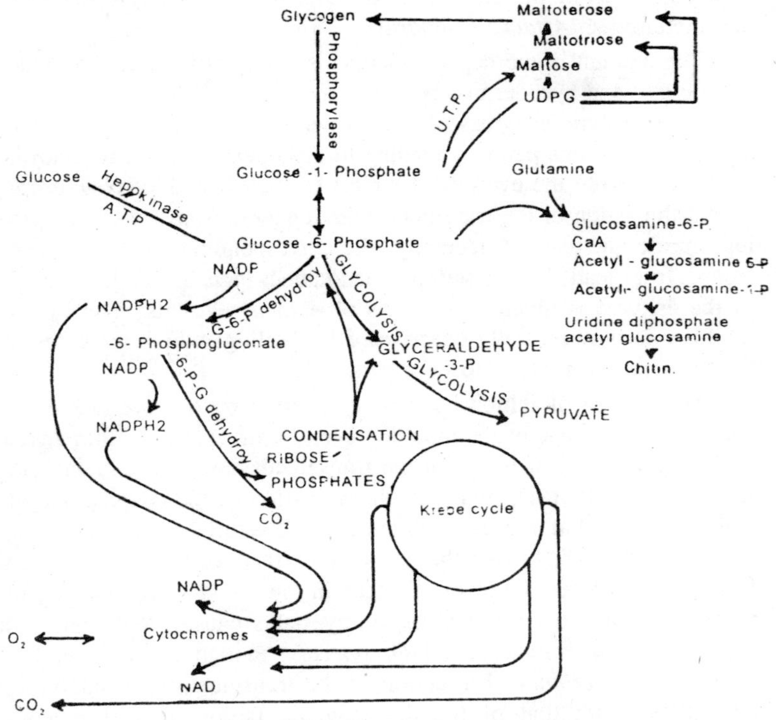


*Fig. 2.6. Metabolic pathways in crustacean metabolism.*

maltose, maltotriose and maltotetrose components of the blood sugar. Later it appears in the glycogen and mucopolysaccharide of the liver. This suggests that, as in the vertebrates, a pathway involving glucosyl units is utilized in the formation of glycogen.

That maltose and its polymers are involved is further indicated by two other points. The injection of C-labelled maltose results in the appearance of the label in glycogen more rapidly than does the injection of labelled glucose. Again, whereas much of the label from maltose appears as $CO_2$ when maltose alone is given, the presence of added unlabelled glucose prevents this. Incidentally, this also provides additional evidence for the role of glucose as a normal respiratory substrate. In vertebrates, an early stage in the production of glycogen involves the synthesis of uridine-diphosphate-glucose (UDPG) from glucose-6-phosphate. The enzyme, UDPG-glycogen transglucosylase, which is involved in the transfer and polymerization of the glycosyls to form glycogen, has been found in the muscles, hypodermis and hepatopancreas of the crabs *Cancer magister* and *Hemigrapsus nudus* and the crayfish *Astacus cambarus*.

The amount in the hepatopancreas is apparently lower than that in the muscles and hypodermis, but this may possibly be due to inactivation by the proteolytic enzymes of the former tissue during the separation. The activity of this pathway leading to glycogen synthesis is controlled by a factor from the eyestalk. Extracts of the eyestalk of *Hemigrapsus* inhibit the action of the transglocosylase enzyme from *Cancer magister* leg muscle and also, incidentally, the corresponding transglucosylases from a frog, toad, fish, gasteropod and lamelli-branch. Similar inhibition of the enzyme is given by extracts of *Astacus* eyestalk. The eyestalk inhibitor is only partially deactivated by boiling; which indicates that the hormone is unlikely to be a protein.

The degree of inhibitory activity exerted by the eyestalk extract varies with the stage of the moulting cycle. Extracts taken from animals in the $C_4$ and $D_1$ stages inhibit the transglucosylase, but extracts made from individuals in $D_4$ give a slight activation of the enzyme activity; which is in good agreement with the cyclical nature of glycogen storage already noted. It is known that eyestalk extracts certain a diabetogenic factor which raises the level of sugar in the blood when injected into normal animals, but removal of the eyestalks causes depletion of the blood sugar in *Panulirus* and *Orconectes*, though not apparently in *Callinectes* or *Libinia*. The action of the transglucosylase inhibitor is compatible with that of the diabetogenic factor; for, if glycogen formation is suppressed, the blood sugar levels might reasonably be expected to rise.

As yet, however, there is not direct evidence to indicate that hyperglycaemia and suppression of transglycosylase activity are actually produced by a single substance. Other factors affecting the level of blood sugar include feeding and asphyxia. The blood sugar levels rise in *Astacus* and *Libinia* after feeding, and it appears that this rise is not directly associated with eyestalk fractions since it also occurs in eyestalkless animals. Conversely, starvation depresses the blood sugar levels in *Carcinus*. Asphyxia normally induces hyperglycaemia, but does not do so if the eyestalks are removed. As might be expected from the observation mentioned above that the activity of the eyestalk inhibitor of transglycosylase varies with the phase of moult, there are comparable fluctuations in the blood sugar levels. *Callinectes sapidus*, *Austropotamobius pallipes* and *Maia squinado* all show raised blood sugar levels prior to moult.

The level of reducing sugar, calculated as glucose, rises from a mean value of about 50 mg/1 in inter-moult *Carcinus* to around 200 mg/1 in pre-moult animals. The blood volume is calculated to increase to some 240% of the initial value at moult, and this rise is sufficient to ensure that the dilution of glucose does not bring its blood level below the normal concentration. This is probably of considerable importance when the cellular requirements for respiratory substrates at this critical time are taken into account. One may be justified therefore in considering the mobilization of blood sugar prior to moult as being partly in preparation for the dilution of the body fluids.

**Synthesis of Chitin**

The decrease in hepatopancreatic and integumentary glycogen stores that occurs during the pre-moult stages subsequent to $D_2$ and during the post-moult stages cannot be attributed solely to the need to raise the blood sugar levels. The decrease somewhat precedes the main period of formation of new cuticle, since injections of C-glucose result in labelling of chitin only if made in the $D_{4,}$ A, and B stages; but it is probable that much of the ultimate drop in hepatopancreatic glycogen can be attributed to the formation of new chitin. The reason for the delay between the drop in glycogen level in the hepatopancreas and the formation of new chitin is that there is an intervening phase of intensive storage of glycogen in the epidermal cells under the new cuticle. Details of the biochemical stages in the synthesis of chitin have not been worked out for Crustacea; but it has been inferred that the route may have its starting point at glucose-6-phosphate and pass via acetyl-glycosamine as in fungi. One of the final stages in the synthetic chain, uridine diphosphate acetylglucosamine, has been located in insect pupae but has not yet been sought in Crustacea.

**Glycolysis and Oxydative Metabolism**

It is only recently that clear evidence of the presence in Crustacea of the classical Embden-Meyerhof pathway of glycolysis has become available. The triose-phosphate of this process was shown to be present by Hu, but he could not demonstrate either fructose-1-phosphate or 3-phosphoglyceric acid. However, the respiration of the hepatopancreatic tissue of *Orconectes* has now been shown to be sensitive to fluoride and iodo-acetate, two of the known inhibitors of this pathway. Inhibition of the respiration of isolated hepatopancreas by sodium azide and cyanide suggests that the final stage in coupling to oxygen involves a cytochrome oxidase, whilst the inhibitory action of antimycin further suggests that electron transport may involve cytochrome C. There is further evidence for the presence of cytochromes $a_1$, $a_2$, b, c and $c_1$ in the hepatopancreas of *Carcinus* and the muscles of *Callinectes* and *Homarus*. Flavo-proteins, NADP and $NADPH_2$ have also been located. Lobster and crab muscles have rather a low cytochrome b level as compared with the levels of a, $a_3$, c and $c_1$; and this is of some comparative interest. Cytochromes a and $a_3$ are present in relatively large amounts in *Callinectes* and *Homarus*, and it seems possible that these may subserve the function of a store of oxygen-equivalent material in the muscles, since these forms seem to have no muscle pigment store like the myoglobin of vertebrates.

The tricarboxylic cycle is present and is associated with the mitochondria. It is tempting, therefore, to conclude that glycolysis and oxidative metabolism are similar in Crustacea and vertebrates. It must be remembered however that, even though similar pathways can be demonstrated in different animals, this does not necessarily imply that their quantitative usage is similar. Even within a single individual crustacean the utilization of different pathways varies with the stage of the moulting cycle. Thus, the respiration of *Orconectes* hepatopancreas is more sensitive to the glycolytic inhibitor, fluoride, during pre-moult stages than during inter-moult stages, indicating that the Embden-Meyerhof pathway is not the only one involved in glucose catabolism in the latter moult phase.

The alternative glycolytic pathway of *Orconectes* hepatopancreas is blocked by 5-bromouracil, respiration of the tissue decreasing by 38% in inter-moult animals but by only 13% in pre-moult ones. This inhibitor is known to block the hexosemonophosphate shunt in vertebrate liver. Additional evidence that this pathway is indeed the alternative to Embden-Meyerhof glycolysis in intermould animals is given by the fact that provision of 6-phospho-glycerate increases the oxygen consumption of inter-moult, but not of pre-moult, hepatopancreas. Furthermore, the amount of $NADPH_2$ produced following administration of 6-phopho-glycerate varies with the phase of moult cycle in a manner predictably similar to the sensitivity to 5-bromouracil.

The hexosemonophosphate shunt provides a means whereby the Krebs cycle pathway can be by-passed. In vertebrates, it is though that one of the main functions of the hexosemonophosphate pathway is to provide $NADPH_2$, which is then utilized in fatty acid and steroid synthesis. This could perhaps provide the rationale for the cyclical utilization of this system in the Crustacea, since it is known that lipids are being laid down during inter-moult, reaching a maximum in

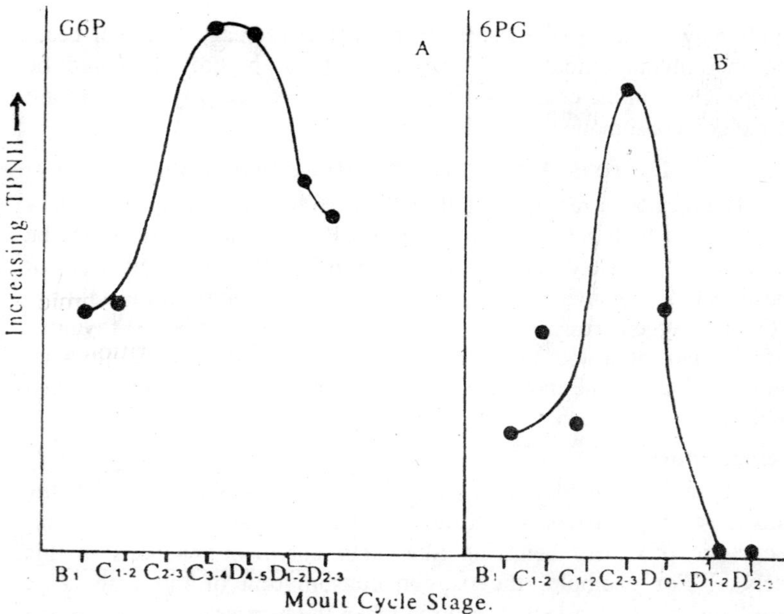


*Fig. 2.7. The utilization of substrate by the hepatopancreas of crayfish during various stages of the inter-moult cycle.*

$D_1$, whereas, they are decreasing in amount during the pre- and post-moult stages, when the hexosemonophosphate shunt is inactive. However, no direct proof of such a connection is available. The ribose sugars formed by the alternative pathway may be used also in nucleic acid synthesis. Control over the activity of the hexosemonophosphate shunt is apparently mediated via an eyestalk hormone, since removal of the eyestalks blocks the pathway. Extracts of eyestalk do not however have any effect on the rate of oxygen consumption of hepatopancreas *in vitro*, so the hormone presumably does not affect the Embeden-Meyerhof pathway.

From the fact that oxygen consumption is lower during inter-moult than at moult and that the hexosemonophosphate shunt is operative during inter-moult but not during pre-moult, it might be expected that the Embden-Meyerhof pathway activity would be reduced during inter-moult. In fact the reverse is the case, the activity being greatest in the inter-moult animals. A possible explanation of this paradox would be that Krebs cycle intermediates are being aminated to form amino-acids for the protein synthesis that occurs at this time. Alternatively, lipids may be being synthesized from acetate radicals. In either case, the incomplete oxidation of the products of glycolysis would be compatible with the observed increase in glycolytic activity and decrease in oxygen consumption.

## FACTORS AFFECTING THE METABOLIC RATE

The metabolic rate is naturally influenced by the degree of voluntary activity; but both activity and/or the basal metabolic rate may also be affected by a variety of other factors. Some of the more important of these include (1) environmental conditions such as temperature, salinity, $CO_2$ and oxygen pressures, (2) specific or race differences, (3) rhythmic effects associated with changing seasons, time of day or month, tidal state or phase of the moulting cycle, (4) body size, and (5) nutritional state.

### Temperature

There is no evidence to suggest that the metabolic rate of any poikilotherm is inherently insensitive to changes in ambient temperature, metabolic processes behaving like other chemical reactions in this respect. For example, the oxygen consumption of the crab, *Uca pugilator*, rises by a factor of three when the temperature is increased from 15° to 30°C. Any rise in temperature thus tends to increase the metabolic tempo but it must also result in a more rapid depletion of stored reserves when the animals are not feeding. In apparent response to such effects many, but not all, Crustacea show a degree of homeostatic regulation of their metabolic rate. Indeed, in the apt words of Sir Joseph Barcroft (1934), "Nature has learned to exploit the biochemical situation, so as to escape from the tyranny of a single application of the Arrhenius equation." Examples of the presence and absence of such homeostatic regulation of metabolic rate are shown by different species of semi-terrestrial fiddler crabs, *Uca*.

*Uca minax* shows no sign of long term adaptation in its respiratory rate following a change in temperature. By contrast, *Uca pugnax* displays a considerable adaptation to temperature change over the next few days. If a temperature change is made rapidly the subsequent $Q_{10}$ for respiratory rate is 1.9, but if a slower change is made it is only 1.2-1.45. Full temperature acclimatization in *U. pugnax* takes about two weeks, but when adaptation is complete this crab shows a much smaller variation in respiratory rate between 12° and 35°C than the non-adapting *U.minax*.

There is a considerable increase in the respiratory $Q_{10}$ for *Uca pugnax* below 12°C. No such increase is apparent in the case of the

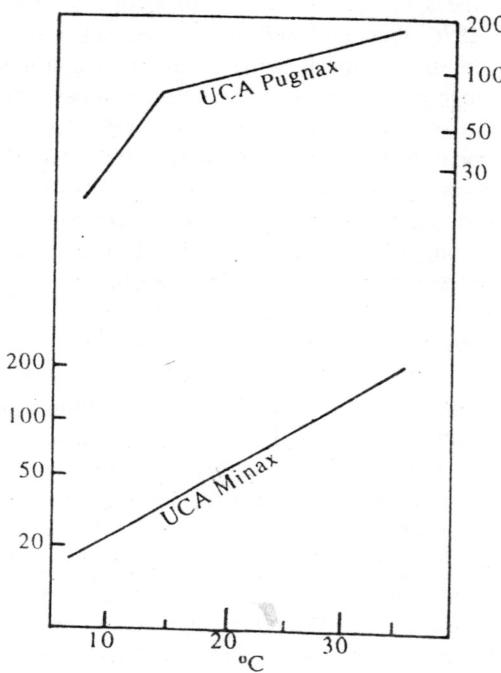


*Fig. 2.8. Semi-logarithmic plot of respiration (mm³ $O_2$/hr/gm fresh weight) against temperature, for Uca pugnax and Uca minax.*

non-adapting *U. minax*. At temperatures below 12°C *U. pugnax* remains in its burrow, and it has been suggested that the increase in $Q_{10}$ below this temperature will therefore confer two advantages: (1) Metabolic reserves will be conserved when the animal is unable to forage, (2) Only a comparatively small rise in temperature is sufficient to raise the metabolic rate to a level which enables the animal to undertake normal feeding activity. *U. minax*, lacking a high $Q_{10}$ at low temperatures, remains inactive until the temperature is above 20°C, possibly because only when such a temperature is reached is the metabolic rate high enough to enable normal activity.

*Uca* species make their burrows at or below the high tide mark, or in salt marshes; and it is interesting to note that those species which, by virtue of their temperature acclimatization, are able to be active at relatively low temperatures tend to replace. *U. minax* on salt marshes, except where the influx of fresh water gives the more eurhaline *U. minax* an advantage. Seasonal changes in respiration are apparent in some species. In winter *Uca pugnax* use more oxygen at 7°, 17° and 28°C than do similarly treated summer animals. The crabs used were from Florida where there is a considerable annual temperature range and where, consequently, it is advantageous to the animals to increase the metabolic rate at a given temperature when there is a seasonal decrease in temperature. *Uca rapax* from Jamaica, where the seasonal temperature fluctuation is less, show no sign of any such seasonal adaptatlon. When races of *U. rapax* from two different latitudes are compared, however, they show differences in the relationship between temperature and metabolic rate. Thus *U. rapax* from Florida have a metabolic rate at 70°C comparable with that of Jamaican individuals at 16°C.

Latitudinal differences of this kind are very common in poikilotherms both at the level of the species within a genus and of the individual within a species. Forms of comparable body size from high latitudes in general have a higher metabolic rate at any given temperature than those from warmer waters though this is not invariably the case. As a result, the general level of activity of animals which spend their lives in cold water is not dissimilar to that of their relatives from temperate or tropical areas. One of the more extreme examples of this is provided by the Antarctic amphipod *Orchomonella* which, though it lives permanently at a temperature of approximately — 1.8°C, has almost the same rate of oxygen utilization in $\mu$ 1/gm body-weight as *Gammarus pulex* at 14°C. Similarly, a number of Arctic Crustacea from Kristineberg have a higher respiratory rate at any given temperature than related temperate forms from Plymouth indicating the presence of a comparable temperature adaptation.

The same type of latitudinal relationship occurs at the tissue level. Thus, the heart rate of *Caprella acanthifera* from the Mediterranean is lower at 15°C than is that of individuals from Plymouth. It is still not clear to what extent the differences in metabolic rate of animals from various latitudes may be genotypic or phenotypic, though some results obtained on *Pachygrapsus crassipes* suggest a phenotypic effect. This littoral crab shows no seasonal fluctuations in metabolic rate but its oxygen consumption depends on the temperature to which the animal has previously been acclimatized. Diagrams of the respiratory rate plotted against temperature for crabs acclimatized for five weeks to a range of temperatures indicate that the oxygen consumption of individuals previously acclimatized to low temperatures is subsequently appreciably higher at all temperatures than those with a history of high temperature acclimatization. A comparable shift is also found in the muscles, indicating, as does the latitudinal effect on heart rate, that the adaptation is at the tissue level rather than mediated solely by some central mechanism. The half time for temperature acclimatization in *Pachygrapsus* is about six days, though it varies somewhat according to the extent of the temperature shift; the larger the shift, the longer the adaptation period necessary.

**Temperature-tolerance and Latitude**

Latitudinal differences are apparent also in respect of temperature-tolerance limits. At Plymouth the summer water temperature is about 15°C. and individuals of the prawn *Pandalus montagui* taken there readily tolerate 17°C. Individuals of the same species from Kristiansund, where the summer temperature is only 7°C do not tolerate temperatures above 11°C. A similar effect is met with in regard to low temperature tolerance. *Uca rapax* from Jamaica are killed by exposure to 7°C whilst members of the same species from the Florida coast readily tolerate this temperature. The precise cause of heat death in Crustacea is unknown. The oxygen consumption of isolated gill, hepatopancreas, excretory organ, muscle and nerve taken from crayfish killed by high temperature are only slightly lower in the first hour after the animal's death than in tissues taken from a normal animal, making it seem unlikely that a purely metabolic breakdown in any of these tissues is the cause of death. High temperatures do, however, result in one biochemical chang; there is a marked shift in the ionic ratios maintained between blood and tissues. The blood sodium level falls and that in the tissues rises, whilst the opposite occurs in the case of potassium. As neuro-muscular responses, such as those of a crayfish claw preparation, function for a shorter period in a saline made to correspond with that of the blood of a heat-killed animal than in normal saline, it has been concluded that heat death may be brought about in part by a disturbance of the normal ratios of blood sodium to tissue sodium, and of blood potassium to tissue potassium.

**Effect of Body Size**

In general, the smaller individuals within a species, or a smallsized species within a genus, have a higher metabolic rate per unit weight and time than have larger individuals or species. Thus, the smaller species of *Uca* have higher metabolic rates than those of larger size, and the $CO_2$ production declines with increasing size, e.g., in the wood-louse *Armadillidium pallasei*. The possibility that changes in the surface area of the gills may impose limitations on the metabolic rate is suggested by the fact that with increasing size of animal there is generally a relative reduction in the area of gill per unit body-weight. Thus, in the spider crab *Libinia* the ratio of gill area to body-weight declines from about 700 $mm^2$/gm body-weight in 50 gm animals to 400 $mm^2$/gm body-weight in 600 gm animals. Similarly, *Menippe* has 1400 $mm^2$ of gill surface per gm body-weight in 20-30 gm individuals, but only 400 $mm^2$/gm in 400 gm animals.

If the area of surface across which gaseous exchange occurs is the limiting factor governing the metabolic rate, and if there is differential growth of this surface relative to that of the rest of the body, then it would be expected that the metabolic rate (*M*) would vary as the 2/3 power of the body weight (*W*). Thus $M = \beta W \alpha$ where $\beta$ is a constant and the value of $\alpha$ should be 0.66 if this 'surface rule' is applicable. A double logarithmic plot of metabolic rate against body size gives a straight line whose slope is $\alpha$ and which cuts the intercept at $\beta$. The figures obtained for the output of $CO_2$ by *Armadillidium* indicate that $\alpha$ in this case has a value of about 0.66. Similarly $\alpha$ for the uptake of oxygen by *Pachygrapsus crassipes* is 0.664 and by *Uca pugnax* is 0.621. Other Crustacea found to obey the surface rule include *Daphnia pulex*, *Artemia salina*, *Asellus squaticus*, *Oniscus asellus*, *Gammarus* sp. and *Astacus* sp. In *Potamobius torrentium*, however, a approximates to 1.0 (45° slope) indicating that for this animal the metabolic rate is directly proportional to the body weight. Values for a intermediate between 0.6 and 1.0 occur in the crabs *Eurytium limosumn*, *Sesarma reticulata*, *Uca pugilator* and *Pugettia producta*.

A further complicating feature is that the value of a is not necessarily fixed for a given species but may vary with the temperature. Thus, the $O_2$ consumption of *Uca rapax* from Jamaica shows less dependence on body size at 15°C than at higher or lower temperatures, whilst in an extreme case the $O_2$ consumption of *Uca rapax* from Florida is practically independent of body weight at 7°C though not at higher temperatures. Such variations would seem to indicate that the limiting factor tending to govern metabolic rate is not the same under all conditions and that at low temperatures the rate of penetration of oxygen across the body surface is not limiting the metabolic rate.

Because of the differences in the value of $\alpha$ at different temperatures it is apparent that the $Q_{10}$ for metabolism will tend to vary with the size of the animal tested, an important consideration when comparative values are being assessed. Another size-related complication in making comparisons between the metabolic rates of different species is that animals from high latitudes tend to be larger than those from warmer waters. Thus the maximum size of northern *Spirontocaris cranchi* and *Pandalus montagui* is greater than the southern races of the same species. This size effect is probably phenotypic as Coker has found that *Cyclops vernalis* reared at 29°C are smaller than those reared at 19°C, whilst the latter in turn are smaller than those raised at 9°C.

**Effect of the Moulting Cycle**

There is a slow rise in the rate of oxygen consumption from inter-moult until ecdysis, followed by a decline during the post-moult stages. As the general locomotory activity is greatly reduced in the late pre-moult and early post-moult stages this rise in oxygen consumption may presumably be correlated with the increased catabolic and anabolic metabolism preceding and following moult. In *Cambarus immunis* the oxygen consumption rises to approximately twice the normal level for about five days before and after moult. As might be expected, the increase in metabolic rate is also apparent at the level of individual tissues, inter-moult hepatopancreas from *Orconectes* having a lower oxygen consumption than that of pre- and post-moult animals.

**Diurnal and Tidal Cycles**

*Carcinas maenas*, species of *Uca*, and presumably many other forms whose behaviour is influenced by the state of the tide, display both diurnal and tidal rhythms of metabolic activity. Distinct diurnal rhythms of oxygen consumption can be observed in *Uca pugilator* and *Uca pugnax* if the oxygen uptake for each hour of the day is averaged over a period of fifteen days. In *U. pugnax* the rhythm is characterized by a maximum utilization of oxygen at about 8 to 9 a.m., a fall in $O_2$ consumption to a minimum at noon, followed by a second, smaller, peak at 10-11 p.m. and a second nadir near midnight. This diurnal rhythm is apparently inherent since it continues over a 15-day period even when the animals are kept under constant conditions of illumination and near constant temperature.

When the oxygen consumption of *U. pugnax* is considered on a daily basis and the values on successive days are compared, it is apparent that the peaks and troughs of utilization shift in a systematic manner. Peaks usually occur at about one hour before low tide on the shore where the animals were collected. This is the time when the animals would be foraging away from their burrows. The minimum oxygen uptake occurs at the time of high tide, when *Uca* would normally

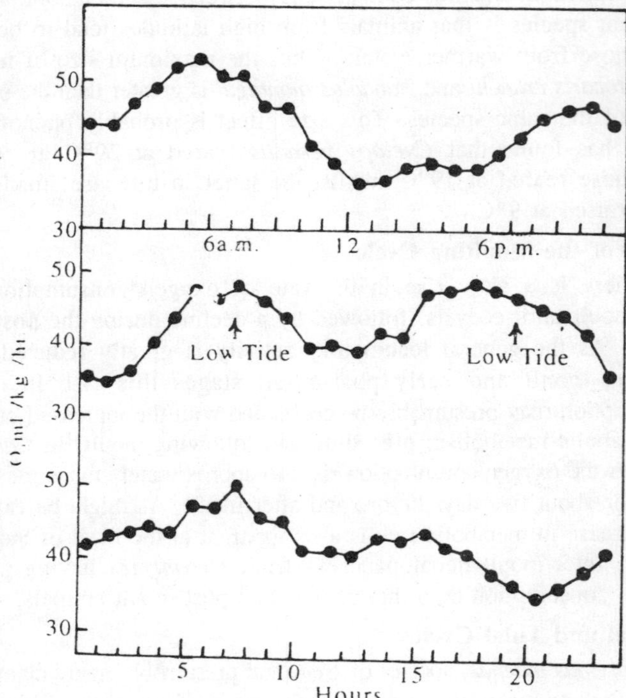


*Fig. 2.9. Diurnal rhythms and tidal rhythms of oxygen consumption in the crab Uca pugnax.*

be resting in its burrow. The rise and fall in metabolic rate is therefore presumed to reflect changes in activity associated with the tidal cycle. Like the diurnal rhythm, the tidal rhythm is maintained under constant conditions in the laboratory for at least fifteen days. Throughout this period the daily shift in the time of high tide is matched by a corresponding 50-minute shift in the peaks and troughs of oxygen uptake, so that the animals remain constantly in phase with the state of the tide at the place where they were collected. During the winter months, October to January, the tidal cycle is less obvious in *U. pugnax* and this correlates well with the fact that the animals are largely confined to their burrows during this period.

## Effects of Habitat on Metabolic Rate

In crabs there is a tendency for the rate of oxygen consumption to be higher in the more terrestrial species, and this can be correlated with the generally greater activity of the semi-terrestrial forms as compared with that of their more aquatic relatives. One has to run to catch an *Ocypode*, whereas a slow walk suffices for *Carcinus*!

**Table 2.4. The relationship between habitat and oxygen consumption**

| *Habitat* | *Species* | *Weight gm* | $O_2$ *μl/gm/min* |
|---|---|---|---|
| Sub-tidal | Lininia dubia | 123 | 0.42 |
| Sub-tidal | Callinectes sapidus | 140 | 1.14 |
| Inter-tidal | Menippe mercenaria | 238 | 0.51 |
| Inter-tidal | Panopeus herbstii | 11 | 0.93 |
| Sub-terrestrial | Uca minax | 6 | 1.28 |
| Sub-terrestrial | Uca pugilator | 2 | 2.03 |
| Supra-tidal | Sesarma cinerea | 1 | 2.21 |
| Supra-tidal | Ocypode albicans | 44 | 2.35 |

In view of this increased uptake it might at first sight seem curious that there is an inverse relationship between oxygen uptake and gill area, the more terrestrial forms having reduced gill number, volume and area. In aquatic species the gill filaments are supported and kept apart by water. When such forms are removed from water and the gill cavity drained, there is a tendency for the unsupported filaments to collapse against their neighbours and so restrict the area available for the uptake of oxygen. Suggetive evidence that such an effect may result in oxygen lack is given by the observation that the heart rate of *Carcinus* falls when the animal is removed from water just as it does if kept in water containing too little oxygen. Reduction of the gill area in terrestrial crabs may help in reducing the danger of collapse, whilst remaining commensurate with the greater $O_2$ uptake of these animals, since the faster diffusion rate of oxygen in air than water enables a high concentration to be maintained at the respiratory surface without the necessity of making extensive respiratory movements. The importance of the latter point seems to be illustrated by the greater $O_2$ uptake by amphibious crabs in water than in air since it is likely that the difference is due to the need to make greater respiratory movements in the former medium.

Reduction in the number of gills occurs in the Ocypodidae, which have only 12 gills, as opposed to the 16 in aquatic crabs such as *Callinectes*. This, coupled with the decrease in the area of the remaining gills, reduces the ratio of the surface of the gills to body weight to well below that found in other crabs. This is compensated for in *Ocypode* by the development of a vascularized accessory respiratory area in the gill chamber. Differences in metabolic rate are also observed in animals from various types of aquatic habitat. Two of the factors which have been related to oxygen consumption are salinity and degree of disturbance of the water.

**Effect of Water Movement**

Individuals of the isopod, *Asellus aquaticus*, taken from a fast-flowing stream have a rate of oxygen utilization about one and a half times that of individuals from a slow stream when both are measured in the laboratory under constant conditions.

**Effect of Salinity**

As animals living in freshwater and dilute brackish water maintain their body fluid concentration above that of the medium, they have to do work to replace ions lost in the urine and by diffusion across the body surface. The higher metabolic rate of many fresh water species by comparison with that of isotonic marine relatives and of individuals transferred from a high to a low salinity has been correlated with this fact. Thus, the marine isopod *Idotea neglecta* has an oxygen uptake of only about one-third that of the freshwater *Asellus aquaticus* and the marine *Gammarus locusta* and *Marino-gammarus marinus* have a lower oxygen uptake than the freshwater *Gammarus pulex*. Euryhaline species such as *Carcinus maenas*, *Gammarus chevreuxi*, *Ocypode albicans*, *Hemigrapsus oregonensis* and *H. nudus* all show an increase in oxygen consumption when transferred to a more dilute medium. Conversely, the metabolic rate of crayfish declines when they are transferred from freshwater to a medium isotonic with their blood. Results obtained with *Palaemonetes Pachygrapsus* and *Artemia*, however, indicate that too facile an acceptance of these results as being indicative of the measure of osmotic work done is to be avoided.

*Palaemonetes varians*, as a form which maintains its blood hypotonic to sea water and more concentrated salines but hypertonic to media less concentrated than 25%, might be expected to show its minimum oxygen uptake when isotonic with the medium if the amount of additional energy utilized in osmotic regulation is additive to a basal utilization rate. Prawns taken from a marsh pool with an average salinity close to isotonicity with the body fluids do indeed have their minimum oxygen uptake at this salinity. However, prawns of the same species whose normal environmental salinity is 1.3% show a minimum oxygen uptake at 6% even though the blood concentration of these animals is likely to differ only slightly from those in the more saline media. Hence, this minimum oxygen uptake is not at the isotonic point. Furthermore, the rise in $O_2$ utilization between the minimum and extreme, levels, some 600% is so large as to make it improbable that it is due solely to osmoregulatory activity. Similarly, careful studies of the effect of salinity and temperature on the oxygen consumption of *Hemigrapsus nudus*, *H. oregonesis* and *Uca* also indicate that changes in oxygen uptake cannot be directly correlated with osmoregulatory energy expenditure.

A possible alternative explanation for the increased $O_2$ uptake by *Palaemonetes* placed in other than the environmental salinity, is that there is an increase in locomotor activity. Such an increase in activity has been noted in other forms. *Gammarus duebeni* becomes hyperactive when its medium is diluted, and *Pachygrapsus* makes efforts to escape when put in any medium other than sea water. The change in metabolic rate would in any case scarcely be expected to bear a direct relationship to the gradient of concentration maintained between an animal and its medium; for, with the exception of a few more or less homoiosmotic forms such as *Palaemonetes varians*, any change in the medium is reflected in changes in the gradient of ions between blood and cell as well as between blood and medium. Consequently a change in medium concentration is likely also to affect metabolism at the tissue level, as well as the mechanisms responsible for regulation of the blood. A lowering of blood concentration will tend to result in a decreased sodium entry into the cells, since the gradient for sodium between blood and cell is decreased.

Hence, it is probably that sodium has to be extruded less rapidly from cells when the blood is diluted and that the energy utilization in cellular ionic maintenance will also decline. It might therefore be theoretically possible for an animal with a relatively low surface permeability to balance any rise in metabolism needed to maintain an increased gradient between blood and medium by allowing a drop in blood concentration just sufficient to gain an equivalent metabolic saving at the cellular level. In such a case, once the rise in metabolism associated with osmoregulatory adjustments to the amino-acid concentration in the cells was complete, no difference would be expected in the overall metabolic rate at different salinities. At first sight *Artemia salina* might appear to approximate to this condition, since there is no difference in the oxygen consumption of individuals reared at 35% and 140%. However, despite the fact that the blood is very hypotonic to the medium at this upper concentration there is nevertheless some rise in the blood level above that of animals in

35%. An increase in the osmoregulatory work would therefore be expected both at the body surface and at the cellular level. The fact that no such increase in metabolic work is observed suggests that energy may be diverted from other processes such as growth and reproduction. This may well be the case since females reared in concentrated brines are smaller and produce fewer offspring than those in more dilute media.

The size of individual animals can also be important in determining the magnitude of the alteration in oxygen consumption following a change of salinity. Small individuals of the crab *Sesarma plicatum* in 50% sea water have an $O_2$ consumption of only about half that when they are in tap water. By contrast, there is little difference in the $O_2$ consumption of adults in these two media. All in all it seems clear that interpretation of variations in metabolic rate following a change of salinity is rendered diffrcult by the variety of possible interfering effects and is not to be lightly undertaken.

**Species Differences**

There may be considerable differences in metabolic rate between species of the same size and from the same habitat. Very active aquatic forms such as the swimming crab *Callinectes* have higher basal metabolic rates than more sluggish forms such as *Libinia*. The active forms also have a larger gill area. Similar differences can be found between terrestrial species. Thus *Uca minax* has a lower metabolic rate than either *U. pugnax* or *U. pugilator*, whilst, the uptake of oxygen by *U. pugilator* is some 70% greater than that of *U. pugnax*. Species differences are also found at the tissue level. Weight for weight, the mid-gut gland of *Callinectes* has about twice the $O_2$ consumption of that of *Libinia*, and the oxygen utilization by the gills of crabs varied widely, the more active forms again showing the greatest levels.

**Inanition**

In Crustacea, as in other animals, starvation decreases the metabolic rate.

**Oxygen Tension in the Medium**

Any animal living in an environment where the oxygen tension fluctuates, must either have a respiratory system capable of maintaining an oxygen uptake suitable for its requirements over a range of external tensions, or suffer limitations in its activity when a drop in tension decreases the rate of $O_2$ uptake. Examples of both types have been found in Crustacea. As perhaps might be expected, forms such as *Homarus* and *Callinectes*, which the in sub-littoral or inshore waters unlikely to show reduced oxygen levels, are not well adapted to oxygen lack, and their uptake is directly related to the external tension at all levels below that of atmospheric $O_2$ pressure. The crayfish *Procambarus clarkii* and *Cambarus bartoni* behave similarly. Species in which the $O_2$ uptake is limited in this way by the external tension are termed *conformers*.

By contrast, many forms live in situations where there may be temporary depletion of oxygen; thus *Pugettia producta*, often found in intertidal pools, *Orconectes virilis* from slowly-flowing freshwater and *Chirocephalus diaphanus* from temporary freshwater ponds all show a measure of independence of the external $O_2$ tension. If the tension falls below atmospheric oxygen tension the rate of uptake by these '*regulators*' remain unaffected until a certain critical tension is reached. Below this critical tension, uptake is related to tension as in the conformers. The adaptive significance of the ability to regulate upake despite fluctuating oxygen levels in the environment is obvious.

The critical oxygen tension ($T_e$) of the regulators does not have a fixed value but varies with species, body size and temperature. In *Pugettia producta* the $T_e$ is at about 50-70 mm Hg $O_2$, whilst in *Orconectes virilis* it is somewhat lower at 40 mm. The effect of size is particularly well marked in *Orconectes immunis*, small individuals having their $T_e$ at about 20% of atmospheric oxygen tension, whilst larger ones can regulate only down to 30% and 40% of atmospheric pressure respectively at 25°C. As metabolic rate is influenced by temperature, a rise in temperature would be expected to exert an increased stress on the mechanisms responsible for maintaining an adequate and constant uptake of oxygen. Work on *O. immunis* suggests that this is indeed the case, since it fails to regulate so effectively when the temperature is raised. At 16°C, uptake is constant at tensions from atmospheric down to a critical level at about 60% atmospheric pressure. At 24° and 30°C, however, the relationship between oxygen consumption and tension more closely resembles that of a conformer than a regulator at tensions below 85% of the air saturation level. There is thus no absolute distinction between regulators and conformers; and this is further exemplified by the observation that species such as *Procambarus clarkii* and *Cambarus bartoni*, which are conformers at normal temperatures and atmospheric pressure, regulate their $O_2$ consumption when presented with oxygen tensions higher than this.

The precise physiological significance of the critical tension of regulators is difficult to evaluate. It has been suggested that the critical tension is that at which the blood pigment is just fully saturated. This would not necessarily imply any direct relationship between the external $O_2$ level and the tension required to saturate the blood pigment *in vitro*, since the internal $O_2$ tension will ultimately be determined by the rate of tissue utilization and the rate of diffusion across the respiratory surfaces. If the body surface acts as a partial barrier to the diffusion of oxygen, as seems to be the case in at least some crustacea, then a fast rate of oxygen uptake can be achieved only if a considerable gradient is maintained across the respiratory surfaces.

The tension of oxygen in the medium in contact with the respiratory surfaces will depend on that of the medium as a whole and the effectiveness with which the medium is replaced at the surface as the oxygen in it is utilized by the animal. Its maximum value is obviously that of air-saturated water, or about 150 mm Hg $O_2$. The tensions in the blood leaving the gills of *Panulirus interruptus*, *Loxorhynchus grandis* and *Homarus americanus* are, on average, only 7,8 and 5.3 mm respectively. In fact, the haemocyanin of these animals is not saturated, therefore, even in the immediately post-branchial blood and, as already noted, *Homarus* has no critical tension in the normal range of oxygen tensions in the medium.

The crayfish *Procambarus simulans*, which has haemocyanin which is fully saturated *in vitro* at a tension of only 15 mm, shows two breaks in its oxygen tension curve. Conceivably one of these might represent the level at which the blood is saturated. It remains uncertain, however, whether the critical tension is always related to the saturation level of the blood pigment. Insufficient time is available for equilibrium to be reached during gaseous exchange across the gills of decapods. In *Homarus* the normal oxygen utilization is between 35% and 40% of that in the water flowing through the branchial chamber. When the rate of flow is artificially depressed to one-sixth of its usual value, the utilization rises to 90% at 18°C. and may be even higher at 8°C. Conversely, if the rate of flow is artificially increased the percentage of extraction falls. Despite the increased utilization when the rate of flow is lowered, the amount of oxygen taken in by the animal under these circumstances is decreased. When the flow is one-sixth of normal, the uptake is only a half to a quarter the usual level.

It might be expected that an abnormally fast rate of respiratory flow would result in an increase in the total oxygen uptake, but in *Homarus* this does not happen. It is perhaps not surprising, therefore, that this animal does not increase the respiratory flow when the oxygen level in the medium is reduced. It does not respond to lowered $O_2$ tensions, however, by increasing the percentage utilization. In its normal environment *Homarus* is unlikely to experience low oxygen levels. Freshwater species and intertidal forms such as *Carcinus* are more likely to meet such conditions and so be more fully adapted to them.

The freshwater *Procambarus simulans* responds to a low environmental oxygen tension by increasing the respiratory rate and ventilation volume. As the utilization rate remains constant, however, over a wide range of $O_2$ tensions, the overall effect is that the $O_2$ consumption falls off as the tension declines. Thus, as in the lobster, the process which appears to be directed towards maintaining the level of oxygen uptake is inadequate when the external $O_2$ concentration falls. The regulator *Carcinus* seems to combine the adaptive features of both the previously mentioned forms. The ventilation rate rises if the oxygen tension falls, and remains at a high level as long as the $O_2$ content of the medium exceeds about 20% of the saturation level. Accompanying this increased ventilation there is also a slight rise in the utilization rate, and together these factors enable the rate of oxygen uptake to be maintained at near the normal level over a range of oxygen tensions.

In fully oxygenated water an increase in ventilation volume is accompanied by a decrease in utilization rate. Changes in the utilization rate are, therefore, presumably under phisiological control, but how this is exercised is uncertain. The most obvious means by which utilization could be regulated would be by (1) varying the area of gill exposed to the ventilation flow, (2) varying the permeability of the gill membranes to oxygen, or (3) varying the rate of blood flow through the branchial vessels. It is possible that the blood system of *Carcinus* is better co-ordinated to respiratory requirements under conditions of low oxygen tension than seems to be the case in *Procambarus simulans*. A decrease in oxygen tension results in a slowing of the heart in this latter animal, and this, by making the circulation more sluggish, seems likely to decrease the oxygen uptake rate and so oppose any advantage which accrues from an increase in ventilation rate. However, as some preliminary results indicate that the heart rate in *Carcinus* also slows when exposed to low $O_2$ levels, the role of the circulatory system in regulating utilization remains uncertain. No evidence is yet available concerning the other two possible factors.

The fact that the basal metabolic rate can vary with the oxygen tension in some forms suggests that the metabolic rate is to some extent directly governed by the oxygen tension at the cellular level. Evidence to show that the larger Crustacea can build up an oxygen debt is meagre; but there is an old suggestion that this may be possible in *Orconectes*. It seems improbable that marine forms such as *Callinectes* and *Homarus* could develop a major $O_2$ debt since, apart from rather large amounts of cytochromes and a and $a_3$, these species have no intracellular pigment like myoglobin or oxygen equivalent substance.

*Homarus*, although unlikely to be exposed to fluctuating oxygen tensions, will meet variations of temperature and, though it cannot respond adequately to the former, it responds to a rise in temperature by increasing both the ventilation rate and the percentage of oxygen extracted from the respiratory stream. It thus matches the increased tissue requirements. It has already been noted that one effect of raising the temperature of the medium is to increase the oxygen requirement. This, by stressing the capacity of the respiratory system to provide more oxygen, tends to make animals which show regulation of $O_2$ consumption at low temperatures into conformers at higher temperatures.

Comparison of the effects of temperature on the oxygen consumption of related species from different habitats reveals ways in which these responses might be involved in ecological adaptations. *Orconectes immunis*, under conditions of high temperature and low $O_2$ retains its ability to regulate $O_2$ uptake somewhat better than does *O. nais*. As the former is found principally in ditches, muddy pools and slow streams, all of which may be expected to have a higher maximum temperature and lower oxygen concentration than the shallow streams where *O. nais* is most common, this physiological difference is appropriate. *O. immunis*, size for size, has a lower metabolic rate than *O. nais*, and this factor, though advantageous in enabling it to regulate $O_2$ uptake in conditions of stress, may perhaps be important in preventing the colonization of the habitat occupied by the more active *O. nais*. The cave-dwelling *Cambarus setosus* survives for longer periods in an enclosed jar than epigean crayfish can, because like other subterranean animals, it has a very low metabolic rate and so uses up the available oxygen less rapidly. Similarly, pond species of crayfish tend to survive longer and reduce the oxygen levels in closed jars to a lower level than do stream species.

# 3

# Circulation in Arthropods

## Primitive Forms of Circulatory Apparatus

Every living organism is a whole composed of parts; the life process always presupposes interaction between spatially-separated parts. Therefore the movement of substances within the body is one of the basic functions of every living creature. In Protozoa and small Metazoa the chemical interaction of parts is usually achieved without the use of anatomically-separated circulatory adaptations. The large size attained by some multicellular animals and vascular plants has become possible only through the development of circulatory apparatuses in both these groups. The appearance and development of a circulatory apparatus is one of the chief methods whereby the bodies of Metazoa become integrated and their level of organisation is raised. Animals without a circulatory apparatus necessarily stand at a low organisational level. Lack of centralisation of all the chief functions is characteristic of them. Above all, their digestive function is decentralised, it being fulfilled in primitive forms by scattered wandering phagocytes, as in sponges and several Acoela; when there is a digestive apparatus it also is decentralised and distributed throughout the body.

The excretory function consists in tissue excretion alone, or else there are excretory organs that remove waste matter directly from the tissues. There are no specific respiratory organs, and separate incretory organs are not known and probably do not exist. Humoral interaction of cells certainly takes place, but only from cell to cell. The neural apparatus of lower Metazoa is in the form of a diffuse plexus, and its effects on the integration of the organism are also very imperfect. In hydroid polyps the decentralisation of the digestive apparatus is due to the fact that, apart from the gut, almost the whole body consists of a single layer of ectodermal epithelium closely apposed to the gut, which furnishes nutriment directly to the tissues and apparently removes excreta from them. Respiration is performed by the whole body surface, and no special circulatory apparatus is required.

In hydroid colonies and other coelenterates, however, the coenosarc cavity has to some extent assumed the role of a colonial circulatory apparatus. That is particularly evident in polymorphic colonies, in which some individuals have a digestive, some an excretory, some a food-seizing or a sexual function, and so on; exchange among all these individuals is maintained by the coenosarc canals. Thus the organisation of coelenterate colonies is often also physiologically at a higher level than that of the individual zooids. The peripheral sections of the gastrovascular apparatus of Anthozoa, medusae, and large turbellarians no doubt constitute a primitive circulatory apparatus. As stated already, the chief function of the gastrovascular canals of medusae is certainly that of distribution.

The movement of the flagella of their epithelium creates currents that distribute digested food through the body. But here the distribution is done very roughly; the canals of the gastrovascular system are large and only slightly branched, and do not carry the contained fluid to every cell. There are large portions of the body between the canals whose cells exist in an uncentralised internal environment. The radial chambers of Anthozoa evidently have a distributive function; there is also definite circulation of fluid in the gastrovascular apparatus of that group, caused by the activity of the flagella of endodermal cells.

In flatworms the gut is still less centralised than in higher coelenterates. In large forms, such as Polyclada or Triclada, the gut ramifies and penetrates all parts of the body. Each part receives nutriment from the nearest branch of the gut, and discharges its excreta into it. If there are nephridia they also are decentralised, ramifying throughout the body. There is no special circulatory apparatus. That produces several structural peculiarities in flatworms. The branches of the gut are necessarily much coarser than blood-carrying capillaries might be, and consequently they cannot penetrate into separate massive organs. Therefore neither massive muscular organs nor massive complexes of glands can exist in flatworms, since the central parts of such massive organs would be placed in unfavourable nutritional conditions. Large complexes of unicellular glands in flatworms are always loosely organised, and their cells are, as it were, scattered in all directions.

The absence of a special circulatory apparatus is therefore only partly compensated for by the ramification of the gut, and it restricts the level of differentiation of organs that can be attained by groups of animals that lack such an apparatus. The first signs of an anatomically-distinct circulatory apparatus appear in Turbellaria Rhabdocoela in the form of the schizocoelic cavities possessed by many of them. These cavities make easy movement of fluid possible, especially under the action of muscular contractions of the body. Nutrients, diffusing from the gut are easily passed through these cavities by simple mixing, without any regular circulation. The simplified form of the gut in Rhabdocoela, which in some species takes the form of a relatively-small narrow tube, is partly due to their possession of a schizocoel.

The circulatory function of the schizocoel is very evident in Rotatoria, in which it is highly developed. The fluid contained in it washes all organs in the body and serves as an intermediate internal environment connecting them with each other. For that reason the gut of Rotatoria is compact and centralised, and the nephridia also are concentrated in relatively-small bundles. Thus the possession of a schizocoel, which serves as a primitive circulatory apparatus, enables Rotatoria and other Nematomorpha to centralise both the gut and the excretory apparatus. In coelomate animals, such as annelids, the same distributive function is fulfilled by the coelom. The coelom of annelids is primarily an excretory and circulatory organ. That is shown by the demonstrated presence of urates in the coelomic fluid of polychaetes, and also by the location of the nephridia, which are embedded in the coelom and collect excreta from it.

It is true that the walls of the nephridia of large polychaetes and oligochaetes contain numerous blood vessels, from which they also obtain excreta. But in both large and small forms in primitive families the nephridia have no blood vessels and evidently receive excreta only from the cavity fluid. The cavity fluid of polychaetes is rich in various cellular elements, including phagocytes, which play a major role in cleansing the coelom from foreign particles, parasites, grains of excreta, etc., and also including *trophocytes*, which accumulate reserves of nutrients in their protoplasm. In Sabellidae, Terebellidae, and a number of other polychaetes the whole coelomic fluid has the nature of a dense suspension of *oleocytes*, large trophocytes full of globules of fat and granules. Dissolved nutrients, especially proteins, are scarce in the coelomic fluid of polychaetes and oligochaetes, and, as usual in such cases, the coelom participates in the circulation of nutrients mainly by means of its cellular elements. In addition, the coelom of many polychaetes is important in gaseous exchange.

The blood of Aphroditidae and Glyceridae does not contain haemoglobin, and their blood vessels are only slightly developed, but at the same time there is well-organised circulation of coelomic fluid; Glyceridae have erythrocytes in their coelomic fluid and possess coelomic gills—thin-walled outgrowth of the body wall, which ensure gas-exchange between the coelom and the external environment. In that family, therefore, there is no doubt about the respiratory and circulatory functions of the coelom. We see the same in Capitellidae, in which, moreover, the blood vascular apparatus is totally eliminated: as a result, evidently, the coelom of several Capitellidae projects into the longitudinal musculature, dividing it into separate bundles. Nereidae have a well-developed blood vascular apparatus, but nevertheless their longitudinal musculature is almost devoid of blood vessels, and the coelom projects at the sides between the longitudinal and the annular muscles; evidently oxygen is provided to the musculature of Nereidae by the coelomic fluid. In general there is a certain antagonism in annelids between the coelom and the blood vascular apparatus and when the latter is slightly developed the coelomic fluid takes part in gaseous exchange. When there is no blood vascular apparatus system all distributive functions are assumed by the coelom.

We may point out that in all invertebrates from annelids to echinoderms cells coloured with respiratory pigment usually occur only in cavities of coelomic origin and are found only exceptionally in blood vessels, e.g. in *Phoronis*, in the polychaete *Magelona*, in some species of *Glycimeris* and in some Molpadiida. The clearest example of antagonism between the blood vascular apparatus and derivatives of the coelom is the replacement of the blood vascular apparatus by a system of coelomic canals in Gnathobdellida, which we have mentioned. The complexly-dissected lacunar system of leeches, which is provided with special pumping organs is the most perfect adaptation of the coelom to the distributive function.

## Blood Vascular Apparatus

### General Principles

The blood vascular apparatus has arisen from an aggregate of schizocoelic cavities, and is the most perfect adaptation of the latter to fulfilment of the distributive function. This view was first expressed by O. and R. Hertwig, and was proved by M. Fernandez (1904); N.A. Livanov also contributed much to correct understanding of the

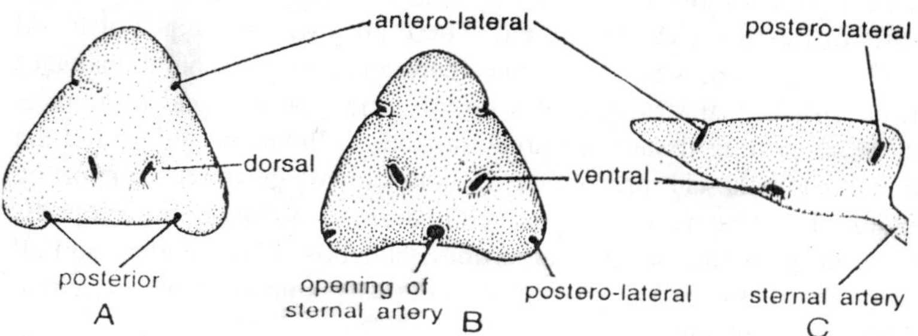


*Fig. 3.1. Prawn. Heart showing ostia. A—Dorsal view; B—Ventral view; C—Lateral view.*

circulatory apparatus of invertebrates. According to Livanov (1914), blood vessels are fissures in the mesenchyma, around which its connective tissue becomes organised and which take the form of regular canals. Blood is a compound tissue, with basic material liquefied. In the pilidia of nemertines the archihaemal cavity is formed, according to O. Bürger, by liquefaction of the gelatinous basic material of their supporting and connective tissue; its walls must clearly be formed by the unliquefied part of the same material. The mesenchymal cells that enter the lumina of the vessels form the cellular elements of the blood; they may also give rise to the lining of the vessels and to the valves. Often the vessels have no cellular lining at all.

Mesenchymal muscles may form the musculature of the vessels. If the vessels encircle the coelom, the walls of the latter may give rise to coelomic-epithelial musculature of the vessels, which is

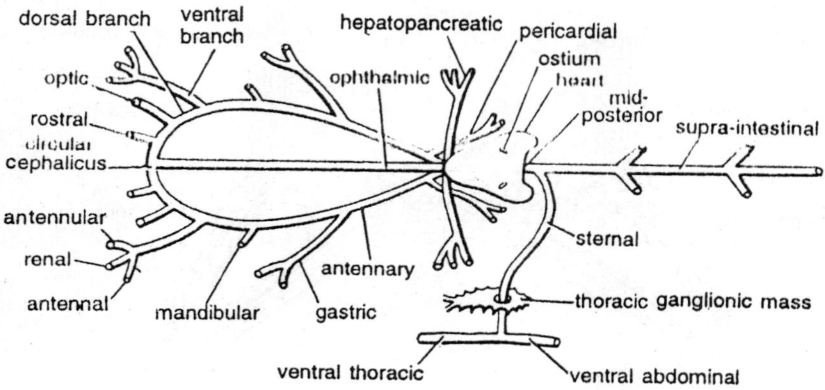


*Fig. 3.2. Palaemon. Heart and principal arteries.*

characteristic of the circulatory system of annelids and also of the hearts of molluscs, chordates, etc. There are two chief types of blood circulatory apparatus in invertebrates depending on the general character of the histological structure of a group. One type is found in animals whose supporting tissues are predominantly cellular in nature, and the other in animals with predominantly non-cellular, gelatinous supporting tissues. The first type includes echinoderms, molluscs, brachiopods, and arthropods; the second nemertines, annelids, Phoronoidea, and all lower chordates. Some groups of coelomate animals have no blood circulatory apparatus.

**Arthropods and Onychophora**

We see an entirely different course of development of the vascular apparatus in arthropods, and also in Onychophora, which resemble them in this respect. Arthropods are derived from an annelid-like prototype with well-developed closed blood circulation; they have all lost the closed blood circulation, and many of them show different degrees of simplification and sometimes reduction of the vascular apparatus. The fate of the vascular apparatus in arthropods is closely associated with that of the coelom. When the coelom walls disintegrated they gave

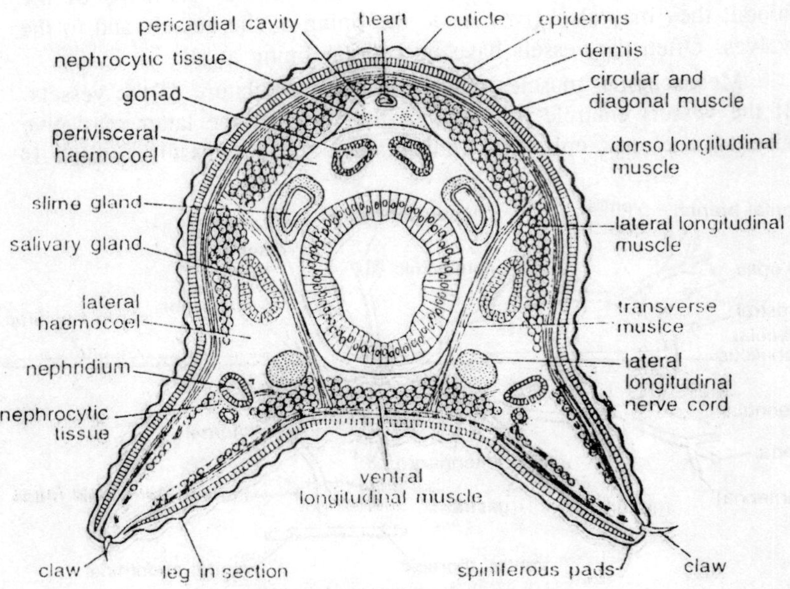


*Fig. 3.3. Peripatus. Body in T.S.*

rise to musculature and also to loose coelenchymatous tissue that filled the interstices between the organs, containing little intermediate substance but with many spaces full of haemolymph.

In this respect the histological structure of arthropods resembles that of molluscs more than that of annelids. For that reason they also lack the closed vascular system of annelids, which runs within the system of bounding layers. Arthropods have retained only the most important part of the vascular apparatus of annelids: the dorsal vessel and sometimes the ventral vessel and the lateral arches; they have totally lost the capillaries and the small blood vessels. All the large vessels have become arteries, along which the blood flows from the dorsal, vessel or from the heart, which has developed from it. From the last ramifications of these vessels the blood flows into lacunar spaces, by which it returns to the heart. Venous trunks are formed in only a few arthropods, doubtless being of secondary origin and representing the same kind of canalisation of the lacunar spaces as occurs in the venous trunks of molluscs. The view that tendency to gradual reduction of the whole vascular apparatus is characteristic of all arthropods is correct only with regard to insects and dwarf forms of other classes.

Like molluscs, arthropods show correlation between body size and the degree of development of the vascular apparatus: the smaller the animal, the less branched is its arterial system. Small arthropods retain only the heart out of the whole vascular apparatus, e.g. in Cladocera, in Gamasides among Parasitiformes, in Calanidae among Copepoda; or even lose all traces of the apparatus, as in most Copepoda, Ostracoda, and Acariformes. The poor development or total reduction of the vascular apparatus in small arthropods, as in small molluscs, is because in such forms all organs lie very close together and the distributive function can be fulfilled entirely by the lacunar cavities and by the movement of fluid in these produced by body movements. We may point out that in small annelids the vascular system always remains closed, and only the amount of ramification of the vessels is reduced as a result of their small size. In its method of development the dorsal blood vessel of arthropods is homologous, as we have seen, with that of annelids. In the most primitive forms it extends along the whole, or almost the whole, length of the trunk. Such forms are Phyllopoda and Stomatopoda among Crustacea, scorpions among Chelicerata, Chilopoda and Diplopoda among Myriapoda, and Blattoidea among insects. The dorsal vessel similarly extends along the whole trunk in Onychophora. The dorsal vessel of Onychophora and Anostraca is contractile along its whole length, and possesses metamerically arranged paired *ostia*. *Branchipus* has the full number of ostia, 18 pairs.

Ostia are afferent orifices with valves, through which the blood is drawn into a vessel. The contracile dorsal vessel, which is provided with ostia, is called the heart in arthropods. In many forms valves lie metamerically along its course, permitting blood flow in only one direction, from rear to front. In a number of other forms the dorsal vessel is differentiated: its front end loses its musculature, ostia, and valves, and is thus converted into an anterior aorta. Sometimes the posterior aorta is formed in the same way, as in some molluscs. Heteronomous structure of the dorsal vessel thus develops. Its contractile part, or heart, lies in different parts of the body in different classes and orders. Sometimes the heart is much shortened, mostly in Crustacea, but also in some Chelicerata and insects.

In Crustacea shortening of the heart takes place not only with reduction of the vascular apparatus but also with a high organisational level of that apparatus. For instances, Decapoda have a shortened, sacciform heart with three pairs of ostia, and a very highly developed vascular apparatus. In them the shortening of the heart is an extreme example of differentiation of the dorsal vessel and centralisation of the pumping function; that is, it is without doubt a progressive feature. The shortening and differentiation of the dorsal vessel represent the chief progressive tendency in the evolution of the vascular apparatus in arthropods. That process shows a certain analogy to the shortening of their ventral nerve chain, and is likewise due to the development of heteronomy in the entire metamerism of the body. A few arthropods have a ventral vessel, e.g. Myriapoda, Scorpiones, Xiphosura, and a number of higher Crustacea.

In Xiphosura the ventral chain is entirely embedded in the ventral vessel. In scorpions the ventral vessel lies between the nerve chain and the gut, forming the supraneural artery; in Malacostraca it is usually a subneural vessel. In Chelicerata and some Myriapoda the ventral vessel is joined to the front end of the heart or to the anterior aorta by a single pair of arches. In most Chilopoda it is joined to the dorsal vessel by two pairs of arches: the anterior arch arises from the first chamber of the heart and the posterior arch from the last chamber of the heart. In *Scolopendra* the ventral vessel develops in the ventral mesentery, like the ventral and perineural vessels of annelids. It is hard to establish its precise homology with either of these vessels. The ventral vessel of arthropods forms part of the arterial section of the vascular apparatus, and sends arteries to various organs.

In Stomatopoda and Isopoda the ventral vessel unites with the dorsal branches of a number of metameric arteries; in Mysidacea and Decapoda that connection is made by means of a single unpaired artery (arteria descendens), which, however, is homologous with half of one of the pair of lateral arteries. The possession of several metameric pairs of arches by higher Crustacea gives a somewhat annelid-like character to the system of their ventral vessel. The most primitive type of a well-developed peripheral arterial system is found in forms with numerous homonomous metamerically-arising arteries. Chilopoda, with metameric pairs of arteries arising both from the heart and from the ventral vessel along the full length of both, approach most closely to that type. Branches of the cephalic aorta also run metamerically to all head segments, apparently including the tritocerebral segment. Lateral arteries also arise more or less homonomously in scorpions and Stomatopoda, although the degree of homonomy in lower in both of these than in Myriapoda.

Most higher Crustacea are characterised by heteronomous rearrangement of the arterial section of the vascular apparatus (due to centralisation of the pumping function), as well as by shortening of the heart. Heteronomous rearrangement of the arterial section is found also to some extent in all Arachnoidea. The very intricately branched arterial section in Xiphosura is much less homonomous than that in scorpions. Insects, like lower Crustacea, show considerable reduction of the arterial section as a whole. Insects rarely possess arteries: a primitive metameric arrangement of arteries, comparable to that in higher Crustacea or Myriapoda, has been described in cockroaches, which have two pairs of thoracic and four pairs of abdominal arteries; their relatives, Mantoidea, have four pairs of abdominal arteries; in some other insects the abdominal arteries are replaced by several pairs of *efferent ostia* provided with valves. The aorta usually divides into two or more short branches. Rarely there are arteries running rearward from the heart.

The venous section of the vascular apparatus is entirely lacking in simpler cases. In insects, for instance, the heart lies in the abdomen, where the digestive section of the gut and the Malpighian tubules are also located. The heart draws blood, filled with nutrients and purified from excreta, through the ostia, and then forces it along the aorta into

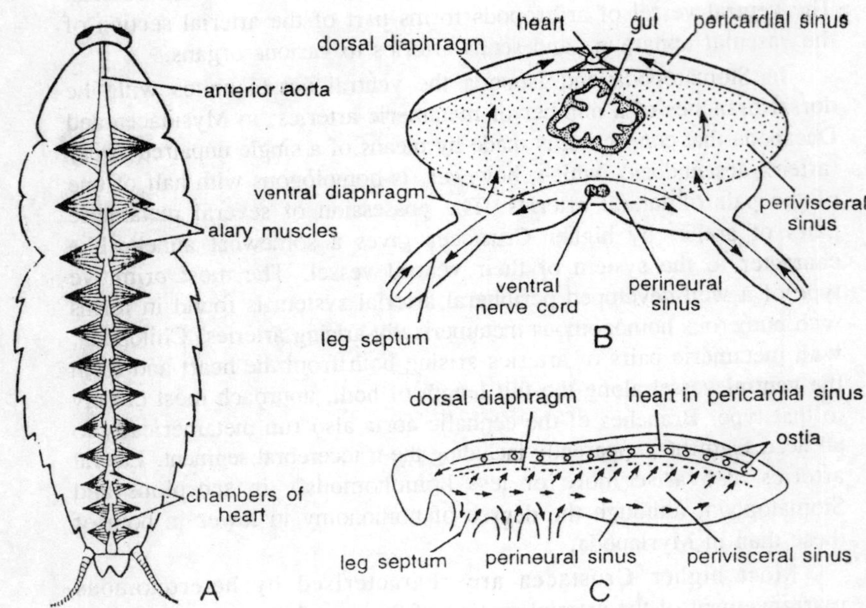


*Fig. 3.4. P. americana. A—Heart in dorsal view. B—Course of circulation of blood in T.S. of a thoracic segment. C—Course of circulation of blood in L.S. of body.*

the head, where the brain and the masticatory musculature are located. Acted upon by the difference in pressure so created, the blood flows from the head to the thorax, where it washes the locomotor musculature, and returns from there to the abdomen. There are no strictly-differentiated paths for its return flow, but the connective tissue forms a number of membranes, the so-called diaphragms, which to some extent direct the flow of haemolymph along more define routes. The ventral, or supraneural, diaphragm is the best developed, and runs along the ventral side of the abdomen; it usually possesses muscle fibres and then taken part in the pumping function, driving blood from front to rear. The heart of insects, like the dorsal vessel of annelids, generally drives blood from rear to front. Since the time of Malpighi and Réaumur, however, it has been known that there are periodic reversals of the direction of blood flow in larval insects.

L.V. Yaguzhinskaya (1954) has described a similar phenomenon in adult mosquitoes in which the heart periodically changes the direction of its peristalsis, sending blood for a certain period from the abdomen to the head, and then for a somewhat shorter period drawing blood from the head through the aorta and discharging it into the abdomen. With a more highly developed vascular apparatus, as in Decapoda, blood flows from the arteries into small peripheral sinuses and then gradually collects in a large ventral sinus. From there is flows to the gills, and from them along the branchiopericardial canals to the pericardium. The pericardium of arthropods, unlike that of molluscs or chordates, is a blood-containing cavity—the pericardial sinus, more or less separated from the rest of the sinus system. The heart opens into the pericardium by ostia. When the venous system is fairly well developed the pericardium loses its direct connection with the sinuses of the body, and the branchiopericardial or pulmonopericardial vessels open into it.

Besides higher Crustacea, Xiphosura and lung-breathing Arachnoidea also possess such vessels. In these Arachnoidea blood from the tissues collects in the large ventral sinus, which washes the lung-books. There the blood is oxygenated, and from there it flows through the pulmonary veins into the pericardium and thence through the ostia into the heart. Among Atelocerata only Scutigeromorpha have rudiments of a venous section of the vascular apparatus, in the form of lacunae that carry blood to the pericardial sinus, in which the tracheal lungs are embedded. The poor development of the vascular apparatus in insects is doubtless due to the development of tracheal respiration in them.

The vascular apparatus of large Malacostraca and some Chelicerata not only ensures supply of nutrients to tissues and removal of excreta from them, but also supplies them with oxygen and removes $CO_2$ from them. The blood of higher Crustacea contains dissolved respiratory pigment. To some extent, we find the same relationship also in other groups. Among Chelicerata, for instance, the groups with tracheae have a simplified vascular apparatus: it is most simplified in Solifugae, which have a particularly well-developed tracheal system. They retain only the heart and the anterior and posterior aortae, in spite of the relatively large size of solifugae.

In the same way Onychophora, which have a primitive but extensive tracheal system, have no blood vessels except the heart. In Scutigeromorpha, with their centralised respiratory apparatus the blood apparently takes a large part in oxygen distribution, and the vascular apparatus is better developed than in other Myriapoda: the vessels are thicker and more branched, the heart musculature is stronger, and the heart is shortened and has no internal valves, i.e. it is becoming more compact. In insects the vascular apparatus still takes part in the trophic

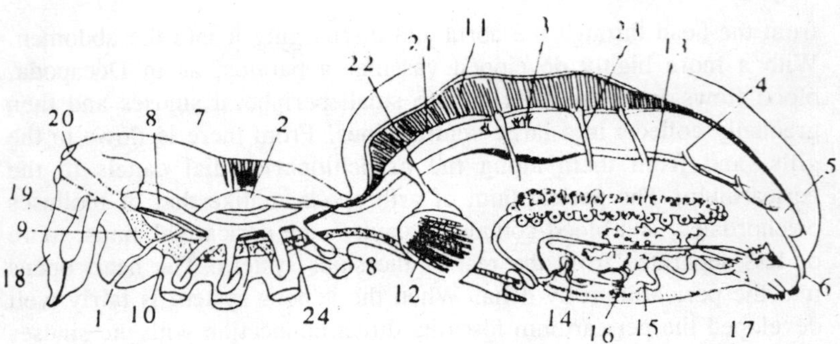


*Fig. 3.5. Diagram of structure of Aranea diadematus (Araneina). 1-mouth; 2-pharynx; 3—hepatic ducts; 4—Malpighian tubules; 5-expansion of hind-gut; 6-posterior duct; 7-pharynx dilators; 8-blind appendages of gut; 9-suprapharyngeal ganglion; 10-subpharyngeal nerve mass; 11-heart with three ostia; 12-lung; 13-ovaries;14-16-silk glands; 17-colliculi; 18-chelicerae; 19-poison glands; 20-eye; 21-pericardium; 22-pulmonary veins, opening into pericardium; 23-metameric arteries; 24-aorta.*

and excretory functions, and in gaseous exchange for small organs only; the tracheal system is used for gaseous exchange in the larger and more massive organs. The absence of respiratory organs produces absence of a ramified system of arteries. There are no respiratory pigments in insect blood, if one overlooks a few specialised cases such as *Chironomus plumosus* larvae.

These larvae live in lake mud, in oxygen-deficit conditions, and have haemoglobin dissolved in their haemolymph, where it serves as a carrier of oxygen through the body and as an accumulator of reserve oxygen for periods of intermission between respiratory movements, precisely as in the polychaete *Nereis virens*; like *Nereis*, the larva of *Chironomus plumosus* lives in a U-shaped tube and creates a water current in it by oscillating movements. Such a mode of life leads to close convergence in the use of respiratory pigments. Indirect evidence of participation by the vascular apparatus in distribution of oxygen through the bodies of insects is seen in their possession of special adaptations for saturating the haemolymph with oxygen. One example is the posterior chamber of the heart in Culicidae larvae, which is entirely covered with small branched tracheae, and another example is the 'blood gills' of many Diptera larvae. The development of a tracheal system, and the cessation of participation by the vascular apparatus in the gaseous exchange of large organs and its consequent simplification and particularly typical of insects; they are among the principal organisational characteristics of that class.

The tracheal system provides tissue respiration, while the simplified vascular apparatus ensures nutrition of, and removal of waste products from, the tissues of the small insect body. Nutrition of massive organs with that type of blood circulation would be scarcely possible, that being the cause of the modest body size of even the largest insects. The largest body sizes among arthropods are attained precisely by the groups that have the most completely ramified circulatory apparatus: Xiphosura and Eurypteroidea among aquatic Chelicerata, scorpions and myriapods among terrestrial arthropods, and Decapoda among Crustacea. Some Eurypteroidea were three metres long.

The limb-spread of *Macrocheria* is up to three meters. Among scorpions, *Pandinus imperator* attains a length of 20 cm. Some Myriapoda also have respectable dimensions: *Scolopendra gigantea* 26.5 cm, *Scaphiostreptes* 28 cm, *Acantherpestes* 50 cm. Among insects the largest Coleoptera reach 15 cm, and the longest Phasmatodea and Odonata 13 cm, but the great majority of insects are much smaller, being measured in millimetres. We now see that that is not mere accident: it corresponds to a basic tendency in insect development, and is due particularly to the imperfection of their circulatory apparatus. Among arthropods with a well-developed vascular apparatus, however, the very great difference in maximum sizes of terrestrial and aquatic forms is striking: the largest Eurypteroidea were up to three metres long, and the largest scorpion is 20 cm long; in other words, taking into account the more massive body structure of Eurypteroidea, the body volume of the largest of them was 4,000 times as great as that of the largest scorpion. A factor limiting the body size of all terrestrial arthropods is the softness of their body covering during the moult; a large body with a soft external skeleton would be much deformed, and would deform its exo-skeleton by its weight.

4

# Blood Vascular System in Crustaceans

Circulatory system is also known as communicating system as it communicates the various systems of the body together. That is why it has a significant effect on all body organs. The main body cavity of arthropods is a *haemocoel*, true coelomic spaces being restricted to the cavity of the excretory organ and genital ducts. Furthermore, unlike the situation in vertebrates, there is no development of an interstitial fluid and lymphatic system separate from the blood, as the blood itself comes into direct contact with the tissues that is why it is called the *lacunar system* or *open circulation*. Since the blood thus combines the functions of interstitial and circulatory fluids, it is usually described as *haemolymph*. In common with the blood of other animal groups, that of the Crustacea serves primarily as an equilibrating agent and as a vehicle for the transport about the body of food materials, respiratory gases, metabolic excretory products and hormones. Additional functions are found in some forms.

The blood pressure affects the shape of the body in a number of species such as *Triops* and *Artemia* which have thin cuticles and are of small body size. Less commonly, limb movements also are governed by blood pressure. Thus, in the ostracods *Gigantocypris* and *Dororia*, blood forced out of the trunk region by muscular action is used to provide that thrust which moves the mouthparts into a position suitable for the extrusion of the mandibular palps. Conversely, in *Apseudes talpa* one of the epipodites is driven in its functional stroke by muscular action, but the return stroke is effected by the blood hydrostatic pressure within the flexible peduncle. These systems have obvious analogies with the pressure operated extension of the limbs in araneid Arachnids, forms which lack extensor muscles in the limbs.

**Haemolymph Volume**

The volume of haemolymph has a direct relation with the size and functioning of the organism. Various methods have been employed to determine the volume of the haemolymph: (1) by measurement of the dilution of a known amount of the substance injected into the blood, the substances most frequently used being inulin, thiocyanate and certain dyes; (2) by bleeding; (3) by determining the chloride space, i.e., the proportion of the total body fluid volume which would be occupied if all the chloride in the body were at the usual concentration in the blood. It should be appreciated that none of these methods is entirely reliable. Dilution methods suffer from the disadvantage that, following injection, sometime must be allowed for complete mixing to occur before the blood is sampled. During this time some of the injected substance may be lost from the haemolymph by excretion, by absorption onto the surface of cells or by penetration into the intracellular compartment. If any of these effects is at all marked, the blood volume will be overestimated.

Bleeding methods usually underestimate the volume, since it is difficult to extract all the blood. Excessive squeezing of the animal must be avoided, as this is liable to press fluid out of the cells. Determination of the chloride space, like the dilution methods, tends to overestimate the blood volume, since the assumption on which it is based—that all the chloride in the body is extracellular—is not strictly true. It is clear therefore that the quoted values for haemolymph volume should be regarded as approximations rather than exact measurements. This is no great disadvantage, however, as it must be remembered that the blood volume even of individuals is in any case not constant but varies during the moulting cycle.

The extracellular volume is at its maximum immediately after ecdysis and then gradually declines complementary to the growth of the cells during post-moult and inter-moult. Considerable variations are found between the values of the haemolymph volume for different species. At one end of the scale the haemolymph volume of the branchiopod *Artemia*, indicated by the chloride space, is 87% of the total body water, whilst at the other end values for the volume in decapods lie in the range 25%-37% of the body weight. To some extent the range of volumes reflects differences in the functions of the

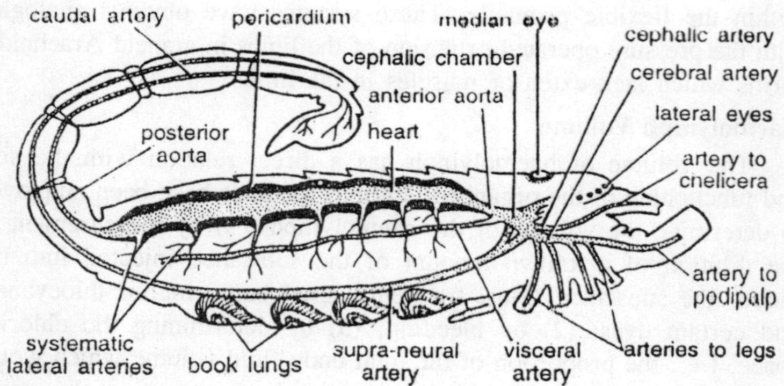


*Fig. 4.1. Scorpion. Circulatory system in lateral view.*

haemolymph in different species. In *Artemia* the blood, in addition to its circulatory role, acts as a hydrostatic skeleton giving shape and mechanical rigidity to the body. This animal in fact "gives the impression of being as elastic sac ... the actual tissues occupying a relatively small volume."

In the larger Crustacea the skeletal function is taken over by the cuticle, and the haemolymph is restricted to a complex system of vessels and lacunae. In some species a decline in the relative blood volume occurs with increasing size of the individual. The *Procambarus clarkii* weighing 15 gm have a blood volume equivalent to about 30% of their body weight, while the volume is equivalent to only 10% of the weight in 40 gm animals. A similar, though somewhat less, decline as size increases has also been noted in another crayfish, *Orconestes virilis*. Adjustments to the haemolymph volume can probably be brought about by varying the amount of fluid in the stomach, the urinary bladders and, at least at the time of moult, pericardial sacs.

**Circulatory Pathways**

A dorsally situated heart is present in most Crustacea though a true heart is lacking in the cirripedes and in many copepods and ostracods. Where a true heart is absent, its function is often served by somatic muscles secondarily modified so that their contraction compresses a blood vessel. Alternatively, circulation of the body fluid may be brought about by movements of the body. For example, in the copepod fish parasite *Caligus savala*, the posterior part of the body is raised to an angle of 30°-40° with the remainder of the body and then lowered again at a rate of some 15 times a minute. During the upward

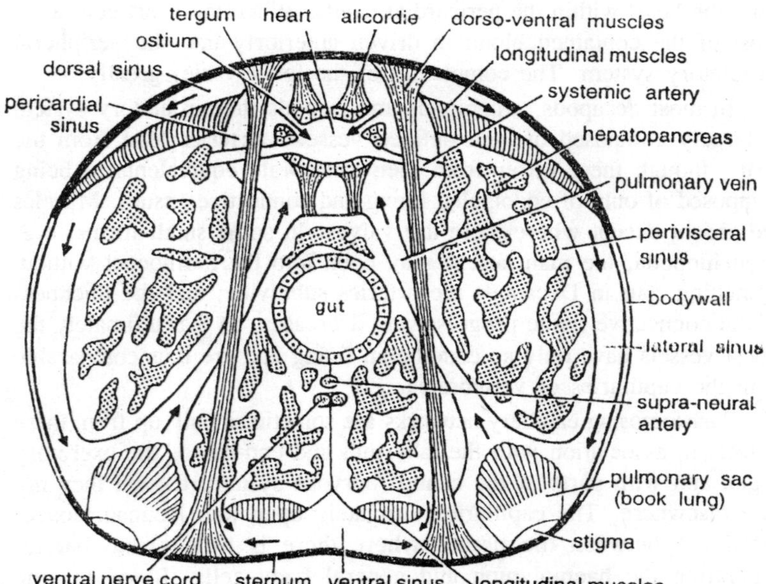


*Fig. 4.2. Scorpion. T.S. of mesosoma showing pulmonary veins and the main sinuses of body.*

movement the posterior segments are compressed and the blood is driven anteriorly. The abdominal vessels refill as the region relaxes. The direction of blood flow is controlled by valves, so that blood tends to pass forward in a median sinus and posteriorly in lateral sinuses.

Thus, even in the absence of a heart, an essentially one-way circulation of blood can be achieved. In a number of other forms lacking a heart, such as *Cyclops Trebius* and *Lemaceocera*, true circulation seems unlikely though peristaltic movements of the gut may provide a measure of mixing of the blood. A heart, where present, may take various forms, ovoid in calanoid copepods, tubular in amphipods, isopods, and stomatopods, or rhomboidal in Brachyura. The wall of the heart is formed of an inner layer of striated muscle which is overlaid by connective tissue. The muscle cells, which anastomose to varying degrees, are usually arranged in a spiral or circular manner, though the compact hearts of decapods tend to have more complex muscle arrangements. The walk of the single heart chamber are pierced at intervals by ostia, the ports through which blood enters from the pericardial cavity to refill the heart after a contraction. Ligaments, taking their origin in the pericardium and ventral septum, serve to sling the heart within the pericardial cavity. When the heart contracts, most of the contained blood in driven anteriorly into the peripheral circulatory system. The complexity of the letter varies greatly.

In most decapods, amphipods and isopods the circulatory system is largely composed of well defined vessels. Arteries lead from the heart, though these differ from their vertebrate equivalents in being composed of only of endothelial lining and connective tissues. Muscles are absent except where there are valves. In some small forms, e.g. Branchiopoda, the main artery may open into the harmocoel without branching; but in Decapoda the arteries subdivide; and the thickness of the connective tissue progressively decreases, so that ultimately the finest vessels have only an endothelial lining and are thus comparable with the capillaries of vertebrates.

Anastomosing capillary networks are sometimes built up from these vessels in association with the labyrinth and end-sac of the excretory organ and with parts of the central nervous system, though they are rare elsewhere. The capillaries ultimately open into lacunae, spaces ramifying between the tissues where there is little or no barrier separating the haemolymph and general body cells. Blood leaving lacunae is passed into sinuses, which, although often large and ill-defined, differ from the lacunae in having an endothelial wall separating them from the general body tissues. An outer connective tissue layer is also sometimes present. In cases where the diameter of sinuses in such as to localize the blood flow they are sometimes termed veins. The major circulatory route in decapods is as follows. Blood leaving the heart via the arteries is distributed to lacunae in various parts of the body. These in turn communicate with sinuses from which blood is taken to the ventral sinus which lies below the gut. From the ventral sinus it is passed into the gills and thence to the branchio-pericardial veins. These carry the blood to the pericardium, from which it enters the heart to complete the cycle.

In the lobster, study of the fate of dyes, injected into various parts of the body indicates that all blood returning to the heart must first have passed through the gills. In the smaller Crustacea there are usually fewer well-defined vessels and lacunae are proportionately more extensive than in the larger forms.

**Heart Beat**

When the heart muscles begin to contract, the ostia must be closed if blood is not to escape in the wrong direction. Closure is brought

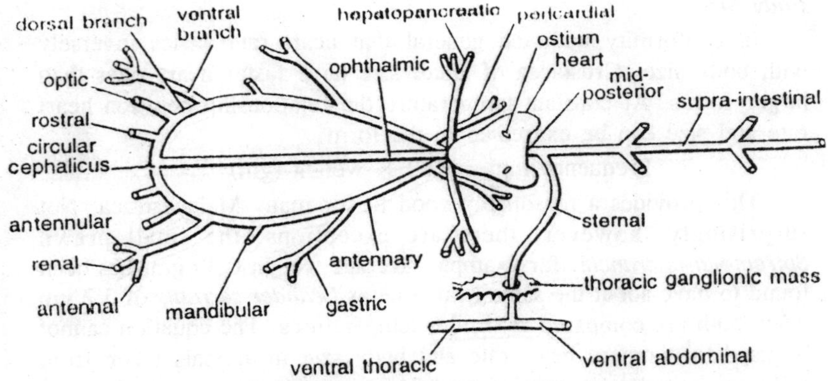


*Fig. 4.3. Palaemon. Heart and principal arteries.*

about by the combined effect of contraction of the cardiac muscles themselves and of the ostial muscles. The contraction of the former tends to elongate the ostia and so draw the lateral edges together. Complete closure is effected by the shortening of the ostial muscles which run round the rim of the ports. When muscular ostial valves are also present, as in the decapods, these are shut by the increasing internal pressure in the heart as the systolic contraction begins. Valves, presenting backflow of blood into the heart, are present at the cardio-aortic junction.

When the systolic pressure in the heart exceeds the pressure in the aorta, these valves open and blood is driven into the aorta. The pericardial walls form an essentially rigid structure so that as the heart volume decreases during the expulsion of blood the pressure in the pericardium naturally falls. Blood is therefore drawn in from the branchio-pericardial veins. When the delivery stroke is completed the heart muscle relaxes, the cardioaortic valves shut and the ostia open. The elastic ligaments, supporting the heart, which are stretched during contraction, then passively re-expand the heart while simultaneously haemolymph flows in through the ostia. If the ligaments are cut, re-filling of the heart fails to occur.

**Heart Rate**

The rate of heart beat in influenced by many factors, including body size, activity, temperature, respiratory stress, light and blood composition. In some cases, however, change in heart rate following change in external conditions may be only transient as internal physiological adjustments are made and the heart rate is regulated.

***Body Size***

In conformity with the general that heart rate varies inversely with body size, Crustacea of small size have faster heart rates than larger forms. At constant temperature the relationship between heart rate and size can be expressed in the form

$$\text{Frequency/min} = 160 \times \text{weight (gm)}^{-0.12}$$

This provides a reasonably good fit for many Malacostraca. Not surprisingly, however, there are exceptions: the small prawn *Spirontocaris cranchi*, for example, average weight 0.39 gm, has been found to have about the same heart rate as *Leander serratus* of 3.2 gm when both are compared at similar temperatures. The equation cannot be used to compare heart rate and body size in animals taken from different latitudes because of modifications of heart rate which occur as a result of temperature compensation, animals from a low latitude tending to have a lower heart rate at an given temperature than those from colder waters. For example, *Spirontocaris* from Plymouth, England, have a heart rate 12% faster than those from the Mediterranean, if both are measured at 18°C.

***Activity***

The heart rate naturally increases when individuals become more active, but Maloef was unable to show that there is any simple relationship between metabolic rate and heart rate.

**Control of the Heart Beat**

In vertebrates the capacity to initiate the repetitive contraction of the heart is a property inherent in certain regions of the heart muscle. Such hearts are termed *myogenic*. By contrast, the heart of Crustacea, except the Branchiopoda, has to be stimulated to contract by nervous activity and is therefore *neurogenic*. Two systems of nerves are of primary importance in the initiation and regulation of the heart beat, whilst additional nervous elements supplying the alary muscles and cardio-aortic valves play a supporting role. Initiation of the heart contraction is dependent on the integrity of a system of nerve cells whose cells bodies and axons are restricted to the immediate proximity of the heart wall. If these cells are removed, the heart ceases to contract spontaneously.

Further evidence of their excitatory function is provided by the fact that electrical activity can always be recorded from these cells a few milliseconds before contraction in the heart muscle, though at other times they are electrically quiescent. The rate at which the ganglion cells initiate heart beats is controlled by a simple reflex which serves to co-ordinate contraction with the degree to which the heart has been expanded by the entry of blood during diastole. This has been shown by perfusing isolated hearts with the cardiac ganglion intact.

The rate of heart beat depends on the pressure of the perfusion fluid within the heart; the greater the pressure, the faster is the rate of beat until a maximum is reached. Conversely, isolated hearts may become completely inactive if drained of fluid. It is probable, therefore, that stretching of the dendrites of the ganglion cells is directly responsible for regulation of the frequency of discharge. In this respect the cardiac ganglion cells show some similarity to the sensory cells of the abdominal stretch receptors, which are likewise stimulated to activity by stretching of their dendrites. Control over the rate of heart beat is also exercised by the central nervous system. In decapods this is mediated by three pairs of nerves, one pair being inhibitory and two pairs being accelerator fibres. The inhibitors originate in the sub-oesophageal ganglion and the accelerators more posteriorly. At their distal ends these regulator fibres form synapses with the intrinsic neurones of the cardiac ganglion. Experimental stimulation of the inhibitory fibres at a rate of 5-10 impulses per sec. decreases both the amplitude and the rate of heart beat. At high rates of stimulation the heart may even stop beating altogether.

The mechanism of inhibition is comparable to that found in the inhibition of the sensory response of the abdominal stretch receptors. The arrival of an inhibitory fibre action potential at the synapse with a cardiac ganglion cell serves to repolarize the membrane of the latter, if it is already electrically active, and so blocks the initiation of nerve impulses which would normally excite the heart muscle. Treatment of the heart preparation with *g*-amino-butryric acid mimics the effect of inhibitory fibre stimulation; so it is possible though not proven, that this substance is the transmitter at the inhibitor nerve endings. Acceleration of the heart occurs after repetitive stimulation of the accelerator fibres, unless it is already beating at its maximum rate. Reflex variations of heart rate can result from stimulation of the body surface, particularly by pain or chemicals.

Slowing of the heart rate can sometimes be produced in crayfish by blowing jets of water at the base of the thoracic legs. Pinching a limb may cause arrest of the heart for one or two beats. Conversely, touching the sternum and pleura of the first and second abdominal segments may greatly increase the heart rate. Both high $CO_2$ and low $O_2$ levels in the medium can result in cardiac, slowing, and this effect may also follow the removal of *Carcinus* and *Homarus* from the water. Other chemical stimuli which produce heart slowing include 5% NaCl[323] and L-glutamic acid in the medium bathing the gills.

**Blood Pressure and Flow**

If Indian ink is injected into a lobster after removal of the heart, it spreads rapidly to all parts of the haemocoel thus indicating that there are few, it any, barriers in the form of valves to guide the direction of flow. It might thus be concluded that it is possible for the blood to move in a rather irregular manner between the various interconnecting sinuses of the haemocoel. In fact, though irregular movements have been observed during violent movements such as the flicking of the abdomen, study of the passage of injected dyes indicates that in a resting animal the blood is continuously passing in one direction along specific pathways.

In the absence of venous valves this movement could be brought about only by pressure differences in various parts of the blood system. All the available evidence suggests that these differences are produced primarily as a result of heart action, though the blood flow through certain restricted regions may be aided by additional muscular pumps, such as the *corfrontale* of some decapods. This structure consists of an expansion of the median artery closely associated with somatic muscles which can constrict the vessel. As blood pressure measurement are rather difficult to obtain on animals with an open circulatory system, reliable records are somewhat rare. At present, comprehensive data is available only for the lobster. When this animal is resting, the pressures in the gill sinuses and pericardium, and diastolic intraventricular pressure, are all of the order of 1 mm Hg.

Contraction of the heart raises the intraventricular pressure to 9-22 mm Hg, the most frequent level being about 13 mm Hg. The pulse pressure which provides the circulatory thrust is thus of the order of 12 mm Hg. Immediately outside the heart the mean arterial pressure is a little lower and there is a further drop along the arterial vessels, with the result that in the haemocoel the pressure is down to 2-6 mm Hg. The operation of the scaphognathite creates a negative pressure of 1-3 mm Hg inside the gill chamber and this probably is partly responsible for the further pressure drop which occurs in the gills. Pressure in all parts of the system rises when the animals become active but the systolic pressure at all times remains in excess of that in the remainder of the circulatory pathways. Despite the low magnitude of the pulse pressure, circulation is comparatively efficient because the peripheral resistance is also low.

The heart output per beat in lobsters weighing about 500 gm is between 0.1 to 0.3 cc. The minute volume at the average heart rate of 100 beats per min is thus 10-30 cc. The volume of blood in animals of this size is about 75 cc; so complete turnover is affected every 2-8 minutes. Whilst this is slower than in mammals of comparable size, much of the difference is accounted for by the relatively smaller volume of the latter's blood. Certainly the large volume and low pressure of the crustacean system is not to be regarded as being indicative of a sluggish and inefficient circulation. Indeed, in the limited respect that the lobster heart uses less energy in pumping a given volume of blood than does the mammal, it may be regarded as being more efficient than the latter.

**Blood Clotting**

The capacity of the blood to form clots is rather variable in Crustacea. For example, the blood of *Panulirus* clots rapidly into a firm gel; but that of *Hornarus* forms only a soft gel. Not true clot is formed in *Loxorhynchus* blood, but protein fibres separate and form a floating mass. The details of the mechanism of blood clotting have not yet been worked out, and it will suffice here to say that it does not involve a process identical with that of vertebrates, since the removal of calcium has no effect.

# 5

# Osmoregulation

All living cells of the body maintain their ionic composition with suitable concentration of selected ions, if they are to function correctly. The Crustacea, in common with most other major groups of animals, probably evolved in the sea and sea water is sufficiently close to the required composition to maintain the function of tissues isolated from marine Crustacea for short periods. With the evolution of non-marine forms, physiological adjustments have become necessary to ensure the provision of an extracellular fluid suitable for the cells but differing in composition from the medium. Many aspects of the structure and physiology are involved in these adjustments.

## Marine Forms

The majority of marine Crustacea like other invertebrates living in the sea, have blood which is isotonic, or almost isotonic, with sea water. In these forms, therefore, there is no tendency for osmosis to cause any gross movement of water across the the body surface. One must not, however, be misled by this fact into the belief that marine Crustacea do not need to expend any energy in order to maintain the composition of their body fluids. The blood, though isotonic with the medium and generally similar in ionic composition, differs in detail; and there is an even greater difference between the composition of the cell sap and that of sea water. Work must therefore be done in regulating the normal composition of both extracellular and intracellular fluids. The most obvious difference between the ionic composition of the blood and that of the medium is that there is generally a somewhat lower level of magnesium in the former. Since it has been observed that neuromuscular transmission is depressed in *Carcinus*, *Maia* and

*Palinurus* when the concentration of magnesium in the medium bathing the tissues is raised to one and a half or two times the level usualy present in the blood, *Robertson* has suggested that there may be a direct correlation between the maximum rate of movement of individuals and their blood magnesium-levels.

**Table 5.1. The relative ionic composition of the plasma of some marine Crustacea with reference to a chloride value set at 100**

| | *Weight units (gm)* | | | | | |
|---|---|---|---|---|---|---|
| | *Na* | *K* | *Ca* | *Mg* | *Cl* | $SO_4$ |
| Sea water | 55.5 | 2.01 | 2.12 | 6.69 | 100 | 14.0 |
| Dromia | 53 | 2.40 | 2.04 | 6.7 | 100 | 7.0 |
| Lithodes | 58 | 2.56 | 2.60 | 6.7 | 100 | 13.0 |
| Hyas | 57 | 2.68 | 2.52 | 6.4 | 100 | 14.0 |
| Maia | 57 | 2.58 | 2.90 | 5.7 | 100 | 8.8 |
| Eupagurus prideauxi | 61 | 3.38 | 3.38 | 5.3 | 100 | 17.7 |
| Eupagurus bernhardus | 64 | 2.88 | 3.75 | 3.7 | 100 | 19.0 |
| Portunus depurator | 61 | 2.82 | 2.67 | 3.3 | 100 | 11.1 |
| Cancer | 64 | 2.44 | 3.00 | 3.2 | 100 | 13.8 |
| Portunus puber | 63 | 3.02 | 2.92 | 2.8 | 100 | 11.3 |
| Carcinus | 62 | 2.43 | 2.69 | 2.4 | 100 | 8.0 |
| Squilla | 64 | 2.69 | 2.59 | 2.2 | 100 | 11.2 |
| Palinurus | 63 | 2.05 | 2.73 | 2.0 | 100 | 10.4 |
| Pachygrapsus | 62 | 2.24 | 2.55 | 1.2 | 100 | 7.3 |
| Nephrops | 65 | 1.61 | 3.02 | 1.2 | 100 | 9.7 |
| Homarus | 62 | 1.75 | 3.20 | 1.0 | 100 | 4.4 |

In support of this, he has shown that all the forms capable of rapid movements maintain the blood magnesium at a low concentration. The sulphate ion too is often maintained at lower levels in the blood than in sea water but in this case there is less consistency. The sulphate level in *Eupagurus*, for example, is higher than that in sea water.

### Maintenance of Blood Ionic Composition

In the maintenance of differences between the ionic levels in blood and sea water there are four factors. These are (1) the establishment of a Gibbs-Donnan equilibrium, (2) urinary ion losses, (3) active transport of ions at the body surface, (4) binding of ions by blood proteins. In the blood of most species a considerable amount of protein is present, and hence the possibility arises that the establishment of ion-protein complexes or of a Gibbs-Donnan equilibrium across the body surface may account for the differences in the ionic content of blood and medium. *Robertson* has investigated the possibility of the differences having arisen in this way by dialysing the blood of several forms against sea water through a collodion membrane. The final dialysate differed from the normal blood in the case of all nine species studied. The general interpretation of this observation is that active transport mechanisms are involved in the maintenance of the normal body fluid composition. Not all the ions whose levels differ before and after dialysis are necessarily actively transported.

The distribution of charged particles across membranes is governed by both concentration and electrical gradients. The electrical gradients are determined by a complex of factors including the concentration gradients of ions across the membrane and the relative permeability of the membrane to different types of ion. Without knowledge of the electro-chemical gradients across different membranes or body walls it is not practicable to compute which ions are in electro-chemical equilibrium and which are actively transported. A further complication is introduced by the fact that ions are continuously being lost form the blood in the urine. If the rate at which the different ions are replaced varies, then this continuous concentration will itself affect the ionic composition of the blood. It is possible that in the more permeable forms the colloid osmotic pressure of the blood proteins serves to bring into the body sufficient water and ions to replace the loss in the urine; but it seems likely that in most cases this is supplemented by active uptake of ions from the gut or across the body surface.

## Cell Sap

In Crustacea the osmotic pressure of the cell sap is very close to the blood. The comparision shows the isotonicity. For example, careful measurements on the abdominal flexor muscles of *Nephrops*, indicate that the osmotic pressure differs by only 2% from that of the plasma. Even this small difference may be in part accounted for by tissue breakdown prior to the determination, as was suggested by Shaw to account for a difference of 7-8 between the measured blood osmotic pressure and that of the sap of the carpopodite extensor and flexor muscles in *Carcinus*. A relatively small proportion of the total osmotic pressure of the cells is accounted for by inorganic ions. In the carpopodite of *Carcinus*, these ions, plus organic phosphates, are responsible for only a little over one-third of the osmotic pressure. There is a considerable similarity in their ionic composition of the muscles of *Nephrops* and *Carcinus*. Both these tissue, however, are muscles capable of fast contraction and it is likely that other tissue will have different ionic compositions.

For instance a determination of the potassium content of crab nerve indicates a concentration of 330-440 mE/kg, a level some two to three times that of muscle. Such differences between the composition of different tissues are well known in the vertebrates, and Potts has also found differences in the ionic composition of the slow and fast contracting muscle of *Mytilus*. The remainder of the osmotic pressure of the muscle cell sap is produced by small organic molecules of which the most important are amino-acids, abetaine, and trimethylamine oxide. Carbohydrates are also present in the tissues in soluble form, but they account for a much smaller part of the osmotic pressure. In the lobster, *Homarus*, glucose and other carbohydrates make up some 3.4 mM/kg tissue water and lactic acid about 9.1 mM/kg tissue water.

The calculated osmotic activity contributed by the various components of *Nephrops* muscle is found to exceed the measured osmotic pressure of the sap. However, as the cell sap extruded when the cells are squeezed has a different composition from that given by analyses of the whole muscle fibres, Robertson concludes that a proportion of the ions in the tissue must normally be 'bound' to proteins. Such bound ions would not contribute to the total osmotic pressure of the sap. On the basis of analysis of the muscle press juice and the whole fibre, he calculates that chloride occurs in the fully ionized state, but that all the calcium, 82% of the sodium, 60% of the magnesium and 25% of the potassium are osmotically inactive in the cell. No comparable determinations for ion binding are available for other Crustacea, but there is some evidence of a similar phenomenon in vertebrate tissues.

The ionic concentrations inside the cells are very different from those of the extracellular fluid. Of the more mobile ions potassium is more concentrated inside the cell than outside, whilst the reverse is true of sodium and chloride. Consequently concentration gradients are present which would be expected to dissipate the concentration difference by diffusion if the ion levels were not actively regulated. In fact interference with the metabolic activity of cells does result in a loss of potassium and a gain of sodium, chloride and water. In the tissues of other animals the low sodium level of *Carcinus* cells is maintained by the continuous active extrusion of sodium. However, a positively charged ion such as sodium cannot be extreded from a cell unless either a negatively charged ion accompanies it or another positive ion moves into the cell. The evidence at present available is compatible with the assumption that extrusion of sodium is accompanied by an uptake of potassium into the cell. As potassium is at a higher concentration inside the cell than outside, it tends to diffuse out. However, a large part of the negative charge inside the cell is contributed by organic substances, which cannot readily escape.

Hence, the tendency for potassium to diffuse out causes a separation of charge, which is manifested as a potential across the cell membrane. When of sufficient magnitude, this membrane potential counteracts the diffusion gradient and prevents any further net loss of potassium. The balance point, reached when the driving forces produced on the potassium ion by the electrical and chemical gradients are equal and opposite, is defined by the *Nemst* equation:

$$E = \frac{RT}{zF} \ln \frac{K_1}{K_0}$$

where *E* is the membrane potential, *R* is the gas constant *T* is the absolute temperature, z the valency of the ion, *F* is the *Faraday* and $K_1$ and $K_0$ are the potassium activity inside and outside the cell. At a first approximation the potassium activities are represented by the internal and external concentrations.

The establishment of such a 'diffusion potential' across the cell membrane naturally influences the movements and final concentrations of other ions, since these are governed by the total electro-chemical gradient and not just by their diffusion gradient. If there were only one other ion in the system, e.g., chloride, and if this ion were in purely passive equilibrium across the cell membrane, it would be expected that the following relationship would hold:

$$\frac{RT}{zF} \ln \frac{K_1}{K_0} = E = \frac{RT}{zf} \ln \frac{Cl_0}{Cl_1} \text{ or } \frac{K_1}{K_0} = \frac{Cl_0}{Cl_1}$$

Such a relationship would also hold good in a multi-ionic system if the cell membrane had a very low permeability to ions other than potassium and chloride. In the case of some vertebrate tissues, such as the frog sartorius muscle, this equation is applicable. In *Carcinus* muscle the potassium ratio is 12 and that for chloride 10.3. Allowing for the binding of some of the internal potassium, as in the muscles of *Nephrops*, these two ratios would also be very similar and the equation applicable. In *Nephrops* itself, however, the ratios are quite unequal, that for potassium being 21.9 and that for chloride 9.9. Here it is possible that the chloride is in electro-chemical equilibrium but the potassium is not. The probable explanation of this observation is that the membrane potential is not determined solely by the potassium ion in membranes where there is a finite permeability to other ions. A better description of the membrane potential is that given by the modified Goldman equation:

$$E = \left( \frac{RT}{F} \ln \frac{pK[K_0] + pNa[Na_0]}{pK[K_1] + pNa[Na_1]} \right) \frac{RT}{F} \ln \frac{[Cl_1]}{[Cl_0]}$$

if the chloride is in passive flux equilibrium. When potassium is not in electro-chemical equilibrium across the cell membrane, it may be concluded that its concentration in the cell, like that of sodium, is regulated by an active process.

A difficulty in relating the membrane potential of crustacean muscles to this equation was raised by the observation that the tracer flux of sodium into isolated fibres was greater than that for potassium. This would suggest that the permeability of the membrane is greater to sodium than to potassium and hence that the membrane potential could not be related to the diffusion potentials. It is probable, however, that there are deep intuckings of the surface in which sodium, strictly outside the cell, may lie and yet participate in what appears to be an exchange of cell sodium, since it has been observed that when a micro-electrode is pushed at an angle into a muscle fibre the membrane potential comes, goes and reappears as the tip is pushed deeper. The maintenance of different ionic concentrations across the cell membrane plays an important role in regulating the volume of cells.

Some of the total osmotic constituents of the cell are unable to diffuse freely across the cell membrane, whilst the major part of the blood osmotic pressure is accounted for by sodium and chloride, which can penetrate into the cell. In the absence of corrective measures the colloid osmotic pressure of the cell contents would therefore result in the entry of sodium, chloride and water. Cellular swelling from this cause is believed to be prevented by the establishment of a 'Double Donnan equilibrium.' It is argued that the continuous extrusion of sodium from the cell as fast as it diffuses in down the electro-chemical gradient creates a situation where the cell membrane is, in effect, rendered impermeable to this ion. Net chloride entry into the cell is prevented by the membrane potential.

In consequence the blood ion concentration can off-set the osmotic effect of the non-penetrating organic molecules within the cell.

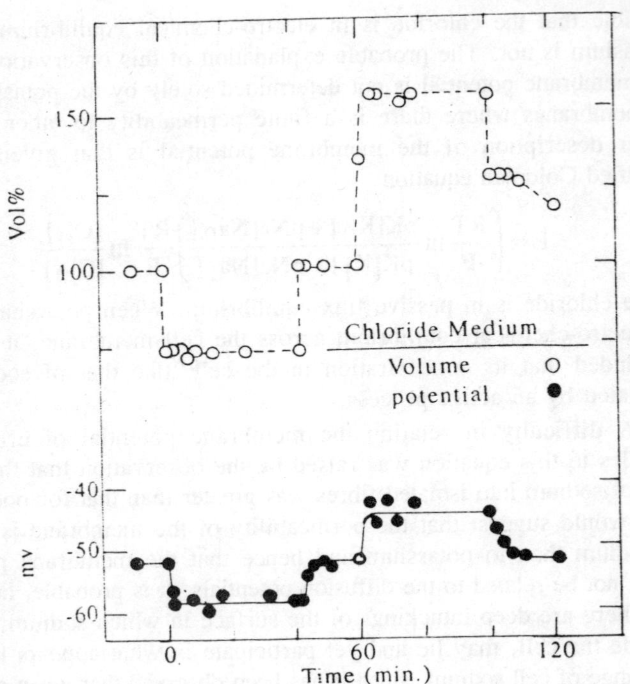


*Fig. 5.1. Changes in volume and in membrane potential of a crayfish muscle fibre exposed first to a medium made hyperosmotic by addition of 165 mM NaCl, returned to physiological saline, and then exposed to a hyposmotic medium.*

Naturally, osmotic equilibrium breaks down if sodium is not continuously extruded. Osmotic balance is disturbed if the concentration of the blood is changed; but it is also upset if the potential across the cell membrane is varied. Thus, it is found that the volume of *Procambarus* muscle cells alters when the membrane potential is artificially depolarized or hyperpolarized. Such changes are presumed to indicate that water movements can occur by electroosmosis across the cell membrane, as it does in the case of artificial charged and selectively permeable membranes of comparable properties. Study of the artificial membranes suggests that the rate of water movement by electroosmosis would be expected to depend on the sign and number of fixed charges on the membrane, the degree of ionis selectivity of the membrane, the concentration of the ionic species present on either side, and the potential difference across the membrane. Cell volume cannot be expected to remain constant, therefore, unless the various blood and cellular parameters are accurately regulated. This point has particular relevance when one considers the effects on the blood concentration of transferring marine forms to dilute media.

### In Dilute Marine Media

When marine Crustacea are placed in diluted sea water there is a general loss of ions across the body surface and in the urine, the cellular ion content is disturbed and the cells take up water by osmosis from the blood. If these effects are at all extensive the animals die. Consequently sub-littoral marine Crustacea will not tolerate any marked dilution of their medium. The crabs *Maia* and *Emerita analoga* will survive in 80% and 75% sea water respectively, but these levels represent the limits to which such purely marine forms can be adapted. However, from the representation of the numerous crustacean orders, families and even genera in both the sea and freshwater, it is apparent that the evolution of the mechanisms necessary to enable the colonization of dilute media has occurred many times.

### Blood Concentration of Euryhaline Forms in Relation to the Concentration of the Medium

All Crustacea capable of tolerating a range of salinities tend to maintain their blood hypertonic to the medium, at least when the latter is dilute. The degrees of hypertonicity maintained vary widely. The isopod *Mesidotea entomon* regulates the blood so that there is a much greater gradient of concentration between blood and medium at low salinities than in the euryhaline copepod *Acartia tonsa*. Most of the other brackish water Crustacea so far investigated, which are hypertonic regulators, have blood levels which lie approximately between these extremes, though the extent of their salinity tolerance varies. Thus, the amphipod *Gammarus duebeni*, which has a blood concentration intermediate between that of *Acartia* and *Mesidotea*, tolerates more dilute media than the former. The forms considered above are hypertonic to the medium only when the latter is below a given concentration. Above this level, the blood and media approximate to isotonicity. A number of species can, however, maintain the blood not only hypertonic to dilute media but also hypotonic to more concentrated media.

The include species which are semi-terrestrial or from waters of fluctuating salinity. *Pachygrapsus crassipes*, *Artemia salina*, the isopods *Gnorimosphaeroma oregonesis* and *Sphaeroma pentodon* the mysid *Neomysis integer* and the prawns *Palaemonetes varians* and *Palaemon serratus*. Related animals from more stable environments may not have the capacity to maintain the blood concentration at a level less than that of the medium. Thus, the marine prawns *Pandalus montagui* and *Pandalina brevirostris* are isotonic with sea water, whilst the American prawn *Palaemonetes paludosus* from fresh water and dilute brackish water is unable to regulate its blood hypotonic to saline solutions more concentrated than the usual blood level. There are different processes which are involved in the regulation of the blood concentration at a level differing from that of the medium. These include (1) reduction in the permeability of the body surface, (2) toleration at the cellular level of variations in blood concentration, and (3) the ability to transport inorganic ions against the concentration gradient across the body surface. Associated with this last has been the evolution of an ion uptake mechanism with a high affinity for ions. A few forms also possess the ability to conserve ions within the body by the production of urine hypotonic to the blood.

**Reduction of the Permeability of the Body Surface**

In water of low salinity most crustaceans maintain their blood hyperosmotic to the medium by actively transporting salts into the body. The rate at which they have to do this, and consequently the amount of work that has to be done in regulating the blood concentration, depends on the rate at which ions are lost from the body, in the urine and across the surface. The rate of loss depends on the permeability of the body surface to ions and water and on the gradient maintained between the blood and medium. In marine forms the permeability of the surface is usually high, partly perhaps because no premium is placed on impermeability when the blood concentration is so similar to that of the medium, but possibly also because it may be an advantage to have a high permeability in order to obtain water for urine production. In the lobster, *Homarus*, only about a fifth of the volume of the urine can be attributed to water taken in from the gut; hence, a considerable proportion must be taken in across the cuticle. As anuria and oliguria in this animal are associated with low blood protein levels and as anuric lobsters often resume urine production after the injection of serum it seems reasonable to suppose that the colloid osmotic pressure of the blood proteins plays an important role in water uptake from the medium.

Most of the water intake by intermoult *Carcinus* is also across the surface. The permeability of the body surface of brackish water, freshwater and littoral species is lower than that of marine species. The degree of permeability tends to be related to the habitat in which the animal lives; sub-littoral forms are more permeable than brackishwater species, which in turn are more permeable than freshwater forms. It is doubtful if the increase in permeability of the cuticle, as the cuticle over the gills of *Eriocheir* is extremely thin, unlike that in the much more permeable *Maia*. It seems likely, therefore, that the epithelial cells of the gills themselves are in part responsible for the control of permeability.

In the case of *Carcinus* the animal does not appear to be able to effect changes in the permeability of the surface can be attributed solely to changes in the permeability of the cuticle when the concentration of the medium is changed but it has been found that the gills of the freshwater crayfish *Astacus leptodactylus* become more permeable to water as the concentration difference between blood and medium declines. The rate of passive movements of ions across membranes is governed by the electrical gradients as well as the concentration gradients. For example the presence of a 40 mV potential across the body wall of an animal would be expected to double the passive influx and halve the passive efflux of monovalent cations.

**Cellular Adaptation to Reduction in the Concentration of the Blood**

The maintenance of the blood concentration at a level higher than that of the medium is made feasible by the active uptake of ions together with the decrease in permeability described above. However, the body surface cannot be made completely impermeable to salts and water with giving rise to an unacceptable restriction of gaseous exchange. Hence, if the blood concentration were to be kept at a level very much higher than that of the medium, the amount of work which would have to be done in transporting ions to replace those lost from the body might be prohibitive. For example, it has been calculated that, were *Carcinus* to be able to live in freshwater and maintain in that medium the concentration of blood that it has in 40% sea water, then some 30% of its total available metabolic energy would be used in transporting ions across the body surface, even if only the minimum thermodynamic energy expenditure was made. The decrease in blood concentration which occurs in all brackishwater animals as the concentration of the medium falls, serves to limit the energy expenditure on osmoregulation. However, none of the Crustacea so far studied are able to keep their cells hypertonic to the blood.

Therefore, if the blood concentration falls, provision must be made to adjust the internal osmotic concentration of the cells, or they will take up water from the blood. Any gross water movements between extra-cellular and intra-cellular compartments must be avoided if cellular disruption or restriction of circulating volume is not to occur. To give emphasis to the point that more toleration of cellular swelling is not practicable, Croghan has considered the water shifts which would be expected in hypothetical marine from incapable of cellular osmotic adjustment if it were suddenly transferred to a dilute medium. He shows that, if the cells are regarded as perfect osmometers then the product of the cell volume and the blood concentration is a constant. Hence, on diluton of the blood, water uptake by the cells would be expected to reduce the extra-cellular volume to zero when

$$\frac{C_b}{C_{b_0}} = \frac{V_{a_0} - V_{b_0}}{V_{a_0}}$$

where $C_b$ is the blood concentration, $C_{b_0}$ is the initial blood concentration, $V_{a_0}$ is the initial volume of the whole animal, $V_{b_0}$ is the initial volume of the extra-cellular space. For example, a form with an initial blood volume of 50% of its total volume would have a zero blood volume when its blood concentration had fallen to 50% to the initial value; one with an initial cell volume of 70% of the total would have no blood when the concentration had fallen by 30%. Obviously no real animal could tolerate a decrease in blood volume sufficient to interfere with the circulation, let alone entirely eliminate the blood, so it is clear that cellular osmotic adjustment must occur if a decrease in blood concentration is to be tolerated. The measure of adjustment varies from one species to another. In a form whose blood concentration remains isotonic with the medium as the latter changes in concentration, all the adjustment must be at the cellular level.

If the blood concentration were to be kept constant as the medium was diluted, then all the adjustment would be to mechanisms responsible for maintaining the blood ionic level, and no change would be necessary at the cellular level. In fact, as we have seen, no crustacean is able to keep the blood absolutely constant during wide changes in the concentration of the medium, though a few, such as *Artemia*, some prawns and mysids, can maintain a fair degree of constancy. Consequently the ability is needed both to vary the rate of ion uptake to match differences in rates of loss as the concentration gradient varies, and also to vary the cell osmotic activity as the blood concentration changes. The extent to which reliance is placed on cellular adjustment or on ion transport depends on the size of the osmotic gradient maintained between blood and medium.

**Cellular Osmotic Adjustment**

As seen in most of the cases the inorganic ions contribute only about-one third of the osmotic activity of the muscle fibres of marine forms such as *Nephrops* and *Carcinus* they cannot be solely responsible for wide changes in cell osmotic pressure. The degree of ionic contribution to such changes in further restricted by the fact that during moderate dilution of the blood the ratio of the concentration of blood potassium to cell potassium is kept substantially unaltered. Thus, the membrane potential of *Carcinus* muscle is kept practically constant while the osmotic concentration of the blood is varied in the range 580 to 200 mM/1 NaCl. Much of the osmotic adjustment of cells is due to variations in the concentration of amino-acids, though other organic substances, such as trimethylamine oxide and taurine, also contribute.

When a euryhaline form such as *Carcinus* or *Eriocheir* is transferred from sea water to a dilute medium, there is a marked drop in the free amino-acid concentration of the cells. This process

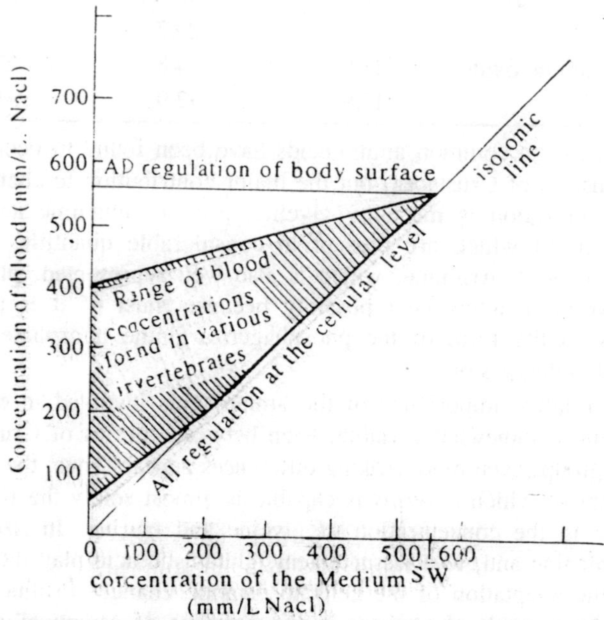


*Fig. 5.2. The relation between osmotic regulation at the body surface and at the level of the general cells of the body in brachish-water animals maintaining various gradients of concentration between their blood and the medium.*

has been extensively studied by Forkin and his associates, who have shown that it is of general occurrence in brackish-water forms. *Arenicola*, *Nereis diversicolor*, *Perinereis cultrifera* and *Asterias* in addition to the crabs and prawns such as *Palaemon serratus* and *P. squilla* all reduce their muscle amino-acid concentration to some extent when put into dilute media. The process is fully reversible. Thus, when *Eriocheir sinesis* is tranferred back to sea water after acclimatization to freshwater it regains a high concentration of amino-acids in its cells.

**Table 5.2. Difference in concentration of osmotically active constitutents of eriocheir muscles on transference from freshwater to sea water mM/kg water**

| | *Animal from freshwater* | *Animal from sea water* | *Difference* |
|---|---|---|---|
| Inorganic ions | | | |
| Cl, Na, K, Mg, Ca | 203.5 | 483.4 | 279.9 |
| Total amino-acid | 157.9 | 340.7 | 182.8 |
| Taurine | 17.3 | 20.7 | 3.4 |
| Trimethylamine oxide | 47.6 | 74.8 | 27.2 |
| Betaine | 17.8 | 13.9 | –3.9 |

Most of the common amino-acids have been found to occur free in the muscles of Crustacea, but the major contribution to changes in total concentration is made by glycine, proline, glutamic acid and alanine, all of which are present in considerable quantities in the amino-acid pool. Arginine, which is also well represented, plays no role in osmotic adjustment possibly because must of it is present primarily in the form of the phosphagen arginine phosphate as an immediate energy store.

The relative importance of the amino-acids involved in osmotic adjustment is somewhat variable, even between species of Crustacea. In other groups even more striking differences appear. Thus, the limited adjustment of which *Asterias* is capable is almost solely the result of a change in the concentration of glycine and taurine. In *Arenicola glycine* alanine and, to a lesser extent, glutamstic acid play the major part in the adaptation of the cells to osmotic change. Proline is not varied. As a result of changes in the amounts of osmotically active substances, cell volume is quite well controlled in good regulators. Thus, *Carcinus* shows only about a 3% change in muscle water when transferred from 100% to 40% sea water, whilst there is a change of about 5% in *Pachgrapsus* put from 150% to 50% sea water. Not very much is yet known of the way in which changes in the amino-acid concentration are brought about or the nature of the stimulus which evokes the change.

**Table 5.3. Free amino-acids in the muscles of eriocheir sinensis in freshwater or adapted to sea water for nine weeks: mg/100 gm fresh muscle**

| | *Animals from freshwater* | *Animals from sea water* | *Difference* |
|---|---|---|---|
| Alanine | 412.1 | 698.1 | 286 |
| Arginine | 614.2 | 470.5 | –143.7 |
| Aspartic acid | 43.3 | 115.5 | 72.2 |
| Glutamic acid | 252.3 | 462.2 | 209.9 |
| Glycine | 718.1 | 1047.3 | 329.2 |
| Histidine | 5.3 | 16.0 | 10.7 |
| Isoleucine | 9.9 | 35.5 | 25.7 |
| Leucine | 10.2 | 45.5 | 35.3 |
| Lysine | 40.5 | 63.8 | 23.3 |
| Methionine | 9.5 | 37.6 | 28.1 |
| Phenylalanine | 4.0 | 10.9 | 5.9 |
| Proline | 497.2 | 1600.1 | 1102.9 |
| Threonine | 14.7 | 64.7 | 50.0 |
| Tyrosine | 3.2 | 9.1 | 5.9 |
| Valine | 15.4 | 47.3 | 21.9 |

There is only a small amount of peptide in the cells of Crustacea, so it does not seem probable that the breakdown and reformation of special peptides can be the basis of the mechanism. Three remaining possibilities are (1) that proteins are degraded or reformed from the amino-acid pool, (2) that the amino-acids are formed *de novo* as required, (3) that the amino-acids are taken up from the blood when required. The major contributors to the amino-acid regulation, glycine, proline, glutamic acid and alanine, are all in the category of non-essential amino-acids. Hence, it is possible that they can be formed by amination of products of glycolysis or the tricarboxylic acid cycle, and deaminated when no longer required. Some support for this last being the method actually used is provided by the observation that the nitrogenous waste secreted by *Eriocheir* is markedly increased for a short period after transference of the animal from sea water to freshwater, and conversely is temporarily decreased when the reverse transference is made.

The same phenomenon is found when *Carcinus* is transferred from one concentration to another. Nevertheless, the possibility that part of the changes in the amino-acid concentrations results from variations in protein metabolism cannot yet be ruled out. Potassium deficiency accompanied by sodium penetration into muscles is associated with interference with protein metabolism in rats, and it is therefore possible, though unproven, that a similar rise of sodium in the tissues of Crustacea might result in an accumulation of amino-acids in the cells. Preliminary experiments do indeed seem to indicate that the concentration of the inorganic ions within the cell, rather than the total osmotic pressure, may be responsible for determining the amino-acid level. Nerves taken from an *Eriocheir* adapted to freshwater and put into a dilution of sea water isotonic with the blood showed a much lower level of amino-acids after twentyfour hours than did a similar batch of nerves put into 100% sea water. However, nerves put into 50% sea water, plus enough sugar to make the medium isotonic with sea water, showed a decrease in the intracellular amino-acid concentration. As a result of these experiments it may be concluded (1) that it is not the osmotic pressure of the medium *per se* which governs the intracellular amino-acid leverls, (2) that the amino-acids have their origin inside the cells and are not taken up from the medium, and (3) that changes in the amino-acid levels can be effected by the cells in the absence of hormones.

One of the cell enzymes most likely to be involved in changes in amino acid concentration is glutamate dehydrogenase. The rection it catalyses is the interaction of glumatic acid with NAD to give $NADH_2$ plus a-oxo-glutaric acid. The equilibrium position of the reaction favours the formation of glutamic acid. Thus, activation of this enzyme by inorganic ions could bring about an increase in the level of free glutamic acid. If transamination with the appropriate keto-acid substrates then occurred a general rise in free amino acids might be brought about.

Inorganic ions have indeed been found to influence the enzyme activity. Examination of the glutamate dehydrogenase from *Homarus* and *Carcinus* shows that it can be activated by sodium chloride and other inorganic ions; an interesting observation since the NaCl content of cells would be expected to rise as the concentration of the medium bathing them is increased. Further evidence that this enzyme participates in amino acid synthesis is provided by incubation experiments. When crab hepatopancreas in incubated with C-acetate, the label rapidly appears in glutamic acid. The proportion of the label present in glutamic acid is smaller when the external medium is 50% sea water than when it is 100% sea water. Freshwater animals, such as the crab *Potamon niloticus* and crayfish *Astacus astacus*, show some variation in cell amino-acid level when they are transferred to more saline media but the concentration differences are less than in brackish-water species, and these animals are not able to survive in full-strength sea water.

**Active Uptake of Inorganic Ions**

When in their normal environment, most species of Crustacea can replace the ions which they lose across the body surface and in the urine by actively taking them up from the water. There are however a few species, such as *Branchipus* and *Chirocephalus*, which are unable to balance loss and uptake of ions unless they are fed. The loss of various inorganic ions from the body has been observed at different rates; for instance, the crayfish *Austropotamobius pallipes* loses chloride at only about 70% the rate at which sodium is lost. Consequently, independent mechanisms are necessary for the uptake of the different ions if the normal ionic ratios of the blood are to be maintained. *Eriocheir* can take chloride from NaCl, KCI, $NH_4Cl$ and $CaCl_2$ and sodium from NaCl, $Na_2SO_4$ and $NaHCO_3$.

Sodium and chloride ions are usually taken up together; but if the ionic balance of the body is disturbed then one or other is taken in more rapidly. Thus, if *Eriocheir* is deplete of chloride by being kept for a time in $NaHCO_3$, it will subsequently, when it is returned to NaCl, take up chloride faster than sodium. When the crayfish, *Austropotamobius*, is replacing a loss of both sodium andchloride, it will take up the former faster than the latter, so that the uptake of sodium may be completed while that of chloride is still continuing. Although the mechanisms for sodium and chloride uptake thus seem to be quite distinct, it is thought that the chloride transporting system may be dependent on that transporting sodium, in so far as the absolute concentration of the blood is set by the sodium mechanism and the chloride mechanism acts to keep a constant Na/Cl ration in the blood.

When sodium is being taken up without chloride, or chloride without sodium, a similar quantity of ions with the same charge must be liberated from the body if the electrical neutrality is to be maintained. It seems probable that when sodium is being taken up alone ammonium or possibly hydrogen ions are liberated as counter-ions, and that bicarbonate is released in exchange for chloride. Little is known of the details of the mechanism by which sodium is transported but a sodium-potassium sensitive A.T.P. ase, found in the gills of the land crab *Cardiosoma guanhami*, may play some role in the process. The maintenance of the blood concentration and ionic ratios requires not only the basic means of transporting ions but also some method of regulating the rates of transport. The factors known to influence the rate of ion uptake are (1) the concentration of the blood, (2) the concentration of the medium, and (3) the temperature. In vertebrates the blood volume also influences the mechanisms responsible for retaining sodium in the body; preliminary experiments suggest that the same may also be true of Crustacea.

**Influence of the Blood Concentration**

When the concentration of the blood of the crayfish is caused to fall below its 'normal' level the rate of active uptake of sodium is increased. A fall in concentration of only some 1-2% results in some increase above the level required to balance the usual sodium loss from the body, but the maximum rate of transport is not reached unless the blood concentration is some 6-8% below 'normal.' A similar activation of the mechanism responsible for the uptake of sodium has been found in other Crastacea after a lowering of the blood concentration. Such an increase in the rate of uptake tends to restore the blood concentration to the 'normal' value and, as it approaches this level the rate of uptake progessively declines back to the usual maintenance rate. If the blood concentration is lowered too far, the increased uptake may not be as well marked as normal—presumably because of tissue damage.

**Effect of the Concentration of the Medium**

When the medium is diluted there is no change in the rate of sodium uptake by the crayfish until the external concentration of NaCl is less than about 1 mM/1. At concentrations below 1 mM/1 NaCl, the rate of uptake declines in a manner similar to that described by the Michaelis-Menten equation for enzyme-substrate interactions. Such a relationship might be expected if the sodium were being transported by a carrier system which tended towards full saturation at about 1 mE/1 Na. As the transporting system is then nearly saturated, the rate of uptake is not increased if the concentration of the medium is raised above this level. In fact, very high concentration may even inhibit the transport system; so the uptake rate falls again. The value for half saturation, which can be calculated with greater accuracy than that for full saturation, is at about 0.2-0.25 mE/1 in the crayfish, but varies in other species. The total uptake of sodium is, obviously, the product of the rate of uptake per site and the total number of sites that are active.

Hence, if the concentration of the medium is reduced below the level required to saturate the sites, the total uptake will fail to balance the normal loss of sodium from the animal: and the blood concentration will therefore fall. However, the fact that the sites may not be fully saturated at low concentrations of the medium does not mean that the animal will continue to lose salts until it dies. It will show a net loss of salt only until such time as the drop in blood concentration is sufficient to result in the activation of enough additional sites to balance the loss. The blood concentration can then be maintained constant, but only at a sub-normal level. It may be presumed that the maintenance of the blood at a sub-normal concentration is disadvantageous; and in fact those Crustacea which inhabit dilute media have evolved active uptake systems with a much higher affinity for sodium than forms which live in more saline environments.

**Table 5.4. The concentration of the medium required to half saturate the transporting systems of crustacea from various habitats**

| | *Usual medium* | *Concentration of medium required to half saturate the transporting sites* |
|---|---|---|
| Carcinus maenas | Sea water and brackish water | 20 mE/1 Na |
| Gammarus duebeni | Brackish and freshwater | 1.5 mE/1 Na |
| Austrootamobius pallipes | Freshwater (hard) | 0.2-0.3 mE/1 Na |
| Gammarus pulex | Freshwater | 0.15 mE/1 Na |

The evolution of a high affinity uptake system can be seen in the Glacial relict isopod, *Mesidotea entomon*. This animal lives throughout the Baltic in saline waters and also in a number of Swedish lakes. The Baltic race has a value for half saturation for sodium transport of about 9.0 mM/1 Na whilst that of the freshwater race living in Lake Mälaren is only 2.75 mM/1. Mälaren, originally part of the Baltic,

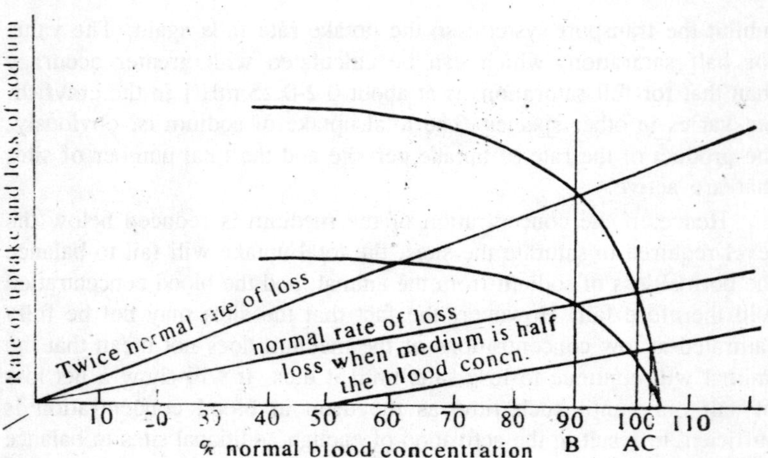


*Fig. 5.3. The interaction of various factors involved in the control of blood concentration.*

became a fresh-water lake about the twelfth century. It may be expected that the *Mesidotea* in Lake Vättern, isolated approximately 7000 years ago, will have advanced still further in the same direction. The concentration of sodium in the medium required to give a half maximal rate of transport is the same, whether the anion present is chloride or sulphate. This suggests that the limitation of sodium transport is in no way due to the drag imposed by the anion, but is due to a direct influence of the concentration of sodium on the transporting sites.

The concentration of chloride in the medium no longer restricts chloride uptake by crayfish when its level exceeds 0.2-0.6 mE/1, indicating that the level for other ions is not the same as that for sodium. This fact must always be borne in mind in any attempt to relate the distribution of animals to the ionic concentration of their media. The 'normal' blood concentration is at *A*, the level at which the rate of uptake with sites fully saturated cuts the normal rate of loss. If the medium is only of a concentration sufficient to half-saturate the sites the blood concentration drops to *B*, the point at which the rate of loss and the rate of uptake at half-saturation are equal. Similarly, if the loss rate is increased, as might occur at moult, then the blood concentration will fall until loss and uptake are equal and opposite. In each case it will be noted that the change in blood concentration required to effect a new balance point is comparatively small. Similarly only a small rise in blood concentration will occur if the concentration of the medium is raised to half the normal blood concentration.

**Effect of Temperature on Ionic Balance**

Temperature changes have little effect on the rate of sodium loss by the freshwater isopod *Asellus aquaticus* but they do alter the rates of active uptake. Thus an increase or decrease in temperature results in an imbalance between the loss and uptake of ions. A fall in temperature is followed by a drop in blood concentration. However, the blood comes to a new steady state concentration only a little below the original level because, as already described, the drop in blood concentration activates the uptake mechanism. A drop in temperature also results in a net loss of sodium by the fresh-water crab *Potamon niloticus*, but not all animals show the same effect.

In *Gammarus duebeni* the temperature coefficient for loss of sodium is larger than that of the active transport system, and so in this animal there is a tendency for the total sodium in the animal to rise after a lowering of the temperature. Again, however, the change in blood concentration is small, as the blood comes into a new steady state after a small rise. Additional special compensatory mechanisms apparently come into play during cold seasons of the year. For example, winter blood concentrations tend to be higher than those of summer in *Asellus*, though the reverse might have been expected. In *Hemigrapsus* little difference is apparent between the ion concentrations at 5°C in winter animals and at 5°C in summer animals.

**Influence of Other Factors**

Although the aspect principally studied has been the relationship between the transport and concentration of the blood, it is probable that other factors can also influence the rate of transport. In the case of mammals, blood volume as well as blood concentration governs the output of the hormone aldosterone which controls rate of sodium loss from the body. In the brackish-water amphipod, *Gammarus duebeni*, the rate of active uptake of sodium can be greatly increased in some circumstances even when the blood concentration is very high.

Thus individuals transferred from 160% sea water to de-ionized water show, after about two hours, a greater capacity to take up sodium from a dilute test medium than animals kept continuously in 50% sea water. This increase in the rate of sodium uptake occurs in the test solution despite the fact that the blood concentration of the animals may, at the time, be twice as high as that of the controls in 50% sea water. *Gammarus* placed from 160% sea water into 50% sea water or sucrose osmotically equivalent to 50% sea water show no increase in the rate of sodium uptake on test. The full implications of these observations remain to be elucidated, but taken at their face value they seem to suggest that in this animal adjustments can be made to the rate of active transport independently of the concentration of the blood at the time. Reduction of the blood volume by withdrawing a quantity of blood also brings about an increase in the rate of active uptake of sodium by *Gammarus*. In this case, there cannot be very question that the activation is stimulated by dilution of the blood, and hence it appears that, as in the mammals, volume regulation may be linked to sodium transport.

**Site of the Active Uptake of Ions**

In those animals such as the frog, which have an unprotected body surface the uptake of ions can occur across any part of the skin. Like fishes in the Crustacea, the site of active uptake is limited to specialized regions. Where gills are present, these are the regions primarily responsible for the transport of ions, though not necessarily all the gills participate. In *Artemia salina* the last pair of gills does not stain with silver solutions and is presumed not to play a part in ion transport. Similar non-staining posterior gills have been found in the fresh-water crab *Potamon*. *Asellus aquaticus*, in addition to staining over certain regions of the gills, also has a silver staining plaque on the ventral portion of the abdomen. As the capacity to stain with silver does not prove that the region responsible transports ions, there can be no more than a supposition that ions are taken up by these non-gill regions of *Aselles*. It seems more certain that the silver staining plaques at the lateral ventral corners of the cephalothorax of *Neomysis integers* transport ions, since this animal lacks specific gills.

**Excretion**

There are several useless substances in the body which are produced during the metabolic activities. The removal of these substances is the excretion. If such substances are allowed to stay for a long in the body they may prove fatal to the organism. The principal excetory organs of the higher Crustacea are formed by a pair of glandular coelomoducts which are situated in either the antennary or maxillary segments. Each gland consists of an end sac representing a coelomic remmant, and excretory tubule opening at the base of the maxilla or second antenna. In most forms the tubule is simple, but in the decapods it may be expanded with much folding of the wall to form a labyrinth at the proximal end and expanded distally to form a baldder. The principal problems associated with excretion include (1) the manner in

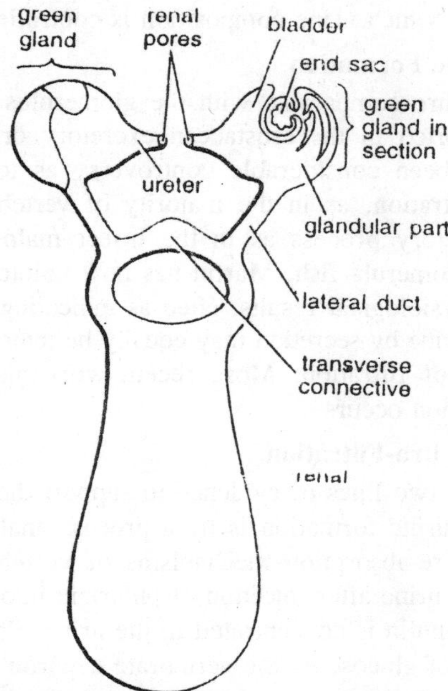


*Fig. 5.4. Palaemon. Excretory organs in dorsal view.*

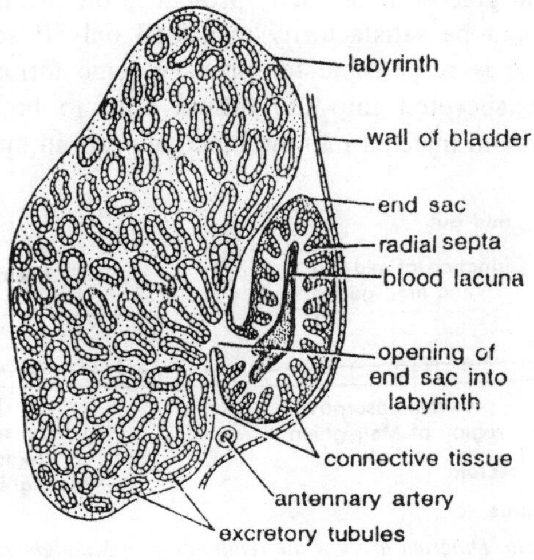


*Fig. 5.5. Palaemon. Antennary gland in section.*

which the urine is formed, (2) the function of the urine, (3) the mechanism by which urine composition is controlled.

**Mode of Urine Formation**

No structure comparable with the glomerulus of vertebrates has yet been reported in the crustacean excretory organ and there has consequently been considerable controversy as to whether urine is formed by filtration, as in the majority of vertebrates, or by some form of secretory process as in the insect malpighian tubules and kidneys of aglomerula fish. Martin has now pointed out that some of the earlier physiological results, cited as indicating that the antennary gland forms urine by secretion may equally be interpreted as indicating the presence of filtration. More recent work also indicates that a form of filtration occurs.

**Evidence of Ultra-Filtration**

There are two lines of evidence to support the conclusion that in the decapods urine formation is by a process analogous to the ultra-filtration and re-absorption mechanisms of vertebrates: (1) Glucose appears in the urine after injection of phlorizin into the blood. (2) The carbohydrate inulin is concentrated in the urine. Phlorizin inhibits the re-absorption of glucose by the vertebrate nephron.

Hence, as glucose appears in the definitive urine of crayfish and *Homarus* after injection with this drug, there must be a strong presumption that glucose is normally present in the primary urine. Its presence here can be satisfactorily explained only if some form of filtration process is responsible for primary urine formation as it is unlikely to be secreted into the tubule only to be re-absorbed subsequently. Inulin injected into the blood appears in the urine at the

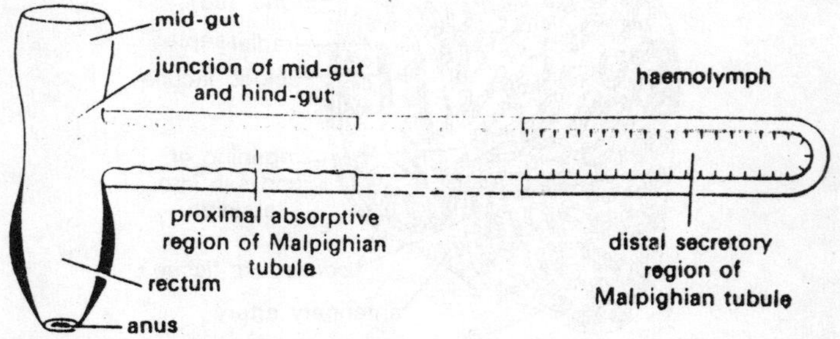


*Fig. 5.6. Periplaneta. Diagram to show the relationship of Malpighian tubule with the gut.*

same of somewhat higher concentration in *Homarus*, *Carcinus maenas*, *Hemigrapsus nudus*, *Ocypode albicans*, *Austropotamobius pallipes*, *Procambarus clarkii*, *Orconectes virilis* and *Pacifastacus leniusculus*. Since the lobster, like the vertebrates, is not able to metabolize this substance, its presence in the urine at a concentration similar to or higher than that of the blood suggests urine formation by filtration with or without subsequent re-absorption of water.

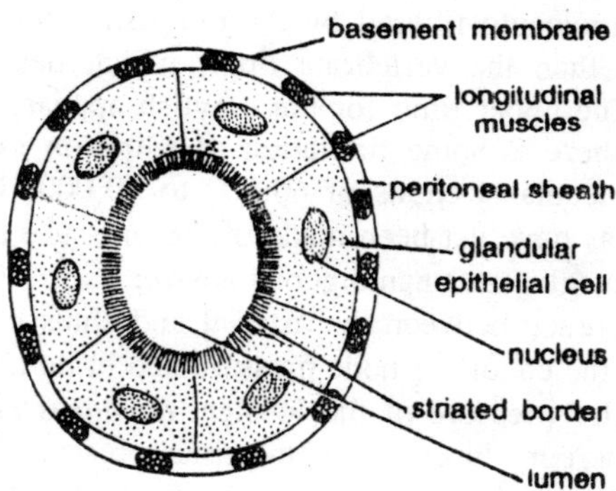


*Fig. 5.7. Periplaneta. T.S. of Malpighian tubule.*

If filtration by hydrostatic pressure is to occur, the blood pressure must exceed the sum of the hydrostatic pressure in the urinary tubule and the colloid osmotic pressure of the blood proteins. As the crustacean excretory organs are bathed by blood it may be expected that the hydrostatic pressure within the organ is the same as that in the surrounding sinus. Filtration is therefore unlikely to occur from the general haemocoel against the colloid osmotic pressure. However, all parts of the antennal gland of the crayfish and the end sac of *Palaemonetes* receive branches of the antennary artery, in which the pressure must be higher than that in the haemocoel, since there is a through flow of blood. In the coelomosac there is a histological arrangement which is compatible with ultra-filtration, though—as already stated—not resembling the vertebrate glomerulus. Separating the blood from the coelomosac lumen is a cellular epithelium lining a thin basement membrane.

The epithelial layer does not necessarily constitute a cellular barrier, since the cells tend both to be somewhat separated from one another and also scalloped at their bases, so that there is potentially a free passage to the coelomosac lumen for material able to traverse the basement membrane. This anatomical evidence that the coelomosac is a possible site of ultra-filtration is supported by physiological experiments. Following injection of inulin into the blood of crayfish it appears in the coelomosac in almost the same concentration. The same is true of dextrans with molecular weights of 15,000 to 20,000. The fact that the concentration of these non-metabolizable substances is the same in the coelomosac as in the blood inplies that they have been filtered from the blood.

The size of molecule filtered by the crayfish antennary gland is somewhat higher than the vertebrate limit, which lies in the range 37,800-62,000. The upper limit for the crayfish appears to be around 150,000 though there is some limitation of filtration rate even with dextrans with molecular weights of 60,000 to 90,000. Unfortunately such few studies as have yet been made of the pressure in the arteries and sinuses do not give an unambiguous answer as to whether or not the pressure difference between the arterial and sinus bloods is large enough to exceed the colloid osmotic pressure and bring about filtration. The intraventricular pressure of the lobster, *Homarus americanus*, is about 9 mm of mercury in excess of the sinus pressure at the base of the antenna and thus might conceivably be sufficient to ensure filtration. In *Cancer* and *Maia* the corresponding values are 8 mm and 4 mm respectively. The colloid osmotic pressure of these animals has not been determined; but if the pressure values quoted are correct there can be but little margin to ensure filtration.

It must be remembered, however, that the open blood system of Crustacea makes the recording of differences between arterial and sinus pressures difficult, since any opening of the system is liable to distort the values. If it is subsequently shown that the hydrostatic pressure is indeed inadequate to account for the movement of fluid in

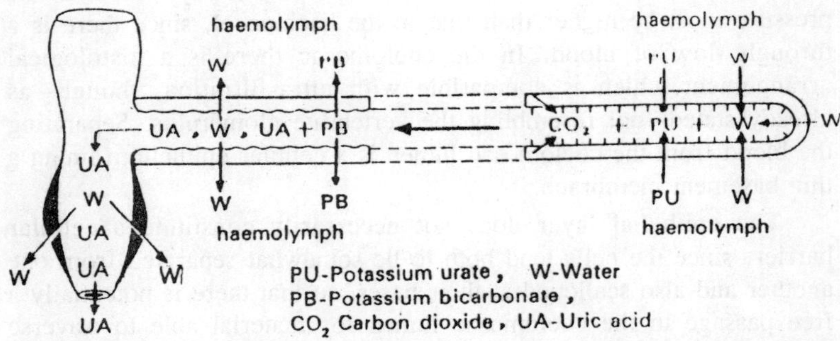


*Fig. 5.8. Periplaneta. Diagrammatic representation of the working of Malpighian tubule.*

the excretory organ in all cases, other systems compatible with the observed presence of glucose and inulin will have to be considered. One possible mechanism might be that excretion of an ion or ions creates an osmotic or electrical gradient across the wall of the excretory tubule and this in turn results in a bulk flow of fluid into the tubule by osmosis or endosmosis.

Some such system would seem to be necessary in those smaller Crustacea which lack arteries or even a heart, though conceivably the hydrostatic pressure in the surrounding sinuses could cause pressure filtration if the wall of the excetory organ were so supported by connective tissue that the tubule pressure was less than that of the blood. Apart from filtration and the alternatives suggested above, there is also another means available by which materials could be excreted via the antennary gland. Studies on the primary urine of crayfish have shown that formed bodies are present in the lumen of the coelomosac, labyrinth and excretory tubule. These bodies appear to be extruded portions of the epithelial cells. They form a possible alternative to filtration for the removal of large molecules from the body. For example, the dye Congo red, which accumulates selectively in the cells of the coelomosac after injection into the blood, subsequently appears in the formed bodies.

Similarly, injected foreign protein labelled with fluorescent dye also accumulates initially in the coelomosac cells. Pinocytosis vasicles are formed at the base of the coelomosac cells and these therefore present a possible route by which large molecules to be excreted could be taken up by the coelomosac cells from the blood. The formed bodies contain proteolytic enzymes which may be presumed to attack proteins excreted in this way. Since the formed bodies disrupt before they reach the bladder and since the bladder wall is known to be an area of, at least, ion-transport it is not improbable that useful products of degraded excretory material can subsequently be re-absorbed.

## Functions of the Excretory Organ

In crustaceans the excretory organs perform several functions the relative importance of which varies with the habitat in which the species lives. These functions include (1) elimination of metabolic waste materials too large to diffuse across the cuticle, (2) regulation of the ionic composition of the blood, and (3) regulation of the body volume. In cases where the blood is hypertonic to the medium, the urine of a few forms may also assist in the maintenance of this hypertonicity.

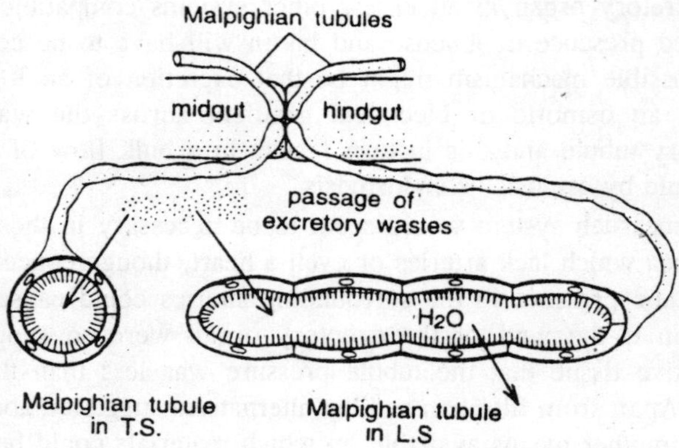


*Fig. 5.9. Grasshopper. Malpighian tubule in T.S. and L.S.*

**Excretion of Waste Materials**

An excretory organ forming urine by filtration offers a convenient means by which foreign or waste materials, e.g., inulin, for which there may be no available specific transport mechanism, can be readily removed from the blood. Some organic substances can be actively secreted into the tubule however. Thus, if phenol red is injected into a lobster the concentration of the dye in the urine exceeds the concentration of inulin, thus indicating that the former is not concentrated solely by the withdrawal of water passing down the urinary tubule. Some 60-87% of the total nitrogenous waste material is in the form of ammonia in marine and freshwater forms. Ammonia, being a toxic material, requires a considerable volume of water for its elimination, and terrestrial groups, such as the gastropods, reptiles, mammals and birds, tend to release waste nitrogen in the form of the less toxic urea or uric acid, to conserve water.

There is little evidence that such a switch occurs in terrestrial Crustacea, ammonia still accounting for some 45-55% of the total nitrogen output in the terrestrial isopods. Urea rarely accounts for more than about 5% of the total nitrogen loss, though 13 and 12% have been reported respectively in *Cancer pagurus* and *Astacus astacus*. Uric acid accounts for up to 8% in the isopods but is absent, or occurs only in small amounts, in other forms. Indeed, instead of combining waste nitrogen in a non-toxic form the terrestrial isopods tend to reduce the total nitrogen turnover. Amino-nitrogen is often present in the excretory products, constituting usually between 5 and 20% of the total, though these substances are absent in *Carcinus*.

Amino-acids are released by *Calanus* when the animals are kept in overcrowded conditions but not when they are given more room. It is possible therefore that the release of amino nitrogen may be a response to unfavourable conditions and that these substances are not normal excretory products. There is a little evidence to show by what routes these various end products leave the body. Ammonia and urea can diffuse across the gills of the lobster and presumably of other adequatic forms. Up to 30% of the ammonia is said to be lost as a gas from wood lice. The urine is likely to be used as a vehicle for larger, less readily diffusible, waste products. Quite large molecules can be filtered by the antennary gland of the lobster, the urine turning red after injection of dog-fish haemoglobin.

**Ion regulation**

It has already been noted that the ionic composition of the blood of marine species differs that the ionic medium. The very fact that urine is formed at all would contribute to a decrease in the blood concentration of those ions which can only slowly penetrate across the cuticle, even if the urine were similar in composition to the blood. The excretory organ does not, however, play only a passive role in ionic regulation, since the ion levels in the urine differ from those in the blood. Ions such as magnesium and sulphate, which usually have a lower level in the blood than in the medium, tend to have a high concentration in the urine. Furthermore, the ion ratios in the urine are often altered when the concentration of the medium is changed. This active role of the antennary gland in controlling blood ion levels can be illustrated by the way in which the magnesium ion is handled. Increases in the magnesium concentration of the medium are followed by an increase in the magnesium concentration of the urine but little change in blood concentration in *Carcinus*, *Hemigrapsus* and *Cancer*. At first sight, the shore crab *Pachygrapsus crassipes* seem to behave in the same manner, since the ratio of urine magnesium to blood magnesium rises from 5.6 when the animal is in 50% sea water to 15.4 when it is in 150% sea water. However, determination of the amount of magnesium lost in 50%, 100% and 150% sea water indicates that the animal actually loses most magnesium in the dilute medium and least in the most concentrated, because of differences in the urine volume. This finding, of course, drives home the importance of determining urine volume as well as concentration, before conclusions are drawn as to the function of the excretory organ in regulation. It appears therefore that the concentration of magnesium in the urine of

*Pachygrapsus* is largely determined by the volume of urine produced rather than by the requirements of the maintenance of the blood magnesium level. As the concentration of magnesium in the urine rises, the ratio urine concentration to blood for sodium declines in the crabs *Pachygrapsus*, *Carcinus*, *Ocypode*, *Uca*, and *Hemigrapsus*. This must mean that the excess sodium is excreted elsewhere. The actual site of secretion is the gill in the case of *Pachgrapsus* and presumably also in the other forms too.

**Table 5.5. The ionic composition of the blood and urine of Carcinus maenas in sea water and after 48 Hr and 96 Hr in water-saturated air**

| | *In sea-water* | *48 hr* | *96 hr* |
|---|---|---|---|
| Na mM/1 | | | |
| Urine | 481 ± 37.8 | 459 ± 30.8 | 391 ± 50 |
| Blood | 525 ± 10.9 | 538 ± 18.9 | 543 ± 19.5 |
| KmM/1 | | | |
| Urine | 12.4 ± 0.57 | 12.1 ± 0.57 | 13.4 ± 0.79 |
| Blood | 12.7 ± 0.85 | 12.4 ± 1.39 | 13.6 ± 0.66 |
| Ca mM/1 | | | |
| Urine | 17.2 ± 1.25 | 21.3 ± 2.24 | 22.3 ± 5.03 |
| Blood | 14.3 ± 1.41 | 14.6 ± 1.10 | 15.2 ± 2.21 |
| Mg mM/1 | | | |
| Urine | 89.4 ± 35 | 121 ± 47 | 192 ± 37.0 |
| Blood | 21.2 ± 2.9 | 20 ± 2 | 19.4 ± 3.3 |
| Cl mM/1 | | | |
| Urine | 531 ± 35.6 | 671 ± 86 | 626 ± 14.6 |
| Blood | 502 ± 22.5 | 569 ± 26.8 | 558 ± 19.5 |
| Inulin (% original) | | | |
| Urine | 202 ± 27 | 187 ± 43 | 211 ± 30 |
| Blood | 100 ± 0 | 81 ± 10.5 | 87 ± 6.6 |
| Osmotic pressure = mM/1 NaCl | | | |
| Urine | 559 ± 4 | — | 646 ± 19 |
| Blood | 568 ± 14 | — | 622 ± 15 |

*Gecarcinus*, one of the most fully terrestrial of the land crabs, is a form which visits the sea only for reproduction, and hence does not normally have to dispose of excess magnesium. Interestingly this animal does not possess the ability to concentrate magnesium in the urine even when magnesium is injected into the blood.

Some doubts surround the mechanism whereby the *U/B* of magnesium is raised above unity in the crabs listed above. The concentrating of magnesium in the urine might be brought about either by an active secretion of magnesium into the tubule or by withdrawal of water plus sodium. Investigation of the *U/B* for inulin suggests that about half the primary urine initially formed by *Carcinus* is re-absorbed during passage along the urinary tubule. As the definitive urine remains isotonic with the blood, salt must also be re-absorbed. This re-absorption will serve to concentrate in the tubule substances which are not take back; but it cannot be solely responsible for the differences between the magnesium concentration of the urine and blood, suggesting that magnesium can be secreted into the tubule.

Species in which the blood concentration is maintained hypertonic or hypotonic to the medium tend to lose and gain slats respectively. The production of urine hypotonic to the blood by hypertonic forms, and of urine hypertonic to the blood by hypotonic forms, would therefore be a valuable contribution towards the maintenance of the gradient between blood and medium. Nevertheless, the production of urine differing in osmotic concentration from the blood as an aid to hyper- and hypotonic regulation is not common in the larger Crustacea. All the marine and brackish-water decapods seem to produce only isotonic urine. So too do the freshwater crabs and prawns such as *Eriocheir sinensis*, *Potamon niloticus* and *Palaemonetes antennarius*. On the other hand, the brackish-water amphipods *Gammarus duebeni*, *G. zaddachi*, *G. fasciatus* and the freshwater crayfishes *Procambarus clarkii*, *Austropotamobius pallipes*, *Astacus* sp., *Orconectes virilis* and *Pacifastacus leniusculus* and the amphipod *G. pulex* all have the capacity to produce urine hypotonic to the blood. Three genera, *Ocypode*, *Goniopsis* and *Uca* have been claimed to form urine whose ion concentration is either greater or less than that of the blood, but re-investigation on *Uca* and *Ocypode* has failed to confirm that the difference between blood and urine concentration is sufficiently great for the latter to be claimed as playing any major role in the hypotonic regulation of the blood. The question whether or not Crustacea are able to form urine more concentrated than the blood must therefore remain unanswered for the time being. The more terrestrial of the land crabs such as *Gecarcinus lateralis*, *Coenobita brevimanus* and *Birgus latro* do not form hypertonic urine.

The production of urine hypotonic to the blood eliminates excessive water and helps to conserve ions in the body. The capacity to produce hypotonic urine can be related to the structure of the excretory organ. In decapods which form isotonic urine there is only a short duct separating the labyrinth from the bladder, whilst in crayfish there is a long duct. Similarly in gammarids the marine *G. locusta* has a short excretory tubule whilst that of the freshwater *G. pulex* is more than twice as long. *G. duebeni*, which has a somewhat shorter tubule than that of *G. pulex*, can form hypotonic urine; but the minimum concentration produced is not so low as that of *G. pulex*.

In the crayfish the primary urine in the end sac and proximal parts of the labyrinth is practically isotonic with the blood, but the urine in the bladder is only a little more concentrated than the freshwater medium. Dilution must therefore occur in the intervening tubule. As the urine in the distal tubule is considerably more concentrated than that in the bladder of the crayfish it must be presumed that the bladder wall also plays a part in the further dilution of the urine. The role of the bladder wall in re-absorbing ions is further evidenced by the presence in the bladder wall of cholinesterase, a high concentration of which is often found in cells associated with sodium transport. Furthermore, inhibition of this substance with eserine partially blocks the normal movement of Na from the bladder into the blood.

**Regulation of Body Volume**

Some compensation for increased blood volume may be possible by decreasing the volume of the bladder, but the possibility of expansion within a rigid exoskeleton is limited. The volume of Crustacea must therefore be regulated within narrow limits if fluctuations of the internal hydrostatic pressure are to be avoided. That an effective mechanism is involved in volume regulation is clearly indicated by the fact that the size increase in crabs is constant at moult, no matter what the gradient of salinity between their blood and medium.

Crabs respond to a sudden loss of blood volume by drinking the medium. Thus, when blood is removed from *Carcinus* they can regain much of the weight lost within a few minutes of transfer back to sea water. The excretory organs play an obvious role in regulating the fluid volume. Control of the rate at which water is eliminated is achieved either by regulation of the rate at which primary urine is formed or by re-absorbng fluid during passage of urine along the excretory tubule. Both systems are used, but the forms specialized for water retention in the body seem to concentrate on the latter. When the lobster *Homarus* is injected with inulin, it forms urine containing the same concentration of this substance as the blood, i.e. $U/B = 1$, suggesting that there is no subsequent water withdrawal from the tubule. The animal's ability to vary the rate of filtration is indicated, however, by the finding that the rate of clearance of inulin from the blood is variable. An extreme example of control of filtration rate is shown by *Ocypode albicans*. This semi-terrestrial crab varies the rate of inulin clearance according to the salinity of the medium in which it is placed; when taken out of water if ceases to clear inulin at all. Failure to clear inulin implies either that filtration has ceased or that there is no re-absorption of water from the urine into the blood.

Cessation of filtration might be an adequate mechanism in a form which has the opportunity to produce urine during its nightly visits to the sea. In a more fully terrestrial form, such as *Gecarcinus* which does not visit the sea daily, cessation of primary urine production would be expected to involve an unacceptable retention of metabolic waste products. When on land, *Gecarcinus* continues to clear inulin, effecting a clearance of a volume equivalent to the blood volume in sixty hours. During this time, however, no definitive urine could be collected by Flemister, suggesting that most of the primary urine had been re-absorbed. Naturally, when the animals are deprived of water complete re-absorption is necessary to avoid diminution of the blood volume. Re-absorption of water by *Gecarcinus* seems to be entirely directed at concentration of waste production and regulation of fluid volume rather than of blood concentration; for it will be recalled that this species does not form urine hypertonic to the blood. Some re-absorption of water also apprently occurs from the excretory tubules of the crayfishes *Procambarus clarkii*, *Orconectes virilis* and *Pacifastacus leniusculus* judging from the fact that the $U/B$ for inulin exceeds 1. It seems likely, however, that this represents an obligatory loss of water down the osmotic gradient produced during dilution of the urine rather than an active withdrawal of water under facultative control.

**Volume of Urine**

The classical method of determining urine volume has to block the excretory pores and then determine the rise in body weight over a period of time. This method is open to the obvious criticism that increasing body weight may result in a hydrostatic pressure increase which impedes normal water entry and so gives a low value for urine production. It has been found, however, that the results for the crayfish do correspond fairly closely to those of inulin clearance studies.

The volume of urine produced varies according to the osmotic gradient between blood and medium, the permeability of the body surface, and the size of the animals. It may also vary in individuals of the same species, the volume decreasing with a fall in temperature, a lowered blood colloid osmotic pressure, or as a result of shock during handling. As a consequence of such factors and differences in the methods of determination, the values quoted in the literature range rather widely. The marine decapods seem in general to have a daily urine output equivalent to about 3-15% of the body weight, *Carcinus* 3.6%, 4.7% 10%, *Cancer* 3-10% *Homarus*, *Pachygrapsus* 3.9%. Responses to media more concentrated than the blood vary. Both *Pachgrapsus crassipes* and *Palaemonetes varians* maintain the blood hypotonic to concentrated media; but, whereas in the former the urine volume is lower in 150% sea water than in 100% sea water, the latter has its lowest urine output when the medium is isotonic with the blood and increases the output in more concentrated media. Possibly this rise is associated with the need to eliminate excess magnesium or sulphate entering by diffusion.

The urine flow-rate is increased when there is an osmotic gradient drawing water into the blood. Thus, in 50% sea water *Pachygrapsus* is estimated to produce a urine volume equivalent to 58% of its body-weight daily, nearly fifteen times the rate in sea water; and *Palaemonetes varians* in 5% sea water has a urine volume of 39% of the body-weight a day as opposed to 3.6% in 50% sea water. Detailed studies of the amphipods *Gammarus oceanicus* and *G. fasciatus* indicate that urine output is linearly related to the osmotic gradient.

Freshwater species vary widely in their rate of water turnover. Very impermeable species such as *Potamon niloticus* produce even less urine than marine forms, despite the large osmotic gradient between blood and medium. Species of smaller adult body size, because of their larger surface to volume ratio, would be expected to have high rates of water turnover; and this is indeed the case despite the fact that lowered blood concentration of most smaller forms decreases the osmotic gradient. It has been suggested that the low blood concentration of the smaller fresh- and brackish-water species can be correlated with the need to minimize the osmotic work. For species with similar surface permeabilities to water and ions, the smaller the size the greater will be the turnover of ions. The larger the turnover of ions the greater will be the energy expenditure *per unit mass of body tissue* in order to maintain a given gradient of concentration between blood and medium.

**Control of the Rate of Urine Output and Concentration**

Practically nothing is known of the way in which the urine volume is regulated, though the fact that crayfish may become anuric when handled roughly and that urine production continues normally after withdrawal of 10% of the blood volume of the lobster suggests that more than purely passive processes are involved. The *U/B* for inulin declies when crayfish are eliminating an excess water load, indicating that less water than usual is being re-absorbed; but this might be the result of a faster flow of urine through the excretory tubule allowing less time for passive re-absorption rather than an active effect. Similarly, little is known of the mechanisms controlling the concentration of the urine. The freshwater amphipod, *Gammarus pulex* seems to have little facultative control over urine concentration, since it continues to produce urine very hypotonic to the blood even when it is in a medium more concentrated than the urine. *Austropotamobius* behaves rather similarly, though the urine concentration does increase somewhat and tends towards isotonicity with the medium at the highest salinities the crayfish will tolerate. The brackish-water amphipods *G. fasciatus*, *G. oceanicus* and *G. duebeni* by contrast maintain the urine more concentrated than the medium through less concentrated than the blood when they are in diluted sea water. The concentration of the urine of *G. duebeni* can be correlated with the concentration of the blood when the animals are in a steady state. Blood concentration, however, is not the only factor influencing urine concentration; transference from 110-175% sea water to freshwater results in the animals forming urine hypotonic to the blood even when the concentration of the blood is twice as high as the level at which hypotonic urine would be expected to be produced by animals in a steady state with their medium. As *G. duebeni* does not produce hypotonic urine when transferred from 175% sea water to 50% sea water, the tentative conclusion has been drawn that this species may be able to monitor the concentration of its medium and make appropriate adjustments to its urine concentration on this basis.

## Terrestrial Crustacea

Most of crustaceans are aquatic, however, the terrestrial Crustacea are members of one of three orders, the Decapoda, Amphipoda and Isopoda. Other, smaller forms, mainly Ostracoda and Copepoda, but including *Bathynella* of the Syncarida, occur on land; but, as they are confined to the interstitial soil water, wet moss and similar places where there is a film of water, they cannot be regarded as truly terrestrial. Most of the animals now living on land, including the terrestrial Protozoa, Turbellaria, Annelida and vertebrates, are though to have been derived from ancestors which lived in freshwater. Many of the land gastropods too may have evolved from freshwater or brackishwater forms. Terrestrial Crustacea on the other hand seem more likely to have invaded the land directly across the marine littoral strip with perhaps, in some cases, ancestors which lived in land-locked saline lagoons. Of the three orders the decapods are the least emancipated from the sea. Most, or perhaps all, land crabs have larval stages and so, since at least the females have to return to the sea to release their off-spring, the terrestrial range of crabs is limited to a few hundreds of yards from the shore.

The amphipods and isopods, retaining the eggs within a brood pouch and having compressed the developmental stages so that the young are released as immature tiny adults, no longer have an aquatic stage in the life cycle; so they are not limited in their range by the necessity of remaining close to a large body of water. Both groups colonize land widely though the former are limited, as fully terrestrial forms, to the Indo-Pacific region. As far as regulation of the body fluids is concerned, the terrestrial habitat exposes animals to the two hazards of overhydration and desiccation. Temporary flooding of the ground by rain is unlikely to present an osmotic problem to animals derived from freshwater ancestors, since most will have inherited from these ancestors the capacity to eliminate excess water in the form of hypotonic urine. However, as all the marine Crustacea so far studied produce urine only isotonic or nearly isotonic with the blood, the terrestrial Crustacea are unlikely to have inherited the facility to dispose of excess water without an accompanying salt loss.

Freshwater crabs, though continuously exposed to osmotic water uptake, nevertheless produce urine isotonic with the blood and replace the lost salt by the active uptake of ions from the medium. Salt cannot be so readily replaced on land, as it is usually available only in the food, but despite this none of the terrestrial crabs seems to have developed the capacity to produce dilute urine. The urine concentration of land isopods and amphipods has not yet been studied. Crustacea lack the epicuticular wax layer which so effectively decreases water loss across the body surface of insects and consequently lose water by evaporation when exposed to unsaturated air. The rate of water loss (*E*) is potentially equal to the product of the saturation deficit of the air and the permeability (*K*) of the cuticle of water. Saturation deficit is the vapour pressure of water in saturated air less the actual vapour pressure, where *V* is the vapour pressure of saturated air at a given temperature and *RH* is the relative humidity.

As the saturation deficit is a measure of the drying capacity of the air, under ideal conditions the rate of water loss should be proportional to it. In practice it is difficult to predict with accuracy the rate of water loss even from inert materials for two reasons: (1) Gradients of humidity build up near the surface and tend to slow the evaporative loss. (2) The cooling effect of evaporation alters the vapour pressure of the liquid at the surface. In the case of evaporation from animals the rate of water loss is even less predictable, since the permeability of the surface itself may affected by both degree by hydration and temperature. Despite these factors tending to diminish evaporative water loss, it is nevertheless sufficiently rapid to constitute a problem. Hence, it is important that terrestrial Crustacea either limit their permeability or remain in areas where the humidity is high.

Limitations are placed on the restriction of evaporative losses by the necessity of keeping the respiratory surfaces moist so as to ensure adequate gaseous exchange. Consequently, the avoidance of evaporative water loss largely depends on behavioural mechanisms which serve to keep the animals in areas of high humidity. In addition to evaporation, water is also lost in the removal of nitrogenous waste. In aquatic forms the end products of nitrogen metabolism may be readily eliminated across the gills as $NH_3$ or in exchange for sodium ions as $NH_4$. Only small amounts of ammonia can be released across the surface in most land forms and most of the remainder probably passes out in the urine, with a consequent loss of water. In the terrestrial insects and arachnids the nitrogenous waste is concentrated as insoluble products, uric acid and guanine, which can be eliminated as a sludge with a minimal waste of water. Ammonia, however, remains as the main nitrogenous waste product in the Crustacea, at least in the terrestrial isopods and *Orchestia*.

Uric acid accounts for only some 5-10% of the excreted nitrogen. There is thus little tendency towards the modifications of the metabolism to produce relatively non-toxic end-products as in vertebrates. The principal metabolic concession towards the need for water conservation by the isopods seems indeed to be that there is a general depression of nitrogen metabolism. In woodlice some of the uric acid that is formed is retained and stored in the body. Forms such as *Porcellio* and *Armadillidium* contain more stored uric acid than species which are less well able to tolerate short term exposure to dry air. However, as the freshwater isopod *Asellus aquaticus* contains considerably more stored uric acid than *Armadillidium*, it seems unlikely that storage of this material represents simply a response to lack of an adequate supply of water for excretion. In special circumstances the form of nitrogenous excretion may vary. Thus, it has been found that when *Calanus* are kept in overcrowded conditions they release amino acids though these substances are not normally excreted.

**Terrestrial Decapoda**

The Anomura and Brachyura contain a series of species showing different degrees of independence of the sea and physiological and behavioural adaptations to life on land. The series is of interest in that it may provide some insight into the stages of physiological evolution through which the more fully terrestrial species have passed. The following species will be considered, *Emerita talpoida*, *Pachygrapsus crassipes*, *Uca* sp., *Ocypode albicans*, *Coenobita perlatus*, *Coenobita brevimanus*, *Birgus latro* and *Gecarcinus lateralis*.

**Emerita Talpoida**

The mole-crab lives in the wave-stirred zone of sandy beaches, moving up and down with the tide and feeding in the film of water left by each receding wave. It swims and burrows readily and it not normally exposed to the drying action of air. In common with the sub-litoral crabs, it possesses no capacity to regulate the concentration of its blood though it does tolerate a limited degree of concentration change since it can survive in both 75% and 125% sea water for twenty-four hours. Exposure to concentrations of 150% or 50% sea water proves fatal in a few hours.

**Pachygrapsus Crassipes**

This is a crab of the mid- to upper-tide level of rocky shores. The blood is close to isotonicity with normal sea water but, unlike that of *Emerita*, is regulated when the animal is in more concentrated or dilute sea water, such as it might occasionally meet in rock pools. Thus in 160% sea water the blood concentration is osmotically equivalent to 140% sea water and in 25% sea water to about 70% sea water. The urine of *Pachygrapsus* plays little part in this regulation of the blood concentration since it is usually isotonic with the blood; but urine volume is presumably accurately controlled to meet the volume regulation of the animal, as there is no measurable weight change on transference between these media.

On desiccation to a 7% weight loss there is a shift of potassium, calcium and magnesium from the tissues into the blood, a physiological failure which may limit the terrestrial life of the species. In its behaviour, too, *Pachygrapsus* is not well adated to life on land; for, if given a choice of 50%, 100% and 150% sea water after concentration of its blood by desiccation, it usually selects 100% sea water even if this is not the medium which would most rapidly restore the blood concentration to normal. As the animal will normally spend about twelve hours a day in water this preference for sea water would seem to be a powerful factor tending to restrict this species to the inter-tidal and sub-tidal zones of the sea.

**Uca**

Three species of fiddler crab *U. pugnax*, *U. pugilator* and *U. minax* show, in that order, decreasing dependence on the sea and greater tolerance of freshwater. *U. pugnax*, a species restricted to the upper shore and tidal salt marsh, has a LD 50 of only one-and-a-half days in freshwater, *U. pugnax* from *Salicornia* marsh, where it may be exposed to rain storms, has a LD 50 of three-and-a-half days in freshwater, whilst the brackish-water from *U. minax*, which often invades streams, has one of three weeks. When given a choice of media, *U. pugnax* and *U. pugilator* tend to select sea water like *Pachygrapsus* but *U. minax* selects freshwater. Nevertheless, many of the pools on the marshes where the animals occur will frequently contain water more saline than sea water and appropriately the species of *Uca* have a well developed capacity to maintain a blood concentration hypotonic to strongly saline media.

Indeed the concentration of the blood rises to a level only a little above that of sea water itself when they are kept in 175% sea water for two to four days. There is little advance over the *Pachygrapsus* state with respect to the urine however. This cannot play a major role in the maintenance of hypotonicity of the blood, since at most it is only slightly hypertonic to the blood in sea water or more concentrated media. The sodium concentration of the urine is always lower than that of the blood, indicating that excess sodium is eliminated elsewhere, probably via the gills, as in *Pachygrapsus*.

**Ocypode Albicans**

Ghost crab burrows are usually situated above the high tide mark though they extend down into moist sand. Unlike the diurnal *Uca* species, the animal remains in its moist and humid burrow during the day and thus limits evaporative water loss. This restriction of water loss is important since, although it visits the sea at night and can there re-hydrate, the blood chloride concentration is maintained at only 380 mM/1; so excessive replacement of water involves considerable osmotic work.

**Coenobita**

The anomuran *Coenobita* does not regulate its blood concentration within such a narrow range as *Uca* and *Ocypode*. To compensate for this, the animals show a wide range of tolerance. Thus *Coenobita perlatus* have been found to have a blood osmotic concentration in the range 102-150% sea water, whilst the limits of tolerance found in the laboratory are from 83-220% sea water. When given a choice of land, freshwater and sea water the animals spend about 90% of their time on land, a very much greater proportion than was found in the case of *Pachygrapsus*. Sea water is normally preferred to freshwater for the remaining time, but if the blood concentration is high freshwater will be selected, a further behavioural advance over the situation in *Pachygrapsus*. One factor contributing to *Coenobita's* ability to remain out of water for such a large part of the day is that if fills the snail shell which it carries, like other hermit crabs, with sea or brackish-water. This water comes quickly to osmotic equilibrium with the blood and can therefore be regarded as an extension of the haemolymph as far as its water content is concerned.

Another factor is that *C. perlatus* is generally active at night when evaporative water loss is likely than during the day. *C. perlatus* commonly lives among the tree roots close to the sea, and it makes periodic visits to refill the shell with sea water. *Coenobita brevimanus* shows a further advance on the *C. perlatus* condition. This former animal, when given a choice of media to fill its shell, prefers freshwater and is adept at filling the shell from very small puddles; a pool 4 cm long and 1 cm deep suffices. *C. brevimanus* lives further from the sea than its cogenor and is restricted to areas of heavy vegetation, often burrowing in piles of rotting coconuts. By burrowing in wet detritus the animal is able to remain alive for some weeks, even in the absence of free water. Under natural conditions its blood concentration is equivalent to 80% sea water and this concentration is more uniformly maintained than in the case of *C. perlatus*.

**Birgus**

Birgus, the coconut crab, though also an anomuran, does not conceal its abdomen in a gastropod shell. Instead, when inactive it remains in moist burrows, thus reducing evaporative losses of water. The blood concentration is usually maintained at a level a little lower than that of *C. brevimanus*, at about 75% sea water. It will select either sea water or freshwater to drink according to need, although it normally seems to show a preference for the latter. Nevertheless, *Birgus* displays considerable ability to tolerate changes in blood concentration and can survive as long as seventy-eight days if provided with sea water alone, even though during this time the blood concentration rises to a level equivalent to 118% sea water. Its osmotic regulation is thus largely based on behavioural control of drinking and the capacity to withstand variations in blood concentration.

**Gecarcinus Lateralis**

*Grecarcinus*, one of the most terrestrial of the brachyuran crabs, rarely enters water. Like *Birgus* and *Coenobita*, it displays a very considerable toleration of changes in blood concentration. Thus, after 35-40% days when given only freshwater the blood sodium concentration had reached 329 mM/1, whilst after 6-8 days with only sea water provided it is about 600 mM/1. When given a choice of both media the blood concentration is maintained at about 460 mM/1. After a period of dehydration *Gecarcinus* can regain its normal weight if allowed to burrow in sand moistened with fresh water, even if no free water is available. It can live up to four months in sand moistened with freshwater, though in sand moistened with sea water there is no weight gain and survival is short.

At the posterior, lateral corners of the body there is a system of modified bristles which form a capillary channel leading up to the greatly enlarged pericardial sacs. It is probable that this system is involved in conducting water from moist sand to the sacs where it is absorbed into the body. *Gecarcinus* maintains a more constant blood concentration than does *Pachygrapsus* when desiccated by the same water loss. Another feature in which it shows a better degree of adaptation to desiccation than *Pachygrapsus* is that for a given water loss it shows a much smaller loss of potassium from the tissues. When *Gecarcinus* is given access only to sea water, its survival is much shorter than either that of *Birgus* or *Coenobita*, indicating the greater removal of the former from physiological adaptations to marine conditions. Probably this is due to a lessened ability to secrete sodium across the gills, a faculty utilized at least by *Pachygrapsus* and *Uca* species of the other crabs mentioned above, but no longer required in a form which rarely has access to salt water.

In moist semi-terrestrial crabs there is a well developed capacity to concentrate magnesium in the urine, whilst at the same time decreasing the sodium concentration. This capacity has been lost in the more fully terrestrial *Gecarcinus*. Whilst there is too much variety in the details of osmotic and ionic regulation of these semi-terrestrial and terrestrial forms to make overall generalizations, certain possible trends are nevertheless apparent. Semi-terrestrial crabs such as *Pachygrapsus*, *Uca* and *Ocypode*, which always have access to the sea or saline-water pools, have developed a capacity to regulate the blood osmotic and ionic concentration to a considerable degree. The excretory organ is specially adapted to regulate magnesium levels, and excess sodium is secreted across the gills.

More fully terrestrial crabs such as *Birgus*, *Coenobita* and *Gecarcinus*, which do not always lie close to the sea, depend more on behavioural mechanisms to regulate the blood concentration and tend to select freshwater to drink. Water is presumably not always available, particularly on dry atolls, and these latter genera have developed a greater tolerance of variations in body fluid concentration than that possessed by the first three genera mentioned. As high intakes of magnesium are uncommon away from the sea, at least some of the more terrestrial forms have lost the capacity to concentrate this ion in the urine.

**Amphipoda**

The terrestrial Amphipoda all belong to the Talitridae which are most familiar to inhabitants of the Northern hemisphere as the hoppers of the strand-line, though a few species such as *Orchestia bottae*, in Britain, have established themselves along the banks of rivers some distance from the sea. The terrestrial Amphipoda, however, are more closely allied to the strand-line species morphologically; so it appears that the Amphipoda have also colonized land directly rather than by freshwater. Unfortunately little is known of the way in which water balance is maintained in these forms.

# 6

# Haemocoel in Arthropods

## Types of Structure of Body Cavity

The history of the peripheral phagocytoblast in Bilateria is closely bound up with the development of the body cavity. The peripheral phagocytoblast takes part in the formation of the skin and the gut, forming the accessory, mesodermal parts of each. It gives rise to the greater part of the musculature and participates in the structure of other apparatuses and systems of organs, and also to the supporting or connective tissues that fill the interstices between these, as happens in most flatworms, molluscs, etc. In other cases connective tissue does not develop, and spaces filled with liquid, called body cavities, are formed between the organs.

Usually a distinction is made between the primary body cavity and the secondary body cavity, or *coelom*. The term 'primary body cavity' however, again denotes two different, formations, *blastocoel* and *schizocoel*. The *blastocoel* is the cavity of a blastula. When there is an invaginated gastrula, as in sea-urchins, the blastocoel persists for some time between the skin and the gut of the gastrula, in addition to the newly-formed gut cavity. The blastocoel in a purely temporary formation. Sometimes it still occurs in early larval stages, but it always disappears later. In fully-polarised animals such as hydroids, Chaetognatha, and *Amphioxus*, the epithelial layers are closely apposed and adhere to each other, and no traces of the blastocoel remain. In animals with a well-developed mesenchyma the blastocoel is filled up by the latter, e.g. in echinoderms and molluscs.

There is therefore usually no continuity between the blastocoel and any cavity in the adult animal. If sometimes such a continuity seems to exist, it is only when the method of development is far from primitive. In any case the blastocoel plays no part in the organisation of the adult animal, and no products of it exist in adult animals, in spite of the views expressed by some earlier authors. The *schizocoel* is a cavity that appears in the peripheral phagocytoblast as a result of the moving apart or breakdown of cells. We find such cavities in many Rhabdocoela; in *Rhynchomesostoma* there are such large cleft-like spaces in the parenchyma between the gut and the body wall that I have observed parasitic infusoria swimming in them.

We also find large schizocoels in Rotatoria, nematodes, and other nematomorphic groups. The schizocoel is especially well developed in Nematomorpha, in which it is characterised by considerable regularity of outlines. When we call the schizocoel and the blastocoel primary cavities we imply that a common characteristic of them in absence of walls of their own. Every primary cavity is bounded not by walls of its own but by the immediately-adjacent tissues or organs, and thus is merely a space between these. A schizocoel may be bounded on one side by supporting tissue and on the other side by the basal surface of the intestinal epithelium, etc. A secondary body cavity or *coelom*, on the contrary, is a body cavity lined with its own epithelium.

Although the coelom usually occupies all the spaces between organs and its epithelium lines all the crevices between them, the coelom is essentially nothing else than a thin-walled sac. It is not merely a hole, it is an organ. Moreover, the coelom may have its own ducts opening to the exterior, the *coelomoducts*. A coelom in one form or another is possesed by all trochophore animals except Kamptozoa, and by all Deuterostomia, Podaxonia, Brachiopoda, and Chaetognatha. The origin of the coelom as a separate organ presents an important problem. That problem has always called forth a number of divergent views, and even today it has no generally-accepted solution.

## Theories of the Origin of the Coelom

What does 'origin of the coelom' imply? From a purely morphological point of view the problem consists in finding homologues of coelomic sacs in lower forms, in coelenterates and Scolecida. From the historical point of view we must produce a satisfactory hypothesis of the probable structure of organs homologous with the coelom in ancestors of coelomate animals, and of the methods whereby they were transformed into the present coelom; that is a very difficult task. Several theories have been advanced in the search for homologues of the coelom. We list them below, beginning with those less plausible.

The least plausible theory is the so-called *nephrocoelic* theory, advanced by H. Ziegler in 1898 and supported by R. Snodgrass (1938). Ziegler regarded coelomic sacs as expansions of the nephridia of lower worms, in the same way that the air-sacs of Hymenoptera or Diptera are expansions of tracheae. The nephridia of turbellarians and other Scolecida are fine tubes of ectodermal origin ramifying throughout the body.

According to Ziegler, the terminal sections of the nephridia expanded into vesicles and the vesicles became coelomic sacs. Later the genital cells became connected with them, and the close association between the genital apparatus and the coelom arose. Expanding, the coelom came into close contact with the musculature, and finally all of these organs began to develop from a single rudiment, from the walls of the coelomic sacs. Not one of the premises of this theory is soundly based or is in any way plausible. As E. Goodrich (1897, 1945) has stated, what were formerly called nephridia are combinations or heterogeneous objects: true ectodermal nephridia, and coelomoducts developing from the walls of the coelom and having the function of genital ducts. It is only through that confusion that the nephrocoelic theory could have arisen. The coelom could not originate from expansion of coelomoducts, since animals without a coelom also lack coelomoducts; the coelom could not originate from expansion of true nephridia, since fully-normal nephridia are retained in typical coelomate animals, particularly in polychaetes.

Moreover, it is impossible to reconcile the hypothesis of the origin of the coelom from protonephridia with embryological data. A second theory is the *schizocoelic* theory, advanced by A. Goette (1884) and supported by N.N. Poléjaeff (1893) and J. Thiele (1902). According to this theory, the coelom of annelids and molluscs is homologous with the schizocoel of Scolecida, i.e. it is merely a perfected schizocoel. This theory does not contradict facts, but it gives very little help. A theory of the origin of the coelom should explain why the coelom has a genital function, why genital products develop in its walls. It should explain the origin of coelomoducts; it should explain why in some animals the coelom is formed from the gut, why the musculature of the body is often partly formed from it, and so on. The schizocoelic theory gives a convincing answer to none of these questions, and therefore cannot be fully accepted. It still, however, contains a grain of truth. In the ontogeny of all Protostomia the coelom is formed by separation of cells or, in general, by epithelisation of an originally massive and amorphous rudiment, so that the schizocoelic theory correctly describes what takes place in the individual development of a large proportion of coelomate animals. Therefore we shall see that in the final synthesis something should be borrowed from this theory.

N.A. Livanov (1955) has proposed the *myocelic* theory of origin of the coelom, according to which the coelom arose as a cavity in the musculature of an animal, which became filled with fluid and therefore played the role of a supporting formation for the surrounding muscles. It is easily seen that this is a modernised version of the schizocoelic theory. The suggestion that the coelom had a supporting role during its evolution is a valuable one.

A third theory is the *gonocoelic* theory, which derives the coelom from the genital glands. It was advanced by the Prague zoologist B. Hatschek (1878), and formulated by the Dane R. Bergh (1885) as follows: the coelom originated from the gonads of lower worms; the cavity of each half-segment of an annelid corresponds to the cavity of a single genital follicle of a turbellarian or a nemertine; the epithelium of the coelom corresponds to the wall of a gonad, and the coelomoducts corresponds to genital ducts. From this point of view the best ancestral form from which to derive the metameric coelom of annelids is Nemertini, with their partly-metameric arrangement of sacciform gonads, each of which opens to the exterior by a separate short duct. Bergh believes that the epithelium lining such a gland was transformed into coelomic epithelium, the formation of genital cells was concentrated in a small area of the wall, and the duct was transformed into a coelomoduct. From this point of view the cells of the coelomic epithelium are modifications of either genital or follicular cells.

There are many facts to support this theory. In all animals that possess a coelom it invariably has a genital function; genital products develop in the walls of the coelom and the conveyed to the exterior by coelomoducts. We see that process in annelids, molluscs echinoderms, and vertebrates right up to mammals. The chief difficulties in the gonocoelic theory are due to its attempt not only to derive the cavity of the coelom from gonad cavities but also to derive the walls of the coelom from elements of a genital gland. To do that we must make the assumption that some of the genital cells lost their original nature and became simple somatic cells, and that the rudiments of all organs produced ontogenetically from the walls of the coelom are derived from a genital rudiment. As a result, a number of authors writing on this subject have become thoroughly entangled in the physiology of development. The conjecture of the old gonocoelic theory that the

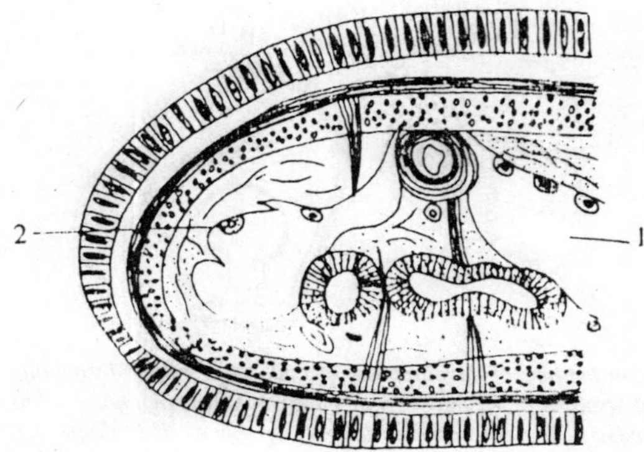


*Fig. 6.1. Cross-section through trunk of Drepanophorus crassus (Heteronemertini). Empty cavities of the gonads (1), with small oocytes (2), externally resembling coelomic cavities.*

walls of the coelom were derived from elements of a genital gland was disposed of by W. Faussek (1981, 1897, 1900, 1911), who cited instances of early individualisation of genital rudiments in opposition to the theory. In a number of vertebrates, arthropods, and cephalopods the genital cells are identifiable at very early stages of development, long before formation of the coelom, sometimes at the very beginning of cleavage. Faussek drew the following conclusion: since the genital cells and individualised much earlier than, and independently of, the coelom, these two formations differ in their nature, and the walls of the coelom cannot be derived from genital cells. That argument was correct, and was later confirmed in the case of polychaetes.

P.P. Ivanov (1912) discovered that in the development of Sabellidae and Spionidae genital cells arise in the front part of the body, creep rearward along the gut, and enter separate post-larval segments, where they lie beneath the coelomic epithelium. It is clear, therefore, that in polychaetes also the genital elements and the coelom are formations that were originally mutually independent, and that the walls of the coelom cannot have originated from genital cells. It is true that A. Lang (1903) and others have tried to object, stating that the rudiment of a genital gland could have differentiated into a strictly genital rudiment and a coeloblast, the rudiment of coelomic epithelium, which changed its function. This artificial assumption, however, can hardly save the gonocoelic theory in its classic form.

A fourth theory of the origin of the coelom is the enterocoelic theory, which postulates an intestinal origin for the coelom. It was

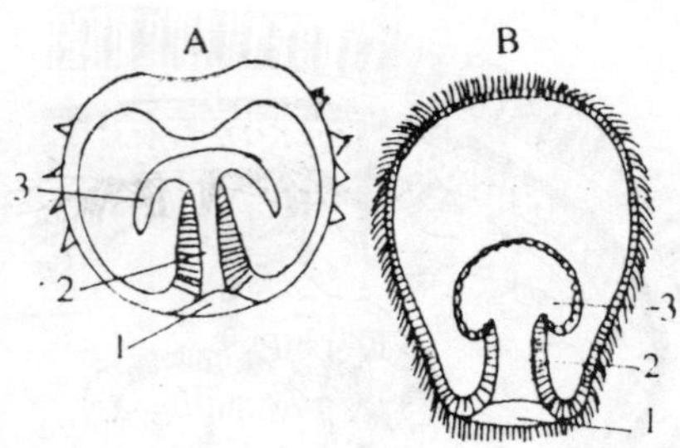


*Fig. 6.2. Similarity in method of development of coelom in echinoderms and in that of peripheral sections of gastrovascular apparatus in ctenophores; illustrating the basic premise of the enterocoelic theory. A—Larva of Cydippe (Ctenophora), B—Larva of Astropecten (Asteroidea). 1-primary mouth; 2-rudiment of gut; 3-rudiment of coelom in starfish and of gastrovascular canals in ctenophore.*

first advanced by E. Mechnikov (1874), who based it on comparison of echinoderms at early stages of development with ctenophores, and it was developed by O. and R. Hertwig (1881) working from comparison of sea-anemones with higher animals. Variants of the enterocoelic theory are the theories of A. Sedgwick (1884) and more recently of A. Remane (1950) and H. Lemche (1960). From the point of view of the enterocoelic theory, the coelom is the homologue of the peripheral section of the gastrovascular apparatus of coelenterates. Mechnikov based this view on the remarkable similarity between the location of the coelomic sacs in a young dipleurula and the location of the gastrovascular canals in a ctenophore, which we have mentioned in our discussion of the promorphology of Deuterostomia. To what was stated there we must add another similarity: the genital products of ctenophores develop in the walls of the gastrovascular canals, and the genital cords and genital products of echinoderms develop in precisely the same way from the walls of the coelom.

In the embryonic stages, when the coelomic sacs of an echinoderm have not yet separated from the gut and are still in the form of pockets, they are not homologues of gastrovascular canals, they are true gastrovascular canals. In later stages the coeloms of echinoderms separate from the gut, but retain all the functions of the peripheral section of the gastrovascular apparatus. It is easy to see that this theory explains not only the origin of the coelom but also the origin of the coelomoducts, which prove to be homologues of the intestinal pores of coelenterates. At the same time it explains the genital function of the coelom, since the peripheral sections of the gastrovascular apparatus of higher coelenterates also fulfil a genital function. The enterocoelic theory thus includes the gonocoelic theory, but in a somewhat modified form; the homologues of the coelom are not the genital follicles of turbellarians and nemertines, but the peripheral canals or chambers of coelenterates.

## Applicability of the Enterocoelic Theory to Protostomia

The enterocoelic theory would raise no doubts if only Deuterostomia were involved. Deuterostomia are, in fact, naturally derived from animals at the ctenophore level. Important supplementary arguments in favour of the great antiquity of epithelisation of the peripheral phagocytoblast of Deuterostomia are the possession by echinoderms of endoneural and hyponeural sections of the neural apparatus and the presence of neural elements in the coelomic epithelium of Enteropneusta, if the coelomic origin of their neurons is confirmed. But the question becomes much more complex as soon as we turn to Protostomia, to annelids and molluscs. We recall the heroic attempt of A. Sedgwick to apply the enterocoelic theory to annelids. From the purely comparative-anatomical point of view, application of the enterocoelic theory to Protostomia could be, to a certain extent, defended; difficulties arise from embryological considerations. There is no enterocoelic formation of the coelom in either annelids or molluscs.

Some exceptions have been described, but all such statements have proved to be erroneous. The coelom of annelids is formed from massive paired rudiments, the so-called mesodermal bands, in which the coelomic cavities arise by separation of cells, i.e., by the schizocoelic method. There is a means of escape from that difficulty. Blastomere 4d belongs to the fourth quartet, and all the cells of that quartet go to form the gut, i.e. are endodermal cells. In many cases 4d itself detaches some small cells, enteroblasts, that form part of the gut. On that basis it is easy to assume that cell 4d also is endodermal, and that formation of the mesodermal bands from blastomere 4d is formation of them from endoderm, from the gut.

From this point of view the difference from Deuterostomia is merely that here the coelom is formed, not by evagination of the wall of the gut, but by separation from the endodermal rudiment of a single cell, which by multiplication creates the epithelium of the coelom. That method of development is secondary, and owes its origin to reduction of the number of cells in the embryo. We have here a case of teloblastic establishment of mesoderm. We should point out that teloblastic establishment of mesoderm occurs not only in Protostomia but also in Deuterostomia, e.g. in Ascidiae, where it masks the enterocoelic formation of the coelom. On account of all these considerations a number of authors, especially V.V. Zalenskii, believe it possible to apply the enterocoelic theory to Protostomia as well as to Deuterostomia, and not only to Trochozoa but even to Scolecida, in particular to nemertines and turbellarians, which have no coelom and whose peripheral phagocytoblast is amorphous.

Most supporters of the enterocoelic theory hold the view that if the mesoderm of these animals is formed from blastomere 4d it must be assumed that they have possessed and lost a coelom, that these are simplified animals. As we have seen, it is not possible to agree with that view, or with the theory of a dual origin of mesoderm on which it is based. It is also contradicted by the development of coelomic mesoderm in *Phoronopsis*, which takes place without participation by D-quadrant cells and without, formation of mesodermal bands. Another point of view on the origin of the coelom of Protostomia, based on analogy with the gut, is possible. We may deduce the evolution of the peripheral phagocytoblast from comparison with the evolution of the central phagocytoblast. In this case a deduction from analogy is quite proper, since the two formations are very similar to each other.

We have seen above that epithelisation of the central phagocytoblast, leading to formation of the gut, took place independently in coelenterates and in turbellarians. Nevertheless the gut is certainly homologous in members of the two groups. In both cases a process of epithelisation, qualitatively identical, takes place on an identical substrate—central phagocytoblast. Since basically-similar processes of development take place on a monotypic living substrate, the results cannot be other than equally similar. It is true that homoplasty, and not homophyly, exists between the organs so developed, since they are not inherited from a common ancestor; but their homology is indisputable. We must use the same reasoning with regard to the peripheral phagocytoblast.

In Actiniaria it is fully epithelised, and is represented by the epithelium of the radial chambers. In ctenophores and medusae most of it is epithelised, but a few cells remain scattered in the mesogloea. In this respect echinoderm larvae stand at the same level as ctenophores. In them the epithelised part of the peripheral phagocytoblast is represented by the coelomic pouches, and the amorphous part by mesenchymatous cells that have migrated into the blastocoel before the beginning of gastrulation. In Scolecida, including nemertines, the peripheral phagocytoblast generally remains amorphous, and the presence of genital glands does not produce epithelisation in it. We see some hint of such a process only in Nematomorpha. A wide body cavity in Priapuloidea, long believed to be a true coelom, has no coelomic epithelium, but L.N. Zhinkin (1955) and W. L. Shapeero (1961) have questioned that. If it should be proved that Priapuloidea have a true coelom, that would be an instance of independent development of a coelom in the phylum Scolecida.

It is very probable that a coelom arose independently also in Actiontrochozoa, in the first place in Phoronoidea. Attempts have more than once been made to find a coelom or vestiges of it in nemertines, but as yet without success. In particular, the data of V.V. Zalenskii regarding the presence of a temporary coelom in that group are apparently erroneous. If, however, a coelom should be found in nemertines, the meaning of that discovery would be quite different from what Zalenskii sought in it: it would not indicate the relationship of nemertines to annelids, but would serve as one more confirmation of the possibility of a coelom arising independently in different stems of Protostomia. So if a coelom does occur in Scolecida it is as a very rare exception, in the highly-specialised group of Priapuloidea.

In contrast, possession of a coelom is in the higher degree characteristic of Trochozoa. We find it, above all, in oligomerous annelids and molluscs. In both molluscs and *Dinophilus* the progeny of cell 4d become part of the amorphous phagocytoblast, in which coelomic cavities lined with epithelium appear only in comparatively late stages of ontogeny. These cavities are formed by the schizocoelic method, according to the schizocoelic theory; they are occupied by genital cells, and the ducts of these coelomic cavities become genital ducts, according to the gonocoelic theory.

According to the enterocoelic theory, however, the coelomic cavities of oligomerous annelids and primitive molluscs are homologous with the radial chambers of Actiniaria and the gastrovascular canals of ctenophores. The post-larval body of polymerous annelids has a coelom that is highly developed, and which therefore appears much earlier in their ontogeny: the first progeny-cells of the mesoblasts are epithelised, and the coelomic pouches are formed from embryonic bands. The forms with the most primitive type of ontogeny—oligomerous annelids and molluscs—are therefore distinguished by later development of the coelom and less polarisation of the peripheral phagocytoblast. If we regard the development of the coelom as being more primitive in molluscs than in annelids, then it is more probable that the coelom arose independently in Protostomia, but by a process of epithelisation of the peripheral phagocytoblast parallel to that in coelenterates. We have seen that the method of formation of the embryonic layers in animals with spiral cleavage is derived from multipolar immigration and a parenchymatous type of development, as in hydroids, and not from invagination and the enterocoelic method of formation of mesoderm characteristic of Deuterostomia.

The teloblastic development of Protostomia, unlike the teloblastic development of ascidians, is not derived from the enterocoelic type of development but from the more primitive parenchymatous type of development found in hydroids. Ontogenetic comparison does not support the derivation of Protostomia from higher coelenterates with epithelised peripheral phagocytoblast. The data of both comparative anatomy and comparative embryology therefore indicate independent, homoplastic but not homophyletic, origins of the coelom in Articulata and Mollusca on the one hand and in Deuterostomia on the other.

## Reduction of the Coelom in Onychophora and Arthropoda

Reduction of the coelom is very characteristic of these two groups. During the embryonic development of Onychophora and most Arthropoda metameric coelomic pouches are formed, similar in location to the coelomic sacs of annelids. In arthropods they are formed not only in the post-larval segments but also, in most cases, in the larval segments, and sometimes even in the head. With further development, however, all these coelomic pouches break-down into their separate component cells, losing their mutual epithelial connection, i.e. they become coelenchyma. These cells from muscles, supporting and connective tissue, etc. As a result of the breakdown of the walls of the coelom its cavities lose their independent status and coalesce with the surrounding schizocoelic spaces.

Only exceptionally do separate parts of the coelom persist, becoming part of the excretory or genital apparatus or becoming vestigial. Very often no traces of the coelom are left. In some arthropods reduction of the coelom extends also to the earlier stages: the mesodermal bands are not segmented, do not form coelomic pouches, and are converted directly into coelenchyma, as for instance in some parasitic Hymenoptera. In arthropods this method of development is doubtless derivative, since they must unquestionably have been derived from annelids with a well-developed coelom. In most Crustacea the breakdown of the mesodermal bands begins early, and temporary coeloms, if formed, do not last long. They have been described, however, in almost all the best-studied groups: in Anostraca; in Conchostraca; in Copepoda; in Mysidacea; etc. In the embryo of *Gammarus* and some others coelomic pouches develop only in the thorax, and in the embryo of *Astacus* only in the abdomen, D.D. Pedashenko describes the formation of ten pairs of coelomic pouches in the development of *Lernaea branchialis*. They begin there in the maxillular segment, i.e. the first post-larval segment. In this respect *Lernaea*, and also *Cyclops*, resemble some polychaetes and differ sharply from higher arthropods. Some of the coelomic pouches of *Lernaea* divide into three sections—dorsal, ventral, and lateral.

The dorsal sections approach each other, and at the level of the seventh and eighth segments a schizocoelic cavity is formed between them, into which the primary genital cells enter. That cavity represents the gonad cavity, which therefore is a retro-peritoneal and not a coelomic cavity, i.e. it is a cavity bounded by the external, basal surface of the peritoneal epithelium; nevertheless, the walls of the gonads are formed by the walls of the coelomic pouches. The shell glands are formed from the lateral sections of the coelom in the maxillary segment. The antennary glands are formed from the unsegmented mesoderm of the nauplial segments. In spite of this method of development of the

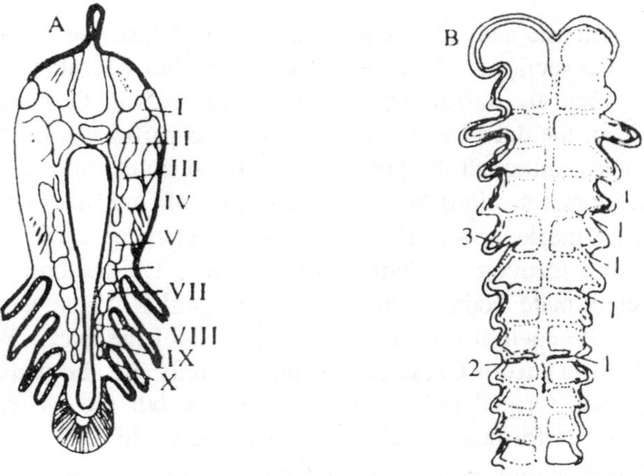


*Fig. 6.3. Temporary coelom of arthropods. A—larva of Lernaea branchialis, frontal section: I-X—ten pairs of coelomic sacs. B—anterior part of embryo of scorpion (diagram): $1_1$-$1_5$—rudiments of coelomoducts, including gonoducts (2) and coxal glands (3).*

antennary glands, both these glands must be regarded as coelomoducts that have assumed an excretory function, like the coelomoducts of molluscs. A terminal vesicle, regarded as a vestige of the coelomic cavity, lies at the proximal end of each coelomoduct. Other vestiges of the coelom besides these vesicles exist in adult Copepoda and in some shrimps and barnacles. In parasitic Copepoda, e.g. *Lernanthropus*, C. Heider (1879) described a 'vascular system'—paired ventral canals, probably representing a product of fusion of the ventral sections of the coelomic sacs of *Lernaea*. Shrimps have a small unpaired pouch lying on the dorsal side of the body behind the genital gland, penetrated by the aorta; it is probably a vestige of the dorsal section of the coelom.

In *Laura* the unpaired vestige of the coelom described by N.M. Knipovich (1892) is probably a product of the nephridial sections of the coelomic pouches. Crustacea therefore show great variety in their coeloms. In a number of forms, fairly diversified vestiges of the coelom persist even in the adult state. Others retain them only as temporary organs during development. Others still, have lost the coelom even during development. The development of the coelom in Onychophora is similar to that in arthropods. Coelomic sacs are formed in all segments of their body, both post-larval and larval. In *Eoperipatus* the foremost pair of well-developed somites belongs to the antennary segment, but R. Evans (1902) describes vestigial pre-antennary somites also in it.

The coelomic sacs differentiate into two or three sections. When there are two sections, one is dorsal and the other lateral; when there are three, they are dorsal, lateral, and ventral, as in *Lernaea*. As in *Lernaea* also, the dorsal sections of the coeloms participate in formation of the gonads, although the gonads are formed in an entirely different way. The dorsal sections become constricted off and lie side by side in two metameric rows. Later all the pouches in each row fuse together, thus forming two long tubular gonads. The coelomic pouches of the penultimate body segment form the genital ducts, the ventral sections of the coelom forming the distal parts of the ducts. *Peripatus* therefore differs from Crustaces in that not only are the walls of the genital glands formed of coelomic epithelium but the cavity of the genital gland is formed by fusion of coelomic cavities.

In Onychophora, when there are three sections in the coelom, the ventral sections form coelomoducts; when there are two sections, the coelomoducts are formed from the lateral sections. Each coelomoduct with an excretory function opens at its proximal end into a terminal vesicle, which represents a vestige of the coelom. When there are three sections, the lateral sections grow into the appendage, break up into separate cells, and disappear, leaving no trace of their former identity. Consequently all that remains of the coelom in adult Onychophora is the terminal vesicles of the kidneys and the genital glands. All the other cavities lying between the gut and the body walls in that group, which have fairly complex segmentation, constitute a pseudocoel, the result of merging of the coelom with the schizocoel.

The coelom of Onychophora takes no part in formation of the heart. The development and fate of the coelom in Myriapoda were first studies in detail by R. Heymons (1901) in *Scolopendra*. The embryo of *Scolopendra* has paired coelomic pouches in all body segments and also in the head. Each of the trunk somites forms three processes, dorsal, lateral, and ventral, as in *Lernaea* and *Peripatus*. The dorsal processes grow towards each other and meet above the gut.

The heart cavity is formed in the mesentery between them; the musculature of the heart develops from large cells that become separated in the walls of the dorsal sections. The heart develops in the same way in *Hanseniella*, according to O.W. Tiegs (1940). The ventral sections of the coelom of *Scolopendra* meet on the ventral side of the gut and give rise to the ventral vessel. *Scolopendra* differs from all other arthropods and resembles annelids in that method of formation of the ventral vessel. The rudiments of the genital glands also become pinched off from the dorsal sections of the coelom, from the fifth to the 21st trunk segments; the gonad cavity, as in Onychophora, is a coelomic cavity.

The genital ducts are formed from the coelomic cavities of the last two segments. Excretory coelomoducts are unknown in *Scolopendra*; there are not even the maxillary coelomoducts that are widespread in lower Atelocerata, including Chilopoda Anamorpha. The coelom persists for a relatively long time in Chilopoda embryos, but its walls finally breakdown and give rise to musculature, fatty body, etc. In Juvenile Anamorpha the coelomic cavities are well developed in newly-formed segments, which generally have a somewhat embryonic character. In the same way the coeloms of the anal segment persist in Symphyla larvae, providing the material for growth in length of the heart during anamorphosis. The development of the coelom in Diplopoda is generally similar to that just described, but in Julidae, according to F.G. Heathcote (1886), unlike Chilopoda and Onychophora but like Symphyla, the gonads develop from the ventral sections of the coelom. In Pauropoda

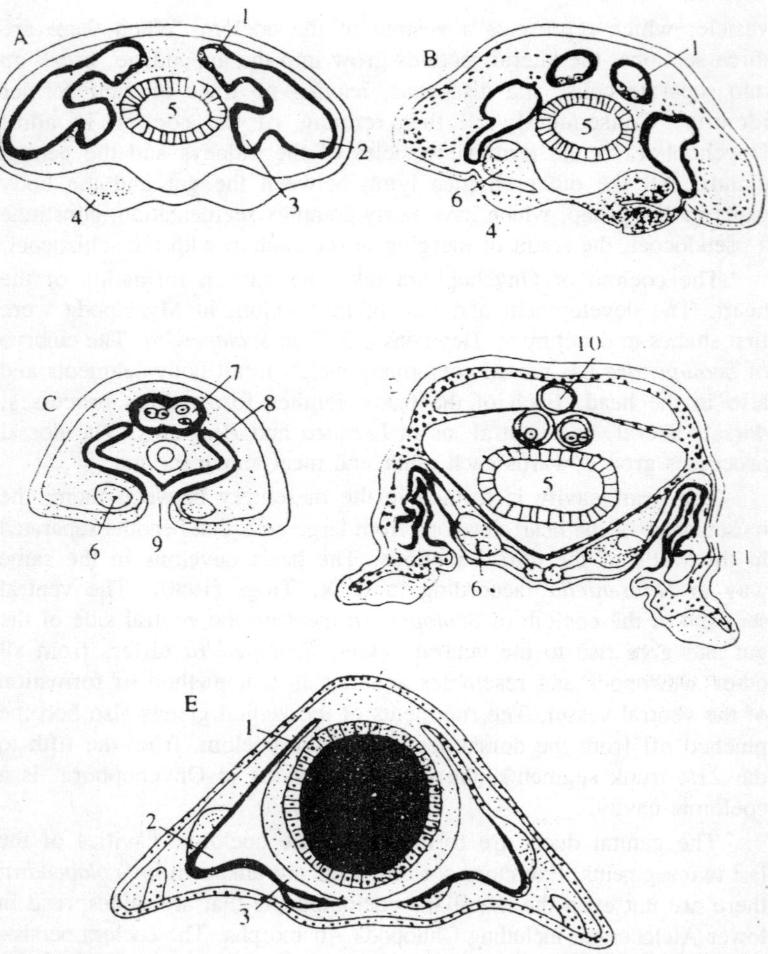


*Fig. 6.4. Diagrams of development of coelom in Onychophora and Chilopoda. A—embryo of Peripatus, cross-section; coelomic sacs and divided into three sections—dorsal, ventral, and lateral. B-D—the same; transformation of dorsal sections into gonads, and formation of kidneys and genital ducts from lateral sections. E—cross-section of embryo of Scolopendra. 1-dorsal section of coelom; 2-lateral section of coelom; 3-ventral section of coelom; 4-ventral organs; 5-gut; 6-nerve stems; 7-gonads; 8-genital ducts; 9-genital orific; 10-heart; 11-terminal vesicle of kidney.*

the somites are poorly developed, although some of the anterior somites have small cavities. The somites of *Pauropus* give rise to neither gonads nor gonoducts, and because of the absence of a blood vascular system they do not form cardioblasts. The mesoderm of anamorphic segments has no coelomic cavities. The gonads are formed from ventromedial bands of mesoderm not forming part of the somites. The trunk somites give rise only to parietal musculature. Among insects the most primitive coeloms are found in the larvae of lower insects, including Hemimetabola, particularly Orthoptera and Blattoidea.

The coelomic pouches of Orthoptera give off processes at the bases of the limbs, but in the locust *Stenobothrus* and the cockroach *Phyllodromia* division of the coelomic pouches into three sections, as in *Scolopendra*, has been described. In Holometabola the coelom is much less developed; in Diptera it is very slight, being entirely absent in Muscidae and Sarcophagidae, as it is in parasitic Hymenoptera. Thus we see in insects the same tendency to constantly-increasing reduction of the coelom that we have seen in Crustacea, but in insects the correlation between systematic position and degree of coelom reduction shows up more clearly. In all winged insects the coelomic cavities breakdown early into coelenchymatous elements, and do not take part as such in the formation of any organs.

In Apterygota coelomoducts homologous with the maxillary glands of Crustacea are formed from the mesoderm of the maxillary segments. Among Chelicerata we find the most complete development of the embryonic coelom in scorpions. The scorpion embryo has coelomic pouches, in all body segments. Each of them is divided into the usual three sections. The heart and the pericardium deveop from the dorsal section. The cells of the two dorsal sections of one pair are cardioblasts and give rise to the heart, as in annelids and *Scolopendra*; but a difference from *Scolopendra* is that the dorsal parts of the coelom are constricted off and, in the opinion of some authors, remain to form the pericardial cavity. If that is indeed so, and the pericardium of Arachnoidea represents not a pseudocoei as in insects but a true coelomic cavity, we must conclude that the coelom persists to a later stage and in a better form in Arachnoidea than in any other arthropods. In scorpions the coelomoducts and the genital glands are formed from the ventral sections of the coelom. Some of the coelomoducts serve as excretory organs, others take part in the formation of the genital ducts, others still are purely temporary and disappear without trace.

The formation of genital glands from the ventral sections of the coelom distinguishes Chelicerata from all other arthropods except Diplopoda and Symphyla. Well-developed metameric coelomic pouches are retained in the development of all Chelicerata, including

Parasitiformes, in spite of the high level of specialisation of groups in the order. On the whole we may say that Chelicerata stand first among all arthropods in the degree of retention of the embryonic coelom, which, like many other features, shows their highly-individualised position among arthropod classes. It is curious that the embryos of Pantopoda, according to most authors and contrary to early statements, totally lack coelomic cavities—one more feature distinguishing Pantopoda from Chelicerata. We thus see that the coelom has ceased to exist in arthropods as an independent apparatus. In the anatomy of the adult animal it is represented by few vestiges. It has been transformed into a system of purely embryonic organs, whose function is confined to organogenesis. From it are formed the coelenchyma and also separate part of the genital, excretory, and vascular apparatuses.

# 7

# Receptors

## Tactile Hairs in Arthropods

When the cuticle is thin, as in caterpillars or in thin areas of the skin of other arthropods, touch sensations are received by means of sensory cells with free endings; the cells lie at some depth in the body, and their peripheral processes are distributed over a definite area of the skin and register every deformation of the latter, every contact. The sclerites, however, suffer no deformation with light contact, and there the sensation of touch is registered by tactile hairs. Each tactile hair of an insect is secreted by a single trichogenous cell. Around it a thecogenous cell secretes a theca, or ring, with which the hair is movably articulated by means of the thin connecting cuticle. The theca surrounds a fine canal that penetrates the cuticle towards the base of the hair and is filled with the protoplasm of the trichogenous cell. Every hair of this kind is provided with one or more sensory cells, which lie beneath the skin but which send their unbranched peripheral processes through the canal of the theca to the place where the hair is articulated with the cuticle.

When the hair is lightly touched it is moved from its position, and the consequent pressure on the articulation is recorded by the endings of the sensory cells. In this way extreme sensitivity to touch is attained, no matter how thick and tough the cuticle may be. Hairs of this type are possessed by all arthropods and cover their bodies in great numbers, serving as elementary touch organs and simultaneously fulfilling a number of other functions. In small arthropods, such as many Acariformes, the number and arrangement of sensory hairs on the surface of the body and appendages is often strictly constant, so that the structure of the tactile apparatus of the animal becomes extremely regular.

In many cases tactile hairs may also assume special functions. In Crustacea Decapoda, for instance, the sensory hairs arranged in a ring on the distal end of each limb segment lie parallel to the next segment and act as proprioceptors: every time the limb bends it touches several of these hairs, and thus the animal knows the position of its limbs, which is obviously necessary for co-ordination of its movements. A number of insects certainly become aware of air vibrations, i.e. sound waves, by means of sensory hairs, and it has been suggested that spiders posses the same faculty. The hairs on the cerci of cockroaches register sound waves with frequencies up to 3,000 vibrations per second.

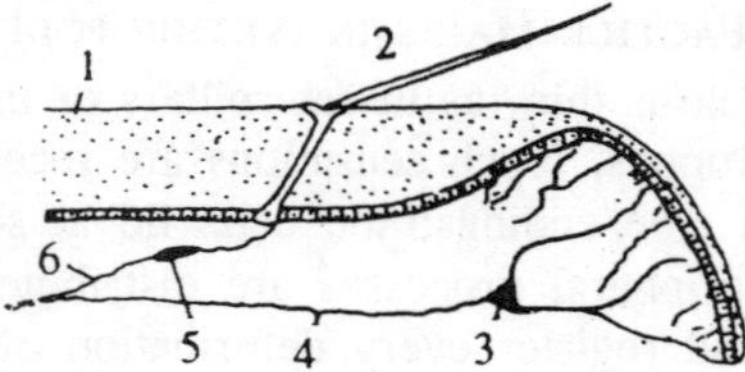


*Fig. 7.1. Tactile nerve-endings in insects (diagrammatic). 1–cuticle of sclerite; 2–hair; 3–sensory cell with numerous endings on the thin cuticle of the joint membrane; 4–its central process; 5–sensory cell with ending at base of hair; 6–its central process.*

Water-scorpion larvae have two grooves on the ventral side, joining together all the spiracles on each side. When the animal dives the grooves are full of air, which is retained in them by rows of stiff, immovable spines along their margins. In each segment, however, there is a short section of the groove bordered only by short, flexibly-articulated sensory hairs. When the animal crawls on an inclined surface the air, moving forward or backward along the canal, parts the sensory hairs at one end of the canal and lets them come together at the other: in this way the animal perceives that its body is tilted with relation to the force of gravity. Geotaxis is therefore well developed in water-scorpions. In adults the apparatus is somewhat more complex than in larvae.

It is interesting to compare that balancing organ with the statocysts of other animals: statocysts contain bodies heavier than water and so operate on the plumb-line principle, whereas the canals of water-scorpions contain air and operate on the spirit-level principle. In both cases, however, the accessory apparatus for perceiving the direction of the force of gravity is a system of two bodies of different specific weight. The few examples cited above show how varied are the uses of the sensory hairs on the bodies of arthropods.

## SCOLOPHORES

These formations are also possessed by arthropods, but are much less widespread than sensory hairs, being found only in insects. The principal part of a typical scolophore is a receptive bipolar cell. From one pole a central process arises, and from the other a receptive apparatus consisting of an elastic filament, which either is stretched in a cavity formed by the so-called enveloping cell or has its distal end free in that cavity. The cavity is lined with cuticle. The enveloping cell generally loses its direct connection with the hypoderm and is joined to it only by an elongated cell, the so-called cap. Scolopal cells are usually arranged in groups in different parts of the insect's body, forming *chordotonal* organs. Primarily they perceive tensions in the parts of the cuticle with which they are associated, and also vibrations in the substrate on or in which the insect is at the time. Very many insects are sensitive to vibrations.

Sometimes insects can perceive sound vibrations in the substrate by means of their chordotonal organs, but judging by their structure these organs themselves are scarcely capable of receiving sound waves directly from the air. Usually they display tactile sound reception, resembling to some extent the reception of sound vibrations by a hand laid on the back of a human speaker. In insect larvae chordotonal organs are generally located on the trunk, and in adults on the wings and appendages, including the antennae. Chordotonal organs, however, served also as the material from which true hearing organs were formed. Of such origin are *tympanal* organs, which have arisen independently in several orders of insects. Differing in location and in structural details these organs are clearly of independent origin in each group.

The tympanal organs of locusts are located on the first abdominal segment; in their close relatives grasshoppers and crickets, on the tibia of the front leg, and in cicadas on the second abdominal segment; among Lepidoptera, in the families Pyralidae, Geometridae, Brephidae, and Cymatophoridae and in females of the family Uraniidae they are located on the first abdominal segment, in male Uraniidae on the second abdominal segment, and in Noctuidae on the sides of the metathorax. The chief component of the tympanal organ is the tympanic membrane, formed by an area of skin with thin cuticle, to which the cuticular membrane of the large tracheal trunk is closely apposed from within. The external layer of the tympanic membrane is stretched on a frame of thickened cuticle, and usually lies at the bottom of a depression, forming, as it were, an 'external ear.' Sound waves cause the tympanic membrane to vibrate; it transmits the vibrations to the tympanal organ.

In grasshoppers the latter is an aggregate of scolophores of different lengths, arranged in order of decreasing length in a single row. This structure suggests that the tympanal organ is an analyser, capable not only of receiving sounds but also of separate reception of sound vibrations of different frequencies. In fact, the tympanal organs of Acrididae receive sound waves of 500-10,000 vibrations per second. The physiological role of tympanal organs as organs of hearing was first positively proved for the grasshopper *Thamnotrizon apertus*.

Later the perception of sound by Orthoptera, Cicadidae, and Lepidoptera was studied in detail by measurement of the action potential in the tympanic nerve resulting from the action of sound waves of various frequencies on the tympanal organ. Most insects that have tympanal organs also have vocal organs; these include locusts, crickets, grasshoppers, and cicadas. In all of these the voice and hearing are a means of co-ordinating the behaviour of members of a single species and, above all, of helping the sexes to find each other. The Carboniferous Protorthoptera did not yet have either vocal or hearing organs, nor did the primitive. Jurassic Orthoptera Locustopsidae and Elcanidae. It was also in the Jurassic, however, that true grasshoppers and crickets made their appearance. Not until the Mesozoic was the world enriched with the songs of insects and the natural audience for these songs.

Lepidoptera are, generally speaking, without vocal organs, except death's-head moths and a few others, and in them the tympanal organs serve another purpose: the hearing organs of Noctuidae are attuned to the voices of bats; some species of Noctuidae react to sounds similar to the voices of bats by taking to flight, and others by immediate landing. Johnston's organ, which also is formed of a large accumulation of chordotonal organs and is located on the second segment of the antennae of Pterygota and Lepismatidae, is partly an organ of hearing; it is especially intricate in mosquitoes in which its significance as an organ of hearing has been proved physiologically and is evident from its structure. The ability of male mosquitoes to distinguish the sounds of females of their own species has now been fully proved. In particular, males of the mosquito *Anopheles albimanus* are trapped in large numbers when the lure is a loud-speaker repeating the previously-recorded sounds of females of that species.

## Organs of Sight

Sensory cells that perceive light are always provided with special receptive structures in the form of a layer of rods bordering the apical surface of the cells. Each rod is apparently prolonged into a neurofibril. In the simplest case the rods lie in the direction of the light-ray to be received. Often, however, the apical surface of the cell together with its layer of rods is curved, assuming a convex, concave, or folded shape. In oligochaetes and leeches the rod layer lines a closed cavity or vacuole within the cell; such a structure is most easily explained as resulting from closure of the concave rod-lined surface of a cell. In other cases separate elements of the rod layer become fused into larger structures, as in the formation of *rhabdomeres* in the visual cells of many arthropods. The original location of visual cells, like that of all primary sensory cells, is epithelial. Therefore the simplest type of organ of sight consists of separate visual cells scattered in epithelium.

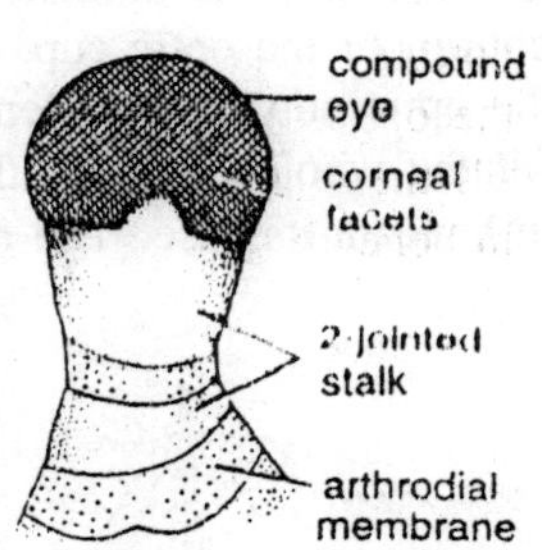

*Fig. 7.2. Compound eye.*

In coelenterates and turbellarians such organs of sight have not yet been described, but they are known in earthworms and in the metameric sensillae of leeches. Modifications of that primary type take several forms: (i) aggregation of a number of visual cells into compact, well-defined groups; (ii) migration of visual cells within the body; (iii) creation of pigmented screens; (iv) creation of dioptric adaptations; (v) creation of protective adaptations; (vi) creation of accommodation and oculomotor adaptations. Onychophora have vesicular cephalic eyes, very similar in general structure to the typical eyes of errant polychaetes such as *Lycastis*. Like the latter, Onychophora are predators. As in many polychaetes and molluscs, the eye pigment of Onychophora lies in the basal parts of the visual cells themselves. In their simplest form the eyes of arthropods, like the cephalic eyes of other trochophore animals, are epithelial flask-shaped ocelli, but their further development diverges widely from that of the cephalic eyes of annelids, Onychophora, and molluscs.

The eyes of Myriapoda such as *fulus* or *Lithobius* are nearest to the original type. The eye of *Lithobius* resembles a cup formed of epithelial cells; their bodies contain pigment, and the apical ends of

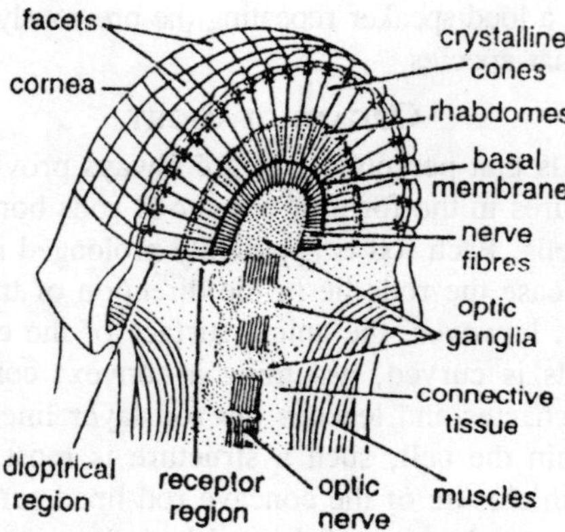


*Fig. 7.3. L.S. of compound eye showing arrangement of ommatidia.*

the cells, which are turned towards the axis of the eye, are covered with a layer of photoreceptor rods. The central processes of the visual cells arise from their basal ends, not directly along the cell axis, as is usual in other animals; their point of origin is moved towards the bottom of the optic cup. The outer skin cuticle above the entrance to the optic cup forms a lenticular thickening which does not, however, fill the whole cavity of the optic cup. Separate epidermal cells move in beneath its base. The rest of the cup cavity is occupied by a poorly

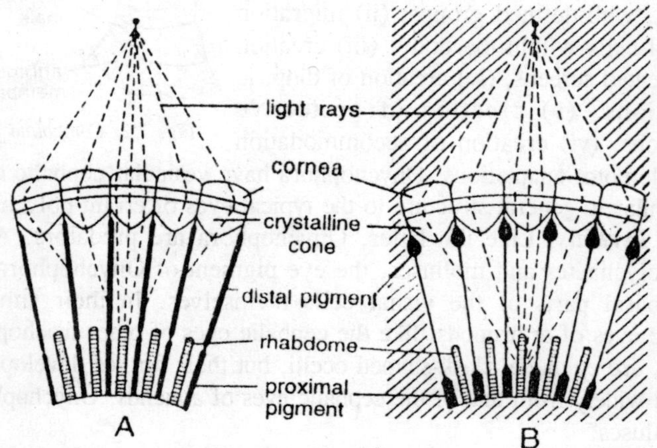


*Fig. 7.4. Diagrammatic representation of image formation by a compound eye. A—Apposition image in bright light (day vision). B—Superposition image in dim light (night vision).*

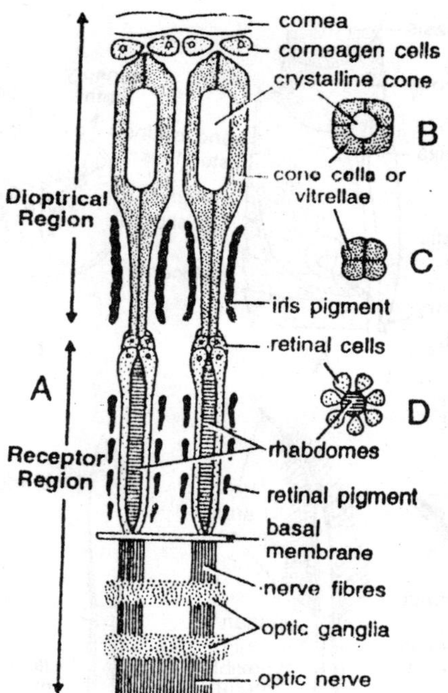


*Fig. 7.5. Histological structure of compound eye. A—Two ommatidia in L.S. (semi-diagrammatic). B—T.S. of an ommtidium through cone cells. C—T.S. through basal ends of cone cells. D—T.S. through retinal cells.*

differentiated vitreous body. Among insects, the larva of the water-beetle *Dytiscus* has very complex eyes.

In *Scutigera* numerous ocelli are grouped into a pair of compound eyes. Each of the ocelli or ommatidia, taken separately resembles the eye of *Lithobius*, but has a smaller number of cells; the visual cells are arranged in two tiers. The vitreous body is shortened, so that the rod layers of the retinal cells of the basal tier are closely apposed. At the same time the vitreous body assumes a more individualised, differentiated character. The corneola is always underlaid by corneagenous cells. In the ommatidia of the compound eye of *Lepisma* the upper tier of visual cells also moves together; instead of the vitreous body, a crystalline conus develops, lying entirely between the upper tier of visual cells and the lens and secreted by special cells among the corneagenous cells.

The ommatidia of cockroaches such as *Periplaneta* also still have two tiers of visual cells and are distinguished from the ommatidia of

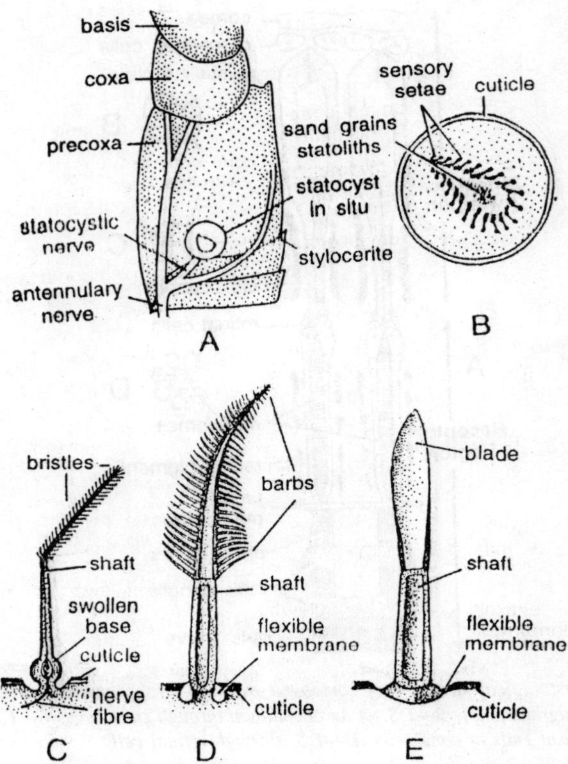


*Fig. 7.6. A—Precoxa of antennule showing statocyst in situ. B—T.S. of statocyst. C—A single receptor seta (highly magnified). D—A tactile seta (tangoreceptor). E—An olfactory seta (chemoreceptor).*

*Lepisma* mainly by their more extended and more compact form and the more perfect development of the crystalline conus. The two-tier arrangement of visual cells generally predominates in lower insects, and in higher insects only one tier usually remains. The number of elements in the retinula is strictly fixed the radial arrangement of visual cells and rhabdomeres belonging to them enables the ommatidium, it is generally believed, to distinguish the direction of a plane of polarised light falling on the compound eye. The number of all other cells in the ommatidium is likewise fixed. There is usually a layer of pigment cells between separate ommatidia.

When a large number of simple eyes are integrated into a single compound eye, the number of elements in them usually decreases, they become simplified and specialised, and they are converted into ommatidia, which at first glance are very unlike the original flask-shaped ocelli. The visual cells of ommatidia are much elongated along the axis of the eye and their central processes arise from their proximal ends. An impression is created that the rhabdomere is formed on the lateral wall of the cell. That is often actually stated.

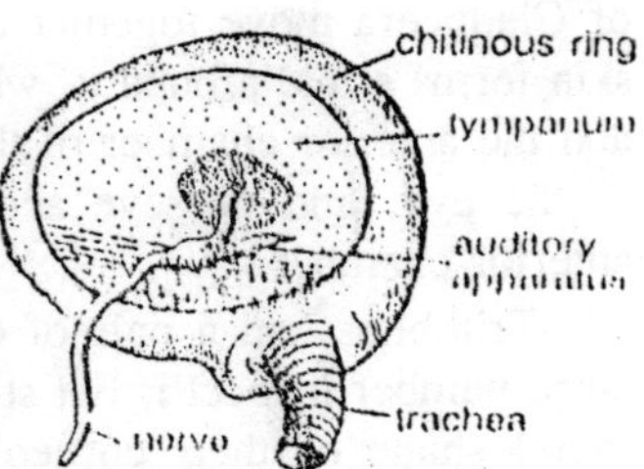


*Fig. 7.7. Grasshopper. Internal view of tympanum and adjacent trachea.*

In fact, however, the side of the cell on which the rhabdomere is located is its apical surface; the basal surfaces of the cells are oriented towards the periphery of the ommatidium, and the central processes arise from the proximal sides of the cells. We must stress the extreme similarity in the structure of the compound eyes of insects and of crustaceans. Apparently there are no features whereby one may always distinguish the one from the other. To some extent that identity of eye structure has been inherited from common ancestors, but it has largely developed on parallel lines in the two classes. Besides their compound lateral eyes, many insects also have from one to three simple occipital ocelli; in the larvae of Holometabola the lateral eyes also are usually simple eyes or groups of them. Several simplified groups such as Anoplura, Aphaniptera, etc., also have simple lateral ocelli. Simple ocelli vary widely in structure.

Besides the flask-shaped lateral ocelli of the larvae of *Dytiscus* and many other Holometabola, adult insects have occipital ocelli with a thick corneal lens, and beneath it a *retina* in the form of a flattened cup, formed of a very large number of visual cells. The visual cells are much elongated; their rod layer lies on their lateral surfaces; and the rods of adjacent cells fuse into rhabdomes. A layer of hypodermal cells lies between the lens and the retina. In other cases, e.g. in many caterpillars simple ocelli have an oligomerised number of visual cells and resemble the ommatidia of a compound eye in their structure. Such ocelli are doubtless simplified, and they apparently occur only in the most specialised Holometabola larvae; to derive the compound eyes of insects and crustaceans from them, as does A. Berlese (1909-12), would be incorrect. The eyes of several higher Crustacea being set on movably-articulated stalks, are movable, as is also the single eye of Cladocera. In the process of ontogeny the two compound eyes of Cladocera move together and fuse into one medial eye. The outer skin forms a fold around it, which closes, producing the external cornea and the anterior chamber of the eye. Oculomotor muscles are attached to the eye, and the eye acquires the power of rotation within the anterior chamber.

Trilobites had a pair of compound eyes, sometimes formed of a large number of ocelli, but still poorly integrated, as is seen from the round shape of their corneolae. In eyes of Chelicerata, which are unique in many respects, have probably been derived from the compound eyes of trilobites by means of far-reaching integration of separate ommatidia into a single whole. The first stage of that integration is shown in the lateral eyes of Xiphosura. In Xiphosura the separate corneolae of the compound eye are partly fused together, forming an externally-smooth cornea. At the basal surface of the cornea, however, the corneolae remain separate. Beneath each of them is a separate goblet-shaped ocellus. Each of these ocelli is formed of a deep layer of corneagenous epithelium, which forms a continuous lining to the whole optic cup, and of a retinula lying within that epithelium.

The retinula consists of from 10 to 15 visual cells, radially arranged around the optic axis of the ocellus, and of one eccentric cell, which sends its processes between the other cells. The presence of that cell is a secondary feature in the Xiphosura eye. Each cell forms a rhabdomere on the side turned towards the axis of the ocellus. On the whole, such an ocellus differs from the eyes of Myriapoda mainly in the large number of its cells and in their differentiation into corneagenous and retinal.

In the medial eyes of Xiphosura integration has gone further. The cuticle forms a single, strongly-convex lens, covered on the eye side with deep corneagenous epithelium; in Chelicerata that is called the vitreous body. The retina is entirely sunk beneath that epithelium. It possesses preretinal and postretinal membranes, between which the retinulae lie loosely. Each retinula consists of from six to eight cells with irregularly radial arrangement. The rod layer of each cell is fused into a rhabdomere; the separate rhabdomeres in one retinula are turned towards each other. Between the retinulae lie cells filled with bluish pigment.

Scorpions have from six to twelve eyes. Two of these are the principal or medial eyes, the others are lateral or accessory. The principal eyes resemble the medial eyes of Xiphosura in structure. They have a large lens, a well-developed vitreous body, and a retina enclosed between preretinal and postretinal membranes. The retina consists of visual and pigment cells. The visual cells are grouped into retinulae, each with five cells. Each cell has a short rhabdomere, the rhabdomeres being combined into a rhabdome. The rhabdomeres lie in the distal halves of the visual cells, and the nuclei in the proximal halves. The eyes of Telyphones, Araneina, and Opiliones are fairly similar in structure to those of scorpions. The eyes of Arachnoidea often possess a tapetum, i.e. a light-reflecting layer lying externally to the retina. In such cases the rhabdomes of the visual cells are turned to the tapetum, not to the vitreous body, e.g. in the lateral eyes of Telyphones, in the eyes of Araneina, etc. Eyes of this type are usually called inverted, but they only partly resemble true inverted eyes, the light in both cases passing through a body of visual cells before falling on the perceptive apparatus.

In true inverted eyes the apical surface of the cell, which bears the rod layer, is turned away from the light, whereas in the 'inverted' eyes of Arachnoidea that surface lies parallel to the incident light, so that the rods, which are there fused into rhabdomeres, are perpendicular to the long axis of the latter, and the long axis of the rhabdomeres always lies along the long axis of the retinula. For that reason the existence of inversion in the eyes of Arachnoidea does not imply rotation of the cells with their basal ends away from the light, but only movement of the nuclei parallel to the apical surface of the cells. In the medial eyes of Solifugae the visual cells are not grouped into retinulae and have long rod-like rhabdomes. Apparently oligomerisation of the ommatidium cells has here reached an extreme, and each retinula is reduced to a single cell. If this is so, the eye of Solifugae represents the last step in a series of gradual integration of the aggregate of simple ocelli into a compound eye and of further integration of the latter into a simple eye. If it were not for the structure of the rhabdome and for comparison with other Chelicerata, the eyes of Solifugae might be taken to be simple pit-like eyes, and it would be difficult to imagine the complicated course of development that produced them.

Errant spiders are among the few arthropods that possess oculomotor muscles. In particular, the medial eyes of Salticidae contain six muscles: Salticidae can 'follow prey with their eyes' while remaining motionless, and are distinguished by perfect vision. The eyes of Salticidae and other errant spiders are the eyes of active hunters, whereas those of web-making spiders are designed mainly for warning of danger. In general the quiescent mode off life of an ambush-lurking predator has led to simplification of the visual apparatus and the brain in web-making spiders; we have seen the same happen to polychaetes on transition to a sessile mode of life. The medial eyes of scorpions and spiders are characterised by a unique process of development. They begin as a pair of ectodermal invaginations, shaped like flattened asymmetrical sacs, and therein resemble the frontal eyes of some insects. In scorpions and spiders the outermost of the three layers of the fold forms the vitreous body and secretes the lens, the central layer forms the retina, and the lowest layer forms the postretinal membrane.

In all probability that method of eye development is seconary and in no way recapitulates the phylogeny of the medial eyes of scorpions and spiders. On the opposite assumption there would be an impassable gulf between the eyes of these groups and those of other Arachnoidea. The gradual transformation of a compound into a simple eye by the fusion of lenses is the chief direction of development of the eyes of Chelicerata; in addition, many Chelicerata exhibit breakdown of each of the lateral eyes into a group of smaller eyes, each of which continues to be a highly-concentrated compound eye. That is often followed by a decrease in the number of these eyes: scorpions have from six to twelve eyes; spiders, as a rule, have eight, but some have six, four, two, or none; Solifugae have two normal and one or two pairs of vestigial eyes; Opiliones have only two eyes. Xiphosura, however, already have vestigial as well as functional eyes.

In Pseudoscorpiones, many Acariformes, and a number of other Arachnoidea the eyes are much simplified or absent. Among Mandibulata (Crustacea and Atelocerata) fusion of all the corneolae of an indubitably compound eye into one spherical lens occurs as a very rare exception. The frontal ocelli of several insects, however, with their single lens and their retina consisting of a number of retinulae, have a definite resemblance to the eyes of Arachnoidea. Whether such ocelli arose in insects through complication of primitive flask-shaped eyes of Myriapoda type, or through integration of compound eyes, is difficult to say.

Outside the subphylum of Arthropoda compound eyes consisting of a large number of ommatidia are found sporadically in other trochophore animals, polychaetes and molluscs. Among polychaetes, such eyes are formed on the tentacles of a number of Serpulimorpha, e.g. *Branchiomma*; in different Serpulimorpha we find all transitions between a loose aggregate of separate ocelli and highly-concentrated

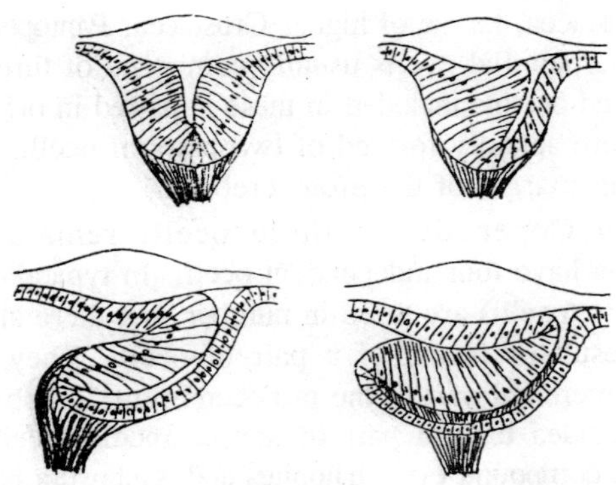

*Fig. 7.8. Diagram of development of principal eye of scorpions.*

eyes resembling those of arthropods. Among molluscs, compound eyes occur along the edges of the mantle in some Lamellibranchia of the order Filibranchia. Physiologically, the compound eyes of crustaceans and insects are highly-perfected organs, not only enabling the animals to perceive the shape of objects but often also possessing considerable acuity of vision. As is well known, many insects have in addition a well-proved faculty of distinguishing colour but even the most perfect insect eyes certainly fall behind the eyes of vertebrates and higher cephalopods.

In particular there are no perfect accommodation adaptations in the eyes of arthropods, and, as we have seen, oculomotor adaptations occur there only rarely. In surveying the visual apparatuses of various arthropods as a whole we may first remark that all arthropods, unlike many annelids and molluscs, have only cephalic eyes. Primitive groups of arthropods have a large number of eyes which may be divided into lateral and dorsal eyes. In most myriapods and in the larvae of insects with complete metamorphosis lateral eyes are represented by groups of simple ocelli, there called *stemmata*: in most arthropods groups of stemmata are fused into compound eyes, which in trilobites are still poorly integrated. All lateral eyes, whether groups of stemmata or compound eyes, are always innervated from the optic lobes of the protocerebrum.

In most Chelicerata each of the lateral compound eyes breaks down into several parts, some of which may later disappear. In spite of all their variations, the lateral eyes of all arthropods may be regarded as homologues of one another. The medial eyes of primarily-aquatic arthropods are represented by the so-called nauplial eyes possessed by all lower Crustacea, larvae of higher Crustacea, Pantopoda, and perhaps Trilobita. The nauplial eye is usually composed of three united ocelli, but an unpaired ocellus included in these is paired in origin; the nauplial eye is therefore actually formed of two pairs of ocelli. It is innervated from the front margin of the protocerebrum.

In many Copepoda all three ocelli remain independent; Mystacocarida have four independent ocelli. In typical cases the dorsal eyes of insects (ocelli) are three in number, but there also the unpaired eye is the result of fusion of a pair of ocelli. They are innervated from the intercerebral part of the protocerebrum. Trilobites, Xiphosura, and Eurypteroidea have a pair of simple medial ocelli as well as a pair of lateral compound eyes; trilobites and Xiphosura have also another pair of medial ventral ocelli: in Xiphosura these lie on the epistome, along the sides of the unpaired frontal organ; in adults these ocelli are vestigial, but perhaps they function in larvae; Johansson (1933) ascribes an olfactory function to the frontal organ. B. Hanström (1928a) believes that in Eurypteroidea the ventral ocelli migrate to the dorsal side of the head, and that their homologues are the medial eyes of scorpions. The homology of the nauplial eye with the dorsal ocelli of insects and Xiphosura and with the homologues of these in trilobites has not been proved, but cannot be rejected. If in the future that homology should be confirmed, we may then conclude that the visual apparatuses of all arthropods, in spite of all the diversity of their modifications, are constructed on a single general plan.

## Onychophora and Arthropoda

Like annelids and unlike molluscs, Onychophora and Arthropoda are distinguished by complete reduction of the subcutaneous neural plexus. Apart from the central section of the neural apparatus and a few visceral ganglia connected with it, they retain no neural mechanism capable of independent reflex action. A good illustration of the resulting situation is provided by a natural physiological experiment, namely, the behaviour of paralysing insects. When the solitary wasp *Cerceris* paralyses a weevil it pierces its ventral brain and injects poison into it; the weevil remains alive but becomes immobile. It would be impossible to paralyse a snail by the same method: after all ganglia were paralysed the snail would retain reflexes and mobility because of its possession of a diffuse plexus. The central section of the neural apparatus of Onychophora and arthopods consists, like that of annelids, of a brain, circumoesophageal connectives, and ventral stems. As we have seen, however, the brain of members of both these subphyla includes at least one pair of ventral ganglia, which form the tritocerebrum.

The brain of higher Articulata is therefore not completely homologous with that of annelids, and the circumoesophageal connectives of higher Articulata, being connectives between the tritocerebrum and the mandibular segments, are absolutely not homologous with the circumoesophageal connectives of annelids. The central section of the neural apparatus of higher Articulata always lies deep within the body and never occupies the subepithelial position that it does in some annelids. The ventral nerve 'ladder' of Notostraca, however, lies outside their well-developed longitudinal muscles, i.e. it has a more superficial location in them than it does in many polychaetes.

The ventral stems of Onychophora are extremely primitive in some respects: they are nerve cords without definite ganglia, well separated and connected by numerous transverse commissures, the number of which may reach ten in a single body segment. In addition, as stated above, the stems fuse with each other above the anal orifice like the pedal stems of *Chaetoderma*. In contrast, the ventral stems of all arthropods never unite above the anal orifice and are almost always fully ganglionised, one pair of ganglia usually being formed in each segment. In Scutigeromorpha, however, the ventralchain ganglia are not fully separated from the longitudinal connectives, which are also covered with cells.

Among all modern arthropods a ventral nerve ladder with widely-separated stems and long, double transverse commissures is found only in Crustacea Phyllopoda and Cephalocarida. In all other arthropods the two ganglia of one segment approach into actual contact, so that the transverse commissure is externally invisible, although the connectives often remain separate. In many crustaceans and insects and in all terrestrial Chelicerata there is complete fusion not only of the ganglia but also of the connectives into a single unpaired chain. In this respect the processes of centralisation run in parallel courses in annelids and arthropods, and independently in different groups of arthropods. In arthropods however, concentration of the ventral chain by shortening of the longitudinal connectives and fusion of separate metameric ganglia is widespread. That phenomenon is fully analogous to the similar concentration of ganglia in molluscs, but takes place somewhat differently in arthropods because of the different general plan of the neural apparatus. In separate groups of arthropods the character and degree of concentration of the ventral chain are closely linked with the character and degree of heteronomy of their metamerism, with the extent and degree of integration of their tagmata, and with the length and degree of integration of the whole body. The neural apparatus of Phyllopoda represents the prototype of a homonomous ventral ladder consisting of mutually-independent ganglia, including the tritocerebral ganglia, which are independent of the brain. In all other arthropods, because of the formation of a head, the tritocerebral ganglia fuse with the brain; but only in a few crustaceans do all ganglia except the tritocerebral remain mutually independent.

In the great majority of crustaceans and Atelocerata, at least the ganglia of the mandibles and of the two pairs of maxillae fuse into a single suboesophageal ganglion, but in Chilopoda Anamorpha the ganglia of maxillae II have not yet become so fused. In all insects and Chilopoda the ganglia of the last body segments fuse with the ganglion of the preceding segment. Further fusion takes place in somewhat different ways. In Crustacea Malacostraca first the maxillipede ganglia and then the other thoracic ganglia fuse with the suboesophageal ganglion; and in crabs all the ganglia of the ventral chain fuse into a single mass. Equally high concentration of the ventral chain is observed in several Entomostraca in which, however, it is facilitated decrease in the number of body segments. In all these cases centralisation of the neural apparatus reaches almost the same level as in Opisthobranchia or Cephalopoda. Whereas in polychaetes and Phyllopoda each ganglion lies in the body segment that it innervates, in crabs all the ganglia have moved to the front segments of the gnathothorax, but retain connection with their own areas of innervation, each continuing to innervate its own segment.

Thus the connectives are shortened to the same extent to which the peripheral nerves are lengthened, and the main task of centralisation of the neural apparatus is fulfilled: shortening of paths between centres. The same process of concentration of the ventral chain by an independent method takes place in other classes of arthropods, insects, Chelicerata, and Pantopoda. The only exception is Myriapoda, in which, because of their slight trunk integration, concentration of the ventral chain also stands at one of the original stages of development mentioned above.

Among insects even the most primitive forms, such as *Machilis* have only eight free abdominal ganglia in the adult state. In most cases only the larvae possess that number. Almost all adult insects show a higher degree of concentration of the ventral chain. Most often the first abdominal fuses with the third thoracie ganglion, and that not only in the insects in which the corresponding segments are fused. In some Lepidoptera and Orthoptera not only the first abdominal ganglion but the first two fuse with the third thoracic ganglion, and in *Locusta* the first three. Further fusion of the thoracic ganglia with one another

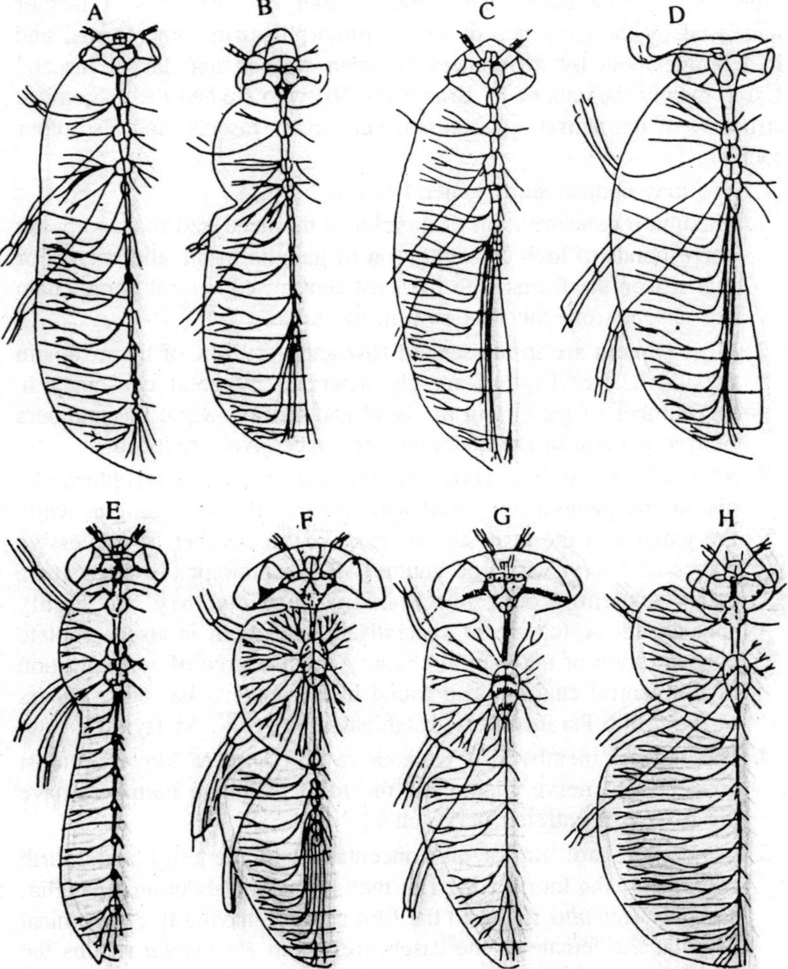


*Fig. 7.9. Diagram of structure of central neural apparatus in insects. A—Dictypterus sanguineus. B—Cicindella sylvatica ♂. C—Gyrinus natator ♀. D—Rhizotrogus solsticialis ♀ (A-D are all Coleoptera). E—Chironomus plumosus ♂. F—Tabanus bovinus. G—Sarcophaga carnaria (E-G are all Diptera). H—Cimex lectularius (Rhynchota Heteroptera).*

and with the suboesophageal ganglion, and of the abdominal ganglia with one another, takes place. Finally, in some forms there is complete fusion of all the ganglia of the ventral chain into a single suboesophageal mass, as in crabs. There is great variety in combinations of these types in separate cases. The total number of variations is further increased by the existence of sexual dimorphism in some forms, and in Holometabola by differences between winged and larval insects. Using mainly the data of E. Brandt (1879), who studied the anatomical structure of the neural apparatus of very many insects, and also other sources.

We may deduce some general laws:

1. Maximum concentration of ganglia in the head and thorax always corresponds to high concentration of ganglia in the abdomen. For that reason the forms with the least-centralised ventral nerve chain are absent from the first row in the table.
2. Most Diptera are in the second row and very few of them remain outside it, i.e. Diptera are characterised by great constancy in the number of ganglia in the head and thorax, while the numbers of free ganglia in the abdomen are successively reduced.
3. All bugs are in the zero column, i.e. in all Heteroptera the abdominal ganglia are fused with the last thoracic ganglia while the ganglia in the head and thorax show a number of successive stages of fusion with one another. Palaeontologically bugs are a fairly ancient group, but in many respects they are highly specialised. A feature of specialisation in them is also complete concentration of the ventral chain. A high degree of concentration of the ventral chain is also found in Homoptera and other orders of the group Paraneoptera, established by A. V. Martynov.
4. The highest members of Coleoptera and Diptera have the most concentrated nerve chain, and the most primitive members have the least concentrated nerve chain.
5. Lepidoptera are almost all concentrated in the third and fourth columns of the fourth row, i.e. they have four abdominal ganglia, and only *Hepialus* falls into the fifth column, having five abdominal ganglia; the female of the casebearer moth *Pachytelia* retains the larval number of abdominal ganglia, but that form is generally much simplified, with a number of neotenic features.
6. Members of primitive orders have, as a rule, a very low level of concentration of the ventral chain, but specialised forms among the lower orders may fall into the zero column, e.g. *Podura*.

Now a few words on the development of the ventral chain. All its ganglia are mutually independent in insect embryos. In larvae, as a general rule, the chain is more concentrated than in embryos, and in the adults it is still more so. But there are several interesting exceptions to this rule, especially among Diptera larvae. In *Syrphus* and *Volucella* larvae, according to Brandt, the ventral chain is completely concentrated, whereas adult syrphids have two free ganglia in the abdomen.

In other words, decentralisation takes place together with development. This is an example of a biogenetic 'law' reversed: in the structure of the ventral chain the *Syrphus* larva runs too far forward, as it were, in the general direction of the evolution of the group, and the imaginal form falls back. The separate metameric components of the dipterous larva's concentrated ventral chain send out peripheral nerves to their own segments, but they also receive tracheal branches from the metameric branches of their own segments—an instance of retention of region of tracheation, similar to retention of region of blood supply by the arteries of vertebrates. Retention of region of innervation and retention of region of blood supply are in a way, forms of inertia. Eventual reconstructions are quite possible in the course of further evolution. Concentration of the ventral chain also takes place in Pantopoda.

The class Chelicerata also shows gradual concentration of the ventral chain but not no early stages of that process. Xiphosura have the least concentrated ventral chain, but all the ganglia of their prosoma are fused together near the oesophagus; all the mesosomatic ganglia remain independent, and a separate ganglion represents the three fused metasomatic ganglia. Besides, the two ventral stems of the Xiphosura larva are quite widely separated, in this respect resembling the situation in Phyllopoda.

In scorpions all the prosomatic ganglia and four mesosomatic ganglia are fused into a single suboesophageal mass, behind which runs a chain of seven ganglia that innervate two mesosomatic and six metasomatic segments. The last metasomatic ganglion, lying in the fifth metasomatic segment, innervates also the sixth segment and the telson. In Telyphones all the ganglia of the ventral chain are fused together, and only one of them, of triple origin, is moved far to the rear and innervates the last three segments of the body. A similar structure is retained in Solifugae. In Araneina the whole central section of the neural apparatus, including the brain and the ventral stems, is fused into one compact mass traversed by the oesophagus.

In Mesothelae however, that mass contains 17 well-developed neuromeres corresponding to the full number of post-cheliceral segments. In other Araneina the same number of neuromeres are included, but the five posterior ones degenerate and only 12 are included in the ventral nerve chain. In Pseudoscorpionoidea Opiliones and all Acariformes that have been studied in this connection, all the ganglia of the body are similarly fused into a single mass. From the above it is clear that in Chelicerata, as in other classes, there is a correlation between the shortening and integration of the body on the one hand and the degree of concentration of the ventral chain on the other. We also see that the ganglia of the prosoma are the first to fuse, then the ganglia of the mesosomatic segments; but the ganglia of the metasoma, almost everywhere that they are retained, remain partly independent, and the ventral chain usually becomes completely concentrated only after the metasoma has been eliminated. With a highly-integrated body, however, a completely-concentrated ventral chain is found even when traces of the metasoma are present, e.g. in Pseudoscorpionoidea.

Many orders of Chelicerata therefore attain the same concentration of the neural apparatus as that attained by crabs among crustaceans, by some highly-specialised groups of Entomostraca, by *Hydrometra* or *Rhizotrogus* among insects, or by *Myzostomum* among annelids. The process of shortening of connectives and commissures, leading to centralisation of the neural apparatus, has thus taken place independently in various classes, orders, and even families of arthropods, just as it has taken place independently in Cephalopoda, Lamellibranchia, and various orders of Gastropoda. The composition of the brain in arthropods and Onychophora and the origin of its separate parts have been discussed. We shall now note only a few features in the internal structure of the brain.

Most arthropods are characterised by great development of, and a major role is played by, the optic centres, which is doubtless due to the development of compound eyes. The optic centres form part of the protocerbrum, where the corpora pedunculata are located. The corpora pedunculata of arthropods are connected with both the optic and the olfactory centres, which are located in the deutocerebrum. We may say that the arthropod brain originally develops under the influence of two principal sense-organs, eyes and antennae. Chelicerata have lost the deutocerebrum as well as the antennae, and with it the antennal glomeruli, which have persisted only in Xiphosura. The antennal glomeruli are also much reduced in the arthropods of other classes that have very slightly-developed antennae, e.g. Ephemeroptera. In

Chilopoda Epimorpha reduction of the optic lobes of the fore-brain keeps pace with reduction of the eyes, being most complete in the eyeless Geophilomorpha.

Generally speaking, wherever there is considerable reduction of sense-organs in arthropods it produces considerable simplification in brain structure, as we see in most Arachnoidea, in Pantopoda, in parasitic crustaceans, etc. In its internal structure the brain of all arthropods shows modifications of a single general plan, crustaceans and Atelocerata being closer to each other in this respect than either is to Chelicerata. Detailed comparison of the brain structure of insects with that of crustaceans and myriapods enables us to conclude that in its principal organisational features the brain of insects is somewhat closer to that of myriapods, whereas in the degree of differentiation of their brain higher insects are very close to Crustacea Decapoda, with myriapods and lower insects being approximately at the level of Phyllopoda.

The directions of development in the two stems, crustaceans and Atelocerata, are very similar; in particular, the structure of the compound eye and the optic centres in insects closely resembles that in Crustacea Decapoda. The degree of development of the corpora pedunculata in different arthropods shows some remarkable features of regularity, obliging us to conclude that these are higher centres that make possible the most complex forms of behaviour found in arthropods. In fact, a number of data indicate that the qualitative and quantitative development of these organs is directly correlated with the complexity of the animals' behaviour. H. Alten (1910) found that among Hymenoptera the corpora pedunculata are least developed in Tenthredinidae and Siricidae which have the simplest maternal instincts; better developed in Ichneumonidae still better in solitary wasps and best of all in social wasps which have the most complex instincts among all the insects studied by him. Among bees the social forms *Apis* and *Bombus* have the most highly-developed corpora pedunculata. In accordance with their role in the life of the species, female Bombidae have corpora pedunculata as well developed as those of workers, whereas in hive bees the workers certainly take first place. In the ant *Camponotus*, according to H. Pietschker (1911), the optic centres are developed best in males, then in females, and least in workers, while the olfactory centres and the corpora pedunculata stand in the reverse order: the volumes of the corpora pedunculata in workers, females, and males of that ant are in the ratio 8:4:1. In the relative sizes of their corpora pedunculata worker ants take first place among insects.

Besides the above-mentioned correlation there is another: the larger the body of any arthropod, the more highly developed are its corpora pedunculata, other conditions being equal.

Among all arthropods examined the corpora pedunculata are most highly developed in *Limulus*. They are better developed in the large *Vespa crabro* than in the smaller *V. vulgaris*. They reach great size in Crustacea Decapoda and in some Telyphones; but neither *Limulus* nor Telyphones are distinguished by complexity of behaviour· On the basis of these data some authors have objected to assigning significance to the corpora pedunculata as centres of higher neural activity. These objections, however, are hardly justified, as is easily seen from analogy with mammals, in which the degree of development of the cortical convolutions of the cerebrum is linked not only with the complexity of an animal's behaviour but also with the size of its body. Let us pass to the peripheral section of the neural apparatus of higher Articulata. The peripheral trunk nerves of Onychophora have a strictly metameric arrangement; there are eight pairs of them in each body segment, some of these nerves uniting dorsally with their partners from the opposite side of the body to form rings.

In this respect Onychophora resemble annelids, especially those polychaetes that have a large number of peripheral nerves in each segment. Solenogastres also show a tendency to an annular course for the metameric peripheral nerves. Annular nerves of this type are not found in arthropods. In primitive arthropods the number of peripheral nerves arising from each ganglion in the ventral chain does not exceed three or four. With the development of heteronomy that number greatly increases in some segments and falls in others. The water-beetle *Dytiscus* has six pairs of peripheral nerves in the prothorax and seven pairs each in the mesothorax and metathorax, and only one pair in each abdominal segment.

The internal organs of arthropods, like those of polychaetes, are innervated first by the stomatogastric section of the neural apparatus and secondly by the ventral chain. It has been demonstrated that the hearts of Malacostraca, Chilopoda, Xiphosura, and some other arthropods have a longitudinal nerve cord capable, as Alexandrowicz asserts, of independent reflexes; in Stomatopoda three pairs of regulating nerves, which branch within the neuropile of the cardiac cord, come to it from the ganglia of the ventral chain, and 15 pairs come to the valves of the 15 pairs of arteries leaving the heart. The hearts of many insects contain two longitudinal nerve cords connected with the stomatogastric section of the neural apparatus; regulating nerves come to them from most of the ganglia of the ventral chain. Nerves running from the brain to the dorsal vessel are found also in polychaetes, e.g. in *Serpula*, but there they are connected directly with the posterior surface of the brain, not with the stomatogastric section.

In some insects, e.g. mosquitoes, the heart has no nerve cells of its own; its work depends on the autonomous rhythm of the musculature, but is regulated by metameric branches of the unpaired, so-called sympathetic nerve, which runs along the ventral chain. Other branches of that nerve innervate the muscles of the spiracle-closing apparatus in insects and part of the musculature of the mid-gut. According to J. S. Alexandrowicz (1952), the pterygoid heart muscles of *Lygia* like those of *Anopheles* are innervated by branches of the unpaired nerve. The muscles of the spiracle-closing apparatus of *Platysamia* are innervated both by the unpaired nerve of the preceding segment and by the paired nerves of their own segment.

The hind-gut of both polychaetes and arthropods is innervated by paired nerves arising from the ganglion of the last body segment, since the anal lobe has no nerve centres. In Chilopoda the ganglia of both the genital and the anal segments are fused into one compound ganglion, which sends nerves directly to the gonopodia and through a plexus to the genital apparatus, to the parietal musculature, and to the rectum. In insects the ganglia of the posterior segments are also always fused into a compound ganglion, which sends out the rearmost nerves to the rectum and to the genital apparatus and the body walls. Apparently, therefore, the genital apparatus of arthropods is as a rule innervated by the ganglia of the segment on which the genital orifice is situated.

The fore-gut, and in some groups the mid-gut, and also the salivary glands are innervated by the stomatogastric section of the neural apparatus, which is possessed by all arthropods and Onychophora. We have seen that in polychaetes the stomatogastric section is connected with both the brain and with the first ganglia of the ventral chain. In arthropods the stomatogastric section is connected by frontal connectives with the tritocerebrum, which, as has been stated is probably the first ganglion of the ventral chain, which has become part of the brain. Chilopoda and many insects also have an unpaired connective nerve joining the stomatogastric section of the neural apparatus to the protocerebrum. Among crustaceans this second connection has been described in Cumacea.

In arthropods, therefore, at least in the prototype, the stomatogastric section retains connections with both the brain and the first ganglion of the ventral chain. The stomatogastric section of the neural apparatus of crayfish is joined to the brain by several roots and forms a fairly complex network, in which an unpaired nerve running back along the dorsal side of the gullet is well individualised; two small unpaired ganglia lie on it, containing motor cells but incapable of independent reflexes. Insects have, on the dorsal side of the gullet in front of the brain, a frontal which is connected to the tritocerebrum by paired connectives and to the protocerebrum by one connective nerve; a recurrent nerve bearing from one to there additional small ganglia arises from the frontal ganglion. Among all these only the frontal ganglion is capable of independent reflexes. From a purely anatomical point of view this apparatus is a simplification of that of crustaceans.

Among Myriapoda, Scutigeromorpha have a stomatogastric section of the neural apparatus close to that of insects in other Chilopoda, and also in Diplopoda and Pauropoda the frontal ganglion fuses with the tritoerebrum, forming the so-called pharyngeal bridge, which is often erroneously taken to be the pre-oral commissure of the tritocerebrum. The inclusion of the frontal ganglion in the brain presents a certain analogy with the inclusion of the labial ganglion in the brain of Octopoda. This process also takes place in all Chelicerata. In *Limulus* the pharyngeal bridge still has the form of a free commissure, which encircles the gullet in front and from which nerves run to the fore-gut.

In Arachnoidea the pharyngeal bridge is completely fused with the brain, although it retains some independence in its internal structure. In Arachnoidea, as in insects, the n. recurrens runs from the frontal ganglion, and in both groups bears a small oesophageal ganglion. The stomatogastric section of the neural apparatus develops most peculiarly in Pantopoda in which it lies in the proboscis. Near the end of the proboscis lies a nerve ring connected with the brain by three roots, like the stomatogastric plexus in crustaceans and insects. The ring contains three ganglionic thickenings and corresponds to an expanded frontal ganglion. A plexus runs rearward from it along the gullet, corresponding to the recurrent nerve in other arthropods. The independence and great development of the stomatogastric section in Pantopoda are due to their possession of a proboscis, and constitute one of the significant features of difference between them and Chelicerata.

The endocrine apparatus of arthropods develops in close connection with the brain and the stomatogastric section of the neural apparatus. The endocrine apparatus of Crustacea Decapoda consists of neurosecretory cells located in both the brain and the ventral chain, and also of a pair of separate plexuses lying in the eye-stalks and known as the X-organs or Hanström's organs. In Isopoda also Hanström's organs lie near the optic ganglia. The secretion of all these cells travels along their axons and collects in two sinus glands, which also lie in the eye-stalks. According to Bliss these are not glands, but bunches of flask-shaped swollen ends of the axons of neurosecretory cells. These 'glands' are places where hormones accumulate and enter the haemolymph and therefore are neurohaemal organs, like the cerebrovascular complex of annelids. Usually the sinus glands also contain glandular cells secreting their own hormone.

The X-organ produces moult-inhibiting substances. Sinus glands also contain accumulations of hormones that affect metabolism, growth, sexual activity, the activity of chromatophores in the skin, adaptation of the retina of the eyes to changes in lighting, etc. The X-organs of higher Crustacea are, in the opinion of B. Hanström (1953), vestigial sense-organs, and in some forms partly retain sense-organ structure. The most primitive crustaceans, Phyllopoda Anostraca, have neurosecretory cells in both the brain and the suboesophageal ganglion, but no sinus glands. Other neurohaemal organs besides the sinus glands have been described in higher crustaceans, e.g. the pericardial organs of Decapoda, which discharge a heart-accelerating hormone into the blood. M. Gabe (1953g, 1954c) describes Y-organs in Malacostraca, located in the maxillary and antennal segments and having glandular structure. Their secretion apparently accelerates moulting.

In Chilopoda neurosecretory cells lie in the protocerebrum, their axons ending in the so-called cerebral glands between the cells of which their secretion is discharged. These glands are perhaps homologous with the corpora pharyngaea of insects and perhaps also with the sinus gland of crustaceans. Similar interrelationships occur also in Diplopoda. In Pterygota neurosecretory cells are concentrated mainly in the protecerebrum, although there are paired metameric groups of such cells also in the ganglia of the ventral chain. In all insects the neurosecretory cells of the protocerebrum send their processes through the brain to the ganglia pharyngaea, or corpora cardiaca, which lie behind the brain along the sides of the aorta. The corpora cardiaca also contain nerve cells and broadened ends of the axons of the neurosecretory cells of the protocerebrum.

In relation to the latter cells the corpora cardiaca therefore play the role of a neurohaemal organ. Like sinus glands, they have their own hormones. Embryologically the corpora cardiaca develop from the ectoderm of the dorsal wall of the fore-gut. In Hemiptera the neurosecretory cells of the brain secrete a hormone affecting the moult. In Diptera the secretion of these cells activates the corpora allata, and in Lepidoptera it activates the prothoracic glands. In all Pterygota a corpus allatum is connected with each of the corpora cardiaca. The corpora allata arise from the ectoderm at the boundary between the mandibular and maxillary segments. Like the corpora cardiaca, they are innervated by the neurosecretory cells of the protocerebrum. Their endocrine function was first suggested by A. Nabert (1913). Their secretion inhibits the onset of metamorphosis in larvae and nymphs of younger instars, activates the ovaries of adult females of most insects and the accessory glands of males, and increases metabolism.

Most Hemimetabola have ventral glands in the head, formed by the ectoderm of the second maxillary segment. They resemble the corpora allata in structure and are perhaps serial homologues of these. The ventral glands degenerate after the last moult. They secrete a hormone affecting metamorphosis. Lepidoptera, Hymenoptera, and Blattoidea have prothoracic glands also formed by the ectoderm of the second maxillary segment, but they are located in the prothorax and are perhaps homologous with the ventral glands of lower insects. In Lepidoptera they secrete hormones affecting moulting and metamorphosis. After the last moult they degenerate.

In addition, pericardial or peritracheal glands have been described in Phasmatodea and Diptera lying near the corpora cardiaca. Like the ventral and prothoracic glands they secrete a moulting hormone and undergo involution after metamorphosis. The pericardial glands in Phasmatodea develop from the mesoderm and consequently are not homologous with the ventral glands. In higher Diptera all the retrocerebral glands grow together into a glandular ring encireling the aorta immediately behind the brain. As was first stated by B. Hanström (1941) and later by B. and E. Scharrer (1944), the endocrine apparatus of insects shows surprising convergence with that of vertebrates.

In both cases the neurosecretory cells of the brain send a hormone along their axons into an organ of neural origin which accumulates that hormone and discharges it into the blood. A third link in both cases is an internal-secretion gland, formed from the ectoderm of the oral cavity and secreting a gonadotropic hormone. Finally, the ventral, prothoracic, and pericardial glands of insects present, in the Scharrers' opinion, a certain analogy to the thymus of mammals. In Chelicerata the neurosecretory cells are arranged relatively homonomously: as a rule they lie in all the ganglia of the ventral brain and their accumulation in the protocerebrum is less dominant than in insects. Araneina have two pairs of retrocerebral glands representing an accumulation of neurosecretory cells. Each pair receives its own pair of nerves from the tritocerebral, i.e. cheliceral ganglion. The lateral pair has a separate neurohaemal section, which discharges secretion into the haemolymph. To judge by some data, there are perhaps homologues of Schneider's organs in scorpions, Telyphones, and Solifugae. The homology of Schneider's organs with the retrocerebral organs of Atelocerata has not yet been proved. Perhaps one pair, or both together, may be homologous with the corpora pharyngaea of insects.

# 8

# LARVAL FORMS IN CRUSTACEA

The embryonic development is followed by metamorphosis which may be either very well marked or suppressed. In most of the crustaceans the egg hatches to produce Nauplius larva which in free swimming but in some cases the nauplius stage is passed within the egg so that there is no free swimming *nauplius larva* produced after hatching. In crabs, freshwater prawns and cryfishes the development is direct i.e., without larval stage. In other several larval forms are met within crustacea and special terms are applied to each one of them. Following larval forms are met within crustacea:

**Cypris Larva**

In subclass Cirrpedia, the free swimming stage is nauplius. The larva undergoes a moult which gives rise the cypris larva. The cypris larva is characterised by the presence of bivalved shall like that present in Ostracoda. In cypris larva the bases of antennule are modified into attachment disc which gives attachment to the larva added by the secretion of cement glands. There is a pair of compound eyes near the median eye to detained from nauplius larva. Antennae and mandibles are absent, sometimes the mandibles are rudimentary. 6-pairs of thoracic

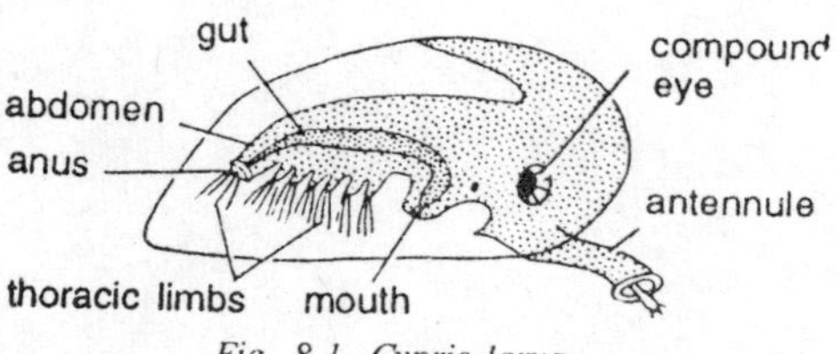


*Fig. 8.1. Cypris larva.*

appendages are present in thoracic region. The abdomen is very short and ends into a pair of caudal fork or style. After swimming for sometime, it attaches itself to some object with the help of attachment discs and secretion of cement glands and get transformed into pupa. Later the pupa becomes adult.

In the parasitic crustacean like *Sacculina* free swimming nauplius and cypris are produced but the cypris larva attach itself to a crab and gradually becomes a tumover like adult. Thus, in the case of Brachiopods, Ostracodes, Copipodes and Cirripedes, there is a gradual metamorphosis. The adult is formed by a series of moults. The larval forms gradually give more and more of adult character and this is just like the incomplete metamorphosis of insect. But in the case of Malcostraca there is abrupt several transitional changes from one larval form to another and all these forms are very much different from their adults. The metamorphosis may be compared with complete metamorphosis of insects, for example the silk moth.

**Nauplius Larva**

The nauplius larva is oval in shape behind any sign of external segmentation. It is characterised by the presence of 3-pairs of appendages. The first pair later on becomes antennules and the 2nd and 3rd pairs becomes antennae and mandibles. The antennules are uniramous where as the antennae and mandibles are biramous. The antennae are provided with jaws whereas the mandibles are without jaws. Thus the antennae have masticatory function. The median eye is the only organ of vision. Besides eye there is pair of antennal glands. The mouth is guarded by a large labrum and the alimentary canal is straight and made up of foregut, midgut and hindgut. The anus may or

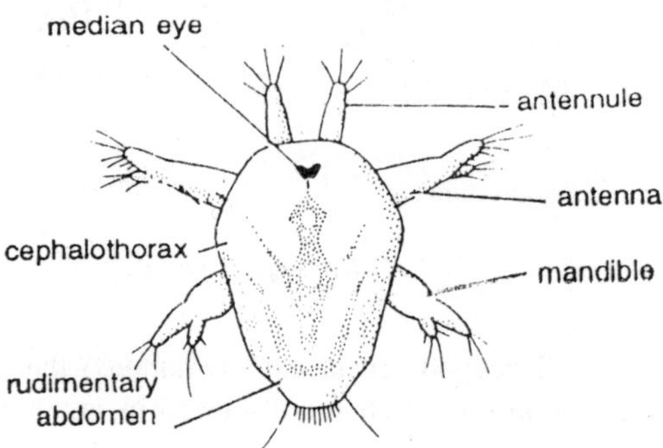


*Fig. 8.2. Nauplius larva.*

may not present at the time of hatching. A heart is still not formed. At the posterior end there are two pairs of setae. The nauplius swimms in water by the stock of all the appendages.

In Branchiop )da and Ostracoda the nauplius larva undergoes a series of moulting or ecdysis to becomes the adult. During gradual process the adult characters are gradually attained. In order Cladocera the development is direct so that the nauplius stage is passed in the egg and when the egg hatches an adult type of crustacean is produced. In subclass Ostracoda is bivalved nauplius is produced without biramous appendages i.e., all the appendages are univamous. In subclass Copepoda immediately after hatching a nauplius is produced and after moult it is convested into metanauplius larva.

**Metanauplius Larva**

It is characterised by the presence of several pairs of appendages. Besides 3-pairs of each antennules, antennae and mandibles, it develops another four pairs of appendages. Which become the maxillulae, maxillae and first two pairs of maxillipedes of the adult. Each mandible acquires a masticatory process. The body consists of an oval cephalothorax, an elongated trunkregion and abdomen, which terminating in a caudal fork provided with setae.

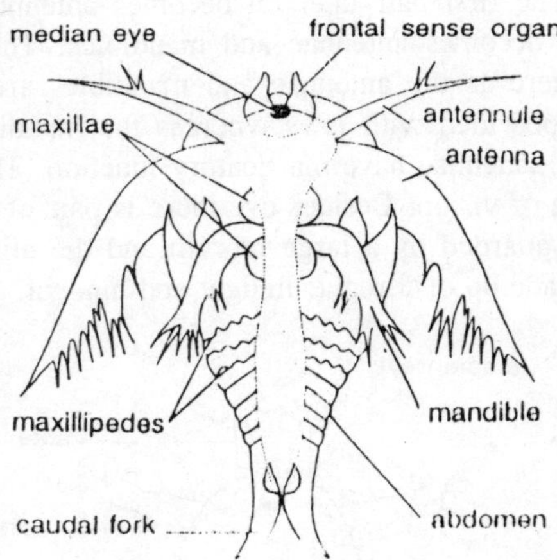


*Fig. 8.3. Metanauplius larva.*

**Protozoea**

In the case of Decapod crustaceans (*Panaeus*) the egg hatches to produce a nauplius larva which moults to form another larval stage,

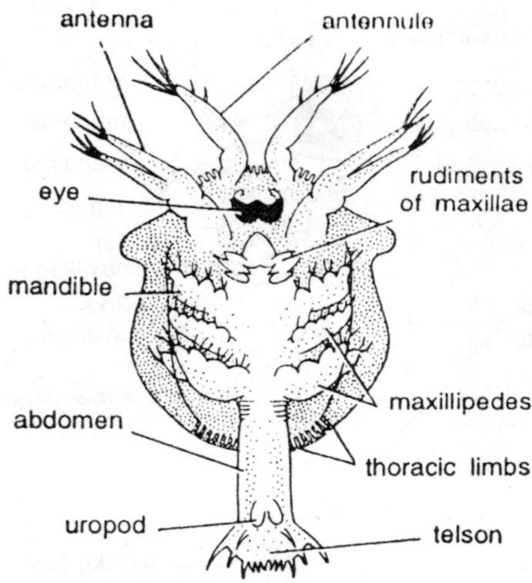


*Fig. 8.4. Protozoea larva.*

the *protozoea*. The *carapace* becomes larger and covers the dorsal surface anteriorly. The seven pairs of appendages, which were already formed in the metamorphosis, become well-developed and are capable of functioning. The antennaee are still locomotory organs. Antennule is 4-jointed, antennae possesses a 3-jointed endopodite and a four-joint exopodite. The mandibles are palpless, toothed and are *masticatory* in function. Abdomen is still unsegmented and without appendages. However, rudiments of the remaining posterior six thoracic segments are also formed. Later on, the third pair of thoracic limb also develops, which forms the third maxillipede of the adult. Anterior five abdominal segments are also distinct. Formation of paired eyes has also begun. The protozoea again moults and gives rise to the zoea larva.

**Zoea Larva**

The body of zoea has a distinct, highly developed caphalothorax and distinctly 6-segmented abdomen. The cephalic appendages are will developed. Abdominal appendages are lacking. Zoea is characterized by the absence of mandibular palps. Eyes are large and compound situated on movable stalks. Abdomen has formed telson. The carapace is produced into long spines. A *frontal spine* is situated between the two eyes, a *dorsal spine* and a pair of lateral spines are also present. The stage at which these free swimming larval forms begun varies vary much. In some cases, the free swimming stage is nauplius but in

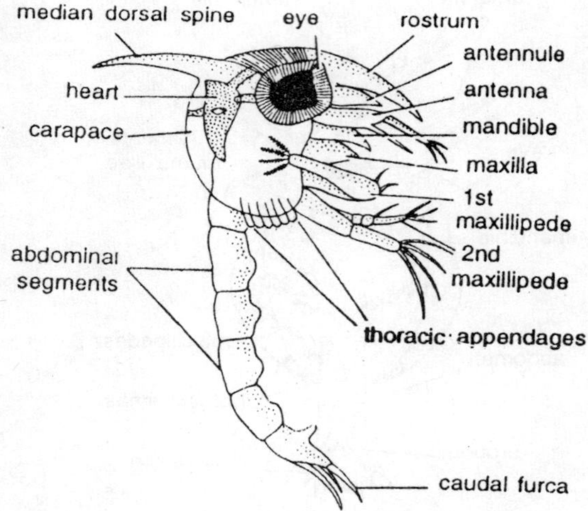


*Fig. 8.5. Zoea larva.*

some other cases nauplius stage is passed within the egg, so that immediately hatching stage is metanauplius as in *lucifer*. In the case of *Sergestes* the egg produces the protozoea and in higher decapods zoea is produced immediately hatching.

**Alima Larva**

In *Squilla* egg hatches out directly as alima larva, which is a modified zoea. The body is cylindrical with a short and broad carapace. The larva differs from zoea in the armature of the telson and the second maxillipede. Abdominal appendages are formed in the form of buds. The larva is pelagic. It is very transparent just like a piece of glass and is found in large numbers in plankton.

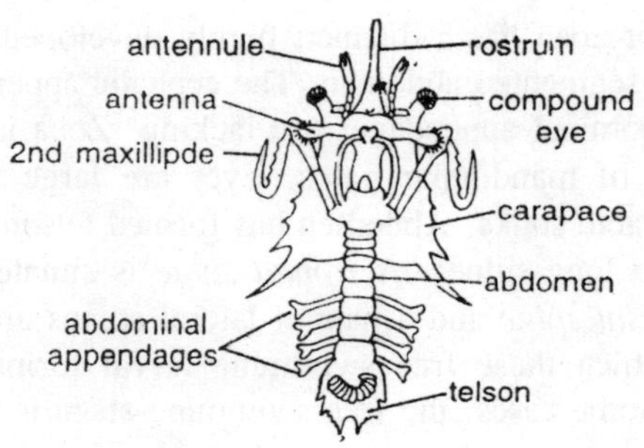


*Fig. 8.6. Alima larva.*

**Mysis or Schizopode**

In Peanaeus, zoea larve instead of changing into megalopa changes into mysis which is very similar to the adult *Mysis*. It possesses five pairs of posterior thoracic legs which are biramous with flagellar exopodite and help in locomation. The abdomen is elongated with well-developed biramous plepods. The mysis larva metamorphoses into the adult prawn. In lobsters the egg hatches into the mysis larva.

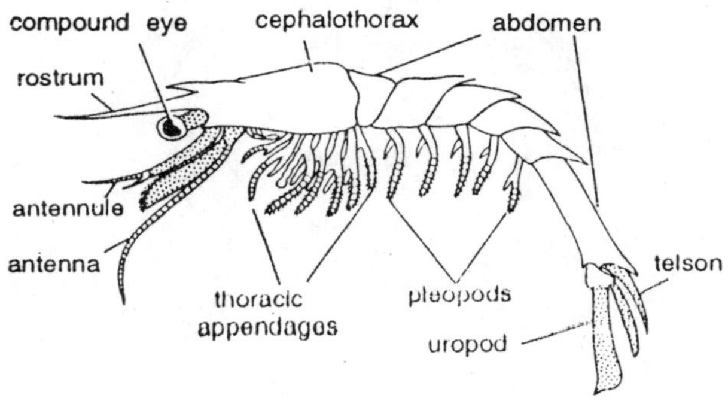


*Fig. 8.7. Mysis larva.*

**Metazoea Larva**

In the case of *Eupagurus* (hermit crab) the hatching takes place at zoea stage. The older zoea also called metazoea has well developed third maxillipede which is biramous and swimming organs. The 6-pairs of abdominal appendages also appear in the form of buds.

**Phyllosoma Larva**

In rock lobster, *Palinurus*, and its allies hatching takes place as phyllosoms larva or *glass crab* which is a greatly modified mysis state. It is strange looking, leaf-like, tranparent, with eyes at the ends of long stalks. The broad depressed cephalic and thoracic shields have the transparency of glass while limbless abdomen is very small. Only 6-pairs of thoracic appendages are present in newly hatched larva. The maxillipedes are rudimentary or absent, the second are uniramou followed by 4- pairs of very long biramous legs. Phyllosome undergoes several moults before reaching the adult stage.

**Calyptopsis**

In Euphausiacea, one of the larval stage is called calyptopsis. It is similar to zoea larva in all respects except that the paired eyes are sessile i.e. not stalked.

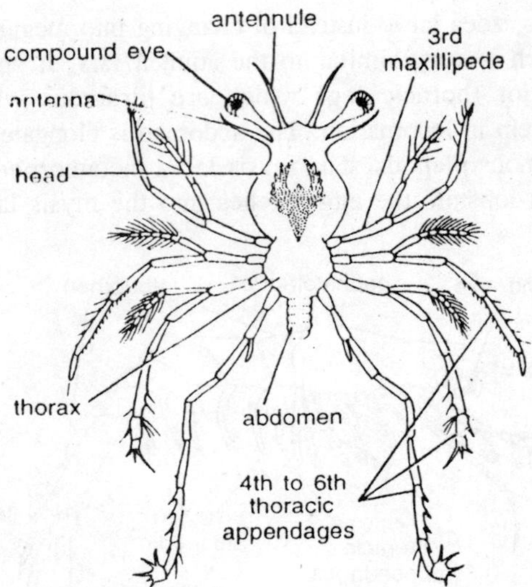


*Fig. 8.8. Phyllosoma larva.*

## Megalopa Larva

In some crabs, the zoea larva moults into megalopa larva. It is a crab like creature and the cephalothorax is broad but without spines. Eyes are stalked and large. The thoracic appendages are 5- pairs of walking legs. The abdomen is also well formed and bears biramous pleopods. The megalopa swims on the surface of the water leading a pelagic life but, later on, sinks down to the bottom and moults into a typical crab. In hermit crab, the metazoea leads to glaucothoe stage.

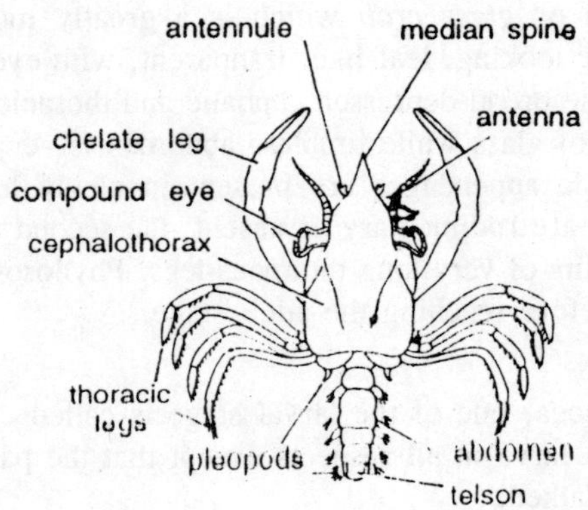


*Fig. 8.9. Megalopa larva.*

It corresponds to the megalops stage of Branchyura. It has a large symmaterial abdomen and adult appendages.

**Significance of Larval Forms**

Life history of higher crustaceans show that as the later stages are added, the earlier stages are supressed. The nauplius occurs as a free-swimming larva in lower crustaceans but in higher forms hatching takes place either mysis or zoea stage and the nauplius stage passes into egg. In certain respect the nauplius features are as follows:

1. The preoral position of antennal.
2. Presence of masticatory endite at the base of antennae.
3. Presence of biramous mandible.
4. Presence of median eye.
5. Frontal sense organs.

The biramous character, also found in some copepodes and ostracods. It appears probable that the nauplius was establishing as a larval form at a period of development before the divergence of the ancestral groups of crustracean and probably that is the reason why the nauplius stage appear in some form of life-history of some of the crustaceans. None of the earlier adult crustacean shows a nauplius like form but rather a multisegmented form of the annelidian type. Similarly none of the primitive crustacean that have none of the zoea larvae but zoea like adults.

As mysis occur in the development of decapod and resembles each other inspite of the fact that their adults are entirely different. This shows the structure of crustacean ancestors. If we accept that "Ontogeny recapitulates phylogeny" i.e., the various larval forms gives ancestral history during development but this is considered only partially correct. The explanation that has been given to divert these forms is that they have adapted to special environmental conditions at different time, however, some phylogenetic significance attached only to nauplius larva because of primitive features of crustacean stock. The other larval forms have no phylogenetic significance and have developed in accordance with influence of environment which were different from time to time.

# 9

# Role of Hormones in Metamorphosis

The longest and best known of the insect hormones are those which influence postembryonic development. At present, three of these so-called metamorphosis hormones are recognized: (A) the activation hormone produced by specific neurosecretory cells in the insect brain, which conditions the reactivation of the body after each moult and the production of the other two metamorphosis hormones; (B) the moulting hormone produced by the prothoracic glands or corresponding tissues, which conditions the moulting process and thus, indirectly, growth and morphogenesis; (C) the juvenile hormone produced by the corpora allata, which conditions the growth of the larval parts in all metabolous insects (Pterygota), the function of the ovarial follicles of adult females in most insects, and several other structures and functions of the insect body, which are unable to develop in its absence. All three hormones are essential for the normal course of postembryonic development. The activation hormone is a typical neurohormone, the other two are true glandular hormones, order, and sometimes even class unspecific. They are closely mutually interdependent, both in their production and function.

## Terminology

Although the problem of insect hormones and metamorphosis has been intensively studied in recent years, or perhaps for this reason, no generally accepted terminology has been developed. It might, therefore, be as well to start with a closer definition of the terminology used in the present work.

**Metamorphosis**

By metamorphosis is understood that part alone of the postembryonic development which takes place in the absence of a morphogenetically active concentration of juvenile hormone, i.e. the last larval instar of Hemimetabola and both the last larval and the pupal instars of Holometabola. This is in agreement with most other physiological works but in disagreement with some morphologists. Although it must not be denied that a part of the adult differentiation is realized at the beginning of each larval instar, there is no more reason to call this metamorphosis than there is in the case of the similar successive postembryonic differenctiation in ametabolous insects.

**Postembryonic Development**

The postembryonic development of insects can thus be divided into two parts or stages: the larval stage (or larval development) beginning with the hatching of the larva and ending with the penultimate larval instar (the ecdysis from the penultimate to the last larval instar); and the subsequent metamorphosis stage (or metamorphosis), ending with the emergence of the adult insect, i.e. the last larval instar of Exopterygota and the same plus the pupal instar in Endopterygota.

***Instar***

Both the larval and the metamorphosis stages are subdivided into instars. An instar is that part of the postembryonic development which takes place between two successive ecdyses. In contrast to many other authors, the term is used in both the morphogenetical and the chronological sense of the word. A new definition was suggested by Hinton (1958), and used by a number of authors, according to which the instar begins at the moment of deposition of the new cuticle and ends with the moutl, which is the next separation of the cuticle from the epidermis. From the point of view of morphological description this has the advantage that the term 'instar' refers to one and the same cuticle whereas in the earlier definition, each instar starts inside the old cuticle which is replaced by a new one during the instar. It has also the merit of drawing the attention of morphologists to those stages in the moulting process which take place beneath the opaque cuticle. Irrespective of the fact that postembryonic development is subdivided into a succession of overlapping cyclic processes, so that the determination of the limits of individual instars is to some extent arbitrary, the first-mentioned definition of the instar seems more suitable for the purposes of this book for the following reasons.

1. The detachment of the cuticle at apolysis can only be observed in histological sections (rather difficult to make because of the hard sclerotized cuticle). The moment of ecdysis is therefore also much preferable as the dividing point from a practical point of view.
2. Ecdysis is connected with a series of other processes, such as the resorption of the moulting fluid, the occupation of the new shape of the body at the distension of the newly formed cuticle (even though this was laid down some time previously), the deposition of the wax and cement layers of the epicuticle, the tanning and hardening of the new cuticle, etc. It is therefore the most important and most conspicuous section of each moulting cycle.
3. The size and shape of the body, even though determined by the newly deposited cuticle, particularly that of heavily sclerotized parts such as the head capsule, is also changed at each ecdysis but not at the moults.
4. Even if successive moults are connected with an uninterrupted succession of various physiological processes, most of these are, nevertheless, clearly arranged in cycles within each interecdysis, but not intermoult, period. Feeding and its associated increase in weight, respiration and hormone production, resulting in swelling of the epidermal cells, for example, are interrupted during ecdyses but not during moults. By selecting the detachment of the cuticle as the start of an instar, all of these evidently coherent processes are divided between two different instars.

Most of these reasons remain valid even in such cases as the last larval instar of higher Diptera. There, although the chief characteristic of ecdysis, the shedding of the exuvium, is obliterated, as is the tanning of the newly formed pupal cuticle, other characteristics, such as, for example, the removal of the moulting fluid and the formation of the epicuticular layers, remain; and these are sufficient to enable the instars to be distinguished. A similar conclusion has been reached by Wigglesworth (1973).

### *Pharate instar*

If we do not accept Hinton's definition of the term 'instar', the term 'pharate instar' has a restricted meaning. It seems to be justified only in cases in which a new instar has been formed completely and the moulting fluid has been absorbed, as in the puparium of higher Diptera, for example. The decisive criterion is thus the presence of air between the old and the new cuticle.

**Development Stage**

The stage of development is a general term for a section of ontogenetical development characterized by significant biochemical or morphological processes or by both, such as the protopod, polypod, oligopod, and postoligopod stages in embryogenesis, the larval stage (comprising the first to penultimate larval instar), the metamorphosis stage (comprising the last larval and the pupal instars), the maturation stage, the stage of sexual maturity, etc.

**Moulting Process**

The succession of biochemical, physiological and morphological changes preceding each ecdysis constitutes the moulting process or *moulting*. This commences with the swelling of the epidermis followed by detachment of the old cuticle, usually referred to as the *moult* or *apolysis*. Then the moulting fluid is produced, in which the inner layers of the cuticle are gradually digested, and a new cuticle is laid down by the epidermal cells. The process culminates in *ecdysis* which is preceded by the resorption of the moulting fluid and followed by the tanning and hardening of the exocuticle and the secretion of the wax and cement layers of the epicuticle. The laying down of the inner layers of the endocuticle by the epidermal cells continues after the ecdysis and usually does not stop until immediately before the start of the next moulting process. This is the end of the moulting process which has just occurred. In recent years, some authors have started to use the terms 'larval-larval moult' in place of 'larval moulting', 'larval-pupal moult', instead of 'pupal moulting' and 'pupal-imaginal moult' instead of 'iaginal moulting'.

Apart from the linguistic aspect, this seems completely unnecessary, in so far as we take into account that the above terms express the result of the relevant moulting process. In any case the meaning is usually amply evident from the context. However, the term 'emergence' for imaginal ecdysis is fully acceptable. Use of the term 'moult' if we mean 'moulting process' is altogether inappropriate, since it has been accepted as the English term for 'apolysis,' i.e. only one of the initial phases of the moulting process.

*Larval moulting*—and moulting which results in larval form.

*Pupal moulting*—moulting to pupal form. If a second pupa is produced as a result of experimental JH treatment, we call this 'second pupal moulting.'

*Imaginal moulting or emergence*—moulting which results in the adult form.

## Growth

By growth is understood, generally speaking, the increase in the amount of living matter of the body (organized protein molecules) unlike, e.g., the increase in weight by accepting food or ingesting water. The following special types of growth may be distinguished in insects: *Isometric growth* (harmonic or proportionate growth). The type of growth where there is an equal rate of increase in all parts of the body, i.e. there are no morphological changes. The shape of the body at the end of an isometric growth period is a homothetic figure of that at the beginning. *Anisometric growth* (disharmonic or disproportionate growth). The type of growth where there is a different rate of increase in different parts of the body, with a resulting change of shape. Two kinds of anisometric growth are distinguished in this book. These are:

(i) *Gradient growth.* In this type of growth, only certain parts of the body, the gradients, grow. Growth of the remaining parts is stopped and eventually they are wholly or partly removed either by histolysis or phagocytosis. This occurs, for example, in the embryogenesis of most animals and in the metamorphosis of insects. Gradient growth is the chief factor in morphogenesis.

(ii) *Allometric growth* (or anisometric growth in the restricted sense). Here all parts of the body grow although at different rates, as for instance in postembryonic development in mammals.

## Differentiation

The chief feature of development, the sequence of changes which occur in the body in the given period of ontogenesis, irrespective of growth. The three following types are distinguished: (1) *chemical* (biochemical) differentiation, the sequence of changes in the chemical composition of the body irrespective of changes of weight, shape, function, etc., (2) *morphological* differentiation or morphogenesis, the sequence of changes in the shape of the body, (3) *functional* differentiation, the sequence of development of various functions of the body. These three types of differentiation are all closely interrelated in normal development. In ontogenesis, chemical differentiation usually precedes morphological differentiation, which in turn precedes functional differentitation.

By contrast, in phylogenesis, functional differentiation usually precedes chemical and morphological differentiation of the corresponding part of the body. (This follows from the action of natural selection and its role in evolution: it means that structures of the body can be favoured by selection and thus developed and specialized for a given function only where this function already exists and is useful for survival to some extent.)

***Larval structures***

The parts of the body which can grow only in the larval stage, i.e. in the presence of a certain minimum concentration of juvenile hormone. They lose the ability for further growth during metamorphosis, and usually undergo partial or complete histolysis at that time. They constitute the greater part of the larval body in most pterygote insects.

***Imaginal structures***

Those parts of the body the growth of which is independent of the presence of juvenile hormone in the beginning of metamorphosis. Their development is accelerated during metamorphosis when the growth of the larval structures cease. They constitute the greater part of the imaginal body.

***Larvo-imaginal structures***

Are fully differentiated and functional in the larval period, but they persist and continue to function in adults.

**Larva**

The term is used here in its broadest sense, as in Wigglesworth (1939) and Hinton (1958), but not Jeschikov (1941) and Snodgrass (1954), to include the entire postembryonic stage of development which precedes metamorphosis in all insects. The term 'nymph', as a special type of larva, is retained for the larval stage of *Hemimetabola* and 'larvula' is kept for the first larval instars of *Odonata* differing from the later ones. 'Eonymph,' 'mesonymph' and 'pronymph' in the sense of Berlese (1913), and Sláma (1960) refer to the pre-pupal stages of sawflies. Pre-pupa is the term for the latter portion of the last larval instar of *Holometabola*, which is characterized by the advanced pupal moulting process with an abundance of moulting fluid and retraction of the body.

**Pupa**

This term is used for the last postembryonic instar (second metamorphosis instar) in Holometabola, which is the period between the pupal and imaginal ecdyses. Internal morphological changes, which vary considerably in extent according to the insect, occur during this instar, whilst most of the external changes are realized in the first metamorphosis instar.

**Hemimetabola and Holometabola**

These terms are used as in the taxonomic sense of Imms (1946) and Obenberger (1952), but not Weber (1954), Snodgrass, etc. *Hemimetabola* (=*Heterometabola*, = *Exopterygota*) have only one metamorphosis instar, *Holometabola* (= Endopterygota) have two. The prefix 'hemi'- does not refer to the degree of morphogenesis which, on average, is not very different in the two subclasses, but to the number of metamorphosis instars.

## ABBREVIATIONS

Abbreviations should be used for frequently recurring terms, for the purpose of saving space and also for greater clarity. The advantage of this was soon realized by chemists, who introduced a generally recognized and employed letter - symbol for every element (chemical compound). The same need is increasingly felt by specialists in insect endocrinology, but no rational abbreviation system which would be generally accepted has so far been evolved. In the system used throughout this book, the following rules are observed: Capital letters are employed for the hormones forming the main subject-matter and small letters for the often no less useful abbreviations of various endocrine organs. Differences in the origin of the same principle are expressed by adding a small letter or letters after the hormone symbol. The same main symbol is always used for one principle (substance, effect).

Consequently, instead of CAH, used by some authors for the corpus allatum hormone, and JHa for JH analogues, the common symbol JH is used for both, $JH_{ca}$ denoting corpus allatum JH and JHa juvenile hormone analogues. JH is used alone where effects of the principle are discussed in general, irrespective of its origin. The abbreviations used by other authors are given in the list of synonyms at the beginning of each section dealing with the relevant hormones.

ca — corpora allata (corpus allatum).

cc — corpora cardiaca (corpus cardiacum).

nsc — neurosecretory cells.

ncc I, II, III — nervi corporum cardiacarum, first, second, and third pair.

agl — apolytic glands.

pgl — prothoracic glands.

rgl — ring gland.

vgl — ventral gland.

nho — neurohaemal organs.

mnho -- metameric neurohaemal organs.

cns — central nervous system.

No abbreviations are used in this book for organs not associated with endocrine activity.

AH — activation hormone.

JH — juvenile hormone.

$JH_{ca}$ — corpus allatum hormone.

JHa — juvenoids (juvenile hormone analogues).

MH — moulting hormone (ecdysone).

$MH_{pg}$ — prothoracic gland MH.

MHd — ecdysoids (ecdysone derivatives).

GF — gradient factor (the distinction formerly made between the GF of insect metamorphosis and the general gradient factor, gf, has been abolished, because it is now assumed that they are identical).

BF — blastomo-factor.

To make matters easier for the reader, the terms are also given together with the abbreviations by which they are represented, wherever they appear for the first time in each chapter.

## Activation Hormone (AH)

The first suggestion regarding a hormonal function of the insect brain was made by Koipec (1917, 1922) whose experiments with *Lymantria dispar* caterpillars proved conclusively that the brain is necessary for pupation. This was the first evidence for an internal secretion of any kind in insects. Tauber (= Taabor) (1925), working independently, concluded, from several years' work on blood transfusion and ligaturing in *Deilephila euphorbiae* caterpillars, that insect metamorphosis is controlled by endocrines. Further evidence for the existence of the humoral control of moulting in other species of Lepidoptera is contained in the papers by Koller (1929, cf. 1938) and Buddenbrock (1924, 1930a, b, 1931, cf. 1950). The first evidence, however, for the existence of a special hormone, produced by the brain which controlled moulting, was obtained by Wigglesworth (1934, 1935, 1936) from his classic experiments with decapitation, parabiosis and transplantation in the blood-sucking bug *Rhodnius prolixus*. This was the true beginning of insect endocrinology which has now developed into a special, very intensively studied, biological discipline.

It was the same author who, in collaboration with Hanström (1938, 1940, 1943), first discovered the source of the activation hormone in the neurosecretory cells of the brain. At about the same time, Fraenkel (1934, 1935) showed a similar hormonal control of pupation in *Calliphora* larvae by his well-known ligaturing experiments. Similar conclusions were reached by Bounhiol (1936, 1938) from his experiments with *Bombyx mori*; by Bodenstein (1937, 1938a-c,) on the basis of several years' experimental work on the transplantation of appendages from young to fully grown caterpillars; by Kühn and Piepho (1938, 1938, 1940) for *Galleria mellonella*, and by Hadorn (1937a, b, 1938, 1939), Hadorn and Neel (1938a, b) and by Hadorn and B. Scharrer (1938) for *Drosophila*. Since then the number of papers on endocrine control of moulting has increased very rapidly.

Fukuda (1940a, b, 1941a, b, 1944) was the first to show that the AH does not affect the moulting process directly but does so by controlling the secretion of the prothoracic glands. These findings were confirmed and closely examined by Williams (1946, 1947a-d, 1948, 1952) and his colleagues. The first suggestion of the possible function of the corpora cardiaca in neurosecretion was made by De Lerma (1933, 1934) and its connection with the neurosecretory cells of the brain was elucidated by Hanström (1936, 1939, 1942), by Pflugfelder (1937, 1938c, d) and, particularly, by B. Scharrer (1937, 1941) and B. and E. Scharrer (1937, 1944) who showed, by a detailed histological and experimental study, that the neurosecretory cells of the brain with their axons, together with the corpora cardiaca, form a single neurosecretory system corresponding with that of the neurosecretory cells of the hypothalamus with their axons and the neurohypophysis, in vertebrates.

Since that time the neurosecretory function of the insect brain and corpora cardiaca, and its connection with moulting and metamorphosis, has been found whenever it has been seriously looked for, that is, in practically all the chief orders of metablolous insects (Pterygota). There is also histological evidence for its existence in Apterygota. A series of papers by Gersch and his school on the chromatophorotropic and myotropic activity of insect brain extracts has raised the question as to whether some of the newly discovered factors could be identified with AH. This problem has problem has been discussed in detail by Raabe (1959). The possibility that the neurohormone $D_1$ and AH were identical was suggested by Gersch (1962) on the basis of experimental evidence. Recent investigations by the same author and his co-workers showed that the activation hormone is different from neurohormone D, and that it is composed of two components, with different effects. These are the activation factor I ($AH_I$), which stimulates the synthesis of every kind of RNA, and the activation factor II ($AH_{II}$), which raises membrane potentials and thus has a positive effect on permeability.

Both effects seem to be quite general in character, so that they might account for most of the specific AH effects, e.g. stimulation of the secretory activity of various glands, metabolism, water balance, diapause development. Nevertheless, it is still possible that $AH_I$ and $AH_{II}$ could be two separate neurohormones produced by different nsc. A number of further functions have been ascribed to various known nsc, both of the brain and individual ganglia of the ventral nerve cord; these will be discussed elsewhere. The conclusions of B. and E. Scharrer (1944) that a close analogy exists between the neurosecretory system of three large groups of animals, Crustacea, Insects and Vertebrates, are in full agreement with such a possibility. They confirm the earlier views of these authors (1944), Hanström (1939), and others. The relationship between AH production and the secretory activity of the corpora allata, which regulates the activity of the ovarial follicle cells (studied in detail by Johansson, 1958), is in agreement both with the general nature of the AH effects and with the features of the neurosecretory system common to the three groups of animals mentioned.

## Neurosecretory Cells of the Brain (nsc)

### *Morphology*

The neurosecretory cells of the brain, the source of the AH, are usually arranged in two groups, placed symmetrically on the upper surface of each hemisphere near the median furrow in the pars intercerebralis protocerebri. There are 4 to 15 or more main nsc in each group (4 in *Bombyx mori*, 6 in *Calliphora* larvae, 7 in *Pyrrhocoris apterus*, 7 to 8 in various Hymenoptera, 15 in cockroaches and up to several hundreds in Orthoptera). They are often very conspicuous in a living brain dissected in Ringer because of their milk-white or slightly bluish colour. The transparent nucleus often appears as a dark spot in the middle of each cell. The cells are still more conspicuous when examined under dark-ground illumination, appearing shining white against the dark background. The axons of these two groups of cells form a pair of nerves - the nervi corporum cardiacarum I (interni). These two nerves cross inside the brain in the mid-line and each enters the corpus cardiacum on the opposite side of the body.

External to each of the two above-mentioned groups of nsc is, in most insects, a smaller group, usually of 2 to 4 cells, the axons of which form the nervi corporum cardicarum II (externi), each nerve entering the corpus cardiacum on the same side of the body. Several authors have described the transportation of the material originating in the nsc of the brain into the corpora cardiaca via the nervi corporum cardiacarum. The neurosecretory material has been observed in histological preparations and under dark-ground illumination. Severing the nervi corporum cardiacarum led to an accumulation of neurosecretory material in the distal end of the portion connected to the brain and the disappearance of the granules in the end on the other side of the cut.

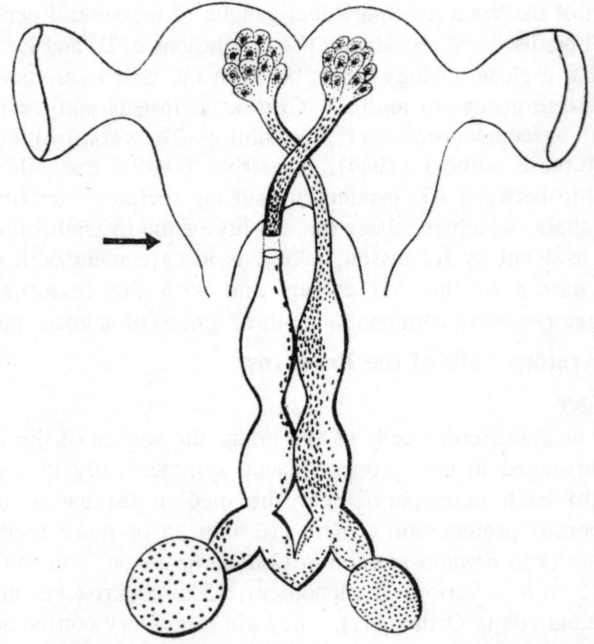

*Fig. 9.1. The effect of breaking one of the two nervi corporum cardiacarum.*

A similar observation was made by E. Thomsen (1954), using dark-ground illumination, when the cardiacrecurrent nerve of adult *Calliphora* females was ligatured with a silk thread. The passing of part of the neurosecretory material from the corpus cardiacum via the nervus allatus into the corpus allatum, where it is said to stimulate the gland and increase its size, has recently been studied by Nayar (1958). The same author also observed that the neurosecretory granules pass via the nervus recurrens into the walls of the dorsal aorta, which is innervated by this nerve. From here the neurosecretory granules

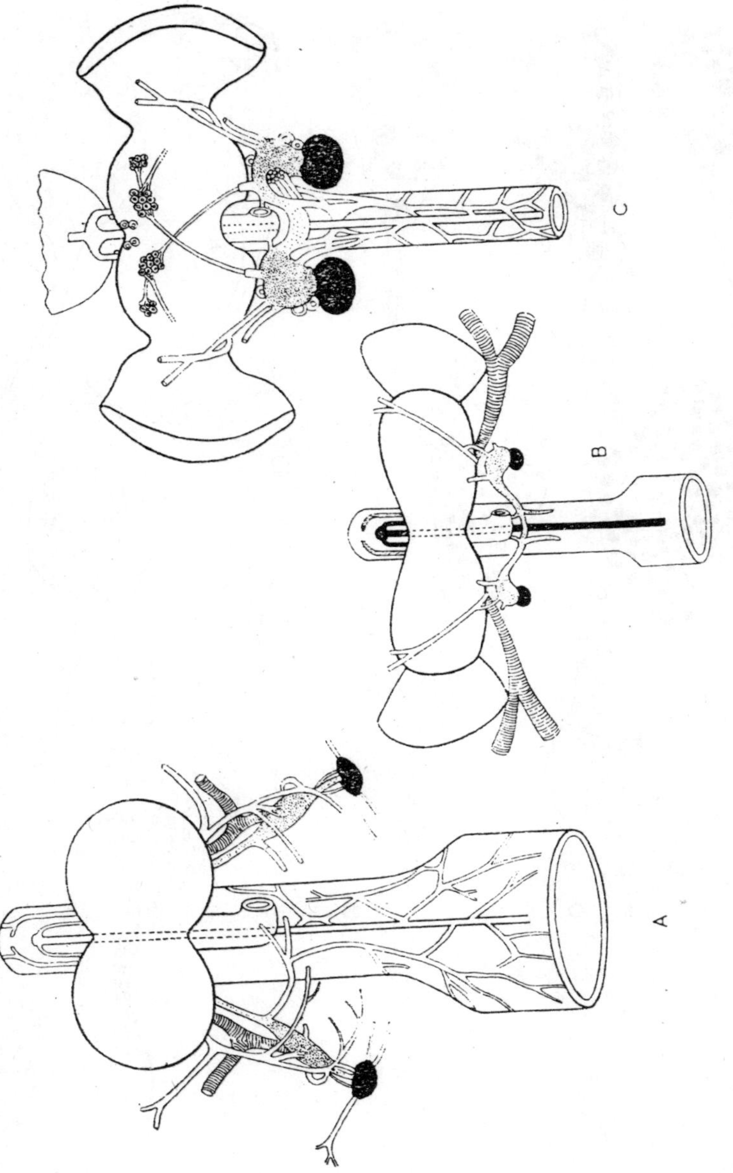


*Fig. 9.2. Scheme of the brain and retrocerebral endocrine system in three developmental stages of Lemon Butterfly (Papilio demoleus). A—Last instar larva; B—Early pupa; C—Adult corpora cardiaca (dotted), corpora allata (black).*

appear to pass directly into the blood stream. In many cases distinct cyclicity of the amount of neurosecretion was observed. For instance,

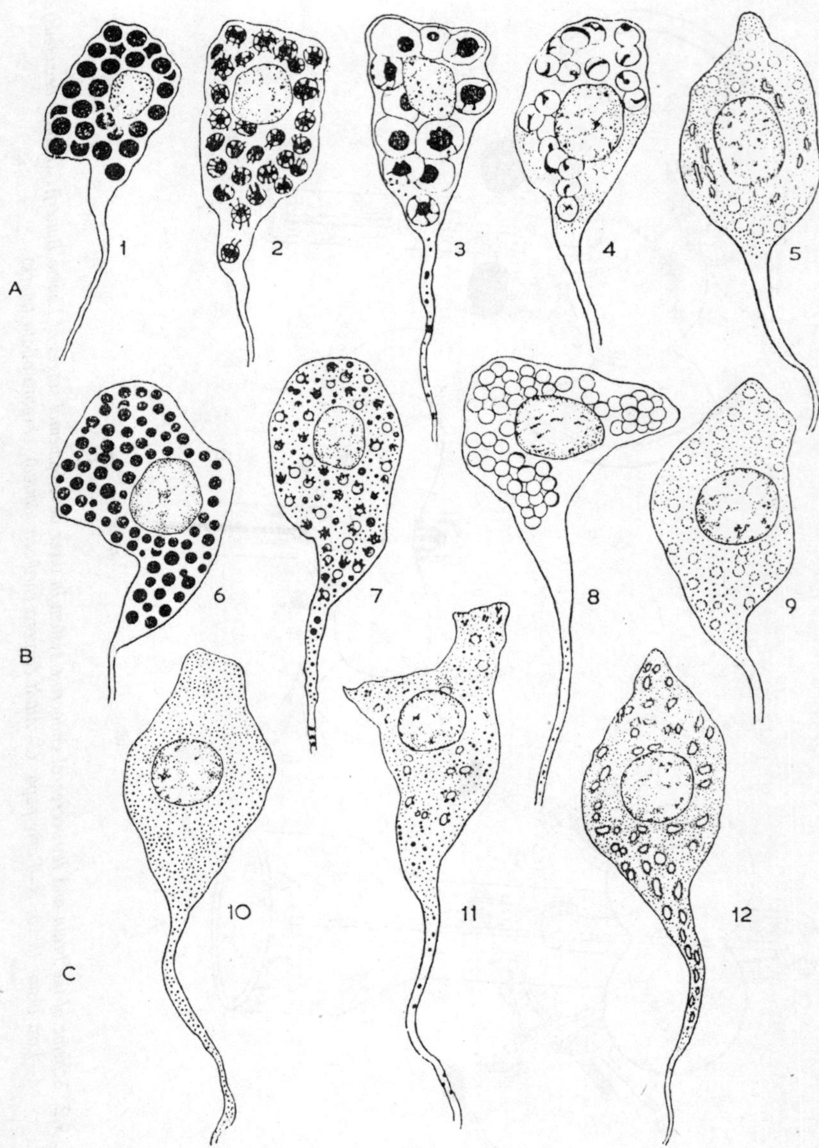


*Fig. 9.3. Scheme of developmental changes in three types of neurosecretory cells of the pars intercerebralis in Lampyris noctiluca. A, nsc with large granules; B, nsc with medium sized granules; C, nsc with fine granules.*

Baehr (1969) found accumulation of neurosecretory granules in one of the three diffierent types of A-nsc in about 12 min after a blood meal and their release at the instant of ecdysis, immediately after blood sucking and during egg laying.

***Histology***

The use of special staining techniques, such as Gomori (chrome haematoxylin-phloxin) and paraldehyde fuchsin, renders the nsc very conspicuous in histological preparations and the neurosecretory material may easily be followed along their axons. Using histochemical methods, a considerable amount of acid phosphatase was found in the cytoplasm of most of the nsc in the bug *Iphita limbata*, whilst it was absent in the cytoplasm of the other nerve cells. On the other hand, the phosphatase content of the nuclei of the neurosecretory cells was lower than that in the neighbouring nerve cells. On the basis of his detailed histological studies on the brain of the lygaeid bug *Oncopeltus fasciatus* Dallas, Johansson (1958a, b) distinguished four different types of cells, the staining characteristics of which suggested a neurosecretory function. *A-cells*, the most conspicuous of all, stain dark purple-red or dark-blue with paraldehyde fuchsin and blue-black with Gomori chrome haematoxylin. They contain a large number of granules which fill most of the perikaryon. The cells are pear-shaped or sometimes irregular in shape, and occur immediately beneath the neurilemma.

When examined alive, under dark-ground illumination, they are conspicuous by their shining bluish-white colour. Their axons form the nervi corporum cardiacarum I. *B-cells* stain green or blue-green with paraldehyde fuchsin and red with Gomori. They are somewhat smaller than the A-cells and more irregular in shape. They contain no granules and occur deeper in the mass of ganglion cells. *C-cells* stain purple-red with paraldehyde fuchsin and reddish with chrome haematoxylin-phloxin. They occur in the same layer as the B-cells, are irregular in shape and contain a flaky cytoplasm. *D-cells* have a fine granular cytoplasm which stains pale purple-red with paraldehyde fuchsin and pale blue-black with chrome haematoxylinphloxin. They are somewhat larger than the A-cells.

Removal of the A-cells resulted in reduced fertility, and delayed, but did nor prevent, egg laying. The corpus allatum was smaller after their extirpation. Baehr, who distinguished seven different groups, used different letters for the individual types, and so did Girardie and Girardie (1966), and Joly (1970) who followed Girardie. Changes in the histological appearance of the neurosecretory system of the Colorado

Beetle *Leptinotarsa decemlineata* were likewise observed by Schooneveld (1966-1972).

### *Ultrastructure*

Since the ultrastructure of the pars intercerebralis was first described by B. Scharrer (1962) in the cockroach *Leucophaea maderae*, it has been studied by various other workers, e.g. Willey and Chapman (1962) in *Blaberus craniifer*, Normann (1965) and Bloch *et al.* (1966) in *Calliphora erythrocephala*, and Girardie (1967) in *Locusta migratoria*, etc. Different types of cells and neurosecretion were described.

### *Embryogenesis*

The only available data on the origin and development of the neurosecretory cells during embryogenesis are given in the papers by Jones (1953, 1956a, b). This author found that in the embryos of *Locustana pardalina*, after diapause when the mitotic activity has reappeared, several large cells can be seen in those places in the brain where typical neurosecretory cells will later occur. These cells have a particular connection with the function of the ventral glands of the head and with moulting. They seem to be the first of the hormone sources active in the insect embryo.

### *Phylogenesis*

There is abundant literature on the origin and evolution of the neurosecretory cells during phylogenesis. It has been reliably established that neurosecretory cells occur not only in all insects including Apterygota, but also in other arthropods such as Crustacea, Xiphosura, Chilopoda, Symphyla, in Annelida and phylogenetically 'lowest', in Turbellaria Polyclada Hanström (1940, 1953) assumed that neurosecretory cells originated with the so-called lateral frontal organs in the lower Crustacea, which lie in the epidermis quite separate from the brain. In the higher Crustacea they are very close to the brain and form the well-known pair of frontal organs. The neurosecretory cells of these are connected by their axons to the corresponding sinus gland at the side of the brain, where the secreted material is stored.

In the Apterygota, they form two groups of cells on the surface of the protocerebrum which are enclosed by a connective tissue membrane. From each of these groups a nerve arises which passes through the brain in a typical chiasma and reaches the corpus cardiacum of the opposite side. The neurosecretory cells and the granules in their axons give the same Gomori-positive reaction as the neurosecretory cells of Pterygota. The typical neurosecretory cells of Pterygota develop from these two groups by a process of inclusion into the brain mass during which the connective tissue membrane disappears. From what has been said it is evident that the activation hormone is phylogenetically the oldest of the three metamorphosis hormones. As regards the origin of the neurosecretory cells of the pars intercerebralis, Clark (1955) derives their function from the original epidermis cells from which they have developed as nervous tissues and assumes their secretory function to be primary and their nervous function secondary. He points out that they are neurosecretory cells found in the most primitive, and phylogenetically oldest parts of the brain.

**Corpora Cardiaca (cc)**

***Morphology***

The first mention of cc in the literature is without doubt that by Lyonet (1762) in his work on the anatomy of *Cossus cossus*. They consist of a pair of bodies situated immediately behind the brain, between the anterior end of the dorsal vein and the oesophagus, in front of the corpora allata with which they are connected by the nervi allati. They are sometimes fused medially and in some cases they are also fused with the corpora allata. In the ring-gland of Diptera Cyclorhapha, they form the lower median part of the ring, which is characterized by the small size of the cells, and fuse in the middle with the hypocerebral ganglion and at the sides with the R-cells. They are innervated by two pairs of nerves from the brain, the nervi corporum cardiacarum I and II (interni and externi) which are composed respectively of the axons of the median and lateral groups of neurosecretory cells of the pars intercerebralis protocerebri, as previously mentioned. The cc are connected medially with the hypocerebral ganglion by a nerve bridge and with the suboesophageal ganglion by the nervi allati. They send one or paired visceral nerves along the digestive tube to the visceral ganglia.

The structure of the nervus allatus in *Gryllodes sigillatus* was described by Awasthy (1968) and in *Gryllus domesticus* by Belyaeva (1966), and by Theodorescu and Novák (1973). The cc is composed of two parts, a nervous part (originally, cc were supposed to be normal ganglia, the 'pharyngeal ganglia'), and a glandular part. They differ, at first glance, from ca and from all nervous ganglia by their bright, milky-white, opalescent colouration remembering that of the A-nsc.

***Histology***

In addition to the neurones (with scarce intrinsic neurosecretion) the following two types of cells can be distinguished: (1) The chromophobic cells whose cytoplasm is not stained by the usual staining methods. They form the main connective tissue in cc in which there are, usually, scattered cells of the other type. (2) The chromophilic cells which are deeply stained by varlous stains and furnished with characteristic pseudopodia-like processes. Cazal (1948) assumed them to be modified neurones which had lost their nervous function and intensified their secretory function. In Plecoptera, Arvy and Gabe (1954) found small granules in the cytoplasm of the cc cells and in the nerve endings bringing the neurosecretion, which stained deeply with phloxin. Numerous ramifying fibres of the nervi corporum cardiacarum are present in the cc in addition to the above-mentioned cells.

Some of the granules produced by the neurosecretory cells of the brain are stored here, but the remainder reach the surface where they are washed off by the haemolymph. A small amount of neurosecretory material has been shown to pass through the cc into the ca, via the nervi allati in several species. In addition to the neurosecretory granules, Nayar (1956, 1957b) found a secretion, which he not think to be of neurosecretory origin, in the chromophilic cells of *Iphita limbata*. De Lerma (1956) also suggests the existence of a special secretion of the cc in *Hydrous piceus*. It occurs in the form of homogeneous acidophilic inclusions which are more or less abundant in the chromophilic cells of the cc.

No intracellular Gomori-positive granules were found within these two cell types of the corpora cardiaca. Arvy and Gabe (1953a, b, 1954) also emphasize the occurrence of a true intracellular neurosecretion in the cc on the basis of their great knowledge of many groups of insects. The same conclusion was reached by Hanstrom (1953) for Apterygota. Johansson (1958) was able to distinguish three different types of cell in the cc of *Oncopeltus fasciatus*. Two of these are large chromophilic cells which occur in different parts of the cc and differ in their staining characteristics with respect to paraldehyde fuchsin. Those of the frontal and lateral portions of the gland stain green whereas those of the hind and median portions take on a pale red colour. The third type are interstitial chromophobic cells. These are dispersed throughout cc but are most abundant medially.

It is interesting to note that Johansson did not observe any accumulation of neurosecretory material in the cc of *Oncopeltus*, where the granules are stored exclusively in the walls of the aorta dorsalis as in *Iphita limbata* (Nayar, 1953, 1956), differing from the condition in *Rhodnius prolixus*, where they are stored in the cc. In *Hydrocyrius columbiae* the granules are also stored in the walls of the aorta as they are in *Pyrrhocoris apterus*. Phylogenetically, it appears to be a secondary utilization of the tissue which enables the neurosecretory material to pass into the haemolymph at a quicker rate.

Mayer and Pflugfelder (1958) found only two kinds of cells in cc of *Carausius morosus*: the osmiophilic cells containing granules of neurosecretory material and generally forming welldelimited groups in the corresponding part of the gland; and the osmiophobic cells containing a system of vacuoles, special lamellated granules and peculiar oblong mitochondria. In the nerve endings inside the gland, granules 500 to 2000 A in size were found, which correspond to those known from the neurohypophysis of vertebrates and are without doubt of neurosecretory origin. M. Cazal (1971) studied the structure of the cc in *Locusta migratoria* in detail, while Divakar and Novák made an exact study of their morphology and histology in *Schistocerca gregaria*. Their histology during the penultimate and last larval instars, and the pupal instar in *Galleria mellonella* were described by Karachali and Novák (1973).

***Ultrastructure***

A number of papers on the ultrastructure of the cc in various insects species have been published, the first being those by Pflugfelder (1958) in *Dixippus morosus* and by B. Scharrer (1963, 1968) in *Leucophaea maderae*. Other authors to study the ultrastructure of the cc were Johnson (1966) in *Calliphora stygia*, King, Surrinder, *et al.*, (1966) in larval *Drosophila melanogaster*, King, Aggarwal *et al.* (1966) in adult females of the wild type and a mutant of the same species, Normann (1965) in *Calliphora erythrocephala*, M. Cazal (1971), in *Locusta migratoria* and Cassier and Fain-Maurel (1971), in the same species, in what is perhaps the most detailed and recent study on this subject. Of the two possible ways in which neurohormones can be released into the circulating fluid, Cassier and Fain-Maurel regard the one which attributes the passage of intact granules by exopinocytosis as the more likely in *Locusta*. They observed no fragmentation of the granules and found four types of neurosecretory granules.

***Function***

Johansson (1958) assumed the cc to have two functions: the storage and mixing of the products of different groups and types of neurosecretory cells, and in addition, the production of a separate hormone of their own. A similar suggestion was made by Cameron (1953) previously. He showed that the cc produce a special active substance (orthodiphenol) which is quite different from neurosecretion and affects the heart-beat and peristaltic movements. Such a conclusion was reached by Altmann (1956), who studied the myotropic effects of corpora cardiaca extracts of the bug *Iphita limbata* on the gut peristalsis of another bug *Aspongopus janus* Fabr. and their chromatophorotropic effects on the red pigment cells of the decapod *Coridina laevis* Heller. The neurosecretory cells of the brain of the same species had no such effects. Johansson's (1958) experiments on the influence of the cc on reproduction produced negative results. Recent findings leave no doubt as to the intrinsic endocrine activity of the cc both in their glandular and their neurosecretory (intrinsic nsc) components, as well as their neurohaemal function for the brain neurosecretory cells. These three functions are probably all mediated by more than one active substance.

In addition to $AH_I$ and $AH_{II}$, cc were found, by various authors, to contain the following substances: polypeptides with myotropic and chromatophorotropic activity, hyperglycaemic and hypertrehalosaemic action produced by extracts of both neurohaemal and glandular components (so that at least two different substances are involved), substances affecting nervous function, substances having both a diuretic and an antidiuretic effect on water metabolism and a number of pharmacodynamic substances such as serotonin, orthodiphenol, etc. Further research will be needed to identify all these substances and to determine their activity spectra.

***Embryogenesis***

The development of cc during the embryonic period was studied by Weismann (1926) and Pflugfelder (1937) in *Carausius morosus*; by Mellanby (1936) in *Rhodnius prolixus*; by Roonwal (1937) in *Locustana pardalina*; by Poulson (1937) in *Drosophila*, and by several other authors. According to their findings, cc, together with the hypocerebral ganglion, originate as unpaired dorsal evaginations of the oesophagus. Not until later are they separated and their cells differentiated into nervous and secretory ones. Originally, they are assumed to have been normal visceral ganglia which secondarily attained a neurosecretory function and became innervated by the nervi corporum cardiacarum.

***Phylogenesis***

The cc are well developed in the Apterygota with the probable exception of *Collembola*. They are better developed in this group than the ca and have been described in Japygidae and Lepismatidae. They are rather reduced in Campodeidae and occur in other Diplura and in Thysanura. It may be concluded that cc have developed during the phylogenesis of Apterygota, but earlier than ca. If Cazal's (1948) observation that the corpora cardiaca are absent in Collembola is confirmed, this will agree with the conclusion of B. Scharrer (1952) who stated, from experimental evidence, that the cc merely store temporarily the secretion from the neurosecretory cells of the brain and are not essential for the action of the activation hormone. Thus, for example, transplantation of a brain with active neurosecretory cells may break diapause in *cecropia* pupae without simultaneous transplantation of the cc. There is as yet no definite evidence for the existence of a special cc hormone as was supposed by L'Hélias (1956b).

**Direct Effects of Activation Hormone (AH)**

It is more difficult with AH than with other hormones to decide how its particular action is related to that of the other brain neurohormones. This is often an unsolved question, so that the present classification is arbitrary and is based on the author's opinion, but supported by the data on $AH_I$ and $AH_{II}$ characteristics.

***Activation of the prothoracic glands***

The first papers by Kopec (1917) and Wigglesworth (1934, 1940) pointed out the necessity of the brain for moulting, pupation and metamorphosis. The discovery by Fukuda (1940) of the function of pgl in *Bombyx mori* showed, however, that the effect on moulting is an indirect one and depends upon the activation of these glands. This was proved conclusively by Williams (1952), who found that active pgl alone are able to induce moulting in isolated pupal abdomens of *cecropia* whereas an active brain can only produce the same effect in the presence of (inactive) pgl. Similar results were obtained by Wigglesworth (1952b) with *Rhodnius prolixus* and by several other authors with various insects. At first glance, some of the recent findings appear to contradict this. Johansson (1958), for instance, found that complete extirpation of all ten of the type A neurosecretory cells of the pars intercerebralis in *Oncopeltus fasciatus*, carried out not more than four hours after the last larval moult, did not prevent imaginal moulting, although this process started two or three days later than in the controls. Without doubt, this is due to the secretion of the A-cells, which is stored in the form of granules in the walls of the aorta, as mentioned above, and, also may be, in the A-nsc of the ventral nerve cord.

According to Raabe (1959b), the way in which pgl are stimulated by AH has not yet been explained. A possible explanation was suggested by Church (1955), who considers it might be directly concerned in the synthesis of ecdysone. The findings of E. Thomsen and I. Möller on the influence of AH on intestinal protease activity in *Calliphora erythrocephala*, as well as other effects mentioned, would however suggest an action of a much more general nature, as would also its relationship with the antidiuretic hormone of the vertebrate hypothalamus.

***Activation of the corpora allata***

The effect of AH on the function of ca appears now to have been adequately demonstrated. AH is necessary for the re-activation of ca in a manner similar to that of pgl. This was suggested in some of the earlier accounts and is quite evident from the work of Johansson (1958a, b), de Wilde (1958a-c) and his collaborators, Nayar (1957). Johansson (1958a) observed the effect of extirpation of the A-cells of the brain on the volume of ca and found that complete extirpation of these cells results in abnormally small ca. A similar effect was observed by E. Thomsen (1952) *Calliphora*. If, however, only a few A-cells are left, the ca volumes remain normal. The proper understanding of how the ca are activated by AH has proved difficult for two reasons: (1) The action of the ca seems to depend upon nervous stimuli; (2) the activation hormone reaches the ca not only through the haemolymph, but also directly from the brain, in the form of granules, via the nervi corporum cardiacarum, cc and nervi allati. Neither of these factors appears to play a primary role in the regulation of ca activity, except in the case of diapause, but such has been attributed to both by different authors. It is through the activation of ca that the chief effect of the activation hormone on the ovaries is produced.

***Effect on ovarian development***

In addition to its indirect effect on ovarian development through the activation of the ca, the existence of a direct effect of AH on the development of eggs has been suggested. A careful analysis of the endocrine mechanisms controlling ovarian development in adult *Calliphora erythrocephala* showed that removal of the neurosecretory cells of the brain can be completely compensated for by the implantation of active nsc from another specimen but not by active ca. The effects of AH deficiency are different from those of allatectomy. Implantation of cc from an active specimen has a similar, though lesser, effect than the reimplantation of neurosecretory cells. The cc alone are not able to induce maturation of the ovaries in this species.

Thomsen concludes that the function of AH in the insect organism is rather complicated and that the nsc of the brain form an 'all-over controlling centre of the endocrine system.' When the median nsc were removed in the Indian Housefly *Musca nebulosa*, the ovaries failed to develop. The effects were not identical with those of allatectomy; instead of the hypertrophy of the fat body which follows allatectomy, the fat body was reduced in size after nsc removal compared with the accessory glands, and the accessory glands were devoid of secretion. This seems to be due to absence of the general stimulant effect of AH. No yolk was deposited after median nsc removal in the flesh-fly *Sarcophage bullata*, although yolk deposition started after their reimplantation, but not after the implantation of ca or of brain tissue minus the nsc.

Removal of the brain in female *Bombyx mori* pupae often resulted in the laying of diapause, instead of non-diapause eggs, which were characterized by low carbohydrate and lipid concentrations. The influence of the nsc of the pars intercerebralis on the *development of the ovaries* has been studied by a number of authors. Highnam (1962) has shown that in *Schistocerca gregaria* they exert a positive control over occyte development and that copulation as well as electrical stimulation, drastic wounding, or enforced activity may all bring about a release of material from the nsc of the pars intercerebralis and accelerate the development of the terminal occytes in 14-day-old females reared without males.

In the same species a positive control of *haemolymph protein concentration* by neurosecretion during ovarian development was found by Hill (1962). The presence of mature males is shown to accelerate the release of material from the female neurosecretory system, with consequent rapid development of terminal oocytes and an increase in the number of eggs. A positive effect of the pars intercerebralis on the development of the ovaries, as well as on postembryonic development, on the *function of the ventral glands* and ca, and on *metabolism*, *water balance*, and *chromatic adaptation* was described by Girardie (1964) in *Locusta migratiria*. Similar results were obtained by Mordue (1965a-c) with adult females of *Tenebrio molitor*.

***Effect on the accessory glands***

The effect of cerebral neurosecretion on the male accessory glands, first observed by Wigglesworth (1936), and since confirmed by many workers using various other insects, is, as in the case of the ovaries, primarily an indirect one through activation of the ca. No direct effects have hitherto been observed though they may be assumed.

***Control of diapause***

As suggested by E. Scharrer (1952), the author of the concept of neurosecretion, the specific role of neurohormones in the animal body depends on a long-term co-ordination between the nervous system and the internal secretion. A classic example of this interdependence is the direct influence of AH on both larval (pupal) and imaginal diapause. In each case it is a nervous stimulus induced by external conditions which leads to a temporary interruption of AH production which in turn results in the inhibition of the functions concerned. As shown by Williams (1946, 1947, 1948) and several other authors, a stage corresponding to natural diapause can be induced by the removal of the brain, the source of AH.

Similarly, a natural diapause can be broken at any time by implanting an active brain or other source of AH. It seems that this dependence is the result of a phylogenetic utilization and improvement by diapausing insects of a tendency present in all insects. This tendency is the control of AH production in response to a variety of unfavourable environmental conditions and it is highly adaptable. Thus diapause generally occurs in the winter period in temperate regions, whereas it is usual in the hot dry season in the tropics and subtropics. The same is true of the dependence of AH production on the nervous impulse produced by the distension of the abdomen in blood-sucking insects as

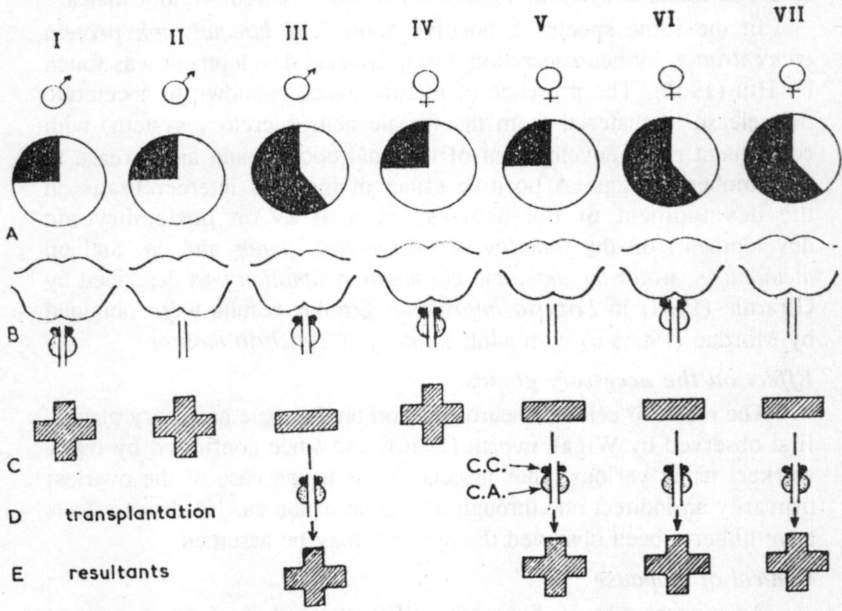


*Fig. 9.4. Scheme of action of metamorphosis hormones on mating behaviour in Pyrrhocoris apterus adults.*

described by Wigglesworth (1936, 1948) and by Detinova (1954). The condition in blowfly larvae first observed by Cousin (1933) may be taken as an intermediate stage in the development of diapause.

***Effect on morphogeneis***

In his experiments with the cricket *Pteronemobius haideni*, Sellier (1956) observed that the implantation of an active brain into the larva (VIIIth instar) at the start of the diapause resulted not only in suppression of diapause, but also in a lengthening of the wings in the resulting adults. No such effect was noted where the implantation was effected at a more advanced stage in diapause. The implantation of brain from other species of the genus *Gryllus* gave similar results. This, however, appears to be much more an indirect effect depending on the time of activation of the ca. The whole problem of both direct and indirect effects has been discussed by Gilbert (1964) and Bückmann (1969), but many questions still remain open..

***Effect on the fat body***

E. Thomsen (1952) observed that the fat bodies of *Calliphora* females, whose AH source had been removed, had a higher glycogen content though the quantity of fat was reduced. The glycogen content corresponded with that following allatectomy but the reduction in the quantity of fat was greater.

***Effect of intestinal proteinase activity***

E. Thomsen and I. Möller (1959a, b) studied the effect of extirpation of the neurosecretory cells of the pars intercerebralis on intestinal proteinase activity in *Calliphora* females. The colorimetric method of Day and Powning was used to determine this activity in gut homogenates. The proteinase activity in the operated specimens was 5 to 8 times lower than in the control. The effect of the removal of AH was identical with that caused by lack of proteins in the food. As proteinases are themselves proteins, their production may be considered as protein synthesis in the gut epithelium cells, and the authors conclude that AH affects protein synthesis in general. This, however, is not the only possible explanation a more general activation effect corresponding to that observed in other tissues, such as, for example, some kind of membrane activation, would be equally satisfactory.

Corresponding results were reached independently by Strangways-Dixon (1959, 1961) using the same species. He showed by feeding flies selectively on sugar and protein diets that when deprived of their neurosecretory brain cells the flies digested no proteins even when forcibly fed on them for six days; Neither their ca nor their eggs showed any increase in size.

***Effect on the hind midgut esterases***

E. Thomsen (1966) studied the esterase distribution pattern in the hind midgut cells of *Calliphora erythrocephala* females by applying 5-bromoindoxyl acetate (as substrate) to fresh tissue. The enzyme appeared in the form of granules, filaments and 'caps' similar to those described by Wigglesworth (1958) in *Rhodnius prolixus*. In normal meatfed flies, the pattern of enzymes in contact with fat droplets followed a cycle correlated with ovarian development. In flies fed on a protein-free diet, the esterase level was low. The same finding was made in flies deprived of their medial nsc, even when they were fed on meat. It was concluded that the medial nsc control, or influence, esterase production in the cells.

***Effect on water balance***

Altmann (1956a, b) studied the effect of extracts from different endocrine glands on the intake, retention, and excretion of water by the honey-bee. Injections of ca extracts increased water consumption and decreased the viscosity of the haemolymph; cc extracts increased haemolymph viscosity and decreased water consumption. Excretion was increased by ca extracts and decreased by extracts of cc. Injections of adrenaline produced similar effects to corpora cardiaca extracts. The effects of the corpus allatum extracts could be due to juvenile hormone or to neurosecretory material reaching the gland via the nervus allatus; the second possibility being the more likely. In *Iphita limbata*, when distilled water was provided for drinking for a few weeks, an increased amount of neurosecretory material was found in the walls of the aorta, and nsc were practically free of granules.

On the other hand, when the insects were forcibly fed on salt water for the same length of time, the release of neurosecretory material through the walls of the aorta almost ceased and the neurosecretory cells were filled with granules (Nayar, 1957). Similar results were obtained with specimens where the wax layer of the epicuticle was removed by washing with benzene or chloroform. In insects kept in an atmosphere dried with calcium chloride, neurosecretory material accumulated in the nsc; in those kept in a more humid atmosphere, the material was released and an increased quantity of granules was found in the walls of the aorta. Similar observations were made by Gutmann and Novák in *Pyrrhocoris apterus*.

It may be concluded that nsc enable the animal to maintain the water balance within certain limits. The analogy with the antidiuretic hormone of the vertebrate hypothalamus is striking. Raabe (1959a) obtained similar results with *Carausius morosus* where the cc had the same effect as the neurosecretory cells of the brain. This agrees with the findings of Stutinski (1952a, b). He injected rats with extracts of the pars intercerebralis protocerebri and cc of the cockroach *Blabera fusca* and found that the urine was reduced in quantity in the same way as after the administration of pitressin. The opposite result was obtained by Nunez (1956) using the beetle *Anisotarsus cupripennis*. There, the extracts of brain nsc and cc appeared to produce diuretic effects. These experiments, however, need to be repeated under comparable conditions.

***Control of phase differentiation***

In agreement with Giraridie (1966) and Girardie and Girardie (1966), Joly (1970) assumed that phase differentiation in *Locusta migratoria* was controlled by special nsc in the pars intercerebralis. Three types of cells were distinguished in the pars intercerebralis: A-cells, which are small and contain a large amount of Gomori-positive neurosecretion, B-cells, which are similar, but have highly phloxinophilic cytoplasm and no neurosecretory granules (A- and B-cells are regarded as being possibly two different stages of the same type of cell) and C-cells, which are much larger and contain only a few neurosecretory granules. Unfortunately, no comparison with various types of cells in other insects, similarly designated by other authors, is available. Destruction of the C-cells by electrocoagulation had the same effect as ca extirpation. If performed at the beginning of the IVth (penultimate) larval instar, a precocious adult resulted. Destruction of the A- and B-cells had the reverse effect, i.e. it acted like ca implantation. If carried out at the beginning of the last larval instar, a green adultoid developed.

The implantation of extra A- and B-cells acted like allatectomy if carried out at the beginning of the penultimate instar. The authors conclude that the C-cells activate the ca under normal conditions, while the A-and B-cells inhibit them. There is, however, a simpler explanation, consistent with findings in other insects, which has not been sufficiently ruled out, i.e. that it is injury to the C-cells which inhibits the ca in the first case. In the second case, removal of the A- and B-cells would prolong the interecdysial period of the last larval instar, so that the individual's own JH would, unlike in normal development, remain active; while the implantation of extra cells in the IVth instar would shorten the intermoult period, with the result that the ca would not attain an active concentration in the penultimate instar. Joly's inability to find any difference between ca ultrastructure in normal specimens and those with destroyed A- and B-cells supports the second of these hypotheses.

### *Other effects*

The various known effects of AH, as well as the possibility that they may be due to a common and very general action, leaves no doubt that further research will reveal a number of other effects. It also remains to be determined whether some of the observed effects of brain and cc extracts, such as the various chromatophorotropic and myotropic actions, are due to AH or to other neurosecretory products. The experimental evidence available at present provides little support for any conclusion in this connection.

## Indirect Effects of AH

It is possible that a hormone may act both directly and indirectly on the same tissue, e.g. it may stimulate RNA production by the tissue directly and at the same time induce the production of another hormone stimulating tissue growth or function. Another factor to be taken into account is that the direct or indirect effects may be of different degrees. For instance, a hormone may act on the target tissue directly or may induce another hormone to do so, or the other hormone may cause a metabolic change which only then affects the tissue. The control of the moulting process must be interpreted as an indirect effect of the activation hormone. Moulting is inhibited by removal of the AH source and re-evoked by its reimplantation. For this reason, the brain hormone was originally described as the moulting hormone by Wigglesworth (1934). It was called a 'growth and differentiation hormone' (*partim*) by B. Scharrer (1948) and Williams (1947, 1952a). The ca hormone was also originally interpreted by several authors as a moulting hormone.

Conclusive proof of an indirect as opposed to a direct effect is provided by the fact that the effect can be produced by another hormone but not by the given hormone alone. On the other hand, the mere finding that removing another organ inhibits the effect is in no way proof of an indirect effect. In such a case there is always the possibility that the effect of the hormone was prevented by breaking another link in the chain between the hormone and the part of the body responding. With the metamorphosis hormones it is particularly important to differentiate between the direct and indirect actions of a given hormone. The interaction of their effects is very complicated, as in metamorphosis and moulting. From this point of view a revision of many of the present opinions on the metamorphosis hormones and their mode of action is desirable.

**Control of AH Production**

*The functional cycles of the neurosecretory cells.* The existence of specific, so-called 'critical' periods in each instar as far as the hormonal activity is concerned was shown experimentally shortly after the discovery of the first metamorphosis hormones. During these periods, the presence of the source of the given hormone is essential for normal development whereas afterwards it is no longer necessary. This shows that there is a certain cyclicity in the function of the AH, which has been confirmed by subsequent histological research on the neurosecretory system. The course of neurosecretion and the function of cc during postembryonic development has been studied in detail by Herlant-Meewis and Paquet (1956) in *Dixippus morosus*. They found a decrease in the amount of neurosecretory granules in the pars intercerebralis and cc at the time of each moult. Neurosecretory activity reached its maximum after about one-third of the next intermoult period had elapsed. At this time also, the largest amount of neurosecretory material was seen to pass into the corpora cardiaca. This time of maximum secretory activity agrees well with what has been observed regarding the critical period for AH release in other species.

The quantity of neurosecretion in cc decrease markedly about half way through the intermoult period, i.e. when the critical period for the juvenile hormone has been reached. Another increase in neurosecretory material was observed in the last quarter of the intermoult period. Cyclical changes in the amount and character of the neurosecretory material were observed in Phasmids and other insects by a number of other authors in *Hydrous piceus*; L'Hélias, 1956a, b, in *Carausius morosus*; in *Apis mellifica*; Dupont-Raabe, 1954, in Phasmidae). On the other hand, Fuller (1959) reports frequent cyclical changes in the amount of secretion in the individual neurosecretory cells of the pars intercerebralis of *Periplaneta americana* without any noticeable cyclicity in the neurosecretory system as a whole. The question arises as to what factors govern the changes observed in neurosecretory activity. One of the first answers was provided by Wigglesworth (1936a, 1940a) in his classic experiments with the bloodsucking bug *Rhodnius prolixus*. He showed that production of the brain hormone and thus also the start of the moulting process, as well as all the interrelated developmental processes, is induced by a nervous stimulus produced by distension of the abdomen due to ingested blood. This stimulus depends on the quantity, not the quality, of the fluid intake, since the same effect is caused by a corresponding volume of pure water. Several small blood meals do not, however, produce any effect, even though their sum exceeds the necessary minimum quantity. Severing the ventral nerve cord anywhere between the brain and the abdomen prevents the passage of this stimulus. It may therefore be viewed as a typical case of the transformation of a nervous stimulus into an endocrine impulse effected by the nsc of the pars intercerebralis protocerebri, as claimed by E. Scharrer (1952).

A very similar neurosecretory effect was found by Detinova (1954) in *Anopheles*. On the other hand, no such connection was observed by Novák (1951b) in the plant-feeding bug *Oncopeltus fasciatus* and many other insects where poorly fed specimens can undergo a normal moulting process. It is also well known that meal-worms undergo several extra moults when left without food, and starving clothes-moth larvae can moult as many as 40 times. The above-mentioned dependence of AH production on a nervous stimulus from the distended abdomen seems therefore to be a secondary phylogenetic adaptation in blood-sucking insects. It enables them to survive for long periods in the absence of a suitable host in a state of reduced metabolism corresponding to that of a true diapause. In most other insects, AH production is automatically renewed at the beginning of each instar with the passing of the first digested food into the haemolymph.

The phylogenetic character of this dependence on the stimulus from the abdomen was shown by Larsen and Bodenstein (1959) in the mosquitoes *Culex pipiens* and *Aedes aegypti*. Whereas *A. aegypti* and normal *C. pipiens* show the usual dependence of AH production (and through this juvenile hormone production which regulates egg development and oviposition) on the distension of the abdomen by blood, AH production by the autogenic form, *Culex molestus*, is independent of this stimulus. A detailed analysis of the function of the neurosecretory cells in insects which feed continuously throughout their growth has been made by Clarke and Langley (1962) using *Locusta migratoria* L. No changes were found in the amount of neurosecretory material in the median nsc or in their axons (nervi corporum cardiacarum), or in cc during postembryonic development or at different times during the intermoult period. The neurosecretory material appears to be produced continuously throughout growth in this species. As the AH is supposedly not used during the ecdyses, the authors assume it accumulates in the haemolymph at these times.

The increased concentration of the hormone in the haemolymph at these periods would then reactivate agl. A very interesting connection between the frontal ganglion and the production of neurosecretion was also found. Its extirpation resulted in the complete inhibition of further growth and moulting. The same effect was obtained by cutting the frontal connectives, whereas cutting the recurrent nerve or the ventral nerve cord in front of the first abdominal ganglion had no effect. Histological examination of the neuroendocrine system five days after the operation revealed a marked accumulation of neurosecretory granules in cc, the nervi corporum cardiacarum I but scarcely any in the nsc. No neurosecretory cells were found in the frontal ganglion. The authors suppose that the frontal ganglion plays a part in transmitting the nervous impulses from stretch receptors in the oesophagus to the nsc of the pars intercerebralis which would thus correlate the release of the hormone with the intake of food. A temporary inhibition of AH production caused by various external impulses, the mechanisms of action of which are not yet fully understood, is the direct internal cause of all types of insect diapause except the early embryonic one.

In addition to photoperiodism, temperature and the above-mentioned distension of the abdomen in blood-sucking insects, several other factors controlling AH production have recently been described. Thus, for example, the interrelationship between juvenile hormone production and the carrying of oothecae by female cockroaches, incorrectly interpreted as a direct effect on corpus allatum secretion, is without doubt governed by neurosecretion. Similarly, neurosecretion, or AH production, appears to be the chief mechanism influenced by the quality of the food as shown by E. Thomsen (1952, 1959) and Strangways-Dixon (1959); and the effect of feeding on protein synthesis is also governed in this way. Thomsen and Lea (1968) studied cyclic changes in the medial nsc of *Calliphora erythrocephala* under various conditions.

The nuclei and nucleoli displayed cyclic changes in volume and in the amount of neurosecretion. Neurosecretory activity rose on the first day after emergence, with acceptance of a sugar diet; it then fell again but rose once more after the fourth day in connection with the beginning of meat eating and fell again after egg laying. Allatectomy reduced nuclear and nucleolar volume, but the implantation of active ca renewed neurosecretory activity in such specimens. The authors concluded that the activity of the neurosecretory cells was regulated by ca, but the effect is undoubtedly an indirect one (possibly by transmission to some of the nerve endings connected with the medial nsc).

**Chemical Characteristics of the AH**

One of the first authors who attempted to identify the chemical nature of the brain neurohormone was L 'Hélias (1955a, 1956a). Her pterine derivative theory suggested the existence of a close relationship between AH and JH on a pterine basis. A few years later, however, Gersch and Unger (1962) showed that pterines had nothing in common with either of these hormones and suggested, on the basis of earlier papers, that neurohormones were probably of a peptide nature. This is in agreement with phylogenetic considerations on their relationship to vertebrate neurosecretory material, the polypeptide character of which has now been fully established. The following discoveries by B. Scharrer (1952) and others appear to speak equally against the hypothesis of L 'Hélias (1956) on the interaction of the brain secretion with those of cc or ca: (1) extirpation of the cc has no qualitative effect either on moulting or metamorphosis; (2) the effects of brain extirpation may be at least partly compensated by the implantation of active cc; (3) the careful histological studies on the neurosecretory activity of the brain and cc in some Hymenoptera and Diptera carried out by M. Thomsen (1951, 1954a, b) give full support to the conclusion that the neurosecretory material passes through cc directly into the haemolymph.

Some authors did not take the findings of Gersch's school or phylogenetic relationships into account, however, and expressed entirely different views on the chemical character of AH and other neurohormones. For instance, isolation of the active ingredient of the AH has been reported by Kobayashi and Kirimura (1958). They used 8500 silkworm (*Bombyx mori*) pupae preserved in methanol 24 hours after pupation and centrifuged three times after homogenization. 200 ml of the methanol solution obtained were concentrated to 30 ml and extracted with 145 ml ethyl ether.

On evaporation, the ether solution yielded about 2 mg of an oily yellowish brown material; the evaporation temperature did not exceed 38°C. An injection of this substance into decerebrated permanent pupae, in which no ecdysone had previously been found, caused these to moult to adults 16 to 20 days later. It has been claimed by Kirimura *et al.* (1962), that the active principle of these extracts is cholesterol and its identity with AH was postulated. This view has, however, little if any support from other facts known about AH. Nevertheless, when correlated with the recent finding of Karlson and Hoffmeister (1963) that cholesterol is the precursor of ecdysone, it becomes of considerable interest.

Carlisle and Ellis (1963) injected IVth instar nymphs of *Locusta migratoria migratorioides* with cholesterol dissoved in ether. The purified preparation and one of two samples of commercially available crystalline cholesterol were without effect, whereas the other commercial sample, hastened moulting by about 18 hours ($P < 0.01$). The authors concluded that cholesterol as such has no prothoracotropic effect, which they assume to be derived from impurities present in the sample concerned. They suppose that the active ingredient is a steroid related to cholesterol, and that the natural brain hormone is likewise a steriod of this group, or possibly a triterpenoid of related configuration. In a similar way, Gilbert (1964) expressed his opinion in favour of the steroid character of the brain hormone in his review of the question. He also joins the earlier authors in assuming 'a number of neurosecretory substances produced by the brain, the prothoracotropic effect being produced by one of them and the other effects of the brain neurosecretion by others.' A different standpoint has been accepted by the author. He agrees with Gersch (1962) in his assumption of the polypeptide nature of AH and claims that most of the known effects of the brain secretion could well be produced by one and the same substance influencing membrane activity and thus the water metabolism and secretory activity of the cells.

The only exceptions are neurosecretion from the lateral nsc, shown to be engaged in inducing circadian rhythms of activity and the effects of neurohormone C. The effect of cholesterol would be that of a vitamin supplying the steroid skeleton necessary for the production of ecdysone. This is necessarily lacking in decapitated or decrebrated insects unable to accept food. In such cases its supply by injection can reinduce the production of MH when at least a small amount of AH is present. This, however, is not the case late in diapause when no AH is present. Williams (1963, 1968), on the other hand, first thought that AH was hyaluronic acid or a related substance and later expressed the view that it might be a mucopolysaccharide. Neither of these hypotheses was corroborated by further investigations.

Recent papers by Gersch and his co-workers submitted definitive evidence in support of their original opinion. First of all they showed that the prothoracic gland stimulating agent is different from neurohormone D, previously described, and that it actually affects the prothoracic gland. Using electrophoretic separation on polyacrylamide gels, they further succeeded in demonstrating that the actual AH, i.e. the prothoracic glandstimulating hormone has two components - one with high molecular weight, stimulating RNA synthesis, and the other, $AH_{II}$, with low molecular weight, which raises the membrane potential and hence membrane permeability. Both components are of a peptide nature. Neurohormone D, however, was found to be a peptide with a molecular weight of about 2000, to be thermo- and acid labile and to be decomposed relatively quickly by trypsin.

**Mode of Action of AH**

The movement of the neurosecretory granules through the axons of the nervi corporum cardiacarum from the nsc of the pars intercerebralis protocerebri into cc is well known, but their fate in cc and their passage from there into the haemolymph is less clear. Interesting experimental evidence for the transport of AH from the cc to the pgl in *Rhodnius* by the haemocytes was produced by Wigglesworth (1956b). He showed that blocking the haemocytes by injecting Chinese ink, trypan blue or iron saccharate, the particles of which are phagocytosed, results in a significant delay of the next moult if the injection is carried out before the end of a specific critical period which corresponds approximately with that of AH. However, when at the same time he implanted active pgl or injected a sufficient amount of a solution of crystalline ecdysone, no such delay occurred. Wigglesworth concluded that under normal conditons the haemocytes transport AH from the cc to the pgl, or, perhaps more likely, that they secrete a further substance necessary for the activation of the pgl under the influence of AH. As suggested by Wigglesworth, other explanations are also possible, for example, that AH is adsorbed on to the injected material and removed with the material from the haemolymph by phagocytosis; or the haemocytes, damaged by phagocytosis, discharge some AH inactivating substance into the haemolymph.

An alternative explanation could be that, in normal insects, the role of the haemocytes is to phagocytose neurosecretory granules, thus freeing the AH whilst digesting the carrier substance. This would be in agreement with the observed occurrence of neurosecretory granules in the aorta dorsalis of various insects and with the observation of Hodgson and Geldiay (1959) who found that hyperactivity in *Blaberus craniifer* and, to a lesser extent, electrical shock treatments, resulted in an invasion of all parts of the brain by blood cells. Scarcely any data are available regarding the mechanism of activation of pgl and other organs influenced by AH. However, it has been found by Williams (1952) that the same activating effect may be obtained by implanting another, active pgl. This is to be interpreted, together with Wigglesworth's (1957) conclusions, as meaning that continuous activity by AH is necessary for the pgl to provide an effective amount of moulting hormone. This is based on the discovery that the first change in the epidermis definitely attributed to pgl hormone commences about two days before the end of the critical period for AH, during which time the removal of the AH-source by decapitation prevents the continuation of the moulting process.

## MOULTING HORMONE (ECDYSONE) (MH)

The first evidence for the existence of a humoral factor controlling moulting can be seen in the experiments of Kopec (1917, 1922), and later Wigglesworth (1934). At about the same time as Wigglesworth, Fraenkel (1934, 1935) showed that a similar hormonal factor, necessary for puparium formation, was present in the brain region of *Calliphora erythrocephala larvae*. Prior to this, however, Hachlow (1931), on the basis of his experiments with butterfly pupae (Vanessa to and *Aporia crataegi*), suggested the existence of a 'thoracic centre' which was necessary for development. A similar conclusion was reached by Bodenstein (1933a, b, 1934) in his transplantation experiments with the legs of caterpillars. The credit for the first clear distinction between the hormone of the brain cells and that of a new hormonal source, the prothoracic glands, belongs to Fukuda (1940a, b, 1941a, b, 1944) who showed the importance of pgl for moulting by transplantation experiments in silkworms (*Bombyx mori*). After this, papers on the moulting hormone appeared at an increasing rate.

The role of pgl, or the analogous peritracheal glands in lower Diptera, or the pericardial glands or ventral head glands in Hemimetabola, in the moulting processes has been demonstrated in all the chief groups of insects. Whilst the earlier authors recognized and were mainly concerned with the importance of MH for inducing the moulting process, many of the later investigators emphasized its indispensability for growth and morphogenesis and used for it the less suitable terms 'growth and differentiation hormone', or 'metamorphosis hormone'. A certain amount of confusion appears to have been caused by the discovery of the effects of the ring gland in flies, which is a composite structure that contains the sources of all three metamorphosis hormones also, the role of MH in diapause and imaginal differentiation in *Cecropia* pupae as resolved by Williams (1946, 1947, 1948, 1952) seemed at first to favour the growth and differentiation concept.

The most important stage in MH investigations, after its separation from AH by Fukuda, was its isolation in crystalline form by Butenandt and Karlson (1954), from extracts of silkworm pupae. An important prerequisite for this was the discovery by Becker and Plagge (1939) of a suitable test organism and a quantitative measure for judging concentration, the so-called *Calliphora*-unit. This technique was improved by Butenandt and Karlson in their isolation experiments. On the other hand, the specificity claimed by Williams (1951a, b) for the so-called spermatorcyte-test appears to be questionable in the light of the findings of Laufer (1960). Becker and Plagge (1939) were also the first to show the broad inter-Order non-specificity of MH, which was confirmed by Wigglesworth for such widely separated orders as Hemiptera and Diptera.

Another important step was the successful extirpation of the ventral glands in migratory locusts by P. Joly, L. Joly and Halbwachs (1956). The concept of the pgl hormone as a MH, which agrees with the original findings of Kopec and Wigglesworth (1934) as well as with the gradient-factor theory of the present author, has been confirmed by two independent pieces of work; Halbwachs and Joly (1957) showed, using *locusta migratoria*, that transplantation of the pgl accelerates the moulting process without exerting any positive effect on growth and differentiation; Lüscher and Karlson (1958) observed moulting but no growth or imaginal differentiation following the injection of a large quantity of ecdysone into the nymph of *Kalotermes flavicollis*. These findings have been corroborated by many other authors. For instance, édárek and Sláma (1972) showed that the injection of a large dose of ecdysterone at the outset of the last larval instar in *Calliphora* and *Sarcophaga*, inhibits morphogenesis and results in a supernumerary larva, whereas small amounts at later stages simply depress growth and result in small puparia. Administration at intermediate times produce forms intermediate between the larva and pupa.

The effect of ecdysone on colour change in *Cerura vinula* caterpillars also agree with this concept: the greater the dose of hormone injected the more quickly does moulting take place, whilst the effect on colour change decreases with an increase in the amount of hormone. The nature of the action of MH (together with that of JH) at the cellular level was studied in detail by Wigglesworth (1963c) in the epidermal cells of *Rhodnius prolixus*. He concludes that MH is not a necessary ingredient for growth in insects in general, but it is necessary for the activation of the epidermal cells to produce their secretion (the moulting fluid and the chitinous cuticle) and to grow and divide. But precisely the same response is obtained by 'wound hormones' from injured tissue. And the cells of the fat oody and haemocytes do not need MH at all - their activation and mitotic activity is brought about by nutrition alone.

The first visible effects of MH on the nucleolus of the epidermal cells is discussed and compared with the effects on the puffing patterns in the salivary glands in *Chironomus*. Important evidence supporting the view that MH only indirectly stimulates growth and morphogenesis is provided by the distribution of DNA synthesis during insect development. These authors conclude that ecdysone should be viewed primarily as a moulting hormone that initiates biosynthetic activities which lead to moulting. In some tissues, such as all chitinogenous epithelia, the Malpighian tubules and the nervous system, DNA synthesis occurred soon after MH secretion started. In others, e.g. pgl, midgut and haemocytes, it continued throughout the whole of the larval moulting cycle, but attained a maximum at the peak of ecdysone production. In further tissues, e.g. the imaginal wing discs and muscles, no correlation between DNA and ecdysone production was found.

Similar conclusions were reached by Schaller and Andries in a study of regeneration and metamorphosis of the midgut cells in *Aeschna cyanea* and by Mouze and Schaller (1971) and Mouze (1971) in a study of development of the eyes in the same species, based on observations of mitotic activity. Augi *et al.* (1972) showed that an explanted pgl of *Mamestra brassicae* clearly stimulated the induction of moulting in the integument of the diapausing Stemborer (*Chilo suppressalis*) *in vitro*. On the other hand, MH failed to stimulate spermatogenesis in naked cysts of *Cecropia* pupae, but was active in a culture of intact testes. Similar results were obtained by Morohoshi and Iijima (1969) and Morohoshi *et al.* (1972) with larvae and pupae of *Bombyx mori*.

The only contradictory evidence is the report by Sondhi (1968), who claims to have found that in *Drosophila melanogaster* the injection of active ring glands into inbred larvae of the same sex and age did not affect either the time of puparium formation or of adult emergence, but raised the recipients' wet and dry weight by up to 10 per cent. The size of the increase and the number of individuals are too small to allow definitive conclusions to be drawn from the results. MH has a primary, direct effect on tissues of ectodermal origin only, i.e. the epidermis, stomodeum and proctodeum, the epithelia of the tracheal system, the ectodermal parts of the imaginal discs and the nervous system, etc. Its presence in the minimum active concentration, in the absence of JH, determines growth of the imaginal parts and degeneration of the larval parts according to the species specific morphogenetic pattern. This, together with induction of the moulting process, may *per se* be an adequate indirect stimulus to initiate metabolic and growth activity in other, MH-independent, tissues also.

**Apolytic Glands (agl)**

Various glands in the insect body have been shown to or assumed to produce MH. They have a number of features in common. They are paired, laterally localized glands, mostly ribbon-like in form, and sometimes more or less branched. Their main component is large parenchymal cells with 'intricately interwoven cytoplasmic processes extending towards the glandular surface'. Where their ultrastructure has been studied, varying quantities of smooth tubuli of the endoplasmic reticulum have been found. These are supposed to be connected with steroid production. The glands also appear to have the same embryonic and phylogenetic origin.

Six different types of these glands (see below) have been described in different parts of the body in various groups of insects. Perhaps they can be extended to include the larval oenocytes. It was felt that a common term, applicable to all these glands, was needed and some authors suggested the collective designation 'ecdysial glands'. Wigglesworth (1962), however, pointed out that this term has already been applied to a certain type of epidermal gland and might thus cause confusion. Another contrary reason is that ecdysis is precisely that part of the moulting proces which is not controlled by the hormone from these gland. I would therefore suggest calling them 'apolytic glands' and have employed this common term in the present book. It is derived from 'apolysis,' the first stage in the moulting process, under the direct control of the glands in question.

Doubts have been expressed by some authors as to whether the agl actually produce MH. But these doubts seem to be vitiated by the findings of Agui *et al.* (1972) and Kambysellis and Williams (1972), who have demonstrated the activity of the glands *in vitro*. This evidence is substantiated by numerous authors in vast quantities of early and recent experimental data, whereas the contradictory observations can be explained by assuming that a primary MH source does exist.

## Prothoracic Glands (pgl)

### *Morphology*

The pgl of the *Cossus cossus* caterpillar were fairly accurately described by Lyonett as early as 1962. A more complete description together with data on embryonic development is given by Toyama (1902) who called them 'hypostigmatic glands.' Ke (1930) used the term pgl for the first time. Since then, because of the interest aroused by the discovery of their function, they have been described in detail for practically all the chief groups in insects.

Several comparative morphological studies of the pgl and analogous organs in various groups of insects have also appeared. For example, they were described by Lee (1948) in many lepidopterous larvae, by Pflugfelder (1947d) in various orders of Hemimetabola, by M. Thomsen

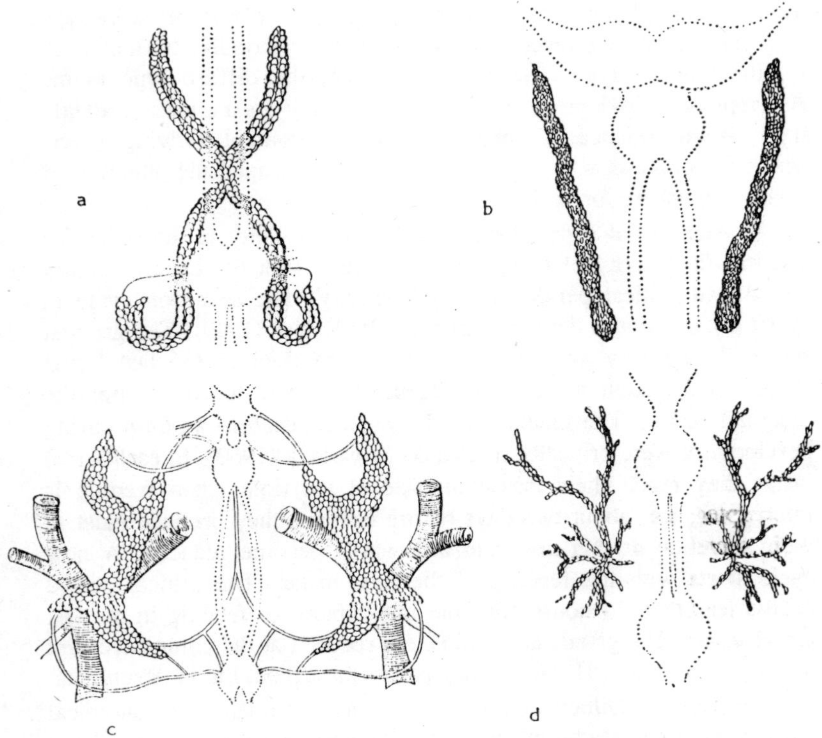


*Fig. 9.5. Prothoracic glands in four different insect orders: (a) Blattoptera, (b) Hemiptera, (c) Lepidoptera, (d) Hymenoptera.*

(1951) in Diptera, by Wells (1954) in Hemiptera, by Srivastava (1959) in Coleoptera, etc. Although they vary considerably in shape, the pgl have certain features in common in all groups where they occur: they are paired glandular structures located in the ventrolateral areas of the prothorax (extending into the mesothorax in some species), and are sometimes partially fused in the mid-line. They are often closely connected with the main lateral tracheal branches near the prothoracic spiacles.

In some bugs, like *Rhodnius*, they do not form independent compact organs, but chains of cells within the inner pair of fat body lobes. In cockroaches they are fixed in the body cavity by one or more muscle fibres and by a nerve ring from the prothoracic or, less often, the suboesophageal ganglion. Four types of pgl (apart from the ring gland) were distinguished on this basis by Joly (1968): (1) the massive type (Apterygota, Ephemeroptera, Odonata), (2) the ribbon-like (Orthoptera), (3) the blattoid type (Blattoidea), and (4) the diffuse type (some Heteroptera, Lepidoptera, Hymenoptera). They are rather abundantly supplied with trachea. The pgl are almost transparent in living insects which is doubtless why in many groups they escaped the attention of research workers for so long.

In each larval instar there is a distinct cyclicity in the secretory and mitotic activity of the pgl which agrees with the experimentally determined critical periods for MH activity. The secretion cycle in *Pieris brassicae* was described in detail by Kaiser (1949). The greatest size and secretory activity of the pgl is reached in the last larval instar. In the adult insect they degenerate two to ten days after the imaginal moult. The changes in the pgl of *Tenebrio molitor* during development were critically studied by Srivastava (1960). In each larval instar they reach their maximum size at the time when feeding is interrupted, i.e. about two days before ecdysis; they produce most of their secretion at this time and afterwards become reduced. A new cycle starts with the feeding of the next instar. The critical period occurs less than 24 hours after the interruption of feeding in the last larval instar. The glands are completely reduced at the commencement of eye pigmentation. However, they persist throughout life in Apterygota.

Herman and Gilbert (1966), who carried out a detailed anatomical and histological study of the pgl in *Hyalophora cecropia*, found numerous, very diffusely arranged chains of cells, reaching to the posterior portion of the thorax, which arose from the four branches (anterior, dorsal, ventral and posterior) of the relatively compact tissue of the gland round the first spiracle. Each gland contained some 200 to 290 cells, which were larger and usually more numerous in females and degenerated soon after adult emergence.

***Histology***

The pgl are generally composed of two strips of glandular tissue. The basic components of these are glandular cells very similar to those of the corpora allata. Their cytoplasm is basophilic staining deeply with methylene blue, neutral red and other stains. Numerous deeply staining granules are found in the cytoplasm. Abundant black granules, probably lipoid in character, are found after fixation with osmium tetroxide. The glandular cells are joined by intercellular bridges which stain blue with azan and are connected by their anastomoses with the membrane enveloping the axial muscle fibres. A rich supply of thin tracheae was observed by Wigglesworth (1952a) in *Rhodnius prolixus* in contrast to the feeble tracheation of the surrounding fat body. As opposed to the pgl in cockroaches and butterflies, no nerve fibres were observed in the pgl of *Rhodnius*, either in dissected glands or histologically.

In *Hyalophora* each pgl cell has a peripheral striated border through which the secretory substance is released. Cycles of activity are evident, characterized by nuclear changes followed by cytoplasmic vacuolization and correlated with the moulting cycle. A low level of secretory activity is found in young pupae and a higher one in older pupae. Discernible variability of secretory activity could be seen among the cells of the same gland. A detailed histological study of the pgl of *Galleria mellonella* was carried out by Malá *et al.* (1972) with the aim of investigating JH effects at both the histological and the ultrastructural level. This more compact gland is composed of about 55 polyploid cells with giant nuclei and different layers of cytoplasm. The secretory cycles connected with the moulting process were studied in detail in the penultimate VIth and last VIIth larval instar and the pupal instar and differences between them were determined.

The amount and distribution of DNA and RNA in the pgl of *Samia cynthia* and several related species was studied by Oberlander *et al.* (1965) in the penultimate and last larval instars and in pupae. DNA synthesis was found to be quite high in the IVth larval instar and lower in the last larval instar and pre-pupa. No DNA synthesis was observed in the pupa during diapause or during adult development. In these two stages, even JH injection failed to induce synthesis. However, RNA synthesis was several times higher during diapause than during adult development, and was distinctly stimulated by JH injection. Gersch and Stürzebecher (1970) observed a similar increase in RNA synthesis in the pgl of *Periplaneta americana* nymphs following induction by AH. Eight hours after injecting the hormone, a significant increase in the mixture of stearic, oleic, linolenic, linolenic, palmitic and myristic acids, but not MH (ecdysone) was observed in the glands.

The phases of pgl secretory activity were studied histologically and ultrastructurally by Hintze (1968) in *Cerura vinula*, in relation to the corresponding cycles of the nsc of the brain, ca and the dorsal thoracic gland. The characteristics of the pgl in the active state at both the light and electron microscope levels are described and the penetration of haemocytes across the tunica propria into the pericellular space is reported. The innervation of the pgl is discussed and the possibility that brain neurosecretion is transported to the glands along these axons is discussed.

***Ultrastructure***

The first electron microscopy study of insect pgl was carried out by B. Scharrer (1964, 1966) with cockroach (*Leucophaea maderae* and *Blaberus craniifer*) nymphs at various stages of the moulting cycle. She considered the following to be their most characteristic cytological features: (1) long and intricately interwoven parenchymal cell processes, the cells sometimes being separated from each other by extracellular channels with an average width of 0.5 $\mu$; (2) a specific surface membrane (external lamina) of extracellular origin; (3) numerous micropycnotic caveolae and vesicles (thought to facilitate the transport of material from the glandular cells to the haemolymph or vice versa) covering a large area of the cell surface; (4) distinct, but never conspicuous, Golgi units; (5) a small amount of smooth endoplasmic reticulum characteristic of steroid-producing cells, sometimes with a striking array of microtubules; (6) a varying incidence (according to the phase of the moulting process) of other structures, such as nucleoli, mitochondria and lysosomes.

Degeneration of the glands started within a few days after adult ecdysis. Early signs of their destruction were observed in the nuclei, in the form of patches of contrasting electron density characteristic for pycnosis. Later, large heterogeneous inclusion bodies, thought to be autophagic vacuoles, appeared in the cytoplasm. In the advanced stages of degeneration, the plasma membrane and nuclear membrane were gradually autolysed and the protoplasm was invaded by phagocytic haemocytes. A detailed electron microscopical study of pgl in

Lepidoptera (*Bombyx mori*, *Antherea pernyi* and certain other Saturniidae) was carried out by Beaulaton (1964, 1967a, b, 1968a-e). The structure and origin of the tunica propria, the pgl surface membrane, was investgated. It probably corresponds with the basement membrane of the epidermis, since it has a similar microfibrillar structure and several types of haemocytes take part in its formation. A pericellular space between the tunica propria and the surface of the glandular cells is described. In agreement with Herman and Gilbert (1966), a neurohaemal control, different from AH control, was found to participate in the cyclical secretory function of the glands. Various types of cells are described in connection with these glands.

A significant increase in the external surface area of the cell membrane, caused by the projection of finger-like processes into the pericellular space, a large quantity of free ribosomes and the presence of specific alveolar bodies within the nucleus of female glands are regarded as characteristic for the glandular cells. Rough endoplasmic reticulum and ergastoplasmic saccules are abundant, but smooth endoplasmic reticulum is somewhat rare and is regarded by the author as unimportant. The giant nuclei are characterized by specific alveolar inclusions of a chromation character (in females only) and by numerous polymorphous nucleoli consisting almost entirely of RNA. The distribution of phosphatase activities in the pgl of *Antherea* was studied by Beaulaton (1966). Their accumulation in the lysosomes (dense bodies) and vacuolated bodies was observed.

The histology and ultrastructure of the pgl in *Tenebrio molitor* and their changes within the moulting cycle were studied in detail by Romer (1971). The use of $^{3}$H—cholesterol showed that the glands absorb cholesterol from the haemolymph. Neurosecretory granules were found in the nerves innervating the pgl. Absorption of lipid granules by both rough and smooth tubules of the endoplasmic reticulum was observed. The extensive Golgi system was assumed to be concerned with the production of ecdysone from cholesterol. Extracts of isolated pgl were shown to induce pupation in *Calliphora*.

In a series of papers, Malá *et al.* (1974), Novák *et al.* (1974) and Blazsek *et al.* (1975) made a detailed study of the structure and ultrastructure of the pgl in the last two larval instars and pupal instars of *Galleria mellonella*, for the purpose of determining JH effects. They regard all structural differences between the penultimate and the last larval instar as being due to JH deficiency in the latter. In consequence, the cytoplasm is vacuolated and less compact, and at first an increase in the amount of secretion is observed in the gland. The effects of JH and MH on nuclear RNA synthesis in the pgl and corpora allata of saturniid pupae (*Philosamia cynthia* and *Hyalophora cecropia*) were investigated in an autoradiographic study by Siew and Gilbert (1971). The pgl were stimulated by MH within three hours, ca three hours later. JH also stimulated both glands, but in this case the ca were activated sooner than the pgl. The administration of MH to pupae in which the adult moulting process had just started, resulted in drastic reduction of nuclear RNA synthesis. This is in agreement with the findings of Socha on hormonal interactions in various phases of the instar.

### *Embryogenesis*

It has already been shown by Toyama (1902) that pgl appear at a very early stage in embryonic development as an epidermal invagination of the lateral portion of maxillary segment and from here later extend into the prothorax and, where this is reduced, even into the mesothorax. A similar conclusion was reached by Wells (1954) for the bug *Dysdercus cingulatus*. Here, two pairs of invaginations arise in the second maxillary segment; the anterior, larger, pair develops into labial glands whilst the posterior pair gives rise to the prothoracic glands. If, however, their supposed origin from the nephridian tubules and their innervation (in most insects by nerves from the prothoracic ganglion) is taken into account, it appears more probable that the invagination mentioned does not start in the second maxillary segment but in the most anterior portion of the prothoracic segment. The figure given by Wells does not exclude the possibility: 'It is quite possible that in certain insects the pgl may be shown to be the derivatives of nephridia of the first thoracic segment'.

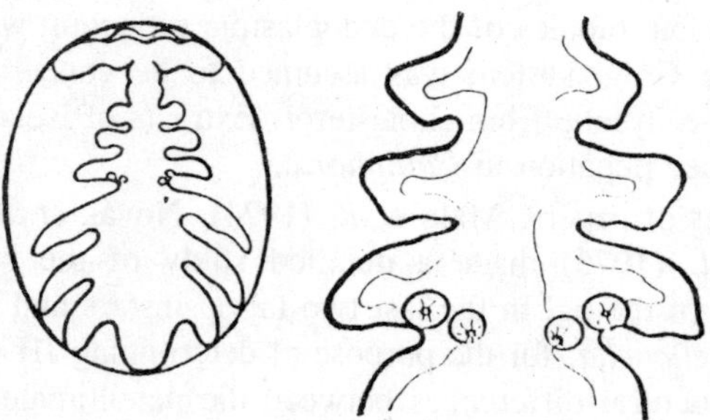

*Fig. 9.6. Embryonic origin of the prothoracic glands in the bug, Dysdercus sp. The external pair of invaginations between the third and fourth (prothoracic) segment—the labial glands, the internal pair-prothoracic glands.*

### *Phylogenesis*

Pgl, or their equivalents are today known in practically all groups of metabolous insects (Pterygota). The conclusion, however, that their occurrence is not restricted to the Pterygota is well founded. Pflugfelder (1958) suggested the possibility of a homology between the ventral glands of Hemimetabola and the so-called head nephridia of Apterygota which are also developed from the second maxillary segment. The papers by Gabe (1953b, 1956) and Echalier (1955, 1956) suggest the possibility of homology between the pgl and the moulting gland ('la glande de mue') or organ Y in the Crustacea Malacostraca. This view appears to be strengthened by the recent findings of Karlson (1957), who was able to induce pupation in ligated *Calliphora* larvae with a concentrated extract obtained from *Crangon vulgaris*. The earlier conclusions of Pflugfelder (1947, 1952) and B. Scharrer (1948), that both the pgl and vgl, as well as the ca, originate from the nephridia of the ancestral Annelids during the evolution of the Class Insecta are also in agreement with this. It may be expected that, if suitable techniques are used, the equivalents of the pgl will be found in all groups of arthropods such as the Crustacea, Arachnida, Myriapoda, etc. If this is so, production of the moulting hormone may be looked upon as phylogenetic adaptation, which has developed in close relationship with the chitinous cuticle as a mechanism to ensure the simultaneous moulting of the whole body surface. This is necessary to allow the organism to escape from the inextensible chitinous covering.

## Ventral Glands (vgl)

### *Morphology*

Vgl, often called ventral head glands or tentorial glands, were first found by Pflugfelder (1947a), in the hind ventral region of the head in Phasmidae. Boisson (1947) described corresponding structures in *Bacillus rossii* as corpora incerta and discovered a cyclicity in their secretory activity, which was connected with moulting. Pflugfelder (1947d) assumed that they were absent in Hemiptera and in all Holometabola. An important feature of the vgl is that they degenerate at the end of metamorphosis or in the first few days after the imaginal moult in the same way as the prothoracic glands (= tentorial glands) of the worker and soldier castes of termites, which are less developed than in the sexuales but are active during the whole life period.

This appears to be connected with the neotenic character of these castes in some lower termite groups, evidenced by the underdeveloped state of their ovaries, in which they are maintained by inhibitory

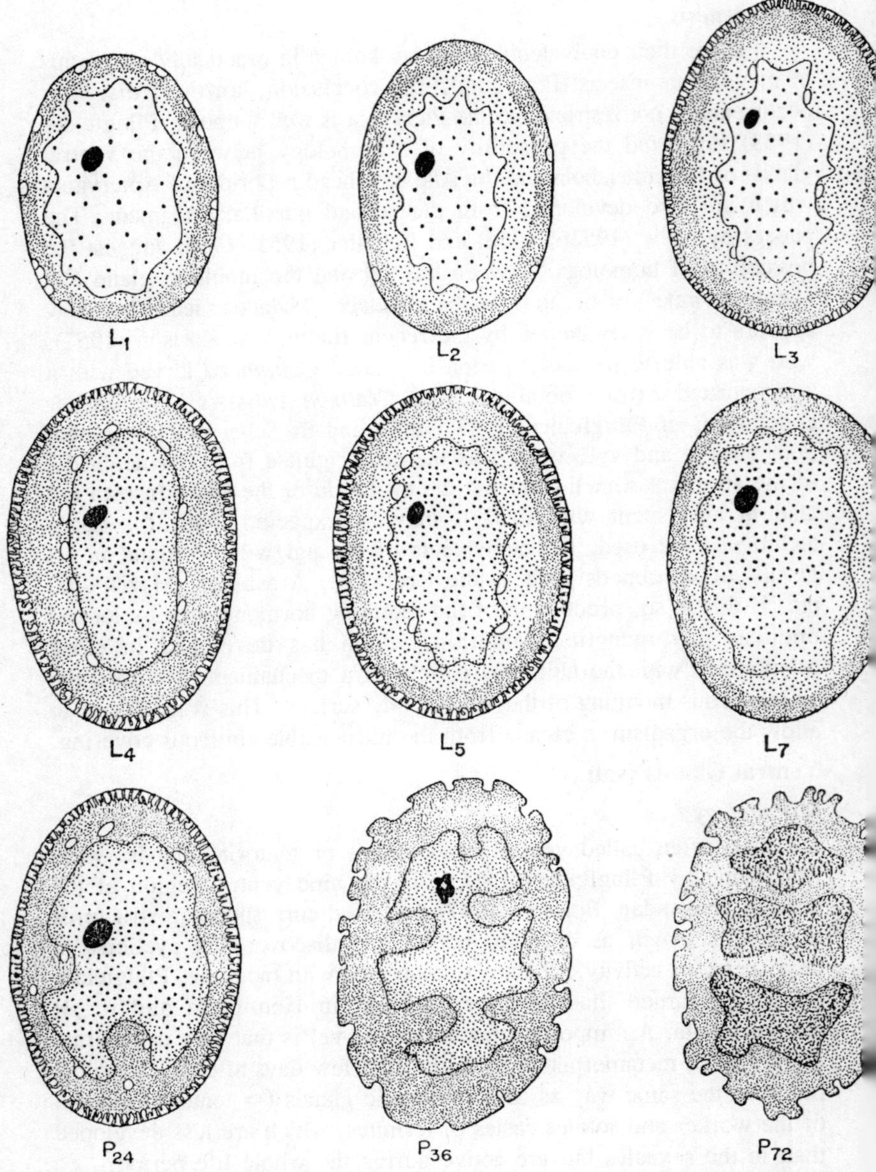


*Fig. 9.7. Scheme of developmental changes in prothoracic gland cell during the last larval and pupal instar of Galleria mellonella.*

substances produced by the reproductives. The influence of the vgl on the moulting process was shown by Strich-Halbwachs (1954, 1958) and by Halbwachs, Joly and Joly (1957) in migratory locusts. The implantation of an active gland at the beginning of the IVth or Vth instar causes an acceleration of the moulting process with a feeble prothetelic effect.

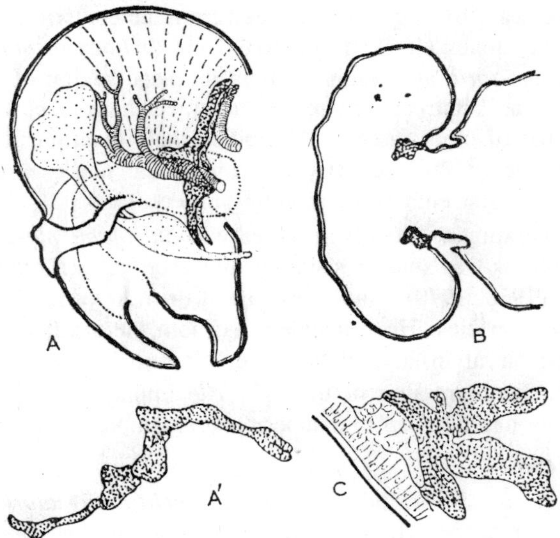


*Fig. 9.8. Ventral glands. A—Locusta migratoria, position in head; A'—the same separately. B—Grylloblatta campodeiformis, position in head; Aeschna cyanea, with a piece of cuticle and an epithelial cushion.*

The so-called corpora adnexa in *Dinjapyx marcusi* which are epithelial in structure and situated caudally to the suboesophageal ganglion are viewed by Marcus (1951) as a homologue of the vgl in Apterygota. Some authors have expressed the view that the vgl can be looked upon as homolgous with the pgl of Holometabola. However, it seems more probable that they are serial homologues of the pgl. A regular cyclical secretory activity of vgl in *Carausius* was described by Pflugfelder. The drops of secretion appear, closely connected with the nuclei, during and for a few days after ecdysis. This period of abundant secretion is followed by a phase of exhaustion. Between the 3rd and 7th day of the intermoult period both the nuclei and cytoplasm grow rapidly. On the 8th and 9th days, there are many cell dimensions resulting in abundant cell aggregates between the 10th and 11th days.

Ecdysis takes place on the 12th day associated with the strong secretory activity. Similar observations have been made in Odonata, termites and other Hemimetabola.

***Histology and embryology***

The histological structure of the vgl is very similar to that of the pgl. Their embryogenesis was studied by Pflugfelder in *Carausius morosus*. They develop from epidermal proliferations in the ventrocaudal part of the head, but are soon separated from the epidermis and become bladder-like. Jones (1953, 1956) found vgl in *Locusta pardalina* and *Locusta migratoria* as invaginations in the head region of embryos at the end of the katatrepsis stage. He assumed them to be homologous with the pgl of other insects. He studied their function in relation to the beginning of the secretory activity of the neurosecretory brain cells and the first embryonic moulting process.

Degeneration of the vgl of the earwig *Anisolabis maritima* during metamorphosis was studied histologically and analysed experimentally by Ozeki (1968, 1970), who transplanted them to various other stages of the same species. He concluded that both the small amount of JH in the last larval instar and the latter's internal state were decisive factors in the regression of the vgl. The implantation of active vgl from larvae to adults led to a supernumerary moult in the adult stage.

***Ultrastructure***

Joly *et al.* (1969) studied the vgl of *Locusta migratoria* using the electron microscope. The main structures found in the cytoplasm were the Golgi apparatus, ergastoplasm and structures of lysosomal or autophagic character; no smooth endoplasmic reticulum was observed. The authors concluded that a substance of a protein nature, and not MH, was produced. In this they concur with Locke, according to whom the vgl produce a protein substance, which merely controls ecdysone production elsewhere in the body. Joly *et al.* (1969) described special structures consisting of degenerating rough endoplasmic reticulum. In another paper from the same laboratory, published soon afterwards, the authors formed a different opinion, as in the oenocytes they found in abundance of smooth endoplasmic reticulum, which may be connected with the occurrence of a steroid component in the cuticular lipids. Unlike Locke (1969), they did not regard cytological structure alone as reliable evidence for steroid production.

In an ultrastructural study of the secretory cycle in *Locusta migratoria* vgl, Cassier and Fain-Maurel (1968) based their conclusions on the assumption that the glands participate in ecdysone production. They showed that, during the vgl activity cycle, the tubules of the smooth endoplasmic reticulum were extruded from finger-like cytoplasmic evaginations into the intercellular spaces of the gland. They stressed that this extrusion coincides with maximum MH activity and concluded that it was the most effective way of discharging the hormone from the glandular cell. They suggested using isotopically-labelled cholesterol in order to solve this question.

Differences in the ultrastructure of vgl in the active state and during diapause were studied by Guellin (1971) in the grasshopper *Pyrgomorpha conica*. The ultrastructure of diapausing gland is indicative of marked depression of metabolism: the pericellular system is reduced, lysosomes are apparently absent and free ribosomes and ergastoplasm are rare. From the development of the ergastoplasm at the end of diapause, the author concludes that active vgl produce a protein type of substance, as did Joly *et al.* (1969) in *Locusta*.

Fain-Maurel and Cassier (1968, 1969) studied the involution of the vgl in the last larval instar of the gregarious phase of *Locusta migratoria migratorioides* (in the adult, the glands persist in the solitary phase) and compared it with the secretory cycle in earlier instars. They claim 'an early and primordial role of the Golgi apparatus' in the elaboration of the 'vacuolar bodies' or 'cytosomes' and participation of rough endoplasmic reticulum in the process of degeneration, through the formation of 'cytosegresomes' and 'particular microtubular areas.' The process starts with the autolysis of the structures named, followed by fragmentation of the cells and nuclear lysis. Specific 'Golgian vacuoles' are formed in the Golgi apparatus, which afterwards undergo autolysis or are enclosed in autophagic vacuoles. Degeneration can be prevented by the daily application of carbon dioxide from the IIIrd instar onwards.

The structure and development (degeneration) of the apolytic glands have been studied in several other insect groups and species, e.g. *Mantis religiosa*, *Coenagrion angulatum* (Odonata), and *Nauphoeta cinerea* (Blattoidae). Hoffmann and Joly (1972) paid special attention to the physiology of the vgl in *Locusta migratoria*, and found complete inhibition of moulting following extirpation of the glands, but this was fully compensated by the implantation of an active pgl. In agreement with earlier findings by Carlisle, the injection of ecdysone, however large the dose, was ineffective. The authors concluded that vgl produce a hormone which is different from ecdysone.

### *Phylogenesis*

Rae and O'Farrell (1959) studied the formation of the vgl and the retrocerebral complex in *Grylloblatta campodeiformis*, a representative of the primitive Orthopteroid Order Notoptera (= Grylloblattidae). They described structures evidently endocrine in function in the ventrocaudal region of the head and in the cervical area which resembled very closely the so-called 'head lobes' of *Blatella germanica* and the 'cervical glands' of *Periplaneta americana*. These authors assume that the coxal muscles they describe in *Gryllobtatta* are the remnants of the degenerated pgl of cockroaches, and homologous with the axial muscle cord in Blattidae described as Scharrer's organ by Chadwick (1955). The existence of both pgl and homologues of vgl in the cervical structures of cockroaches seems to be well substantiated by the morphological and experimental evidence of Rae (1955) and Chadwick (1955, 1956). Thus complete extirpation of the pgl of *Periplaneta americana* does not prevent moulting. Cyclical changes in the volume of the 'ventral lobes' in *Blatella* are associated with the moulting process and regeneration.

## Pericardial Glands

The first suggestion of the existence of ductless glands associated with the dorsal vessel was made by Verson (1911a, b). The pericardial glands in various species of Phasmidae were fully described by Pflugfelder (1938a-d, 1949b). Besides the vgl they occur in the form of paired glands, the histological structure and function of which, unlike their origin, is identical with that of the pgl and vgl. They also degenerate in the adult.

## Peritracheal Glands

Corresponding structures were described by Possompés (1949a-c, 1953a, b) and by other authors in the Chironomidae, Simuliidae, Tabanidae, and other groups of Diptera under the name of peritracheal glands. They have not been found in Tipulidae. Both authors agree their homology with the pericardial glands of Phasmidae. The relation of these to the moulting process was shown experimentally by Pflugfelder (1949b). No moulting was observed in specimens in which the glands were extirpated.

### *Histology, embryology and phylogenesis*

In their histological structure the pgl of both Phasmidae and Diptera correspond closely with the pgl and vgl of other groups of insects. The pericardial glands were originally assumed to be of

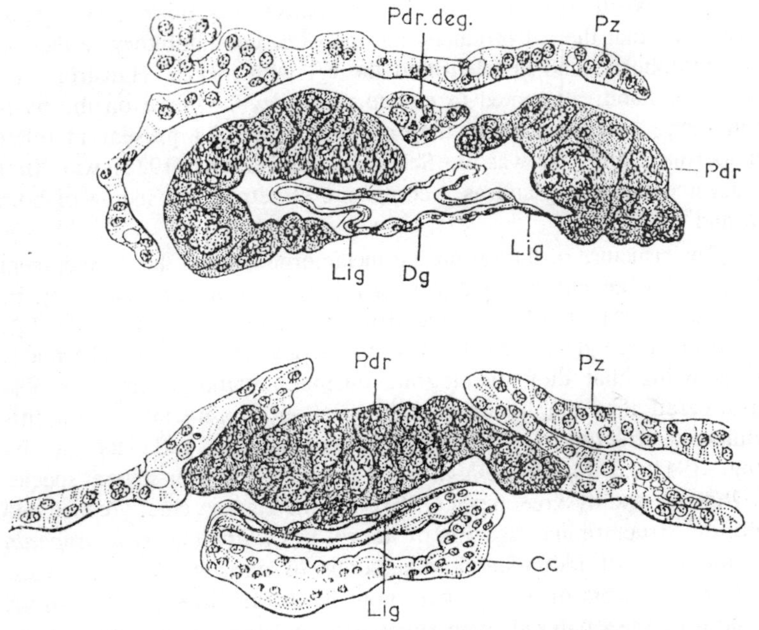


*Fig. 9.9. Pericardial glands of Phyllium sp. in transverse sections. Pdr–pericardial glands; Pdr.deg.–degenerated part of a pericardial gland; Pz–pericardial cells; Dg–dorsal vessel; Cc–corpora cardiaca; Lig–Ligaments.*

mesodermal origin by Pflugfelder (1938). In a later work however, Pflugfelder (1958) mentions their ectodermal-like structure and emphasized the difficulty in distinguishing between mesenchymal and ectodermal cells in the early embryonic period of *Dixippus morosus*. This would remove the only possible objection to their identification with the peritracheal cells, which are of ectodermal origin according to Possompés. The problem of their homology has, however, been rather complicated by their confusion with pericardial cells of obvious mesodermal origin, which have nothing in common with the glands.

## Ring Gland (rgl)

A special endocrine organ which combines the source of all three metamorphosis hormones occurs in higher Diptera, the first signs of which can be seen in the Tipulidae. It was first described by Weismann (1864) in *Calliphora vomitoria* and is therefore referred to by some authors as 'Weismann's ring.' The first to suggest its endocrine character was Hadorn (1937a-c) although the experiments of Fraenkel (1934, 1935) showed its function. In these papers the rgl was assumed to exert a positive influence on metamorphosis. But Burtt (1937, 1938) postulated that the rgl produced an opposite, i.e. inhibitory, effect on metamorphosis, and he identified the rgl with the ca. Hanström, on the other hand, attempted to equate the rgl with the cc on the basis that nerve cells are found therein, which are not present in other endocrine glands. It was B. Scharrer and Hadorn (1938) who first suggested the ring gland as a composite structure, consisting of both ca and cc.

The structure of the rgl during metamorphosis and the development of the adult cc and ca in *Calliphora* were thoroughly studied by E. Thomsen (1941, 1947). She identified the lateral portions of the rgl, formed of large glandular cells, with the pericardial glands of Phasmidae by showing that they disintegrate during metamorphosis. She also discovered that the hypocerebral ganglion is associated with this composite structure. Her findings were corroborated and elaborated by Vogt (1941c, d) for *Drosophila*, M. Thomsen (1951) for several species of Diptera, and by Possompés (1953) in a monograph chiefly concerned with the structure and function of the rgl in *Calliphora erythrocephala* on the basis of individual implantations of parts of the ring. Four main components of the rgl may now be distinguished: (1) a corpus allatum of the small cell type situated in the dorsomedian part of the ring, often covered by large cells of the lateral portions; (2) pericardial (peritracheal) glands formed by the large glandular cells of the lateral portions of the ring; (3) a corpus cardiacum in the ventromedian part of the ring, with only one pair of nervi corporum cardiacarum formed by the coalescence of the nervi corporum cardiacarum interni and externi before they enter the ring gland fusing with the nerve recurrens in some species; (4) the hypocerebral ganglion composed of transparent ganglionic cells and closely connected with the corpus cardiacum.

*Ultrastructure*

A detailed study of the ultrastructure of the rgl of a normal and a 1/2/gl mutant strain of *Drosophila melanogaster* was carried out by King *et al.* (1966) and Aggarwall and King (1969). The amount of smooth surface endoplasmic reticulum in the peritracheal gland cells increased about tenfold in the pre-pupal period in normal larvae, but did not exceed 1 per cent in mutant larvae. Metamorphosis of homozygous larvae of the lethal mutant was impossible unless an active gland from a normal larva was implanted. The authors concluded that the relevant gene (the + allele of the 1/2/gl mutant) was indirectly concerned with the synthesis of smooth endoplasmic reticulum, where

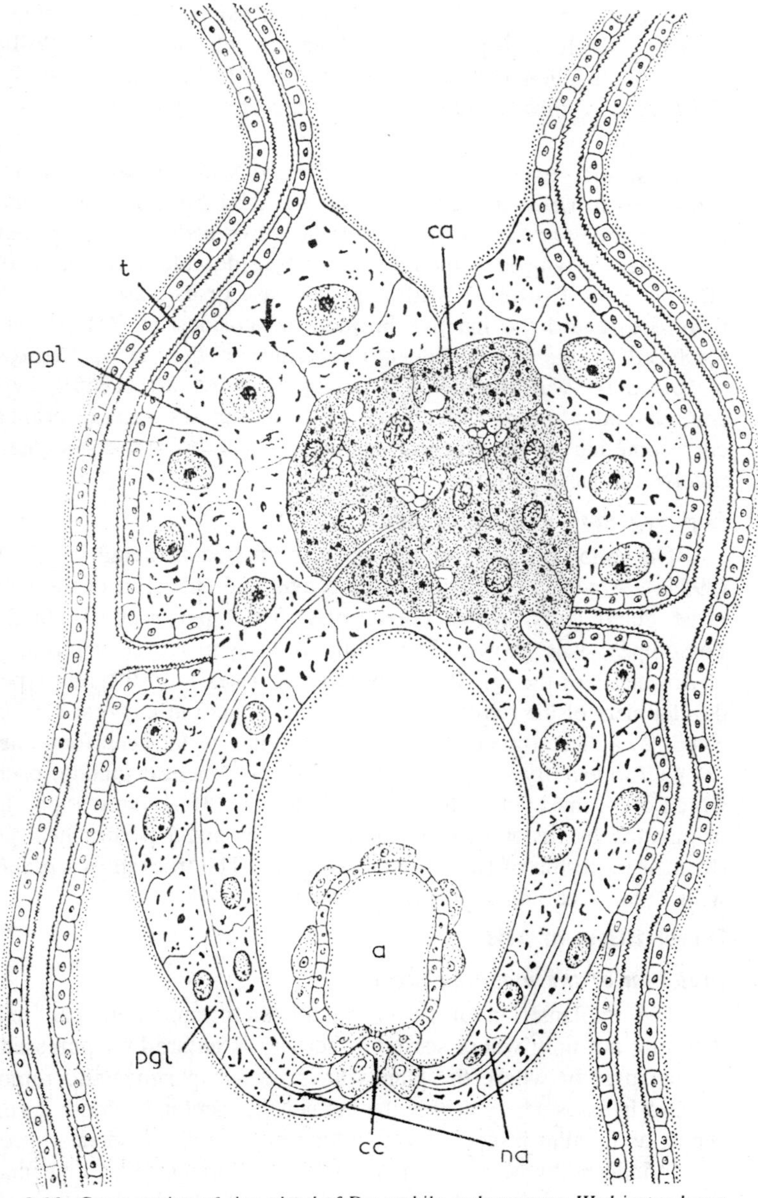


*Fig. 9.10. Cross section of ring gland of Drosophila melanogaster IIIrd instar larva.*

cholesterol from the food is transformed to ecdysone. In the intracellular spaces between the gland cells they observed numerous cytoplasmic vesicles, which were pinched off from the cell projections. Willig *et al.* (1971) studied ecdysone and ecdysterone biosynthesis in 7-day *Calliphora erythrocephala* larvae by injecting the larvae with 4-$^{14}$C-cholesterol.

A similar experiment was performed with explanted brain-rgl complexes *in vitro*. In the latter case, no active hormones were found, but sometimes a very small amount of active ecdysone glycosides or esters were produced, which displayed considerable hormonal activity after enzymic hydrolysis with α-glucosidase or esterase. The authors therefore regard the inactive hormone glycosides as MH precursors produced by the gland. The ultrastructure of the rgl of *Drosophila melanogaster* was studied in detail by King *et. al.* (1966). Typical smooth endoplasmic reticulum was found in the lateral branches, corresponding to peritracheal glands, which the authors suggest is involved in steroid hormone production.

***Embryogenesis and phylogenesis***

The embryogenesis of the rgl was studied in detail by Poulson (1954a). Amongst other things, the ectodermal character of the lateral, large gland cells, which correspond to the peritracheal glands of Possompés, was shown. Very little is known as yet regarding the phylogenesis of the rgl. Possompés distinguishes four different types of development of the retrocerebral endocrine system in Diptera: (1) *Tipula* Type: 2 ca, 2 cc (no equivalent of the pgl has so far been found here). (2) *Chironomus* type: 2 ca, 2 cc, and 2 peritracheal glands, each of which are connected with the cc and the ca. (3) *Tabanus* type: 1 ca, originating by fusion of the two glands, 2 cc and 1 peritracheal gland (formed by fusion of two original ones). (4) The true rgl of *Calliphora* with 1 ca, 1 cc and 2 peritracheal glands.

**Direct Effect of MH**

***Initiation of the moulting process***

The implantation of active pgl or their equivalent can induce moulting not only where secretory activity is naturally suppressed, as in diapause, or where the glands have been experimentally removed but also in cases where neither the pgl nor the moulting process normally occur, as in adult insects. The moulting process and associated growth can be induced by active pgl alone, without a simultaneous implantation of the source of the AH. On the other hand, the implantation of an active brain or cc alone is not able to induce moulting in the absence of an effective concentration of MH. This conclusion was fully confirmed by experiments with isolated MH prepared in crystal form by Butenandt and Karlson (1954).

The distribution of labelled ecdysone injected into the insect body was studied by Karlson and Sekeris (1963). They found that soon after injection the hormone accumulated in the epidermis and later in the fat body. The nuclei of the epidermal cells exhibited the greatest ratio activity. The authors conclude that the sites of action of MH are the nuclei of the epidermal cells and that microsomes of the fat body eliminate the excess of the hormone from the haemolymph.

***Regulation of growth***

One of the basic conditions for postembryonic growth in insects, as in any other arthropod, is the loosening and subsequent freeing of the body from the inexpansible cuticle. MH is therefore indispensable, though indirectly so, for growth. It is not yet certain whether there is also a direct effect upon growth, as, for instance, the influence of MH on the mitotic activity which precedes the detachment of the old cuticle. On the other hand, there is an increasing amount of evidence to the contrary; (*a*) Growth is possible without any moulting process and thus without MH (e.g. the growth of ovaries and other internal organs as well as of regenerating tissues). (*b*) The implantation of agl as well as the injection of ecdysone induces moulting, often without any effect on growth or even with a negative one. (*c*) As distinct from JH, MH alone is not able to induce mitotic activity in larval parts of the body. In the absence of further evidence the presence of MH is thus to be viewed as one of the conditions of growth but there is no justification for accepting it as a true growth hormone of the JH type.

The finding that the deposition of endocuticle and the secretion of wax also took place during the intermoulting period in the absence of any MH, led to the conclusion that these processes are not conrolled solely by MH. MH action after the attainment of an active concentration of the hormone in the haemolymph is probably responsible only for a change in chitinase activity (or concentration), resulting in a switch from chitin synthesis to its decomposition, leading to moulting and subsequent gradual dissolution of the old endocuticle.

Morohoshi and Iijima (1969) investigated the effects of the injection of phytoecdysoids (inokosterone, ecdysterone, cyasterone) into starved, ligated last instar *Bombyx mori* larvae and into pupae. In some cases supernumerary larval instars resulted. The authors concluded that the

MHd were concerned only with the control of moulting and that the structure of the moulted insects depended on JH action. In another study, Morohoshi *et al.* (1972) injected Vth instar larvae of the same species with varying amounts of ecdysterone at different intervals after the preceding moult. They investigated the effect on the length of the intermoult period.

An analysis of adaptive changes in larval behaviour prior to pupariation showed interesting correlations with MH action. During 30 hours under dry conditions after the larvae have left the nutrient medium, they become increasingly sensitive to injected ecdysone. If the dry period is interrupted by a further exposure to moisture, however, their sensitivity diminishes. The authors suggested that this observation might be due to a 'covert' effect of ecdysone. It seems more feasible, however, to assume that leaving the moist environment induces MH production and as more endogenous MH is produced, less exogenous MH is needed to induce pupariation. Replacement in the wet medium stops AH production, and with it the amount of MH produced up to a given moment, so that more has to be injected to induce puparium formation. The authors concluded that this was an important form of phylogenetic adaptation to the given conditions.

In another paper, édárek and Fraenkel (1972) showed that injection of larvae with a large dose of ecdysone under wet conditions shortened the pupariation time to 12 hours, as against 30 hours in the controls. Tanning occurred at various stages of puparium formation (longer, less contracted body, and less smooth surface), again demonstrating the independence from MH and the moulting process of the individual processes of puparium formation. Earlier experiments with the facefly (*Musca autumnalis*), in which the puparium undergoes calcification instead of tanning, showed that this process was equally independent of MH. MH is, of course, the necessary releasing factor in this series of processes.

The development of typical puparia following the injection of ecdysone into *Calliphora erythrocephala* larvae deprived of their rgl demonstrates that MH controls contraction of the puparium as well as its tanning and other associated processes. In another series of experiments, Fourché (1969) starved *Drosophila melanogaster* larvae from the 48th hour of the last instar and then supplied them with ecdysone in pure gelatin. If the concentration and time of action were adequate, the larvae formed puparia at the proper time. The relationship between endogenous MH and exogenous ecdysone and their correlation with pupariation were discussed. All the above evidence shows that, as in morphogenesis, these processes are only indirectly dependent on MH.

***Action on larval and pupal diapause***

On the other hand there is no doubt that MH acts directly to break both larval and pupal diapause. Here, however, it must be remembered that it is the absence of MH consequent upon the absence of AH which is the immediate internal cause of diapause. A state identical with diapause can be induced experimentally by removal of the source of AH.

***Action of MH***

The action of MH on the amounts of RNA and DNA during metamorphosis in *Calliphora erythrocephala* was studied by Berreur (1965a) in whole animals and in separate organs and tissues. The resultant changes, which were tissue specific for different parts of the body, were not discussed with reference to whether the action of the hormone is direct or indirect. In another study, using autoradiography of imaginal discs of the same species, Berreur (1965b) showed that no DNA was synthesized in the absence of MH caused by removal of the ring gland, and that RNA synthesis was limited. Reintroduction of the hormone resulted in nuclear RNA synthesis and, somewhat later, in DNA replication.

Sekeris *et al.* (1965) showed that the injection of ecdysone raises the incorporation of radioactive orthophosphate ($H^{32}PO^{2}_{4}$) into nuclear ribosomal and messenger RNA in the epidermal cells of *Calliphora erythrocephala*. They concluded that MH stimulated DNA-dependent RNA synthesis. Gillot and Daillie (1968) found a break in DNA production in the silk glands of *Bombyx mori* at the beginning of each moulting period. They observed asynchrony of the DNA cycle and differences between the two parts of the silk glands, but the maximum amount of DNA per nucleus in the two parts at the beginning of the Vth instar was identical. Neufeld *et. al.* (1968) studied the effects of injected ecdysterone on *Calliphora stygia* larvae and the conditions for its action on protein and RNA synthesis. Gorell and Gilbert (1969, 1971) demonstrated a similar positive effect by ecdysterone on RNA and protein synthesis in the hepatopancreas of the crayfish *Orconectes viridis*. The specificity of all these effects still needs to be investigated.

In *Philosamia cynthia* and *Hyalophora cecropia* a nuclear RNA synthesis in the pgl was activated 3 hours after injecting ecdysterione, whereas similar activity did not start in the ca until 6 hours after administration of the hormone. The administration of MH to pupae which had just started adult development resulted in a drastic decrease in nuclear RNA synthesis.

***Action of enzyme activity***

Views have been expressed that MH interferes with the reaction chain of some of the principal enzymes of the insect organism that regulate normal metabolism and growth, as for example the cytochrome oxidase system. However interesting and imporant these findings may be in the study of the corresponding enzyme activity - showing amongst other things the functional importance of insect hormones in research on any question of insect physiology and physiology in general - they do not bring any unambiguous evidence in favour of the assumption of a direct participation of MH in the corresponding reactions.

Marmaras *et al.* (1966) found an inverse correlation between 5-hydroxytryptophanase activity and the ecdysone titre during the pupal instar of *Calliphora erythrocephala*. Kobayashi and Kimura (1967) showed that labelled glucose was converted to haemolymph trehalose in decerebrated *Bombyx mori* pupae injected with ecdysone, but that in the controls (injected with water) it was converted to glycogen. Adenyl cyclase in the pupal wing epidermis of *Hyalophora gloveri* is stimulated after the injection of ecdysterone.

Injected ecdysone has a positive effect on various types of metabolism in ligated last instar larvae of *Musca domestica*. Time and tissue specific incorporation of tritiated thymidine was observed after the injection of ecdysone, but it was limited; however, tritiated uridine was incorporated intensively under the same conditions. Tritiated leucine had a different incorporation pattern. The incorporation of labelled glucose was characterized, in various tissues, by a large increase 1 hour after the administration of ecdysone; it then fell rapidly, at 6-hour intervals until, 18 hours after injection, it reached zero.

***Effects on metabolism***

Bernardini and Laudani (1966) studied oxygen consumption by the prothoracic glands of young and last instar larvae of two species of cockroach (*Leucophaea maderae* and *Periplaneta americana*) and found that it has cyclical variations. Maximum oxygen consumption was reached one day before, and minimum consumption one day after each ecdysis. The authors discussed the possible significance of these changes. Fourché (1967) observed a typical U-shaped curve in *Drosophila melanogaster* pupae, with increases in respiratory metabolism accompanying pupariation, apolysis and ecdysis. In *Thermobia domesitica*, Rohdendorf and Sláma (1966) found specific oxygen consumption cycles associated with moulting and egg-laying, which corresponded with those in pterygote insects. Oxygen consumption rose during actual ecdysis and fell about half way through the intermoult period.

Several authors have studied the uptake, transport and utilization of cholesterol and other steroid derivatives by insects. Bergmann and Levinson (1966) tested 15 cholesterol derivatives and isomers in *Musca vicina* larvae and some of them in *Dermestes maculatus* larvae. Both the requirements and utilization of steroids in these insects was discussed. Chino and Gilbert (1971) fed silkworm (*Philosamia cynthia* (larvae on an artificial diet containing $^{14}$C-cholesterol. Practically all of the substance found in the haemolymph was associated with two lipoproteins. No such incorporation was observed when cholesterol, was added to haemolymph *in vitro*. It was concluded that the midgut is necessary for the incorporation of $^{14}$C-cholesterol.

A qualitative and quantitative study of the haemolymph proteins in *Dixippus morosus* revealed an interesting relationship between them and the moulting process (or morphogenesis), and to yolk formation in adult females. In last instar larvae, the haemolymph protein concentration reached the maximum on the 13th day after the preceding ecdysis, i.e. at about the time of the new adult apolysis. After that the protein concentration fell abruptly, largely owing to the decline of two glycoproteins, both of which practically disappeared during yolk formation in the adult females.

### *Effects on rhythmical activity of muscles*

Roussell (1970, 1971) described specific acceleration of the cardiac rhythm in locusts following the implantation of vgl. In last instar nymphs, the implantation of active glands accelerated the cardiac rhythm only in the presence of the ca. In allatectomized adults the implantation of four vgl also accelerated the heart rate. On the other hand, extirpation of the vgl at the beginning of the last larval instar stabilized the cardiac rhythm at a relatively high level compared with normal specimens. Here again, however, the direct nature of this effect still requires verification.

## Indirect Effects of MH

### *Effect on differentiation*

In addition to the effects of MH on growth, many authors consider that it affects differentiation. While the question of the direct nature of an MH effect on growth may still be viewed as a matter for discussion, there is no longer any justification for assuming a direct influence of MH on differentiation. However, the dependence of any surface morphological change on the moulting process is unquestionable. Even the slightest morphological changes on the surface of the body can only be realized during the relatively short interval between the detachment of the old cuticle and the deposition of the new.

Any inhibition of moulting therefore necessarily means the inhibition of growth and differentiation. But the initiation of the moulting process does not in any way mean a simultaneous initiation of differentiation. On the contrary, a premature introduction of MH, as in the ecdysone experiments, results not in more differentiation but in less. This was shown in Fukuda's experiments (1944) with prothoracic gland implantation, and in the experiments of Wigglesworth (1940a, b, 1948) with the parabiosis of moulting specimens of *Rhodnius* joined to those which had passed the critical period for the moulting hormone.

The same conclusion necessarily results from the effects of juvenile hormone on growth and differentiation. By implanting active ca the gradient growth, resulting in differentiation, may be changed into an isometric one without change in form. Such an inhibition of differentiation does not mean any inhibition of the moulting process which is disinctly accelerated. There is no basis for assuming any antagonism between MH and JH. Differentiation can be completely separated from both moulting and growth and there is no connection between the effects of MH on one or the other. The indisputable influence of MH on differentiation is therefore purely indirect.

Joly (1958) when analysing the effects of the ventral gland hormone on the mitotic activity of the epidermal cells and on allometric growth in *Locusta* during metamorphosis, reached the conclusion that MH only affects the moulting process.

The postulation that MH has only an indirect effect on growth and protein synthesis is supported by the following experiment. Chilled *Antherea polyphemus* about to start adult development and ligated abdomens of *Hyalophora cecropia* and *Samia synthia* adults were injected with crystalline ecdysone together with mitomycin C (which inhibits DNA replication). Ecdysone was found to cause apolysis in the pupae of these insects, in the presence of mitomycin, but growth, morphogenesis and the rest of the moulting process were inhibited. If ecdysone were administered after DNA synthesis, the epidermal cells also responded by deposition of a new cuticle. Likewise, this occurred in adult insects, in which no more DNA synthesis takes place, but the whole moulting process can be induced experimentally with the same ecdysone.

Courgeon (1969, 1970) studied the effect of MH on the imaginal discs of eyes and antennaee in tissue cultures. Normally, mitotic activity ceased a few hours after explantation, but if an active ring gland was implanted at the same time it continued for up to five days. If the nervous system (the cerebral hemispheres and the ventral ganglion) was also added, the effect was stronger.

The effects of MH on morphogenesis were studied in detail in ligated *Galleria mellonella* larvae. Repeated dipping of isolated abdomens in methanol solutions of ecdysterone in different concentrations resulted in morphogenetic changes of varying degrees after ecdysis. Different types of cuticle were obtained in different cases, varying from a larval type, via a more or less normal pupal type, to an imaginal type with more or less developed scales. Taking into consideration the amount of hormone applied and the interval between treatment and subsequent moulting, the following explanation is submitted, in agreement with the gradientfactor theory: The degree of morphogenesis depends upon the length of the interecdysial period, or, to be precise, upon the time between apolysis and deposition of the new cuticle. If this is shorter than normal, the degree of differentiation is smaller and the cuticle retains a more or less larval of character. If the MH concentration is low, the interecdysial interval is longer and morphogenesis can progress further. This is the case with omission of the pupal type of cuticle. Very small doses do not cause moulting, but certain developmental changes in the internal organs are observed.

***Action on ovarian development***

The indirect character of the morphogenetical effects of MH is most evident from its effect on the development of the ovaries. It was shown by Strich-Halbwachs that the removal of the vgl at the beginning of the last larval instar in *Locusta migratoria*, which prevents moulting, also suppresses the development of ovaries but to a limited extent. The oocytes, which averaged 0.7 mm in length at the time of the operation, reached 1.8 mm within one month in the permanent larvae thus obtained, whereas they reached 7.2 mm in the metamorphosed controls at the moment of egg-laying. Some of the oocytes in the experimental series were abnormal or had even degenerated. It is clear that the same factor is operating here, i.e. the inhibitory influence of the inextensible cuticle, the only difference being that its effect on the internal organs is less direct than on the epidermis. The relationship between the moulting process and the development of the ovaries also permits a rational explanation of the findings of Bodenstein (1953a-d) and Wigglesworth (1940b, 1954, 1957) in which the induced nature of this the of MH effect is also evident.

*The effects on ovarian development.* The injection of ponasterone A was found to affect ovarian development (the weight of the ovaries and the number of eggs) in isolated pupal abdomens of *Bombyx mori*. It also had other morphogenetic effects. Ovarian weight and the number of eggs increased proportionally to the dosage up to an amount of 2.5 μg per specimen. No change was observed after larger does, which resulted in the formation of a scaleless adult cuticle. The implantation of vgl into adult *Locusta migratoria* females, stimulated growth of the oocytes, but caused the more developed oocytes to degenerate. The activity of the accessory glands and the genital apparatus was stimulated in allatectomized locusts of both sexes.

It may be added that the independence of the development of the ovaries from the moulting process and MH is quite evident from the fact that it normally takes place in adults where no prothoracic glands are present and no moulting occurs.

***Action on the corpora allata and reproduction***

Engelmann (1959) studied the effect on the function of the ca and the development of ovaries of implanting active larval pgl into adult females of the cockroach *Leucophaea maderae*. He obtained moulting of the adult in some case and nearly always a partial inhibition of ca secretion. He explains this as a direct effect on the ca and an indirect one on the neurosecretory brain cells. Both these inhibitory effects were prevented by the simultaneous implantation of a brain and suboesophageal ganglion. An injection of ecdysone had an effect similar to that of the implanted prothoracic glands. In both cases cell division was observed in the ca with a subsequent increase in the number of cells. As Engelmann himself suggested, his results for a related species, *Periplaneta americana* to some extent contradict those obtained by Bodenstein (1953a, e). There is also a marked inconsistency in the conclusions of both these authors since the prothoracic gland secretion is produced during larval instars almost simultaneously with that of the ca without producing the slightest inhibitory effect. Some results in recent years have even shown that the ca may produce a direct positive effect on the induction of moulting which has no connection with JH. Nevertheless, there is the possibility of a single simple explanation of all these facts provided in the '*law of correlation in consumption*' by the different tissues inside the body. When comparing the findings of Engelmann with those of Bodenstein, two major points emerge. Firstly that the moulting process, even when not accomplished, necessarily consumes part of the available body reserves. This deficiency evidenced in the reduced activity of the corpora allata and in the restricted growth of the ovaries. Secondly, on the other hand, such a serious interference with the physiological processes of the body as that of allatectomy and the resulting regeneration processes may in itself produce an impulse strong enough to prolong the activity of the pg.

In *Locusta migratoria*, severance of the ncc and the resulting increase in the volume of the ca has no inhibitory effect on the moulting process. In this connection it is interesting to note the effect of folic acid on diapausing pupae of *Pieris brassicae*, where it increases the amounts of ribonucleic and desoxyribonucleic acids causing tumour growth in the absence of MH. The author attempts to explain these findings on the basis of the artificial induction of endogenous viruses.

***Action on regeneration***

What has been said about differentiation is also true for regeneration: that is, it is also independent of moulting. However, there is thought to be an indirect interdependence, at least as far as more extensive regeneration is concerned. It can either be accelerated by the action of MH, or suppressed or greatly delayed by the removal of MH. Less extensive regeneration, including mitotic activity, may occur independently of MH.

A comparison of the activity of the pericardial glands in normal and regenerating Ist instar nymphs of *Carausius morosus* was made by Vietinghoff, Penzlin and Spannhof (1964). A statistically significant difference in the volumes of nuclei was found between the glands of regenerating and normal specimens. The decrease in volume of the nuclei in normal specimens connected with the onset of the moulting process, was delayed by two days in the regenerating individuals.

A number of authors studied the effect of injury and wound healing on local cuticle formation or on the general moulting process. In both cases the effect was positive. The effect of injury on the general moulting process seems to be mediated by the brain, since brains from injured specimens, unlike those from the intact controls, displayed AH activity on both the pgl and ca. In the case of local cuticle formation, which was also observed in adults, the presence of MH does not seem to be absolutely necessary for the cuticulogenic activity of the epidermal cells. This is also indicated by the findings of Gersch (1972), who observed chitin hypertrophy in the salivary glands of *Periplaneta americana* following injury in the thoracic region (pgl extirpation).

Schaller and Andries (1970a, b) and Schaller (1972a, b) studied the regeneration cells in *Aeschna cyanea* (Odonata) larvae deprived experimentally of their vgl. Mitotic activity in these larvae was rather low, but the implantation of active vgl resulted in an abrupt and significant increase in the activity of these cells. In another paper, Schaller (1970) concluded that MH was responsible both for the activation of remaining regeneration cells and for regeneration of the midgut epithelium in the intermoult period, although these cells, like the cells of the eye imaginal discs, also displayed lower mitotic activity in the absence of the hormone. On the other hand, no mitosis was observed in the absence of MH in permanent larvae. A detailed study of the eyes and optic lobes in permanent larvae of the same species fully confirmed the above conclusion. This is an interesting observation in the light of the gradient-factor theory.

***Influence on the morphological colour change***

Conspicuous morphological colour changes occur in various insect species during metamorphosis. Some of them exhibit this in the adult stage, but in the majority it is a transient phenomenon. These changes may be considerably influenced by the suppression of premature introduction of MH and can either be suppressed or prematurely induced. Because of this, many authors have assumed that the moulting hormone exerts a direct effect on the chemical synthesis of the corresponding pigments. Bückmann (1956-1959), for example, in his very thorough studies of morphological colour changes in *Cerura vinula* larvae during metamorphosis reached the conclusion that these changes are caused by low concentrations of the MH, whilst large doses of the same hormone induce pupation. Normally the green caterpillars turn dark at the time the cocoon is made due to the production of a red ommochrome, which first appears in the epidermis and one day later in the fat body. The morphological process of the pupal moult does not start until five days later. The colour changes are completely inhibited by ligaturing the part of the body lacking the MH. When 66 *Calliphora-* units were injected into such a permanently green abdomen, they cause reddening of the epidermis. Three hundred and thirty *Calliphora*-units caused reddening of the fat body only, whilst very large doses, 330 to 6600 units caused pupal moulting without any colour change. Bückmann (1947a) concluded that there the effect of ecdysone could be due to a simple reduction of the ommochrome pigment and he suggested that 'das wöre ein idealer Modelfall einer chemisch einfach definierten Hormonwirkung.'

Even though a secondary, direct dependence of a pigment reaction on the hormone cannot be excluded, the following explanation seems to be the most probable: the effect of MH consists, as in other metamorphosic processes, in the conditioning of species specific chemical and morphological changes, in the normal course of development. The discovery that removal of the ca (by decapitation) in the earlier larval instars results in similar changes in the larval period is in full agreement with this.

A similar dependence would doubtless be found in all other cases of morphological colour change described for various other insect species, with an experimental approach similar to that used by Bückmann with *Cerura*. It is evident from the experiments of Wigglesworth (1940) with *Rhodnius* that there is no direct influence of MH on pigment formation: in the imaginal moulting of this species black pigment disappears in some places where it existed previously.

***Correlation between the prothoracic (= ventral) glands and phase development***

This was studied in *Schistocerca gregaria* and *Locusta migratoria*. The prothoracic glands which normally disappear in adults were found to survive for a longer period in the solitary than in the gregarious phase. Apart from this the ca are larger in solitary than in gregarious nymphs. Extirpation of the greater part of one of the pair of the prothoracic glands in solitary nymphs resulted in the assumption of the gregarious habit. It is supposed that a complex interaction exists among all three metamorphosis hormones in influencing phase differences.

***Action on the development of internal parasites***

The group A virus *Sindlois arbovius* is known to reproduce during the metamorphosis of *Calliphora erythrocephala*. In larvae deprived of their MH source by ring gland extirpation, no multiplication of the virus takes place.

## Control of MH Production

The secretion of the MH by the pgl and their equivalents is dependent on the presence of a certain effective concentration of AH in the haemolymph. It is therefore the control-system of AH which, initially, also controls the production of MH. It was shown by the experiments of Williams (1952) that pgl may be activated to produce MH even in the absence of AH by the introduction of MH. Thus, diapause in *cecropia* pupae may be broken by the implantation of active pgl or by the injection of ecdysone into pupae with inactive pgl, even in an amount which itself would not be sufficient to initiate the moulting process. On the basis of these experiments Williams suggests that co-ordination of secretory activity between the left and right pgl is ensured. Furthermore, extensive or repeated injuries and the regeneration resulting from these injuries are brounght about by the re-activation of pgl. They may even in some cases cause supernumerary moulting in adult insects. This effect, however, seems to be restricted to the phylogenetically 'lowest' groups of Hemimetabola such as cockroaches, not yet very far remote from the Apterygota where moulting continues in adult insects.

New data related to this question have been obtained in recent years. édárek and Fraenkel (1971) studied neurosecretory control of MH release during pupariation of *Sarcophaga argyrostoma*. In an earlier paper they showed that there is strict environmental control of the initiation of the pupariation process in Cyclorrhapha. The larvae do not pupariate unless they leave their wet feeding medium and spend one to two days in a dry environment. However implantation of the cerebral and ventral ganglion, together with the rgl, induced pupariation even in wet larvae. If the rgl alone was implanted, only larvae which had spent some time (insufficient by itself) under dry conditions pupariated. Neural connection with the cns proved to be essential for an independent pupariation effect. The activity of the rgl steadily increased in the pre-pupariation period in active flies.

Gersch and Stürzebecher (1968, 1970) carried out a detailed analysis of AH and its effect on the pgl in *Periplaneta americana*. The pgl were experimentally activated by one larval brain of *Antherea pernyi* or three brains of *Periplaneta americana*. After 8 hours' exposure to AH, a substance was produced in the pgl. Thin-layer chromatography and mass spectrometry have shown this substance to be a non-separated mixture of stearic, oleic, linoleic, linolenic, palmitic and myristic acid.

In addition to earlier findings, some juvenoids were found to activate diapausing or decerebrated *Antherea polyphemus* and *Hyalophora cecropia* pupae. Their effects on the pgl were proportional to their juvenilizing activity.

Sehnal and Edwards (1969) studied the inhibition of pgl activity by body constraint in *Galleria mellonella* larvae. Constraint inhibited AH secretion and the authors interpreted this as nervous inhibition. MH production was also inhibited, although the epidermis remained capable of its moulting function (demonstrated by the administration of ecdysterone). This suggests that an appropriate external or internal stimulus is needed for activation of the neuroendocrine system.

Ohtaki *et al.* (1968) observed and investigated the rapid decrease in MH activity in the insect organism after hormone administration. They concluded that a special inactivating mechanism was present in the tissues, but not in the haemolymph. When injected into mature *Sarcophaga peregrina* larvae, 1mg ecdysone lost 50 per cent of its activity in 1 hour and by 8 hours only 2 per cent remained. In the critical phase for pupariation, the larva contained only 7 per cent of one *Sarcophaga* unit. According to the authors, this could have been due to accumulation in the tissue of covert effects determining the overt response. No accumulation was observed in the haemolymph. A more feasible explanation, however, is that early changes in the target tissue are reversible up to a given point of time, until which the presence of MH is indispensable; but not afterwards.

## Chemical Characteristics of MH

### *Isolation of MH*

The prothoracic gland hormone was the first of the insect metamorphosis hormones to be prepared in crystalline form. Butenandt and Karlson (1954) used 500 kg of silkworm pupae to prepare an extract using the following technique. The pupae preserved in methanol were subjected to a pressure of 50 atm and the resulting extract reduced by evaporation *in vacuo*. The 30 litres remaining from about 650 litres of the original extract were shaken several times with butanol. The separated butanol extract was then washed successively with 1 per cent $H_2SO_4$, 10 per cent $Na_2CO_3$ and 5 per cent acetic acid. It was evaporated and the remaining red-brown oily substance (79 g) was redissolved in butanol, and after filtration through about 800 g aluminium oxide, following Brockmann, re-evaporated and dried *in vacuo*. It was then dissolved in water, shaken successively with ether and ethyl acetate and the water phase again evaporated. The remaining 1.15 g of red-brown oil showed an activity of 1 *Calliphora*-unit in 0.5 g. It was then purified by chromatography in aluminium oxide activity IV and, using ethyl acetate-buthanol (3 : 1) and ethyl acetate-methanol (3 : 1), 167 g of a highly active fraction (1 *Calliphora*-unit in 0.1 ml) was obtained.

After recrystallizing from ethyl acetate and methanol, 25 g of crystalline substance was obtained which showed an activity of 1 C.u. in 0.0075 $\mu$l. It is called ecdysone and has been identified with MH.

***Chemical characteristics***

This crystalline preparation formed silky fibrous needles. These change their appearance at 161-162°C due perhaps to loss of water of crystallization, and melt at 235-237°C. Within these limits the substance is heat stable: it is soluble in water and very soluble in methyl alcohol; it shows distinct absorption bands in the ultraviolet and infrared parts of the spectrum. The ultraviolet spectrum reaches its maximum at 244 nm (in ethyl alcohol) and at 249 nm (in water); and the infrared at 612 nm. It is optically active:

$$(d)\frac{20^\circ}{D} = +58.5^\circ \pm 2^\circ \qquad (d)\frac{21}{546} = 82.5^\circ \pm 2^\circ$$

(at a concentration of 7 g in 2 ml ethyl alcohol).

On the basis of these findings the presence in the molecule of α and β unsaturated keto groups was assumed. The infrared part of the spectrum also suggest the presence of at least two hydroxyl groups. It was further inferred that a $2CH_5$ group and perhaps also a $CH_3$ group are present. Both acids and bases easily inactivate the substance. There is another band in the spectrum at 265 nm which may be assumed to have originated by the splitting off of water which led to the formation of the double unsaturated system.

The hormone decomposes quickly in alkaline solutions, the decomposition being accompanied by a successive change of spectrum. The first analysis of the dried substance showed elements in the following ratio: $C_4$, $_4H_{7,}$ $_3O_1$. The molecular weight was originally shown to be about 300; and the empirical formula $C_{18}H_{31}O_4$. Concentrates from *Crangon vulgaris* which were found to be more active in crustaceans than in insects point to the existence of several different chemical and physical characteristics (e.g. increased polarity) in the crustacean hormone. Further research has shown that at least two different substances are present with identical physiological activity, which are separable into α-ecdysone and β-ecdysone by extracting with a cyclohexane-butanol-water mixture. The two substances may be separated by their melting points and solubilities though their spectra are very similar.

Karlson and Hoffmeister (1963a) continued work on the chemical properties of ecdysone. 1000 kg of dried pupae of *Bombyx mori* removed from cocoons obtained from the silk factory were used. From these 250 mg of crystalline ecdysone with a specific of 100 000 *Calliphora*-units per mg was obtained.

By means of X-ray analysis and mass-spectroscopy a molecular weight of 464 was ascertained. This corresponds to the empirical formula $C_{27}H_{44}O_6$. Evidence was obtained of the steroid nature of ecdysone, one oxy-group and five hydroxyl-groups were found. On the basis of the empirical formula a relationship with cholesterol was suspected. Injection of tritium-labelled cholecterol into *Calliphora* larvae yielded crude radioactive ecdysone after extraction and purification. It was concluded that cholesterol is a precursor of ecdysone. A similar observation was made by Kanazawa and Teshima (1971) with $C^{14}$-labelled cholesterol in the spiny lobster *Panulivus japonicus*. The activation of the prothoracic glands in decerebrated *Bombyx* by ether extracts of brains and by cholesterol, found by the Japanese authors, could probably be explained by this. It in no way contradicts the fact that cholesterol is inactive in diapausing sawfly larvae.

The substance was shown to be active not only in various Lepidopera but also in Hymenoptera in *Cimbex americana*), and Hemiptera (in *Rhodnius prolixus*). Karlson (1957) later succeeded in isolating a similar substance from the shrimp *Crangon vulgaris*, using the same method. The *Colliphora*-test shows a distinct, but much lower activity in this substance (1 C.u. = 50 mg of the dried oil. Similar preparations have been obtained from *Carcinus moenas* and *Portunus holsatus*.

A similar but more active MH preparation has recently been obtained by Stamm (1958) from the grasshopper *Dociostaurus maroccanus*. The author used 10 kg of adult specimens which yielded 11 mg ecdysone and 12 mg ecdysterone in crystalline form. The substances were shown to be chemically identical with the silkworn a- and b-ecdsone and were found to be more active in *Calliphora*-tests. The reduced activity of the silkworm preparations is assumed to be due to the presence of kynurenin and other substances harmful to *Calliphora*.

A series of papers by the Karlson school deals with the question of the chemistry of the MH and the biochemistry of its production. On the basis of their work the definitive solution of the chemical structure of ecdysone was made by Karlson (1965). As suggested previously, it is a steroid molecule of the following structure:

It is a 2β.3β.14α.22βF.25-pentahydroxy-Δ7—5β-cholestenon—(6). The C20 has the normal steric configuration, i.e. 20βF-methyl, 6-keto-o = 0-1; 14α—0 = 0—2, 2β—0 = $O_3$, 3βo = 0—4, 25—0 = 0—5, 22—0 = )—6.

Five different biologically active fractions of ecdysone are said to have been obtained by chemical treatment of *Bombyx mori* extracts, three of them being undescribed and two known from the work of Karlson and his colleagues and earlier from that of Burdette and Bullock (1963). A positive effect on tissue growth in mammals is claimed together with stimulation of protein synthesis in the cytoplasm.

Soon after Karlson's original formula for a-ecdysone was found the compound was simultaneously synthesized in laboratories in West Germany and the U.S.A. and its structure fully confirmed. Furlenmayer *et. al.* started with ergosterin and used 14 steps. The main steps were (20S)-2β, 3β-diacetoxy-20-formyl-5α-pregn-7-ene-6-one and (22R)-2β, 3β-diacetox-14, 22-dihydroxy-25- (tetrahydropyran-2-yloxy-)-5a-cholest-7-ene-6-one. Later ecdysterone was also synthesized.

Once the chemical structure of ecdysone and its artificial synthesis were resolved, the number of studies on its various chemical properties and those of its many natural and synthetic derivatives rapidly multiplied. Papers appearing up to 1967 were reviewed by Karlson (1967), up to 1968 by Gilbert (1968) and up to 1969 by Sláma (1969). The most complete survey is the latest one by Sláma *et al.* (1973), which is awaiting publication.

## Mode of Action of MH

Although the chemical composition of the moulting hormone has now been fully determined, the mode of action of this, the best known insect hormone, is still not properly understood. The way it affects the cytochrome oxidase system has already been mentioned, as has it action on the ommochrome changes. Its effect on development of the epidermal glands in *Ephestia kuehniella* has been analysed experimentally by Hanser (1957), using the ecdysone preparation of Karlson and Butenandt. His paper shows: (1) The injection of MH at any time during the intermoult period induces the moulting process. This commences with the loosening of the old cuticle and the secretion of the moulting fluid, and continues with the formation of a new cuticle. (2) A single dose, even if rather strong (40 C.u. or more), is not sufficient for the completion of the moulting process. If no further dose is supplied the moulting process stops in one of its later stages and can only continue when more ecdysone is injected.

It may be concluded from the findings of Hanser (1957) and the results of earlier experiments with parabioses, and pgl transplantations that MH influences the activation of all the enzyme systems of the epidermal cells. The first phase of this activation consists of the swelling of the cells, which may or may not result in mitotic activity. It is followed by the second phase, the secretory activity of the cells, resulting in the production of moulting fluid, the first effect of which is the loosening of the old cuticle by chitinase which subsequently dissolves the inner layers of the cuticle. In the third phase, the new cuticle is deposited and the secretory activity of the cells continues with the production of the first layers of the new cuticle, most probably under the action of the same enzyme (chitiase). The phase naturally overlap one another. It seems that the presence of MH is necessary at least to initiate all these phases.

*The effects of thiourea injections* on moulting and pupation in silkworm (*Bombyx nori*) larvae were studied by Chmurzyñska and Wojtczak (1963). Injections up to 24 hours before larval moulting or cocoon spinning resulted in the retention of the old cuticle and an accumulation of a haemolymph-like fluid between the old and the new cuticles. Partial inhibition and a delay in the sclerotization of pupal cuticle was observed in histological sections.

Improvements in the technique for isolating MH in small quantities have made it possible to compare the MH titre at various stages of an instar and in various periods of postembryonic development in *Calliphora erythrocephala*). There are two maxima-one just prior to pupation and the other on the 3rd to 5th day of the pupal instar. The first peak correlated with puparium formation, and the second with histogenetic processes. No ecdysone could be detected on the last two days of the pupal instar. The activity of several enzymes was studied in a similar manner.

In other experiments, the ecdysone titre was studied in relation to body weight, in two lepidopteran species - *Bombyx mori* and *Cerura vinula*. In *Bombyx mori* a maximum was found in the IVth and Vth larval instar shortly before ecdysis; immediately before ecdysis occurred MH fell to zero. Two maxima were observed in the pupal instar. Some ecdysone was still present after adult ecdysis (about four times more in the female than in the male), but by the 8th day it had virtually disappeared. Two maxima were found in *Cerura vinula* - one at the beginning of the colour change and the other shortly before pupation. No ecdysone was detected in the pupal instar. However, the data may not correspond to the amount of active MH in the haemolymph. Adelung (1966) estimated MH titres similarly in the crab *Carcinus moenas*, and discussed their variation in the context of the crustacean endocrine system, i.e. the X organ-sinus gland complex and the rostral glands (Y organ).

The series of individual secretory and morphogenetic processes which take place in the epidermis during moulting cycle and their a hormonal dependencies were discussed by Locke (1965). From the results of experiments on the moth *Calpodes ethlius* (Hesperidae), Locke concluded that whereas the moulting process is controlled only by ecdysone, intermoult events such as wax secretion and endocuticle deposition require the co-operation of a neuroendocrine factor from the brain.

A synthesis of recent views and findings on moulting control was published by Weir (1970), who on the basis of has experiments on *Caipodes ethlius* distinguished three phases of development in the last larval instar. The first is the growth phase, from ecdysis up to 66 hours. After that the brain is no longer required for the induction of pupation, and the next phase, up to 156 hours, ends when the pgl are no longer necessary. Pupation takes place at 192 hours. From an analysis of the data on the pgl, the author concluded that certain abdominal tissues interacted with the pgl in the induction of the moulting process and suggested that the oenocytes might be involved.

## Juvenile Hormone (Neotenin) (Jh)

The metamorphosis-preventing activity of the corpus allatum was first shown by Wigglesworth in his classic parabiosis experiments with the blood-sucking bug *Rhodnius prolixus* in 1935. Wigglesworth (1936) demonstrated conclusively that joining a nymph in the penultimate or an earlier instar with a nymph at the beginning of the last larval instar results in the partial or total suppression of metamorphosis without preventing an increase in size. In this way VIth instar giant nymphs were produced which eventually changed after another moult into giant imagos. Conversely, when the ca of the younger nymph was removed by decapitation, a miniature precocious imago resulted. Wigglesworth not only showed the source of this inhibitory effect but was also the first to provide definite evidence of its hormonal character by showing that the same results are produced when the specimens are connected by a glass tube so that only the haemolymph communicates.

The original term 'inhibitory hormone' was soon altered to 'juvenile hormone' after the active role of the hormone in producing larval characters in adults was recognized. This discovery was confirmed by a number of other authors for various insect species, Bounhiol (1936, 1938a) for *Bombyx mori*; Pflugfelder (1937a, b) for *Carausius morosus*; Piepho (1938b-d) for *Galleria mellonella*; Bodenstein (1938b) and Weed-Pfeiffer (1938) for *Melanolus differentialis*. At the same time, Wigglesworth (1935, 1936) also discovered the effect of the ca hormone on ovarian development. This was later confirmed for a number of other species whilst in others, such as *Bombyx mori*, no ovarian control by a corresponding humoral factor was found. The other JH effects were ascertained subsequently.

The apparent contradiction between the inhibitory, metamorphosis-suppressing effect of the ca hormone and its total metabolism-increasing influence, suggested to a number of authors that were two or more ca hormones having different effects. However, this hypothesis has gained little, if any, support from subsequent experiments, and it was soon recognized that all the available data could be explained by the operation of a single substance, JH, possessing the character of a growth hormone. Since then experimental observational evidence has accumulated favour of this explanation. Interordinal nonspecificity of JH was shown by the transplantation of ca between Blattoptera and Hemiptera and Phasmida and Lepidoptera. The first attempts at elucidating the chemical nature of JH were made by Williams (1956), Schneiderman and Gilbert, using ether extracts of male abdomens of the Saturniid *P. cecropia*. Its chemical structure was first determined by Röller and his co-workers (1965a, b, etc.). The same activity was later found to be exhibited by many other chemically different substances, i.e. the juvenoids.

**Corpora Allata (ca)**

The first description of the insect ca is probably that of Müller (1828), in *Blatta orientalis*; however, he assumed the glands to be nervous in character, taking them for visceral ganglia supplying the dorsal aorta and the anterior portion of the gut. This view was accepted by a number of later authors. The first doubts regarding the nervous character of the ca were expressed in 1899 by Janet, from his detailed anatomical study of the female of the ant *Lasius niger* and to whom we owe the term corpora allata. In the same year, Heymons (1899) also concluded that the ca in *Carausius morosus* were non-nervous. The first systematic, comparative morphological study of insect ca was carried out by Nabert (1913), who clearly expressed the opinion that they were endocrine in function. Since their effects were recognized by Wigglesworth (1935) the number of papers dealing with their sturcture and function has increased rapidly.

## *Morphology*

The ca are known in all groups of winged insects in which they have been seriously sought, and in some Apterygota, where they are very primitive. Several different types of ca can be distinguished, on the basis of structure, position, relationships with other endocrine glands and phylogenetic considerations. The simplest and most primitive type known are the bladder-shaped ca of Thysanura and stick-insects, which in some species still keep their original position on the lateral epidermis. They are followed by the paired lateral ca with cc, as in Ephemeroptera, Odonata, etc. One evolutionary trend from this stage developed through the approximation and later fusion of the cc, as in

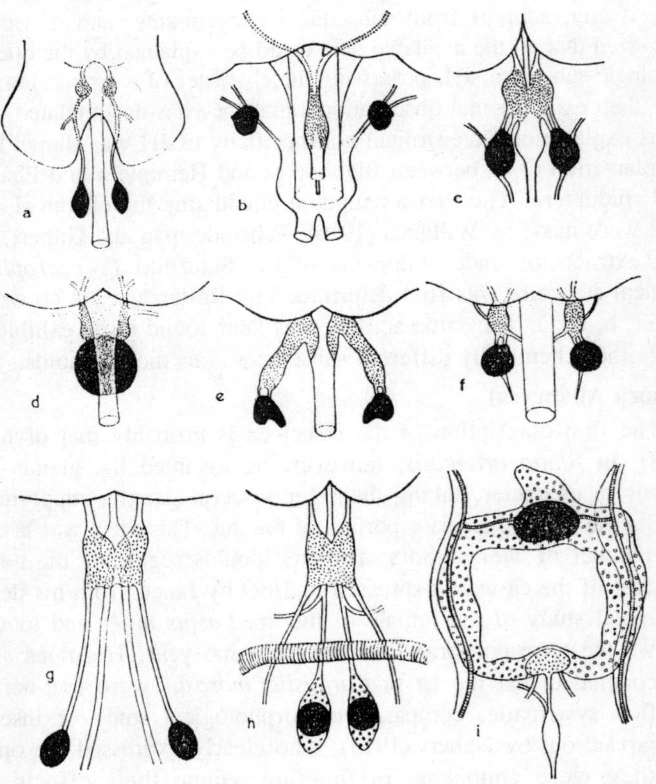


*Fig. 9.11. Retrocerebral glands in various groups of insects. (a) Japyx sp.; (b) Ephemera vulgata; (c) Blatta orientalis; (d) Pyrrhocoris apterus; (e) Hydrous piceus; (f) Sphinx ligustri; (g) Sialis lutaria; (h) Culex sp; (i) Calliphora erythrocephala.*

Blattoptera, Orthoptera, Mecoptera and some of the Diptera, e.g. *Culicidae*. The other tendency was to the fusion of the ca which can take place either below the dorsal aorta as in Hemiptera, or, above it, as in Tabanidae.

A special type with both cc and ca fused and connected by the prothoracic glands fused with the nervi allati to form a single structure, is represented by the ring gland of Diptera Cyclorrhapha. Cyclical changes occur in the ca in each larval instar as well as in the adult. The ca in the plant-feeding bug *Oncopeltus fasciatus* have their smallest volume at the beginning of each larval instar and increase gradually in size to reach a maximum at about the middle of the intermoult period. They then decrease in size with an associated decrease in the secretory activity before the next moult, the minimum size at the beginning of each instar being distinctly less than the maximum in the preceding one. The increase in size of the ca in each larval instar thus has two components - an increase due to secretory activity, and growth of the gland itself. In the last larval instar a distinct increase in the volume of the gland also occurs, but is relatively less than in the earlier instars. In the adult stage a clear increase in the size of the gland commences 3 or 4 days after imaginal moulting and continues for the whole period of egglaying, when the volume of the ca increases by about 30 times compared with that immediately after moulting.

Legay (1950) found a distinct increase in the volume of the gland in *Bombyx* at the time of each larval ecdysis and a very small increase during the intermoult periods. This type of growth is probably connected with the displacement of the critical period for AH and thus, necessarily, also of that for JH towards the end of the intermoult period. It appears, however, to be more a secondary adaptation in the phylogenetically 'highest' insects, connected with the shortening of the moulting process. The growth of the ca in *Carausius morosus* and in both larvae and adults of the honey bee (*Apis mellifica*) was systematically studied by Pflugfelder (1937a, 1948, cf. 1958). He found a marked increase in the volume of the Ca of worker bees in the first days of imaginal life, at the height of activity of the pharyngeal glands, in connection with the first orientation flight, and at the time of maximum secretion of the wax glands, followed by a slow decrease in volume. The ca of the queen larvae are larger than those of worker larvae during the whole of their development but especially during the pupal instar, which perhaps is connected with the development of the ovaries, as confirmed by Lukoschus (1955). In the adult queen their volume remains practically constant, distinctly below the maximum in the workers. The increase in the volume of the ca between the first and last larval instars in 18 different species of both Holometabola and Heterometabola was studied by Novák (1954). It is relatively much less than the increase in the volume of the body, but relatively greater than the increase in volume of the brain and the nervous ganglia.

Kaiser (1949) studied the relationship between the growth of the ca and the prothoracic glands (pgl) during larval development in Lepidoptera (*Pieris*). Whilst the ratio was 1:2 in favour of the pgl at the moment of hatching, it increased to 1:29 at the time of cocoon spinning. During the last larval instar the volume of the ca increased very little whilst that of the pgl was doubled. The conclusions of this author based on the hypothesis of antagonism between MH and JH have found little support. Amongst other things it must be kept in mind that even if the volume of the pgl does increase, compared with that of the ca, it definitely does not do so compared with the body as a whole. It was recently shown by Malá *et al.* (1975) that the first signs of pgl degeneration appear soon after the last larval ecdysis due to the absence of JH, and can be reversed by applying JH. The fact that the moulting process is distinctly accelerated in the presence of active ca certainly speaks against any antagonism between the two hormones.

In *Hyalophora cecropia* adults, a noteworthy sexual dimorphism in the size of the ca was found by Schneiderman and Gilbert (1959) in contrast to that in bugs and most other insects. Whereas the pupal ca show the same weight of about 30 $\mu$g in each sex, those of adult males increase to about 400 $\mu$g whereas those of the female adults only increase to about 65 $\mu$g. This is in agreement with the JH activity of ether extracts of male and female abdomens, that of the female being only about 1/40th that of the male. A similar difference is found in the ether extracted liquids, which is correlated with the much greater flight activity of the male. Similarly, Rehm (1951) found a 20-fold increase in the ca adult male *Galleria mellonella*, whereas the increase in the female was only 3-fold. The number of cells per ca is, however, approximately the same in each sex.

### Histology

The ca are spherical, ovoid or pad-shaped bodies in most insects, connected with the cc by a nerve which may become reduced so that the two kinds of glands are closely approximated or, in some cases, partially fused. They are enclosed in a mesenchymatous connective tissue membrane formed by plate-like cells with an oblong nucleus and homogeneous surface layer. Mendes (1948) found the following three types of glandular cells in the ca of *Melanoplus*- undifferentiated cells, normal secretory cells and polyploid giant cells. A noticeable feature of the glandular cells of the ca is that they increase in size considerably during the period of their secretory activity and shrink during their inactive periods. The period with histological signs of secretory activity coincides with that of their hormonal activity as shown by parabiosis and transplantation experiments. There is no histological evidence that more than one ca hormone is produced in any of the species studied.

On the basis of their histological structure the following four types of ca may be distinguished:

(i) *The epithelial vesicular type,* containing, in a central cavity, secretion, connective tissue or a system of concentric lamellae. This is the original, phylogenetically 'lowest' type, showing the ectodermal origin of the ca.

(ii) *The pseudolymphoid type,* formed by small cells with reduced deeply staining cytoplasm resembling that of lymphoid tissue in vertebrates. Ca of this type have been found in Ephemerida and Odonata.

(iii) *The small cell type,* which is the most common, is found in Blattoptera, Orthoptera, Hemiptera, Coleoptera, etc. It is formed by numerous small irregularly shaped cells, in the intercellular lacunae of which, secretion accumulates during periods of activity. The nuclei are egg-shaped to oblong, their cytoplasm being relatively clear.

(iv) *The large cell type,* phylogenetically the most advanced, occurring in Panorpata, Hymenoptera, Trichoptera, Lepidoptera and many Diptera. The gland consists of few large cells with large, often lobular nuclei and numerous uniformly distributed chromatin granules.

The histophysiological changes in the ca in adult *Leucophaea maderae* were studied in detail by B. Scharrer and Harnack (1958) and Harnack (1958a, b). No great changes in the low secretory activity of the male ca were observed during the whole adult life except for a short 'activation period' just after imaginal moult. In females, on the other hand, important changes occur in connection with the ovarian cycles. A conspicuous increase in the amount of cytoplasm, both absolute and relative, occurs during the activation period. The authors describe the changes minutely. Harnack (1958a, b) also observed the effect of starvation on imaginal moulting. The ca volume decreased markedly shortly after a limited increase at the beginning of the instar. Feeding following a long period of starvation results in a marked increase in the volume of the gland which greatly exceeds that in normally fed specimens, not only in the first ovarian cycle but also in the later ones. The author suggests an analogy with the adenohypophysis in vertebrates.

B. Scharrer (1956, 1958) studied the effect of ovariectomy on the ca in *L. maderae*, and observed an increase in the volume of the glands, the number of nuclei, and an increased nucleo-cytoplasmic ratio following the operation. Similar changes follow denervation of the ca. The author calls attention to the analogy with the neuroendocrine cycle in vertebrates. The succession of developmental changes in the ca in the adult bug *Oncopeltus fasciatus* was studied by Johansson (1958a) and that in the pupae of *Minas tiliae* by Highnam (1958b).

A difference between ca from adult females which inhibited metamorphosis (induced 'supernumerary' larval moults) and those from adult males, which failed to produce this effect, was found by Fukuda (1963) in the silkworm (*Bombyx mori*.) This sexual difference in the activity of the ca persisted after gonadectomy, after both gonadectomy and reimplantation of the gonads of the opposite sex, and even in ca which were transplanted into another specimen after the beginning of the pupal period. The activity of the female ca was not inhibited by decerebration at the beginning of the pupal period.

Akahira *et al.* (1967) carried out a comparative study of the ca in 32 species of stingless bees (genera *Cephalotrigona*, *Trigona*, *Scaura*, *Plebeia*, *Partamona*, *Nannotrigona* and *Melipona*) and two subspecies of the honey-bee (*Apis mellifera adamsonii* and *A. m. ligustica*) and determined their biometry, and histological characteristics. They agreed in many characteristics, but differed in others. In general, diversity was less in species of the same genus than in related genera.

Secretory activity of ca was studied histological during sexual maturation and imaginal diapause in *Leptinotarsa decemlineata* and *Gryllus domesticus*. Changes in the size of the ca were observed in association with different stages of glandular secretion. In both species the secretory cycle was subdivided into three periods - a pre-secretion stage, a stage of nuclear activity and a stage of production and release of the secretory substance. The ca of castrated females displayed hypertrophy and accumulation of hormone, which in later stages could result in degeneration.

A method for the volumetric measurement of the ca was elaborated and used to study the relation between the size of the ca and their activity, determined by the *Locusta* colour test. A close correlation was found. Lea and Thomsen (1969), however, found no correlation between the size of the ca, their activity and egg maturation. Activity was evaluated by the neurosecretory cell nuclear test.

***Ultrastructure***

Electron microscopic investigation of the ca and its functional changes began with the work of B. Scharrer (1961, 1962) on adult females of *Leucophaea maderae*. The secretory cells interlock by means of long cytoplasmic processes. The secretory cells interlock by means of long cytoplasmic processes. Their cell membranes are folded in a characteristic way in inactive glands. In active glands the cytoplasm of the cells becomes more abundant, the number of mitochondria and ribosomes increases, an endoplasmic reticulum and very numerous granular inclusions appear. The gland is ensheathed by a thick membrane from which processes of varying thickness branch off and penetrate the spaces between the secretory cells. These processes form a 'stroma,' containing denser bodies, through which the neurosecretory axons of the nervus allatus penetrate the ca. The 'stroma' seems to be continuous with the adjacent cc. The author suggests that the processes serve as a pathway through which food and other chemical exchanges between the gland and the haemolymph, including diffusion of the hormone, take place.

Subsequently, electron microscopic studies of various insect species of different orders have appeared with reference to the secretory activity of the ca, on the original elaboration, storage and release of the 'C body,' a specific cellular product in the ca of *Leucophaea maderae*. C bodies are round or hexagonal structures of varying size, composed of highly electron dense material. They originate in the Golgi zone and are gradually transported to various intracellular and extracellular compartments affording them access to the haemolymph. From their incidence, distribution and fate in the insect organism, it was suggested that C bodies might have a bearing on the secretory function of the ca. Special attention was paid to the acellular stromal matrix which seems to act as a vehicle facilitating the transport of C bodies to the haemolymph. C bodies might correspond to the 'osmiophilic bodies' described in the ca of the adult *Bombyx mori* female.

A series of papers on the ca of *Locusta migratoria*, their activity and the effect upon the glands of the A, B and C nsc of the pars intercerebralis was published by Joly and his co-workers. Abundant ergastoplasm was observed in actively secreting cells, which disappeared from cells in the non-active phase while the smooth endoplasmic reticulum showed conspicuous accumulation.

With reference to this last finding, Panov and Bassurmanova (1970) found the opposite in the ca of the bug *Eurygaster integriceps*. Here, the smooth-surfaced endoplasmic reticulum was entirely absent in inactive cells, which were characterized by diminished size, reduced cytoplasm and numerous ribosmes. The most pronounced feature of active cells was a large nucleolus formed of hollow spheres like the one observed by Blazsek *et al.* (1973) in pgl cells of *Galleria mellonella* while in inactive cells it was irregularly shaped with small vacuoles. The authors discussed the possible functional significance of these changes in connection with similar observations in vertebrates (in the egg cells of *Protopterus ethiopicus* and in certain blood cells and liver cells of the rat). In addition, ultrastructural changes in the ca cells of specimens infected by larvae of the parasitic fly *Clitiomyia helluo* were described.

The ultrastructure of the ca was studied by Deleurance and Charpin (1972) in cavernicolous beetles of the family Bathysciinae, by Odhiambo (1966a, b) in *Schistocerca gregaria*, by Waku and Gilbert (1964) in *Hyalophora cecropia* and by Fukuda *et al.*, (1966) in *Bombyx mori*. The ca of *Calliphora erythrocephala* female adults were studied ultrastructurally by E. and M. Thomsen (1969), with reference to hormone production. It was suggested that the hormone or its precursor originates in the smooth endoplasmic reticulum (which was found to be very abundant at the stage of incipient activity) and that it dissolves in lipids, finally forming fat droplets which are thought to be gradually extruded through the surface of the ca. The fat droplets seem to correspond to the osmiophilic bodies of Fukuda and the C bodies of B. Scharrer. A detailed comparative electron microscopic study of the ring gland in the larva and of the and of the cc-ca complex in the adult female of *Drosophila melanogaster* was carried out by King *et al.* (1966a, b).

***Embryogenesis***

Contrary to earlier views that the ca were of mesodermal, or even of endodermal, origin, their ectodermal origin now seems to be sufficiently proved. Mellanby (1936) showed that they originate as ectodermal invaginations in the area between the mandibular and maxillary pleurites in *Rhodnius prolixus*. The original paired rudiments fuse into a single median body in Hemiptera towards the end of the embryonic period. Abnormalities due to incomplete fusion of the two embryonic invaginations, sometimes even showing two separate bodies, were often found by the author in the plant-feeding lygaeid bug *Oncopeltus fasciatus*. An increased number of such aberrations, amounting to 20 per cent, was observed in animals kept at higher temperatures. It is suggested that they are the result of a selective influence on the process of fusion exerted by the increase in temperature. Similar changes have been observed in *Pyrrhocoris apterus*. The same origin was found by Pflugfelder (1937a) in *Carausius morosus* where the glands retain their original vesicular shape both in nymphs and adults. The embryogenesis of the ca as a part of the ring gland was clarified by Poulson (1945a, b) for *Drosophila*. Their origin from ectodermal invaginations in bugs is also mentioned by Wells (1954).

***Phylogenesis***

Ca have been found in all groups of metabolous insects (Pterygota) where they have so far been looked for. As regards Apterygota, they are fairly well developed in Japygidae and in a more primitive stage of development, in a lateral position closely connected with the mandibulo-maxillar area of their origin, in *Ctenolepisma*. A distinct juvenilizing effect of the glands of *Ctenolepisma* implanted into *Cecropia* pupae has been described. From this point of view the earlier suggestions of the possible homology of the ca with the 'corps jugales' in Thysanura must be considered. It seems probable that the original function of the ca was the activation of the ovarian follicles and that only gradually did they gain their function in larval development which led to the origin of Pterygote insects. The structure and development of the ca in the larvae of higher Diptera is most complicated. Here they form a part of the ring gland: (1) the dorsal fusing of the originally paired ca; (2) the fusing of their nervi allati with the neighbouring pericardial glands; (3) the strengthening of the lateral arms and the dorsal part of the gland with tracheal trunks; (4) the bending of the ring with its upper part forward by a backwards shift of the brain. As emphasized by Cazal (1948) the formation of the retrocerebral endocrine system corresponds in a surprising way to modern views on the phylogeny of metabolic insects based on the system of Martynov (1937) and Jeannel (1949).

## Direct Effects of JH

Since Wigglesworth (1935, 1936) discovered JH and demonstrated that it inhibited metamorphosis and activated the ovarian follicle cells, there have been a great many papers describing various effects of the ca hormone and its different analogues on the most diverse structures and functions of the insect organism, on its varius biochemical processes and on its chemical composition. In fact, taking the insect organism as a whole, not one of its functions, structures, chemical processes or components has been found to be independent of JH.

***Inhibition of metamorphosis***

As mentioned above, implantation of the active ca at the beginning of the last larval instar partially or completely prevents metamorphosis and results in adultoid forms or supernumerary larval instars. These extra instars may actually change into giant adults at the next moult. The removal of the ca by decapitation or extirpation in earlier larval instars is followed by a precocious metamorphosis resulting in miniature adults, preceded by miniature pupae. In most Hemimetabola only one instar occurs following allatectomy, whilst in a number of the phylogenetically 'oldest' groups, such as Blattoptera and Phasmidae, two more moults appear following the operation, a special 'pre-adultoid' instar preceding miniature adults.

The suppression of metamorphosis connected with the positive effect upon larval (isometric) growth is the most conspicuous and important effect of JH but is not the only one. Implantation of the ca markedly accelerates the moulting process. For example, the intermoult period of the last larval instar in *Rholdnius* takes 24 days, whilst following the implantation of active ca at the beginning of the instar, the animal moults in 17 days. On this Wigglesworth (1936) based his original concept of the JH effect, applying Goldschmidit's theory of diffierential velocities (1923). He concluded that morphogenesis could not be completed because of the acceleration of the moulting process. Such an effect really appears to exist but only to a limited extent in the case of the so-called progressive prothetely.

***Effect of the JH on the growth and morphogenesis of internal organs***

Studied by Sehnal (1965, 1968) in *Galleria mellonella*, complete agreement with its effect on surface structures was found. The implantation of three complexes of brain-corpora cardiaca-corpora allata at the beginning of the last larval instar completely inhibited metamorphosis. Later implantation resulted in a series of transitions between the larval and imaginal shape of the brain and other organs.

Similar observations were made by Hliňák (1968) in the brains of a continuous series of transitions between a supernumerary larva and a normal adult in *Periplaneta americana*. Other similar results on the internal metamorphosis of the imaginal compound eyes were obtained by Mouze and Schaller (1971) and Mouze (1970, 1971) who distinguished it from the metamorphosis of external structures, in which mitotic activity (and hence differentiation) depends on the moment at which an active MH concentration is reached. Only from that moment can JH action take effect, correlated with its particular concentration in the haemolymph. On the other hand, in the MH-independent organs, the moment at which only a minimum active concentration is reached is decisive. The same conclusion can be drawn from the study by Riddiford (1972) in *Hyalophora cecropia*.

Under certain conditions JH appears also to be capable of accelerating metamorphosis. At least this would be the most probable explanation of some of the observations of Wigglesworth (1948a), according to which the removal of the ca at the beginning of the last larval instar results in somewhat nymphoid adults. From this it would follow that the presence of JH in a concentration below the morphogenetical threshold is necessary for complete imaginal differentiation. On the other hand, the positive effect of the implantation of last instar ca on imaginal differentiation in earlier nymphs appears to have a quite different cause.

The introduction of an active ca into an adult by implantation or parabiosis can produce a partial suppression of the imaginal characters when an artificial imaginal moulting is induced simultaneously, either by parabiosis with the nymphs or by implantation of active pgl, or by the injection of ecdysone or by exposing a part of the imaginal epidermis to the action of the larval hormone as in the epidermal bladder method.

The effects of JH on the indirect muscles of *Leptinotarsa* agree fully with concepts of all the other effects of the hormone. There is, however, an exception—the experimental results of the action of JH and JHa on the indirect flight musculature of the cricket *Gryllus domesticus*. Here the effect of the hormone is the exact opposite of observations elsewhere: the muscles ripen without JH and its administration causes their degeneration. The flight musculature persists in allatecto mized females while the reintroduction of JH or JHa, at any time, causes its rapid degeneration. Castration of females in the last larval instar affects neither maturation nor degeneration of the muscles. In the last larval instar the action of the hormone is the same as in all other insects. This is the only one of the many paradoxcal effects of JH which has so far not been explained satisfactorily. At present, the most feasible hypothesis would be that the presence of the hormone acts as a signal for nervous action causing flight muscle degeneration. Nervous intervention is evident since removal, or even mere immobilization, of the wings also causes the flight muscles to degenerate or inhibits their maturation.

Recent data by many authors, supplemented by the study of JHa effects, show that JH can unquestionably affect morphogenesis at any point from the initiation of egg segmentation up to adulthood. This is demonstrated most convincingly by the action of JHa on embryonic development. Some papers describe the effects of JH on the pupal instar and its sensitivity to the administration of JH and JHa up to the next ecdysis. Various other authors, e.g. Sehnal and Meyer (1968), arrived at similar conclusions. Gametogenesis can likewise be inhibited by JH at any of its stages.

***Influence on ovarian follicular cells***

The influence of the ca hormone on the development of eggs in the ovaries was shown in the first of Wigglesworth's papers on JH. Wigglesworth (1935, 1936) showed that the presence of an active ca is absolutely indispensable in *Rhodnius* for the ripening of eggs beyond a certain developmental stage, at which the ovarian follicle cells become active. Following allatectomy the growth of the eggs stops at a certain stage due to the degeneration of the follicle cells. This effect may be prevented by the simultaneous implantation of an active ca from another specimen. Larval and imaginal ca show the same activity in this respect. Results similar to those with *Rhodnius* were obtained by Joly (1945a, b) with the beetle *Dytiscus*, by Weed-Pfeiffer (1945) with the grasshopper *Melanoplus differentialis*, by B. Scharrer (1946) with the cockroach *Leucophaea maderae*, by E. Thomsen (1952) with the blowfly *Calliphora erythrocephala* and by other authors with other groups of insects. The research on *Calliphora* was further developed by Possompés (1955), according to whom extirpation of the ca suppresses the ripening of the eggs only when performed in the adult. However, the question remains whether or not there is at least a partial regeneration of the ca after its earlier removal. In the higher Diptera, the adult ca are quite different from those of the larvae so that their development may not be prevented even by the complete removal of the larval structures. The necessity of JH for ovarian development has been found in most species examined in this respect, although there are species where no JH control exist, such as *Carausius morosus*, *Bombyx mori* etc. This independence of the development of the eggs seems to be a phylogenetically secondary adaptation connected with a particular type of egg-laying: for example, in *Bombyx* all the eggs are deposited in a short time, not long after the imaginal moult. In *Carausius*, on the other hand, they are laid singly at long intervals. The existence of a special gonadotropic ca hormone has been suggested by various authors.

As emphasized by Pflugfelder (1952, 1958), there is no definite evidence in favour of this conclusion. There are, on the other hand, important arguments in support of the one hormone theory. One of the most important of these is the fact, already mentioned, that the effects of the imaginal glands can be reproduced by the glands of any larval instar not only of the same species but also of any other insect order. Also, conversely, the imaginal ca of any insect species can replace the larval ca in any insect (Pterygote) species. For example, the ca of adult female *P. americana* in the process of ootheca formation can prevent imaginal differentiation in the last larval instar of *Oncopeltus fasciatus*. The histological evidence also lends no support to the theory of two or more hormones. The male gonads are in all cases independent of the presence of the JH. The fact that one and the same substance is responsible for either effect has been shown definitively with juvenoids.

### *Influence on reproduction*

The question of the endocrine control of reproduction has been dealt with by a large number of authors and reviewed by Doane (1962), by Highnam (1963) and by Nayar (1964). Nervous control of egg maturation by specific neurones along the ventral nerve cord was demonstrated by Engelmann (1964) in pregnant females of the viviparous cockroach, *Leucophaea maderae*. These neurones are supposed to inhibit the ca by influencing specific regions of the brain. The author assumes that a humoral factor released by the brood sac affects these neurones, but his experimental evidence does not seem to prove this. The role of hormonal factors in the control of ovarian development in *Schistocerca gregaria* was investigated in a series of papers by Highnam (1962), Highnam and Lusis (1962), Lusis (1963) and Highnam, Lusis and Hill (1963a, b). In *Locusta migratoria* castration in the last larval instar does not seem to affect the cellular volume of the ca in either males or females.

Allatectomy in a highly autogenous strain of *Aedes taeniorhynchus* inhibited egg maturation when carried out within one hour after adult moulting; yolk deposition was stimulated by the implantation of one pair of active ca. Similar results were obtained in other aedine mosquitoes. Some authors have recently reported quite a different

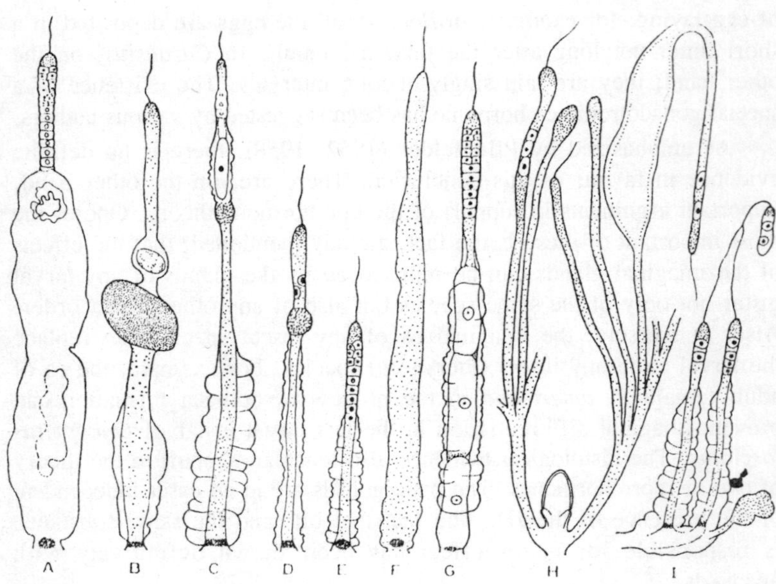


*Fig. 9.12. Ovarioles of Thermobia domestica after juvenoid administration to preceding instar 20 to 50 days previously.*

(reverse) type of JH and JHa action. JH administration in the early phases of gametogenesis not only does not promote the process, but, on the contrary, inhibits it. The sensitive period for this inhibitory effect is, in general, earlier than for follicle cell stimulation. In some of the insects studied it comes at the beginning of the adult stage, in others in the pupal instar, or in the last larval instar. It includes the whole period of gametogenesis, from the first oogonia and spermatogeonia up to the mature sex cells. In principle, this is the same 'inhibition' of morphogenesis as observed in any other phase of ontogenesis.

As with embryogenesis, the results of such inhibition of growth can vary considerably, according to the time of administration of the substance and the duration of its effect. Various kinds of deformation of the ovarioles mostly result. Many papers have been published on the ca and JHa endocrine control of oogenesis and of reproduction in general. Whatever the conclusions reached by individual authors, the observed facts are all in agreement with the original explanation by Wigglesworth (1936) of the effect of JH on the ovarian follicles in *Rhodnius prolixus*.

***Influence on the accessory sex glands***

The necessity of JH for the functioning of the accessory glands in male *Rhodnius prolixus* was shown by Wigglesorth (1936a) in his first paper on the ca hormone. Since that time a similar dependence of the accessory glands on JH has been shown in many other insect species, not only in males but in some case also in females. For example, the accessory glands in female *Calliphora erythrocephala* reach an average length of 2.58 mm, but in allatectomized females they do not surpass 1.7 mm. The effect of allatectomy in *Calliphora* males is less conspicuous: here the normal length of the accessory glands is 1.18 mm, but they reach only 0.91 mm following allatectomy. Their secretory activity is not completely suppressed by allatectomy. B Scharrer (1946c) found an effect of the ca on the functioning of the accessory glands in males but not in females of *Leucophaea maderae*. On the other hand, no such action of JH has been found on the accessory glands of *Lucilia* and *Sarcophaga*. A clear dependence upon JH was found by Sláma (1964) in *Pyrrhocoris apterus*, in both males and females.

***Influence on polymorphism***

Of the various types of polymorphism in insects the following have been found to be closely connected with JH: (*a*) The mechanism of *polymorphism in social insects* has been found to bear some relationship to JH activity, as for example in ants and in termites. The latter authors originally presumed the existence of a special, third ca hormone responsible for soldier production if administered to larvae or pseudergates at the 'right time'. This possibility was ruled out by Lüscher (1969), however, who showed that Röller's synthetic JH also induced the same effect. Soldier differentiation requires much larger JH does than those needed for the normal, i.e. juvenilizing effect. (*b*) *Phase polymorphism in locusts.* The influence of JH on the development of *Locusta* and *Schistocerca*, has been studied by Staal (1959, 1961), L. Joly (1960), Kennedy (1956, 1961), Loher (1960) and others. Their findings point to a complicated dependence of phase on JH activity. As shown by Staal, the implantation of active ca into young larval instars induces the green colouration typical of the solitary phase even in environmental conditions which would otherwise produce the gregarious phase.

The adaptive value of either phase in an environment which induces this particular type of development has been emphasized by Kennedy (1961). The existence of a volatile factor acting through antennael chemoreceptors seems possible, on the basis of the results of Loher

(1960) who discovered a substance accelerating sexual maturation in adult male locusts. Fresh data on this question have been obtained by Joly and his co-workers. (*c*) *Seasonal polymorphism in aphids.* A very complicated type of polymorphism is encountered in aphids. There is a strict seasonal alternation of forms with a preponderance of parthenogenetic generations.

The polymorphic forms differ with regard to the occurrence of wings, the presence or absence of vivipary and in a number of other, less marked, characters, both morphological and physiological. Even though little is known of the various mechanisms involved, there are definite suggestions that the metamorphosis hormones and perhaps other chemical factors play a part in the determination of the characters of the various forms. The apterous virginoparae of *Megoura*, for example, appear to be produced by the neotenic effect of increased JH activity. This activity, however, seems to take place during the embryonic period through the action of the maternal endocrine system on the ca of the older embryo. The still earlier activation of the embryonic ca by the maternal body appears to be the cause of differentiation of the oviparae. Similar conclusions were reached by Johnson and Birks (1960), with an Australian aphid species (*Aphis craccivora* Koch.), who assumed that all aphids started their development as presumptive winged forms which may be diverted from this path of development by various stimuli in the determination period between the late embryonic stage and the second larval instar. These authors attempted to apply their conclusions to other types of insect polymorphism. The effect of JH on aphid morphogenesis was recently studied by Holman (1973).

In a detailed analysis he found that the statistical regression expressing the relationship between the length of individual parts of the body and total body length or the breadth of the head capsule differed relatively little in the Ist to IVth instar, but displayed a significant shift between the IVth instar and the adult. The regression curve corresponded to the total changes which take place in any part of the body during metamorphosis. In most cases the absolute value of the shift was also dependent on body size. In supernumerary instars and juvenilized adults, this imaginal shift was reduced to various extents. The degree of JH effects can be determined from a comparison of these data with the average normal individual. Mathematical formulae for the statistical evaluation of these effects are given. (*d*) *Alary polymorphism in bugs.* Alary polymorphism or the occurrence of varying degrees of wing development in one and the same species is a widespread phenomenon in Heteroptera. A theory has been elaborated by Southwood (1961) based on Wigglesworth's findings (1954, 1960) on the hormonal control of this type of polymorphism. Brachyptery is assumed to originate on the principle of metathetely in some species, particularly in colder, mountain conditions. It may be classed as a juvenile character in adults following the normal number of instars (five in Heteroptera). In these insects (such as *Gerris*, *Nabis*, *Bryocoris* and various *Tingidae*) macropterous forms are found mostly in warm localities. On the other hand, brachyptery is assumed to originate in other species on the principle of prothetely (paedogenesis).

In species such as *Dolichonabis limbatus* and *Microvelia*, long-winged specimens appear in cold, mountain conditions whilst in the normal warm environment only brachypterous forms occur. This theory awaits further experimental support, as suggested by its author. (*e*) *Sexual alary dimorphism in Lampyridae*. Davydova (1967, 1968) described the effects of ca implantation and extirpation on wing development and metamorphosis in both males and females of *Lampyris noctiluca* (Coleoptera). Allatectomy often resulted in considerable prolongation of life without metamorphosis. Prothetelic males with smaller wings were sometimes obtained. The implantation of several ca induced one or two supernumerary larval moults in the females, without inducing any wing development. The absence of wings in the females, together with other neotenic characters, is evidently of earlier phylogenetic origin and is incapable of phenotypic modification.

***Effect on regeneration***

A marked decrease in regeneration ability was observed by Pflugfelder (1939d) in *Carausius morosus* following extirpation of the ca. In some cases, particularly when an amputation was effected after allatectomy, there was a complete loss of regeneration ability. In many cases, the degeneration of whole groups of cells was observed in the regenerating epidermis whilst knotty proliferations appeared in other parts. On the other hand, no difference was observed in *Blattella germanica*, either in the extent of regeneration or in its effect on the duration of the instar concerned, irrespective of whether the extirpation was carried out during the period of active JH concentration or in its absence during metamorphosis.

The connection between regeneration and the changes in volume of the ca were studied in detail by O'Farrell *et al.*, (1958, 1959, 1961) in *Blattella germanica*. The duration of the moulting process was only affected when muscle tissue was involved and the greater the amount of tissue affected, the longer the intermoult period. When, however, the regeneration was restricted to epidermal structures, no changes were observed in the moulting cycle. No evidence is available of any nervous influence on the regulation of the moulting process and all the effects observed appear to be the results of self-regulatory processes. A histological study of the volume of the ca and that of the so-called headlobes carried out at twelve-hourly intervals showed a close connection between the volume changes of the two glands. Regeneration has a positive effect on the functioning of both pairs of glands, which is particularly interesting from the point of view of the experiments of Bodenstein (1953) and Engelmann (1959) on the reciprocal effects of the ca and the pgl and their effect on the moulting process. Immediately after the moult following treatment which causes the regeneration, a hypertrophy of the ventral lobes and ca occurred. This hypertrophy, and the subsequent extensive regeneration seems to result in extra moults in the adult stage. The delay caused by the regeneration observed in the moulting process in the Ist larval instar *Blattella germanica* is followed by a shortening of the subsequent instars so that the IVth instar moult occurs at the same time as that of the controls. This can also be accepted as a consequence of the positive effect of regeneration on the functioning of the glands concerned.

The question of the effect of the metamorphosis hormones on the regeneration process in insects was thoroughly discussed by Bodenstein (1955, 1959) on the basis of his numerous experiments. He emphasized the necessity of MH for regeneration. It is only the degeneration of the prothoracic glands associated with metamorphosis which makes the adult metabolous insects unable to moult. All the tissues of the imago retain their full capacity for regeneration, which occurs in the extra imaginal moulting process brought about by the implantation of active prothoracic glands or by parabiosis of the adult with a nymph. It is not made clear to what extent the observed effect of MH on regeneration is direct or, perhaps more probably, whether it is only indirectly brought about by inducing the moulting process. Bodenstein discusses his results as contradicting those of Pflugfelder with *Carausius morosus*, and attempts to find a common explanation.

Penzlin (1965a, b) has made a detailed survey of regeneration and the ways in which it can be influenced hormonally. He showed that all three metamorphosis hormones were needed for normal regeneration and that it was inhibited by allatectomy. Another detailed survey was published by Needham (1965), who suggested that JH was necessary for regeneration processes to a limited extent in adult insects, e.g. the healing of integumental wounds and the regeneration of nerve fibres and internal organs. This capacity can be greatly enhanced by the transplantation of wing discs and leg fragments, etc., and by the implantation of active pgl. Rinterknecht (1964) found that allatectomy did not inhibit the reconstruction of the integument in *Locusta migratoria*, but caused a roughly two-fold delay and that it similarly slowed down the mitotic activity of the regenerating tissue. In general, allatectomy is supposed to speed up ageing.

***Influence on tumour growth and other alterations in histogenesis***

In addition to the morphological effects mentioned, JH has a profound influence on histogenesis. The first detailed analysis of the histological effects of ca extirpation was carried out by Pflugfelder (1937a, 1938a-d, 1952) with *Carausius morosus*. He found numerous changes of a pathological nature following allatectomy carried out in earlier instars. He distinguished tissue degenerations and tissue proliferations both of which often occurred in one and the same tissue. The most frequent of these pathological changes are: (*a*) Degeneration sometimes connected with a partial histolysis of fully developed tissue and often connected with a subsequent partial or complete phagocytosis. At the same time, proliferations usually appear as knotty structures scattered throughout the tissue, which somethimes contain single differentiated cells in the form of giant muscle cells. (*b*) Degeneration of the nervous system and the adjacent mesoderm and glial cells in which the formation of large irregular cysts often occurs. (*c*) Degeneration of the fat body during which vacuoles appear in the fat cells, which resemble fat droplets but do not stain with osmium tetroxide and therefore probably do not contain either fat or any lipoid substance. It would be interesting to determine to what extent these JH deficiency syndromes agree with the alterations in the fat body of adults of other species, which are not connected with pathological changes in other tissues. The longterm effect of allatectomy is encapsulation of the pathologically changed cells by lymphoctes which often leads to the developmetn of large cysts. Inside these cysts large concretions often appear which show concentrical layers. (*d*) Degeneration features are also, often observed in the Malpighian tubules in which cysts and concretions, similar to those in the fat body, appear. (*e*) Accumulations and proliferations of haemocytes (lymphocytes) often occur. These may give rise to extensive knots of undifferentiated cells, which resemble those of spindle cell sarcoma in Man. (*f*) Proliferations of a

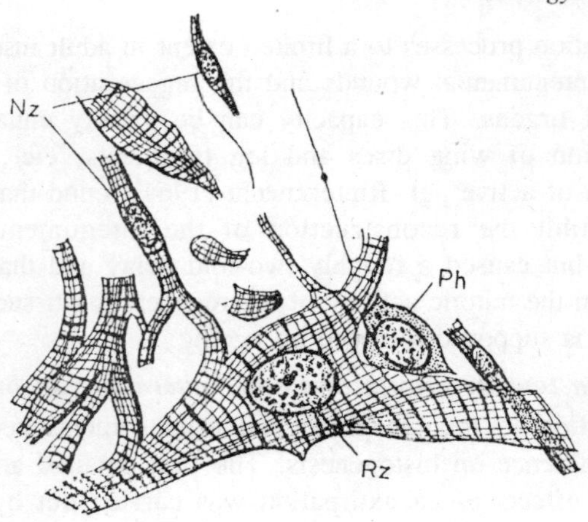


*Fig. 9.13. Malignant growth of muscles in Carausius morosus following allatectomy. Rz–giant muscle cell; Nz–normal muscle cell; Ph–phagocyte (haemocyte).*

carcinomatous nature are observed in the epidermis, gut and oviducts. Various disturbances also appear following the implantation of extra ca, in, for example, the ovarioles, oviducts and other organs and tissues. They are, however, obviously different from the changes produced by allatectomy.

Various alterations in tissue differentiation frequently occur during regeneration, particularly when a piece of embryonic tissue is implanted whilst there is disturbance in the hormonal balance, as shown by Pflugfelder (1948). He attempted to explain this by the known fact that young cells are more easily affected by external stimuli than older ones. Tumorous malignant growths have often been observed following the cutting of various nerves, such as the nervi corporum cardiacarum. Schneiderman and Gateff (1967) set up clones derived from a new mutant in *Drosophila melanogaster*, which they called *lethal malignant brain tumour*. The mutant imaginal discs grew phenomenally, but did not respond to the metamorphosis hormones. The mutant cells grew rapidly and invasively, killing the hosts, and behaved like true malignant tumours. They were cultivated for 35 transfer generations and further clones were isolated from single cells.

**Indirect Effects of JH**

Care must be taken to distinguish between the direct effects of the hormone as a chemical agent and its indirect effects, i.e. the consequences of change produced by the direct action of the hormone in various parts of the insect organism through the mediation of the circulatory and nervous systems and other correlation mechanisms. Failure to note or respect this fact caused a number of misunderstandings in the early days of insect hormone research. For example, JH was regarded by some authors as a moulting hormone, because it induced extra larval moults while MH was called the growth and differentiation hormone etc. Since it is often difficult to identify the actual character of hormone activity, many authors are at variance as to whether specific hormones exert a direct or an indirect effect. There are, however, several cases where the indirect nature of the JH effect is unquestionable.

***Effect on moulting***

Several of the earlier authors who dealt with the ca hormone assumed it to be moulting hormone. This was based on the fact that, after the implantation of active ca into a last instar larva, one or several extra moults and supernumerary larval instars occurred. Further investigations have, however, shown without doubt that the moulting proectly influenced by the prothoracic gland hormone (MH), and that the observed, very marked, effect of JH is simply the indirect effect of prolonging the action of the pgl which are normally histolysed during or immediately after metamorphosis. The seemingly contradictory observation of Bodenstein (1953a-e) that allatectomy towards the end of the last larval instar in the cockroach *Periplaneta americana* may result in preservation of the pgl and thus cause supernumerary moults can also be explained on this basis. As shown by O'Farrell *et al.* (1956, 1956), the amputation of legs or a more extensive injury to other parts of the body may have the same effect as ca extirpation. This, as noted above is an effect of the regeneration process, perhaps improved by selection into a self-regulatory mechanism, in the case of insects with a well-developed autotomy, and has nothing to do with the action or absence of ca. The indirect nature of the effect of JH on moulting is quite obvious from the fact, amongst other things, that neither the normal nor the experimentally induced action of the ca in adults causes any sign of moulting, whilst this may easily be induced in the adult, by the implantation of an active pgl.

***Effect on the silk glands of caterpillars***

It is well known that in many Lepidopterous larvae the labial glands are almost inactive during the first to penultimate larval instar whereas they produce a large quantity of a silky material for cocoon spinning in the last larval instar. The exact opposite is the case in sawflies such as *Cephalcia* (Pamphilidae) where the silk glands are active throughout the larval instars producing the 'excrement webs' in which the larvae live gregariously, and pupation takes place in cells in the soil without a cocoon. In each case the action of the glands is connected with the presence of JH. The hormone, however, does not affect the silk glands directly, but affects their morphogenesis in a very general way. Whether its presence affects the function of the glands positively or negatively depends on genetic, species-specific factors.

***Effect on instincts***

The action of JH on cocoon spinning in *Galleria mellonella* has been described as a special case of affecting instinct. The larva of this species spins a cocoon before each moult. This cocoon is, however, different before the larval moults from that before the pupal. The larval cocoon is in the form of a tube open at each end whilst the pupal one is spindleshaped and completely closed. It was shown by Piepho (1950b) that the implantation of ca at certain times before moulting caused the larva to produce cocoons intermediate between the larval and the pupal types, depending on the time of implantation. This effect cannot be explained as a direct one on the instinct of cocoon spinning but, undoubtedly, as an indirect one through the morphogenesis of the brain. By inhibiting the morphogenesis of the imaginal brain at the required time JH determines whether, and to what extent, the material basis for a given instinct is developed, i.e. the corresponding nervous (cerebral ganglion) structure. A detailed analysis of this and similar effects will no doubt make possible an exact localization of various imaginal instincts in insects, especially when these differ from those in the larvae, as for instance in the case of insects with aquatic larvae.

*The question of hormonal influences on sexual behaviour* in various species of the order Saltatoria has been discussed by Loher (1964). In some species, allatectomy influences the males, while in others the females are affected, and there are species which are not influenced by the ca at all (*Gryllus campestris*). No effect on sexual behaviour of either allatectomy or the implantation of additional ca was found by Roller, Piepho and Holz (1963) in *Galleria mellonella*. On the other hand, Beetsma, de Ruiter and de Wilde (1962) report that the injection of *cecropia* extract shifts the balance between the photopositive and photonegative orientation tendencies in larvae of *Smerinthus ocellata* towards a positive response. The implantation of active prothoracic glands has the reverse effect. Many new papers have been published on the various ways in which JH acts in instincts in various insects, especially as regards mating behaviour, e.g. Zdárek and Slöma (1968) and Zdárek (1970) in the bug *Pyrrhocoris apterus* Barth (1965) and Engelmann and Barth (1968) in the cockroach *Leucophaea maderae*, Röller *et al.* (1963, 1969, 1972) and Truman and Sokolova (1972) in *Galleria mellonella*, Pener (1963, 1965), Strong (1968), P. Joly (1969), Wajc and Pener (1969, 1971), Pener *et al.* (1972), Broza and Pener (1972) in locusts, Adams and Hintz (1969), Stengel and Schubert (1970, 1972) studied the influence of the ca on male and female migratory behaviour in *Melolontha melolontha*.

Today there is little, if any, doubt as to the indirect character of all these JH-induced effects, although not all the above authors explain their results in this way. There are some JH effects where this is still an open question. However, only effects immediately connected with the morphogenetic processes of stimulation of larval growth, inhibited derepression of more advanced characters and suppressed degeneration can be regarded as direct. With the discovery of juvenoids (JHa), we have another category of effects which may not be due to the direct action of the hormone, but may be side effects of molecular structure or an effect connected with experimental hormone supply. Further experimental evidence on this group of effects is required before they can be properly elucidated.

No difference has so far been found between the effects of the actual ca hormone and the various JHa, apart from their specificity for some groups of insects. This is not related to the mechanisms of action of the given JHa, but to their capacity for penetrating the integument, their resistance to various haemolymph enzymes, etc. All JHa effects can thus also be ascribed to JH and *vice versa*. This is particularly important in cases in which ca application is very difficult or even impossible, e.g. during early embryogenesis.

It is often difficult to distinguish between the morphogenetical and the physiological effects of a hormone as well as between the direct and indirect effects. All morphogenetical effects are necessarily based on physiological (biochemical) ones and, on the other hand, most of the physiological effects can, but may not, cause morphogenetical changes.

I still hesitated to include certain results of JH action among its indirect effects. Since then, however, we have learnt a great deal more about the mode of action of this principle and my original

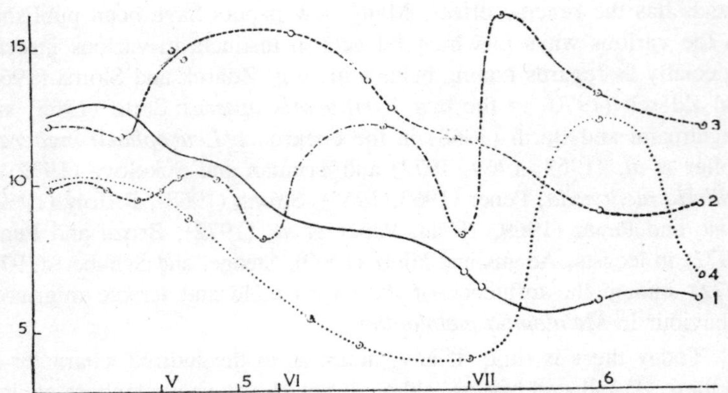


*Fig. 9.14. Blood sugar concentration in normal and allatectomized nymphs of Carausius morosus. 1, 2–concentration of sugar in the blood; 3, 4–concentration in the tissue.*

assumption on the primarily morphogenetic action of JH has been confirmed by dozens of new findings. There thus seems to be full justification for transferring most of the physiological and biochemical effects from the direct to the indirect group including, for example, all metabolic effects, together with oxygen consumption, the effect on fat metabolism and the fat body, etc.

***Effect on the total metabolism (oxygen consumption)***

It was suggested by Pflugfelder as early as 1941 on the basis of his work with ca implantations and extirpations in *Carausius morosus* that JH is a factor which generally favours metabolism. This conclusion was upheld by the later experiments of Weed-Pfeiffer (1945a). She concluded from her experiments on the effects of allatectomy in adult *Melanoplus differentialis* females that the ca exert a positive effect on basal metabolism. She observed a connection between the presence of the ca and the consumption of food reserves in the fat body as well as an effect of JH on the increase in weight of the fat-free dry-matter and water. Further results supporting this conclusion were obtained by E. Thomsen (1949), who found that allatectomized female adults of *Calliphora erythrocephala* show a 19 per cent decrease in oxygen consumption. A similar dependence on the presence of JH was found in males. Experiments carried out under the same conditions using castrated females apparently suggest that this may be a direct, and not an indirect effect on metabolism and not, as earlier supposed by Pflugfelder (1952), caused by oxygen consumption of the developing ovaries. Pflugfelder himself (1952) observed an increase in oxygen consumption in *Carausius morosus* following the implantation of ca and a decrease following their extirpation. Both effects were, however, rather weak and only temporary. L'Hélias (1956a) found a decrease in oxygen consumption in the same species following allatectomy. An even greater decrease was observed when the cc were removed at the same time. L'Helias tried to explain this as being connected with the accumulation of glycids and mineral phosphorus in the tissues and with the loss of energy caused by the breaking down of esters due to the increase in alkaline phosphatases.

On the other hand, a series of experiments on the oxygen consumption of normal and castrated adult females of *Pyrrhocoris apterus*, implanted with ca, appears to point towards an indirect action of these glands on metabolism. It was found that castrated females do not show any increase in oxygen consumption compared with normal controls following ca implantation, very probably because of the increased share in the total metabolism of the ripening ovarian follicle cells which do not grow in the absence of the ca. Examination of the effect of ca implantation into the last larval instar of the same species gave corresponding results. A direct connection was found between the extent of the induced morphological changes and the rate of oxygen consumption. It was concluded from both series of experiments that the JH-effect on oxygen consumption is an indirect one, depending on the increase in the amount of metabolically active tissue. The direct effect of JH seems likely to be concerned with protein synthesis.

On the other hand, Sögesser (1960) claims to have found an increase in oxygen consumption after ca implantation in the cockroach *Leucophaea maderae* even in castrated females and concludes, in agreement with E. Thomsen, that JH affects metabolism directly. His point of view based on the theory of two ca hormones does not, however, appear to be without its faults, as shown by Novák and Sáma (1962).

Results which seem to contradict to some extent the above, are reported by Samuels (1956). He found a significant increase in the oxygen consumption of the isolated thoracic musculature of *Periplaneta americana* adults of both sexes 2 to 3 months after allatectomy. Samuels attempted to explain the differences observed in oxygen consumption in the whole animal and in the isolated tissues by assuming that the glycide reserves, accumulated in the tissues due to allatectomy, and thus prevented from being used inside the organism, are freed and used in the isolated muscle, thus increasing its oxygen consumption. Sláma (1960) studied the correlation between oxygen consumption and postembryonic development in various groups of insects; he found a typical increase at the beginning of each instar and a decrease in the second half of each larval instar. The period of metamorphosis was characterized by a typical U-shaped curve in Exopterygota also.

A similar correlation between oxygen consumption and ovarian development was found in adult *Pyrrhocoris* females, in which typical $O_2$ consumption cycles were observed in connection with the ovarian cycles. The cycles were controlled in a typical manner by AH and JH. The correlation was much less distinct in males, in which metabolism is low and displays no clear cyclicity. Experiments with isolated body fragments showed that JH regulated oxygen consumption indirectly, by stimulating the growth, function and metabolism of specific parts of the body. A similar close correlation was shown to exist between oxygen consumption and the degree of morphogenetic changes in *Galleria mellonella*. Sehnal (1966) carried out a systematic study of the effect of JH on oxygen metabolism during larval and pupal development in the same species. No effect of ca implantation was observed in the penultimate larval instar, but implantation in the last larval instar was followed by a distinct increase in metabolism in specimens which changed to supernumerary larvae.

***Effects on protein and nitrogen metabolism***

One of the first papers on the ca effect on nitrogen metabolism was published by L'Helias (1956a), who observed the accumulation of amino acids in the tissues of *Dixippus morosus* following allatectomy. Janda and Sláma (1964) studied the effects of JH on the body nitrogen, glycogen, fat and uric acid content in *Pyrrhocoris*. They were all shown to be indirect and the outcome of changes produced by the hormone on the growth process in particular parts of the body. Allatectomy, inhibiting ovarian development (and hence the utilization of reserve materials) resulted in enormous accumulation of these substances in the body. If cardiacectomy was performed simultaneously, the production of reserve materials likewise stopped, so that compared with the controls no important differences were observed. In another study, Sláma (1964) observed excessive accumulation of the haemolymph proteins following allatecomy or castration, which was diminished by ca reimplantation. Minks (1965) found differences between various protein fractions and free amino acid concentrations in the haemolymph of normal and allatectomized specimens of *Locusta migratoria*.

Bentz (1969), and Bentz and Girardie (1969) observed changes in ovarian protein composition during egg maturation after both allatectomy and nsc electrocoagulation. Engelmann (1969) found the *de novo* production of a specific protein in the serum of adult *Leucophaea maderae* females treated with JH. The protein was not found in nymphs of either sex or in adult males, and it disappeared in allatectomized specimens. Engelmann, Hill and Wilkens (1971), using various JHa, found dependence of a similar female specific protein in *Schistocerca gregaria* and *Sarcophagea bullata*. Engelmann (1971) further analysed these effects in the original species (*Leucophaea*), using different JHa, and obtained largely the same results. Since then, female specific proteins have been found in representatives of several insect orders. Engelmann (1972) later found that synthesis of this protein was blocked by actinomycin D. In agreement with this finding, JH also increased the synthesis of total sodium dodecyl sulphate phenol-extractable RNA, which stimulated specific protein synthesis in a completely cell-free system from egg-maturing females, whereas RNA from males or allatectomized females had no such effect. According to the author, the data seem to support Karlson's hypothesis of hormonal control of the transcription of specific messenger RNA.

### *Effects on protein metabolism*

The influence of JH and the ovaries on the amount of pupal and adult body fat was studied in *Musca domestica* by Adams and Nelson (1969), who observed a decrease in the rate of disappearance of the pupal fat body following both ovariectomy and allatectomy. The size of the adult fat body was not affected by allatectomy, but in ovariectomized specimens it was larger than normal. Baumann (1969) studied the effect of several JHa on artificial bimolecular lipid membranes; after adding JHa he found greater stability of the membranes, which varied with the kind of juvenoids and the type of membrane.

### *Influence on the fat body*

It has been shown by Weed-Pfeiffer (1945a) that allatectomy causes an increase in the fat content which is only slightly affected by castration. Similar results were obtained by E. Thomsen (1942) with *Calliphora erythrocephala* and by Vogt with *Drosophila*. The latter author also observed reduction in size of the nuclei and nucleoli of the fat body cells which she explained as being due to the cytoplasm of these cells becoming filled with fat droplets. Day (1943a) also mentioned conspicuous histological changes in the fat body following extirpation of the ring gland in the flies *Lucilia* and *Sarcophaga*. It is not, however, very clear from his experiments to what extent these changes were due to other components of the ring gland. Gilbert (1966) investigated changes in the lipid content of the ovaries and fat body of *Leucophaea maderae* and found that lipid synthesis by a maturing ovary was ehanced by JH application *in vitro*. He concluded that JH might depress lipid synthesis in the fat body, with resultant mobilization of the reserve substances on behalf of the developing oocytes. There are no convincing reasons against the opposite possibility, however, which would fit everything else we know about the action of JH, i.e. that the action of the hormone consists in activation of the ovarian follicles. The metabolism of the ovarian follicles is much greater than that of the fat body, so they may attract reserve substances not only from the haemolymph but form the fat body also.

Stephen and Gilbert (1970) also found that fatty acid composition in *Hyalophora cecropia* changed during metamorphosis and that it was affected by JH. Here again, the effects of JH are clearly indirect and are caused by the different requirements of the differentiating tissue. Morohoshi and Kiguchi (1969), Morohoshi and Fugo (1972) and Morohoshi *et al.* (1972) studied various aspects of the effect of JH on lipid and other forms of *Bombyx* (1969) and attempted to explain their findings on the lines of Morohoshi's hypothesis. Again, however, there are no data which could not be explained on the basis of the much simpler hypothesis formulated by Wigglesworth (1936) nearly 40 years ago.

***Influence on the oenocytes***

Decreases in the volume of the oenoctyes and in the size of their nuclei with associated pycnosis were obseved by Day (1943a) in *Lucilia* and *Sarcophaga* and by Vogt (1947) in *Drosophila*, following ring gland extirpation. It is difficult to decide here to what extent the observed changes are the result of JH deficiency and to what extent they are due to the absence of the other two metamorphosis hormones (AH and MH), which also originate in the ring gland. The possibility that the effect observed may be merely the result of inhibition of the moulting process must also be taken into account.

***Effect on the water balance***

In addition to the neurosecretory cells of the pars intercerebralis and the cc, the ca are also said to produce an effect on water balance. Allatectomy results in a reduction of the water content of the body, including that of the haemolymph. The effect of JH is partiularly evident in castrated females where retention of the ca results in a considerable increase in the quantity of haemolymph with an associated conspicuous distension of the abdomen. In such individuals the amount of dry matter also increases. However, it is not clear exactly what effect is due to JH itself and what is due to the neurosecretion stored in the ca.

***Effect on colour change***

Conspicuous changes have been observed in the colouration of both larval and adult insects following experimental interference with JH production. Some of these are obviously of morphogenetical origin, such as the green colouration in the solitary phase of the migratory locust. Others are, no doubt, due to the brain neurohormone. There are, however, other changes which can be assumed to be due to JH, such as those causing the colouration of allatectomized stickinsects (*Carausius morosus*). The colour changes are supposed to be due to an accumulation of uric acid in the tissue together with a decrease in the purine, pterine and melanin contents. Changes in colouration were also observed in the same species following implantation of active ca. A marked morphogenetical effect of the ca hormone on the black pattern in the lygaeid bug *Oncopeltus fasciatus* has been described.

In agreement with earlier findings on the colouration of *Gryllus bimaculatus* (1960), Roussle (1967) obtained several interesting results on the action of ca and the control of pigmentation in this species. Roussel reported very high individual variability in the response of females to the action of JH and found agreement between the control of melanin pigmentation in this species and the gregarious *Locusta migratoria*. The absence of the ca always resulted in an increase in black pigmentation, while only a small fragment of ca induced orange pigmentation. The author concluded that the ca had a direct effect on the integument.

The cuticle colouration of the tobacco hornworm, *Manduca sexta*, was studied by Truman *et al.* (1973) as the basis for an ultrasensitive JH test. The presence of JH inhibited melanization of the cuticle in the larvae of this species. If the hormone was administered up to a given moment, pigment formation depended on the absence of JH. This test has the same sensitivity as the wax test in *Galleria*, but can be evaluated only two days after administration.

***Effect on the mitochondria***

An increase in the oxygen consumption is reported by Clarke and Baldwin (1960) in mitochondriae preparations from *Locusta migratoria* L. on a sodium succinate substrate, after the addition of ca. The increase was, however, only observed in mitochondria prepared from

*Locusta migratoria* adults, those from Vth instar nymphs of *Schistocerca gregaria* showing a decrease in oxygen consumption. The addition of 2 : 4 dinitrohenol in physiological amounts, on the other hand, resulted in an opposite effect: it decreased the oxygen consumption of the mitochondria of adult *Locusta* and increased that of mitochondria of Vth instar *Schistocerca*. The addition of both dinitrophenol and ca at the same time increased the oxygen consumption of the preparations from both species. The authors discuss the possibility of the ca controlling metabolism by their action on the mitochondria and the possible relationship between the effect of JH and those of the dinitrophenol.

However, there are grounds for assuming that these are indirect effects, and that they depend on the type of mitochondria on which JH acts. JH has no effect on imaginal (JH-independent) cells, but may act on the structures of larval (i.e. JH-dependent) cells. This also seems to be indicated by the lack of differences between the alary muscle mitochondria of normal and allatectomized *Locusta migratoria*, in agreement with earlier findings by Novák *et al.* (1959) and Novák and Sláma (1962).

***Effect on pheromone production***

It has been shown by Loher (1961, 1962) that JH controls sexual maturation and the corresponding changes in colouration and mating behaviour in the locust *Schistocerca gregaria* males in a very interesting way. The maturation of the adult males of the gregarious phase in this species has the three aspects: colour change from the light-brownish grey and white of the freshly moulted adult to the yellow of the mature specimen; a specific sexual behaviour pattern; and the production by the epidermal cells of a pheromone which accelerates the maturation process in young adult males in the immediate vicinity of the mature specimen by an olfactory effect on their chemoreceptors. None of these indications is shown by allatectomized males. They are however induced by the implantation of active ca from a mature specimen.

A similar type of pheromone was described by Barth (1962) in the cockroach *Byrsotria fumigata*. The virgin female of this species produces a volatile sex attractant which stimulates the courtship behaviour of the male. The production of this pheromone is also controlled by JH. It is not produced by allatectomized specimens, but its production can be induced by the implantation of active ca from another specimen. In this species no other role of JH in the reproductive behaviour of either female or male was found.

Further specific JH or ca implantation effects were observed by other authors in various insects. All of them were undoubtedly indirect, or were perhaps, in some cases, caused by extrinsic neurosecretion contained in the ca. For instance, Baumann (1968) found that JH distinctly increased cell membrane conductivity in the salivary glands of *Galleria mellonella*, causing strong depolarization of the membrane. The source of the hormone was *cecropia* oil. The same oil extracted from allatectomized males was inactive. Here again, the action of JH can be taken to affect prolongation of the activity of similar larval cells about to degenerate, or which have already actually started to degenerate, and that this also indirectly influences membrane potential. This hypothesis should be tested in both larval and imaginal cells.

Shaaya and Sekeris (1970) studied the effects of JH on protocatechuic acid-4-0,β-glucoside synthesis in *Periplaneta americana*. They found that JH acted in the biosynthetic chain leading from tyrosine to protocatechuic acid and that the primary site of biosynthesis of the substance might be the integument. Specific local effects of JH on the integument were described by Levinson *et al.* (1966). Roussel (1970) reported on the influence of the ca on the heart beat of last instar larvae and adults of *Locusta migratoria*. Allatectomy in the last larval instar slowed down the heart rate, while ca implantation accelerated it. In adults, allatectomy caused a marked decrease only if performed after the 8th day. The implantation of a pair of ca did not have any discernible effect on heart beat. The author suggests two possible mechanisms to bring about this effect—the induced release of neurohormones from the cc, or a direct JH action. A third possibility would be that the ca themselves contain an active neurosecretion from the brain. Extirpation of the ca in the last larval instar of the red locus, *Nomadacris septemfasciata*, produces a state comparable to adult diapause, which can be reversed by reimplanting several pairs of ca from normal adults.

**Is There More Than One Corpus Allatum Hormone?**

The seemingly contradictory effects of JH, such as the negative effect on metamorphosis and the positive effect on growth, the activation of larval tissues and, on the other hand, its necessity for the development of such typically imaginal structures as the ovarian follicle cells, led to the hypothesis of two or more ca hormones. A number of indications in favour of this theory have recently been collected. It was argued by Lüscher and Springhetti (1960) that the ca in *Kalotermes flavicollis* F. produce two different hormones which have different effects in caste differentiation, a 'juvenile hormone' and 'gonadotropic hormone'. The first of these is supposed to increase the capacity for supplementary reproductive differentiation and the other to initiate pre-soldier differentiation. There is, however, no evidence in other insects for the absence of one of the two effects in a gland in which both would be present. The application of this theory, therefore, results in various contradictions.

Sögesser sees another reason in favour of two ca hormones in his finding that there is no qualitative difference in the oxygen consumption curve between the penultimate and the last larval instar in the cockroach *Leucophaea madereae*. Actually, however, there is no more than a quantitative difference in the supposed production of JH, and the qualitative changes in its effects on morphogenesis can be completely explained on this basis. Moreover, there are many other processes acting during each instar, e.g. all those connected with moulting which are practically identical in both the penultimate and the last larval instar and which more or less mask the changes due to differences in endocrine balance. All other experimental findings may therefore be as well if not better understood by the assumption that there is only one ca hormone.

Schneiderman uses the fact that the extract of the *cecropia* male abdomens does not induce the development of ovaries as another argument in favour of two ca hormones. This, however, is much more an argument against the identifying the extract with the ca hormone. On the other hand, Wigglesworth (1961) found another morphogenetically active lipoid substance, farnesol, with a positive effect in preventing metamorphosis and in activating ovarian development. Wigglesworth interprets his results as a 'support for the belief that the yolk formation hormone and the juvenile hormone are likely to prove identical.'

There are a number of other important arguments in favour of this identity: (1) As shown by the histological investigation of the ca during the secretory cycle, there is no evidence for more than one type of secretion, there being only one type of secretory cell in the ca. (2) There is no difference in the endocrine activity of the ca in either direction during the whole life cycle: the ca of larvae from the first to the penultimate instar affect both morphogenesis and ovarian development in the same way as those of the adults. (3) As shown elsewhere, there is no major difference in the effect on growth and function of the larval parts of the body and that on the ovarian follicle cells, and both of these effects necessarily result in an increase in oxygen consumption. Even if none of these arguments can be taken as definite evidence of the existence of only one ca hormone, they are, nevertheless, much more relevant than the opposing arguments. There is therefore no real justification for the hypothesis of two ca hormones.

The same conclusion can be drawn from the fact that all these effects can be reproduced by a single juvenoid (JHa), i.e. by a single chemical substance. Pener (1967) arrived at the same conclusion regarding the identical nature of the ca secretion of both male and female *Schistocerca gregaria* adults. The minute differences claimed to have been observed by this author were put down to differences between the target organs in the two sexes rather than to differences in actual ca activity.

## Control of JH Production

### *Criteria of corpora allata activity*

The activity of the ca may be estimated either indirectly, by the size and the histological appearance of the gland, or directly, by its effects on the recipient after transplantation. Each of these methods has both advantages and disadvantages. There has been a great deal of discussion regarding the reliability of estimating the function of the ca by the increase in the volume of the gland. It must be taken into account, that there are various instances of increase in volume, both normal and pathological, which are not connected with a corresponding increase in hormone production. For example, the gland increases in size from one instar to the next and this increase is not connected with an increase in activity per volume unit. It may be estimated by comparing the size of the gland at two consecutive ecdyses. Similarly, the increase in volume observed following castration in adult females is probably due not to an increase in the secretory activity of the gland but to restriction in the removal of the secretion by the haemolymph.

The increase in volume due to the secretory activity of the ca can be estimated approximately as the difference between the total increase in the volume of the gland and the increase due to growth of the ca up to a given moment.

It may well be supposed that under normal conditions in comparable developmental periods or during short periods, an increase in volume is a reliable sign of an increase in the secretory activity of the gland. Histologically, the active stage is characterized by the swollen cytoplasm which stains more deeply with acidophil (nuclear) stains.

The amount of cytoplasm increases in relation to the nucleus even if the nuclei also become swollen. The local or general inhibitory effect on metamorphosis following the implantation of a ca into the last larval instar is usually taken as experimental evidence of JH production. The drawback to this method is that the effect cannot be estimated until after the next ecdysis. During this time the activity of the implanted gland may change markedly.

The possibility of a quantitative test for ca activity based on its metabolic effects has been suggested by Sláma (1963). The implantation of an active gland into an allatectomized adult female of *Pyrrhocoris apterus* causes a specific increase in the oxygen consumption of the recipient. This increase appears to be directly proportional to the activity of the gland. Before it can be adopted for general use, however, detailed elaboration of the criteria for the test is required, together with the determination of the time limits of its applicability and the experimental conditions for its full validity.

***Changes in corpora allata activity during the instar***

Practically all the experimental, data agree that the ca are inactive at the beginning of each instar and that the haemolymph does not contain an effective quantity of JH at that time. The amount of hormone gradually increases and the maximum volume of the ca is usually observed in the second half of the intermoult period. The production of the hormone ceases as the moulting process progresses and, as a result, its concentration in the haemolymph decreases. The main reason for this decrease is, without doubt, the excretion of JH by the Malpighian tubules as shown by the experiments of Bounhiol (1953). He found that ligaturing the Malpighian tubules of the silkworm at the beginning of the last larval instar has an effect similar to ca implantation, i.e. it suppresses metamorphosis to a greater or lesser extent. The operation is effective during a period which corresponds to that an effective ca implantation. It is longer than the critical periods for AH and MH. The length of this period may, however, vary considerably in different species. In Lepidoptera, for example, the critical periods for all these hormones seem to be greatly prolonged as a result of the long feeding period and short moulting process. This may explain the discovery by Legay (1948) that the ca silkworm larvae reach their maximum volume at about the time of each ecdysis. The selective value of the deviation, together with extreme abbreviation of the actual moulting process in many holometabolous insects, evidently depends on the prolongation of the feeding period; this is particularly important in the last larval instar, where it enables the accumulation of reserve substances for metamorphosis and eventually for ovarian development.

***Corpora allata activity during postembryonic development***

The production of JH starts in the final period of embryogenesis after the ca have been fully formed. The secretory activity of the gland continues during larval development with a temporary interruption at the time of each ecdysis, as mentioned above. A certain time is therefore necessary at the beginning of each instar before the active concentration of the hormone is again reached. It is not reached at all in the last larval instar in Hemimetabola, or in the larval and pupal instars in Holometabola. The production of the hormone continues in adult insects. It is distinctly cyclical in the females of those species which lay eggs in several separate batches, such as cockroaches and many beetles and bugs. No such cycles are observed in males and in females of those species which lay only one batch of eggs or which lay single eggs at long intervals.

***Secretory activity of the corpora allata in the last larval instar***

Wigglesworth (1940, 1948) originally supposed that JH production ceases completely in the last larval instar or even that the ca actively eliminate JH from the haemolymph during this period. Piepho (1951), on the other hand, put forward the hypothesis that the presence of some JH in the last larval instar of *Galleria* (Holometabola) is a necessary condition for the development of the pupa: in the complete absence of JH, adult differentiation should occur. This hypothesis was later accepted by Wigglesworth (1954), Karlson (1956), Schneiderman (1960) and a number of other workers. That the ca continue to produce JH in the last larval instar was shown by Novák and Cervenková (1959). They implanted ca from last instar nymphs of *Pyrrhocoris apterus* into other last instar nymphs immediately after moulting and at different times during the intermoult period and in most cases they obtained juvenilizing effects of varying extent. This does not prove, however, that the ca were producing a morphogenetically active concentration of JH as assumed by the above hypothesis. There is definite evidence against this supposition: when the ca are removed from the last larval instar immediately after moulting no morphological change is observed. On the other hand, the implantation of another last instar larva ca which itself is inactive in the donor, is able to produce a juvenilizing effect. This may be explained by the theory of surface and volume dependence of JH activity.

### *Hypertrophy of the corpora allata*

Castration of *Calliphora erythrocephala* females shortly after the imaginal moult results in hypertrophy of their ca. The most probable explanation for this phenomenon is that in the absence of the ovaries JH is not removed from the haemolymph. When the concentration of the hormone here, exceeds that inside the gland cells, further diffusion of the hormone into the haemolymph is inhibited. It therefore accumulates in the gland causing its excess growth and a subsequent decrease in secretory activity. This appears to be a more probable explanation than the hypothesis suggested by E. Thomsen (1946, 1947) of a specific hormonal influence of the ovaries which suppresses the activity of the ca. The hypertrophy of the ca observed in functional termite females appears, however, to be of quite a different type, being connected with hyperfunction of the glands.

### *Effect of an implanted corpus allatum on that of the recipient*

It was shown for the first time by Pflugfelder (1939a) that the implantation of an active ca causes a more or less complete degeneration of the recipient's gland. A detailed biometrical analysis of this relationship was carried out by Novák and Rohdendorf (1961) using adult females of *Pyrrhocoris apterus*. They implanted active ca into freshly moulted adults and measured the volume of the recipient's glands on the 3rd, 6th and 9th days after implantation and compared it with that of controls implanted with a piece of muscle of similar size. The ca of the recipients were distinctly smaller than those of the controls. No such effect on the recipient's gland was observed if the implantation was made later in the instar, when the recipient's gland had reached its full activity.

The following explanation of the effect of the implanted gland was suggested. The discharge of the hormone from the gland into the haemolymph can take only by diffusion through the surface of the gland as there is no special mechanism for this. Diffusion is, however, only possible when the concentration of the hormone inside the gland is higher than that in the haemolymph. This condition is not maintained when an active gland is implanted before the recipient's gland has reached its full activity. In this case the concentration of the hormone in the haemolymph, produced by the implanted gland, exceeds that inside the recipient's gland and so diffusion and thus also the secretion of the hormone is prevented. Of course, if the implantation is effected later in the instar, when the ca of the recipient has reached its full activity, there is already a high concentration of hormone in the haemolymph. This exceeds the concentration in the implanted gland so that the position is now reversed and the secretion of the implanted gland is inhibited. Engelmann (1965) suggested that the ca were first activated by an increase in the blood protein level and then by maturation. The decrease in ca activity associated with egg maturation can be attributed to a decrease in the haemolymph JH level caused by reduced food intake at this time. In other insects, however, such as the viviparous cockroach *Leucophaea maderae*, it was shown to be due to a hormonal factor produced by the brood sac. JH secretion in Dermaptera seems to have been studied for the first time by Ozeki (1965).

***External factors controlling the activity of the corpora allata***

As yet little is known of the direct influence of various factors on JH production. The only paper analysing the effects of external factors on development is that by Wigglesworth (1952a) on *Rhodnius prolixus*. He found that subjecting IVth instar nymphs to a high temperature approaching the living maximum (c. 35°C in *Rhodnius*) causes an extension of the intermoult period and the development of somewhat adultoid Vth instars (regressive prothetely). A low temperature approaching the developmental minimum (below 20°C in *Rhodnius*) prolongs the intermoult period more than the high temperature, but the resulting Vth instar nymphs are somewhat juvenile.

The results may of course be explained as effects on the action of JH in the tissues. A reduced oxygen concentration produces a similar effect to that of high temperature. A detailed morphological investigation of the shape and size of the ca in the bug *Eurygaster integriceps* during postembryonic development and in adults in the different seasons of the year was made by Teplakova (1947). She observed an increase in the size of the gland in adult females in the spring, associated with the development of the ovaries. The ca of bugs parasitized by larvae of flies of the family Tachinidae were very small. In the summer period of increased activity, the ca of some of the females with functional ovaries were extraordinarily large, whereas in most others they were of medium size. Differences in the size of the gland were also found among females from different heights above sea-level.

***Internal factors controlling the activity of the corpora allata***

Several different explanations have been given for what has been called by Wigglesworth (1948) the 'counting of instars'. Wigglesworth concluded on the basis of his experiments with *Rhodnius prolixus* first that the decrease in JH activity in the last larval instar is not connected with the age of the gland. This is clear from the fact that the ca of the IVth (penultimate) larval instar when implanted into the Vth (last) instar is able to induce juvenilizing effects, i.e. it retains its activity even when its age is equivalent to that of the last larval instar when it would normally cease to function. From this, Wigglesworth concluded that 'it is not the corpus allatum itself which counts the instars' and he suggested the possibility of a nervous stimulus being the cause of this decline in ca activity in the last larval instar.

The good innervation of the gland by the nervous allatus appears to point towards nervous control of the ca. The hypothesis of nervous control was supported by Engelmann and Lüscher (1956, 1957) on the basis of their experiments with adult females of *Leucophaea maderae* and further developed by Engelmann (1965). They investigated the stimulating effects of an interruption of the nervi corporum cardiacarum on the swelling of the ca previously observed by B. Scharrer (1952). They found that a similar result could be obtained by destroying specific parts of the protocerebrum. On the other hand, no effects were observed after electrocoagulation or surgical removal of the neurosecretory cells of the pars intercerebralis. The treatment induced egg formation in adult females and several extra larval instars in last instar nymphs. The authors consider their results as evidence for nervous control of the ca. They assume that the absence of JH both in females carrying oothecae and in last instar larvae is caused by nervous inhibition. This, however, is not the only possible explanation of their results.

In agreement with other known facts, it seems more likely that the observed swelling and activation of the ca is due to stimulation by the nervous irritation and regeneration process induced by the operation. The fact that no effect was observed after the removal of the neurosecretory cells may be due to neurosecretory material accumulated in the cc, as ca are incapable of either secretory activity or growth in the absence of AH. A nervous stimulus inhibiting AH production and in this way, undoubtedly, JH production might, however, be the mediator of the inhibitory effect of the oothecae on the activity of the ca, in the same way as the distension of the abdomen has a positive effect on AH production in *Rhodnius*. A nervous control of the ca was also assumed by Johansson (1958) in his work with adult *Oncopeltus fasciatus*. He found that interruption of ca innervation in a starving female can induce egg-laying in the same way as the implantation of an active ca. This treatment, however, was not effective when a brain with unbroken nervi corporum cardiacarum was implanted at the same time as the ca. Further evidence in favour of nervous control of ca activity was provided in the papers by Joly (1945a, b) on *Dytiscus marginalis*, by Detinova (1954) on *Anopheles messae*, by de Wilde (1958) on *Leptinotarsa decemlineata*, etc.

***Control of the function of the corpora allata***

In the last few years much attention has been paid to the question of the innervation of the ca and the form of the supposed nervous and neurosecretory control of their secretory activity. The relevant papers were reviewed by Highnam (1963). The existence of a fine nerve connecting the ca with the suboesophageal ganglion, demonstrated by Engelmann and Lüscher (1956) in *Leucophaea maderae*, was also found in *Periplaneta* in *Schistocerca* and in *Locusta*. Neurosecretory granules were detected in this branch of the nervus allatus. When this nerve is ligatured, neurosecretory material accumulates onthe ca side of the ligature. Three various forms of control of the activity of the ca have been suggested. *Nervous control*, assumed to be of an inhibitory character in some insects, e.g. *Leucophaea* while possibly having a stimulatory effect in others, e.g. in *Oncopeltus* or *Schistocerca* in which removal of the brain neurosecretory cells by cautery or extirpation prevents the ca from attaining their full size. The possible cause of this contradiction was pointed out by Strong.

The non-specific effect of regeneration of the operation injury, must also be taken into account. It was found, for instance, in *Schistocerca*, that the development of the eggs can be considerably advanced by wounding, as shown by the experiments of Norris (1954) and Highnam (1961b, 1962a, b). The role of the nervous system in the activation of the ca was studied by removing parts of the brain and by sectioning the nerves to the glands in female adults of the Central American locus, and by an histological investigation of neurosecretory activity with the following results striking changes in the volume and appearance of the ca were found during maturation, whereas only slight changes occurred in the amounts of neurosecretion at the same time; no material from the median neurosecretory cells was found in the nerves which innervate the ca, but granules from the lateral cells with different histochemical properties from those of the median cells were found in these nerves; extirpation of the cerebral neurosecretory cells resulted in reduced volume and inhibited the activation of the ca.

Unlike other experiments the implantation of ca did not restore oogenesis in allatectomized females. The implanted glands could only become and remain active when they retained intact connections with the central nervous system. Nerve sections and cautery of the neurosecretory centres of the brain showed that the activation of the ca was mediated through the lateral neurosecretory cells in the ipsilateral half of the brain. Transsection of the nervi corporum cardiacarum II resulted in inactivity and reduction of the volume of the ca on the corresponding side. The contradiction between the supposed inhibitory effect of the neurosecretory cells of the brain and their stimulatory effects seems to be due to a disregard of the possible breaking of this connection. No clear distinction, however, has been made as to whether the effects of the lateral neurosecretory complex upon the ca are mediated through nervous or neurosecretory stimuli, or, perhaps more probably, through the humoral action of AH. No function could be attributed to the nervous connections between the ca and the suboesophageal ganglion.

*Local effect of neurosecretory granules* from the neurosecretory cells of the brain reaching the ca via the nervus allatus. Granules of Gomoripositive materials were found in the ca of various species by a number of authors. B. Scharrer (1958) assumed that 'the restraining influence on the ca takes place by nervous activity, whereas the stimulatory affect is brought about by a substance present in the neurosecretory material.' Khan and Fraser (1962), who found neurosecretory granules in the ca of newly moulted adults of *Periplaneta americana*, believed, contray to B. Scharrer (1958), that they were responsible for the straining influence there.

Mordue (1963) observed neurosecretory material in the ca of female pupae of *Tenebrio molitor* before imaginal moulting; after mating, it disappeared from the ca, remaining, however, in the allatic nerves in close proximity to the gland. The ca were found to grow more rapidly in mated than in unmated females. Here again there is no unequivocal evidence of a local physiological function of the neurosecretion in the gland, and on the basis of what is known of neurohormones and their way of reaching the target organs, it seems that it probably has none. *Humoral activation* by the AH of the brain, corresponding to the activation of the pgl. It seems that activation or inhibition of the production of AH by nervous stimuli from other parts of the body or by various external factors might be the only way to control ca activity.

Among other findings, this is shown by the fact that the imaginal diapause in *Leptinotarsa*, aphids and *Pyrrhocoris* which is an AH-deficiency syndrome, can be completely abolished by implanting active brains and/or cc, whereas the implantation of active ca is not fully effective in the absence of AH, as recently shown by Sláma (1964) for *Pyrrhocoris*. The following conclusion from the available experimental evidence seems to be the most probable. The brain controls the activity of the ca both by neurosecretion (AH) and by nervous activity. The latter may produce either a stimulatory or an inhibitory effect according to the biology of the species concerned. Neither of these factors, however, seems to be responsible for the decrease in activity of the ca in the last larval instar which is the immediate cause of metamorphosis. The nervous system here is simply a mediator of the external stimuli which on average remain unchanged in each instar.

***Dependence of JH production on gland volume***

A different approach to the question of the control of metamorphosis was made by Kaiser (1949) who emphasized the increasing disproportion between the size of the ca and the pgl and concluded that the amount of JH produced, rapidly decreases compared with that of MH, and the surplus of MH causes metamorphosis. This idea was further developed by L'Helias (1956). It is based, however, on two suppositions which have been disproved: that of a direct positive effect of MH on metamorphosis; and that of an antagonism between MH and JH. In addition, the actual amount of MH as estimated by the volume of the pgl in relation to the volume of the body, and thus also the concentration of MH in the haemolymph, does not increase. Another explanation, which considers the surface area and volume of the gland in relation to the volume of the body as responsible for the time of reaching the active concentration of the hormone, was used by the author. The concentration of the hormone in the haemolymph depends on the following factors:

1. The quantity of hormone produced in a unit of time.
2. The volume of the haemolymph and, in direct proportion to this, the volume of the body.
3. The quantity of hormone consumed in the body.
4. The quantity of hormone removed from the haemolymph by the Malpighian tubules (and perhaps other organs) in the unit of time.
5. Another factor limiting the rate of release of the hormone is the surface-volume relationship of the gland.

Simple consideration of the changes which these factors undergo during postembryonic development shows that JH concentration in the haemolymph necessarily decreases with each subsequent instar. Sooner or later, therefore, there comes an instar in which an effective minimum JH concentration is not attained before the advancing moulting process inhibits further growth and differentiation. This determines the last larval instar and the beginning of metamorphosis.

***Relationship between the surface area and volume of the ca and that of the body, during development***

To test the above theory, measurements were made of the surface area and volume of the ca and the volume of the body in freshly hatched larvae and freshly moulted larvae in the last instar. The results obtained in 18 different species of both Hemimetabola and Holometabola show that there is a marked decrease in the volume of ca relative to that of the body, in addition to a very great decrease in the surface area of the ca compared with the volume of the body. This relative decrease in the volume of the ca is due to the very slow growth of the gland, which during the whole larval period is only a little greater than that of various parts of the nervous system and much less than the growth of most other parts of the body, such as the breadth of the head, breadth of the pronotum, length of the tibia, etc. It is concluded that the relative decrease in the surface area and volume of the ca in all the species studied is too great not to affect the production of JH, and is large enough to explain the lack of an effective concentration of JH in the last larval instar and thus to induce the onset of metamorphosis.

***Mode of action of the juvenile hormone***

Various theories have been put forward to explain the mode of action of JH, some obviously contradictory. According to Wiggleworth's original idea (1936), JH affects morphogenesis on the principle of Goldschmidt's hypothesis of different reaction velocities. Wigglesworth supposed that the degree of differentiation attained by a given specimen after ca implantation is the product of competition between two simultaneous processes: the differentiation of the imaginal structures, and moulting. Differentiation is only possible in the period between the moment of detachment of the old cuticle and that of the deposition of the new.

The effect of JH was assumed to depend on accelerating the moulting process so that the prematurely deposited new cuticle would inhibit further differentiation. On this basis, Wigglesworth originally used the term 'inhibitory hormone' for the secretion of the ca. Wigglesworth (1940) himself replaced this theory with the hypothesis of two alternative enzyme systems inside each epidermal cell, larval and imaginal. The larval system was supposed to be dependent upon the presence of JH and the imaginal system in order to operate in the absence of JH. The term 'inhibitory hormone' was therefore changed to 'juvenile hormone' or to 'neotenin'. Pflugfelder (1939, 1941) and

Weed-Pfeiffer (1945a, b), on the other hand, emphasized the positive effects of JH on total metabolism as shown by their experiments. This line was later pursued by E. Thomsen (1949, 1955), Engelmann (1957) and by Sögesser (1961), who claim to have shown experimentally a direct effect of JH on metabolism.

To prevent the evident contradictions, the hypothesis of two different ca hormones was created; one of them being identified with the JH of Wigglesworth, and supposed to affect only larval development. The other, a 'gonadotropic' hormone, was assumed to activate the ovarian follicles and affect metabolism. However, no valid evidence against the original Wigglesworth concept of a single ca hormone has been produced. A specific theory was put forward by Bodenstein (1933a-d) to explain his very interesting findings on the negative effect of implanted ca on the survival of the pgl in *Periplaneta americana*. He assumed the need for a very complicated balance between the three metamorphosis hormones, as well as a specific cc activity.

There is a possible and alternative explanation, however, which does not contradict the bulk of knowledge on JH and the other two metamorphosis. On the basis of the gradient-factor as a factor conditioning the JH independent growth of the imaginal parts of the body, a theory which is discussed later, a hypothesis on the mode of action of JH has been suggested by the author. This seems to resolve the above-mentioned contraditions in the experimental results and to synthesize earlier views. According to this theory, JH produces its effect by taking the place of the GF in those parts of the body which lose it in the course of development. Such parts are the larval parts of the body during larval development, the ovarian follicles in adult females, and a number of other tissues at particular times during development).

As suggested in the papers by Novák, Sláma, Wenig (1961), Novák slàma (1962) and Sláma (1963), the effect of JH seems to depend on the conditioning of protein synthesis as well as other functions in the larval parts of the body. Its effect on oxygen consumption is therefore merely indirect, arising from an increase in the amount of metabolizing tissue. The negative result on oxygen consumption produced by the implantation of ca into castrated females seems to show that JH has no direct effect on the imaginal parts of the body. This question, however, needs further experimental evidence. To summarize: JH is principally a morphogenetic hormone. Its action consists in restitution of the capability for growth of parts of the body which have lost it in the course of morphogenesis. All other changes observed in the body after the administration of JH are indirect consequences of this action and are due to the altered biochemical balance produced in the body by the changed proportion of metabolically active tissue.

**Chemical Characteristics of JH**

For a long time nothing was known of the chemical character of JH, largely because all attempts to extract it from ca failed. The situation changed when Williams (1956a) found that a lipid extract from the abdomen of *cecropia* males produced JH effects in Coleoptera (*Tenebrio molitor*) and in bugs and cockroaches, etc. as well as in *cecropia* and other moths. This finding facilitated chemical identification of the active principle. Since then, many papers on the principle of action of substances of this type have been published and many different chemicals, both natural and synthetic, have been found to produce similar effects.

Of the many workers who investigated the nature of this '*cecropia* oil,' the most successful were Roller and his co-workers (1965,1967) who succeeded in isolating the active principle by means of gas chromatography. Later they identified the chemical formula of male *cecropia* extract, which was found to be methyl-10-epoxy-7-ethyl-3, 11-dimethyl-26-tridecadienoate. A number of related substances are also active. The occurrence of the active principle in the body of the *cecropia* silkworm (*Hyalophora cecropia*) during ontogeny was studied in detail by Gilbert and Schneiderman (1957, 1960).

The *cecropia* JH content is fairly high in unfertilized eggs, during the embryonic period and in the freshly hatched larvae. It decreases at the end of larval development and in the pupa, practically disappears when development recommences after the pupal diapause and does not reappear until just before adult emergence, when it increases slowly in the female, but rapidly in the male. Röller and Dahm (1970) showed that the *cecropia* factor was identical with the actual JH produced by the ca of this species. A number of brain-cc-ca complexes dissected out from pupae two to three days before adult emergence were cultivated in a tissue culture medium for six to seven days. The ability of the complexes to produce JH after this time was demonstrated by reimplanting them into last instar larvae of *Galleria mellonella*. The culture medium was then extracted three times with diethyl ether. With 50 brain-cc-Ca complexes, an extract containing 10000 to 15000 *Tenebrio* units was obtained. This is convincing evidence that the active principle of *cecropia* oil is actually JH produced by the ca.

# 10

# ECDYSIS

In all arthropods including crustaceans there is chitinous exoskeletal covering around the body. The presence of a stout cuticle has the obvious advantage that it provides protection for the body and an exoskeleton for muscle attachment; but it places severe restrictions on growth. Hence, increase in body size has to occur in a series of steps associated with the casting of the old exoskeleton. At onetime it was thought that *moult* (*ecdysis*) was a periodic event interrupting the normal life of the animal. Now it is recognized that the various stages of the moulting cycle are more or less continuous, the recovery from one moult being followed by storage of metabolic reserves and preparations for the next moult.

Immediately before and after the casting of the old exoskeleton, water is taken into the animal to expand the soft new cuticle. The consequent increase in size is sometimes loosely referred to as '*growth*' but strictly the process is only one of expansion. True growth, the incorporation of new tissue, occurs during the later stages of the cycle. Moult, thought constituting only a short proportion of the whole cycle, is a period of some danger, and mortality is often high at this time. The sources of hazard are threefold—mechanical, physiological and biological. Mechanical difficulty may be experienced in withdrawing from the old cuticle, the expanded distal portions of the chelae of many decapods posing a particular problem.

Physiological problems arise from the considerable variations in the ionic rations and total ion concentrations of the body fluids at moult, from the dilution produced by uptake of water into the cells, and from changes in the permeability of the body surface. Finally, even if all these difficulties are overcome, the animal must still avoid the attentions of potential predators until the new cuticle is sufficiently hardened to make escape or defence possible. Anyone who has attempted to keep shore crabs in an aquarium will be aware of the fate suffered by any individual unfortunate enough to moult in the presence of its fellows. A cyclical process as drastic as moult naturally involves the complicity of many other bodily processes. Indeed, as already mentioned in the introduction, structural or physiological modifications associated with moult have been found in such widely diverse systems as the central and peripheral nervous systems, ionic regulation, excretory system, cellular and general metabolism, blood system and reproductive cycle. Before discussing the role of these factors, however, the structure of the cuticle and stages in the moult cycle will first be considered.

## Structure of the Cuticle

No single description will cover all the types of exoskeletal structure found in the Crustacea, since they range from the thin uncalcified flexible cuticles of the Branchiopoda to the thick, rigid carapace of Decapods. In general, much of the organic material of the cuticle is the nitrogenous polysaccharide chitin; but, as this substance is relatively soft and flexible, the cuticle is strengthened by the deposition of calcium salts and/or by tanning (binding together of proteins by the formation of cross links between neighbouring molecules). In the Decapoda the integument is subdivided into four main regions: epicuticle, pigmented layer, calcified layer and membranous layer.

### Epicuticle

The epicuticle is a more or less homogeneous layer of protein and lipid material, the protein being tanned by quinone cross links. Although lipid material is present, there is no evidence to suggest that a monolayer of aligned molecules, similar to that which forms the principle water barrier in the insect cuticle, is ever formed. Nevertheless, the epicuticle is largely responsible for the restricted permeability of the cuticle, at least in the uncalcified foregut membrane in *Homarus*. Nom chitin is found in the epicuticle, but this layer is sometimes calcified.

### Pigmented Layer

Below the epicuticle is a calcified chitin layer which, however, also contains tanned protein in its outer region. Viewed from the surface through the epicuticle, this layer gives the appearance of a series of hexagons the middle regions of which contain columns of chitin impregnated with calcium salts whilst tanned proteins are concentrated in the intercolumnar regions. The boundaries of the columns apparently mark the edges of the hypodermal cells originally responsible for the secretion of the layer. Pore canals, which originally contained protoplasmic filaments, extend vertically through the columns but are absent from the intercolumnar regions. Pigments granules are present in this layer as the name implies.

**Calcareous Layer**

An untanned chitinous layer more or less heavily impregnated with calcium salts lies below the pigmented layer. It forms much of the thickness of the exoskeleton.

**Membranous Layer**

This is an uncalcified, untanned chitinous zone lying immediately above the hypodermal cells. The relative development of these various layers is by no means constant even within an individual. In soft regions, such as the intersegmental membranes, the cuticle is thinner than elsewhere, the degree of calcination is small and there is less evidence of tanning. In contrast, where the exoskeleton is very strong of not is the calcification more extensive but there is also more tanning, so that, paradoxically, regions often referred to as being 'heavily chitinized' in fact contain relatively less chitin than other, weaker, parts of the exoskeleton. A considerable degree of tanning is found in the cuticles of those forms in which a strong but light cuticle is necessary. Thus, the jumping amphipod *Talitrus saltator*, a familiar inhabitant of the littoral strand line, shows considerable tanning of the epicuticle and pigmented layer but has little underlying calcification.

In *Ligia oceanica* on the other hand lightness is less at a premium than in the hopping form and calcification is heavier and tanning less evident. Localized areas of heavy tanning are also common where abrasive wear is likely to be considerable. The gnathobase setae of *Apus* and the tips of the walking legs of *Homarus* form diverse examples.

## Moulting Stages

Prior to ecdysis a new cuticle is partially formed below the existing exoskeleton and the medial layers of the latter are then largely re-absorbed. The part that remains is cast off at moult and a rapid increase in body size occurs before the new cuticle is hardened. The various stages involved in the moulting cycle of crabs were first fully established by Drach who studied *Cancer pagurus*, and with slight modifications those see to be generally acceptable for all the Brachyura. The characterization of the various stages is as follows:

Stage A. Immediately post-moult. No feeding.

$A_1$ Exoskeleton so soft that the animal is unable to support itself on its limbs. Weight increasing as water is still being absorbed.

$A_2$ Mineralization of the cuticle has begun and the animal can now stand but the exoskeleton is still soft. Weight stable. Water content of the whole animal is 86%.

Stage B. The main period of calcification of the new cuticle. No feeding.

$B_1$ Secretion of the calcareous layer begins. The meropodite and propodite of the legs can be bent without breaking. Water content 85%.

$B_2$ Secretion of the exoskeleton continues. Meropodite and propodite now crack if bent. Water content 83%.

Stage C. The cuticle is hard, though calcification still continues during the early sub-stages. Feeding is resumed.

$C_1$ The major period of tissue growth. The opposite faces of the limbs give slightly if squeezed. Water content 80%.

$C_2$ Tissue growth continues. The limb cuticles give under slight pressure but crack if pressed firmly. Water content 76%.

$C_3$ Integument rigid but calcification is still incomplete in the lateral and frontal part of the carapace. Water content 61%.

$C_4$ 'Intermoult stage.' Calcification is complete and the membranous layer is laid down beneath the calcified zone. Metabolic reserves accumulating. Tissue growth complete. Water content 61%.

Stage D. Preparatory stage for subsequent moult. Calcium re-absorption occurs and the outer layers of a new cuticle are secreted. Feeding ceases and metabolic reserves are mobilized. Activity declines after substage $D_2$. Water content 59-61%.

$D_1$ The first sign of the impending moult is the appearance of new setae at the base of the old ones. New epicuticle is secreted by the hypodermis.

$D_2$ The new pigmented layer is secreted.

$D_3$ Extensive re-absorption of calcium from the old cuticle occurs and this may result in cracking in places.

$D_4$ Re-absorption of calcium along the lines of dehiscence is complete, resulting in a gaping of the cuticle which makes possible the escape of the animal. Water uptake begins.

State E. The animal escapes from the old exoskeleton and takes up water rapidly.

The portion of the cycle accounted for by each stage differs according to the species involved but values for *Panulirus* may be taken as an approximate guide. These are: A 2%, B 8%, C 71%, and D 91%. The length of the cycle varies with the age of the animal, species and time of year and may also be influenced by the temperature and nutritional state as the following examples illustrate. Low temperatures often inhibit moulting; thus moulting does not occur in the crab *Pachygrapsus* when the temperature is below 8.5°C. Bermudan individuals of *Panulirus argus* are even more sensitive to low temperatures, moulting being virtually inhibited below 17°C. Conversely, the moulting of the land crab *Gecarcinus* is delayed if it is exposed to abnormally high temperatures.

The effect of both low and high temperature inhibition is to lengthen the intermoult stages. Young animals tend to moult more frequently than older ones. Thus, the average summer intermoult period of *Panulirus* with a carapace length of 80 mm is about sixty-five days whereas that of smaller ones with a carapace of length of 20 mm is only about forty days. As a result of the shorter length of the cycle the young *Panulirus* would be expected to complete five moults a year, but the larger ones only three or four. In some anomuran crabs exposure to high temperatures during larval development has the remarkable effect of increasing the number of moult stages prior to metamorphosis. In Brachyura on the other hand the number of premetamorphic moults is immutable. Starvation inhibits the one set of moulting in *Pachgrapsus*, but curiously, has the opposite effect on *Crangon* and *Leander*. The rate of moulting shows marked specific differences. Thus by contrast to the cycle of *Panulirus* which lasts some sixty days moult occurs every fourteen to eighteen days in the prawn *Leander xiphias* and every two to three days in *Balanus*.

Sexual differences in the cycle length have been noted in *Leander*, the $C_4$ stage occupying a smaller portion of the total cycle and the D stage having a shorter absolute length in the male than in the female. In consequence, the male moults somewhat more frequently than the female. When the whole cycle is of short duration, the individual phases also are, naturally, compressed. Processes which normally take days or hours in crabs may be completed very rapidly in smaller forms. To take an extreme example, water absorption is not complete until some six to twelve hours after moult in *Maia squinado*, *Carcinus maenas* and *Cancer pagurus*: but in *Daphnia* the size increase is complete within one minute of moult. Size increase in young animals may be considerable but with increasing age there tends to be a decrease in the proportionate expansion at each moult. When *Daphnia* are kept in unfavourable conditions, there can even be a decrease in size at moult.

In the decapods differentiation has been made between two types of moulting cycle, anecdysis and diecdysis. Anecdysis occurs in forms such as *Cambarus*, *Uca*, *Maia* and *Panulirus*, which moult on a seasonal or annual basis. In the cycle of these forms there is a long $C_4$ stage as outlined above. By contrast, in diecdysis, there is no prolonged intermoult stage, one moulting cycle merging into the next in such a manner that the C stage is generally somewhat shorter than the subsequent D stage. Diecdysis is characteristic of forms such as *Leander*, *Ligia* and *Lysmata*, which moult throughout the year; but some crabs, including *Pachygrapsus* and *Carcinus* tend to have a number of diecdysic moults during the summer followed by an anecdysic cycle, with a longer overwintering intermoult.

An extreme example of anecdysis is seen in *Maia*, which moults only in July and August except when very small. A number of crabs do ultimately reach their maximum size and then cease moulting. This so-called 'terminal anecdysis' has been observed in *Maia*, *Carcinus* and *Callinectes*. It does not occur in prawns of *Homarus*. Feeding in anecdysic forms occur only in the C and early D stages. This situation would clearly not be practicable in diecdysic forms because of the curtailment of the C stage, and in fact the diecdysic *Leander* has been observed to continue feeding until the equivalent of the $D_4$ state immediately preceding moult and to resume feeding during the B stage. Dependence on food reserves is thus less in diecdysic forms since the non-feeding period is shorter; and appropriately the diecdysic *Leander* stores less glycogen in the hepatopancreas than do the anecdysic brachyurans.

## Development of the New Cuticle

Before any formation of new cuticle can occur the old cuticle must be detached from the hypodermis. In *Panulirus* this occurs some ten to fourteen days before moult. The hypodermal cells then increase in number, elongate, and secrete the epicuticle and pigmented layers of the new cuticle. In *Carcinus* and *Panulirus* the epicuticle is tanned by quinones immediately after its formation. The tanned lipoprotein layer therefore separates the chitinous layers of the old cuticle from the chitin containing new pigmented layer. This separation is probably of considerable importance in protecting the newly formed chitin during the re-absorption of material from the old cuticle which now occurs. Fluid appears between the new and the old cuticles, and in this cell-nuclei can be seen that probably belong to amoeboid cells involved in breaking down the old cuticle.

Digestion of the old cuticle continues until all the membranous layer and much of the calcareous layer have been destroyed. The space formed allows for the easy separation of the old and the new cuticles necessary if the animal is to free itself of the former. Re-absorption is most complete along the ecdysial lines, but is also considerale at the base of those limbs where the distal region is expanded. The latter is an obvious requirement if the tissues of the distal region are to be withdrawn through the narrow neck at the base of the appendage. At the time of moult the new epicuticle in *Panulirus* is complete, and the pigmented layer has been secreted but not tanned so that it retains a considerable degree of flexibility. The body water content starts to rise shortly before the escape from the old cuticle. The animal now undergoes a variety of flexing and lunging movements as it endeavours to free itself.

Finally, after selecting a secluded spot, it flexes the abdomen and emerges through the intersegmental membrane separating the thorax and abdomen. The body is rapidly expanded during and following moult. One feature which is of particular importance in enabling the lifting of the thoracic cuticle prior to emergence is a swelling of the stomach. This is brought about by the swallowing of the medium in *Cancer pagurus* and *Maia squinado* but in *Panulirus* no fluid is present in the gut. Expansion of the stomach of this last animal is brought about instead by gas which appears between the old stomach lining and the new one. Gastroliths, lens shaped concretions of calcium carbonate, develop between the old and new stomadael linings as calcium is re-absorbed from the cuticle in the moulting Reptantia and semi-terrestrial brachyuran, *Sesarma*; but it is still not whether they are involved in the evolution of the gas or not.

Most Crustacea moult the whole exoskeleton at once, but in Isopods the fore and hind parts of the old cuticle are cast off separately, often several hours or even days apart, so that the animals may retain a greater degree of motility at this critical time than is commonly the case. Moult in many species occurs during the hours of darkness, thus providing a measure of protection against predators whilst the animal is helpless. If exposed to continuous light such forms may delay moulting for a time. A virtue is apparently made of the difficulty of escaping from the old cuticle by the cladoceran, *Alonopsis*. This animal, which moults incompletely and so carries a number of its previous exoskeletons about with it, is found to be much less common in the gut of the predatory worm *Chaetogaster* than might be expected on the basis of its abundance in Lake Windermere.

This observation has led to the interesting suggestion that it may be able to slip out and escape when the old cuticle is grasped by the worm, after the manner of a stage felon leaving his jacket in the hands of a comic policeman. Water uptake by the blood and tissues starts just before emergence. In *Panulirus* most of this uptake is apparently across the body surface, but in *Maia squinado*, *Cancer pagurus* and *Carcinus maenas* it is largely from the gut. In view of this difference it may be significant that the total uptake by *Panulirus* is very much less than that in the brachyurans. As water enters the body, some of it is taken up into the cells and the remainder serves to increase the blood volume. The rise in the water content of the hepatopancreas cells of *Carcinus* at moult suggests that about one third of the water taken into the body passes into the cells, and on the basis of determinations of the drop in blood protein content it is estimated that the blood volume is increased to some 240% of the premoult level.

Water uptake serves to stretch the new cuticle, and the irregular borders of the columns of calcareous material in the pigmented layer straighten to give a hexagonal appearance in surface view. One of the factors contributing to the uptake of water by *Carcinus* is a rise in the osmotic pressure of the blood during the premoult stages. Intermoult animals in sea water have a blood concentration within 1% of that in the medium but during pre-moult the blood may be as much as 8% more concentrated than the medium. Water will therefore tend to be drawn into the body by osmosis. The fast water uptake at moult decreases the osmotic gradient by diluting the blood, and within twenty-four hours of ecdysis the concentration is only about 3% above that of the medium.

Much of the premoult rise in concentration is due to increases in the concentration of ionic constituents, the percentage increases in calcium and magnesium being particularly striking. The rise in blood calcium level is presumed to be due to the re-absorption of calcium from the cuticle during the D stages, despite the fact that much calcium is also being deposited in the hepatopancreas at this time. In post-moult animals a drop in blood calcium is contemporaneous with the calcification of the new cuticle. There is, however, insufficient calcium in the blood initially to account for the degree of calcification of the new cuticle; so calcium must also be taken up from the medium. It is obviously desirable that immediately after moulting animals should display as little muscular activity as possible if the new cuticle is not to suffer distortion.

The high levels of calcium and magnesium ions in the blood at this time may counteract this risk by tending to depress nerve and muscle excitability. It is probable, however, that the function of the special inhibitory nerve supply to the appendages is also to depress activity, though this has yet to be demonstrated experimentally. As we have already seen, about one-third of the water taken in by *Carcinus* at the time of moult passes into the cells. If the inorganic ion concentration of the cells is to be maintained at the normal level, this uptake of water must be accompanied by an increase in the osmotically active organic components of the cells. This is achieved by increasing the free amino-acid level. In the case of *Carcinus* the major participants in this increase are glutamic acid and proline. Glycine, which plays a major role in the adjustment of cell osmotic pressure when the blood concentration of inter-moult animals is changed, here takes little part.

**Table 10.1.**

| | *Water* uptake as % *pre-moult wt.* | Water% *inter-moult wt.* | Water *post moult wt.* | Cast cuticle% *pre-moult wt.* |
|---|---|---|---|---|
| Maia squinado | 125.0 | 69.2 | 90.1 | 23.3 |
| Carcinus maenas | 66.3 | 65.4 | 86.9 | 23.9 |
| Uca pugilator | 42.9 | 67.9 | 84.3 | 50.9 |
| Cancer pagurus | 94.0 | 62.2 | 86.1 | 26.6 |
| Hemigrapsus oregonensis | 44.9 | 67.7 | 84.9 | |
| Pachygrapsus crassipes | 33.9 | 66.8 | 83.8 | 18.0 |
| Panulirus argus | 18.8 | 71.0 | 82.4 | 20.1 |

It has been suggested that the necessity of adjusting the cellular aminoacid level to take account of water uptake at moult may have formed the basis for mechanism adopted by euryhaline Crustacea to match their cell concentration to changes in blood concentration. However, as the non-arthropod brackish-water species also utlize amino-acids for osmotic adjustment of their cells, this cannot be regarded as a vital pre-adaptional preliminary to the use of amino-acids for this purpose.

**Control of the Moult Cycle**

Moulting is controlled by hormones and before the mechanisms involved in initiating the process are discussed it is therefore necessary to digress to consider the nature of hormones and the organs from which they are released.

# 11

# Diapause

## Diapause Characteristics and Types

### Definition of Diapause

Diapause has attracted the greatest interest among research workers in the field of insect physiology in recent years. It may be defined as a temporary interruption of development in a specific stage of ontogenesis which, in a particular species, would occur even if the insects were kept under optimum conditions. A period of adverse conditions of a definite character is often necessary before development can continue. The opposite of diapause is quiescence, where inhibition of development is the immediate consequence of adverse conditions, at the end of which development is immediately renewed. It has been mentioned that the beginning of a 'true' diapause is independent of current environmental conditions; this does not mean that environmental conditions play no part at any point in the development of a given species in determining the occurrence of diapause.

The occurrence of diapause in the most unfavourable conditions for the development of the species, for example the low temperatures of winter or summer drought, and its adaptive value for the species clearly show the role that environment has had in the evolution of a given species. Apart from this common phylogenetic adaptation, in so-called 'facultative' diapause, the ambient conditions during earlier stages of the life-history of the species concerned have been found to determine whether the genetically conditioned 'facultative' diapause will actually occur or not. As Knowledge of the principle of diapause increased, two types of deviations from the above 'classic' definition were found. The first comprises cases in which a state corresponding to 'true' diapause may be induced within a long phase of ontogenesis, as in the IIIrd and VIIth larval instar of *Dendrolimus pini*, or during the larval development of *Lucilia*, when any adverse conditions such as unduly dry or moist food and a wrong temperature induce arrested growth (1955). This state is often combined with and determined by various hibernating habits, as in *Eurygaster*, *Leptinotarsa* a Coccinellidae.

In the second type, typical diapause can be interrupted not only by adverse conditions but also artificially, e.g. by the action of long photoperiods, as in *Pyrrhocoris*. This is fully explained by the recent discovery of the neurosecretory mechanism of diapause. As early as 1936, Wigglesworth showed that removal of the brain (by decapitation) at any point of postembryonic development induced in *Rhodnius prolixus* a state corresponding to diapause in every respect. In fact, all transitions between the two extremes, i.e. true diapause and quiescence, are found in various species, but those of the latter type are much more abundant, no doubt owing to their high selective value.

**Diapause Development**

The length of the period of adverse conditions (coldness) necessary for the recommencement of development varies with the species from two or three weeks to several (4 to 5) months. This period of arrested morphological development does not involve a complete rest in the physiological sense of the word; it is rather the time required for specific physiological changes to occur, which make it possible for the insect organism to recommence development. It is therefore called the period of diapause development. The diapause development of a given species has a definite minimum length at a particular temperature. In most species where this aspect has so far been studied, the optimal temperature for diapause development is around 5°C. With both decrease or increase of temperature there is a marked increase in the length of diapause development, ranging from several weeks to several years as the temperature approaches the 'living' optimum (20 to 25°C), while development practically ceases at low temperatures below 0°C.

**Stage at Which Diapause Occurs**

Diapause occurs at the most varied stages of ontogenetic development in different insects. For any one species, however, it is connected with a particular stage of development. There are many cases of embryonic diapause occurring at early embryonic stages (as in *Orgyia antiqua* or *Bombyx mori*), near the middle of embryonic development (as in *Locusta migratoria*, other Orthoptera and some of the Lepidoptera), or at the end of embryogenesis in a fully developed larva prior to hatching (as in *Lymantria dispar*). Similarly, diapause can occur in any instar of larval development, for example the first instar in *Cacoecia fumiferana*, the second in *Euproctis chrysorrhoea*, the third in *Gastropacha quercifolia*, the penultimate in *Gryllus campestris* or the last larval instar in *Macrothylacia rubi*. Very often diapause occurs in the pupal instar, as in *Saturnia pyri*, *Hyphantria cunea*, etc. Imaginal diapause mainly involves those parts of the body which continue to develop during adult life, primarily the ovaries of female insects (e.g. *Anopheles maculipennis* or *Pyrrhocoris apterus*). Cases where diapause occurs at two separate stages within one generation are infrequent (e.g. in *Dendrolimus pini* or *Cephalcia abietis*).

**Obligatory or Facultative Diapause**

In some insects, diapause occurs in each generation independently of the environmental conditions the animals experience. In others, it occurs only in some generations, when specific environmental conditions prevail or have prevailed at an earlier stage. The former type mainly occurs in insects with a long period of postembryonic development lasting one or more years. If it must occur in each generation, the diapause is termed obligatory. The second type occurs in insects which have two or more generations a year, and appears at the appropriate stage only in those generations which bridge the period of unsuitable conditions, e.g. the overwintering generations. In such cases diapause is facultative and is dependent on the appropriate conditions in the period of its determination.

From the genetic point of view, either type of development (with or without diapause) has the character of a hereditary modification, as known among the castes of the social insects, for example, or in many plants, e.g. the dandelion (*Taraxacum officinale*). Special mechanisms are usually developed in some of the stages preceding diapause when it may be determined by specific conditions of, for example, photoperiod and temperature. Whereas obligatory diapause is mainly associated with univoltine species, facultative diapause occurs in polyvoltine ones, i.e. bivoltine, trivoltine, tetravoltine or multivoltine. Transitions between obligatory and facultative diapause are known also where development can continue without a break for many generations under suitable conditions, but may easily be interrupted when unsuitable conditions appear. When induced in such species, the arrest in development has the character of a true diapause, but may easily be broken by specific environmental conditions, e.g. long photoperiod, and thus occupies an intermediate position between diapause and quiescence. Such a type of development has been observed in *Lucilia sericata*, *Calliphora erythrocephala* and *Dendrolimus pini*.

## Physiology of Diapause

The arrest of growth, which is the principal feature of diapause, is connected with many biochemical and physiological changes in the insect organism. These demonstrate the adaptive nature of diapause, as they increase the ability of the insect to survive the adverse conditions (winter, drought). Some physiological characteristics have been observed in all types of diapause:

### Metabolism

The beginning of most types of diapause is correlated with a marked decrease in oxygen consumption. The respiration curve falls to a characteristic very low level—about one-tenth of the normal oxygen consumption of the particular stage—and this level is maintained practically unchanged throughout diapause. Diapause often coincides with the bottom of the oxygen consumption curve for non-diapausing insects. Several authors have studied the respiratory metabolism during diapause and the influence thereon of the metamorphosis hormones. The oxygen consumption in diapausing adult females of *Pyrrhocoris apterus* was found to be identical with that occurring in normal (non-diapausing) specimens after removal of both ca and cc. It also corresponded with that in normal untreated males, whereas it was distinctly higher in the females which had only been allatectomized.

Typical low diapause respiration with a low water content and an increased amount of fat was found by Tombes (1964) in the aestivating curculionid, *Hypera positica* (Gyll.) DNA synthesis during metamorphosis and diapause was studied by the incorporation of tritiated thymidine *cecropia* and *cynthia* silkworms. In diapausing pupae, the incorporation of thymidine was limited to spermatogonia, haemocytes, and a few other cells. In the diapausing epidermal cells, DNA synthesis appeared only after a large epidermal injury and was limited to the immediate vicinity of the wound. On the other hand, a generalized incorporation was observed after the termination of diapause at the beginning of adult development. This is said to be the only criterion for distinguishing between the increase in metabolism of normally developing specimens and those following injury.

### *Respiratory enzymes*

Various authors have demonstrated a series of changes in the activity of the respiratory enzymes. From the observed increase in the resistance to HCN and CO as well as a resistance (seventy times higher) to organic poisons which block the cytochrome system (i.e. pilocarpin and diphtheria toxin), it was concluded that the cytochrome system is inactivated during diapause and replaced by a particular cytochrome, $b_5$. However, further research has led to a different conclusion.

Investigations on the resistance to cyanide and CO of the heart beat of diapausing *cecropia* pupae, which continues for $5^1/_2$ hours in the complete absence of oxygen, showed a large surplus of cytochrome oxidase in comparison with cytochrome c, producing the observed increase in resistance. Kurland and Schneiderman (1959) attempted to generalize from these results to other types of diapause, including embryonic diapause, on the basis of their studies on the respiration of diapausing pupae of several saturniid silkworms (*Cecropia*, *Cynthia*, *Promethea*, *Polyemus*). They considered that cytochrome c would be the factor limiting respiration during diapause, and that changes in respiratory metabolism would be the result of the lack of this factor as a direct or indirect consequence of MH.

The distribution of cytochrome oxidase and succinic oxydase in adults of the Colorado beetle (*Leptinotarsa decemlineata*) in the course of the diapause period was studied in detail by Ushatinskaya (1957b). The results of her work and those of other Soviet authors are included in her monograph on the cold-hardiness of insects. The physiology of diapause in sawflies was studied in detail by Sláma (1959a-c) in a series of papers. The physiology of imaginal diapause in two coccinellid species was studied by Hodek and Cerkasov (1958, 1959).

***Utilization and accumulation of reserves***

An important physiological feature of diapause is the reduced utilization of reserve materials (protein and fats) correlated with the reduced metabolism. Prebble (1941) showed that, in the sawfly *Gilpinia polytoma*, no more than about 2 per cent of the reserve materials (dry matter) was consumed during the whole winter period. Similar results have been obtained with other species. This seems to be one of the most important selective advantages of diapause. Where reduced metabolism occurs during suitable living conditions so that the diapausing insect is able to accept food, as in the so-called pre-diapause of the imaginal diapause, there is an accumulation of fats and other reserve materials in the fat body.

***Water balance***

An increased proportion of dry matter is another important feature of diapausing insect making them more resistant to cold. Normal water balance is usually restored following the resumption of growth. The lack of a suitable humidity may markedly prolong diapause in some cases. In summer diapause, as occurs in locust eggs, and less frequently in winter diapause, as in codling moth, diapause can be broken by immersing the insect in water. It is important to note that changes in the water balance as well as the afore-mentioned features of diapause seem to be the consequence of changes in the humoral balance of one particular endocrine factor, the AH, which controls, amongst other things, the water balance of the body.

***Digestion during diapause***

Many insects are able to move freely and to accept food during diapause. This is particularly true of imaginal diapause, in so far as it occurs during suitable environmental conditions. It has been observed, however, that most insects are not able to utilize the food, either for the development of the gonads or for restoring their fat-body reserves, so that they die of exhaustion within a few days. This can also be interpreted as an AH-deficiency syndrome, now that its role in the activity of the digestive enzyme has been demonstrated by Thomsen and Möller (1959) and by Strangways-Dixon (1960, 1961). Since the last edition of this book there have been many new discoveries on various aspects of the physiological changes connected with diapause. Although there is no room to discuss them here, it should be mentioned that they can all be regarded as consequences of the same principal changes in the insects' neurohormonal balance.

**Determination and Photoperiodism**

Diapause has been shown to coincide closely with the period of environmental conditions, adverse for a given species. In multivoltine species, a special mechanism is required to ensure such synchronization. Usually the insect has a hereditary make-up which will respond with diapause to particular environmental conditions which normally precede diapause, such as a certain day-length (photoperiodism), or a change in temperature. Just as diapause itself is strictly associated to a particular stage of development, so is its period of determination. It is therefore hereditary.

As suggested by Novák (1958b) the phylogenetic origin of this genetic mechanism can be explained as the result of selection for a tendency which perhaps occurs in all insects to a very small extent at certain stages of development. This tendency to respond to various inclement conditions, by a temporary break in development at some subsequent stage, may originally have no specific direction (e.g. for a long or short photoperiod) and only its value for the insect's survival under the particular environmental conditions may eventually lead to reinforcement of one or other type of response. Thus is has been shown in bivoltine races of *Bombyx mori* that optimal conditions during the embryonic period and during the first part of larval development (Ist and IInd instar) tend to produce egg diapause in the next generation. The same conditions during the IIIrd instar produce no effect on diapause.

On the other hand, in the second half of larval development (IVth and Vth instar) these same conditions (long photoperiod and higher temperature) tend to induce development without diapause and the converse also applies. By specialization through selection for the early instar effect short-day photoperiodism[1] results, while specialization on the latter effects result in long-day photoperiodism. The role of selection in the evolution of this type of dependence seems obvious from the markedly adaptive character of all the mechanisms. The study of photoperiodism in relation to diapause has attracted so much attention since its importance was first emphasized by Ernst Scharrer (1952, 1959) that it can now be regarded as a special branch of research on diapause. Basic work in this field has been carried out by Danilevski's team since 1945. Here again, the neuroendocrine basis of all these relationships is indisputable.

Similar to photoperiodism, but less pronounced, is the action of temperature during the determining period of facultative diapause. It is interesting that the influence of temperature in a particular species works in the same direction as photoperiodism: in short-day species a low temperature has a positive effect in the same way as a short photoperiod while higher temperatures induce diapause; in long-day species the temperature and photoperiodism act in the opposite direction. It is important to note that in both cases the temperature response has a clear adaptive value, e.g. a low temperature together with a short photoperiod during embryonic development causes the deposition of non-diapausing eggs in the bivoltine race of *Bombyx mori*. It is also well known that the first spring generation of silkworms hatches in the early spring (March or April in China) when low temperatures and relatively short days are the normal conditions.

The females of this generation thus deposit non-diapausing eggs of the second generation which hatch in about June, when the days are long and the average temperature is high. In this way the females of the second generation are conditioned to lay diapausing eggs which are able to survive the winter period, whereas a hatch in autumn would automatically lead to death through cold and lack of food. The interaction of the effects of photoperiod and temperature when the conditions are varied experimentally is very complicated. Beside the effects of photoperiod and temperature, an influence of humidity on diapause has also been observed in several species, e.g. *Bombyx mori*. Again the effect of humidity is aligned with the influences of the other two factors; with short-day species, conditions of lower humidity induce development without diapause and higher humidity induces diapause. The influence of humidity in the summer type of diapause in insects from tropical and subtropical countries appears to be rather more involved, though not yet fully understood. The influence of food and its composition on the determination of diapause is also not yet fully clear.

Many results in the literature have proved the described cases to be unreliable when repeated with a controlled photoperiod. In other cases it is still doubtful whether the observed effect is specific or merely very generally affects development, e.g. suboptimal nutrition might make the insect more susceptible to factors inducing diapause. There is, however, a definite case of an influence of lack of food on diapause determination in blood-sucking insects. Here a special mechanism has developed which synchronizes development with periods of food abundance and induces a state corresponding to a diapause during periods of starvation. Lack of food also seems to be a stimulus inducing diapause in some plant-feeding insects, e.g. in *Diatraea lineolata*, a subtropical maizeborer.

**Termination of Diapause**

As described above, temperature during diapause development may produce a profound effect on the length of diapause. Nevertheless, no change of temperature within ecological limits is able to break diapause at any given moment and re-induce development. There are, however, a number of other factors, including experimental treatments, which may be able to induce normal development in animals already determined for diapause. Perhaps the best known are the various treatments which suppress diapause in diapausing *Bombyx mori* eggs. It is important to note that most of these factors are only likely to break diapause during a definite, relatively short sensitive period; this is usually just before or at the beginning of diapause. For example, a short immersion of silkworm eggs determined for diapause in concentrated HCl can prevent diapause completely if performed during the first 48 hours after oviposition, i.e. before the eggs have their normal grey-blue colour. After this moment the acid treatment is completely ineffective.

An effect on diapause similar to the CHl treatment can be obtained by increasing the temperature to about 46°C for 10 min in the same sensitive period. This procedure is such a potent stimulus that it can induce development, and hence artificial parthenogenesis, in unfertilized *Bombyx* eggs, the state of which can thus be compared with true embryonic diapause. The mechanism breaking diapause by increased photoperiod was studied by Williams and Adkisson (1964) in *Antherea pernyi*. They found that long-day conditions (15 to 18 hours light) promoted termination of the diapause whereas short-day conditions (4 to 2 hours) prevented it. The experiments showed that the brain itself is the site of the action of light, most probably by nervous control of AH production. In this connection, the transparent window in the pupal integument immediately above the brain seems to be of primary importance, as shown by Shakbazov (1961).

A photoperiodic acceleration of the termination of diapause was also found by McLeod and Beck (1963) in *Ostrinia (= Pyrausta) nubilalis*. A similar acceleration was observed following administration of large doses of ammonium acetate or other ammonium compounds. Synergism in accelerating diapause development was found between the action of $NH_4$ ions and a long photoperiod. It has been shown that the effect of a long photoperiod in preventing diapause can be replaced by an additional short photophase (5 to 30 min) applied daily at about the middle of the dark period, even when combined with a very short photoperiod (e.g. 10 hours). The problem of the physiology and ecology of photoperiodism in insects was summarized and considered in to by Beck. Diapause in larvae of the fly *Lipara lucens* can be broken by a pin prick or by contact with a glowing pin.

Similar stimuli will also readily break the relatively feeble diapause in flies of the genus *Lucilia*. Diapause in eggs of the grasshopper *Melanoplus* can be broken at any time in its duration by immersing the eggs in xylol or other wax solvents. It has been shown that the effect of the xylol is to remove the waterproof wax layer (which covers the hydrophyle during diapause, so preventing water penetration) which is the fundamental cause of diapause. Removing both cuticular envelopes (the yellow and white cuticle) and immersing the eggs in insect-Ringer has the same effect as xylol. It may be suggested that the effect of strong mineral acids on breaking diapause, e.g. in silkworm eggs, lies in producing a particular temperature on the surface of the eggs, which is the fundamental cause of the breaking of diapause. The reason for the diapause break in various examples of postembryonic diapause by stimulation of the nervous system seems to lie in the renewed secretory activity of the cerebral neurosecretory cells. The only treatment which is able to break postembryonic diapause at any stage of its development is to induce experimentally an active concentration of AH (by implantation of an active brain) or MH (by implantation of prothoracic glands or by the injection of ecdysone).

***The mechanism of the effects of photoperiodism and other external factors***

Little reliable evidence is available concerning the way in which external stimuli are transmitted to the neurosecretory cells and thereby control their secretory activity. One of the first papers relevant to this problem was by Dixon (1949). He suggested, on the basis of his investigations on diapause in the oriental fruit-moth *Laspeyresia molesta*, that a series of hypothetical two-phase chemical reactions formed the basis of the response to photoperiod. One of these phases requires light, whereas the other needs darkness.

Ushatinskaya (1916c) suggested that in this context cytochrome oxidase might play an important part. Its inhibition by CO is prevented by light, this being a photosensitive reaction of a type which would be the basis of such a mechanism. The first light on this question appears to come from a paper by van der Kloot (1955). He studied the sequence of changes in the electrical activity of the brain, i.e. the titre of cholinesterase (Ch E), electrical activity (EA) and the amount of cholinergic substances in connection with the observed AH production in *H. cecropia*. He found that all these changes are closely connected with AH secretion and, together with the latter, are closely connected with diapause. Thus electrical activity drops together with AH and cholinesterase activity, remaining practically at zero throughout diapause with a steep rise afterwards. The cholinergic substances, however, follow an almost exactly opposite pattern. The amount steadily increases during diapause development and reaches its maximum at the point when diapause ends. At this time, electrical activity reappears and rapidly increases together with the titre of the cholinesterase.

It appears that the observed accumulation of cholinergic substances forming a substrate for cholinesterase is the direct internal cause of the effects of chilling, because it is optimal at low temperatures. It is concluded that such a surplus of cholinergic substances as a substrate for the renewal of cholinesterase activity is necessary for production of AH and the renewal of electrical activity. In the brain of the non-diapausing *Galleria mellonella*, the cholinesterase content and the amount of cholinergic substances is constant during metamorphosis.

In the medial neurosecretory cells of *Bupalus piniarius*, neurosecretory material seems to be produced and correspondingly the spontaneous electrical activity of the brain continues during pupal diapause. The perception of photoperiod by *Leptinotarsa decemlineata* has been investigated in a series of papers by de Wilde *et al.* The Colorado beetle is a typical long-day species, diapausing in a photoperiod of less than 14 hours of light. The threshold intensity of white light is less than 0.1 lux. Experiments aimed at localizing the site of perception have not as yet yielded clear-cut results. Removal of the eyes or interference with their function does not affect the photoperiodic reactions. The eyes are therefore probably not the only sites of perception. Unlike Dixon and Ushatinskaya, de Wilde suggests a possible effect of feeding, perhaps connected with a rhythm of feeding activity. A review on the problem of photoperiodism in insects has been produced by Lees. A monograph by Danilevski on the photoperiodism of insects is also important.

## Hormonal Principle of Diapause

A series of different theories has been formulated to explain the mechanism and the origin of diapause. The more important of these can be divided into three groups:

1. Diapause is the result of an accumulation of a specific inhibitory substance 'acting through the inhibition of the life processes' which is slowly decomposed during diapause development. This category also includes the concept of the general diapause hormone proposed by Hinton (1953). However, no experimental evidence of a substance with such characteristics has so far been obtained, except the findings on the humoral conditioning of embryonic diapause in *Bombyx*.
2. Diapause is the result of a decrease in the water content of the tissues caused among other things by the accumulation of reserve materials, primarily fats. This leads to the reduced metabolism and to the other features of diapause. Diapause is, however, much more probably the cause rather than the effect of all these changes, as Andrewartha (1960) has suggested, or perhaps the result of one and the same cause as these changes.
3. Diapause is hormonally conditioned, either as a result of the absence of metamorphosis hormones indispensable for development,

or, in the case of embryonic diapause, the result of the action of a special humoral factor. A suggestion that such is one role of the brain hormone can be found in Kopec's (1917, 1922) original papers based on his experiments with *Lymantria dispar*. The first clear formulation of this concept was given by Wigglesworth (1936a) in his study of the hormonal system of the blood-sucking bug *Rhodnius prolixus*.

All the experimental evidence which has accumulated unambiguously supports the hormonal theory of diapause. The major role in these investigations was played by Williams, Fukuda (1951, 1952, 1953, 1955), Hasegawa (1952-1973) and their numerous co-workers, Lees (1952, 1954, 1955) de Wilde (1953-1964) and his co-workers and others. Recent reviews on this subject were published by Novák (1972) and Maslennikova (1970). Changes in the hormonal system, however, cannot be viewed as a primary cause autonomously determining the onset of diapause in any individual. It should rather be considered the mechanism which realizes the effect of the environment on the principal functions of the insect organism.

The environmental conditions affect these functions either directly in the same generation by means of the nervous system and neurosecretory cells, or indirectly through previous phylogenetic stages, via the genetic mechanism under the continual pressure of natural selection. Three main types of diapause can be distinguished on the basis of their hormonal mechanisms: (i) Diapause caused by a lack of AH and (therefore) of MH. To this category belong all cases of larval and pupal diapause known so far and, doubtless, also late embryonic diapause. (ii) Diapause caused by a lack of AH and JH; this mechanism is concerned in imaginal diapause. (iii) Diapause caused by the action of the neurosecretory factor produced by the suboesophageal ganglia of the female, and affecting the development of eggs. This category comprises early embryonic diapauses.

The diapause caused by a deficiency of the activation and moulting hormones is the most common type of diapause, and the type so far most thoroughly investigated. It consists of an arrest of growth and development due primarily to the absence of MH, itself a consequence of an inhibition of AH production. It was originally supposed by most authors that the lack of MH was the only internal cause of this type of diapause. Recent findings on the role of AH in digestion and water balance, however, make it very probable that, besides the indirect effect of AH in activating the prothoracic glands, there also exists a direct effect of the hormone, the lack of which is the cause of an important part of the diapause syndrome.

**Pupal Diapause**

The first and most complete study of pupal diapause was carried out by Williams and his school, using the giant silkworm *Hyalophora (=Platysamia) cecropia*. The main facts about this type of diapause may be briefly summarized as follows: Diapause in this species starts practically at the same time as the ecdysis to the pupa. The characteristically low metabolism of diapause starts somewhat later, however, at the trough of the U-shaped curve. Diapause metabolism, unlike that of developing insects, is highly resistant to the metabolic poisons HCN and CO and to toxins of bacterial origin such as diphtheria toxin, and differs from normal metabolism in a variety of other feathers which disappear when development is renewed.

Pupal diapause is often obligatory as in *H. cecropia* and the Middle-Eastern saturniids (*Saturnia piri*, *S. spini*, *Eudia pavonia*), but may also be facultative as in the bivoltine *Antherea pernyi*. Experiments with extirpation, transplantation, sectioning of pupae, injection of extracts, etc., have shown that the primary internal cause for the inhibition of development in pupal diapause lies in an interruption of the secretory activity of the neurosecretory cells of the pars intercerebralis, and most probably entails a blocking of the passage of neurosecretory granules into the haemolymph. By implanting an active brain into the diapausing insect it is possible to break diapause at any stage of diapause development.

The effect of chilling on the termination of diapause is especially concerned with the brain. This is shown by the fact that the implantation of the brain alone from a chilled specimen is able to break diapause in another unchilled pupa, whereas the chilling of a decerebrated pupa has no effect on diapause. Adding the AH source is, however, only effective when the host specimen retains its own prothoracic glands or when they are implanted at the same time. The implantation of one or more active brains into an isolated abdomen has no effect, whereas the implantation of active prothoracic glands breaks diapause and development continues. The same effect is produced by injecting MH in the form of ecdysone prepared by the method used by Butenandt and Karlson. Little is known about which of the other known characteristics of diapause are the direct effects of the lack of MH, which are caused by the lack of AH, and which are perhaps an indirect consequence of growth inhibition. Similar results to those from the work on *H. cecro ›ia* were obtained by other authors using diapausing pupae of other insects.

Thus, in *Hyphantria cunea*, *Antherea pernyi* and *Eudia pavonia* the implantation of either an active brain or prothoracic glands results in breaking diapause. A detailed histological study of diapausing pupae of the moth *Mimas tiliae* was carried out by Highnam. He showed that the neurosecretory cells of the brain are inactive in the diapausing pupa at room temperature, but that they produce intercellular material during the first 3 weeks of chilling (at 3°C). The material (granules) passes to the corpora cardiaca and towards the end of diapause development the neurosecretory cells again become inactive. A similar period of activity was observed in the corpora allata.

The removal from specimens of both corpora cardiaca and corpora allata, however, had no effect on the duration of diapause. Such specimens had a notably thicker epidermis and their fat bodies contained a much smaller number of inclusions than the controls. The author supposes that the corpora allata play some role in maintaining diapause, perhaps by controlling the metabolism of the fat body in some way. No signs of secretory activity were observed during subsequent development at 25°C. A series of papers has been published on the effects of AH and MH deficiency on metabolic enzyme systems during pupal diapause. Apart from the work mentioned above, Shapirio and Williams (1957a, b) studied the cytochrome system in various tissues of late larvae and pupae of *H. cecropia* using low temperature spectroscopy and a DU spectrophotometer. They report the presence in last instar larvae of a complete cytochrome system with moderate to high concentrations of cytochromes a, $a_3$, b, c and $b_5$, whereas in diapausing pupae no b and c were detectable by the methods used. When development continued after the termination of diapause, the activity of the original complete system reappeared.

The explanation of the observations given by the authors must, however, be compared with the later findings of Williams and Harvery (1958) and of Kurland and Schneiderman (1958), which have been mentioned previously. It has been claimed that a specific inhibitory factor, inactivated by cold, participates in the induction of a diapause state in diapausedetermined *Pieris brassicae* pupae. It was shown, that such insects can recover from the chilling, and their pupae continue to develop even if the brain is extirpated at the outset of diapause. Reactivation in the absence of brain AH might, however, be attributable to the amount of AH produced by the ventral nerve cord ganglia, but normally this does not attain an active concentration. Pupal diapause can take place at any point during the pupal instar. Its occurrence in a given species is bound to the same phase of the pupal period and in most species it is genetically fixed. An example of a very late pupal diapause is the pronymph of the sawfly *Cephalcia abieties*.

**Larval Diapause**

Our knowledge of the various examples of larval diapause is far less complete. From what is known, it seems clear that larval diapause does not differ fundamentally from pupal diapause. It has been observed that in diapausing, penultimate instar larvae of *Gryllus campestris* the histology of the prothoracic glands shows reduced secretory activity and the brain appears to be responsible for these changes. The brain and prothoracic glands have also been shown to control diapause in the larvae of *Sialis lutaria*. Larval diapause in ants of the genus *Myrmica* and its relation to caste polymorphism has been studied in detail by Brian. Most of the papers dealing with diapause in larvae have been concerned with the diapause which occurs in sawflies. However, this is not a true larval diapause, but rather the diapause of an instar in metamorphosis occurring between the true larva and pupa. The existence of neurosecretory cells in the brain of the sawfly *Diprion pini* has been demonstrated by L'Hélias.

Church has shown that diapause in *Cephus cinctus* is caused by a temporary interruption of the neurosecretory activity of the larval brain, and that the renewal of this activity requires a certain period of chilling. The same author later showed that certain prothoracic glands described by him are necessary to terminate diapause. Two periods of diapause, separated by a period of limited interdiapause development, have been found in the pre-pupal stages, the eonymph and pronymph of another sawfly, *Cephalcia abietis* (Pamphilidae). In this insect the normal length of development is two years. The first diapause period, which occurs at the eonymph stage, needs a distinctly longer period of chilling (not less than four months) than the second period. This corresponds to the pre-pupal stage at an advanced stage of the moulting process. It usually takes place in the second winter, and is shorter under the same conditions as the first (eonymph) diapause, the preceding winter. The interdiapause development normally occurs in the summer months between the first and second hibernations.

The pronymphal diapause can be broken by the implantation of an active brain. Ligaturing experiments have shown a distinct dependence on the brain and prothoracic centres in this sawfly, as in other species.

Like pupal diapause, larval diapause can take place at any point during larval development. The IInd larval instar of *Euproctis chrysorrhoea*, which hibernates in specific common nests with over 200 caterpillars, can be cited as an example of a very early larval diapause.

**Late Embryonic Diapause**

No experimental evidence is available concerning the diapause which occurs in more or less completely formed larvae before hatching, as is found in *Lymantria dispar*. The fact that active neurosecretory cells and prothoracic glands can be demonstrated in embryos, leaves no doubt that the hormonal mechanism at work at this stage is the same as that in larval diapause, though this is not the case in younger embryos.

**Adult Diapause**

Imaginal diapause is a result of a deficiency in both activation and juvenile hormones. A quite similar neurosecretory mechanism operates as in the aforementioned cases of true diapause, but with the difference that it is a lack of JH, not of MH, which is the main factor in adult insects. Moreover, the neurosecretory mechanism of JH is not fundamentally different from that of MH. The hormonal mechanism of imaginal diapause has been most thoroughly studied in Coleoptera, for example in *Dytiscus marginalis* and *Leptinotarsa decemlineata*, and in Diptera, for example *Calliphora erythrocephala*, and in the mosquitoes *Anopheles maculipennis* Detinova, *Culex pipiens*, *C. molestus* and *Aedes aegypti*. The same mechanism operates in the imaginal diapause of Heteroptera, as has been shown by Johannson (1958) with *Oncopeltus fasciatus* and by Sláma (1962) with *Pyrrhocoris apterus*.

Little is known about imaginal diapause in Lepidoptera, such as occurs in most of the common butterflies of moderate geographic zone like Nymphalidae or Pieridae which overwinter as adults; but a similar mechanism may well be assumed. Morphologically, imaginal diapause is only evident in the interruption of growth of the ovaries and in the suppression of the functions of the accessory glands of both males and females. As has been shown by the experiments of E. Thomsen (1952) with *Calliphora erythrocephala*, this seems to involve a complex syndrome of both AH and JH deficiency. The implantation of corpora allata can induce the ripening of some of the eggs, but a quantitatively complete termination of diapause is only possible by the simultaneous action of both JH and AH. Apart from this, the presence of AH seems indispensable for the corpora allata to function normally.

The most important physiological effect of the lack of AH in diapausing adults is that on proteinase activity in the gut which is probably also the cause, either directly or indirectly, of a variety of other physiological changes in species with imaginal diapause. The relationship of the corpora allata to imaginal diapause is evident from the necessity, first shown by Wigglesworth (1935, 1936) of JH for the ovarian follicle cells. Experimental evidence of the dependence of imaginal diapause on a temporary break in ca activity as suggested by Detinova (1945) for *Anopheles maculipennis*, was provided by Joly (1945) in his detailed study of *Dytiscus marginalis* and has since been confirmed by a number of other authors in various groups of insects which undergo imaginal diapause, e.g. by de Wilde *et al.* (1954-1961) in a series of papers on *Leptinotarsa decemlineata*; Hodek and Novák (1961)[2] in *Eurygaster*; Larsen and Bodenstein (1959) in *Aedes aegypti* and other mosquito species, etc. Here, it is sufficient to say that the primary internal cause of imaginal diapause lies in the neurosecretory system of the pars intercerebralis, which appears to be part of the mechanism of action of external stimuli.

The absence of AH, of course, produces a series of effects in the body, in addition to the inhibition of the ca, as shown by the papers of E. Thomsen and I. Möller (1959), Strangways-Dixon (1960) and others. This is why the state after allatectomy is not identical with the natural imaginal diapause and why diapause also occurs in males, the gonads of which are not dependent on the presence of JH. This has been clearly shown by Sláma (1963) in his experiments on the effects of allatectomy, cardiacectomy and of the natural diapause on oxygen consumption in *Pyrrhocoris apterus*. A stage which has been described by some authors as 'prediapause' has been observed before hibernation in most examples of imaginal diapause in insects. It is said to be a period of preparation for hibernation, during which various biochemical changes occur in the body to make the insect more resistant to cold and other adverse conditions, e.g. an increase of reserve materials (fat), a decrease of water content in the tissues, thus increasing their resistance to freezing, etc.

Individuals of diapausing generations grow less quickly than those with continuous development, and related to this is the fact that they usually reach a greater weight and size during their periods of development.[3] Many authors have tried to explain these changes as caused by an internal factor (conditioned by environmental conditions) which induces diapause. This supposition was made, e.g. in the so-called 'food mobilization' theory Andrewartha. There is, however, weighty evidence against this supposition.

In the majority of insects undergoing imaginal diapause, diapause starts without such earlier changes in the organism, and appears to be fundamentally identical with 'prediapause.' In addition, diapause following a preparative prediapause can be terminated equally well by AH or JH. A much simpler explanation of this stage is more likely: there is no difference in physiological conditioning between 'prediapause' and the subsequent diapause; both being due to a deficiency of AH and JH. When this deficiency occurs within normal environmental conditions, feeding and the other functions of the body continue, but the ovaries and accessory glands are inactive.

Food utilization is therefore limited to energy and basal metabolism, with the result that surplus food accumulates in the form of reserve materials. Other changes are probably caused by the lack of AH activity on the gut proteinases. The effect of the brain neurohormone on water balance is apparent from what has already been stated. All the continuing processes interrupted during prediapause are arrested by the adverse conditions of winter. Prediapause is therefore without doubt true diapause, whereas what is regarded as proper diapause by the adherents of the 'food mobilization' theory is diapause of the ovary and accessory gland tissues combined with quiescence of all the other parts of the body, particularly the subsequent quiescence of the whole organism. The latter differs from normal quiescence, however, in that no hormones are present in the body at the time.

Inhibition of the neurosecretory system is nevertheless over in that period. The results of Hodek (1962) suggest, however, that in 'prediapause' the syndromes of AH and JH deficiency seem to be combined with inherited instincts for hibernating—such as the instinct for flight to hibernation sites in Coccinellidae, or in *Eurygaster integriceps*. This conclusion is strengthened by recent findings on the direct effects of the metamorphosis hormones on imaginal instincts, as shown by Zdárek (1968, 1969, 1970) and others. Further experimental evidence will be required, however, before the relationship between the release of these instincts and the onset of diapause can be elucidated. It may consist in a parallel response to the same stimulus (e.g. a change of photoperiod), or the one may induce the other (diapause the instincts, or vice versa, e.g. by keeping the insects in the dark, without food). In agreement with these conclusions on the nature of 'prediapause' is the fact that the occurrence of a prediapause is almost entirely limited to imaginal diapause and only affects a small part of the body while other tissues continue their functions. In this connection it should be noted that in many insects diapause ends before the start of winter, the cold days and especially the cold nights of autumn providing insufficient chilling.

By contrast, diapause may be ended at the beginning of winter simply by placing the insects in optimal conditions for further development. Although the state of such insects in winter corresponds in most respects to true diapause, it differs by corresponding with quiescence in that it may be broken by transferring the insects to laboratory conditions. As regards the other biochemical characteristics of imaginal diapause, apart from the direct effect of the lack of AH on proteinase activity, only the diapause of the ovarian tissues corresponds to a diapause caused by AH-MH deficiency but that their condition affects all the growing tissues of the body. Besides winter diapause, a summer dormancy in *Leptinotarsa decemlineata* has been described by Ushatinskaya as occurring in a proportion of the beetles surviving from the previous year. The beetles creep into the soil in the hot summer months (June, July) and remain there for about one month, after which they continue to feed. It is very probable that this summer diapause has the same hormonal mechanism as the winter one. In the autumn some of the 'old' beetles of the previous year enter another 'winter diapause' which has some features distinctly different from that of the first year.

**Early Embryonic Diapause**

This is connected with the diapause hormone (DH), a neurohormone of the suboesophageal ganglion. The principal difference between embryonic diapause (except late embryonic diapause mentioned earlier) and the preceding two categories is that in the present type determination usually takes place in the females of the previous generation, so that it must be assumed that it is transmitted via the eggs. The other important feature of this type of diapause is that it occurs at a stage of ontogeny before any of the metamorphosis hormones become active. The relatively small number of species in which the hormonal mechanism of embryonic diapause has been adequately studied precludes any broad generalization from what has been observed. However, the biochemical features of embryonic diapause have much in common with those of diapause in later stages of ontogeny. For example, diapausing embryos of the grasshopper *Melanoplus differentialis* show not only a U-shaped respiration curve which is quite similar to that in the pupa, but also a reduced susceptibility to HCN and CO which again disappears with the onset of development.

Similar characters have been found by Wolsky (1941) in diapausing eggs of *Bombyx mori*. Diapause in the eggs of migratory locusts, as of *Locustanca pardalina*, is of a markedly different character, perhaps more similar to the type associated with AH-MH deficiency. We are indebted to Fukuda (1952a-c, 1953a-c) and Hasegawa (1951, 1952, 1957, 1963, 1964) and their co-workers for the first reliable data on the hormonal mechanism of embryonic diapause. These papers are, however, not concerned with diapause itself, but with the way it is determined in the mother organism. For a long time it has been known that the occurrence of diapause in the bivoltine races of the silkworm is determined by the environmental conditions under which the egg of the parent generation developed. However, the environmental conditions do not, as might perhaps be expected, affect the rudiments of the gonads directly, but indirectly via the secretory functions of the nervous system which is not yet formed when determination occurs.

The appropriate stimulus to the ovaries does not occur till the subsequent pupal period, as Umeya (1936) showed for the first time in his ovary transplantation experiments. The complicated mechanism whereby this transmission occurs was first discovered, however, by the systematic research of the two afore-mentioned authors. Their findings may be summarized briefly as follows. It can be shown that the incidence of diapause in eggs is conditioned by the endocrine activity of special neurosecretory cells in the suboesophageal ganglion of the mother specimen. The extirpation of this ganglion at the beginning of the pupal instar causes eggs, which were determined for diapause through their mother, to develop without diapause. In the same way univoltine females can be caused to lay non-diapausing eggs, a thing which they never do under normal conditions.

Conversely, if, up to a critical point in time, a female pupa which has been conditioned to lay non-diapausing eggs receives a suboesophageal ganglion from a female which would have laid diapausing eggs, it also will lay diapausing eggs. The same effect can be produced by the implantation of suboesophageal ganglia of either females or males of a univoltine race. That relevant DH is non-specific for species, genus or family was shown by implantations of the suboesophageal ganglia from other Lepidoptera. The ability to induce diapause was found not only in the ganglia of other species with an embryonic diapause such as *Antherea yamamayi*, *Dictyoploca japonica* and

*Lymantria dispar*, but also in the ganglia of *Antheraea pernyi*, a species with a pupal diapause. Ganglia from pupae of *Philosamia cynthia* and *Dendrolimus pini* had no such effect.

The mechanism of transmission is, however, still more complicated. A female conditioned to lay non-diapausing eggs can be made to deposit diapausing eggs by decerebration or simply by cutting the circumoesophageal connectives before a certain time. From these and other experiments it was concluded that the endocrine activity of the suboesophageal ganglion, which conditions diapause in the eggs, is inhibited by a nervous stimulus from the brain transmitted via the circumoesophageal connectives. It has since been reported by Hasegawa (1957) that he has succeeded in isolating an effective DH extract from *Bombyx mori* pupae which had been conditioned to lay diapausing eggs. The suboesophageal ganglia together with the brains of about 15 000 pupae were dissected and homogenized in 80 per cent methanol. After centrifugation, the supernatant fluid was evaporated under vacuum, diluted with water and washed with ether. The aqueous layer was then extracted with chloroform.

The evaporated chloroform extract yielded a fluid which showed a high diapause inducing activity when it was injected into female pupae conditioned to lay non-diapausing eggs. An extract with a similar activity was obtained from the heads of adult females. Isobe *et al.* (1973) recently succeeded in isolating two DH components from the heads of two million mated adult *Bombyx* males. They were separated from a complex lipid fraction by gel permeation chromatography, using Sephadex LH-20 and organic eluants. Both the components, A and B, seem to have a relatively low molecular weight (between 2000 and 4000) and they both seem to be complex lipids with a number of peptide bonds among several types of amino acids and various other components.

The method of extracting the hormone was described (the active principle was found in the aqueous fraction after ether extraction and was then removed from this with chloroform). Its physicochemical and chromatographic properties and its acid, base, heat and light stability were determined. Hasegawa and Yamashita and Hasegawa further examined the mode of action of the diapause hormone in the silkworm (*Bombyx mori*). The fate of the hormone after injection into a female pupa and its effect on the penetration of 3-hydroxy-kynurenine into the developing egg are discussed. The latter substance is the precursor of the serosa pigment (ommochrome) determining the colouration of the diapausing eggs; it is much less abundant in non-diapausing eggs.

Further, the effect of the diapause hormone on the glycogen content of the ovaries and the blood sugar level of the female pupae were studied. It was concluded that one of the actions of the hormone was to stimulate the penetration of blood sugars into the pupal ovaries and their deposition therein in the form of glycogen, thus decreasing their content in the haemolymph.

A further step in the investigation of the mechanism of embryonic diapause development in silkworms was made by Chino. It was shown that almost all the glycogen present in the eggs of *Bombyx mori* before the onset of diapause was rapidly decomposed by a complicated enzymatic reaction, the end products of which were the two polyhydric alcohols sorbitol and glycerol. A resynthesis of glycogen started at the moment when diapause ended. It was further shown that sorbitol is formed by dehydrogenases catalysing the following two reactions:

$$\text{glucose TPNH} \rightleftarrows \text{sorbitol} + \text{TPN}^+ \quad (1)$$

glucose (or fructose)-6-phosphatase

$$+\text{TPNH} \rightleftarrows \text{sorbitol-6-phosphatase} + \text{TPN}^+ \quad (2)$$

Glycerol is formed by enzymes catalysing the following reactions:

$$\text{dihydroxyacetone phosphate DPNH} \rightleftarrows a\text{-glycerol phosphate} + \text{DPN}^+ \quad (1')$$

$$\text{glyceraldehyde (or dihydroxyacetone)} + \text{TPNH—glycerol} + \text{TPN}^+ \quad (2')$$

These polyhydric alcohol dehydrogenases were not, however, the factor inducing diapause, as they were also present in developing eggs in which an increased amount of polyhydric alcohols never occur. The adaptive character of the accumulation of such substances which increase the resistance of diapausing eggs against freezing is evident. It was found that if the crude diapause hormone extract was injected into female *Bombyx mori* pupae at the appropriate time, it not only induced diapause, but also facilitated glycogen accumulation in the eggs and distinctly stimulated trehalose activity in the haemolymph, resulting in a high glycogen level in the ovaries and its reduction in the fat body.

In another study, Kai and Hasegawa found that esterase A in *Bombyx mori* eggs was concerned with the diapause termination mechanism. When esterase A, separated by electrophoresis from non-diapause eggs or from eggs in which diapause had terminated, was added to an *in vitro* culture of yolk from diapausing eggs, the yolk cells were severely affected (their cell membranes were dissolved, releasing the contents into the medium).

**Synchronization of Diapause in Parasites with that of their Hosts**

Many authors have observed that the endoparasitic larvae of entomphagous insects have a life-cycle closely synchronized with that of the host. With small entomophagous parasites such as some Braconids and Tachinids, if the host larva is to survive and develop to an adult, such synchronization appears to be essential. A special internal mechanism must be supposed in cases where both parasite and host undergo diapause. In this connection several authors have suggested an intervention by some of the metamorphosis hormones. This possibility has been studied experimentally by Schoonhoven (1962) in *Bupalus piniarius* L. (Geometridae) and its parasite *Eucarcelia rutilla* Vill. (Tachinidae).

A series of experiments involving chilling, decerebration and parabiosis of diapausing host pupae has provided evidence that one of the two metamorphosis hormones associated with pupal diapause (AH and MH) is responsible for activating the parasite when the imaginal development of the host starts. Schoonhoven gives reasons why this hormone must be MH. The parasite seems to respond to the hormone more readily than the host. Similar results were obtained by Maslennikova (1961) working on the development of the Chalcid, *Pteromalus puparum*, and its host *Pieris brassicae* and *Pieris rapae*. Maslennikova concluded that the physiological influence of the host on the parasite larva is exerted via the metamorphosis hormones, most probably MH.

**Artificial Diapause**

Wigglesworth, using *Rhodnius prolixus*, was the first to show that the artificial elimination of the source of AH results in a condition which in many respects resembles true natural diapause. For example, decapitated *R. prolixus* nymphs, though unable to move or accept food, may live very much longer than normal nymphs. The same is true for decerebrated *Hyalophora cecropia* pupae and isolated pupal abdomens, as has been shown by Williams (1947, 1952). The physiology of such an experimentally produced diapause in *Bombyx mori* pupae is identical with natural diapause in many respects, although no natural pupal diapause occurs in *Bombyx*. There is a marked decrease in oxygen consumption and an increase in resistance to HCN, although to a lesser degree than in the natural diapause of the saturniid *Eudia pavonia* with which it was compared. It may be concluded that the enzyme system working in natural diapause is also operating in the experimentally induced case, even though it may be much less developed. This favours the concept that the origin of diapause was the result of a gradual evolution (see later), under the action of natural selection and resulting in an adaptation to adverse environmental conditions.

## Evolution of Diapause

The discovery of the close interrelation between diapause mechanisms and the action of the metamorphosis hormones make it possible to erect a probable theory of the origin of diapause in the phylogeny of insects. In this connection, five important facts should be emphasized:

1. Diapause is also known to occur in other groups of Arthropods such as the Acarina and it probably also takes place in the Crustacea, Arachnida and Myriapoda.
2. The primary internal cause of diapause is an interruption of the production of a neurohormone secreted by the neurosecretory cells of the brain.
3. Even intraspecific, closely related forms, often differ in their possession of diapause (cf. sibling species).
4. Diapause always has a clear adaptive character.
5. Although the tendency to show diapause at a particular stage of ontogenesis in a given species is genetically conditioned, the appearance of diapause in a particular specimen is determined by stimuli received during ontogenesis.

From this it can be concluded that the basis of the origin of diapause (basically dependent on the metamorphosis hormone system) is phylogenetically very ancient, both in insects and in other arthropods. From this basis special mechanisms have developed in various insects, enabling them to achieve a rapid adaptation within ontogenesis to the particular environmental conditions. This conclusion is in full agreement with the view expressed by Ghilyarov (1949) and Emme (1953) on quite different grounds.

According to this view, diapause developed during the adaptation of the original soil-dwelling insects to the relatively low humidity on the ground-surface. The original diapause was most probably rather more similar to the present hot climate type than the cold type, and only subsequently was the cold type developed, probably associated with the penetration of insects into temperate regions with a cold winter period. On the basis of the present state of knowledge of the different types of diapause in recent insects as reviewed above, the following four hypothetical phylogenetic stages may be supposed to have occurred in the evolution of insect diapause:

1. The development of a secondary temporary interruption of the secretion of one or more of the metamorphosis hormones and the activity of the corresponding enzyme systems under adverse environmental conditions. In connection with this the various other physiological characters of diapause developed (perhaps at the Apterygota level).
2. The development of an interdependence between the moulting process, the process of ovarial development, etc., on the one side and a specific hormonal function on the other. As regards AH, on the basis of what is known about the distribution of the neurosecretory cells of the brain, this stage may be supposed to have originally developed at a period before the arthropod level was reached.
3. The evolution of a correspondingly specific dependence (determination) of the existing AH mechanism on specific and often quite different environmental factors, e.g. photoperiod, temperature, humidity, expansion of the abdomen, etc., which usually signal the appearance of adverse conditions in the life cycle.
4. The development of a genetically stabilized interruption of AH production under adverse environmental conditions, directly caused by these conditions, e.g. drought or a hot or cold period. This interruption would then of necessity occur only after such conditions had appeared (at the species level).

# 12

# SEGMENTATION IN ARTHROPODS

So far we have been considering those forms of symmetry in animal structure that are based on axes or planes of symmetry. We have seen that with the two chief types of symmetry found in multicellular animals radial and bilateral symmetry the animal's body is built up of antimeres i.e. of parts symmetrically similar to each other and arranged opposite each other either around an axis of symmetry or on each side of a plane of symmetry. When we find in any animal's body a number of parts similar to each other but arranged along (not around) an axis and repeating themselves along the whole or almost the whole length of the body such parts are called not antimeres but *metameres* (Ray Lankester).

Segmentation of the body of an animal into metameres is called *metamerism*. Metamerism may be regarded somewhat conditionally as a special case of symmetry. A body is metamerically symmetrical if similar parts recur along a straight line—the transposition axis, or metameric axis—at a certain distance, which is called the length of a metamere, or a step in progressive symmetry. If from any point in any metamere we mark off sections of a straight line parallel to the metameric axis, each equal to the length of a metamere, we will arrive each time at a point in the next metamere corresponding in all respects to the point from which we started. Metamerism may be called progressive symmetry. Strictly speaking, metamerism as a special form of symmetry could be perfect only if the series of metameres on both sides extended to infinity.

Since a series of metameres is always finite, and when it is moved forward the foremost metamere does not coincide with anything

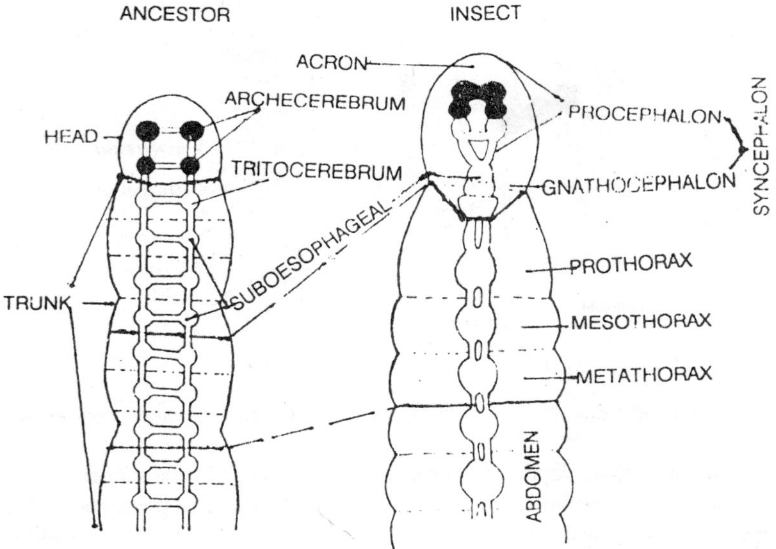


*Fig. 12.1. Evolution of Insect head.*

(and the same happen to the hindmost metamare if moved backward along the main axis), the definition of a metamerically-symmetrical body given above breaks down. Therefore the metamerism of animals and plants, if regarded as a form of symmetry, is always incomplete, which is why we said earlier that metamerism can be regarded as a specific form of symmetry only somewhat conditionally. Independently of this factor, metamerism, like reflective symmetry, may be complete or incomplete.

Metamerism is complete if the repetition involves the whole organisation of the animal, and incomplete if it involves only some organs or systems of organs and not others. Of course the concepts of 'comlete' and incomplete metamerism are essentially qualitative, reflective; it would be more correct to speak of 'more complete' and 'less complete' metamerism.

## Heteronomous Metamerism and Sections of the Body in Arthropods

Whereas annelids mostly have homonomous metamerism, and heteronomy—although widespread—plays a minor role in that subphylum, arthropods are predominately animals of heteronomous metamerism. At the same time the nature of the heteronomy in the two subphyla

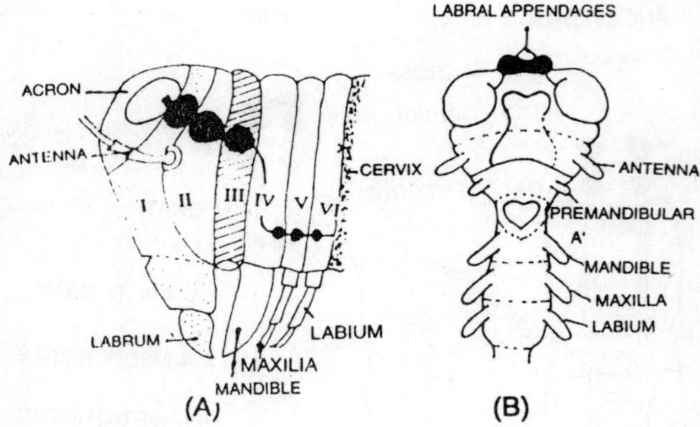


*Fig. 12.2. Head segmentation according to the classical theory—(A) head segments, (B) embryonic head segmentation.*

differs somewhat, depending largely on differences in the nature of the integument and in the functions of the appendages. The possession of a thick cuticle by arthropods leads easily to formation of shields uniting groups of contiguous segments into sections, and to fusion of segments; in annelids such fusion is much less common. The parapodia of polychaetes fulfil locomotor, hydrokinetic, respiratory, and sensory functions. The primitive limbs of arthropods fulfil, in addition, prehensile and masticatory functions.

Neither parapodia nor their cirri are used by any polychaete as prehensile organs of as auxiliary parts of the oral apparatus, whereas

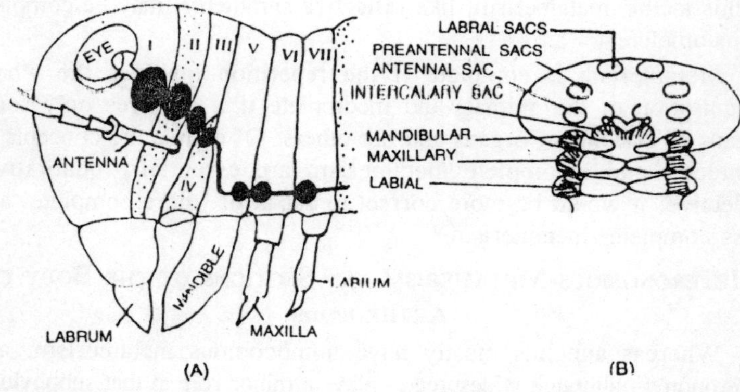


*Fig. 12.3. Head segmentation according to the labral segmental theory-(A) head segmentation and (B) embryonic coelomic sacs.*

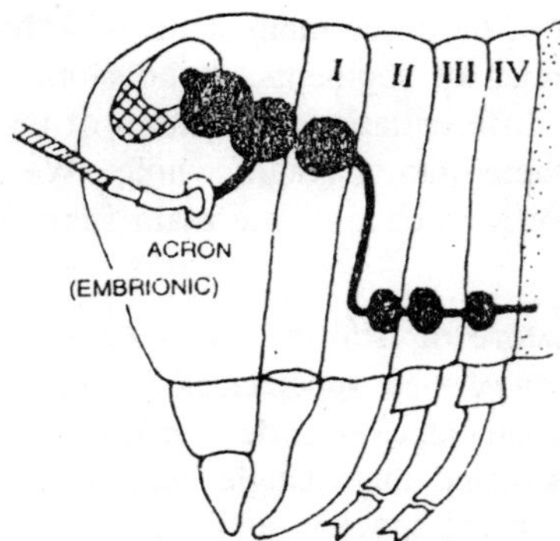


*Fig. 12.4. Head segmentation according to the Holmgren-Hanstrom theory.*

constant use of limbs for grasping and chewing, and also for various subsidiary functions derived from these, is characteristic of arthropods. Therefore the development of some kind of assemblage of oral appendages is a substantial factor in the development of heteronomy in arthropods, whereas in annelids that feature is totally absent. Each of the main stems of arthropods—Trilobita-Chelicerata, Crustacea, and Atelocerata (myriapods and insects)—begins with forms having a long, relatively-homonomous, segmented body: such forms include Trilobita, Phyllopoda, and Myriapoda; in all three groups there is post-embryonic elongation of the body by means of a pre-anal growth zone (anamorphosis) in this respect the most primitive arthropods do not differ from polychaetes. Both Phyllopoda and Myriapoda, however, already have differentiated oral appendages. The chief line of

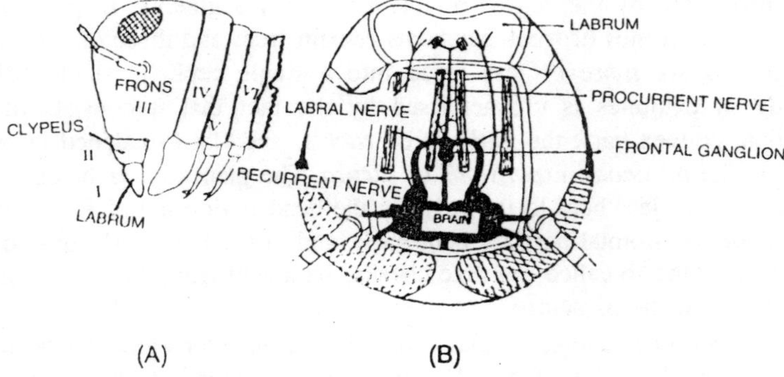


*Fig. 12.5. Head segmentation according to the Ferris-Henri theory—(A) head sutures and segmentation and (B) cephalic neuroanatomy.*

development of each of the three main stems of arthropods consists in decrease in the number of segments, stabilisation of their number, increase in the their differentiation, formation of tagmata from them, and integration of them into a single whole. We shall discuss the evolution of heteronomy in each of the main stems separately.

**Trilobites**

The primitive nature of trilobite metamerism consists chiefly in the extreme homonomy of their appendages. Except for the filamentous antennae and caudal filaments (*cerci*) described in *Neolenus*, all trilobite appendages are constructed on a single general pattern. They differ relatively little in different species, and are very similar in different body segments of a single individual. Trilobite appendages have been described in most detail by L. Stormer (1939). A trilobite appendage consists of precoxa, a coxa, a six-segmented telopodite, and a multiarticulate pre-epipodite bearing gill lamellae and attached to the precoxa. The coxa and sometimes also some segments of the telopodite are furnished with prehensile or masticatory endites. The limb ends in a few chelate spines. The cephalic appendages differ from those of the trunk only slightly, mainly in the size of the telopodites. Therefore the appendages of trilobites are no less homonomous than those of errant polychaetes.

Trilobites have advanced somewhat further in the direction of combination of body segments into larger units—tagmata. In the most primitive trilobites we can distinguish two tagmata, the head and the trunk. The tagmata of trilobites are characterised not by differences in their appendages—which, as we have seen, are all more or less uniform—but by the degree of fusion of body segments. In primitive forms the tergites of trunk segments remain free, and those of cephalic segments are more or less fused into a single cephalic shield. The body of trilobites is characterised by the fact that it consists of a medial convex part, the *glabella* or *rachis*, and flat broadened lateral parts, the *paranotal expansions* or *pleura*. The pleura of each segment are more or less bent to the rear. In the head region the pleura of the anterior, prostomial part are bent back, and in the family Mesonacidae they from the so-called movable cheeks, separated from the supraocular parts of the facial suture.

In Mesonacidae the facial suture forms an intersegmental border separating the acron from the first postoral segment, but in most trilobites the facial sutures retain the intersegmental position only in their posterior parts; their anterior ends cut across the ocular border

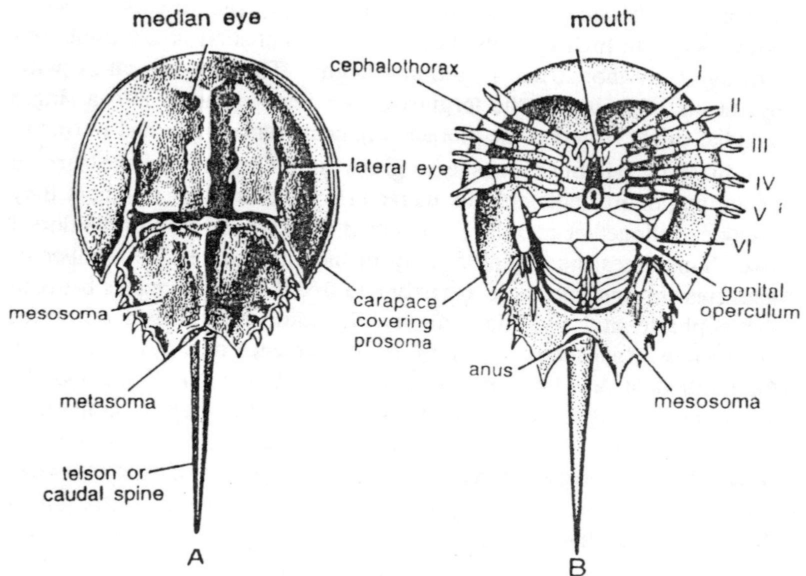


*Fig. 12.6. Development of tagmata in trilobites.*

and enter the front edge of the shield. On that account they partly lose their metameric character and cease to be completely-serial homologues of other intersegmental sutures of the body. In the group Hypoparia, because of a change in the moulting process, the facial sutures disappear entirely from the dorsal side of the head and move to its ventral side, totally losing their metameric character. In Mesonacidae the fixed cheeks, which lie medially to the facial sutures, are formed from the pleura of the cephalic segments. The boundaries of the separate segments composing the head are usually marked by transverse grooves or sutures, cutting across the glabella and sometimes also the fixed cheeks.

In some specialised trilobites the number of these grooves is reduced to one or two, e.g. in *Dicellocephalus*; or even all transverse sutures of the glabella, including the occipital suture, disappear altogether. In this way the consolidation of the trilobite head is consummated, and the only remaining trace of its metameric origin is the appendages on its ventral side. The maximum number of trunk segments known in trilobites is 42. In primitive trilobites of the family Mesonacidae the trunk segments gradually decrease towards the rear in such a way as to suggest that these trilobites possessed a constantly-active growth zone—a very primitive feature, reminiscent of some polychaetes. In higher forms, however, differentiation of the trunk into two tagmata—thorax and pygidium—begins. This process takes place by means of fusion of the tergites of the rear segments into a single pygidial shield, whereas the thoracic segments remain free and movable.

In many trilobites transverse grooves still remain on the surface of the pygidium, indicating its metameric structure, but in others they disappear altogether and the pygidium is perfectly smooth on its dorsal side. Sometimes the pygidium may include a considerable number of segments. In *Agnostus* there are only two free thoracic segments between the cephalic and pygidial shields. In some specialised trilobites (*Trinucleus*, *Agnostus*), as a result of the presence of a pygidium, even the method of development alters in a unique way. In *Trinucleus* the young larva consists of a head and a segmented pygidium, containing the same number of segments as the adult pygidium. Later the thoracic segments appear between these, one after another, as if a growth zone had migrated several segments forward from the anterior margin of the anal lobe, to the anterior margin of the pygidium (secondary growth zone, as in *Arenicola* or *Aulodrilus*). In the pygidia of some trilobites the number of segments of the pleura is less than the number of segments of the rachis, evidently as a result of incomplete separation of some segments, a phenomenon also observed in Phyllopoda.

**Chelicerata**

Chelicerata form the second large group of arthropods. They are sometimes divided into three classes: Eurypteroidea, Xiphosura, and Arachnoidea. We believe it to be more correct to regard all Chelicerata as a single class. All Chelicerata are characterised by highly-heteronomous metamerism. Eurypterids, and their relatives scorpions, possess the greatest number of segments.

***Order Eurypteroidea***

Eurypterids existed through much of the Palaeozoic, from the Ordovician to the Permian (the last members of the genus *Eurypterus*). They had an elongated body, in which from the dorsal aspect we may distinguish an anterior section or *prosoma*, covered by the cephalic shield, and a posterior section or *opisthosoma*. The latter consists of twelve segments and an appended and lobe, resembling a broadened plate or a spine. If the same animal is viewed from the ventral side we find the upper lip (labrum), as in trilobites, lying in front of the mouth; behind the mouth and behind the last pair of legs is the so-called metastoma, probably formed by coalescence of the rudimentary appendages of the seventh (pregenital) body segment. In addition the prosoma bears six pairs of appendages. The first pair of these, the chelicerae, usually with three segments, ended in chelae and were used for grasping. The other appendages were locomotor and masticatory. The telopodites of the second pair of appendages—the pedipalps—and of the first three pairs of limbs were walking legs; the telopodites of the last pair were sometimes used for creeping (Stylonurus) but were mostly oar-like expansions used for swimming.

Sometimes the pedipalps and the first pair of legs were converted into grasping appendages (Myxopterus). In *Slimonia* the pedipalps are filamentous, tentacle-like. In the prosomatic appendages pre-epipodites, together with their respiratory function, are entirely absent. The structure of the separate pairs of appendages in different eurypterids varies greatly in detail, but they are all arranged around the mouth, and all except the chelicerae poses masticatory outgrowths. The masticatory outgrowths are particularly well developed on the fourth pair of legs. In this respect eurypterids differ from scorpions and other terrestrial Chelicerata, in which the chief role in formation of the oral apparatus is taken by the coxae of the front pair of appendages, especially of the pedipalps. Both in their possession of masticatory endites and in the segmentation of their telopodites the prosomatic appendages of eurypterids are very like the limbs of trilobites, differing from the latter in their total lack of branchial rami.

The opisthosoma is divided into two sections, noticeable from the ventral aspect. The first, which immediately follows the prosoma, is called the *mesosoma*. It also bears appendages. The first pair of these

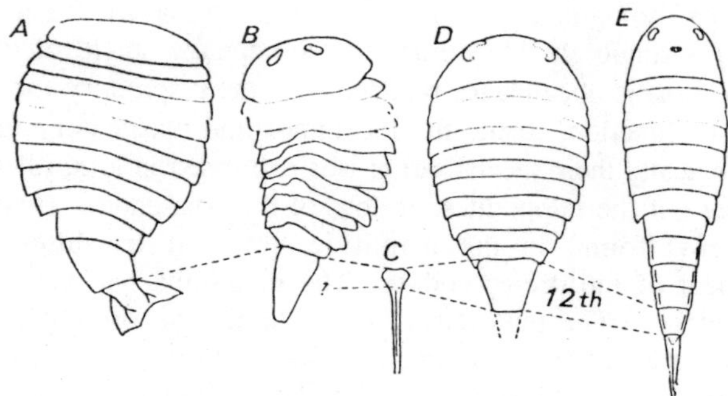


*Fig. 12.7. Comparison of the metamerism of some lower Chelicerata and Merostomoidea. A—Sidneya inexpectans; B—Strabops thacheri; C—Aglaspides sculptilis; D—Palaeomerus hamiltoni; E—Hughmilleria norvegica.*

is represented by genital opercula fixed to the ventral side of the first segment, with its genital orifice. Each operculum consists of a precoxa, to which is attached a broadened pre-epipodite, constituting the operculum itself, and a modified telopodite. The telopodites of both opercula remain independent or fuse into a single medial process, which is considerably more robust in males than in females. In general it is still possible to trace the structural plan of trilobite limbs in the structure of the genital opercula of eurypterids. As a rule the genital opercula extend also over the second segment of the mesosoma, which in most eurypterids lacks appendages of its own.

The following segments of the mesosoma—the third, fifth, and sixth—bear podobranchiae. In most eurypterids (except *Slimonia*) both the podobranchiae of each segment fuse into a single branchial operculum. Branchial lamellae are located on the dorsal surface of the branchial operculum. The opercula are all inclined rearwards, and thus branchial cavities are formed between the opercula and the ventral surface of the body. The last six body segments, which have no appendages, form the third section—the *metasoma*. In all other adult Chelicerata also the metasoma has no appendages. In the embryo of *Galeodes* (order Solifugae), however, the first three segments of the metasoma still retain vestiges of appendages, which later vanish without trace. We therefore distinguish three sections or tagmata in the body of eurypterids: pro-, meso-, and metasoma.

The prosoma is characterised by the fact that, out of the three functions of the primitive arthropod limb (locomotor, masticatory, and respiratory), its appendages retained only the first two: morphologically their specialisation was expressed in reduction of the pre-epipodites. All tergites throughout the length of the prosoma are fused together and form a single shield, similar to the cephalic shield of trilobites. The mesosomatic appendages retained only the respiratory (or acquired the genital) function, losing the locomotor and masticatory functions. Morphologically their specialisation was expressed in loss, or reduction to vestiges, of the telopodites, in loss of the basi-endites (masticatory appendages) found in the primitive limbs of trilobites, and in enlargement of the pre-epipodites. The metasoma had generally lost its appendages. The eurypterid larva, unlike the protaspis larva of trilobites, had a body consisting not only of larval segments but also of prosoma and opisthosoma. The number of segments in the latter was incomplete, however, and increased with successive moults (incomplete anamorphosis) —a primitive feature lacking in most other Chelicerata.

### *Order Xiphosura*

Xiphosura also are a very ancient group, appearing in the Silurian. The modern family Limulidae appeared in the Permian. The prosoma of *Limulus* is covered by a large shield, very similar to the cephalic shield of trilobites. The tergites of the mesosoma have pleura, well-defined and inclined rearward just like the trunk tergites of trilobites. Among eurypterids such tripartite tergites are known in only a few forms, e.g. *Myxopterus*. The prosoma of Xiphosura bears six pairs of limbs, five of them with chelae and no epipodites, and the sixth pair ending in a few spines and bearing an unsegmented pre-epipodite (flabellum) on its precoxa.

In Palaeozoic forms all the legs were pincerless. Behind the sixth pair of prosomatic limbs *Limulus* has another pair of unsegmented appendages, the *chilaria*. They are vestiges of the limbs of the seventh segments, and develop from their masticatory outgrowths. Therefore the seventh segment of Xiphosura indubitably belongs to the prosoma, according to the trend of specialisation of its limbs. In no other group of Chelicerata does it bear definite appendages, but on the basis of comparison with Xiphosura we may consider that in all cases it originated as a prosomatic segment.

The mouth of *Limulus*, like that of eurypterids, is moved well to the rear. In front it is bounded by the upper lip. The rearward movement of the mouth breaks down the homonomy of the metamerism, in the same way as we have seen with similar movement of the mouth in polychaetes of the family Amphinomidae; but in Xiphosura the consequent changes are more complex. The chelicerae and pedipalps move in front of the mouth, and the boundaries of the anterior segments of the prosoma are curved in the form of arcs opening forward; the fourth segment lies almost straight across the body; the fifth and sixth are curved into arcs opening rearward; all segments of the mesosoma are similarly curved. In spite of the arc-shaped from of these segments, the line of flexure between prosoma and mesosoma is straight.

As the developmental history shows, that line of flexure cuts across the sixth and seventh segments. The large medial part of the sixth segment forms part of the prosoma whereas its pleura form part of the mesosoma; the seventh segment is vestigial, consists of the glabellar portion, and mainly forms part of the prosoma, while its pleura are either reduced or fused with the rear (mesosomatic) parts of the pleura of the sixth segment. Its transition to a vestigial state is due to the fact that the articulation between prosoma and mesosoma passes through

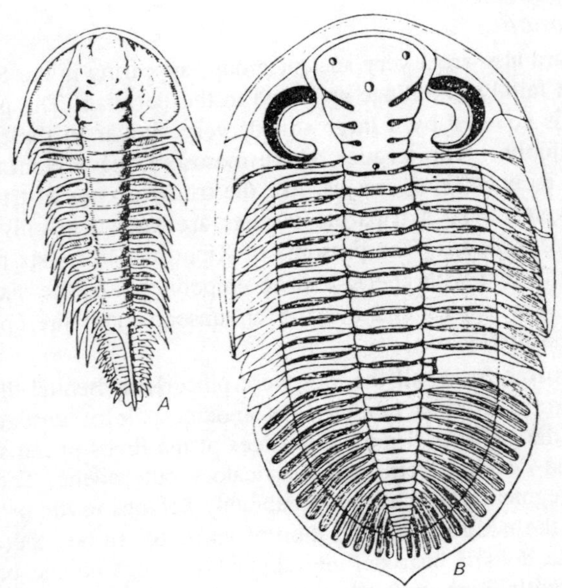


*Fig. 12.8. Limulus. A—Dorsal view; B—Ventral view.*

this segment, and that all the material of the seventh segment is used to form that articulation.

The mesosoma of Xiphosura, like that of eurypterids, contains six segments. In addition the pleura of the sixth and seventh segments of the prosoma are attached to it in front. In *Limulus* all the tergites of the mesosoma are fused into a solid shield, but in members of the Palaeozoic order Synziphosura they were free. The appendages of the first mesosomatic segment (eight body segment) form genital opercula; this segment possesses the genital orifice. All the other segments bear podobranchiae. Even the second segment of the mesosoma is no exception. In this respect, therefore, Xiphosura stand closer to the prototype than do most eurypterids. The podobranchiae of Xiphosura are also more primitive in structure than those of eurypterids.

In Xiphosura the two limbs of one pair never fuse together, and besides they all have small telopodite, thus retaining the structural plan of the trilobite limb more fully. The body of Xiphosura ends in a huge spine, which is movably articulated to the last segment of the mesosoma; the metasoma is not developed. In Synziphosura, however, it was developed and consisted of a varying number of segments, but always incomplete: in *Hemiaspis* (Silurian) there were three segments, in *Belinurus* (Carboniferous) two, and in *Prestwichia* (Carboniferous) one. Correspondingly there are somites belonging to the three metasomatic segments also in the development of *Limulus*. Later they form part of the mesoderm of the caudal spine.

Primitive Cambrian forms such as *Strabops* or *Palaeomerus* had the full number of segments of the opisthosoma, and from the structure of their dorsal side they may equally well be included in Aglaspida (Xiphosura) or Eurypteroidea; in Stormer's opinion (1956), the constitute a common point of origin for both groups. Unfortunately the structure of their limbs is unknown, and therefore their systematic position remains undetermined. The obvious similarity in general body form, in the structure of the cephalic shield, in the location of the eyes, etc., long ago led zoologists to place Xiphosura close to trilobites; but the discovery of antennae and biramose limbs in the latter obliged investigators to reject that conclusion for a long time. Among later authors the first to return to the theory of the proximity of Chelicerata to trilobites was D.M. Fedotov (1924). At present, as a result of the work of P. P. Ivanov, P. Schulze, L. Stormer, A. A. Zakhvatkin, and others, the close relationship of these groups can be considered to be proved.

Chelicerata differ from trilobites mainly in loss of antennae, differentiation of trunk appendages into locomotor-masticatory prosomatic and genital-respiratory mesosomatic, and total loss of appendages from a few of the last segments, which constitute the metasoma. The prosoma of Chelicerata contains—besides the four larval segments and the fifth occipital segment of primitive trilobites—two more trunk segments (counting the pregenital segment). Such union of new trunk segments to the already-compound structure of the head is known as secondary cephalisation.

In all Chelicerata the mesosoma has also acquired a definite number of segments—six. An equally definite number of metasomatic segments is found in *Palaeomerus*, eurypterids, and some terrestrial orders, whereas in Xiphosura and most terrestrial orders we see a gradual reduction of the metasoma and decrease in the number of its segments. We find nothing resembling the pygidium of trilobites in any Chelicerata. This fact, as well as analysis of the prosoma, obliges us to conclude that Chelicerata can have originated only from the most primitive trilobites, not higher in organisation than Mesonacidae. Among the numerous and diverse Cambrian arthropods discovered by C. D. Walcott (1911a, 1912) in Canada, there are number of forms that, while apparently possessing trilobite limbs, are very like Xiphosura in body form, while others resemble eurypterids to some extent. It is probable that some of these forms represent transitions between trilobites and various Chelicerata. Unfortunately their organisation is mostly insufficiently known for precise comparisons. Many of them, such as *Sidneya*, still possessed antennae. One of the chief problems in comparing the metameric composition of the body of Chelicerata with that of other arthropods is the question of the homology of chelicerae. As mentioned above, there are two main views on chelicerae: some authors equate them with antennae I, others with antennae II. We must admit that embryological data on this point are inconclusive.

A Jaworowski (1891) indeed described papillae in the embryo of the spider *Trochosa*, believed by him to be a pair of pre-cheliceral appendages, and S. V. Pokrovskii (1899) actually found two pairs of such papillae in *Pholcus*. A pair of pre-cheliceral somites have been described in the development of *Agelena* and *Dolomedes*. Clearer data are provided by the anatomy of the neural apparatus. On the one hand, rudiments of a deutocerebrum are observed in Xiphosura in the form of antennular glomerules in the brain, and also antennular nerves. More-or-less-probable rudiments of a deutocerebrum have been described in the embryo of the spider *Dolomedes*.

On the other hand, the ganglia of the chelicerae are joined by a transverse commissure passing behind the gullet, and give rise to the stomatogastric section of the neural apparatus; in both these respects they approach the tritocerebrum, i.e. the ganglia of antennae II of Crustacea. In their internal structure the cheliceral ganglia are similar to other ganglia of the ventral chain and have nothing in common with the ganglia of antennae I. The chelicerae themselves, because of their largely chelate form and grasping function, differ sharply from antennae I, which are usually filiform and sensory. These arguments collectively make it certain that the chelicerae are homologues not of antennae I, as E. S. Goodrich (1897) thought, but of the first pair of true postoral appendages—antennae II. In all Chelicerata antennae I are completely eliminated. This conclusion indubitably makes it easy to relate Chelicerata closely to trilobites.

### *Order Scorpiones*

The oldest known scorpion is the Silurian water-scorpion *Palaeophonus* (suborder Apoxypodes). It resembles eurypterids, e.g. of the genus *Slimonia*, in many respects. The prosoma is covered by a shield that bears medial and perhaps lateral eyes. Its sculpture resemble that of the shield of modern scorpions, but behind it there is a transverse depression, perhaps a trace of a suture between the fifth and sixth tergites of the prosoma. The prosoma has six pairs of appendages: short chelate chelicerae, long chelate pedipalps, and four pairs of walking legs, rather like those of eurypterids. These legs are short, each consisting of seven segments and ending in one with a sharp arthron.

The metastoma, as in eurypterids, lies behind the fourth pair of legs, so that all the appendages are grouped round the mouth. The mesosoma consists of the usual six segments. The genital orifice is located on the first segment; the genital opercula were not retained. The pectines, possessed also by modern scorpions, are located on the second segment. They represent modified pre-epipodites of the trilobite limb. In *Palaeophonus* there were also rudiments of telopodites near the pectines. On the next four segments there were probably podobranchiae, although these have not been well preserved. In *Palaeophonus* at least there were no stigmata, which are found on these segments in modern scorpions. The metasoma consisted of six segments and an unpaired appendage of the anal lobe. The first segment of the metasoma was of about the same width as the mesosomatic segments, and the others formed a slender 'postabdomen'. They were ribbed, as in modern scorpions, and as in the latter the tergites and sternites of each segment were fused together. The last segment of the metasoma of scorpions bears the anal orifice and is, perhaps, an anal segment, i.e. a product of fusion of the last body segment with the anal lobe.

As in eurypterids, it possesses an unpaired appendage, which in water-scorpions was armed with a curved spine similar to that of their modern relatives. In body segmentation *Palaeophonus* does not differ substantially from eurypterids, and its appendages are similar. Its peculiarities are almost within the range of the diversity characteristic of eurypterids. Like eurypterids it was aquatic, probably living in shallow sea. If it were not for the terrestrial scorpions of succeeding epochs (suborder Dionychopodes, two-clawed), to which the Silurian water-scorpions are so close, scarcely anyone would think of separating the latter from the order Eurypteroidea. Dionychopodes are known from the Carboniferous, and during that epoch were represented by numerous genera, of which only a few (Palaeoscorpiones) differed substantially from modern scorpions, whereas others must be place in the same group (Neoscorpiones) as modern scorpions.

How do terrestrial Dionychopodes differ from marine Apoxypodes? The first difference is that the metastoma of terrestrial forms has

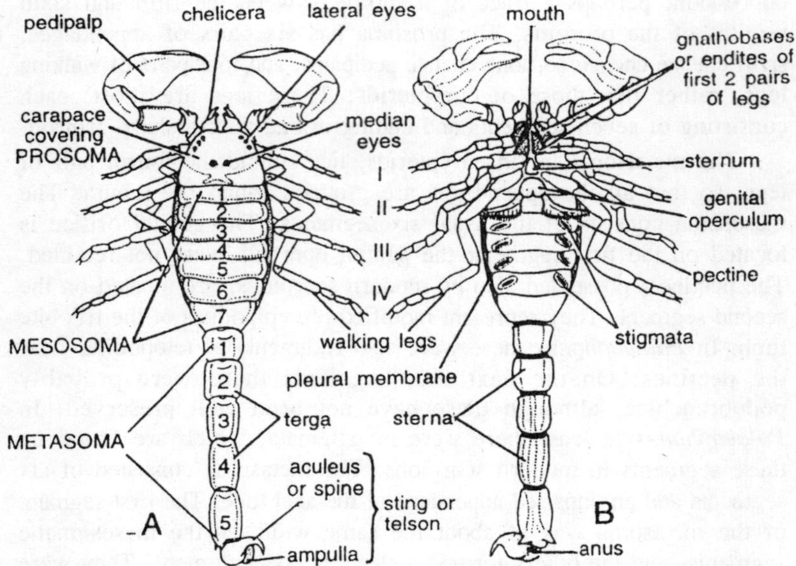


*Fig. 12.9. Scorpion. External features. A—Dorsal view. B—Ventral view.*

increased in size and moved between the bases of the legs, so that the last two pairs of legs have lost their coxal endites and the mouth is shortened. The mouth of modern scorpions is actually a small orifice, bounded dorsally by the base of the upper lip and ventrally by the coxae of the first and second pairs of legs; outgrowths of these coxae (endites) extend forward and form the bottom of the so-called pre-oral cavity; its roof is formed by the upper lip, and its sides by the coxae of the pedipalps. The second difference between modern and Silurian scorpions consists in the leg structure. The legs are much lengthened and their segments are differentiated, some remaining short and others being elongated; the formerly-cylindrical leg segments have become flattened. A pair of claws have developed at the ends of the legs, as in most terrestrial arthropods.

Most of these changes are adaptations to a terrestrial mode of life. Thirdly, instead of podobranchiae four pairs of stigmata, leading to lung-books, have appeared on body segments X to XIII. This feature also is an adaptation to a terrestrial mode of life. Of all these changes, only the shortening of the mouth and the associated loss of the basi-endites of the posterior pairs of legs represent an increase in heteronomy in higher scorpions as compared with *Palaeophonus* and eurypterids.

On the whole, terrestrial scorpions differ surprisingly little from *Palaeophonus*; the differentiation of tagmata, in particular, is the same in the two groups. The vestigial seventh segment, which we have noted in Xiphosura, exists also in the development of scorpions and carries rudiments of a pair of appendages that later disappear without trace.

In adult scorpions the sclerites of the seventh segment are not represented in the external skeleton, but a pair of lateral arteries and a pair of heart ligaments belonging to that segment are retained. We must conclude that that segment existed also in the development of eurypterids. The anatomical resemblance between scorpions and eurypterids is so great that scorpions may almost be called terrestrial eurypterids. Because of their possession of adaptations to terrestrial mode of life, scorpions and other orders of terrestrial Chelicerata are usually combined in one class, Arachnoidea. A class of arachnids of such scope, however, is certainly artificial. Scorpions are closer to eurypterids than to several orders of arachnids, e.g. to Solifugae or Palpigradi. It is therefore more correct to regard all Chelicerata as a single class, and to regard Eurypteroidea and Xiphosura as orders of that class, along with separate terrestrial orders. The term 'arachnids' may be kept as a collective name for terrestrial Chelicerata.

**Other Terrestrial Chelicerata**

Terrestrial Chelicerata, or arachnids, vary in age: many orders are known from the Carboniferous (Telyphones, Araneina (suborder Mesothelae), Solifugae, Ricinulei, Opiliones, and also the extinct Anthracomarti, Kustarachnida, etc.); mites of the order Acariformes are known even from the Devonian. The total number of body segments varies in different orders of arachnids. Among Araneina *Heptathela kimurai* has 12 tergites in the opisthosoma (not including the pregenital segment), which correspond to the full number of body segments, as in scorpions. The full number of 19 segments, which is found in scorpions, is not attained in any other arachnids (the appendage of the anal lobe, of course, is not counted). Telyphones, Amblypygi, Schizopeltidia, Pseudoscorpiones, and Araneina each have 18 segments; Palpigradi, Solifugae, and Opiliones, 16; Ricinulei, Opilioacarina, and Parasitiformes, 15; and Acariformes, 13. In Acariformes, therefore, the entire metasoma is eliminated.

Not only that, but in some members of the latter order, as a result of paedomorphosis(retention of larval features by adults), the number is reduced still further, e.g. in Tydeidae (suborder Prostigmata), which have only ten segments. Even among Araneina the full 18 segments are well defined in adults only in the suborder Mesothelae (family Liphistiidae). In higher Araneina the six rear segments undergo partial reduction—their ventral parts do not develop. On the whole, we see in arachnids a tendency of the body to shorten by reduction of the rear segments, reaching total loss of the metasoma, and (in some Acariformes) of the last one to three segments of the mesosoma also.

In many groups the last segments of the metasoma, which have not yet disappeared, assume a vestigial character, forming a small postabdomen of much-constricted and shortened segments. Such a postabdomen is found in Telyphones, Schizopeltidia, and also in Palpigradi and Ricinulei; in all these groups it consists of two segments and an anal lobe. The postabdomen is developed also in the embryos of several Araneina, e.g. in *Pholcus*. Among terrestrial groups partial anamorphosis, which we have seen in eurypterids, is found only in Acariformes, very clearly in *Pachygnathus*. The larva of *P. dugesi* has three mesosomatic segments and an anal lobe, the protonymph four, the deutonymph five, and the tritonymph six mesosomatic segments. Thus each larval form of *P. dugesi* adds one segment.

In Tydeidae anamorphosis disappears, and they retain throughout life the larval number of segments, together with a number of other larval features. (paedomorphosis). The fate of the last, seventh, segment of the prosoma introduces a unique feature into the metamerism of all Chelicerata. Only in *Limulus* does it have vestigial appendages. In other orders it is developed to a varying extent, although it is always less developed than adjacent segments and never has appendages (see above, however, regarding the metastoma of eurypterids). It is best developed in Palpigradi, where it is a true, individualised, but narrow segment, serving as a connecting stalk between the prosoma and the mesosoma. In Telyphones, Schizopeltidia, and spiders it also forms a stalk (pedicle) and possesses a tergite and a sternite (in spiders called lora and plagula). The pedicle gives mobility to the opisthosoma: Telyphones that is necessary to aim the ejaculation of the secretion of the protective gland, which opens at the end of the body, and in spiders to manipulate the spinnerets, just as in Hymenoptera the corresponding pedicle facilitates manipulation of the sting. Palpigradi probably need flexible articulation of the opisthosoma for squeezing through porous soil. In Solifugae embryos the seventh segment is well defined, and in the adults it has a small tergite and a small sternite, although the homology of the sclerites in that part of the body of Solifugae is disputed.

In Opiliones, Pseudoscorpiones, and many Acariformes the seventh segment has a well-defined tergite, but the sternite is vestigial or absent. In Amblypygi the seventh segment is poorly developed. Among Parasitiformes it is known in the embryo of *Boophilus calcaratus*; many Gamasoidea, even as adults, retain some of the setae belonging to it. In scorpions the seventh segment is known with certainty only in embryonic development. In Ricinulei it is completely unknown (their development has not been studied). The seventh segment, therefore, is more or less vestigial in all Chelicerata, but only comparatively rarely does it disappear entirely in the adults and it is doubtful whether it drop out completely from the development. The basic principle of specialisation of appendages by tagmata, as determined for aquatic Chelicerata, also holds good for the terrestrial orders, but with some deviations. The appendages of the prosoma remain oral and locomotor, and those of the mesosoma respiratory. The part played by the appendages in securing food, however, is very limited.

Whereas in Xiphosura the mouth is surrounded by coxal outgrowths of all the prosomatic appendages except the chelicerae, in modern scorpions the pedipalps and two pairs of legs take part in the formation of the pre-oral cavity; in Opiliones, the pedipalps and one or two pairs of legs; and in most others, only the pedipalps. All four pairs of legs bear coxendites in the embryo of *Ischnocolus* (Araneina, Tetrapneumones). In all terrestrial Chelicerata without exception, however, the coxendites have lost their masticatory function, and are not used for grasping or grinding food. In Palpigradi, unlike other arachnids, the oral orifice lies on a papilla, quite independently of the coxae of any appendages. R. Snodgrass (1948) believes that structure to be primitive, but it is doubtless a simplification. The masticatory function is sometimes transferred to the chelate ends of the chelicerae (in scorpions, Solifugae, some mites and ticks); in other cases it is entirely lost, e.g. in Araneina with external digestion, which take liquefied foods. In the latter, the coxal endites of the pedipalps are covered with hairs, forming filters that intercept solid particles of food and prevent them from entering the oral cavity; after a meal is finished, the particles held in the filter are cleaned away by other appendages. The coxendites of some other arachnids function as pre-oral filters in similar fashion.

The oral apparatus of the arachnids varies greatly in structural details: almost every order has its own special plan. This permits the supposition that all these types of apparatus developed more or less independently from the primitive oral apparatus of aquatic Chelicerata, known to us from the example of *Limulus*. Some mites and ticks (Parasitiformes, Opilioacarina) are characterised by a specialised section of the body bearing the oral organs and called the *capitulum* or *gnathosoma*. The capitulum includes the front part of the cephalic lobe, sometimes with parts of the first two body segments—the segments with the chelicerae and pedipalps; the topographically postero-dorsal part of the cephalic lobe, bearing the eyes, does not enter into the capitulum. The separation of the capitulum is due to two features, the first of which is the sclerotisation of its dorsal wall above the base of the chelicerae, i.e. formation of the tectum capituli.

The tectum is attached laterally to the postero-dorsal edges of the coxae of the pedipalps, which, in turn, fuse on the ventral side of the body. The base of the capitulum, therefore, forms a continuous scleritic ring, the basis capituli. The second feature is the fact that the capitulum, and particularly the basis capituli, is flexibly articulated by a thin membrane to the rest of the trunk and usually can be withdrawn into a recess called the camerostome and extruded from it by means of protractor muscles. The telopodites of the pedipalps form free tentacles. Beneath the base of the chelicerae the coxae of the pedipalps are joined by means of the epistome, which—as in other arachnids—has the upper lip at its front edge. On the ventral side the coxae of the pedipalps form a projection (the hypostome), which is the floor of the pre-oral cavity, the roof being formed by the upper lip.

In Acariformes there is apparently no true capitulum; their chelicerae either remain generally free or are attached to the coxae of the pedipalps (in Cheyletidae), but in any case they do not lie in a tube formed by attachment of the coxae of the pedipalps to the tectum capituli. With all the diversity of structure of the oral organs of Acariformes, however, it is very characteristic that the coxopodites of the pedipalps invariably take part in their formation. In this respect Acariformes basically resemble the majority of arachnids. The increasing heteronomy of the prosomatic appendages of arachnids thus consists in gradual decrease in the number of appendages whose coxopodites take part in food reception, that function being retained longest by the pedipalps. It disappears altogether only in the order Palpigradi.

We may note that pedipalps, according to the serial number of the segment to which they belong, are homologues of the mandibles of crustaceans, insects, and myriapods. Other modifications of the prosomatic appendages are not of particular interest from the point of view of metamerism, unless we count the specialisation of certain pairs of legs for various functions, which is often observed in small groups of arachnids. As is well known, in the larvae of mites and ticks (Parasitiformes, Opilioacarina, and Acariformes) the fourth pair of legs (present in the embryo) is eliminated; Ricinulei also have a six-legged larva. In Acariformes that larval feature persists into the adult form in two cases, so that six-legged mites result (genus *Phytoptipalpus*, among the gall-forming members of Tetranychoidea, and—independently—*Locustacarus* and some other Tarsonemida).

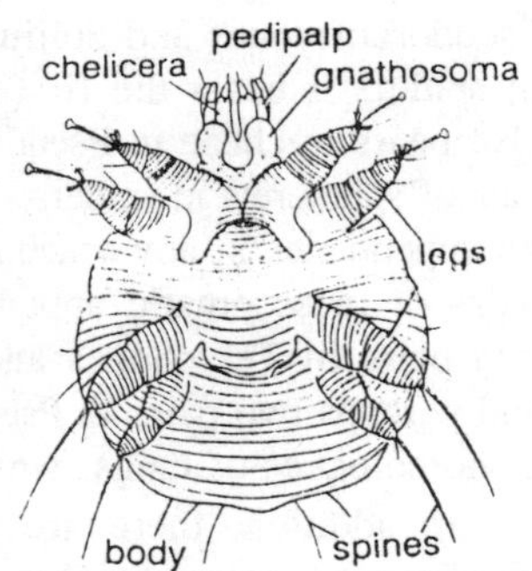

*Fig. 12.10. Sarcoptes scabiei. Human itch-mite (ventral view).*

In Tetrapodyli, plant endoparasites related to Tetranychoidea, complete reduction of the last two pairs of legs takes place, so that only four pairs (i.e. only those of the larval segments) remain of the six pairs of prosomatic appendages. A tendency to successive reduction of the mesosomatic appendages is characteristic of the whole group of arachnids. We no longer see in any of the orders such a complete assemblage of mesosomatic appendages as that possessed by scorpions. Except in some Opiliones, none of them have genital opercula on the eighth segment. Araneina have branchial apertures at the posterior edge of that segment; it might be thought that this anterior pair of lung-books belongs to the next (ninth) segment, and the posterior pair, lying behind it, to the tenth. The tenth segment, however, has its own appendages in the form of the first pair of spinnerets.

So we must concede that the second pair of lung-books in Araneina belongs to the ninth segment, and the first pair to the eighth (genital) segment, being therefore homologous with the operculum of Xiphosura. The lungs of Telyphones and Amblypygi are located on the eighth and ninth segments, and the sole pair of lungs of Schizopeltidia lies on the eighth segment. The identical location of the lungs in Telyphones, Amblypygi, and spiders confirms the close relationship of these orders. The ninth segment, which in scorpions bears the pectines, in most orders has no appendages; only in Telyphones, Amblypygi and some Araneina does it possess a second pair of lung-books, and in other Araneina a pair of tracheae, usually regarded as homologues of lung-books; in Solifugae it also possesses a pair of tracheae, but it is difficult to say whether these are homologues of lung-books. In Pseudoscorpiones and Solifugae the tenth segment bears tracheae, and in spiders it bears the first pair of spinnerets. The eleventh segment also bears tracheae in Pseudoscorpiones and Solifugae, and the second pair of spinnerets in spiders. The twelfth and thirteenth segments possess no appendages in any arachnids except scorpions. Therefore out of six pairs of mesosomatic appendages only four pairs remain in spiders, two pairs in Telyphones and Amblypygi, one pair in Schizopeltidia, and perhaps two pairs in Pseudoscorpiones (if their tracheae are garded as homologues of lungs, which has not been proved).

In addition, there are mesosomatic tracheae in harvest spiders (Opiliones) (one pair) and in Solifugae (three pairs), but their homology with lung-books is less probable. Palpigradi, Ricinulei, and Acariformes have no traces of such mesosomatic appendages, even conjectural. Besides the above-described types of mesosomatic appendages a number of arachnids possess ventral organs, interpreted by Börner as coxal appendages of lost ventral limbs. In palpigradi they are located on the ventral side of five segments of the mesosoma, beginning with the genital segment, and anatomically they resemble the abdominal sacs of the lower Atelocerata.

In other orders of A. A. Zakhavatkin's superorder Actinochaeta there are usually not more than three pairs of them. Among the orders in the superorder Actinoderma their vestiges are known only in Amblypygi. Acariformes possess, besides the usual three pairs of ventral organs on the mesosoma, an additional pair on the coxae of the second pair of legs; its existence supports Börner's hypothesis. Consequently a second tendency is observed in arachnids (in addition to that towards reduction in the number of segments in the metasoma)—a tendency towards reduction of mesosomatic appendages. In losing its appendages the mesosoma loses its distinction from the metasoma, and determination of the boundary between these sections is often possible only on the basis of a precise count of segments.

In the body of terrestrial Chelicerata, therefore, one can very often distinguish not three sections but only two, the prosoma and the opisthosoma, the opisthosoma combining all existing mesosomatic and metasomatic segments. The modification in the metamerism of the exoskeleton of arachnids are multiform, but some general tendencies are discerned there also. The most primitive arthropod skeleton, as we have seen, would be homonomous and would be represented by numerous sclerites metamerically and homonymously arranged. The most primitive skeletons actually observed usually diverge somewhat from that type because of being less homonomous, because of fusion of some sclerites, and because of reduction or expansion of others. Let us examine the development of heteronomy in the arthropod skeleton in the example of Chelicerata.

In all aquatic Chelicerata all the tergites of prosoma fuse into one general shield—the *carapace*. In this respect many terrestrial arachnids have retained a more primitive structure, closer to the segmentation of the trilobite skeleton. In many arachnids, instead of continuous shield (the *propeltidium*) covering the whole prosoma, there is a small shield covering only the larval part of the body, i.e. the segments containing the chelicerae, the palps, and the first two pairs of legs. As P. Schulze (1937) suggests, the part of the trunk covered by that small shield is fully homologous with the trilobite head, and the propeltidium is more or less homologous with the trilobite head shield. In propeltidium is more or less homologous with the trilobite head shield. In palpigradi and Schizopeltidia the propeltidium is followed by the *mesopeltidium* (tergite of the segment with the third pair of legs), which takes the form of two paired plates, then by the *metapeltidium* (tergite of the segment with the fourth pair of legs), and finally by a series of opisthosomatic tergites, free and not fused together.

In Solifugae the propeltidium is followed by two pairs of sclerites (arci anteriores and posteriores), perhaps together corresponding to the mesopeltidium; then comes a metameric series of tergites, including in every case the metapeltidium and the tergites of the opisthosoma. Therefore these three orders of arachnids are much more primitive in the degree of independence of their tergites than are aquatic Chelicerata, and stand at the trilobite level. Most arachnids—Scorpiones, Telyphones, Amblypygi, all Araneina, Pseudoscorpionoidea, Ricinulei—have a solid shield covering the whole prosoma, as in Xiphosura and eurypterids. Among harvest spiders (Opiliones), the family Phalangidae also possesses of general prosomatic shield, but in Gagrellinae the boundaries of the last two tergites are marked on it by transverse sutures, i.e. traces of the original segmentation of the shield into pro-, meso-, and metapeltidium are still visible.

In other Opiliones some opisthosomatic tergites are fused with the prosomatic shield, but the boundaries of these, like the boundaries of the meso- and metapeltidium, mostly remain noticeable in the form of sutures. The mesosomatic tergites remain independent in Scorpiones,

Telyphones, Schizopeltidia, Palpigradi, Solifugae, Pseudoscorpionoidea, Ricinulei, and primitive groups of Acariformes, and among Araneina in the primitive family Liphistiidae (suborder Mesothelae). In the rest of the Araneina the sclerites have generally disappeared as such within the opisthosoma, the whole is covered with soft skin, and there are no external traces of metamerism. In Acariformes the segmentation of the dorsal side of the body is extremely varied.

In Acariformes we find segmentation mostly similar to that in Solifugae, Schizopeltidia, and ultimately primitive trilobites, which we may call trilobitoid segmentation: the cephalic lobe and the first four segments, known collectively as the *proterosoma*, are covered by a common shield (the propeltidium), whereas the last two segments of the prosoma and all segments of the mesosoma remain free. The same type of segmentation is found in, for instance, Pachygnathidae (Acariformes, Endeostigmata). Furthermore, we find a type of segmentation designated by Zakhvatkin as trithyraeoid segmentation; the body is divided into three sections—*proterosoma*, consisting of the cephalic lobe and four segments; *metapodosoma*, the last two segments of the prosoma; and *opisthosoma*; this type is fairly common among ticks.

There are types transitional between the first two: for instance, the first tergites existing in the mesosoma may remain free, the rest fusing together (*Probrachychthonius* among Acariformes Oribatei). As a result of fusion of the metapodosoma with one of the adjacent large sections the two following types of segmentation are derived from the trithyraeoid type: acaroid and arachnoid. The first arises when the metapodosoma fuses with the metasoma into a single hysterosoma. This type of segmentation is found in very many Acariformes. The arachnoid type of segmentation arises through fusion of the metapodosoma with the proterosoma, i.e. with complete integration of the prosoma; among mites and ticks it is found in Parasitiformes. The dorsal shield (scutum) of Ixodoidea is homologous, according to P. Schulze (1937), with the prosomatic shield (carapace) of spiders.

In many Acarina complete fusion of all sections of the body takes place, together with disappearance of skeletal metamerism, and the body becomes fully integrated, sometimes almost spherical (e.g. in many Hydrachnidae and other Acariformes Prostigmata). In contrast to the view widespread in popular literature, such complete integration of the whole body is not found in all 'ticks' and can in no wise be used as a characteristic uniting them into a single order. It is only the ultimate step in development of the morphology of Chelicerata, convergently attained by representatives of several different developmental series. A notable features of several Opiliones, e.g. the suborder Cyphophthalmi, is flexure of the rear end of the body to the ventral side. Externally it is displayed in ventral displacement of the ninth and tenth opisthosomatic tergites. The tenth tergite is then in front of the ninth; the anal orifice moves forward correspondingly, and the sixth, seventh, eighth, and ninth sternites are curved in an arc to make room for the tergites that have moved.

We find a similar phenomenon on a much larger scale in many Acariformes (Oribatei, Tyroglyphoidea), in which the tergites of the last three segments of the mesosoma are displaced ventrally. Integration and shortening of the body by means of ventral curvature of its rear end are also found in other arthropods, e.g. Crustacea Decapoda; but in Acariformes and Opiliones such curvature is accompanied by reduction in the ventral side of the curved segments, i.e. it leads to a much higher degree of integration of the trunk than in Crustacea Decapoda. Examining the skeleton of the ventral side, we must first note that there are no sternites in trilobites. Between the coxae of the legs of trilobites there is a narrow groove, morphologically occupying the place of the suture of the closed blastopore; by analogy with Crustacea Phyllopoda we may suppose that it served to bring towards the mouth food seized by the endites of the trunk legs. In Chelicerata, as we have seen, there is successive reduction of these endites, at first in the region of the opisthosoma and then in that of the prosoma. At the same time the alimentary groove disappears, and sclerotisation of the ventral side of the body may begin.

The latter takes place by means of two processes: (*i*) formation of metameric or non-metameric (unified) sternal shields, and (*ii*) expansion of the coxae and fixed attachment of them to the ventral wall of the body. The first type of formation of a ventral skeleton is observed in a pure form in palpigradi. The Upper Jurassic *Sternarthron zitteli*, sometimes included in that group, had separate sternites in all segments of the prosoma and the mesosoma. In the modern Koeneniidae, the segments bearing the chelicerae and the last three pairs of legs and the majority of opisthosomatic segments possess independent sternites, and only the sternites of the pedipalps and the first pair of legs and the majority of opisthosomatic segments posses independent sternites, and only the sternites of the pedipalps and the first pair of legs fuse into a single plate; but each of the sternites of the postabdominal (metasomatic) segments fuses with its own tergite to form a cylinder. The second type of formation of a ventral skeleton is observed in a pure form in the prosoma of Opiliones, Pseudoscorpiones, Ricinulei, and fossil Kustarachnida; there the ventral side is continuously occupied by the coxae of the legs, and the sternites are either absent or represented by insignificant rudiments.

In other orders we find various intermediate conditions. In Solifugae, as in their relatives Palpigradi, the sternites of the palps and the first pair of legs fuse into a single plate, but because of the large size of the coxae the plate has a narrow ⊥ shape; the sternites of the second, third, and fourth pairs of legs are independent and are divided in two by a medial suture. That they are not the coxae of the legs, as A. Kästner (1933) thought, is evident from their relation to the internal skeleton and from the presence of the full number of leg segments in addition to them. In Telyphones there are three sternites in the prosoma as well as enlarged coxae. In Amblypygi and their relatives Araneina the legs are moved to the sides, and between them is an open area occupied by a single thoracic shield (sternum).

The latter results from sclerotisation of the ventral integument, embracing the region of all segments with walking legs, except perhaps the last of these. In spiders the pedipalp segment is well developed and acts as a lower lip. In almost all orders the sternites in the opisthosoma region are well developed and mutually independent; they are absent only in Araneina and in all orders of mites and ticks; in a number of the latter the ventral surface of the opisthosoma bears paired and unpaired non-metameric shields. In scorpions, Opiliones, and Ricinulei there is a marked forward movement of the front sternites of the opisthosoma, particularly well shown in Opiliones. Consequently the genital orifice also is moved well forward. In all three orders this movement results from hypertrophy of the nearest postgenital sternites (ninth and partly tenth) and causes total elimination of the sternite of the pregenital (seventh) segment and considerable reduction in the sternite of the genital segment (eighth). In Opiliones there is simultaneous fusion of the sternites of the ninth and tenth segments. Our survey of the metamerism of the arachnid skeleton has now shown that it is improbable that all orders of arachnids have originated from the aquatic Chelicerata—primitive scorpions, eurypterids, and Xiphosura—known to us.

In many modern arachnids we find metamerism much more primitive, approaching that of trilobites, and in Acariformes there is even partial anamorphosis. It is more probable that separate groups of terrestrial Chelicerata arose independently from different groups of aquatic Chelicerata, the majority of which are still unknown to us. We may still consider it very probable, however, that all groups of terrestrial Chelicerata arose historically from aquatic Chelicerata and not directly from trilobites. This hypothesis is supported not only by the reduction of antennae I but also by the constancy of the number of segments in the prosoma and the mesosoma, and especially by the vestigial nature of the seventh body segment in all Chelicerata.

We should point out that in other groups of arthropods such reduction of segments lying at the junction of two tagmata, although it does occur, is far from being so constant as in Chelicerata. Therefore if we were to admit a polyphyletic origin for Chelicerata we should have to concede that the existence of a vestigial segment at the junction of two tagmata in all members of the group—and particularly the fact that that segment is always the seventh in total count—is a coincidence hard to explain. In summary we may say that the evolution of metamerism in the series from trilobites to higher Chelicerata consists in the following changes: (*i*) differentiation of three sections of the body, or tagmata, characterised by specialisation or reduction of their appendages; (*ii*) fixation of the number of segments in each tagma; (*iii*) gradual reduction of the segments in the metasoma, leading to shortening of the body; (*iv*) differentiation and gradual reduction of the mesosomatic appendages; (*v*) reduction to a vestige, or total elimination, of the seventh segment, which lies at the junction of the prosoma and the mesosoma; (*vi*) integration of the prosoma; the tendency towards integration of the prosoma is displayed especially in successive fusion of prosomatic tergites, leading to formation of a single prosomatic shield—the carapace—in many orders; the tendency towards integration of the mesosoma is displayed less often and less strongly, and there is no such tendency in the metasoma; (*vii*) a sigmoid curvature of the body axis leading, first, to displacement of the cephalic lobe rearward along the dorsal side and of the whole cheliceral segment to the dorsal side of the body, and, secondly, to displacement of the tergites of the last segments of the opisthosoma to the ventral side, with movement of the anal orifice forward along the ventral side and with reduction of the corresponding sternites; (*viii*) in many cases, far-reaching general integration of the body. As a result of that evolution the most specialised Chelicerata, such as many Acariformes, possess a short compact body, integration of all the metameres of which has led to almost total elimination of metamerism. The apparently-simplified architectonics obscure complex structural changes associated with curvature of the metameric axis.

**Crustacea**

Among Crustacea the most primitive structural plan and, in particular the most homonomous metamerism have been preserved by Anostraca, which in many respects are the most primitive of all arthropods. At the same time certain primitive features absent in Anostraca are scattered among other groups of Crustacea. The lower crustaceans are a very ancient group. Among their representatives in the Cambrian there were already a number of forms approaching various groups of Phyllopoda, and also forms perhaps combining characteristics of Phyllopoda Conchostraca with those of Ostracoda.

On comparing Phyllopoda Anostraca with trilobites, we see that each of these groups has retained some features of homonomous metamerism absent in the other group. Trilobites are distinguished by more homonomous metamerism of their appendages, but the process of cephalisation has gone very far in them, because all trilobites possess a head including at least four postantennular segments. On the other hand, in Phyllopoda Anostraca the head includes only one postantennular segment; but the first four pairs of postantennular appendages are markedly specialised and differ both from each other and from the rest of the trunk appendages. The trunk of Crustacea, besides, never attains that degree of homonomy that we find in primitive families of trilobites. In the subclass Malacostraca, as in trilobites, all segments

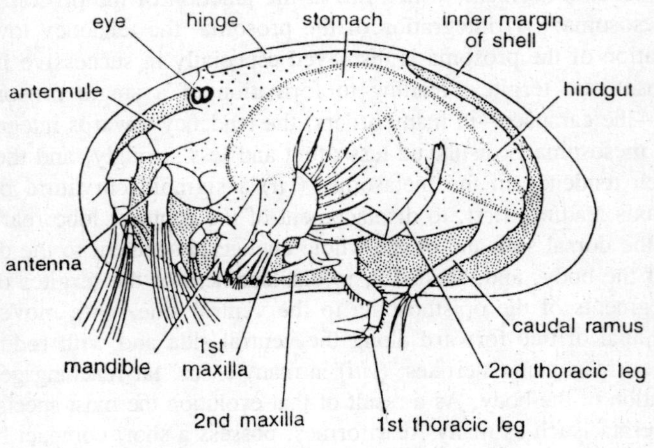


*Fig. 12.11. Cypris.*

of the body usually possess appendages, but in higher Crustacea (unlike trilobites) the anterior section of the trunk (thorax) differs greatly from the posterior section (abdomen) both in the form of its segments and in the kind of specialisation of its appendages.

In Entomostraca the trunk usually contains at least two tagmata, thorax and abdomen; the latter, like the metasoma of Chelicerata, has no appendages. In Conchostraca, however, all body segments possess appendages, which merely decrease in size gradually towards the rear end, so that we cannot speak of the existence of a specialised abdomen there. Lipostraca have vestiges of appendages on the first and last segments of the abdomen. These facts show that we can obtain a picture of the most primitive type of metamerism in arthropods only by combining primitive features scattered among various groups.

The structure of the crustacean head has been analysed by R. Snodgrass (1938), whose conclusions we follow below in discussing that subject. The head of Phyllopoda Anostraca is formed of a pre-oral lobe (including the region of antennae I) and one postantennular segment, which gives rise to the tritocerebral ganglion. In the larva (neuplius) the appendages of that segment usually have the biramose form characteristic of the appendages of Crustacea, and their coxae possess masticatory endites; in adults these appendages are specialised as a second pair of antennae (antennae II). The head of *Eubranchipus* resembles a broad monolithic capsule, bearing stalked compound eyes, two pairs of antennae, and an upper lip. The latter, which is similar to the upper lip of trilobites and Chelicerata, is a fold of integument descending above the front edge of the mouth. In crustacean anatomy the head of Anostraca, which consists of a pre-oral lobe and one segment, is called a primary head or *protocephalon*. Behind the head lies the second body segment, represented by a small tergite and bearing a pair of appendages specialised as jaws or mandibles. The tergites of the third and fourth body segments are fused together; their appendages—maxillae I or maxillulae, and maxillae II or maxillae—are also specialised as masticatory organs in the great majority of crustaceans; but in *Hutchinsoniella macracantha* (Cephalocarida) the maxilla II differ in no respect from the trunk appendages, and the maxillae I differ from them less than in any other crustaceans.

In Phyllopoda both pairs of maxillae are vestigial. In Phyllopoda the muscles of both pairs of antennae, and also those of the eyes and the upper lip, are attached to the walls of the head capsule. The muscles of the mandibles are attached within the limits of their segment, so that the points of attachment of the muscles are strictly metameric. Besides Anostraca, all higher crustaceans (Malacostraca) possess an independent protocephalon, except Leptostraca, Amphipoda, and Isopoda. The small head of all higher crustaceans is usually more or less covered above by a forward-pointing process of the mandibular segment called the *rostrum*. It is flexibly articulated to the mandibular segment and bears the eyes, both pairs of antennae, and the upper lip. In crabs (Decapoda Brachyura) the head is very small and hidden under the front edge of the carapace. In Stomatopoda on the other hand, it is very well developed, and its covering is divided into several metamerically-arranged sclerites; their metamerism, however, does not coincide with that of the embryo or with that of the nerve system, etc., and therefore with the general metamerism of arthropods.

From the above description it is easy to see the incorrectness of the current views, according to which the crustacean head always consists of five segments (including the antennular segment) and in Decapoda it is fused with the thorax into a single cephalothorax. The assertion that a five-segmented head is possessed by all crustaceans is based only on the circumstance that the first five pairs of appendages are more or less similarly specialised in the whole class of Crustacea, and that in many crustaceans the segments bearing them are fused into a single head. In Decapoda and a number of other forms, however, the maxillary segments do not actually form part of the head, which is represented by a protocephalon. The maxillary segments of Decapoda form part of a special tagma characteristic of that group, namely the *gnathothorax*.

All other crustaceans have a much more complex head, which contains (besides the primary head or protocephalon) at least all of the segments of the maxillary section (*gnathocephalon*). The maxillary region of the head often forms a shield or a bivalvular shell in the form of a fold covering the front part of the trunk (Notstraca, Leptostraca, etc.), the whole of the trunk (Cladocera), or even the whole body (Conchostraca, Ostracoda). This formation is extremely characteristic of crustaceans, being not only a protective adaptation but also, in many forms, current-directing. In Notostraca the tergites of the primary head form the anterior part of the dorsal shield, often bounded by a suture. Behind them the tergite of the mandibular segment is clearly visible, whereas the maxillary tergites, from which the free rear part of the shield is also formed, are completely fused together, as in *Eubranchipus*. The shield of Notostraca like that of trilobites, is formed from the cephalic lobe (including the region of antennae I) and the first four segments. In Notostraca, however, unlike trilobites, the cephalic lobe lies entirely at the front edge of the shield and does not sent back lateral processes corresponding to the free cheeks of trilobites; the entire rear part of the shield of Notostraca is formed from maxillary tergites. Therefore; in spite of being composed of the same metameres, the shield of Notostraca is a much simpler formation, with more perfect metamerism, than the shield of trilobites or Xiphosura. It is possible that the fact the shields of trilobites and Notostraca are composed of the same metameres is only a coincidence; but it is highly probably that the similarity indicates close relationship between the two groups.

Shell-bearing Phyllopoda—Conchostraca and Cladocera—resemble Notostraca in head structure, but their cephalic shield is curved along the sides of the body, giving it a bivalvular form; an addition, the segment boundaries have disappeared on the shield, and we can determine the posterior boundary of the primary head only from the points of attachment of muscles. The head of Leptostraca does not differ in principle from that of shelled Phyllopoda. The same kind of shield, or carapace, is found also in most Malacostraca, in which it embraces all the maxillary and some thoracic segments, the protocephalon (as we have seen) mostly remaining free. On that account the so-called *cephalothorax* of Decapoda should more correctly be called *gnathothorax*.

In free-living Copepoda the carapace, in the form of a fold covering the trunk, is not observed, but all the maxillary and the first postmaxillary segments are fused with each other and with the primary head (protocephalon) into a single large compound head (syncephalon). The appendages of the last segment of that head take part in the work of the oral appendages and are known as jaw-feet (maxillipedes). The head of Copepoda, however, is not a shortened compact whole. It is merely the fused anterior body segments, retaining the form of a simple region of the metameric trunk. The head of Copepoda does not have a flexible articulation with the thorax.

The head of Syncarida is no higher than that of Copepoda in level of integration. In Bathynellacea and the fossil Gampsonychidea it includes the protocephalon and the gnathocephalon, and in modern Anaspidacea it also includes the first postmaxillary segment. Among all crustaceans Amphipoda and Isopoda have the most perfect head form. Their heads have the same morphological composition as that of Anaspidacea; they also include the protocephalon, three maxillary segments, and usually one maxillipede segment; rarely there are two maxillipede segments, or none. Unlike the head of Copepoda, the head of Amphipoda or Isopoda is a compact, highly-integrated whole, often flexibly articulated to the thorax, externally resembling in insect head. This similarity has led several authors to derive insects from higher crustaceans; but in fact it is a clear case of convergence.

In trilobites and those crustaceans whose food reaches the mouth from behind (Phyllopoda, Cephalocarida, Copepoda, Euphausiacea, some Mysidacea, etc.— mostly filter-feeders) the mouth is correspondingly ventral and directed backwards, the labrum and antennae II also are ventrally located, and antennae I are ventral or terminal; the ventral nerve chain in these forms is straight as far as the deutocerebrum, and only the protocerebrum is slightly inclined dorsally. In other words, the axis of metamerism remains as straight at its anterior end as it is in annelids. In contrast, in those Malacostraca that have made the transition to catching food with the maxillae, especially in most Isopoda and some Amphipoda, the mouth is directed forward and is almost terminal; the functionally-anterior end of the body is formed by the exterior margin of the labrum; both pairs of antennae are moved considerably to the dorsal side; and the eyes are dorsal. In the nerve chain the tritocerebrum is the ganglion farthest forward, whereas the deuto- and proto-cerebrum are bent dorsally and caudally, so that they lie above and slightly behind the tritocerebrum. In this way the change in method of food procurement has led to a change in mouth direction, to forward movement of the labrum and the oral appendages, to dorsal movement of the antennae, and to flexure of the brain. This process reminds us of the flexure of the axis of metamerism in the front part

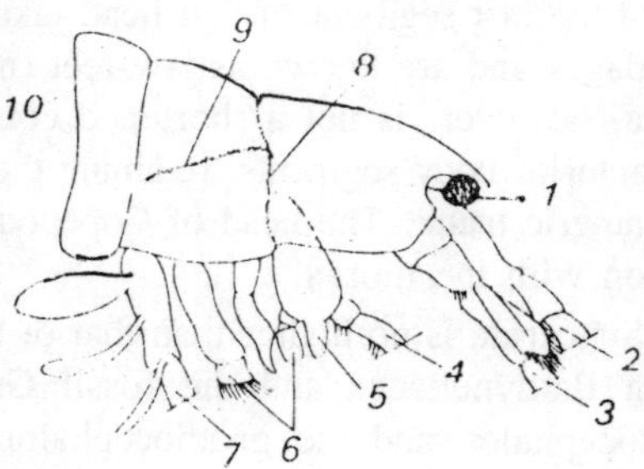


*Fig. 12.12. Head of Anaspides tasmaniae in profile; the first thoracic segment is also included. 1–eye; 2–antenna I; 3–antenna II; 4–palp of mandible; 5–mandible; 6–maxillae I and II; 7–first pair of thoracic limbs; 8–postmandibular suture; 9–lateral longitudinal suture; 10–second thoracic segment.*

of the body of terrestrial Chelicerata; it takes place also in many insects, having originated independently in all three classes.

The trunk of crustaceans, as already stated, is divided into two parts, thorax and abdomen. The only exception to this rule is provided by Euphyllopoda Conchostraca, whose trunk segments decrease gradually towards the rear end of the body and all possess identical leaf-shaped appendages. We cannot entirely exclude the possibility that the absence of an abdomen in Conchostraca is due to its reduction.

Phyllopoda have a large number of body segments, varying in different groups; in this respect they are the most primitive of crustaceans. In Notostraca the total number of segments (including the head) is usually more than 40, in Conchostraca from 14 to 36, in Anostraca from 23 to 31, and in the Devonian Lipostraca 23.

Another very primitive group of modern crustaceans—Cephalocarida—has only 13 pairs of postantennular appendages, including the head appendages, and ten segments without appendages; thus they approach Lipostraca and many Anostraca in total number of segments, but in them the number of trunk appendages is less and the number of segments without appendages greater than in Anostraca.

In most Anostraca the thorax consists of 13 segments, of which the eleven in front each possess one pair of identical leaf-shaped limbs, while the limbs of the twelfth and thirteenth segments are converted into genital appendages; the thirteenth segment has the genital orifice. The abdomen consists of six segments without appendages, followed by the anal lobe (telson), which bears paired appendages forming the *furca*. The thoracic limbs are unsegmented and leaf-shaped, and bear on their outer edge one or two pre-epipodites, one epipodite, and an unsegmented exopodite; on their inner edge they have masticatory endites. In *Polyartemiella* there are 19, not 13, thoracic segments, and in *Polyartemia* 21; the genital orifice invariably lies on the last thoracic segment, and the last two pairs of limbs are always converted into genital appendages.

The Devonian *Lepidocaris rhiniensis*—a member of the extinct order Lipostraca—resembles Anostraca in the absence of a shield or a shell, in the general segmentation of the body, and in the structure of the oral appendages; like most Anostraca it has eleven pairs of locomotor limbs. Behind these come the gonopodia, and then the abdomen. The total number of trunk segments is 19, and the telson ends in a furca. The biramose natatorial antennae II resemble those of Conchostraca and Cladocera. The chief difference from other Phyllopoda is that

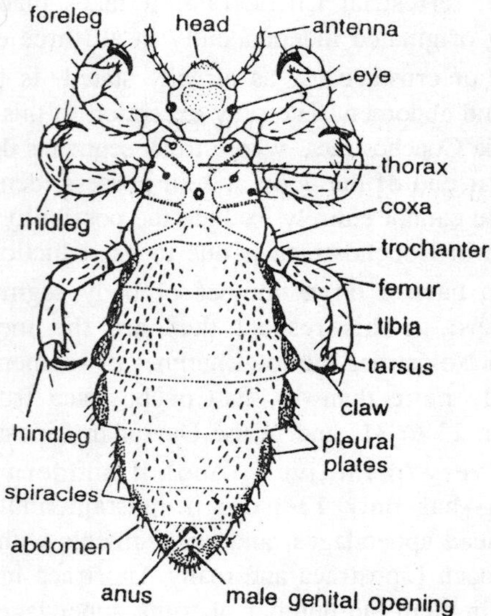


*Fig. 12.13. Human head-louse, male (Pediculus humanus capitis).*

only the last three pairs of legs are leaf-shaped; the other eight pairs somewhat resemble the natatorial limbs of Copepoda. On the whole this form is not more primitive than modern Phyllopoda, but it has primitive features, e.g. possession of vestigial limbs on the first and last abdominal segments.

In Notostraca and Conchostraca the genital orifice is always located on the eleventh trunk segment, whose appendages are modified, but less to than those of the genital segments of Anostraca. Behind the genital segment comes another series of segments bearing leaf-like limbs. In Conchostraca there are limbs, as we have seen, on all the trunk segments. The total number of these (unlike those of Anostraca) fluctuates even within separate species. The metamerism of the trunk of Notostraca is unique. Whereas each of the first eleven thoracic segments in them has one pair of limbs, the next 16 to 20 segments have several pairs each—from two to six pairs on each segment, the number of pairs per segment increasing rearward while the size of the limbs decreases.

Such polypody of segments is a unique phenomenon. It is usually attributed to fusion of segments or to their failure to develop. F. Linder (1945) states that in the postembryonic development of

Conchostraca the individualisation of each new segment begins on the ventral side, and in some cases (e.g. in the rear end of the abdomen of Limnadia) is not completed: the author attributed the polypody of Notostraca to that process. In fact, not only the limbs of Notostraca but also other metameric organs on their ventral side are subject to 'multiplication': the metamerism of the ventral nerve chain and the ventral muscles agrees with the metamerism of the limbs, and not with that of the cuticle and of the longitudinal musculature of the dorsal side of the body.

Apart from their polypody, the postgenital thoracic segments of Notostraca differ considerably from the pregenital segments, in both the structure of their musculature and that of the peripheral nerves innervating it. Because of all these differences, carcinologists often regard only the pregenital segments of Notostraca and Conchostraca as thoracic, and classify all the rest as abdominal; but if we adhere to the usual criteria we must include all segments bearing limbs in the thorax. We must then still distinguish two parts of the thorax: the prothorax, consisting of the first eleven segments, and the metathorax, including all the rest. The last four to fifteen segments of the body of Notostraca have no limbs and form the abdomen, which ends in the anal lobe, with paired filamentous cerci.

The separate species of Notostraca differ among themselves in the number of postgenital (polypodous) segments, the number of limbs, and the number of limbless abdominal segments; these numbers vary even within each separate species. Inconstancy of numbers of body segments within a species is a very primitive feature, and very rare among arthropods; except for Notostraca and Conchostraca, such inconstancy is known only among some trilobites and myriapods.

We may therefore distinguish four sections in the body of Phyllopoda, according to the structure of their appendages: (*i*) the antennal section (protocephalon), which includes the acron and one segment; its appendages have the nature of antennae; this section is independent in Anostraca and fused with the next section in Conchostraca and Notostraca; (*ii*) the maxillary section (gnathocephalon), with purely masticatory appendages (party vestigial); (*iii*) the *thorax* or *pareion*, with unspecialised appendages fulfilling all the chief functions of the primitive appendages of arthropods—locomotor, respiratory, and prehensile and masticatory; some of the thoracic appendages are changed into genital appendages; the thorax is divided into two subsections—pregenital (*prothorax*) and postgenital (*metathorax*); (*iv*) *abdomen* or *pleon*, without any appendages. The body ends in an anal lobe (telson). A very important primitive feature of Phyllopoda and Cephalocarida is the possession of masticatory appendages on all pairs of locomotor appendages (endites). These appendages take part in the seizure of food and its conveyance to the mouth. In this respect Phyllopoda and Cephalocarida resemble only trilobites. In *Hutchinsoniella* (Cephalocarida) the endites on antennae II are retained until a relatively late stage of post-embryonic development, whereas in other crustaceans antennae II possess endites only up to the nauplius stage. In all crustaceans except Phyllopoda and Cephalocarida, the masticatory endites are retained only on the appendages specialised as jaws (mandibles, maxillae I, maxillae II) or maxillipedes. This circumstance creates a wide difference between crustaceans and Chelicerata.

In most crustaceans the seizure and mastication of food by means of coxal endites has become the main function of special pairs of appendages, which have thus lost their locomotor function; on the other hand, in Chelicerata there are no such appendages specialised as jaws: in aquatic Chelicerata the gnathobases of all the locomotor prosomatic appendages take part in mastication, and in terrestrial Chelicerata that function of the gnathobases is lost or is performed in a unique manner (e.g. in Parasitiformes). Nevertheless the pedipalps, as we have seen, have a constant connection with the oral orifice in arachnids, being homologous with the mandibles of crustaceans according to the serial order of their segment. The number of trunk segments in primitive Phyllopoda is large and inconstant, and evolution within the class Crustacea, as in the series Trilobita-Chelicerata, follows the path of stabilisation and reduction of that number. Decrease in the number of body segments is one method of integration of a metameric body and transition from a uniformly-segmented, vermiform chain of segments to a compact, heteronomous, centralised whole. Decrease in the number of segments, however, is a process that brings as secondary results simplification of structure, decrease in morphogenetic possibilities, and premature specialisation. Such premature specialisation excludes the possibility of far-reaching progressive development, although it permits great diversity in details.

Among Phyllopoda we find a similar series of decreases in numbers of segments and their stabilisation at lower figures, in the series Conchostraca-Cladocera. Among Conchostraca, Limnadiidae have 17 to 32 pairs of limbs; the majority of other families have 14 to 28 pairs; but Lyncaeidae have only 10 to 12 pairs; in size and general appearance Lyncaeidae exhibit considerable progress towards Cladocera. Among the latter, Ctenopoda (Sididae, Holopediidae) have six pairs of thoracic limbs; Anomopoda (the majority of Cladocera) have five pairs, rarely six; and Onychopoda (Polyphemidae) have only four pairs. The abdominal segments in Cladocera are fused together, and only in *Leptodora* does the abdomen consist of four segments; if the same number of abdominal segments is assumed for other Cladocera, the total number of postantennular segments in Polyphemidae is 12—an extreme example of oligomerisation among arthropods.

The order Ostracoda represents the ultimate highly-specialised forms in a similar series of decrease in number of segments and shortening of the body. Their body is completely covered by a bivalvular shell. There is already a shell in the nauplius—another example of advance to an earlier stage of the first appearance of an organ that is particularly well developed in the adult (Keibel'-Mennert's rule, established from examples in vertebrate embryology). The head bears antennulae and the usual four pairs of postantennular appendages. The majority of members of the order also have two or more pairs of thoracic legs, and some families have the so-called 'cleanser', which perhaps also

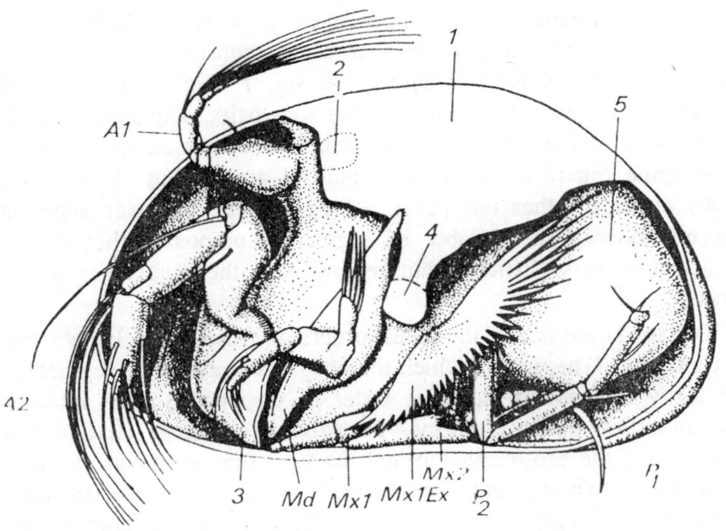


*Fig. 12.14. Cypridopsis vidua (Ostracoda), left view, part of left value removed. 1-place of origin of valves from head; 2-nauplial eye; 3-upper lip; 4-shell-closing muscle; 5-abdomen; A1-left antennula; A2-antenna; Md-mandible; Mx1Ex-its exopodite; Mx2-maxilla II; $P_1$-first legs; $P_2$-second legs.*

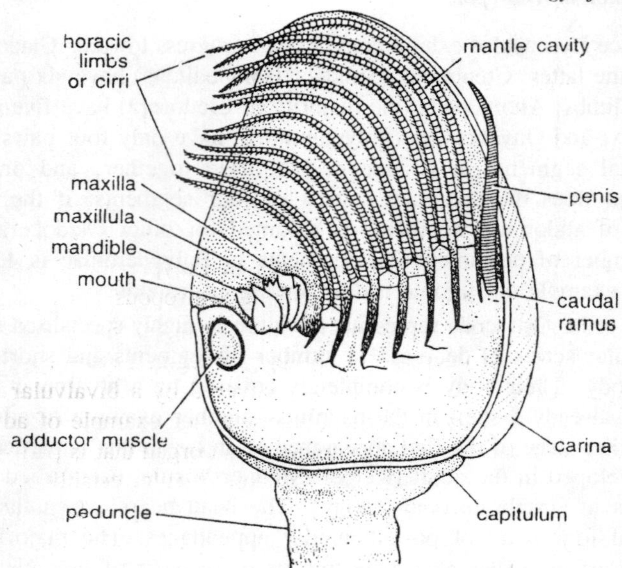


*Fig. 12.15. Lepas. Lateral view of capitulum after removing a scutum and a tergum.*

represents a modified pair of appendages. In *Polycope* both pairs of thoracic limbs are reduced. In Ostracoda, therefore, the maximum number of postantennular appendages is six or seven pairs (including the cleanser), and the minimum number four pairs. The abdomen, like the thorax, is not segmented; in the males it bears a compound penis, which some regard as a modified pair of appendages. P Weygoldt (1960) considers that the penis belongs to the cleanser segment. Determination of the number of segments composing the body of Ostracoda is very difficult, but in any case the number is greatly reduced.

Ostracoda are one of the oldest orders of crustaceans, known from the Cambrian. The way in which the body is composed of segments is also fairly uniform in the large order of Copepoda, apart from the much-modified parasitic forms. Free-living copepods have a head consisting of the protocephalon and the next four segments, a thorax consisting of five segments, an abdomen of four segments (including the maxillipede segment), and an anal lobe. The total number of post-antennular segments in all free-living copepods is therefore 14, and the number of segments in the head and thorax ten. The number and the nature of specialisation of appendages are more constant features in free-living copepods than the number of free segments; in different copepods we find different degrees of fusion of segments—thoracic segments with the head and with other thoracic segments, and abdominal segments with each other. In the adult stage the copepod families most modified by parasitism (Lernaeidae, Lernaeopodidae, etc.) lose their metameric structure almost completely.

Copepods are not known as fossils, and it is doubtful if the Triassic *Euthycarcinus*, described as a representative of their ancestral group Archicopepoda, has any relation to them. The first member of the order Mystacocarida, *Deirocheilocaris typicus*, was discovered by R. W. Pennak and D. J. Zinn in 1943. Mystacocarida have the same cephalic appendages as Copepoda, and one pair of maxillipedes. The total number of post-antennular segments is also 14. The anal lobe bears a furca. The second to fifth pairs of thoracic limbs, however, are vestigial, and the sixth pair is missing; the sixth thoracic segment is not distinguishable from the abdominal segments. The genital orifice, unlike that of copepods, is located on the first thoracic segment. The head is much less consolidated in Mystacocarida than in Copepoda; the protocephalon is separated from the gnathocephalon, and the latter from the maxillipede segment. That segmentation of the head may be due to the animal's dwelling in interstices in the sand, like the reduction of the limbs and the vermiform shape of the body. There are certainly primitive features in the neural apparatus of Mystacocarida.

Members of the small order Branchiura are ectoparasites of fish. Their head and thorax are covered by a common shield. The head appendages of the larva are fairly typical, but in the adult they are all greatly modified because of parasitism. The thorax bears four pairs of biramose swimming limbs. The unsegmented abdomen is converted into a small fin, in the notch of which lies a furca. It is tempting to regard the swimming limbs as homologues of the swimming limbs of Copepoda, but then we would have to admit total reduction not only of the sixth but also of the first pair of thoracic limbs (the maxillipedes of copepods), of which there are as yet no proofs. A primitive feature of Branchiura is possession of a shield (carapace) and compound eyes.

Cirripedia are much modified by a sessile mode of life. Some cirripedes are even more modified because of their transition to parasitism. They are known from the Palaeozoic. The free-swimming larvae of Cirripedia pass through a nauplius stage, some metanauplius stages, and a cyprid larva stage. In *Balanus crenatus* there are from six to eight precyprid stages. The cyprid larva resembles adult

Ostracoda in the possession and the shape of a bivalvular shell, but its body segmentation and specialisation of appendages are different and resemble those of Copepoda and not of Ostracoda, as E. Korschelt and K. Heider suggested (1892). The cirripede larva has two pairs of antennae, mandibles, two pairs of maxillae, and six pairs of thoracic limbs. There are altogether ten pairs of post-annular appendages. The abdomen is vestigial, and the number of segments in it cannot be determined. Such a larva, after swimming, attaches itself by the head to the substrate, the antennae becoming reduced, and the shell fold attached to the head forms a mantle in which, in typical cirripedes, plates characteristic of these animals develop. In typical forms (Pedunculata and Operculata) the oral and thoracic appendages are fully retained, but in Acrothoracida the number of thoracic appendages is reduced. In Rhizocephala there are no appendages, and generally no traces of metamerism remain in the adults.

Ascothoracida, formerly included in Cirripedia, were separated by V. L. Vagin (1937) into a distinct order. Most of them are much modified by parasitism; the most primitive are *Synagoga* (ectoparasites of antipatharians and sea-lilies) and *Ascothorax*, an endoparasite of Ophiuroidea described by A. M. D'yakonov (1914). The head of *Ascothorax* bears prehensile antennae I and an assemblage of oral organs in the form of a stabbing and sucking proboscis; antennae II, which exist in the metanauplius, later disappear, as in Cirripedia. The thorax bears six pairs of biramose appendages; the abdomen consists of four segments and an anal lobe bearing a furca. In the number of segments, therefore, and their division into sections Ascothoracida resemble Copepoda. Unlike the latter, however, Ascothoracida have a bivalvular shell on the head, covering the thorax also and resembling the shell of Conchostraca or of larval Cirripedia. In the females of most Ascothoracida the shell expands into a voluminous mantle, while the trunk of the animal suffers considerable reduction.

It is only in Eupyhllopoda, then, that we find an indefinitely large number of thoracic segments. In all other series we see reduction and stabilisation in segment numbers, the typical number of thoracic segments in the various series not being completely uniform, in Cladocera it is 4 to 6; in Copepoda, Mystacocarida, Cirripedia, and Ascothoracida, 6; the same number may be hypothetically assigned to Branchiura. The last five orders have much in common and may be combined into a single super-order Copepodidea; they have similar body segmentation and also similar thoracic limbs, which are of a biramose, segmented type, without respiratory or masticatory appendages. The original number of thoracic limbs for all Copepodoidea is six pairs; in Cirripedia and primitive Ascothoracida they are all uniformly specialised; in Copepoda and Mystacocarida the first pair is converted into maxillipedes; the last pair is converted into genital appendages in most copepods, but in Mystacocarida it is reduced. In Branchiura, if they belong to this superorder, both the first and the last pair of thoracic limbs have been reduced. In the first four orders, therefore, the composition of the thorax is the same, with some differences only in the differentiation of thoracic appendages. Ostracoda and Phyllopoda differ to a greater extent both from them and from each other.

Only in a few cases (some Phyllopoda, Copeoda, and primitive Ascothoracida) does the abdomen of lower crustaceans retain metameric structure. In Cladocera among Phyllopoda and in some Copepoda the abdominal segments have already fused together and become indistinguishable. In Branchiura the abdomen has become vestigial. The shortening of a series of segments reaches its limits among parasitic Cirripedia in Rhizocephala: during metamorphosis their cyprid larva, by autotomy, sheds the whole of its thoracic section together with the vestigial abdomen, and the adult develops from only the head section of the larva.

All Copepodoidea present a number of reduction features due either to their small size (Copepoda), to a sessile mode of life (Cirripedia), or to parasitism (Branchiura, Ascothoracida). Sometimes two of these factors operate simultaneously, as in parasitic Copepoda and Cirripedia, and then an extremely modified and simplified shape results. The lower Ascothoracida have best retained the appearance of normal crustaceans. Among all lower crustaceans only Anostraca and Copepoda have no carapace; although in the former that lack is probably primary, in Copepoda it is probably secondary.

The abdomen of lower crustaceans shows considerable analogy to the metasoma of Chelicerata. In both cases it consists of the rear segments of the body, which have lost their appendages. The fate of these parts has also been similar in many cases: we see among the lower crustaceans a tendency towards reduction of the abdomen, just as Chelicerata have a tendency towards reduction of the metasoma, with instances of total disappearance of these sections in both groups. On the other hand, we do not see disappearance of the rear segments of the mesosoma in any Chelicerata except paedomorphic . .cariformes;

in just the same way, among lower crustaceans, reduction does not extend to thoracic segments, if one discounts the quite aberrant Rhizocephala.

Whereas in the lower crustaceans the number of thoracic segments is variable and merely tries to become stabilised at six, in Malacostraca the number is strictly fixed and is always eight. Of these eight, it is true, segments I to III may fuse with the head, and then the thorax proper consists of from seven to five segments; but there are always eight segments between maxillae II and the first segment of the abdomen. The number of abdominal segments in Malacostraca is rather less constant: in the great majority there are six, but in some members of the most primitive orders there are seven. Probably the latter figure is the original one for the whole subclass.

The full number of abdominal segments (seven) is found especially in Leptostraca, although even in them the seventh segment always lacks appendages. Moreover, the embryos of *Memimysis* and *Lophogaster* (Mysidacea) also have seven abdominal segments, the seventh segment having its own mesodermal somites and its own pair of ganglia; in the process of development the seventh segment fuses with the sixth; the ganglia also fuse together, and the limbs of the sixth segment move to the rear end of the former seventh segment. In *Lophogaster*, however, the intersegmental groove persists, with traces of incomplete fusion of the two segments remaining in the structure of the musculature. In the superorder Syncarida there were seven abdominal segments in the members of the Upper Palaeozoic order Gampsonychoidea *Gampsonychus* (=*Uronectes*) and *Gasocaris*. There are traces of a seventh segment also in the lower Eucarida, especially in *Nyctiphanes* (Euphausiascea). In the great majority of modern Malacostraca the seventh abdominal segment has disappeared without trace; apparently it has fused with the preceding sixth segment.

In view of the above, the total number of postantennular segments in Malacostraca also is constant, and is 18 for all forms except those mentioned. The tendency towards shortening of the body by reduction of the rear segments, found in all large groups of arthropods, appears also among Malacostraca, although not in all orders of that subclass. The primitive forms have a well-developed abdomen bearing strong natatorial limbs; these include Euphausiacea, the most primitive Mysidacea (e.g. *Gnathophausia*), Stomatopoda, and some others. In Isopoda the abdominal appendages usually have a respiratory function, and the abdomen, as a rule, does not undergo reduction. On the other hand, in most Mysidacea, and still more in the burrowing Cumacea, the abdomen is long but narrower than the thorax, and its appendages are smaller than those of the thorax.

Decapoda present a particularly clearly-defined series of successive stages of reduction of the abdomen. In Macrura the abdomen is large, the abdominal limbs are well developed, and in the most primitive forms (Natantia) they are swimming-legs. In Anomura the abdomen is never used for locomotion; but in some Anomura it is still large, although bent under the thorax (Galathaeidae) or asymmetrical, with the abdominal limbs much modified and partly reduced. In Hippidea the abdomen is much compressed and has no flabellum. Lithodidae, which are related to hermit crabs, with their short carapace and their short flat abdomen bent to the ventral side, are quite similar to crabs.

In crabs the carapace, which covers the cephalothorax, is short and broad; the head is concealed in an indentation beneath its front edge; the slender abdomen is bent under the ventral side, and is so compressed that its presence does not affect the general form of the body. It consists, however, of the full number of segments, and bears one or two pairs of abdominal limbs in the male and four pairs in the female. These are small and serve only as genital appendages. The last four pairs of thoracic limbs are used for walking, while the first three pairs, as in other Decapoda, are converted into jaw-limbs and the fourth into powerful chelae. Crabs, with their short compact body, their four pairs of running limbs, and their grasping chelae, are most mobile and capable of most diverse and complex movements. At the same time the shortening of the body and the reduction in the number of locomotor appendages to the most efficient minimum is achieved by them not through reduction of all the other segments but by marked differentiation of the segments themselves and of their appendages.

Historically Anomura and Brachyura are much younger than Macrura. The latter are known from the Triassic, whereas crabs and Anomura appeared only in the Jurassic. Greater reduction of the abdomen, going as far as reduction in the number of its segments, occurs very rarely in Malacostraca. An example is provided by the suborder Laemodipoda among Amphipoda, which includes Cyamidae (whale lice) and Caprellodae. Both of these have an unsegmented, vestigial abdomen.

The process, opposite to reduction, is the consolidation of the abdomen which occurs among Malacostraca in some Peracarida, and consists in fusion of segments of the abdomen with the anal lobe and with each other, without decrease in their size, to form a pygidial shield. Instances of fusion of the last abdominal segment with the telson occur in all the superorders of Malacostraca except Phyllocarida: among Syncarida such fusion takes place in all Bathynellacea; among Pancarida in *Thermosbaena* (but not in *Momodella*); among Peracarida in all Tanaidacea, Isopoda, Spelaeogriphacea, and a few Cumacea and Amphipods; among Hoplocarida in *Protosquilla*; and among Eucarida in several crabs. In some Tanaidacea not one but several abdominal segments are fused with the telson; that process has gone furthest in *Agathotanais*, in which all the abdominal segments and even the last thoracic segment are covered by a common pygidial shield. Among Isopoda the most complete pygidisation occurs in Valvifera and most Asellota. Among Amphipoda fusion of the abdominal segments with each other and with the telson is well marked in Atylidae and some other families.

Heteronomy of the appendages, displayed in extreme diversity of structure as a result of division of labour among them, reaches, a very high level in some orders of Malacostraca. The most primitive crustaceans, and even the common prototype of all crustaceans, are therefore characterised by two deviations from homonomous metamerism: (*i*) fusion of the antennae-II segment with the cephalic lobe to form a protocephalon; (*ii*) differentiation of the appendages of the next three segments into a pair of mandibles and two pairs of maxillae; all crustaceans (except pehaps Euphyllopoda Conchostraca) have the rest of the body divided into two tagmata, thorax and abdomen. All primitive crustaceans except Euphyllopoda Anostraca possess a shield or a shell formed by coalescence of the tergites of the head and covering part, or even all, of the body. The absence of such a shield or its homologues in Copepoda and some groups of Malacostraca (Syncarida, Tanaidacea, Amphipoda, Isopoda) is probably secondary.

Further evolution of metamerism consists in the following changes: (*i*) fusion of the three jaw segments with the protocephalon to form a compound head; that process has taken place independently in various orders and subclasses; (*ii*) union with the head of the next one, two, or three segments, whose appendages become converted into jaw-limbs (Copepoda, Amphipoda, etc.); in Decapoda the whole thorax fuses with the maxillary section; the appendages of the first thoracic segments may be converted into jaw-limbs even although the corresponding segments have not fused with the maxillary segments (Stomatopoda); (*iii*) decrease in the number of thoracic segments and stabilisation of that number at four, five, or six (lower subclasses) or eight (Malacostraca); (*iv*) stabilisation of the number of abdominal segments; that occurs in several orders of lower crustaceans (e.g. Copepoda) and is the general rule in Malacostraca; (*v*) progressive decrease in the number of abdominal segments through fusion and reduction: that occurs frequently in the lower sub-classes, where the abdomen lacks appendages, and only rarely in Malacostraca (Amphipoda Laemodipoda); in addition, the seventh segment, which lost its appendages early, fuses with the sixth in the great majority of Malacostraca; (*vi*) decrease in the diameter of the abdomen: that occurs in many lower crustaceans and in some Malacostraca (Mysidacea, Cumacea, higher Decapoda); (*vii*) ventral flexure of the abdomen, producing a shortened external form of the body without corresponding shortening of the series of body segments (mainly in Decapoda); (*viii*) extensive differentiation of appendages; (*ix*) fusion of a series of segments, observed in the thorax and abdomen as well as in the head; in the abdomen a pygidial section is sometimes formed as a result (some Isopoda and Tanaidacea); (*x*) in some parasitic forms in the orders Copepoda, Cirripedia, and Isopoda, gradual disappearance of all traces of metamerism, including appendages.

A shortened, compact, highly-integrated body form is achieved in crustaceans by two different methods: by a considerable decrease in the number of segments (in Ostracoda and Cladocera) and by a high degree of differentiation of body segments (in crabs). In both cases we observe an increase in the specialisation of the animal as compared with primitive, homonomously-metameric forms such as Anostraca, but only in the second case do we find, besides increased specialisation, increased complexity, a higher level of organisation.

**Atelocerata (Myriapoda and Insecta)**

The third main stem of arthropods consists of myriapods and insects, combined under the name of Atelocerata. Some authors place Atelocerata close to the subphylum Onychophora (class Protracheata), but there are no strong grounds for doing so. The most primitive of Atelocerata, like the most primitive members of the other main stems of arthropods, still possess fairly homonomous metamerism. Various features of homonomy are distributed among the four classes Symphyla, Diplopoda, Pauropoda, and Chilopoda, which are often combined in one class Myriapoda. The members of the class Insecta, on the other hand, are distinguished by a high degree of heteronomy. The body of all myriapods is divided into only two sections, head and trunk. The latter often consists of a very large number of segments, all or almost all of which each bear a pair of more-or-less-uniform appendages. In the more primitive forms the segments themselves are little differentiated, so that division of the trunk into more detailed tagmata is absent or rudimentary. On that account some myriapods fall slightly behind trilobites in their degree of hómonomy, and surpass most crustaceans, whose trunk is divisible into thorax and abdomen. In external appearance and in their skeleton and trunk musculature myriapods resemble worms more than to any other true arthropods. In their head structure, however, they are much less primitive than Phyllopoda; at the same time they do not fall behind the latter in the degree of specialisation of their head appendages, and they far surpass trilobites in that respect.

In all Atelocerata the head is the product of fusion of the acron and four segments. Usually it is a monolithic formation, almost without traces of metameric origin, except for the presence of a few pairs of appendages. In some myriapods the maxillary segments still possess definite sternites, which are absent in most myriapods. Insects sometimes retain in the head capsule intersegmental sutures between the tergites that compose its segments. In particular, such a suture occurs at the rear end, and in Thysanura also at the front end, of the maxillary segment. In the Permian *Dasyleptus brognarti* (Monura) the tergites of the mandibular, maxillary, and labial segments were marked off. The sternites of the jaw segments, except the labial segment, are included in the hypopharynx. We therefore see in the lower Atelocerata a series of stages in head consolidation. The heads of most Atelocerata, however, stand considerably higher in the degree of their integration and separation from the trunk than do those of trilobites and most crustaceans; in this respect they are most nearly approached by Amphipoda and Isopoda.

Among myriapods Symphyla have the most primitive assemblage of head appendages; their development in this connection has been well studied in the case of *Hanseniella*. Their head bears antennae and four pairs of postantennular appendages. There is no pre-antenna in the *Hanseniella* embryo, although there are the corresponding ganglia and coelomic end-sacs. The first postantennular segment, which is homologous in its serial order with the antennae-II segment of crustaceans, possesses in the embryo temporary appendages, which later shrink and disappear. The ganglia of that segment form the tritocerebrum. Reduction of the appendages of the first postantennular segments is a feature common to all Atelocerata: it is to that feature (lack of a second pair of antennae) that they owe the name Atelocerata—incompletely provided with antennae. The antennae-II segment is given several different names: tritocerebral, premandibular, and intercalary. The second postantennular segment bears well-developed appendages, mandibles. The mandibles of Atelocerata are essentially of the same structure as those of crustaceans, and the similarity between the mandibles of certain members of the two branches is at times striking. The appendages of the third and fourth postantennular segments are represented by two pairs of maxillae. The maxillae of many Atelocerata are also very similar to those of crustaceans. In insects and Symphyla the maxillae II fuse into an unpaired organ, the lower lip (*labium*). The next, fifth, segment is a trunk segment in insects and symphyla and bears walking legs.

So in Atelocerata—at least in Symphyla, Chilopoda, and insects—we find the same head segments and almost the same assemblage of appendages in the same order as in crustaceans. The close similarity is, without doubt, an important indication of the relationship between these two groups, and distinguishes them sharply from Chelicerata. On this basis R. Snodgrass (1938) actually combines crustaceans, myriapods, and insects into the group Mandibulata—jawed animals.

The head of insects does not differ in composition from that of Symphyla, and also possesses antennae and the appendages of the three jaw segments; Protura have no antennae, that being a secondary characteristic. The appendages of the tritocerebral segment are usually absent in the adult stages of insects, and in some forms even during development. Among adult insects they persist in the form of small papillae in *Campodea*; similar formations have also been described in *Machilis* and in a single locust. Preantennae occur in some insect embryos, but never in adults.

The head of Chilopoda has the same appendages as the head of Symphyla, but in Chilopoda the appendages of the first trunk segment are converted into powerful jaw-limbs furnished with poison-glands. The segment bearing these remains free and is not included in the head.

The heads of Diplopoda and Pauropoda are distinguished by reduction of one pair of maxillae. It is believed that in Diplopoda these are maxillae I, whose vestiges appear in the development of several forms, but in others have disappeared even from the development stages. In Pauropoda the maxillae-I segment is followed by the so-called cervical segment, which has no appendages even during ontogeny.

O. Tiegs (1947) believes the absence of maxillae II to be a primitive feature of Pauropoda and calls them Dignatha, two-jawed, in contrast to Chilopoda, Symphyla, and Insecta, which have three pairs of jaws and which he calls Trignatha. I think it more probable that Pauropoda have simply lost the appendages of the second maxillary segment. Tiegs also includes Diplopoda in Dignatha, suggesting that their gnathochilaria represent maxillae I, and not maxillae II as had previously been thought. Tiegs adheres to the theory of a diphyletic origin of arthropods, and believes that the similarity of the jaw apparatus of Atelocerata Trignatha to that of crustaceans is a result of convergence.

Together with the widely-accepted interpretation of the head of Atelocerata described above, there is another interpretation of the insect head offered by H. Hansen (1893) and supported by C. Börner (1909) and a few other authors. These investigators start by comparing insects with certain forms of higher crustaceans, namely Peracarida. In some Peracarida, as we have seen, particularly in Amphipoda and Isopoda, the head resembles that of insects in external form. At the same time we have seen that the heads of these crustaceans include at least one segment more than does the prototype—the maxillipede segment. The appendages of that segment, fusing together, form an unpaired organ, very similar to the lower lip of insects. Hansen and Börner believe that the insect head contains four, not three, jaw segments and four pairs of oral appendages. These appendages, according to them, are: mandibles; *paraglossae* or *superlinguae*, corresponding to maxillae I in crustaceans; maxillae, corresponding to maxillae II in crustaceans; and lower lip (labium), corresponding to maxillipedes I in Peracarida.

The paraglossae are a paired formation developing from the mandibular segment. In Symphyla they are formed from the rudiments of the ventral organs of that segment, and consequently are serially homologous not with the appendages but with the ventral sacs of the trunk segments, since the latter also develop from the ventral organs of the corresponding segments. Since the hypopharynx, on whose sides the paraglossae lie, is a combination of the fused sternites of the jaw segments, the paraglossae may in fact be taken to be homologues of the lateral sacs of the mandibular segment. There are no embryological data that would enable us to consider the paraglossae to be an independent pair of appendages belonging to an independent segment. They are, however, well developed in some insects, and in structure closely resemble maxillae; (*Hemimerus* among Diploglossa, May-fly larvae, Thysanura); but the discovery of true paraglossae, similar to insect paraglossae, in Malacostraca is conclusive proof that it is impossible to trace homology between insect paraglossae and crustacean maxillae. There is no doubt at present, therefore, that the classic theory about the oral appendages of insects in correct.

The number of trunk segments and the degree of constancy of that number vary greatly in Atelocerata. Among Chilopoda Geophilomorpha the number varies from 39 to 177; in members of different genera of Scolopendromorpha there are from 25 to 27; and in Lithobiomorpha and Scutigeromorpha the number of trunk segments is constant at 19. Among Diplopoda Proterandria Julidae there is a large but indefinite number of segments; anamorphosis and consequent increase in the number of segments continues throughout life in them. In other families the number of segments is lower, and fixed. Decrease in the number of segments takes place by means of shortening of development, since Diplopoda are anamorphic. In most members of the family Chordeumidae (Proterandria) the constant number of segments is 30, but in some genera it rises to 32, and in others it falls to 28 and even 26. In Polydesmidae (Proterandria) there are usually 20 segments, but in some genera there are 22. Among Oniscomorpha (Opisthandria) different genera have from 14 to 16 segments, and among Pselaphognatha there are from 11 to 13. Sometimes, in captivity, members of a 20-segment species undergo an extra moult and obtain a 21st segment (*Polydesmus illyricus*). In some genera the males, which complete development more rapidly, have one segment fewer than the females (e.g. *Cylindrodesmus*); in Chordeumidae and Polydesmidae the adults possess from one to four pairs of rudimentary underdeveloped limbs beneath the integument in the region of formation of new segments (i.e. in front of the anal lobe). C. Attems (1926) believes this fact to be an excellent proof that lifelong anamorphosis and a large number of

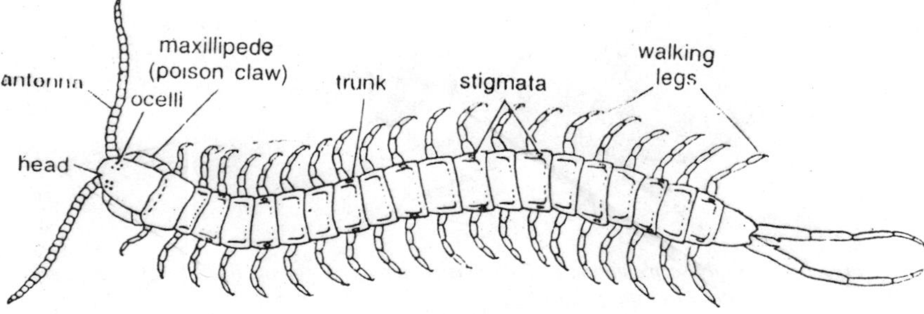


*Fig. 12.16. Scolopendra. A centipede.*

segments are phylogenetically primary (epistatic) features in Diplopoda, and that decrease and fixation of the number of segments are achieved through cessation of anamorphosis with the onset of sexual maturity.

In Symphyla there are 14 trunk segments, the last of which is fused with the anal lobe; the larva emerges from the ovum with nine trunk segments, and the rest are added by anamorphosis.

In Pauropoda there are eleven trunk segments (including the cervical) and an anal lobe independent of them. The first-instar larva, like Diplopoda larvae, has three pairs of legs and develops by anamorphosis. The three pairs of legs of the *Pauropus* larva belong to the fifth, sixth, and seventh post-antennular segments, and therefore are fully homologous with the three pairs of insect legs. It is easy to suppose that insects could have originated through persistence into the adult state of the hexapody characteristic of larvae of their myriapodal ancestors, i.e. through neoteny. We remember a similar means of origin of hexapod forms among Acariformes (*Phytoptipalpus*, *Locustacarus*). In each of the four groups of Atelocerata related to insects that process probably took place independently, as in different groups of Acariformes. In Atelocerata, however, development of hexapody was one of the main paths of evolution and led to development of great taxonomic units, whereas in Acariformes that has not yet happened, and hexapody occurs at most in isolated families.

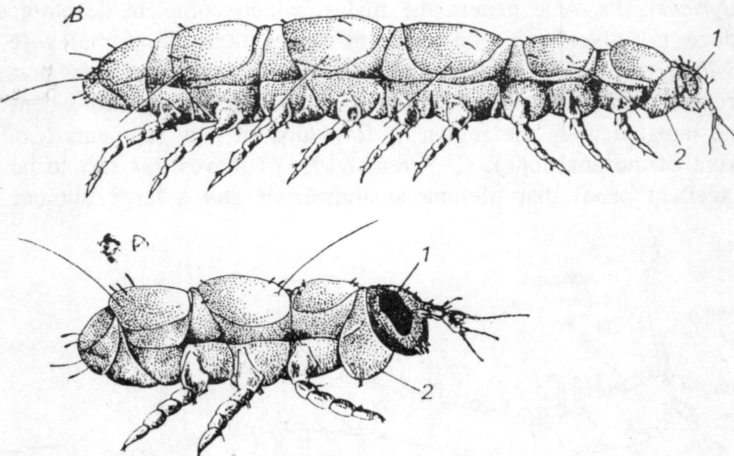


*Fig. 12.17. Body segmentation in Pauropus silvaticus. A—adult, lateral view, anisotergy carried to the point of complete elimination of microtergites; B—hexapoda larva; legs are located on the same segments as in insects.*

Possession of 14 trunk segments is characteristic of most insects, as of Symphyla. Among lower insects the only exception is Collembola, in which there are only nine, as in the first larval instar of Symphyla. Protura are the only insects with anamorphosis, although it is only partial. The first larval instar has eight abdominal segments and a telson, the other three segments being added at the first three moults.

We see that the number of trunk segments (14) characteristic of insects and Symphyla is also characteristic of most modern Malacostraca, whereas Leptostraca and the most primitive members of other superorders of Malacostraca each have one additional segment and therefore agree with primitive Chelicerata—eurypterids and scorpions—in total number of body segments. These coincidences gave rise to attempts to derive insects from crustaceans with the same number of segments as Malacostraca. G. H. Carpenter (1906) took such an ancestral form to be the hypothetical Proostraca, and H. J. Hansen (1893) took it to be true Malacostraca. Carpenter believed that all multisegmented arthropods (trilobites, Phyllopoda, Myriapoda) arose from a 19-segmented form through secondary increase in the number of segments. A. Handlirsch (1925) derived all higher arthropods from the trilobites (like *Neolenus*) that had 19 postantennular segments and in that respect already resembled eurypterids and primitive Malacostraca.

Hansen, like Handlirsch, believed the large number of segments in Myriapoda to be secondary. We have seen above, particularly with regard to Diplopoda, that the opposite theory—the theory of decrease in and stabilisation of the number of segments—also has its competent defenders.

For arthropods in general—as for all metameric animals with terminal growth—life long anamorphosis and an indefinitely large number of segments are, purely morphologically, certainly primary. Historically (Phylogenetically) these characteristics are also largely primary, but their historic primariness still has to be proved separately for each group of animals. For arthropods, the historic primariness of a large and indefinite number of segments is at least extremely probable. This does not preclude the possibility that extreme cases of body elongation (in *Polyartemia* among Phyllopoda, and many myriapods) can also be shown to be historically secondary. In particular, palaeontology provides us with no transitional forms leading to insects, whether from myriapods, crustaceans, or trilobites. On that account the question of the number of segments in the ancestors of insects still remains unsolved. Deviations from homonomous metamerism in the myriapod trunk take two directions: (*i*) regional differentiation of segments, leading to formation of incipient tagmata; (*ii*) rhythmic differentiation of segments, leading to development of second-order metamerism.

In Symphyla there is almost no regional differentiation of segments. In the front part of the trunk it is indicated only by weaker development of the first segment and its appendages, and in the rear part by conversion of the last pair of limbs into single-segment cerci, provided with spinning-glands. In the family Geophilellidae the first tergite and the first pair of limbs are well developed, but the styli and ventral sacs of the first segment are missing; in the family Scutigerellidae the first tergite is vestigial, and the first pair of limbs is well developed; in the family Scolopendrellidae the first pair of limbs is half as long as the second, and the first tergite is vestigial.

In Pauropoda the cervical segment, homologous in serial order with maxillae II, is not included in the head. Actually it looks like the first trunk segment. The cervical segment has no appendages. The last segment (the eleventh) in Pauropoda also has no appendages. In Diplopoda the first segment (homologue of the cervical) has no appendages or stigmata, but retains its tergite and sternite; the next three segments of Diplopoda have well-developed appendages, but unlike all the following segments they remain simple, not fusing in pairs into diplosegments. Consequently these three segments, together with the first, differ from the rest of the trunk and are called the thorax, the rest being called the abdomen. In the abdominal region all the sternites correspond precisely to their tergites in location, but in the thorax the sternites are usually moved considerably forward. In spite of that difference, the contrast between the 'thorax' and the 'abdomen' is very much less in Diplopoda than in crustaceans or insects, and with respect to Diplopoda we can speak only of incipient regional specialisation of trunk segments.

Let us consider the specialisation of the abdominal appendages of Diplopoda. In Pselaphognatha not even one pair is specialised into genital appendages. In Proterandria one and sometimes both pairs of limbs of the seventh abdominal ring are converted into gonopodia in the males; sometimes the appendages of the sixth and eighth rings are also converted into accessory gonopodia. In Opisthandria there are no gonopodia, but at the rear end of the body the male has one or two pairs of limbs more than the female, and these so-called telopodia serve for holding the female during copulation.

Reduction of the first trunk segment is therefore recorded in all Progoneata; only in Symphyla is it actually the first trunk segment, whereas in Pauropoda and Diplopoda it is the 'cervical' segment. Moreover, in Diplopoda the first three true trunk segments are somewhat different from the rest.

In Symphyla the growth zone occupies a position unusual in Articulata, namely, at the front edge of the second-last body segment; in other words, the last two segments are already individualised in first-instar larvae and correspond to the 13th and 14th trunk segments of the adult; the 7th segment adjoins the 13th segment from the front. All the other segments (8th to 12th), developing by anamorphosis, are formed one after the other from the front edge of the 13th segment. Similarly, in Chilopoda, in particular in the Javanese scolopendromorph *Rhysida*, the growth zone lies in front of the third segment from the end of the body. In Symphyla the last two body segments do not have a vestigial character, but the 13th (pre-anal) is not separated from the 12th, and the last (14th) is not separated from the anal lobe, forming an anal segment. Chilopoda also possess an anal segment. The two preceding segments in Chilopoda are genital, and the second of them (penultimate) has a genital orifice; the limbs of the genital or pregenital segment, or of both, are converted into genital appendages. All of the last three segments are much narrower than the walking-leg segments, and in some forms (e.g. in Scolopendromorpha) are withdrawn into the last walking-leg segment. Thus Chilopoda possess a well-defined small sexual division of the body, consisting o three segments. Because of the small size of that division, its presence does not greatly affect the general homonomous appearance of members of the class.

All classes of Myriapoda have second-order metamerism. It is totally absent only in some Chilopoda, namely, in geophilomorpha, in which all trunk segments with walking legs are more or less uniform, and all from the second to the penultimate segment possess a pair of spiracles.

Many Scolopendromorpha also have homonomous tergites, but in all of them the legs gradually become longer towards the rear, which is a manifestation of ordinary axial differentiation. Of all Scolopendromorpha, however, only *Plutonium* has spiracles on every segment (from the third to the 21st). In all other Scolopendromorpha there are spiracles not on every segment but approximately on every second segment, on those numbered 4, 6, 8, 9, 11, 13, 15, 17, 19, 21, and 23. Moreover, on some Scolopendromorpha the tergites of the segments without spiracles (those numbered 1, 2 3, 5, 7, 10, 12, 14 and 16) are rather shorter than the others. In Lithobiomorpha and Scutigeromorpha the spiracles are developed on the same segments as in Scolopendromorpha, except the 8th, i.e. in those numbered 2, 4, 6, 9, 11, 13, and 15. In some Scolopendromorpha there are no spiracles on the 8th segment. Further differentiation of tergites also takes place in Lithobiomorpha: the tergites of segments 1, (maxillipede segment), 3, 5, 7, 10, 12, 14, and 16 are much reduced in size, and those of segments 2, 4, 6, 8, 9, 11, 13, and 15 are enlarged. That differentiation reaches a maximum in Scutigeromorpha, in which the odd-numbered tergites (from 3 to 7) and the even-numbered (from 10 to 16) are completely eliminated, so that with 15 pairs of walking legs there remain only eight tergites, which are held in common by the following trunk segments: 2, 3–4, 5–6, 7–8, 9–10, 11–12, 13–14, and 15–16, and in fact belong to segments 2, 4, 6, 8, 9, 11, 13, and 15. The remaining tergites persist as very small vestiges.

In Lithobiomorpha, therefore, besides the usual metamerism of the trunk as shown externally by the sternites and limbs, second-order metamerism has developed: each second-order metamere consists of two first-order metameres, one of which possesses spiracles and a large tergite, and the other no spiracles and a small tergite. In the front half of the body macrotergites lie to the front, and in the rear half they lie to the rear. The two central segments (8 and 9) both possess macrotergites. That produces a plane of incomplete symmetry, lying perpendicular to the longitudinal body axis between the eighth and ninth segments: this symmetry involves only the tergites from 2 to 16 inclusive and the spiracles. This circumstance greatly complicates the metameric plan of *Lithobius*, as a result of which the animal's body gains considerably in integration.

G. Rilling (1960) suggests that the change in the rhythm of anisotergy in Lithobiomorpha between trunk segments 8 and 9 is due to differences in method of development: the first eight segments exist in the embryo, and all the rest are formed by anamorphosis. If such a connection exists, the similar change in the rhythm of anisotergy observed in some Scolopendromorpha would indicate that their ancestors possessed the same anamorphosis as modern Lithobiomorpha.

In Scutigeromorpha, because of the almost complete reduction of microtergites, there is evident simplification of the whole plan of metamerism, and we observe from trunk segment 3-4 to trunk segment 15-16 a uniform series of second-order metameres, each with one tergite and one dorsal spiracle, but with two pairs of limbs, two assemblages of sternal elements, etc.

I give the name of rhythmic *anisotergy*—or, more generally, rhythmic *anisomerism*—to that form of compound metamerism found in Lithobiomorpha and partly in Scolopendromorpha. Anisotergy is uneven development of serially-arranged tergites—in Chilopoda closely connected with the structure of their trunk musculature. Besides short longitudinal muscles joining the tergites of adjacent segments, Scolopendromorpha (including externally-homonomous species) and all Anamorpha have also long muscles joining the tergites of alternate segments. As a result, the tergites to which the long muscles are attached develop into macrotergites.

Symphyla also have second-order metamerism, which is displayed quite differently in them and in Chilopoda. In *Geophilella*, after each of the segments corresponding to the pairs of limbs from segments 3 to 12, there is inserted a 'limbless segment'. The history of development and internal anatomy show that there are actually no limbless segments in Symphyla, and that in this group there is doubling of at least some tergites, and in *Geophilella* of all tergites except the first two and the last two. As E.G. Becker (1950) shows, the doubling of tergites in Symphyla is produced by a corresponding segmentation of trunk musculature. In *Geophilella* we observe second-order metamerism along the whole length of the central part of the trunk, but there the ordinary metameres of arthropods are second-order metameres; metamerism of a lower order is incomplete, and affects only the tergites and their musculature. This is a type of compound metamerism different from the anisotergy of Chilopoda; I call it diplotergy—doubling of tergites.

In the family Scolopendrellidae doubling of tergites takes place in the fourth, sixth, eighth, tenth, and twelfth segments, i.e. only in even-numbered segments, so that the order of metamerism is still more complex. In the family Scutigerellidae tergites are doubled only in the even-numbered segments of the front part of the body, i.e. in the fourth, sixth, and eighth, so that the second-order metamerism assumes a regional character.

Among Pauropoda the family Brachypauropodidae has almost as many pairs of tergites as segments (in this family the targites are of a form rare among arthropods — paired, except for the unpaired tenth tergite, which belongs to the limbless tenth trunk segment). Only the cervical segment has no tergite of its own. In other Pauropoda there are only six tergites on the eleven trunk segments, located on the first, second, fourth, sixth, eighth, and the limbless tenth segments. On the other hand, the sternal and pleural sections are well developed on all segments. Thus second-order metamerism arises, convergently similar to that in Scutigeromorpha. As in the latter, second-order metamerism in Pauropoda also is anisotergy, leading to complete reduction of microtergites.

The well-differentiated trunk musculature of Pauropoda is characterised by the presence of (among others) longitudinal muscles going from one macrosegment to another, as in the higher Chilopoda. Like the latter, Pauropoda are distinguished by rapid, agile movement; these are made possible by the shortened body. O. Tiegs (1947) describes their behaviour as 'mouse-like scurrying'.

The most widely known second-order metamerism is that observed in the class Diplopoda and usually called diplopody. In Diplopoda all the trunk tergites, beginning with those of the fifth and sixth segments, are fused together in pairs. Double segments—*diplosegments*—are so formed. Each diplosegment has one tergite ring, which encompasses the dorsal and lateral sides of the segment and is interrupted only on the ventral side. In each ring one can distinguish a front part (protozonite) and a rear part (metazonite), corresponding to the to fused tergites. Traces of fusion persist differently in different forms: in Palaeozoic Diplopoda (Archipolypodia) the fusion is often incomplete. Each diplosegment has two sternites as well as the tergite ring. In some families, e.g. in Julidae (Proteranedria), the two sternites in each diplosegment fuse with its diplotergite into one continuous ring. Each diplosegment also has two pairs of stigmata and two identical pairs of limbs, and includes two pairs of ganglia of the ventral nerve chain. The heart in each diplosegment has two pairs of ostia; two pairs of coelomic sacs take part in the development of each diplosegment. Traces of a suture in the area of fusion of protozonite and metazonite, and comparison with fossil forms, show that the tergite rings of diplosegments in Diplopoda arose through fusion of tergites in pairs.

Second-order metamerism is therefore remarkably widespread among myriapods. The tendency towards development of second-order metamerism is present in all classes, although it is displayed differently in almost every one of them. In all cases, however, the appearance of second-order metamerism results from changes in tergites—their differentiation, breaking-up, or fusion. We have seen that these skeletal changes are closely connected with corresponding reconstruction of the trunk musculature. Physiologically they are evidently linked with changes in methods of locomotion. Their linkage with the locomotor function is particularly clear in Chilopoda. Scolopendromorpha, with a somewhat shortened body and incipient differentiation of tergites, are without doubt more agile and mobile than the homonomous Geophilomorpha; Lithobiomorpha, with a still smaller number of segments and alternating macro- and micro-tergites, run much more nimbly than Scolopendromorpha, and Scutigeromorpha, in which the evolution of second-order metamerism has concluded with elimination of microtergites, move with amazing speed and agility. The extreme mobility of Scutigeromorpha is contributed to by their whole organisation—structure of limbs, eyes, tracheae, etc., as well as the characteristics of their metamerism. We shall now pass to discussion of the metamerism of the insect trunk.

The most characteristic feature of Insecta, as compared with Myriapoda, is the division of their trunk into two sections or tagmata, thorax and abdomen. The thorax monopolises the locomotor function: it retains legs (locomotor appendages), and in higher insects (Pterygota) it develops wings. The abdomen, on the other hand, has generally post all or almost all its appendages; if these partially perist, they have ceased to take an active part in locomotion: they have assumed the function of genital appendages, sense organs, etc., or have degenerated into mere vestiges. Exceptions are mainly the abdominal limbs of some larvae, and in adults the furca of Collembola. Therefore the locomotor function has almost entirely devolved upon the thorax. For that reason the musculature of the thoracic segments has been strengthened, their diameter has increased, and their external skeleton has become more complex. In the abdominal segments, on the contrary, the musculature and skeleton are simplified, and the diameter of these segments is often much less than that of the thoracic segments. In insects that fly well (Deptera, Hymenoptera) a constantly-increasing consolidation of the thorax takes place, with integration of its segments into one complex whole and simultaneous differentiation of the abdominal segments, leading to marked heteronomy of the latter. In this way we see a series from the almost-homonomous, elongated trunk of the most primitive insects, which still resembles the myriapod trunk, to the highly-heteronomous and integrated trunk of the higher insects, with a powerful locomotor thorax and a compact differentiated abdomen.

Insects, within the present scope of that class, are scarcely a monophyletic group. Among Apterygota only Thysanura are certainly close to winged insects, whereas Campodeoidea, Protura, and especially Collembola occupy isolated positions. It is possible that they are all independent groups of Atelocerata, like Symphyla or Chilopoda, as Handlirsch has asserted with regard to Campodeoidea and Collembola in 1908 and Berlese with regard to Protura in 1909.

Campodeoidea live, like Symphyla, in soil and forest litter. Their thoracic segments already differ from the abdominal in having larger diameter, more complex skeleton, and walking legs. The first thoracic segment is somewhat smaller than the rest. All of the thoracic segments are flexibly articulated with each other. There are eleven abdominal segments; the eleventh segment is vestigial, but bears a pair of cerci; the eighth, ninth, and tenth are also somewhat smaller than the others; the first abdominal segment bears a pair of two-segmented vestigial limbs; the segments from the second to the seventh have appendages in the form of fixed coxopodites, to each of which are attached a stylus and two abdominal sacs, resembling the stylus and abdominal sacs of Symphyla. The styli, in the opinion of various authors, correspond either to the exopodites of biramose appendages or, which is more probable, to epipodites. The appendages of the genital segments are reduced.

Members of the order Thysanura are constructed even more homonomously in some respects; in particular, they have styli on all abdominal segments, from the second to the ninth inclusive; on the eighth and ninth they have also genital appendages—gonapophyses, which are unsegmented outgrowths of the coxopodites and correspond, in the opinion of E. G. Becker (1925), to the telopodite of a limb. In Machilidae there are also styli on the coxae of the last two pairs of thoracic limbs. The relatively well-developed eleventh abdominal segment bears cerci, and a dorsal medial filament on its upper surface. The homonomy of the body is rather upset by its fusiform shape, which is evidently connected with the increased mobility and exposed mode of life of silverfish. The larva, however, is not yet fusiform and is very homonomous. The fusiform shape of the body is due to axial differentiation of the diameter of segments and not to any great reconstruction of the segments themselves. Therefore the body integration necessary to ensure rapid movement is much more superficial in Thysanura than that which we see in higher insects. Thysanura are known from the Triassic, and their relatives Monura from the Carboniferous. Members of the order Protura also have very homonomous structure, possessing three pairs of abdominal appendages—

true legs. In the family Eosentomidae they are all two-segmented, and in Acerentomidae at least one pair has only one segment. Characteristics of Protura, distinguishing them from all other insects, are great development of the anal lobe and location of the genital orifice at the rear edge of the eleventh segment.

Collembola have a number of features in their structure and development similar to those of Diplopoda and Symphyla and absent in other insects. As we have seen, they have an incomplete number of trunk segments, the same as the number in the first larva of Symphyla before the beginning of anamorphosis. The thoracic segments, as in other Apterygota, are not fused together, but are of different sizes: the first of them is generally the smallest and the second the largest. The abdominal segments are also of different sizes and bear three pairs of appendages: the first has a ventral tube, which corresponds to a pair of fused abdominal sacs; the fourth segment has a saltatorial furca, formed by partial fusion of a pair of appendages; the appendages of the third segment are sometimes retained in the form of the hamuli. In some groups of Collembola these formations are subject to reduction. Collembola have no gonapophyses, or styli, or cerci. The last two segments of the abdomen are much smaller than the others. We thus see that in differentiation of their trunk segments Collembola also are unique. In the evolution of Atelocerata they present an early example of shortening of the abdomen and differentiation of its segments; of course, that process took place at a level of organisation at which the abdomen was still well supplied with appendages and abdominal sacs. These, in turn, also underwent unique development in connection with the acquisition by Collembola of a new method of locomotion—leaping by use of the furca. Collembola are a very ancient group, as a fully typical member of them—*Rhyniella praecursor*—is known from the Devonian.

In Pterygota the role of the thorax as the locomotor section of the trunk is increased because of the formation of two pairs of wings. Insects are the only arthropods, and chronologically the first animals, to have achieved active flight. Unlike the wings of flying vertebrates, the wings of insects are not modified limbs. The wings are situated on the second and third thoracic segments, whose appendages are the second and third pairs of legs, and arise from a more dorsal place than the place of attachment of the latter. They are folds of integument, flexibly articulated to the tergites of the pro-and mesothorax. The articulation has a very complex structure and enables the wing to produce motion of very different kinds. Among modern orders the wing articulation has the simplest structure in May-flies and dragonflies, which are unable to fold the wings flat on the back and turn them rearwards. In the Palaeozoic Palaeodictyoptera the prothorax also usually bore small wing-like appendages, resembling wings in their place of attachment, but apparently immovably attached to the thorax. It is almost beyond doubt that these 'prothoracic wings' were actual serial homologues of true wings.

Among modern insects lateral prothoracic lobes, resembling rudiments of wings, exist in termite nymphs. In *Lepisma* (Thysanura), in Palaeodictyoptera, in some cockroaches, and in some beetle larvae the abdominal segments are also provided with flat lateral outgrowths, which are folds of integument at the boundary between the dorsal and ventral surfaces (paranotal outgrowths), resembling the similar outgrowths or pleura of trilobites; they occur also in other classes of arthropods, including Symphyla, which are relatively close to insects. A number of authors believe the paranotal outgrowths of the abdominal segments of insects to be serial homologues of wings. In other words, they regard insect wings as much-expanded lateral outgrowths of the thoracic segments, which have acquired mobility, and which were originally identical with the similar outgrowths of the abdominal segments. This 'paranotal' theory of the origin of wings is supported by the coincidence in the locations of the tracheae in the paranotal outgrowths of *Lepisma* and of the venation of the wing rudiments in such primitive forms as May-flies, which is pointed out by K. Sulc (1927), and by several other facts. Therefore, the serial homology of wings with the lateral outgrowths of segments, which are widespread among lower insects, is extremely probable. The great majority of Pterygota possess wings, and it may be assumed that in all members of that subclass that are now wingless the lack of wings is due to secondary loss.

What could have been the original function of the paranotal outgrowths of the insect thorax, which enabled them to develop and change into wings? A. V. Martynov and others suggest that originally the paranotal outgrowths, which projected immovably sideways, were used in gliding down from plants; but as Yu. M. Zalesskii (1949) points out, rigid planes projecting sideways are not very suitable for life amid dense vegetation. B. N. Shvanvich (1949) suggests that the most ancient winged insects used strokes of flexibly-articulated paranotal outgrowths as an aid in running; he cites the possession of flexibly-articulated paranotal outgrowths, not serving for flight, by the mites Oribatei (Acariformes), e.g. *Galumna*. Yu. M. Zalesskii believes that paranotal thoracic outgrowths originally were organs for passive transportation of insects by wind, which agrees with the views of M. S. Gilyarov on the original migratory function of flight. In any case, at present only tentative hypotheses on this question are possible, as B. N. Shvanvich correctly remarks. H. Lemche (1940) presents a number of arguments in favour of independent development of wings in at least two groups of insects; (*i*) in cockroaches and other Neoptera, and (*ii*) in Palaeodictyoptera and the ancestors of Odonata.

Possession of wings, with their powerful musculature, leads to further strengthening of the thoracic segments and complexity of their musculature. In the most homonomous forms of Pterygota, however, the thoracic segments still fully retain their morphological independence of each other, are still very similar to each other in structure, and differ little in diameter from the abdominal segments. Naturally the prothorax, which has no wings, differs more from the following two segments than these do from each other. Among modern insects the thoracic section is relatively homonomous in structure in, for instance, stoneflies. In the more primitive Palaeozoic Palaeodictyoptera, some of which still possessed perfectly uniform front and rear wings, the meso- and meta-thorax probably resembled each other even more closely. As in stoneflies the external skeleton of each of the thoracic segments becomes more complex in correspondence with the stronger musculature, and breaks down into a large number of separate sclerites. The external skeleton of the abdominal segments, on the other hand, is very simple and consists mainly of simple tergites and sternites, without any additional plates.

Free articulations between the three segments of the thorax, such as we see in stoneflies, are rather exceptional among modern Pterygota. In most cases the meso- and meta-thorax are fused together (in Orthoptera, cockroaches, beetles, etc.), and in the best fliers the prothorax also is fused with them (Diptera, some Hymenoptera, most butterflies). In many Hymenoptera and Diptera the first abdominal segment also enters that complex, being fused with the thorax, so that in these forms the flexible articulation between thorax and abdomen becomes an articulation between the fourth and fifth trunk segments. In this way the metameric formation of the thorax of winged insects becomes more and more converted into a monolithic structure that is a much firmer support for the wings. As that takes place, the numerous sclerites of the thoracic segments are subjected to complex displacements and consequently form a mosaic in which their affiliation to one metamere or another can be discovered only by painstaking analysis. Even in the best fliers, however, the thoracic sclerites retain a certain mutual mobility, provided by a series of pleural muscles running from one sclerite to another.

The development of a powerful, monolithic thorax, serving as the place of attachment for legs and wings and containing the musculature of the locomotor organs, is one of the chief tendencies in the evolution of metamerism in insects. That tendency is manifested in somewhat different forms in different branches of Insecta. The relative significance of each segment of the thorax in the structure of the whole depends largely on the degree of development and specialisation of the corresponding pair of wings and pair of legs. Transfer of the chief role in flight to the first pair of wings leads to increased development of the mesothorax, e.g. in Hymenoptera, Diptera, butterflies, cicadas, etc. (the 'Anteromotoria' of B.N. Shvanvich). Transfer of the chief role to the rear wings leads to similar increased development of the metathorax, which is particularly evident in Strepsiptera but is observable also in beetles, especially in beetles with shortened elytra, and in many Orthoptera (the 'Posteromotoria' of B.N.Shvanvich). In beetles the prothorax retains flexible articulation with the mesothorax, and is of considerable size. In many cases the large size and considerable mobility of the prothorax are due to the strong development of the first pair of legs, e.g. in Mantoidea, in *Gryllotalpa* (order Orthoptera), and several other insects. In general, besides the basic tendency to consolidation of the whole thoracic section, we see in many groups of insects a tendency to retain and strengthen the independence of the prothorax, that phenomenon being connected with the development of widely-differing adaptation in separate instances.

Loss of flying ability and reduction of wings are widespread among Pterygota. Entire orders are wingless, (lice—Anoplura; fleas—Aphaniptera) but individual wingless forms are found in almost all orders of insects except Ephemeroptera, Odonata, Trichoptera, and a few others. The reduction of wings in primitive groups may lead, to some extent, to secondary simplification of the thorax and decrease in the heteronomy of the trunk. In higher forms that is not always possible, and wingless Hymenoptera (many Chalcididae, worker ants, Mutillidae) have retained in full the complex thoracic structure of that order. The three pairs of legs possessed by insects are in many cases very similar to each other and do not disrupt the homonomy of the thoracic section. Often, however, separate pairs of legs are specialised in different ways and become very different, so that heteronomy extends even to leg structure. In different insects the specialisation of particular pairs of legs is very diverse in type. We may mention as an example the male water beetle (*Dytiscus*), whole front legs have suctorial discs, while the other legs are transformed into swimming appendages, the rear pair highly specialised and the central pair less specialised. Sometimes far-reaching reduction of separate pairs of legs is observed, e.g. of the front pair in Nymphalidae. Total elimination of thoracic legs and consequent secondary homonomy of the trunk is found, as a rule, only in some Holometabola larvae and in a few neotenic forms (female Strepsiptera, females of the Psychidae family).

In adult Pterygota and abdomen never has appendages on any of the pregenital segments. The eights the ninth segments, however, often bear gonopodia, and the eleventh cerci. Cerci are certainly appendages. The gemale gonopodia form ovipositors in Thysanura, Orthoptera, some Odonata, Thysanoptera, Homoptera (Rhynchota), and Hymenoptera; in some of the latter the ovipositor is converted into a sting. In the males the elements of the appendages of the eights and ninth segments form part of their copulatory apparatus, which is often very complex.

The larvae of many Pterygota have paired abdominal limbs. The prolegs of caterpillars are probably to be classified as such, and so are, evidently, the abdominal branchial appendages of the larvae of May-flies (e.g. *Ephemera*) and sialids (*Sialis*, order Neuroptera). The morphological nature of the abdominal appendages of many other larvae has not yet been identified.

The abdomen of Palaeodictyoptera consisted of the full number (eleven) of segments, more or less equal to each other, flexibly articulated to each other and to the metathorax, the first abdominal segment being united to the latter over a broad surface; the eighth and ninth segment possessed gonapophyses and the eleventh cerci. Almost the same homonomy of abdominal segmentation is also observed in some of the more primitive modern orders, e.g. in May-flies, (Ephemeroidea), stoneflies (Plecoptera), and others, although the eleventh segment, which was somewhat underdeveloped in Palaeodictyoptera, is reduced still more in modern forms. Abdominal changes take place in several directions: (*i*) the first abdominal segment, as we have seen, forms part of the thoracic case and loses its independence; that occurs in the lower orders, e.g. in Phasmatodea (but more often in

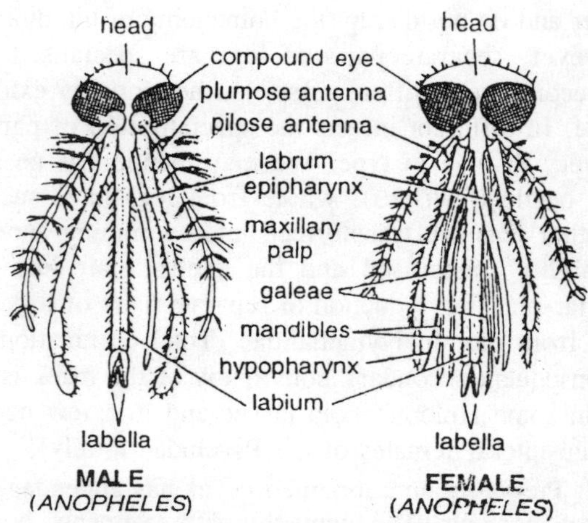


*Fig. 12.18. Anopheles. Head and mouthparts.*

Holometabola; in Hymenoptera, beginning with ichneumon flies, the first abdominal segment is included in the thorax, but the second, and in ants sometimes also the third, forms a narrow waist with flexible articulations, giving the abdomen the great mobility required for use of the sting; (*ii*) in some groups reduction of the sclerites of the first abdominal segment takes place, without their fusion with the metathorax; in beetles (Coleoptera) not only is the sternite of the first abdominal segment vestigial or absent, but sometimes the sternite of the second abdominal segment also (in most beetles the tergites of the abdomen are generally only slighly chitinised); (*iii*) on the rear end of the abdomen there is also reduction or fusion of a number of segments; the eleventh segment is most often reduced, and the tenth occasionally; the ninth is less often totally absent.

Often even Holometabola have ten abdominal segments, of which only eight are usually visible externally, the ninth and tenth being much modified, vestigial, and sometimes withdrawn into the segments in front. In many cases even fewer abdominal segments are visible externally. For instance, in the females of the higher muscoid flies (e.g. Calliphora) the last abdominal segments—from the seventh to the tenth—are much narrowed and form an ovipositor, which in a state of rest is withdrawn into the wide part of the female abdomen. Only five segments are visible externally. Marked heteronomy of the abdomen is thus created, producing an apparent shortening of the body—fully adequate to ensure agility and speed of flight. A similar structure of the abdomen is found in female long-horned beetles (Cerambycidae family), and in the family Chrysididae among Hymenoptera; in the latter only four, three, or even two segments remain visible externally; the first is fused with the thorax, and the rear segments are narrowed and withdrawn into the forepart of the abdomen.

The processes that take place at the rear end of the insect abdomen are of the greatest general importance: total elimination of segments or great reduction in their diameter, accompanied by retraction of the reduced segments into the forepart of the abdomen. These processes lead to shortening of the abdomen, sometimes actual (elimination of segments) and sometimes apparent (retraction of segments within the abdomen). These processes are a manifestation of the tendency, common to all classes of arthropods, towards shortening and maximum integration of the metameric body.

Unlike most other arthropods, however, insects achieve body-shortening not so much by total loss of segments as by their coalescence. Reduction of segments affects their skeleton and musculature, whereas the history of development and the internal structure of the ventral nerve chain usually indicate the former presence of eleven segments. Therefore the chief method of body-shortening in insects consists not in oligomerisation of the number of segments, as in Chelicerata, Crustacea, and Myriapoda, but in their integration into a single whole. Beyond doubt the latter method is much more effective in raising the animal's level of organization than is mere loss of segments. It is of interest that among insects, as among crustaceans, parasitism may in certain cases lead to almost total loss of visible metamerism, for instance in the adult female of the aberrant fly *Ascodipteron* (family Streblidae), which is parasitic on bats.

### Pantopoda

To conclude our survey of metamerism in arthropods we have still to discuss the small and highly-specialised group of Pantopoda. As is well known, Pantopoda, with all the unique features of their organisation, possess a number of characteristics in common with Entomostraca: the first stages of cell-division, a nauplial eye, and frontal organs homologous in both groups. All these characteristics are very primitive. The presence of paired metameric ventral organs during the development of Pantopoda is a feature held in common with other primitive groups—Onychophora, Pauropoda, and Symphyla. Other primitive features are anamorphosis, occurring in all Pantopoda, and the possession of several pairs of genital orifices by a number of

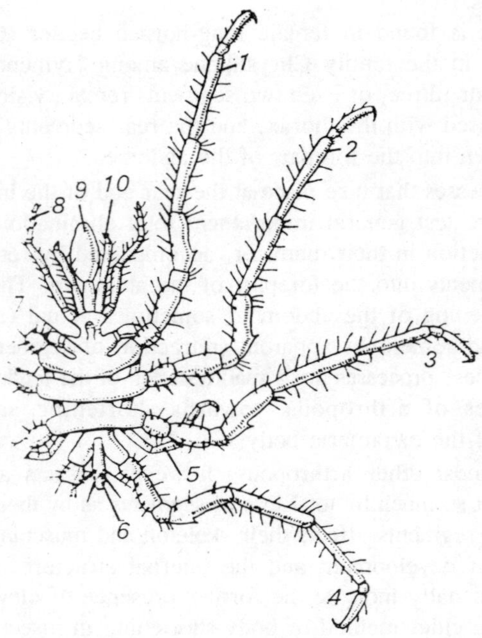


*Fig. 12.19. Body segmentation of Pantopoda—Eurydice hispida, dorsal view; 1-4–legs; 5–ovigers; 6-abdomen; 7–head section with eyes; 8–palps; 9–proboscis; 10–chelophores.*

forms. In their metamerism Pantopoda combine primitiveness with early specialisation. The pantopod body consists of proboscis, cephalothorax, and abdomen. The so-called proboscis is an outgrowth from the margins of the mouth, and accordingly contains a neural apparatus homologous with the frontal ganglion of other arthropods. Therefore, although topographically the proboscis forms the front end of the animal, morphologically it is placed ventrally and does not lie on the metameric axis. The cephalo-thorax of modern pantopods consists of seven, less often of eight or nine, segments. The supraoesophageal ganglion and the nauplial eye are located in its front part. The supraoesophageal ganglion of pantopods contains a protocerebrum and a tritocerebrum, but no deutocerebrum; accordingly pantopods have no antennae I. The forebrain develops from a single pair of ventral organs, so that even in development no trace of a deutocerebrum remains.

In this respect Pantopoda have gone even further than Chelicerata. The ganglia of the first pair of appendages (the chelophores) develop from the first postoral pair of ventral organs, but later move forward

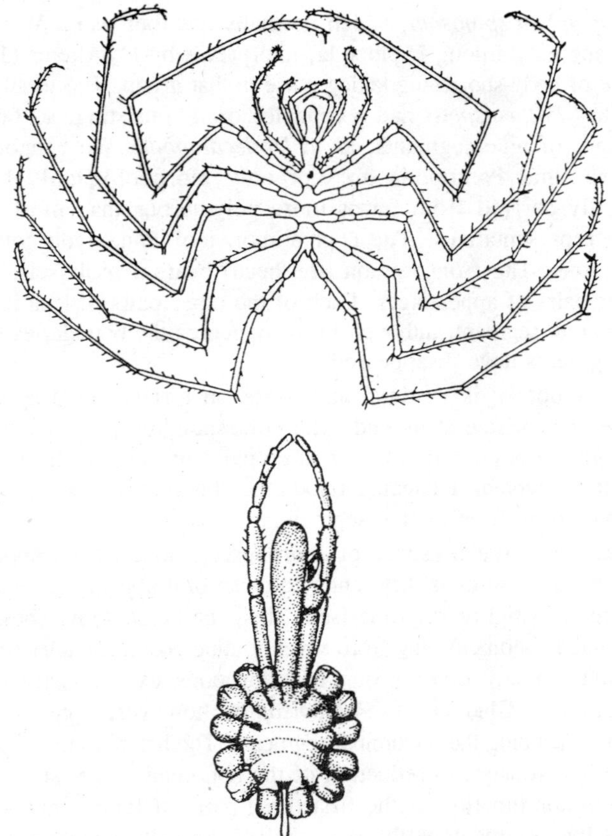

*Fig. 12.19. Body segmentation of Pantopoda—Pentanymphon antarcticum and Dodecalopoda mawsoni*

and become part of the supraoesophageal ganglion. The latter is evidently homologous with the tritocerebrum, since the nerves to the oesophageal-intestinal section arise from it. The next two pairs of appendages are differentiated as palps and ovigers; the latter are sometimes found only in males and are used as egg carriers. In some genera the chelophores and palps may be absent. The remaining four pairs of limbs are ambulatory.

In some genera, however, belonging to different families, there are five pairs of walking legs; these include *Decalopoda*, *Pentanymphon*, and *Pentapycnum*; *Dodecalopoda* even has six pairs of legs. V. A. Dogiel has described, as an anomaly, an incipient fifth pair of legs in

*Chaetonymphon spinosum*, which normally has four pairs. We recall a similar anomaly among Diplopoda, interpreted by C. Attems (1926) as evidence of body-shortening taking place in that group. The fossil (Lower Devonian) *Palaeoisopus* had a cephalothorax consisting, so far as we can judge, of nine segments, as in *Dodecalopoda*. We cannot doubt, therefore, that Pantopoda are not only morphologically but also historically derived from forms more polymerous than most of their modern representatives. The cephalothorax of Pantopoda consists of two sections. The front section (the head) bears a proboscis, an eye, and four pairs of appendages. Each of the other pairs of legs is located on a separate segment, although in many genera the boundaries between these segments have disappeared.

The abdomen is vestigial and forms an unsegmented appendage, with the anal orifice at its end. The corresponding part of the ventral chain sometimes contains two or three pairs of ganglia. In the above-mentioned Devonian Palaeopantopoda the abdomen was segmented and possessed from three to five segments.

Because of the presence of a proboscis, none of the appendages bears a gnathobase or is differentiated as an oral appendage. Pantopoda therefore are highly oligomerised: their body contains (besides an unsegmented abdomen) only from seven to nine post-antennular segments, fewer than in any other group of arthropods except Ostracoda and Polyphemidae (Cladocera). *Palaeoisopus*, however, consisted of 14 segments, including the abdominal segments. The heteronomy of pantopod metamerism consists in reduction of the abdomen to a vestige, loss of the locomotor function of the first three pairs of limbs, and fusion of the first four segments with the cephalic lobe. There is no parallelism between the differentiation of the first pairs of limbs in pantopods and that in other arthropods, except for the analogy between chelophores and chelicerae.

Many authors place Pantopoda near Chelicerata. The resemblance between them actually consists only in the total loss of antennae I and the chelate form of the first pair of postantennular appendages. There are no other resemblances between the two groups in body segmentation. We have seen that in all Chelicerata there are walking legs only on the prosoma, and the last pair of them is located on the sixth segment; behind that, there is a vestigial segment, followed by the segments of the mesosoma, which have no walking legs. There is nothing resembling that segmentation in Pantopoda. In them the last pair of walking legs is at least the seventh, and sometimes the eighth or even the ninth pair of appendages. In other words, the body of Pantopoda is not homologous with the prosoma of Chelicerata; we cannot see in it even the prosoma with some segments of the mesosoma. The metamerism of Pantopoda is much more homonomous, and they show no contrast between prosoma and mesosoma.

Fusion of the first four segments into a single head section, as found in Pantopoda, reminds us of the head of primitive trilobites and the proterosoma of Solifugae and Acariformes. In Pantopoda that fusion represents, to a certain extent, traces of trilobite organisation. In its method of development the head of Pantopoda also resembles that of trilobites. In Pantopoda no more new segments have become united to the original four-segmented head, and all the trunk appendages that were retained had their own telopodites. Therefore even if we try to derive Pantopoda from trilobites they certainly represent a separate branch, independent of Chelicerata in everything except, perhaps, the fate of the archicephalon. The metamerism of Pantopoda differs from that of trilobites in reduction of the number of segments, degeneration of some rear segments to the level of a vestigial abdomen, loss of antennae I, simplification of all limbs, and slight (but specific for the group) specialisation of the first three pairs of appendages.

Historically Pantopoda most probably arose in distant Palaeozoic or pre-Palaeozoic time from some group of primitive arthropods, perhaps even from primitive trilobites. Pantopoda have retained from these times a number of features that bring them close to the most primitive modern arthropods—Phyllopoda and even Onychophora (ventral organs). In their further development some slight, but striking, resemblances to Chelicerata arose—reduction of antennae and appearance of chelae on the first pair of appendages.

Pantopoda are therefore an independent branch of arthropods, of equal status with Chelicerata, Crustacea, and Atelocerata in their individualisation if not in their diversity. This branch consists of a single stem, presenting in arthropod history one of the early series of body-shortening with simultaneous narrow specialisation. These two processes inhibited far-reaching complexity of organisation, and led to retention of a number of primitive features by modern Pantopoda.

## Metamerism in Onychophora, Tardigrada, and Pentastomida

Onychophora occupy a unique position among Articulata: in some respects they are even more primitive than most annelids or approach them, while in others they resemble arthropods or are specialised in an original direction. At the same time Onychophora present fairly substantial similarities to Atelocerata. Therefore it is most appropriate to discuss the body segmentation of Onychophora after the discussion of Atelocerata.

The metamerism of Onychophora is displayed externally mainly in the metameric arrangement of the numerous pairs of limbs, since segmentation is not visible externally. In different members of Onychophora the number of trunk segments varies from 13 to 43, in most species being subject to individual variation. The hindmost pair of limbs is sometimes vestigial. The worm-like body and the homonomous metamerism of the trunk make Onychophora resemble Myriapoda. Like most myriapods, Onychophora dwell in forest litter and other sheltered places.

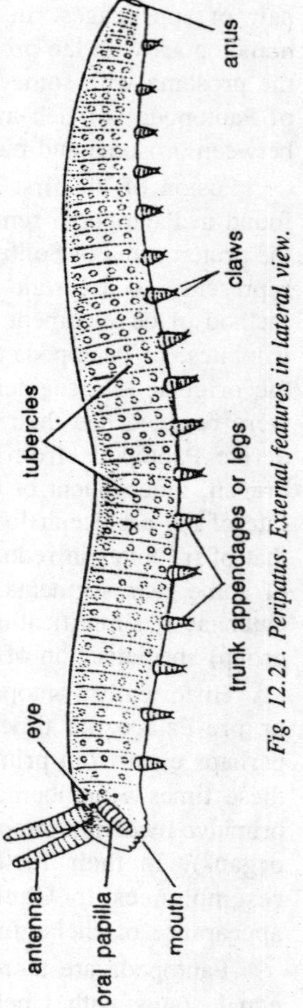

*Fig. 12.21. Peripatus. External features in lateral view.*

The head of Onychophora bears antennae, innervated from the deutocerebrum and usually regarded as homologues of the antennae I of arthropods. They are followed by pair of maxillae, which are sunk in the pre-oral lobe and represent, as it were, abbreviated libms provided with strong claws; the maxillae receive their nerves from the foremost part of the circumoral connection. The next pair of appendages—the oral papillae—are modified limbs without claws; large mucus glands open on them. The oral papillae are innervated from the neuromere following that which sends nerves to the maxillae. Behind them is the first pair of walking legs. Onychophora therefore have two pairs of modified appendages (besides the antennae) that may be regarded as belonging to the head. In the brain of Onychophora, however, there is a tritocerebral section, developing ontogenetically from a special pair of rudiments of ventral organs lying between the rudiments of the deutocerebral ganglia and those pertaining to the maxillary segment. The tritocerebrum of Onychophora resembles that of arthropods also in giving rise to the stomatogastric section of the neural apparatus. As in arthropods, the tritocerebral commissure lies behind the gullet. If, like B. Fedorow (1926, 1929), we regard the tritocerebrum of Onychophora as being homologous with that of arthropods, we must admit that it is formed by the ganglia of the first postantennular segment. Onychophora have no appendages belonging to that segment, and in that respect approach Atelocerata. O. Pflugfelder (1948) describes a pair of somites also belonging to that segment in *Paraperipatus amboinensis*. S. M. Manton (1949), however, does not find these somites in the development of other Onychophora. On the whole the very existence of a tritocerebral segment in Onychophora is rather doubtful.

If we still accept the existence of such a segment, the maxillae of Onychophora will prove to be homologous with the mandibles of Atelocerata and crustaceans, and the oral papillae with their maxillae. Then, in view of the absence of further oral appendages in Onychophora, their head will prove to consist of only three postantennular segments, that is, it is shorter by one segment than the head of Atelocerata. In the opinion of S. Manton (1949) and O. Tiegs (1947), it consists of three segments, but of different composition: these authors believe that they are the segments of the antennae (preantennae of arthropods), the maxillae, and the oral papillae.

The similarities between Onychophora and Atelocerata may be evaluated in different ways: we may regard them as a manifestation of actual relationship between the two groups, separating Atelocerata from other arthropods and therefore assuming a polyphyletic origin for the latter, as do Tiegs (1947) and Manton (1949). If on the other hand we postulate a monophyletic origin for arthropods and derive Atelocerata from crustaceans, prototrilobites, or trilobites, as do various authors, then all the features that bring Atelocerata and Onychophora close together and divide these groups from other arthropods will have to be regarded as a result of parallel evolution. The latter view seems to me to be more firmly based.

Two fossil forms are included with some probability among Onychophora, the Algonkian *Xenusion auerswaldae* and the Cambrian *Aysheaia pedunculata*. Tardigrada are oligomerous Articulata of dwarf size, whose body consists of a cephalic lobe and apparently five larval segments, as in oligomerous annelids (Dinophilidae, Myzostomida). In many marine Tardigrada the cephalic lobe bears cirri, perhaps corresponding to one or other of the cephalic appendages of polychaetes. The first segment of the body, the metastoma, is fused with the cephalic lobe, as in some polychaetes, forming the primary head; it has no appendages, and its ganglion forms the suboesophageal ganglion. Each of the other four pairs of ventral ganglia belongs to an individual segment bearing a pair of limbs. The limbs resemble papillae and possess claws of cuticular origin, as in Onychophora. The cuticle, the existence of moults, the smooth musculature, the absence of a general coelom, the gonads of coelomic origin—these features are also possessed in common with Onychophora. There are, however, no circulatory apparatus, tracheae, or segmental organs. The musculature consists of individualised muscle bundles. On the whole Tardigrada represent, without doubt, an independent branch of Articulata. A similar independent position is occupied by Linguatulida, forms that are larger but much modified by parasitism. Their possession of transversely-striped musculature obliges us to place them close to arthropods, whereas the structure of the nerve chain in the more primitive order of Cephalobaenida, with its four or five pairs of ganglia, and also the structure of the appendages bring Linguatulida close to Tardigrada.

Adult Linguatulida have two pairs of appendages, in Cephalobaenida innervated respectively from the first and second pairs of ganglia of the ventral nerve chain. The embryo of *Reighardia*, however, has three pairs of appendages; the first pair is only slightly developed and is apparently provisional; the head bears a pair of outgrowths, which G. Osche (1959) regards as rudiments of 'antennae'. The fate of the 'antennae' and the first pair of appendages, and their morphological significance, are still unknown. However, solution of these problems is absolutely necessary for the understanding of the architectonics and the systematic position of Linguatulida.

The attempt to relate Linguatulida to Acariformes has now been completely rejected. The hypothesis most consistent with the present state of our knowledge is that all three of the groups discussed are terminal twigs of three branches of Articulata that separated from annelids at some very primitive level and developed partly in parallel with arthropods, with which subphylum each of the groups has some characteristics in common. A. Vandel (1949) suggests combining them into a single phylum, Parathropoda. Such a phylum, however, would be very artificial, as the three groups have too little in common with one another. It is more correct to regard them, equally with annelids and arthropods, as separate subphyla of the phylum Articulata.

## General remarks on Heteronomous Metamerism in Articulata

Comparing the successive changes in the character of metamerism in different series of the segmented animals, we may arrive at some general conclusions. We do not know of absolutely homonomous metamerism in a single member of the phylum Articulata. The most primitive type of homonomous metamerism is found in some polychaetes, such as *Polygordius*, which have a long trunk consisting of an indefinitely large number of segments, whose number continues to increase, perhaps, throughout life. Because of the presence in each segment of a complete assemblage of he organs belonging to the animal's trunk, the segments are to a certain extent not only morphologically integral but also physiologically independent.

On the other hand, the animal as a whole is very little centralised. That is indicated by the very form of the body—cylindrical or ribbon-like, a shape that is unaffected by changes in length. Such a body cannot move as a single whole with rapidity and co-ordination; movement must gradually propagate itself along a lengthy chain of segments (peristaltic and snake-like type of locomotion). When there is a large number of organs, absence of specialisation lowers their possible level of efficiency. In spite of the relatively large mass of the body, repetition of identical assemblages of organs results in each of these containing a relatively small amount of matter, which prevents attainment of the level of complexity of organisation that would be conceivable without such repetition.

In this way the polymerous-homonomous organisation, itself fairly imperfect, opens wide possibilities for progressive evolution by differentiation of metameric organs and centralisation of systems of organs and functions. It is just such a type of homonomous metamerism that we must ascribe to the original forms of each branch of Articulata. Further development of metamerism in each of them consists in two pairs of processes. The first pair of processes consists in differentiation of metameres and integration of the body into one centralised whole. These two processes are inseparable; differentiation of segments produces differences between them, but these differences always lead to increase in the mutual dependence of the segments and in the unification of the whole. The second pair of processes consists in decrease in the number of segments and stabilisation of that number.

We have already discussed the evolution of metamerism under the influence of the latter processes in the section on metamerism in crustaceans. Now we shall discuss the characteristics of the evolution that takes place by means of differentiation and integration of metameres. Differentiation of segments may take four different forms, depending on the nature of its distribution in the body.

1. Differentiation of separate segments or *idiosegments*. Within a general series of homonomous segments, separate segments each acquire some new features lacking in the others. Usually these are segments distinguished by their location, such as the metastoma of annelids; the tritocerebral segment of Phyllopoda or Pantopoda; segments adjoining the head; the anal or pre-anal segments of Symphyla, and so on. Sometimes, however, an idiosegment may not have any obvious peculiarity of location, e.g. the fifth setiferous segment of *Polydora*, (family Spionidae), which bears specially large setae. In some arthropods with advanced specialisation of appendages many body segments differ from all the others, and consequently are idiosegments. Stomatopoda provide a good example.
2. Rhythmic differentiation consists in the acquirement of similar features by segments located in a definite order of repetition, e.g. alternate segments. It is not of frequent occurrence; we have seen it in *Gynandrotaenia* among cestodes and in Aphroditidae among polychaetes, and in Chilopoda and other myriapods. In contrast to *Gynandrotaenia*, in neither polychaetes nor myriapods does rhythmic differentiation affect the entire body uniformly: in Aphroditidae the rhythm breaks down in the larval segments, and in myriapods (especially in Lithobiomorpha) it differs in the front and rear parts of the body. In both cases, but particularly in myriapods, rhythmic differentiation is subject to a definite plan common to the whole body, and facilitates integration of the body.
3. Axial differentiation. This consists in differences in segments, gradually increasing from one segment to another along the whole body or a considerable part of it. For instance, that is how limb-length increases in the myriapod *Lithobius* along its trunk (from the second to the fifteenth segment), and how the width of body segments increases in the polychaete *Aphrodite* (from both ends of the body towards the centre). This axial type of differentiation does not cause the body to be divided into sections, but it greatly aids its integration. It is very widespread in annelids, and is found in trilobites and other comparatively-homonomous arthropods.
4. Finally, regional differentiation, whereby groups of adjacent segments acquire common characteristics distinguishing them from all the other segments. Such groups are called sections of the body or, in certain cases, tagmata. The body of a heteronomously-metameric animal may consist of two, three, or more sections,

although usually only two or three of them are given special names. Generally the chief sections are known as head, thorax (or pareion), and abdomen (or pleon); but an identical name does not at all indicate homology between the parts of different Articulata bearing that name. We have seen that even among sessile polychaetes the terms 'thorax' and 'abdomen' have a different meaning in each group of families, and homology of sections can be traced among them only within the limits of separate groups of families.

For Articulata as a whole the terms 'thorax' and 'abdomen' denote nothing more than the central and rear sections of the body, without any indication of the character of specialisation and the extent of these sections. Among arthropods, however, the sections are usually homologous within entire classes: the head segments, thorax, and abdomen of crustaceans are certainly homologous throughout the class, in spite of the fact that the numbers of thoracic and abdominal segments are different in Malacostraca and in various Entomostraca. The heads of Chilopoda, Symphyla, and insects are homologous in composition with the head segments of crustaceans. The thorax and abdomen of insects are homologous throughout the whole class of Insecta, and together are homologous with the trunk of myriapods, but the thorax and abdomen of insects are not homologous with those of crustaceans.

Within the class Chelicerata the prosoma, mesosoma, and metasoma are strictly homologous, but there are no data indicating the homology of these three sections of the body of Chelicerata with any sections of other arthropods, except for partial homology of the prosoma with the head of trilobites. On the other hand, the prosoma of Chelicerata is not homologous with either the head or the cephalothorax of Mandibulata (crustaceans, myriapods, and insects), although it contains (among others) all the segments contained in the head of Mandibulata; the character of specialisation and the fate of all these segments are quite different in the two groups, not to mention that the numbers of the segments do not coincide.

The specialisation of segments in Pantopoda is unique. In many groups of Articulata development of heteronomy is not confined to division of the body into two or three sections, and further differentiation may take place within each of these sections. If such differentiation is axial in nature it leads to integration of the section concerned, to increase in its individualisation. That occurs, for example, in the changes in diameter in the abdominal segments of insects or the opisthosomatic segments of arachnids, etc., giving these parts an individualised form. If the differentiation is regional it often produces, not integration of the section, but its breakdown into smaller divisions. An example is the differentiation of the insect trunk into thorax and abdomen, or the differentiation of the trunk of Chilopoda into locomotor and genital sections. Fusion of segments plays a major role in the evolution of metamerism in arthropods.

By 'fusion of segments' we usually mean the disappearance of externally-visible boundaries between segments, due to changes in the external skeleton and accompanying changes in musculature. Changes in the rest of the internal organisation, especially fusion of ganglia of the ventral chain, are much less closely connected with changes in external segmentation. Fusion of segments may be manifested in the displacement, fusion or total disappearance of sclerites. Fusion of sclerites sometimes leads to loss of metamerism in the whole skeleton, as in some mites and ticks (Trombidiidae, Hydrachnidae—order Acariformes), but more often affects only a limited region of the body. There are three types of it: (*i*) the fusion affects a whole group of segments that do not differ in their anatomical structure form the other segments; that occurs in the formation of the head shield of trilobites and especially in the formation of their pygidium; (*ii*) a group of segments, similar to each other but differing from the other segments and forming a strictly-individualised section of the body, fuse together, the boundaries of the fused part coinciding with the boundaries of that section; examples are the mesosomatic shield of Xiphosura, the abdominal shield of Asellota (Crustacea Isopoda), etc.; (*iii*) several assorted idiosegments, differing from all the other segments and also from each other, fuse together.

Usually such idiosegments form, functionally, one whole, being variously-differentiated parts of a single apparatus with adaptations in common, and their morphological union results from their physiological unity. An example is the crustacean head, in which all the successive stages of its formation from a number of idiosegments can be well followed. We give the name of 'tagmata' to the main divisions composing the segmented body of Articulata, resulting from regional differentiation or regional fusion of segments. If only one tagma is individualised in such a manner, the rest of the body (consisting of unfused and undifferentiated segments) automatically becomes a second tagma: for instance, in primitive trilobites the appearance of one tagma—the head, formed by fusion of the tergites of the acron and some front segments—means that the rest of the body becomes a second tagma, the trunk. If any group of arthropods has regional differentiation of segments, but fusion of tergites takes place otherwise than according to the boundaries of variously-differentiated sections, the question arises: what are we do consider tagmata in that case—groups of similarly-differentiated segments, or groups of segments fused together?

Among Chelicerata we see such types of segmentation (acaroid, trilobitoid, trithyraeoid) in which the fusion of segments into tagmata does not coincide with their differentiation into prosomatic and mesosomatic segments. Similarly, the first abdominal segment of higher Hymenoptera belongs to the abdomen according to its specialisation (absence of appendages) and its serial order (a characteristic that is constant in insects), but according to its structural links with other segments it belongs to the thorax. In all such cases we shall take, as a formal criterion for division of the body into tagmata, fusion of segments and not the character of their specialisation.

For instance, we shall consider that the body of Acarina Oribatei, with acaroid segmentation, contains two tagmata, proterosoma and hysterosoma, although we shall bear in mind that according to the differentiation of appendages we may divide the body otherwise, into a prosoma and a mesosoma, which in this group have lost (or have not acquired?) the status of tagmata. Tagmata, once they have developed, tend to become higher structural units in the body of each group of arthropods possessing them. Like all structural units forming an organism they evolve, breaking down by further regional differentiation or by division into several tagmata; or, on the contrary, they undergo consolidation and integration, annexing new segments or giving away segments to other tagmata, fusing with other tagmata into higher units, or undergoing reduction.

From these diverse methods of tagma evolution, examples of which we have seen in our survey of separate groups of Articulata, we select the phenomena of integration of tagmata for discussion here. Integration of tagmata may pass through three phases: (*i*) an originally-homonomous body undergoes either regional differentiation leading to formation of a homogeneously-specialised group of segments, or idio-differentiation leading to creation of a group of segments differently specialised but harmoniously complementing each other; (*ii*) fusion of these segments—or at least of their tergites—takes place, to form an externally-unified whole; either of these two tergites—takes place, to form an previously shown, precede or follow the other historically; after both are concluded we obtain a tagma whose segments are differentiated according to one of the above-mentioned principles and are fused into a single whole, but in its form that whole still represents little more that a simple division of a metameric body: for instance, the head of a copepod or a trilobite stands at that level; (*iii*) the third phase of integration of a tagma consists in giving it an individual form, so that it more or less loses the traces of metamerism, and a considerable degree of individualisation and mobility of that tagma is produced. We find at that level of integration the heads of Amphipoda, Isopoda, and all Atelocerta, the thorax of Hymenoptera and Diptera, etc. The third phase of integration may also take place without the intervention of the second, i.e. without fusion of segments, as we see in the highly-integrated abdomen of solitary wasps (Sphegidae) or ants, consisting of unfused segments in both these groups.

The integration of different tagmata composing an arthropod body takes place at different rates in the evolution of the same branch, and is concluded at different times. In most cases the sequence of integration is unipolar, from front to rear: the foremost tagma is integrated first, then the one following it, and finally the rearmost. The heads of primitive trilobites and of myriapods had already attained a high level of integration while the trunk continued to be an almost-homonomous chain of segments. The thorax is comparatively highly integrated in a large number of orders of Insecta, but the abdomen only is some of the higher orders. The prosoma of Chelicerata with arachnoid segmentation has attained some degree of integration in many orders, and even a fairly high level in some (Araneina, Amblypygi, etc.); the mesosoma has become appreciably integrated in comparatively few orders, and the metasoma in none.

In some trilobites we see another sequence of tagma integration—bipolar: after the head shield is formed at the front end of the body the pygidial shield appears at the rear end, combining a group of rear segments, while the central segments composing the trunk remain separate. This type of tagma evolution is rare, although we do find examples of it (Asellota and some other Pericardia and some Acariformes). If one of two adjacent tagmata outstrips the other in development and reaches a higher level of integration, it often incorporates segments that originally belonged to the other tagma. The trilobite head, for instance, which was originally formed from larval segments, first incorporates a trunk segment (the occipital); on conversion into the prosoma of Chelicerata, when partly already within that group, it annexes two more segments. In some true trilobites, however, incorporation of one more trunk segment into the head takes place. In many crustaceans the archicephalon of Phyllopoda is united with the maxillary segments, and the syncephalon so formed often incorporates one, two, or even three thoracic segments (maxillipede segments); this process recurs independently in various orders.

In many insects we see the first abdominal segment united to the thorax. In *Agathotanais* (Tanaidacea) the abdomen, which is covered by a general pygidial shield, incorporates the last thoracic segment. Another process that takes place at the junction of two tagmata is the partial or total reduction of the segments adjoining the flexure. The best example is the seventh (pregenital) segment of Chelicerata, which lies at the junction of the prosoma and the mesosoma. The same thing happens to the first trunk segment of Symphyla and the first abdominal segment of many insects. Among arthropods it is usually the rearmost tagma that undergoes reduction, and that mainly in the groups in which it has lost its appendages very early. That has been the fate of the metasoma of Chelicerata and the abdomen of Entomostraca and of Pantopoda. Varying degrees of integration of the body as whole occur in most Articulata, almost independently of the stage of individualisation and integration of the tagmata composing it.

Fairly complete integration of the body already occurs in errant polychaetes (*Aphrodite*, etc.) with total absence of regional differentiation and of tagmata. As already stated, it is attained by means of axial differentiation. Integration of the whole body has approximately the same character when the body contains differentiated, but only slightly integrated, tagmata, as in the fusiform Serpulimorpha such as *Myxicola*, etc., and also in many arthropods, e.g. Thysanura. When only one of the tagmata is highly integrated it may assume a dominating role in the integration of the body as a whole. The rest of the body then often sinks to the level of an appendage to the dominant tagma, and becomes shorter as development advances.

For instance, the comparatively highly-integrated head of Notostraca, with its thorax and the abdomen; the result is the greatly-oligomerised group Cladocera. Ostracoda have followed a similar evolutionary path under the influence of their shell. In Decapoda also the most highly-integrated part of the body—the gnathothorax—takes the dominant role, and as a result the head and the abdomen of crabs have fallen to the level of its appendages. In other cases the front tagma, which is the most highly integrated, does not dominate, and in spite of its existence the body becomes integrated by means of axial differentiation of segments and systematic arrangement of less integrated tagmata and idiosegments. Such a type of integration occurs in some Isopoda and Amphipoda, in Stomatopoda, in the most homonomous insects, and in polymerous Chelicerata.

The degree of integration in these cases, of course, varies greatly. An example of a comparatively-advanced type of harmonious integration of the entire body, while a highly-integrated head plays a subordinate role, is presented by the isopod *Mesidothea entomon*. The division of the body into sections reaches its highest level in arthropods when the body is integrated from highly- differentiated and highly-integrated tagmata. Examples of this type of division occur in the higher orders of Insecta—Coleoptera, Hymenoptera, and Diptera. A perfectly-developed head possessing oral organs, sensory organs, and a brain; a strong monolithic thorax on which the locomotor organs are concentrated; and an abdomen flexibly articulated with the thorax complete in itself and containing all the vegetative organs—all these are combined in wasps and flies into a centralised whole. These insects have surpassed all other members of Articulata in utilisation of all the possibilities offered by metameric structure for raising the level of organisation.

# INDEX